मुक्तिबोध
विचार और विवेक

सम्पादक
वी.जी. गोपालकृष्णन

वाणी प्रकाशन

वाणी प्रकाशन

4695, 21-ए, दरियागंज, नयी दिल्ली 110 002

फ़ोन : +91 11 23273167 फ़ैक्स : +91 11 23275710

शाखाएँ

अशोक राजपथ, पटना 800 004, बिहार

कॉफ़ी हाउस कैम्पस, महात्मा गांधी मार्ग, इलाहाबाद 211 001, उत्तर प्रदेश

महात्मा गांधी अन्तरराष्ट्रीय हिन्दी विश्वविद्यालय, वर्धा 442 001, महाराष्ट्र

www.vaniprakashan.in
marketing@vaniprakashan.in
sales@vaniprakashan.in

MUKTIBODH : VICHAR AUR VIVEK
Edited by V.G. Gopalkrishnan

ISBN : 978-93-88684-17-0
Criticism

प्रथम संस्करण 2019

मूल्य : ₹ 895

सिटी प्रेस, दिल्ली-110 095 में मुद्रित

वाणी प्रकाशन का लोगो मक़बूल फ़िदा हुसेन की कूची से

क्रान्ति के अग्रदूत

"अब अभिव्यक्ति के सारे ख़तरे
उठाने ही होंगे।"

"कि अपनी मुक्ति के रास्ते
अकेले में नहीं मिलते।"

–मुक्तिबोध

2017 मुक्तिबोध का जन्म शताब्दी वर्ष था। मुक्तिबोध के निधन का 53वाँ साल भी। भारत की स्वतंत्रता प्राप्ति के सत्तर साल पूरा होने का हर्षोल्लास भी इसी साल हुआ था।

गजानन माधव मुक्तिबोध अपने समय और समाज के प्रति अत्यधिक जागरूक एवं चिन्तित रचनाकार हैं। यह बेचैनी उनकी सृजनात्मकता को ही नहीं, बल्कि तन–मन को भी प्रभावित करती दिखाई देती है। मध्यवर्गीय बुद्धिजीवी के सारे आत्म–संषर्षों से जूझते हुए भी मुक्तिबोध सर्वहारा वर्ग के प्रति समर्पित दिखाई देते हैं। वर्तमान समाज मुक्तिबोध के समय के समाज की अपेक्षा बहुत अधिक जटिल हो गया है। भारतीय स्वतन्त्रता के स्वप्न के पीछे जो परिकल्पना थी वह समाज के निम्न वर्ग के सन्दर्भ में निरर्थक साबित होती गयी। वर्ग विभाजित समाज की जो अवधारणा कार्ल मार्क्स ने प्रस्तुत की थी, उसी को भारतीय सन्दर्भ में व्याख्यायित करने का प्रयास मुक्तिबोध ने अपनी रचनाओं के माध्यम से किया था। मार्क्स ने दुनिया–भर के श्रमिकों के संघर्षों को एक माना। वे जानते थे कि पूँजी से जुड़ी हुई व्यवस्था को उखाड़ कर फेंके बिना समाजवादी समाज की स्थापना सम्भव नहीं है। विभिन्न खेमों में विभाजित मेहनतकश वर्ग को एकजुट होकर संघर्ष करने की अनिवार्यता पर कार्ल मार्क्स ने ज़ोर दिया था। मुक्तिबोध ने अपनी रचनाओं के द्वारा इस विचार को आगे बढ़ाने

का प्रयत्न किया। जाति, वर्ण और धर्म के आधार पर विभाजित भारतीय समाज में आर्थिक शोषण का मार्ग बहुत आसान रहा। जन–साधारण के जीवन को त्रासद बनानेवाली धर्मसत्ता एवं राजसत्ता की पकड़ वर्तमान समाज में इतनी मज़बूत है कि इन्हें तोड़ने के लिए कलाकार, साहित्यकार एवं बुद्धिजीवी बड़ी भूमिका निभा सकते हैं। मुक्तिबोध यह पहचान रखते हैं कि यह कार्य उतना आसान नहीं है। किन्तु वे यह दृढ़ विचार व्यक्त करते हैं कि "अब अभिव्यक्ति के सारे ख़तरे / उठाने ही होंगे।" यह एक चुनौती है। गोविन्द पंसारे, नरेन्द्र दाभोलकर, एम.एम. कलबुर्गी, गौरी लंकेश जैसे सृजनशील, क्रान्तिकारी सामाजिक कार्यकर्ताओं की निर्मम हत्या मुक्तिबोध के कथन को अधिक प्रासंगिक बना देती है।

हिन्दुत्व के नाम पर साम्प्रदायिक उन्माद के द्वारा समाज को भयग्रस्त बनाये रखने की साजिश एक ओर है, तो दूसरी ओर आर्थिक उदारीकरण का नवउपनिवेशी साम्राज्यवादी हमला है। धर्मोन्माद एवं आर्थिक अतिक्रमण का शिकार हमेशा सर्वहारा वर्ग है। इसलिए ही मुक्तिबोध मठ और गढ़ को तोड़ने की ज़रूरत पर बात करते हैं। सर्वहारा वर्ग की एकजुटता से ही परिवर्तन का यह मार्ग प्रशस्त हो सकता है। मुक्तिबोध का यह मार्क्सवादी विचार वर्तमान भारतीय सन्दर्भ में अधिक खरा उतरता दिखाई देता है।

इस मायने में ही मुक्तिबोध का पुनःपाठ उनके जन्म शताब्दी वर्ष में अधिक सार्थक प्रतीत होता है। यह पुस्तक उसकी एक पहल मात्र है। हिन्दी साहित्य के प्रतिष्ठित रचनाकारों, जो मुक्तिबोध साहित्य के विशेषज्ञ भी हैं, की रचनाएँ इस संग्रह में समाहित हैं। मुक्तिबोध का रचना–क्षेत्र विपुल है। उनकी कोई एक कविता ही पूरी एक किताब की सामग्री बन सकती है। उनकी सम्पूर्ण कृतियों पर समग्रता से विचार करना साहसपूर्ण कार्य है। इसलिए मुक्तिबोध की 'अधूरी दीर्घ कविता' जैसे यह प्रयास भी, मुक्तिबोध की रचनाओं के सन्दर्भ में, अधूरा ही रह जायेगा। हिन्दी के सुधी पाठक, जो मुक्तिबोध के रचना–कर्म को, उनकी समय–सापेक्षता को और उनकी प्रासंगिकता को गहराई से परखना चाहते हैं, के लिए यह पुस्तक ज़रा भी सहायक सिद्ध हो जाये, तो यह प्रयास सार्थक समझा जायेगा। मुक्तिबोध की अविराम रचनात्मक संघर्षशील चेतना को नमन।

पुस्तक के सम्पादन में जिन रचनाकारों ने सहयोग किया है उनके प्रति आभार प्रकट करना साहस का कार्य है। सभी रचनाकारों ने खुले मन से इस प्रयास का स्वागत किया तथा इस कदम को सफल बनाने के

लिए अपना योगदान दिया। वे प्रोत्साहान भी देते रहे। सबके सद्भाव के प्रति आभार। कालटी श्रीशंकराचार्य संस्कृत विश्वविद्यालय में मुक्तिबोध की जन्म शताब्दी के उपलक्ष्य में तीन दिवसीय राष्ट्रीय संगोष्ठी के आयोजन करने तथा ऐसी एक पुस्तक का सम्पादन करने में मेरे आत्मीय मित्र पी. रवि की प्रेरणा बनी रही। उनके निरन्तर प्रोत्साहन से ही अब यह पुस्तक प्रकाशनार्थ तैयार हो गयी है। वाणी प्रकाशन तथा श्री अरुण माहेश्वरी के प्रति भी आभार प्रकट करना चाहता हूँ जिन्होंने मुक्तिबोध पर ऐसे प्रयास को महत्त्वपूर्ण मानकर इस पुस्तक का प्रकाशन करने की स्वीकृति दे दी है। सबको एक बार फिर धन्यवाद!

कालटी **वी.जी. गोपालकृष्णन**

अनुक्रम

कपाल की क्लर्की बनाम मुक्तिबोध की कविता

श्रीप्रकाश शुक्ल

22 जनवरी, 2017 : काशी हिन्दू विश्वविद्यालय का विश्वनाथ मंदिर (VT) स्थित **'मालवीय चबूतरा'** जो कुछ महीने पहले रविवार, 28 अगस्त, 2016 को आकार लिया जब काशी में एक तरफ गंगा अपना विकराल रूप दिखा रही थी तो दूसरी तरफ कुछ 'संगठित मूर्खताएँ' मवाद के रूप में बह रही थीं जिनसे सीधे टकराना उस सुअर से टकराना था जो अस्सी नाले में लोटकर सम्पूर्ण लोक को चुनौती दे रहा था। पिछले कुछ महीने में यहाँ की बहसें गंभीर साहित्यिक व वैचारिक रूप ग्रहण करने लगीं जहाँ बाहर से आनेवाला हर लेखक एक बार सुबह के वक़्त यहाँ अवश्य ही आ जाता। जो यहाँ के लपकों व गपकों के कारण नहीं आ पाता वह भी आने की संघनित इच्छा लिए अगली बार आने को व्यवस्था कर जाता। जाहिर–सी बात है यहाँ की बातचीत के केंद्र में मुखर यप से बी0एच0यू0 होता है और उसमें भी साहित्य के समकालीन प्रश्न और हिंदी (विभाग नहीं! क्योंकि इसकी चर्चा तो आनेवाले दिनों में होगी) की राजनीति और उसके तमाम गुप्त रोगों की समीक्षा–पत्र–पत्रिकाओं में प्रकाशित साहित्य की चर्चा के साथ जीवन व मृत्यु की चर्चा तो होती ही है, साथ ही साहित्य के तमाम पाट व कुपाट के बीच जन्म शताब्दियों के समकालीन ए0पी0आई0 खेल भी चर्चा में आते रहते हैं और इसकी भी शिनाख्त होती रहती है कि बूढ़े शेर की खाल में सियार जब कंगन व कुश लेकर बैठता है तो कैसे वह काशी की परंपरा में सबसे पहले अपनों को ठगता है, फिर स्वयं को ठगते हुए शिनाख्त होने पर मारा जाता हैं याद आते है ''कला विलास'' के लेखक आचार्य क्षेमेन्द्र–जो झुंझलाकर ही पूछते हैं कि थोड़े से पद पानेवाले ''डामरों' के भितरघात के बीच आखिर जनता जाये तो कहाँ जाये! **''हा प्रजेन''** का यही भाव है–

खलेन धन्मत्तेन नीचेन प्रभविष्णुता
पिशुनेन पदस्येन हा प्रजेनगमिष्यति।

तो आज के दिन काशी की इसी ठग परंपरा की व्याख्यायित करने जब सुबह कवि मित्र रामाज्ञा शशिधर यहाँ के ठग "गाउलों" पर अपना शोधपरक भाषण दे रहे थे कि कैसे ये गाउल यहाँ की गलियों में पैदा होकर बिना सकूल गये कई भाषाओं के जानकार होकर अन्तरराष्ट्रीय ख्याति प्राप्त कर लेते हैं और विदेशियों के बीच डिप्लोमाधारी "च–वर्गी विद्वानों" की तरह (जिनकी कथा अलग से कही जायेगी) लोकप्रिय होकर तन–मन–धन से संपन्न होकर गंगा के तट पर मुक्ति की साधना करते कई बार असमय लुप्त व गुप्त रोगों के शिकार हो जाते हैं तो वहाँ उपस्थित नगर के साहित्यिक "मार्गदर्शक" वाचस्पति जी से रहा नहीं गया और मुझको संबोधित करते तपाक से बोल पड़े– अब समय आ गया है कि नए सत्र में "हिंदी साहित्य के गुप्त रोग" पर शोध कराया जाये। फिर क्या था– हिंदी के गुप्त रोगों की तलाश शुरू हो गयी और तमाम लुप्त–गुप्त से होती हुई बात **मुक्तिबोध** तक पहुंची जिनकी एक कविता **'एक आत्म वक्तव्य'** की तरफ मैंने इशारा किया। जाहिर बात है, मुक्तिबोध इस समय हिंदी के हर पंथ के अनुकूल हो गये हैं। प्रगतिवादी और कलावादी दोनों उनको सराह व सहला रहे हैं। कभी–कभी तो इस बात की आशंका भी होती है कि वह कौन–सा तत्व है जो मुक्तिबोध के यहाँ दोनों के लिए मौजूद है और सब इसी तत्व की तलाश में भाग रहे हैं। अब यह एक लेखक की महत्ता है या उसका अवमूल्यन, यह तो विज्ञ जन ही बताएँगे, फिलहाल तो मैं गुप्त रोग की तलाश में लिखी मुक्तिबोध की वह कविता आपके समक्ष रखता हूँ और आप देखे कि हीन से भी हीनतर, कुंठा कलित, ललित ललाम और लुंठित लोगों के लिए वे क्या कहते हैं–

जोड़–तोड़ करती हुई गहरी काट–छाँट/रोज नयी आफत कोई नयी वारदात/पूरे नहीं हो सके मानवीय योग/हर एक के पास अपने–अपने गुप्त रोग।

जाहिर–सी बात है, जिस स्वार्थ संवलित समस्याओं से आज का समाज जूझ रहा है उससे स्वयं मुक्तिबोध भी मुक्त नहीं रहे होंगे। यह उनका 'उद्विग्न ज्ञान' ही है जो रात्रि के हर बलात्मक विकल ज्ञान के रहस्य को खोल देता है जहाँ भीतर का हर राक्षसी स्वार्थ साफ–साफ उभर आता है– "अपनी उदास–उदास ध्वनि तरंगों की दीर्घ लहरियों में"। आज तो हालत यह है कि अब तो रात के इंतजार की बात ही नहीं है। साहस इतना कि बहुत कुछ दिन के उजाले में ही घटित होता है। बंधन और गठबंधन के बीच दलाल वृत्ति और उसकी जनतांत्रिक

बंदरबांट की छूट से जहाँ अवसरवाद को बल मिला है वहीं संबंध हिंसक हो गये है और हर औसत को खुले रूप में धंधा करने का अवसर भी मिल गया है। साहित्य का नया संप्रदाय ''बाँह संप्रदाय''; जो एक दौर के ''बाम संप्रदाय'' के भीतर से विकसित हुआ, अब आधुनिकता के हर जनतांत्रिक मूल्य का मजाक उड़ाता गद्दारी व ख़ुद्दारी में फर्क नहीं करता। ज्ञान जब हाँफता है तो बचाव में बाँह की शरण लेता है। मुक्तिबोध की ''भूल गलती'' अब दूनी ताकत से जिरह बख़्तर पहनकर तख़्त के दिन पर बैठ गयी है और ''दिल में अलग जबड़ा अलग दाढ़ी लिए दुमुहेंपन के–सी तजुर्बों की बुजुर्गी से भरे/दढ़ियल सिपहसालार संजीदा'' सहमने की बजाय और आक्रामक हो गये हैं। कभी–कभी मन होता है कि मुक्तिबोध की इन कविता पंक्तियों को बारूद बना आततायी के मष्तिस्क के भीतर भरे भूसे में चुपचाप रख दिया जाय और वातावरण को इतना गरम कर दिया जाये कि बिना प्रयास के उसके भूसे में आग लग जाये जिससे उसकी मूर्खता और धूर्तता के गद्देदार पलंग में छिपी हुई हिंसा और छल का हर रहस्य खुल जाये। जाहिर बात है यह गुस्सा हमारे समय के बहुत पहले मुक्तिबोध के समय में भी था। उनके समय में भी सम्राट के 'विकराल व बकलोल' होने के उदाहरण मौजूद थे। उनके समय में भी राजा के अंधे होने की कथा के बीच दरबारियों के हिंसक व मनबढ़ होने की कथाएँ मौजूद थीं। ''भारत : इतिहास और संस्कृति'' जैसी पुस्तक को लिखने वाले मुक्तिबोध भी जैसलमेर के उस सालम सिंह की क्रूरता व धूर्तता से परिचित रहे ही होंगे जो राजा के कमजोर होने पर जनता के प्रति इतना हिंसक हो गया कि एक तरफ राजा की दिनभर चापलूसी करता और दूसरी तरफ कुलधरा के ग्रामीणों पर अकथनीय जुल्म ढाता। एक तरफ वह राजा को क़ैद किये था तो दूसरी तरफ राजा को जनता क़ा भय दिखाकर उससे मिलने भी नहीं देता। उसकी इस नापाक हरकत से जहाँ कुलधरा नामक एक अच्छा खासा बसा हुआ गाँव उजाड़ हो गया वहीं सालम सिंह की पत्नी ने अपने नैतिक बोध के कारण उसे जीते जी जहर दे दिया क्योंकि आये दिन अपने घर पर 'नक्कालों' व 'मवालियों' को हर प्रकार के कुकर्म की खुली छूट दे रखा था। मुक्तिबोध शायद इसी कारण सिजोफ्रेनिक हो गये जहाँ अपनी ही छाया से भरोसा उठ गया था। लेकिन उनके कवि का 'तेजस्क्रिय कण' जमाने की हर मक्कारी व गद्दारी पर भारी था और ''एक़ अरूप शून्य के प्रति'' नामक कविता में इसे देखा जा सकता है– इसे आप गुप्त रोग के सिटी स्कैन से जोड़कर भी देख सकते हैं :

फिर भी यशकाय दिक्काल सम्राट
तुम कुछ नहीं हो फिर भी हो सब–कुछ
काल्पनिक योग्यता की पूंछ के बालों को काटकर
होठों पर मूंछ लटका रखी है

ओ नट नायक!
सारे जगत पर रौब तुम्हारा है
तुमसे जो इंकार करेगा मारा जायेगा
और उस मूंछ के हवाई बाल जब
बल खाते धरती पर लहराते
मंडराते चेहरों पर हमारे
तो उनके चुभते हुए खुरदुरे परस से
खरोंच उभरती है लाल–लाल
और हम कहते हैं कि नैतिक अनुभूति हमें कष्ट देती है
बिल्कुल झूठी है सठियाई कीर्ति यह तुम्हारी!

जाहिर–सी बात है, मुक्तिबोध इस सठियाई कीर्ति के समक्ष लार टपकाते लोगों को भी नहीं छोड़ते जिन्हें वे 'लार टपकती हुई आत्मा की कुतिया कहते हैं/जिसे राह का हर कोई कुत्ता छेड़ता है'! वे यह जानते हैं कि दुष्ट व आततायी का साथ देनेवाला भी उतना ही आतताई होता है क्योंकि वह भी "सूनेपन के डोह में अंधियारी डूब" होता है। जो एक "काल्पनिक योग्यता" की पूंछ के बालों को काटकर, होठों पर मूंछ लटका रखता है। ऐसे लोग जब अग्नि विवेकी दूसरे लोगों की परीक्षा लेते हैं और अपनी निरंकुश मूर्खता से दूसरे की शालीन विद्वता पर अंकुश लगाते हैं तब मुक्तिबोध ख़ुद ही प्रतिवाद करते हैं और जोर देकर कहते हैं जिसे तुम कीचड़ समझे हो वह जिंदगी के दलदल कीचड़ में धंसकर ऊगा हुआ ज्वलंत कमल है और इसीलिए, "पंक आवृत्त" भीतर से गीला है। यही मुक्तिबोध का 'संवेदनात्मक ज्ञान' अनुभव भी है जहाँ से ताजे पारिजात के फूल मिलते हैं जिनसे उनका उष्म–श्वस व्यक्तित्व निर्मित होता है। आज के समय में 'कपाल की क्लर्की' करनेवाले मुक्तिबोध का इस्तेमाल चाहे जितना कर लें, लेकिन यकीन कीजिए, उनकी आत्मा का स्याह घेरे में जो जमीं हुई रुग्ण व्यवस्था की काई है, एक दिन उसी पर फिसलकर

आस–पास के नुकीले चोंच युक्त गिद्धों के शिकार होंगे! मुक्तिबोध एक सर्जक को इन बाहुबलियों से बचने के लिए स्वयं ही प्रतिवाद रखते हैं और व्यवस्था की हर कुटिल क्लर्की की चीड़–फाड़ करते हैं। ''कहने दो उन्हें जो कहते हैं'' नामक कविता में वे इसे एक चुनौती के दायरे में कहते हैं–

अहंकार समझो या सुपिरिओरिटी काम्प्लेक्स
लेकिन सच है यह कि जीवन की तथाकथित सफलता को पाने की
हमको फुर्सत नहीं
खाली नहीं हैं हम लोग!
बहुत बीजी हैं हम।

जाकर उन्हें कह दे कोई
पहुँचा दे यह जवाब
और फिर भी करते हो वे हुज्जत
तो कह दो की हमारी सांस जिसमें है आजकल
के तब्त तौर तरीकों की तरीकों की तरह जहरीली कड़ुवाहट
जरा–सी तुम भी पी लो तो
दवा का एक डोज समझ
तुम्हारे दिमाग के रोगाणु मर जायेंगे
और शरीर में, मष्तिष्क में जबरदस्त संवेदन उत्तेजन
इतना कुछ हो लेगा कि अकुलाते हुए ही तुम
अँधेरे के खीमें को त्यागकर
उजाले के सुनहले मैदानों में भागते आओगे!

काश की ये जाग्रत पंक्तियाँ मुक्तिबोध के उन 'चतुर चारणों' तक पहुँच पाती जो ख़ुद को बेचकर अब मुक्तिबोध को बेच रहे हैं। ऐसे लोग सफलता के जंग खाए तालों व कुंजिओं की दुकान के कबाड़ी हैं जो– ''सामाजिक महत्तव की गिलौरियों को खाते हुए/असत्य की कुर्सी पर आराम से बैठे हुए/मनुष्य की त्वचाओं का पहने हुए ओवर कोट/बंदरों व रीछों के सामने नयी–नयी अदाओं से नाचकर–सफलता के ताले खोलते है''। यहाँ आकर मुक्तिबोध यह स्पष्ट करते हैं कि बगैर आभ्यंतर लोक के आत्म चेतस अंतःकरण को समझे कोई सर्जक नहीं हो सकता, दलाल वह चाहे जितना बड़ा हो जाये। वे ''ब्रह्म राक्षस'' नामक

कविता में यह भी स्पष्ट करते हैं कि मानवीय अंतर्कथाओं में ''गहन किंचित सफलता'' से कई बार ''अति भव्य असफलता'' मूल्यवान हो जाती है क्योंकि अपनी भव्य व्यथा में मनुष्य की मुक्ति के स्वप्न यहाँ शामिल होते हैं । जाहिर–सी बात है, जहाँ सफलता का कबीलाई गठबंधन है वहाँ मुँक्ति से ज्यादे व्यापार की जरुरत होती है और व्यापार हमेशा उच्च वर्ग से समझौते में घटित होता है। यह ''कीर्ति व्यवसाई'' के काम का चाहे जितना हो, शब्द शिल्पी के किसी काम का नहीं। यहाँ यह कहने का मन करता है कि दुष्ट आत्माओं के वर्णन में मुक्तिबोध सीधे तुलसीदास की खल वंदना से जुड़ते हैं, इस अंतर के साथ की सामंती समाज के दुष्ट, पूँजीवादी समाज के दुष्टों से थोड़े कम हिंसक होते हैं। इसके साथ यह भी समझाना होगा कि किसी सर्जक को महान बनाने में किसी दुष्ट की कितनी बड़ी भूमिका होती है। लेकिन इससे यह न समझा जाये कि किसी दुष्ट को महज पा जाने से आप महान बन जायेंगे।

2

उपर्युक्त पृष्ठभूमि में मुक्तिबोध गहरे अर्थों में एक ''आत्म चेतस कवि'' के रूप में हमारे समक्ष उपस्थित होते हैं वे संबोधन के कवि हैं। ठीक महादेवी की तरह लेकिन इनका संबोधन महादेवी की तुलना में ज्यादे सगुण हैं। वे कहीं 'आत्म–संबोधन' करते हैं तो कहीं 'पर–संबोधन'। 'आत्म–संबोधन' के दायरे में जहाँ शैवागम के धरातल पर मध्यवर्गीय जड़ता को तोड़ते हैं वहीं ''पर–संबोधन'' के धरातल पर सत्ता से सीधे टकराते हैं जहाँ मार्क्सवाद उनकी मदद करता हैं जिससे वे वर्गीय दायरे में पूँजी व जनता के तनाव पूर्ण संबंधों को देख पाते हैं।

'आत्मा–संबोधन' के दायरे में ख़ुद को समझते हुए अपने प्रतिबिम्ब का बिम्ब तलाशते हैं जो उन्हें सीधे शैवागम से जोड़ता है। इस रूप में अभिनवगुप्त की परंपरा उनकी मदद करती है। सामान्यतः उनकी कृति में दर्शन के इन पक्षों पर कोई सीधा लेख नहीं मिलता लेकिन कामायनी के मूल्यांकन के बहाने संभव है कि इन काव्यशास्त्रीय विवेचनों तक वे पहुँचे हों। हम जानते हैं कि प्रकाश व विमर्श प्रत्यभिज्ञा दर्शन के बीज शब्द हैं जिनमें स्वाधीनता, स्पंद और प्रत्यभिज्ञा अपना योगदान देते हैं। प्रकाश शिव रूप है और विमर्श शक्ति रूप। शक्ति के बिना शिव नहीं, तो विमर्श के बिना प्रकाश भी नहीं। कई बार तो विमर्श से ही प्रकाश की पहचान होती है और यह विमर्श कुछ और नहीं सृष्टि की प्रक्रिया

का स्वातंत्र्य मूलक उच्छलन ही है। इसे ही 'स्पंद' के नाम से भी जाना जाता है। अर्थात् विमर्श के स्पंद में 'स्वाधीनता' की इच्छा अनिवार्य है। अर्थात् यह भी कि यदि स्वाधीनता नहीं हैं तो कोई व्यक्ति सर्जक नहीं हो सकता क्योंकि उसमें सामाजिक ईमानदारी का सतत् अभाव रहेगा। वह अंततः शब्द की साधना में निकला एक **''उच्च कुलोदभव प्रूफ रीडर''** तो हो सकता है जिसकी अपनी भूमिका दूसरे के लिए खाद पानी बनने में होती है लेकिन वह स्वयं से स्वयं द्वारा त्याज्य होगा क्योंकि स्वाधीनता की मूलभूत विशेषताओं से वह वंचित है। जाहिर बात हैं, यदि इसी की चाहना नहीं है तो फिर स्पंद भी उसके भीतर नहीं होगा 'स्पंदन' के मंच को चाहे जिनता सजा लें और जनता को अपनी उछल कूद से रिझाये! स्वाधीनता व स्पंद की यही चाहत उसे 'अनुस्मरण' की प्रक्रिया से जोड़ती है जहाँ से विमर्श प्रकाशित होता है और रचना में 'अपूर्वता' आती है। एक निहायत ही बजबजाते वर्तमान की चारण नीति में जकड़ा व्यक्ति सबसे पहले कुंठा कलित होकर इसी अनुस्मरण की प्रक्रिया से वंचित हो जाता है और फिर वह अन्यान्य कार्यों से, जिसे भदेस भाषा में 'लिखा पढ़ी' कहते हैं, अपना रौब जमाने लगता है जबकि वह भीतर से न बदलता हुआ निहायत ही जड़ व फूहड़ व्यवस्था में उलझ जाता है। जाहिर बात है एक लेखक के लिए इस जड़ता से बचते हुए स्वातंत्र्य के साथ ख़ुद को बदलना होता है जिसे अभिनवगुप्त 'प्रकाशित' होना कहते हैं। इसी में वह अपने प्रतिबिम्ब का बिम्ब खोज पाता है। जब जो रचा मिलती है उसमें जो आनंद मिलता है वहीं स्वाधीनता है। वहीं सच्ची रचनात्मकता है। वहीं सच्चा विमर्श है। जाहिर बात है, स्वाधीनता के विकसित होते मूल्य के दायरे में रचनात्मक स्पंद में भी उदात्तता आती है और सर्जक लगातार पुनर्नवीकृत होकर सुन्दर रचना करता है। यही किसी ''रचनात्मक विकास'' का आधार भी होता है जहाँ से एक लेखक की सम्पूर्ण पहचान निर्मित होती है और उसके अहं का आधार निर्मित होता हैं कह सकते हैं कि एक सर्जक में अहं का तत्व अनिवार्य है और जहाँ अहं होगा, वहाँ चरण रज के बजबजाते प्रसाद नहीं ही होंगे। इस रूप में सात्विक रचनात्मकता के लिए स्वाभिमान, स्वाधीनता, स्पंद, स्मृति और उल्लास बहुत जरूरी तत्व होते हैं। यहाँ स्मृति को पर्युत्सुकीवृत्ति कहा गया है जहाँ कई जन्मों की स्मृतियाँ संस्कार रूप में सुरक्षित रहती हैं जो कई बार अध्ययन की प्रक्रिया में ताजा व उद्दीप्त हो उठती हैं। यह एक तरह से साक्षात्कार मूलक अनुस्मरण ही है जिसके सहारे पूरी रचनात्मकता, अपूर्वता से खिल उठती है।

मुक्तिबोध की कविताओं से गुजरते हुए मुझे जब उनकी अपूर्वता से साक्षात्कार होता है तब अभिनवगुप्त के 'प्रत्यभिज्ञा दर्शन' की सहज ही याद आती है। मुक्तिबोध अपनी कविताओं में कई–कई जगह खिन्न है। हताश और निराश हैं लेकिन हार नहीं मानते। उनका मध्यवर्गीय संस्कारों में जकड़ा मन उससे विद्रोह करता है और वे उस बिम्ब की तलाश में निकल पड़ते हैं, जिसके वे प्रतिबिम्ब हैं। यहाँ रोचक बात यह है कि यह बिम्ब की तलाश असल में उस मनुष्य की तलाश ही है जो सभ्यता के अँधेरे में कहीं खो गया है और जिसकी "जगत समीक्षा" करना कवि का उद्‌देश्य है या कि होना चाहिए। यही समझना उनका उद्‌देश्य भी है और यहीं से उस वह द्वन्द्व भी शुरू होता है।

क्या करूँ, क्या नहीं करूँ मुझे बताओ/इस तम शून्य में तैरती है जगत समीक्षा/की हुई उसकी/(सह नहीं सकता)।

मुक्तिबोध का बिम्ब उनके यहाँ 'तम शून्य' में इस रूप में मिलता है जिसमें हमेशा एक द्युति आकृति उपस्थित रहती है। यह उनके कवि के संघर्ष व संयम की परीक्ष भी लेती है। इसलिए कई बार यह असली द्युति को कई छद्‌म द्युति से ढक भी लेती है। यहीं उनका विमर्श है जो अपने प्रकाश की तलाश में भटक रहा है। यही कवि प्रतिभा का शिवत्व है जिसमें एक कवि अपनी खोये हुए आत्म को अचानक पहचानकर चमत्कृत हो जाता है। यही प्रत्यभिज्ञान है जो एक प्रकार का रचनात्मक अनुसंधान ही है जिसमें ज्ञात वस्तु भी रचना की प्रक्रिया में स्मृति के सहारे नए रूप में प्रकट होकर आहलाद का कारण बनती है। आगे चलकर जब पंडितराज जगन्नाथ ने रमणीयता को ज्ञान से जोड़ा तब भी भावना के पुनः पुनः अनुसन्धान को महत्त्व देते 'रस गंगाधर' में लिखते हैं–"कारणं चं तदवछिंन्नम़ भावना विशेषः पुनः पुनरनुर्संधानात्मा"। इसलिए रचना की प्रक्रिया में आहलाद और अवसाद का होना स्वाभाविक है। उपलब्धि व संशय एक रचनाकार की नियति है। परंपरा व आधुनिकता उसकी जरूरत है।।

3

मुक्तिबोध के यहाँ यह द्वन्द्व मिलता है। जहाँ यह बड़ा है, रचना भी उतनी ही बड़ी हैं। क्या करने क्या न करने की आवृत्ति उनके यहाँ इस रूप में बड़ा बनती है जहाँ तमाम संघर्षो के पश्चात् एक "परम

अभिव्यक्ति अनिवार/आत्म संभवा'' मिलती है। अर्थात् आत्म संशय की प्रक्रिया से छनकर ही आत्मसंभवा की प्राप्ति संभव है और इसीलिए अँधेरे में कवि अंत तक आते–आते हर एक चेहरे की बनावट को देखने लगता है। यही अपने बिम्ब की तलाश है और यही आत्मसम्भवा है जो संघर्ष, स्वाधीनता, अहम्, अनुस्मरण और अनुसन्धान के बगैर संभव नहीं है–

यही है ''अनखोजी निज समृद्धि का परम उत्कर्ष/परम अभिव्यक्ति।'' जो इस अर्थ में परम नहीं हैं कि वह सम्पूर्ण रूप में प्रकट हुई कोई अमूर्त व महान सत्ता है बल्कि इस रूप में परम है कि यह संघर्ष की प्रक्रिया में अर्जित की हुई मनुष्य के मुक्ति की वास्तविक सत्ता है। अर्थात् ''अभिव्यक्ति एक अनुसंधानात्मक रचनात्मक प्रक्रिया है और रचना अनुस्मरणात्मक अनुसन्धान''! इसी अर्थ में यह 'सकर्मक प्रेम की अतिशयता' के साथ 'उद्विग्न ज्ञान तनाव' भी हैं इसीलिए वे लिखते हैं–

''झांक–झांक देखता हूँ हर एक चेहरा/प्रत्येक गतिविधि/प्रत्येक चरित्र/व हर एक आत्मा का इतिहास/हर एक देश व राजनीतिक स्थिति और परिवेश/प्रत्येक मानवीय स्वानुभूत आदर्श/विवेक प्रक्रिया, क्रियागत परिणति''!!

इसी 'क्रियागति परिणति' हेतु मुक्तिबोध को अपना अंधकार प्रिय है जिसकी गठरी में निजी रेडियम को छिपा रखा है और सुकोमल काल्पनिक तल पर द्वन्द्व के उतर न पाने की बात करते चुनौती की मुद्रा में कहते हैं–

बिना संहार के सर्जन असंभव है/समन्वय झूठ है/सब सूर्य फूटेंगे/व उनके केन्द्र टूटेंगे/उड़ेंगे खंड/बिखरेंगे गहन ब्रह्माण्ड में सर्वत्र/उनके नाश में तुम योग दो–

तो 'आत्म संभवा' की इन्हीं क्रियागत परिणति के भीतर मुक्तिबोध मनुष्य के भय और प्रकृति के अन्धकार को महत्त्व देते हुए आधुनिक मनुष्य की नियति कथा लिखते हैं। वे जानते हैं कि प्रकाश से प्रकाश को हर कोई परिभाषित कर सकता है। एक लेखक का असल महत्त्व तो अँधेरे–से–अँधेरे की शिनाख्त करने में है जिसके बहुत नीचे वह प्रकाश बैठा रहता है जो स्थाई होता है और वास्तविक भी। इसलिए मुक्तिबोध अँधेरे से और अँधेरे की यात्रा करते हैं जो उनको एक अवधूत व्यक्तित्व की गरिमा से भर देता हैं यहाँ वे निराला के अँधेरे से थोड़ा

अलग हैं क्योंकि निराला अँधेरे में जाते तो हैं लेकिन जल्दी ही कहीं उकताकर, तो कहीं घबराकर उजाले की तरफ आ जाते हैं। उनका सुकोमल छायावादी मन सघन' अँधेरे की बहुत देर तक बर्दास्त नहीं कर पाता और अपने पाठक समाज को शीघ्र ही एक दिव्य उजाले से भर देता हैं लेकिन मुक्तिबोध अँधेरे की परत पर परत में प्रवेश करते हैं और सब प्रकार की भयावहता को सहते व समझते हैं। वे प्रकाश के लिए बहुत जल्दबाजी में नहीं है बल्कि कई जगत तो प्रकाश को प्रश्नांकित भी करते हैं। उन्हें पता है कि अंधकार धरती का स्वभाव है जबकि प्रकाश आकाश का। इसलिए जहाँ जितना अँधेरा, वहाँ उतनी ही गहरी धरती की जड़ें। यह एक प्रकार से विकास के चमकीलेपन के ख़िलाफ एक कवि का उद्विग्न आधुनिकता बोथ ही है। लिखते भी हैं–

सच्चा है जहाँ असंतोष/वहीं है मेरा परितोष!!/(एक आत्म वक़्तव्य)

इस अंधकार के सन्दर्भ से एक बात यह भी उल्लेखनीय है कि मुक्तिबोध पहले कवि है जहाँ उजाला अधोमुखी है। यानी आकाश से धरती की ओर। हम जानते हैं कि प्रकाश स्वभाव से उर्ध्वमुखी है, नीचे से ऊपर उठनेवाला लेकिन मुक्तिबोध अँधेरे को इस क़दर पहचानते हैं कि वे अँधेरे के अँधेरे के अँधरे भीतर घुसकर उस प्रकाश को खोजना चाहते हैं जो मानव जीवन के लिए अभीष्ट है लेकिन जल्दबाजी में जिस पर किसी का ध्यान नहीं जाता और धैर्य भी नहीं रहता। यहीं उनका अग्नि का अधिष्ठान भी है जहाँ उनकी कई कविताओं में उजाला गगन से चूता है– 'समय का कण–कण/गगन की कालिमा से/बूँद बूँद चू रहा/तडित उजाला बन!' इसी अँधेरे में उनका –प्रदीपित द्वन्द्व चेतस एक/चमकता है/सत–चित–वेदना का फूल लिए। इसके लिए ही वे 'ज्ञानात्मक संवेदना' की बात करते हैं जिसमें एक सर्वोज्जवल परपरा छुपी रहती है। तब यह कहना ठीक है कि संवेदना का ज्ञानात्मक आधार बगैर अँधेरे के संभव नहीं है और अग्नि का अधिष्ठान भी इसी अँधेरे में है, यानि मुक्तिबोध का उजाला महज रोशनी नहीं है, यह वह ताप भी है जहाँ से सांस्कृतिक चेतना में परिवर्तन घटित होता है। इस रूप में उनकी 'गहराईयों से आग उठने की बात (अन्तःकरण का आयतन) अद्‌भुत हैं जिससे पता चलता है कि मुक्तिबोध एक ऐसे जगते हुए लावा है जिनकी सैकड़ों वर्षो की ज्ञानात्मक संवेदना में एक लाल रंगीय ज्वालामुखी धधकने की बेताब रहता है। कह सकते हैं कि वे 'ज्वालामुखी चेतना' के कवि हैं जिसका मतलब इस प्रसंग में महज़

इतना है कि वे सामंती व्यवस्था के बहुत दबाव के भीतर से ही उसको बदलने की बात करते हैं। उनकी अग्नि 'वह विश्व चेतस अग्नि' है जिससे समूची 'आत्म संविद उष्म श्वस गहराईयों' से आवाज आती है। एक जगह लिखते हैं–

अच्छा है अँधेरे में इलाका बदर/मैं हूँ जवाबी गदर/जिससे कि और ज्यादे तैयारियां कर/आज नहीं कल फूट पड़ूँगा जरूर,/जरूर!

4

मुक्तिबोध के यहाँ भाव व ज्ञान सत्ता का लगातार टकराव है। वे भाव से आगे बढ़कर ज्ञान की बात करते हैं जो उन्हें निर्गुण संतों से मिलता है। उनकी ज्ञानात्मक संवेदना के 'अन्तर्निहित आधुनिकता' का यही रहस्य है। निर्गुण कवियों ने 'नाम' को महत्त्व दिया क्योंकि वे 'समानता' चाहते थे। सगुण कवियों ने 'रूप' को महत्त्व दिया क्योंकि वे 'शासन' चाहते थे। मुक्तिबोध ने शासन के ख़िलाफ समानता को महत्त्व देकर समानता की सामाजिकता को आधुनिक अर्थ विस्तार दिया। इस रूप में वे आधुनिक काल के कवि होकर भी 'भक्ति के लोकवृत्त' को विस्तार देनेवाले कवियों में आते हैं और काव्य को पंडितराज जगन्नाथ की तरह अवज्ञा व तिरस्कार से जोड़कर उसकी रमणीयता के ज्ञानात्मक पक्ष पर जोर देकर आधुनिक समाज में उसके औचित्य को रेखांकित करते हैं क्योंकि वे जानते हैं कि कविता बनती चाहे जिस माध्यम से हो, उसे जीवन तो औचित्य से ही मिलता है। यही उनके आत्म समीक्षा का मूल स्रोत भी है जहाँ से जंगत की तलाश करते हैं। "और इस तम शून्य में तैरती है जगत समीक्षा" का मूलाधार यही है।

5

कुल मिलाकर मुक्तिबोध हिंदी के विरल 'आत्म समीक्षक' कवि है जिनके यहाँ आधुनिकता का 'आत्म संशय' वाला तत्व गहरे स्तर पर मौजूद है। वे रूप पर मुग्ध हुए बगैर इतिहास बोध को समझनेवाले कवि हैं। कामायनी का उनका मूल्यांकन बताता है कि अपने समय के सबसे बड़े साहित्यिक केंद्र से वे अकुंठ भाव से टकरा सकने में सक्षम थे। साहसिकता का यह भाव उन्हें जहाँ एक तरफ अवधूत बनाता है वहीं उन्हें एक गहरी आध्यात्मिकता से भर देता है जो कई बार हर भारतीय

मानस को संतुष्ट करती है। उनकी फैंटेसी की भविष्योन्मुखी नागरिकता वर्तमान के अवसरानुकूल व्याख्या किये जाने का विकल्प रचती है। उनमें 'आकारात्मकता' के प्रति एक गहरा लगाव है जैसे कि 'आत्मा–अधीरा', 'विनम्र सदानीरा' से लेकर 'आत्म संभवा' तक! यह जहाँ एक तरफ निश्चयात्मक भाव का सूचक है वहीं इसकी ध्वनि में एक गहरी आध्यात्मिकता के लक्षण मिलते हैं। इस आध्यात्मिक स्थिति में कई बार वे अनासक्त होकर सभी प्रकार के लोगों के लिए कई जगह अनुकूल पड़ते हैं, बावजूद इसके कि उनकी अपनी वैचारिकी स्पष्ट है। जाहिर–सी बात है मुक्तिबोध पर बात करते समय हमें यह ध्यान रखना होगा कि 'पार्टनर, तुम्हारी पोलिटिक्स क्या है''। यह मुक्तिबोध को किसी अंकगणित में फिट करना है या ख़ुद को मुक्तिबोध में फिटकर अपने अब तक के कर्मकांड से ध्यान हटाना है। इतिहास बहुत निर्मम होता है। उसके पास इमान के डंडे के साथ बुद्धि; का बल्लम और हृदय की तगारी भी होती है जहाँ से एक आवाज बार–बार आती है।

कोशिश करो / कोशिश करो / जीने की / जमीन में गड़कर भी।

(एक भूतपूर्व विद्रोही का आत्म कथन)

◆◆◆

मुक्तिबोध का आत्मसंघर्ष

गोरखनाथ

मुक्तिबोध आजादी के बाद की हिन्दी कविता के सर्वाधिक चर्चित, प्रासंगिक और साथ ही विवादास्पद कविं रहे हैं। भक्ति काल में जिस तरह कबीर का व्यक्तित्व आज केन्द्रीय महत्त्व रखता है उसी तरह आधुनिक हिन्दी कविता में मुक्तिबोध का रचनात्मक व्यक्तिव माना जाता है। उनके विवादस्पद होने का एक बड़ा कारण उनका जीवन और लेखन के स्तर पर शुरू से अंत तक व्यवस्थित न हो पाना हैं अपने ज्ञानात्मक संवेदन और संवेदनात्मक ज्ञान के बीच संगति बैठने में वे जितना व्यवस्थित हो सकते थे, हुए थे और जितना बिखर सकते थे, बिखरे थे। वैसे मुक्तिबोध अपने जीवन काल में हिन्दी जगत के द्वारा जितने उपेक्षित हुए और महत्त्वहीन समझे गये उतना शायद ही हिन्दी का कोई और बड़ा रचनाकार रहा हो। लेकिन वास्तविकता का दूसरा पहलू यह भी है कि अपनी मृत्यु के तुरन्त बाद वे जिस तरह हिन्दी साहित्य के चमकते सितारे के रूप में स्थापित हुए, वह भी शायद ही हिन्दी के किसी दूसरे रचनाकार के साथ हुआ हो। मृत्यु के बाद से लगातार उन पर चर्चाएँ होती रहीं, आलेख और आलोचनात्मक पुस्तकें आती रही। इन सबसे मुक्तिबोध का जो व्यक्तिव सामने आया वह जहाँ एक ओर अत्यधिक विवादास्पद रहा, वहीं दूसरी ओर पर्याप्त महत्त्वपूर्ण अनिवार्य भी रहा।

मुक्तिबोध के साहित्यिक व्यक्तिव को जिन आलोचकों एवं अध्येताओं ने समझने एवं विश्लेषित करने की कोशिश किया है उनमें कुछ उसे सही रूप में नहीं समझ पाये और कुछ ने अलग–अलग कोणों से देखा है। प्रसिद्ध मार्क्सवादी आलोचक डॉ. रामविलास शर्मा ने अपनी महत्त्वपूर्ण आलोचना पुस्तक 'नयी कविता और अस्तिववाद' में मुक्तिबोध सम्बन्धी अपने लेख में उनकी कविता का मुख्य वर्गीय आधार निम्न मध्यवर्गीय शहरी जीवन को बताते हुए आगे लिखा है–''मुक्तिबोध साहित्य और राजनीति की प्रगतिशील परम्परा के प्रति अत्यन्त जागरूक रहनेवाले कवि थे।''[1] इसलिए उनकी कविता में खास तौर से कवियों के लिए सीखने और समझने के लिए बहुत कुछ है।' इतना होते हुए भी डॉ. शर्मा मुक्तिबोध के व्यक्तिव में आत्मग्रस्ता को केन्द्रीय स्थान देते हैं

जिसके कारण वे "मनोविश्लेषणशास्त्र, रहस्यवाद, अस्तित्ववाद और मार्क्सवाद में (असंगत) सामंजस्य स्थापित करने का प्रयत्न करते हैं।"[2] डॉ. नामवर सिंह हिन्दी के सुप्रसिद्ध मार्क्सवादी आलोचक हैं। मुक्तिबोध की जो छवि आज हमारे सामने है उसे गढ़ने में उनकी भी महत्त्वपूर्ण भूमिका है। मुक्तिबोध के जीवनकाल में ही नामवर जी ने 1958 में 'आत्मसंघर्ष के कवि गजानन मुक्तिबोध' नामक आलेख लिखा था जिसमें उन्हें आत्मसंघर्ष का कवि बताया था और यह आत्मसंघर्ष नामवर जी के अनुसार उस समय हिन्दी कविता में एकदम नया स्वर था। बाद में नामवर जी ने 1968 में प्रकाशित अपनी महत्त्वपूर्ण आलोचना पुस्तक 'कविता के नए प्रतिमान' मुक्तिबोध को केन्द्र में रखकर लिखा–"यह तथ्य अनदेखा नहीं किया जा सकता कि कविता के नए प्रतिमान के केन्द्र में मुक्तिबोध है।"[3] इस पुस्तक के पहले भाग में वे कविता के मूल्यांकन के पहले से स्थापित की प्रासंगिकता खारिज करते हैं और दूसरे खंड में नयी कविता के सन्दर्भ में कविता के मूल्यांकन के प्रतिमानों की तलाश करते हैं। यहाँ पर वे अज्ञेय आदि कवियों की आत्मपरक कविता के सीमित दायरे के विरुद्ध मुक्तिबोध की वस्तुपरक लम्बी कविताओं के आधार पर कविता के उन मूल्यों के निर्माण पर बल देते हैं–"जो अपनी दृष्टि में सामाजिक और वस्तुपरक हैं और आज के ज्वलंत और जटिल यथार्थ को अधिक–से–अधिक समेटने के प्रयास में कविता को व्यापक रूप से नाट्य–विन्यास प्रदान कर रहे हैं और इस तरह तथाकथित विम्बवादी काव्य–भाषा के दायरे को तोड़कर सपाटबयानी आदि अन्य क्षेत्रों में क़दम रखने का साहस दिखा रहे हैं।"[4]

मुक्तिबोध और अज्ञेय को यद्यपि बाद की हिन्दी आलोचना में दो अलग–अलग ध्रुओं का कवि माना गया, लेकिन मुक्तिबोध की मृत्यु के बाद 1965 में लिखे अपने एक संक्षिप्त आलेख में अज्ञेय जी ने उनकी रचनात्मकता में आत्मान्वेषण की प्रवृत्ति को प्रधान मानते हुए पूर्ण कवि बताया है–"यह सोचकर कुछ सांत्वना मिलती है कि वे कम–से–कम वहाँ तक पहुँच गये थे, जहाँ कवि पूर्ण होता है।"[5] इसी तरह अपने समय के प्रखर आलोचक मलयज को मुक्तिबोध की कविताएँ 'सतह से उठाती हुई' लगती हैं, हमारे समय के महत्त्वपूर्ण कवि–आलोचक अशोक बाजपेयी को मुक्तिबोध की कविता का यथार्थ –भयानक खबर' की तरह लगता है और आलोचक नंदकिशोर नवल उन्हें 'असमाप्त कविता' का कवि मानते हैं। और भी महत्त्वपूर्ण आलोचकों और विद्वानों ने

अपने–अपने ढंग से मुक्तिबोध के चिंतन और लेखन पर विचार किया है। उनकी जन्मताब्दी के इस वर्ष में भी पूरे देश में जो रचनाकार, लेखक, विचारक उनकी प्रगतिशील, जनवादी और संघर्षधर्मी संवेदना और विचारधारा में अपनी निकटता महसूस करते हैं, वे संवादों आलेखों, पत्रिकाओं के विशेषांकों आदि किसी–न–किसी रूप में उन्हें याद करना, उनके महत्त्व को फिर से नए सन्दर्भों में रेखांकित करने का अपना जरूरी दायित्व समझते हैं।

मुक्तिबोध की कविता और उनके आलोचनात्मक चिंतन से गुजरते हुए यह बार–बार महसूस होता है कि वे आजादी के बाद के जितने बड़े कवि हैं उतने ही बड़े आलोचक भी हैं। वास्तव में एक कवि के रूप में अपनी कविता के बारे में जो कुछ सोचते हैं उसी से उनके आलोचनात्मक चिंतन का निर्माण हुआ है और उस आलोचनात्मक चिंतन का व्यवहारिक प्रतिफलन उनकी कविता है। इन दोनों रूपों में इतनी आन्तरिक समानता है कि एक को पूरी तरह समझने के लिए दूसरे को समझना लगभग अनिवार्य हो जाता है। यदि हम मुक्तिबोध की कविता पर ही अपने को केन्द्रित करें तो कह सकते हैं कि उनकी कविता का केन्द्रीय तत्व 'आत्मसंघर्ष' है। यह शब्द उनके वैचारिक चिंतन और रचनात्मक लेखन को समझने के लिए बीज शब्द माना जा सकता है, लेकिन मुक्तिबोध के लिए यह शब्द सामान्य से अलग कुछ विशिष्ट अर्थों में प्रयुक्त होता है। सामान्यतः 'आत्मसंघर्ष' का अर्थ 'अपना संघर्ष' अर्थात् रचनाकार की अपनी रचनात्मक क्षमता, आकांक्षाओं और प्रतिबद्धताओं को पाने के लिए बाहरी दुनिया से किया गया संघर्ष माना जाता है। मुक्तिबोध के यहाँ 'आत्मसंघर्ष' शब्द की यह अर्थव्याप्ति अधूरी है। उनके यहाँ इस शब्द में अपनी रचनात्मक एवं वैचारिक आकांक्षाओं, प्रतिबद्धताओं के लिए बाहरी दुनिया से किये गये संघर्ष, अपने भीतर के मध्यवर्गीय संस्कारों, दुर्बलताओं और सीमाओं से संघर्ष, जो आजीवन चलता रहता है। मुक्तिबोध के आत्मसंघर्ष के इस रूप को लेकर कुछ सवाल एवं शंकाएं भी उठायीं गयी हैं और कहा गया है कि मुक्तिबोध के चिंतन और रचनात्मक लेखन में मिलनेवाला आत्मसंघर्ष क्या उनका निजी संघर्ष है या मध्यवर्ग का है?

वास्तव में मुक्तिबोध के आत्मसंघर्ष के सम्बन्ध में यही कहना अधिक ठीक लगता है कि वह केवल उनका नहीं है, वह उनका होते हुए भी समूचे मध्यवर्ग का है और समूचे मध्यवर्ग का होते हुए भी उनका है।

कई बार ऐसा भी मिलता है कि वह आत्मसंघर्ष उनका नहीं है, लेकिन उसे उन्होंने अपना बनाकर प्रस्तुत किया है। उन्होंने अपनी महत्त्वपूर्ण आलोचना पुस्तक 'कामायनी एक पुनर्विचार' में 'कामायनी' का विवेचन करते हुए बताया है कि "यह आवश्यक ही है कि जिया या भोगा गया जीवन कवि का अपना नितान्त व्यक्तिगत जीवन हो। किन्तु उसकी कलाकृति में वास्तविकता का साक्षात्कार और आत्मचरित्रात्मक संस्पर्श तो होना ही चाहिए।"[6] यह ध्यान देने की बात है कि मुक्तिबोध एक मार्क्सवादी चिंतक और रचनात्मक होते हुए भी उनके व्यक्तित्व में आत्मपरकता और वस्तुपरकता का जटिल एवं द्वन्द्वात्मक समावेश मिलता है जो जहाँ एक ओर उन्हें अन्य टिपिकल मार्क्सवादियों से अलग करता है वहीं दूसरी ओर उन्हें केवल वस्तुपरकता की निरपेक्ष कसौटी पर कसने का निषेध भी करता है। हम यह भी पाते हैं कि मुक्तिबोध के व्यक्तित्व में आत्मपरकता और वस्तुपरकता की यह द्वन्द्वात्मकता लगातार बढ़ती गयी है। रचनात्मक यात्रा के अंतिम पड़ाव में वे जिस अनुपात में वस्तुपरक होते गये हैं उसी अनुपात में यह आत्मपरकता बढ़ती गयी है। इसीलिए उनकी कविता में अन्य प्रगतिशील कवियों की तुलना में प्रभाव उत्पन्न करने और पाठक से आत्मीयता स्थापित करने की क्षमता ज्यादा है। दूसरे मार्क्सवादी रचनाकारों से मुक्तिबोध का एक अन्तर यह भी है कि वे अपने सम्पूर्ण चिंतन और लेखन में मध्यवर्ग को कुछ अधिक महत्त्व देते हैं। यह कहना अनुचित न होगा कि उनकी समस्त कविताओं का संबोधन मध्यवर्ग को ही है, इसमें भी निम्नमध्यवर्ग को, क्योंकि सामाजिक रूपांतरण तभी सम्भव हो सकता है जब निम्नमध्यवर्ग अपने संस्कारों, संकीर्णताओं एवं दुर्बलताओं से मुक्त होकर आम जनता से एकता स्थापित करे।

मुक्तिबोध के आत्मसंघर्ष का विस्तार उनके समस्त रचनात्मक लेखन और वैचारिक चिंतन में फैला हुआ है और साथ ही कई स्तरों या रूपों में दिखाई देता है। उनका आलोचनात्मक लेखन तथा समसामयिक–राजनीतिक, राष्ट्रीय, अन्तर्राष्ट्रीय विषयों एवं घटनाक्रमों पर लिखित निबंध, टिप्पणियाँ और संपादकीय लेख इस आत्मसंघर्ष को जानने–समझने का जहाँ एक आधार स्रोत हैं वहीं दूसरी ओर उनकी कविता, कहानी जैसे रचनात्मक सहित्य में भी इसका दूसरा आधार स्रोत मिलता है। वास्तव में मुक्तिबोध साहित्य, कविता और अपने समय, समाज तथा संस्कृति के बारे में जो सोचते हैं वही रचनात्मक स्तर पर कविता–कहानियों को रचते हैं। चिंतन और रचनात्मक लेखन में

इसीलिए गहरी आन्तरिक समानता मिलती है। यही आन्तरिक समानता, कथनी और करनी का अद्वैत भाव उनके व्यक्तित्व की बड़ी ताकत और चुंबकीय शक्ति है।

मुक्तिबोध के आत्मसंघर्ष का एक स्तर मध्यमवर्गीय संस्कारों, दुर्बलताओं और अन्तर्विरोधों के प्रति दिखाई देता है। जिन कविताओं में इस मध्यवर्गीय आत्मसंघर्ष की तीव्र एवं सधन अभिव्यक्ति मिलती है उनमें 'मध्यवित', 'हे प्रखर सत्य–2', 'भविष्यधारा', 'जिन्दगी का रास्ता', 'ब्रह्मराक्षस', 'अँधेरे में', एक टीले और डाकू की कहानी', 'चम्बल की घाटी में' आदि विशेष महत्त्व रखती हैं। 'मध्यवित्त' कविता में मध्यवर्ग की विडम्बनापूर्ण स्थिति का वर्णन करते हुए मुक्तिबोध ने बताया है कि यह मध्यवर्ग लालसा के स्वप्निल सौन्दर्यों में डूबा इच्छाओं के परस्पर विरोधी अश्वों पर सवार रहता है। इससे वह स्वार्थी और सुविधाभोगी होकर संघर्ष से दूर हो जाता है। 'हे प्रखर सत्य–2' कविता में मुक्तिबोध 'मध्यवर्ग की उदरम्भरि जिन्दगी' में मौजूद अवसरवादिता, शोषकों के सु–सहायक होने और क्रियाहीन विश्वासों का उल्लेख करते हुए उनकी मानव विरोधी संस्कृति को एक बिम्ब के माध्यम से उद्‌घाटित करते हैं–

''मध्यवर्ग की भारतीय संस्कृति के गहरे तालाबों में
मानव की निःसीम उपेक्षा के मुस्काते
लाखों स्याह कमल हैं।''[7]

एक लम्बी कविता 'भविष्यधारा' में भी इन्हीं मध्यवर्गीय 'सुविधावादी व्यक्तिव–वृक्षों' के प्रति मुक्तिबोध का अभियोग एवं आक्रोश है। 'जिन्दगी का रास्ता' लम्बी कविता में पतनशील पूँजीवादी संस्कृति के अमानवीय, हिंसक एवं क्रूर कारनामों के सन्दर्भ में मध्यवर्गीय बुद्धिजीवियों की भूमिका के प्रति क्षोभ एवं असंतोष का भाव मुक्तिबोध ने व्यक्त किया है। इसमें उन्होंने दिखाया है कि ह्रासशील पूँजीवाद रूपी आधुनिक आदमखोर रावण के शोषणकारी, भयानक और युद्धोद्यत चेहरे को देखकर मध्यवर्ग भय के मारे प्राणों की भीख मांगता है और पेट की मजबूरी में अपने स्वाभिमान का समर्पण कर देता है–

''दुनिया का उदरम्भरि मध्यवर्ग थर्राकर
(रोटी की तलाश में)
बेचता है आत्मा को
वेश्या के देह–सा व्यभिचार के लिए।''[8]

'ब्रह्मराक्षस' मुक्तिबोध की एक सशक्त कविता है जिसमें ब्रह्मराक्षस ऐसे मध्यवर्गीय बुद्धिजीवी का प्रतीक है जो सदा सही करने की कोशिश करता है लेकिन गलती करता चला जाता है। मुक्तिबोध ने इस कविता में ब्रह्मराक्षस की महत् आकांक्षाओं और विचारों को इस तरह प्रस्तुत किया हैं–

"बुरे–अच्छे बीच के संघर्ष
से भी उग्रतर अच्छे व उससे अधिक अच्छे बीच का संगर
गहन किंचित् सफलता
अति भव्य असफलता।"[9]

साथ ही 'मानवी अन्तर्कथाएँ बहुत प्यारी हैं।' मुक्तिबोध ने इस कविता में असफलता के कारण ब्रह्मराक्षस के बढ़ते हुए तनाव, अन्तर्द्वन्द्व और उसके कारणों को भी स्पष्ट किया है–'प्राण में संवेदना है स्योह' अर्थात् ब्रह्मराक्षस के हृदय में संवेदना सूख गयी है, वह अपने ज्ञानात्मक संवेदन और संवेदनात्मक ज्ञान के बीच सामंजस्य नहीं बैठा पाया है। ऐसा नहीं कि उसने अपनी विडम्बनाओं के समाधान के लिए कोशिश नहीं किया। वह ज्ञान–गुरु प्राप्त करने के लिए सब पंडितों, सब चिंतकों के पास भटका, लेकिन पूँजीवादी समय में धनाभाव के कारण किसी ने उसकी विडम्बनाओं का सही कारण एवं समाधान नहीं बताया। परिणामतः 'मानवीय अन्तर्कथाओं' वाले इस मध्यवर्गीय बुद्धिजीवी की तनाव एवं अन्तर्द्वन्द्व के कारण त्रासद मृत्यु होती है–

"पिस गया वह भीतरी
औ' बाहरी दो कठिन पाटों के बीच,
ऐसी ट्रेजडी है नीच!!"[10]

इसलिए कविता के अन्त में मुक्तिबोध ब्रह्मराक्षस का सजल–उर शिष्य होने का संकल्प लेते हैं जिससे उसके अधूरे कार्यों को 'संगत, पूर्ण निष्कर्षों तक' पहुँचा सकें, क्योंकि मुक्तिबोध मध्यवर्गीय बुद्धिजीवी के रूप में दीर्घकालिक आत्मसंघर्ष की प्रक्रिया द्वारा ज्ञानात्मक संवेदन अरौर संवेदनात्मक ज्ञान हो चुके थे। यहाँ पर ब्रह्मराक्षस का आत्मसंघर्ष मध्यवर्गीय बुद्धिजीवी का आत्मसंघर्ष तो है ही, साथ ही स्वयं मुक्तिबोध का भी आत्मसंघर्ष है जो बताता है कि वे आत्मसंघर्ष की प्रक्रिया द्वारा मध्यवर्गीय संस्कारों की बेड़ियों, दुर्बलताओं को तोड़कर सर्वहारा के साथ वर्गान्तरित अर्थात् डी–क्लास भी हो चुके थे।

'अँधेरे में' मुक्तिबोध की तो सबसे महत्त्वपूर्ण लम्बी कविता है ही, स्वातंत्रयोत्तर भारतीय जीवन को विरूपित करनेवाली राजनीति, सत्ता, पूँजीवादी तंत्र के हिंसक, घृणित और अमानवीय रूपों को उद्‌घाटित करनेवाली हिन्दी कविता की अत्यन्त श्रेष्ठ काव्यात्मक उपलब्धि है। इस कविता में आनेवाले 'मैं' और 'वह' मध्यवर्गीय व्यक्ति के अन्तर्द्वन्द्व, आत्मसंघर्ष की प्रक्रिया से गुजरते हुए वर्गान्तरित होने का भाव प्रकट करते हैं। कविता में आनेवाले पागल की आत्मभर्त्स्ना वास्तव में आदर्शवादी, सिद्धान्तवादी भारतीय मध्यवर्ग के मन का यथार्थ हैं–

"अब तक क्या किया,
जीवन क्या जिया,
ज्यादा लिया, और दिया बहुत–बहुत कम
मर गया देश अरे, जीवित रह गये तुम!!"[11]

यह आत्मभर्त्स्ना काव्यनाक 'मैं' को भी आत्मालोचना के लिए विवश करती है जिससे वह आत्मसंघर्ष, तनाव एवं अन्तर्द्वन्द्व से गुजरते हुए व्यक्तिवांतर की ओर बढ़ता है–

"चक्र से चक्र लगा हुआ है...
जितना ही तीव्र है द्वन्द्व क्रियाओं घटनाओं का
बाहरी दुनिया में,
चलता हैं द्वन्द्व कि
फ़िक्र से फ़िक्र लगी हुई है।"[12]

वास्तव में मुक्तिबोध ने इस कविता में और अपनी अन्य कविताओं में भी क्रांतिकारी सामाजिक बदलाव में मध्यवर्गीय बुद्धिजीवियों को मूल रूप से बाधक माना है, क्योंकि यह मध्यवर्गीय बुद्धिजीवी, जिसमें प्रकाण्ड आलोचक, विचारक, जगमगाते कविगण, पत्रकार, विद्वान आदि आते हैं, अपने स्वार्थों के कारण 'रक्तपायी वर्ग से नाभिनालबद्ध' और उनके 'क्रीतदास' होते हैं। उनके विचार अपने न होकर मूलतः रक्तपायी पूँजीपति वर्ग और सत्तधारी ताकतों के ही विचार होते हैं–'किराए के विचारों का उद्‌भास'। इसलिए ये बुनियादी सामाजिक परिवर्तन के संघर्ष को बाधित और गुमराह करने का ही कार्य करते हैं।

मध्यवर्गीय आत्मसंघर्ष की दृष्टि से मुक्तिबोध की 'एक टीले और डाकू की कहानी' तथा 'चंबल की घाटी में' कविताएँ भी पर्याप्त महत्त्व

रखती है। वास्तव में ये दोनों कविताएँ एक ही कविता के दो क्षण हैं और दोनों का साध्य भी लगभग एक है। टीला और डाकू एकीकृत मध्यवर्गीय चरित्र के प्रतीक हैं। पहली कविता में हवा टीले से कहती है–

"तुमसे जो द्वन्द्व है
वह द्वन्द्व बाहरी स्थिति की ही बिम्ब!!"[13]

अतः तुम यदि मध्यवर्गीय संस्कारों, अवसरवादिता, लोभ–लाभ से मुक्त होना चाहते हो तो अपने द्वन्द्व को पहचानों, उसे तीव्र करो और उससे जीवन–स्थिति को बदल दो। बड़ी बात यह है कि इस कार्य में तुम अकेले नहीं हो। वस्तुतः यह आत्मसंघर्ष ही मुक्तिबोध के लिए वह साधन है, जिसके माध्यम से सामाजिक बदलाव लाया जा सकता है। आत्मसंघर्ष मुक्तिबोध के यहाँ व्यक्तिवांतर अर्थात् व्यक्तिव के सामाजिक विकास का भी माध्यम है। 'चंबल की घाटी में' कविता में हवा टीले से कहती है कि जनसंघर्षों में सक्रिय होकर ही मध्यवर्गीय व्यक्तिवाद से छुटकारा पाया जा सकता है और असली मुक्ति हासिल की जा सकती है। यह असली मुक्ति अकेले की न होकर सब की मुक्ति है–

"याद रखो
कभी अकेले में मुक्ति न मिलती
यदि वह है तो सबके साथ है।"[14]

मुक्तिबोध के आत्मसंघर्ष का एक रूप फासीवादी, साम्राज्यवादी और पूँजीवादी ताकतों के विरूद्ध है। जहाँ पर मुक्तिबोध एक कवि से आगे बढ़कर प्रखर राजनैतिक चेतना सम्पन्न विचारक के रूप में हमारे सामने आते हैं। सामान्य मार्क्सवादी रचनाकार के दायरे को तोड़कर वे एक विश्व–दृष्टि सम्पन्न जनवादी चिंतक और रचनाकार दिखाई देते हैं। उनके आत्मसंघर्ष के इस रूप को केवल कविताओं के सहारे समझना कठिन है। दरअसल मुक्तिबोध के आत्मसंघर्ष का यह रूप उनकी पत्रकारिता से गहरे रूप में जुड़ा है जो उन्हें देश और दुनिया की राजनीति, समाज और जीवन की घटनाओं, स्थितियों, प्रश्नों और समस्याओं से सम्बद्ध करता है। उन्होंने एक जगह पर लिखा भी है–"मेरी अखबारनवासी में भीतर सौ–सौ आँखें पायी" सौ–सौ आँखों वाली उनकी यह राजनीतिक दृष्टि अपने समय की दुनिया–भर की फासीवादी, साम्राज्यवादी, साम्राज्यवादी और पूँजीवादी ताकतों के असली

चेहरों एवं इरादों को सही–सही देख और पहचान लेती है। मुक्तिबोध ने रोजी–रोटी के लिए विभिन्न जगहों पर भटकते हुए गुप्त नामों से 'नया खून', 'सारथी' आदि पत्रिकाओं में जो आलेख दूसरे विश्व युद्ध और बाद की पृष्ठभूमि में लिखा है, वे यहाँ पर उल्लेखनीय हैं। इस लिहाज से 'फ्रांस किस ओर', 'अंग्रेज़ गये परन्तु इतनी अंग्रेज़ी पूँजी क्यों', 'समाजवादी समाज या अमेरिकी–ब्रिटिश पूँजी की बाढ़' 'मिस्र के विरुद्ध इतना रोष क्यों', 'पश्चिम एशिया का चकमक पत्थर', 'नाटो के नाटक का नया दौर', 'अल्जीरिया की गुत्थी' 'पश्चिमी राष्ट्रों की लंगड़ी नीति', 'एशियाई–अफ्रीकी राष्ट्रवाद का संयुक्त मोर्चा', 'अर्जेटीना के विद्रोह की तस्वीर' आदि आलेख महत्त्वपूर्ण हैं। यहाँ मुक्तिबोध आजादी के बाद की भारतीय राजनीतिक परिस्थितियों पर ही टिप्पणी नहीं करते, बल्कि पूरी विश्व–राजनीति में घटनेवाली घटनाओं, प्रश्नों और समस्याओं पर अपनी नज़र रखते हैं। इसलिए इन आलेखों की पृष्ठभूमि में उनकी 'जमाने का चेहरा', 'बारह बजे रात के', 'उन्हें युद्ध की ही करने दो बात', 'ब्रह्मराक्षस', 'अँधेरे में', 'सूखे कठोर नंगे पहाड़', 'चाँद का मुँह टेढ़ है', 'पूँजीवादी समाज कि प्रति', 'डूबता चाँद कब डूबेगा', 'जिन्दगी का रास्ता' तथा 'लकड़ी का रावण' आदि कविताओं को पढ़ने पर मुक्तिबोध की फासीवाद, साम्राज्यवाद और पूँजीवादी विरोधी दृष्टि और संघर्ष का पता चलता है।

'जमाने का चेहरा' मुक्तिबोध की 1950–57 के बीच द्वितीय विश्व–युद्ध पर लिखी गयी संभवतः सबसे लम्बी और महत्त्वपूर्ण कविता है। अनेक अन्तर्तकथाओं, घटनाओं, लोक–मिथकों और अपने वैचारिक विश्लेषण के आधार पर लिखी गयी यह उनकी एक बड़े फलकवाली राजनीतिक कविता है। विषय की विवरणात्मकता को उन्होंने विम्बमालाओं से धुँधला और अमूर्त करने की चेष्टा किया है। इस कविता में मुक्तिबोध एक गहरे अन्तर्द्वन्द्व में दिखाई देते हैं। प्रकटतः वे विश्वमानवता के सर्वनाश पर तुली हुई नाजीवादी ताकतों के विरुद्ध इंग्लैण्ड–फ्रांस–अमेरिका जैसे मित्र राष्ट्रों द्वारा चलाए जा रहे महायुद्ध के पक्ष में एक मार्क्सवादी की तरह दिखाई देते हैं, लेकिन दूसरी ओर भारत की गुलामी और अंग्रेज़ी राज के दमन के कारण जनतांत्रिक ताकतों को प्रश्नांकित भी करते हैं। यह स्थिति उनके मन में पक्ष–निर्णय को लेकर गहरा द्वन्द्व उत्पन्न करती है। यह द्वन्द्व कवि मुक्तिबोध और मार्क्सवादी मुक्तिबोध का वैचारिक द्वन्द्व है और इसीलिए यह कविता माक्वर्सवादी वैचारिकता का अतिक्रमण करती है–

"चिमुर में, आष्टी में नारियों से अंग्रेज़
फिरंगी फौजियों का बलात्कार
गाँधी थे गिरफ्तार
फिरंगी फौजियों की टोलियों की गोलियों की बौछार!!
मैदानी पवन में काँपते थे सुबह से
खून–सनी जिबह से
सम्भावी भारतीय
विभाजन–समाचार!!"[15]

वास्तव में मुक्तिबोध नाजीवाद तानाशाही की मानवता विरोधी लड़ाई के साथ ही ब्रिटेन, फ्रांस और अमेरिका के साम्राज्यवादी चरित्र से भली–भाँति परिचित है, ज़ो भारत सहित तीसरी दुनिया के एशियाई–अफ्रीकी–लैटिन अमेरिकी और अरब राष्ट्रीयतावाली जनता को गुलाम बनाए रखकर शोषण एवं दमन करना चाहती है। इसीलिए विश्वयुद्ध की समाप्ति के बाद वे इन नए साम्राज्यवादी इरादों के सँपोलों के सरसराने की आहट को भी सुन लेते हैं–"साम्राज्यवादियों के साँप और सँपोले / जिन्दगी के बागों में सरसराने लगे।" यह आहट निश्चय की तीसरी लड़ाई की अनिवार्यता सिद्ध करती हैं इसी तरह 'बारह बजे रात के कविता में मुक्तिबोध ने दूसरे विश्व युद्ध के दौरान नाटों एवं सीटो जैसी फौजी सन्धियोंवाले साम्राज्वादी देशों के बीच इंग्लैण्ड के एक होटल में चलनेवाली युद्ध–मंत्रणा का एक अत्यन्त बीभत्स चित्र खींचा है।

साम्राज्यवादी, पूँजीवादी ताकतों के विरुद्ध मुक्तिबोध के आत्मसंघर्ष पर विचार करते समय उनकी मृत्यु के दो वर्ष पूर्व लिखी गयी, किन्तु लम्बे समय तक अप्रकाशित रहनेवाली कविता 'उन्हें युद्ध की ही करने दो बात' की इन पंक्तियों का उल्लेख जरूरी है–

"उन्हें युद्ध की ही करने दो बात
चाँद की बात हम करें,
सूत्र निकालें गणित जमायें,
अज्ञातों को ज्ञात हम करें
फिर, उन ज्ञातों से अगले अज्ञातों तक
सपनों की ऊँची मंजिल पर

जीवन–कार्यालय में

करें सुरक्षित भविष्य!!

रोयें वे जो रखते अपने अदृश्य अपराधी ईश्वर से

ऐसा–वैसा सरोकार!!

आँख पोंछकर

उन्हें युद्ध की ही करने दो बात!!

नायट्रोजन बम, रासायनिक बमों के तब आघात।''[16]

कविता की इन पंक्तियों से लगता है कि मुक्तिबोध युद्धकामी साम्राज्यवादी, पूँजीवादी ताकतों की नियति और प्राथमिकताओं को अनदेखा करते हुए आदर्शवादी सरलीकरण की कल्पना में जी रहे हैं क्योंकि जो दुनिया उन ताकतों ने बनाई थी उसमें इतनी अच्छी और भावुक बातें सम्भव नहीं हैं। उस दुनिया में स्वप्न देखना इतना सहज नहीं रह गया है। युद्ध की बातें करनेवाली ताकतों को अपने अपराधी ईश्वर से भले ही ऐसा–वैसा सरोकार हो, लेकिन वे आँखे नहीं पोंछ रही हैं। यह बात उस समय ही नहीं हमारे समय में भी इराक, अफगानिस्तान में नवसाम्राज्यवादी, पूँजीवादी अमेरिका और इंग्लैण्ड के हमले और विनाश से साफ दिखाई दे रही है। एक ध्रवीय दुनिया में ये ताकतें हमें इस बात की आजादी देने को राजी नहीं है कि हम सूत्र निकालें, गणित जमाएँ, और ज्ञात को अज्ञात की खोज तक ले जाकर 'भविष्य' को कहीं उच्चतर मानवता के कर्मण्य कार्यालय में 'सुरिक्षत' रखें। वास्तव में सब कुछ उनकी मर्जी और शर्तों के अनुरूप ही हो सकता है। यहाँ पर यह कहना अधिक संगत लगता है कि कविता के इन निष्कर्षों को एकपक्षीय दृष्टि से न देखकर मुक्तिबोध के साम्राज्वाद, पूँजीवाद विरोधी चिंतन के व्यापक परिप्रेक्ष्य में ही देखना चाहिए। साथ ही इस कविता में मुक्तिबोध के भविष्योन्मुखी मानवतावादी सरोकारों एवं चिंताओं को गहराई से महसूस किया जा सकता है।

'ब्रह्मराक्षस' मुक्तिबोध के काव्य–व्यक्तित्व को निर्मित करने वाली एक विशिष्ट कविता है। इसमें उन्होंने पूँजीवाद के जनविरोधी रूप की निर्मम पड़ताल किया है। ब्रह्मराक्षस की विडम्बनाओं का कारण कोई पंडित, कोई गुरु इसलिए नहीं बताता क्योंकि उसके पास धन नहीं है और पूँजीवादी परिवेश में ज्ञान धन कमाने का साधन बन गया है, हर कार्य के पीछे धन की भूमिका है। इसलिए दिखाई देनेवाला सत्य वास्तविक न होकर केवल सत्य की झाँई होता है–

"किन्तु युग बदला व आया कीर्ति–व्यवसायी
....लाभकारी कार्य में से धन,
व धन में से हृदय–मन
और धन अभिभूत अन्तःकरण में से
सत्य की झाँई
निरन्तर चिलचिलाती थी।"[17]

'तार सप्तक' में प्रकाशित पूँजीवादी समाज के प्रति मुक्तिबोध की एक शुरुआती कविता है। इसमें उन्होंने व्यंग्यात्मक ढंग से पूँजीवादी संस्कृति के नकली, चमकीले, लुभावन किन्तु अमानवीय चेहरे को उद्‌घाटित किया है–

"इतने प्राण, इतने हाथ, इतनी बुद्धि
इतना ज्ञान, संस्कृति और अन्तःशुद्धि
इतना दिव्य, इतना भव्य, इतनी शक्ति
यह सौन्दर्य, वह वैचित्र्य, ईश्वर–भक्ति,
इतना काव्य, इतने शब्द, इतने छन्द,–
जितना ढोंग, जितना भोग है निर्बन्ध
इतना गूढ़, इतना गाढ़, सुन्दर जाल–
केवल एक जलता सत्य देते टाल।"[18]

'सूखे कठोर नंगे पहाड़' कविता में सूखे कठोर नंगे पहाड़ ह्रासमान पूँजीवादी व्यवस्था के प्रतीक हैं। इस कविता में कवि कष्टजीवियों के प्रतिनिधि महाश्रमिक से उसे उठाकर इतिहास के समुद्र में फेंकने को कहता है। 'चाँद का मुँह टेढ़ा है' कविता में भी चाँद ह्रासमान पूँजीवादी सभ्यता का प्रतीक हैं इस कविता के अंत में मुक्तिबोध क्रांतिवादी परिवर्तन द्वारा पूँजीवादी सत्ताधारी संस्कृति के विनाश की चेतना शक्ति शोषित पीड़ित जनता में देखते हैं–

"भैरों और बरगद में बहस छिड़ी हुई हैं।
जोरदार जिरह कि कितना समय लगेगा।
सुबह होगी कब और मुश्किल होगी दूर कब।"[19]

'जिन्दगी का रास्ता' कविता में मुक्तिबोध ने पूँजीवादी झूठ, उसके अत्याचरों को वर्णन करते हुए उसके अमानवीय रूप को अत्यधिक ईमानदारी से प्रस्तुत किया है–

"पूँजीवादी गाड़ी के बेगवान
लोहे के पहियों ने
मानव को पेट चीर
विज्ञानोन्नति की।'[20]

लेकिन इस कविता का नायक रामू धूमिल के हिन्दुस्तान की तरह निराश नहीं है। वह जनशक्ति में विश्वास के कारण आशा और विश्वास से भरा है।

"जन–जन के दमन के काले अन्धकार बीच,
गगन में उठते गरीबों के हाहाकार, बीच,
रामू के सोए हुए ह्दय को
अवरुद्ध जीवन को अकस्मात्, किसी ने
सत्य की शक्ति दी,
औ' हिम्मत की राह दी
पूँजीवादी झूठ के विराट अत्याचार बीच।'[21]

'लकड़ी का रावण' और 'डूबता चाँद कब डूबेगा' कविताओं में भी रावण और चाँद ह्रासमान पूँजीवादी सभ्यता का प्रतीक है। 'डूबता चाँद कब डूबेगा' यद्यपि 'चाँद का मुँह टेढ़ा है' संकलन की एक स्वतंत्र कविता है, लेकिन मुक्तिबोध ने बाद में इसे 'एक प्रदीर्घ कविता' के एक अंश के रूप में बदल दिया था। इस कविता में कवि ह्रासमान पूँजीवादी सभ्यता के शीघ्र विनाश की कामना एवं प्रतीक्षा करता है–

"अपनी खिड़की से देख रहे हैं हम दोनों
डूबता चाँद, कब डूबेगा।'[22]

मुक्तिबोध के आत्मसंघर्ष के और भी कई आयाम हैं और ये पर्याप्त महत्त्वपूर्ण भी हैं। वे जिस तरह अन्तर्राष्ट्रीय स्तर पर फासीवादी, साम्राज्यवादी तथा पूँजीवादी ताकतों के विरुद्ध संघर्ष करते हैं उसी तरह देश के भीतरी स्तर पर उस समय जड़ जमानेवाली फासीवादी, दक्षिणपंथी साम्प्रदायिक ताकतों के विरुद्ध भी संघर्ष करते हैं, क्योंकि वे जानते हैं कि सम्प्रदायवाद और फासीवाद में अन्योन्याश्रित सम्बन्ध होता है। इसका परिचय उनके शुरुआती चिंतन, लेखन और गतिविधियों से ही मिलने लगता है। 1944 में उन्होंने इंदौर में 'प्रगतिशील लेखक संघ' का राष्ट्रीय अधिवेशन कराया था जिसका विषय ही फासीवाद विरोधी

था। इस सन्दर्भ में उनकी 'पक्षी और दीमक', 'क्लाड ईथरली' कहानियों तथा 'अँधेरे में' कविता का विशेष रूप में उल्लेख किया जा सकता है। 'पक्षी और दीमक' कहानी में वे साम्प्रदायिक फासीवादी ताकतों और अमेरिकी साम्राज्यवाद के गठजोड़ को साफ तौर पर देख लेते हैं। इस कहानी का प्रमुख पात्र कहता हैं–''उस भगवे खद्दर–कुरते वाले से मेरा छुटकारा कब होगा, कब होगा।''[23] 'क्लाड ईथरली' एक ऐसी कालजयी कहानी है जो अपने समय के साथ ही आज भी युद्धकामी साम्राज्यवादी, पूँजीवादी अमेरिका जैसी ताकतों की क्रूर, घृणित वास्तविकता को सामने लाती है। यह वास्तविकता तब और महत्त्वपूर्ण हो जाती है जब यह किसी देश या समाज से सम्बद्ध न रहकर व्यापक मानवीय प्रवृत्ति बन जाती है। तभी तो नायक के साथ चलनेवाला चरित्र कहता है–''भारत के हर बड़े नगर में एक–एक अमरीका है।''[24] यह 'अमरीका' पश्चिमी युद्धकामी साम्राज्यवादी ताकतों की अंधी नकल से बनता है।

'अँधेरे में' कविता में मुक्तिबोध की फासीवाद एवं पूँजीवाद विरोधी चेतना प्रमुख रूप से प्रकट हुई है। इस कविता का तो पहले नाम मुक्तिबोध ने 'आशंका के द्वीप अँधेरे में' रखा था जो आजादी के बाद के भारत में फासीवादी ताकतों की आशंका को बहुत कुछ व्यक्त कर देता है। उन्होंने इस कविता की विषय–वस्तु की चर्चा करते हुए आग्न्येश्का सोनी को लिखे एक पत्र में भी ऐसी ही आशंका प्रकट की थी–''उसमें एक आशंका है, अँधेरे आशंका का वातावरण है–कहीं हमारे देश भारत में ऐसा–वैसा न हो।'' मुक्तिबोध की इस आशंका को बनाने में उस समय मध्य प्रदेश सरकार द्वारा 19 सितम्बर, 1962 को साम्प्रदायिक ताकतों के दबाव में उनकी पुस्तक 'भारत इतिहास और संस्कृति' पर लगाया गया प्रतिबन्ध भी है। इस प्रतिबन्ध की मुक्तिबोध पर भयंकर मानसिक प्रतिक्रिया हुई भी क्योंकि वे इस घटना को व्यापक फलक पर देख रहे थे। इसकी चर्चा हरिशंकर परसाई ने राष्ट्रवाणी (जनवरी–फरवरी, 1965) में अपने एक संस्मरण में इस प्रकार किया है–वे कहते, 'पार्टनर, यह मेरी या आपकी पुस्तक का माला नहीं। मामला यह है कि देश में फासिस्ट ताकतें बहुत बढ़ गयी हैं। वे आपकी कलम छीन लेंगी, आपके गले को दबाकर आपको बोलने नहीं देंगी। वे स्वतंत्र चिंतन को समाप्त कर देंगी।'' मुक्तिबोध की यह आशंका पिछले कुद वर्षो से लगातार गोविन्द पंसारे, नरेन्द्र दाभोलकर, एम.एस. कलबुर्गी

और गौरी लंकेश जैसे बुद्धिजीवियों एवं लेखकों की हत्याओं के रूप में हकीकत का रूप लेती तो दिखाई दे रही हैं। इससे भी आगे बढ़कर हमारे सामाजिक जीवन का पर्याय बनकर वैधता भी प्राप्त कर चुकी है। इसीलिए 'अँधेरे में' कविता में हम पाते हैं कि फासिस्ट शासन, पूँजीवाद विरोधी जनक्रान्ति की आशंका मात्र से सैनिक शासन लगा देता है और जनक्रांति के दमन के लिए भंयकर दमन और हिंसा का सहारा लेता है।

मुक्तिबोध नयी कविता के भी केन्द्रीय कवि माने जाते हैं। उनके आत्मसंघर्ष का एक रूप यहाँ भी दिखाई देता है। आरम्भ में नयी कविता में अज्ञेय आदि की आत्मपरक व्यक्तिवादी कविता को प्रमुखता के कारण उनकी नोटिस नहीं ली गयी, उन्हें हाशिए पर डाला गया। दरअसल मुक्तिबोध नयी कविता के अन्तर्गत निम्नमध्यवर्गीय आधार वाली उस कविता धारा के सर्वप्रमुख कवि हैं जिसकी निगाह तीसरी दुनिया के नवस्वतंत्र और संघर्षशील जनता के जीवन आंदोलनों और संघर्ष पर रहती है। वे तीसरी दुनिया के इन देशों की जनता को गुलाम बनानेवाली साम्राज्यवादी, पूँजीवादी ताकतों के विरुद्ध सावधान करते हुए तीसरी लड़ाई हेतु तैयार रहने के लिए आगाह करते हैं। इसीलिए वे उच्चमध्वर्गीय आधारवाली, यूरोप–अमेरिका से प्रभाव ग्रहण करनेवाली नयी कविता की उस धारा के विरुद्ध आत्मसंघर्ष करते हैं जो अपनी आत्मपरक व्यक्तिवादी चेतना के कारण अतिरंजना, अनुकृति, संघर्षहीनता, उदासी और निराशावाद का प्रचार करते हुए आम जनता के जीवन से बहुत दूर पड़ती है। यहाँ मुक्तिबोध की उस द्वन्द्वात्मक दृष्टि की तारीफ करना अनिवार्य हो जाता है जिसके अन्तर्गत उन्होंने सम्पूर्ण नयी कविता का निषेध नहीं किया है। यही नहीं वे यह भी मानते हैं कि भाववादी शिल्प में भी सामाजिक वस्तु की संभावना रहती है। दूसरे उन्होंने नयी कविता की निम्नमध्यमवर्गीय आधारवाली धारा को पूरा समर्थन दिया। यह धारा भारतीय व्यक्तिव की रक्षा करते हुए उसे पश्चिमी जगत से नहीं, बल्कि एशिया–अफ्रीका–अरब और दक्षिण अमेरिका की संघर्षशील राष्ट्रीयताओं से जोड़ना चाहती है। इन महादेशों में मानवीय समाज उपनिवेशवादी साम्राज्यवादी पराधीनता से मुक्त होकर परिवर्तन, संघर्ष और निर्माण की दिशा में आगे बढ़ रहा है। यह मुक्तिबोध की वह वैज्ञानिक विश्व–दृष्टि है जो राष्ट्रीयता के साथ अन्तर्राष्ट्रीयता को महत्त्व देती है अर्थात् यह मानकर चलती है कि अपने देश की मिट्टी से, स्थानीयता से रंगकर ही विश्वात्मक हुआ जा सकता

है। इस सन्दर्भ में उनका दुनिया की शोषित, पीड़ित और संघर्षरत मानवता की पक्षधरता का संकल्प अच्छी तरह समझा जा सकता हैं–

"जहाँ भी स्नेह या संगर
वहाँ पर एक मेरी छटपटाहट है
वहाँ है जोर गहरा एक मेरा भी
सतत् मेरी उपस्थिति नित्य सन्निधि है
एक मेरा भी वहाँ पर प्राण–प्रतिनिधि है
अनुज–अग्रज–मित्र
कोई आत्म–छाया–चित्र
धरती के विकसी द्वन्द्व–क्रम में एक मेरा छटपटाता वक्ष
स्नेहाश्लेष या संगर कहीं भी हो
कि धरती के विकासी द्वन्द्व–क्रम में एक मेरा पक्ष मेरा पक्ष निस्सन्देह।'[25]

मुक्तिबोध की यह 'निस्सन्देह पक्षधरता' नागार्जुन की इस पक्षधरता की ही अगली अटूट कड़ी हैं–

"प्रतिबद्ध हूँ, जी हाँ, प्रतिबद्ध हूँ–
बहुजन समाज भी अनुपल प्रगति के निमित्त
संकुचित 'स्व' की आपाधापी के निशेधार्थ
अविवेकी भीड़ की भेड़िया–धसान' के ख़िलाफ
अपने आपको भी व्यामोह में बारम्बार उबारने की खातिर
प्रतिबद्ध हूँ, जी हाँ, शतधा प्रतिबद्ध हूँ।'[26]

मुक्तिबोध के आत्मसंघर्ष पर विचार करते हुए उनके मार्क्सवादी चिंतन, लेखन और आलोचना की सीमाओं, अन्तर्विरोधी तथा रूढ़ियों के विरुद्ध किये गये संघर्ष का उल्लेख भी आवश्यक है। वास्तव में मुक्तिबोध एक प्रखर मार्क्सवादी रचनाकार, आलोचक और विचारक थे। मार्क्सवाद को वे 'प्रथम आत्मचेतना' मानते थे और उससे अपने को रोमांटिक रूप से सम्बद्ध महसूस करते थे। यही नहीं वे मार्क्सवाद को अपने मानसिक द्वन्द्व या उलझन को सुलझाने का आधार भी मानते थे। इतना होते हुए भी उन्हें तकनीकी मार्क्सवादी नहीं कहा जा सकता। वस्तुतः मुक्तिबोध मार्क्सवाद को आलोचनात्मक दृष्टि से ही ग्रहण करते हैं और जनता की मुक्ति की लड़ाई के लिए उससे रोशनी और प्रेरणा

पाना चाहते हैं। इसीलिए मार्क्सवादी चिंतन का दायरा उनके लिए छोटा पड़ जाता है और वे इसकी सीमाओं, अन्तर्विरोधों तथा रूढ़ियों को भी अच्छी तरह देख लेते हैं। निश्चय ही मुक्तिबोध की आस्था आम भारतीय जनता के जीवन संघर्षों सहित दुनिया की शोषित, पीड़ित किन्तु संघर्षशील मानवता के साथ है। वे मार्क्सवाद के रूसी संस्करण की जगह इसका भारतीय पाठ तैयार करना चाहते थे, क्योंकि रूसी मार्क्सवाद में लेखकों को वह आजादी हासिल नहीं होती जैसा वे चाहते थे। इसी तरह परंपरागत मार्क्सवाद में मध्यवर्ग की जितनी भूमिका मानी गयी है, मुक्तिबोध उससे बढ़कर मानते थे। मुक्तिबोध अपनी रचना–प्रक्रिया को स्पष्ट करते हुए बताते हैं कि रचनाकार के सामने जो त्रिभुज बनता है। इसका आधार उसकी चेतना है, दूसरी भुजा रचनाकार का आन्तरिक संसार है और तीसरी भुजा बाहरी संसार है। इसीलिए दुनिया और समाज को बदलने के लिए मार्क्सवाद का पैमाना भुजा बाहरी संसार है। इसीलिए दुनिया और समाज को बदलने के लिए मार्क्सवाद का पैमाना उसके लिए छोटा पड़ जाता है और वे बार–बार इस पैमाने को अतिक्रमिक कर जाते हैं।

सन्दर्भ–

1. नयी कविता और अस्तित्ववाद–डॉ. रामविलास शर्मा, राजकमल प्रकाशन, नयी दिल्ली, 1993 संस्करण, पृ. 142

2. उप., पृ. 141

3. कविता के नये प्रतिमान–डॉ. नामवर सिंह, राजकमल प्रकाशन नयी दिल्ली, संस्करण 2000, भूमिका, पृ. 07

4. हिन्दी आलोचना का दूसरा पाठ–निर्मला जैन, राजकमल प्रकाशन, नयी दिल्ली, संस्करण 2014, पृ. 101 पर उद्धृत

5. मुक्तिबोध : कवि छवि–सं. नन्दकिशोर नक्ल, नीलाभ प्रकाश, इलाहाबाद, प्रथम संस्करण 2002, पृ. 20

6. मुक्तबोध रचनावली–संपा, नेमिचन्द जैन, राजकमल प्रकाशन, नयी दिल्ली, संस्करण 2007, खंड–4, पृ. 196

7. उप., खण्ड–1 पृ. 222

8. उप., पृ, 274

9. उप., ख़ण्ड–2, पृ. 318

10. उप., पृ. 230

11. उप., पृ. 333

12. उप., पृ. 334

13. उप., पृ. 215

14. उप., पृ. 419

15. उप., पृ. 66

16. उप., पृ. 224–46

17. उप., पृ. 319

18. उप., खण्ड–1, पृ. 117

19. उप., खण्ड–2, पृ. 286

20. उप., पृ. 267

21. उप., पृ. 278

22. उप., पृ. 311

23. उप., खण्ड–3, पृ. 145

24. उप., पृ. 157

25. उप., खण्ड–2, पृ. 453

26. नागार्जुन रचनावली–संपा. शोभाकांत, राजकमल प्रकाशन, नयी दिल्ली, संस्करण 2003 खण्ड–2, पृ. 130

डॉ. गोरखनाथ

हिन्दी विभाग

यू.पी. कॉलेज, वाराणसी (उ.प्र.)

मो. 9839541426

♦♦♦

मुक्तिबोध जन्म शताब्दी वर्ष—विचार समय

लीलाधर मंडलोई

1

आरम्भ में महत्त्वपूर्ण बातें जो मुझे मुक्तिबोध को पढ़ते हुए लगीं।

1. स्टीफ़न हाकिंग्स सुप्रसिद्ध वैज्ञानिक ने पिछले दिनों डिस्कवरी चैनल पर कुछ बातें की, उनमें से एक बात नयी और रोमांचक थी। उन्होंने कहा मनुष्य के दिमाग़ में ब्रह्मांड की तरह अनेक तारे हैं—परिक्रमा करते हुए। यात्रा के दौरान तारे एक—दूसरे को स्पर्श करते हैं, मिल भी जाते हैं। उनकी उपस्थिति हैं, क्रिया और प्रतिक्रियाएँ हैं। जिस तरह हम ब्रह्मांड के रहस्यों के प्रति आकर्षित हैं वैसे मनुष्य का दिमाग़ पसन्द—नापसन्द के अनुसार कुछ ख़स विषयों, प्रसंगों, विचारों से उलझा रहता हैं। मुक्तिबोध के मन के रहस्यलोक, उनकी बेचैनी और सत्य की खोज को इस ब्रह्मांड के सत्य की खोज से जोड़कर देखा जा सकता है। इस सच को भी केन्द्र में रचना जरूरी है कि ब्रह्मांड के सारे रहस्य खुल गये हों या खुल जायेंगे कहना मुश्किल है। इसी तरह किसी कलाकार, लेखक और वैज्ञानिक आदि के रहस्यलोक के बारे में समझना चाहिए। मुक्तिबोध के मन के रहस्यलोक की कई व्याख्याओं में यही जटिलता है, जिसे स्टीफन के कथन से समझा जा सकता है। मुक्तिबोध भी 'एक साहित्यिक की डायरी' में लिखते हैं—'ज्ञात से अज्ञात की ओर जाने का कार्यक्रम बना डालो, डरो नहीं। ज्ञात से अज्ञात की ओर जाने से ही ज्ञान की विवशताएँ टूटती रहेंगी।' तो इस तरह हम मुक्तिबोध के रहस्यलोक की स्थगित—स्थापित व्याख्याओं से आगे जा सकते हैं।

2. मुक्तिबोध एक बिन्दु से अन्तिम बिन्दु तक अपनी कविता में जिन इलाकों से गुज़रते हैं, वहाँ के भू—दृश्य, पेड़—पौधे, पशु—पक्षी, समाज के भिन्न—भिन्न लोगों, आडियो इमेजरी

और रंगों को दर्ज़ करते चलते हैं, जैसे कुछ भी उनके लिए छोड़ना मुश्किल। एक कवि के लिए ये सब उसकी प्रदीप्त ऐंद्रिकता के चलते होता है। यहाँ तक कई गंध–सुगंध भी कविता में दर्ज़ होती हैं। इसके लिए फिर 'एक साहित्यिक डायरी' में लौटकर मुक्तिबोध की इस टिप्पणी से रू–ब–रू होते हैं–'वह व्यक्ति को अपने को प्रकट करते समय, स्वयं की सारी इन्द्रियों से काम लेते हुए एक आन्तरिक यात्रा कर रहा है। वह अपने भावों या विचारों को प्रकट नहीं करता था, बल्कि उन्हें स्पर्श करता था, सूँघता था, उनका आकार–प्रकार, रंग–रूप और गति बता सकता था, मानो वे प्रकट, साक्षात और जीवन्त हों।'

3. तीसरा तथ्य कि वे अपने संवेदनात्मक ज्ञान से लम्बी कविताओं में तो उन चीज़ों को दर्ज़ करते हैं, जिनका मैंने ज़िक्र किया, लेकिन उनकी ज्ञानमय आँखें यानी ज्ञानात्मक संवेदन उस तलछट में झाँकता–पीछा करता है, जहाँ अँधेरा गहरा रहा है। मुक्तिबोध सत्य के लिए उस अँधेरे में धँसते जाते हैं।

4. मुक्तिबोध में अपनी कविताओं को लेकर लोक शिक्षण की प्रवृत्ति भी दीख पड़ती है। वे अपने विशिष्ट प्रतीकों, बिम्बों, रंगों और इमेज़ेस को कविता में लाने के साथ उनके अर्थ भी, एक से दूसरी लम्बी कविताओं में खोलने का काम करते हैं।

2

मुक्तिबोध 20वीं सदी और उसे लाँघकर इस सदी के भी अन्तिम कवि इस अर्थ में हैं कि उन्होंने अपने लेखन में संशय, भय और अँधेरों को पारकर एक विज़न अर्जित किया, जो उनके समकालीन नहीं कर सकें। और इस अर्जन के परिपार्श्व में उनके आत्मसंघर्ष की कुछ अहम बातें हैं–उनकी वैष्णवी चेतना, बुद्ध का दर्शन, गाँधी व तिलक की वैचारिक छायाएँ, प्रसाद के मनु से संघर्ष, नेहरू का प्रभाव आदि। इन सबसे जूझते हुए एक ही सवाल उनके मन में गूँजता हैं, जो कविताओं में भी है–"तय करो किस ओर हो तुम।" और अन्ततः उन्हें मार्क्सवादी

दर्शन में वो विज़न मिलता है– ग़ौर करें विज़न यह स्थानिक होते हुए भी विश्वदृष्टि से लैस है– एक उदाहरण :

'मुझ पर क्षुब्ध बारूदी धुएँ की झार आती है। व उन पर प्यार आता है। कि जिनका तप्त मुख संवला रहा है धूम लहरों में। कि जो मानव भविष्यत–युद्ध में रत हैं। जगत की स्याह सड़कों पर। कि मैं अपनी अधूरी दीर्घ कविता में। सभी प्रश्नोत्तरी की तुंग प्रतिमा गिराकर तोड़ देता हूँ हथौड़े से। कि वे सब प्रश्न कृत्रिय और उत्तर छलमय।'

विज़न का एक और उदाहरण :

'समस्या एक–मेरे सभ्य नगरों और ग्रामों में। सभी मानव सुखी, सुंदर और शोषण मुक्त कब होंगे।' और अब मैं आता हूँ–"अँधेरे में और अन्य लम्बी कविताएँ" पर।

मेरा पाठ सिर्फ़ वस्तु या कथ्य आधारित नहीं है। पाठ में मैंने वस्तु और कथ्य को उन रंगों, ऑडियो–वीडियो इमेजे़स और चित्रों के साथ रखा है, जिनके बिना मुक्तिबोध की कविताओं का पाठ मेरे लिए मुमकिन नहीं था। मुक्तिबोध समझ न आनेवाले विशिष्ट प्रतीकों, बिम्बों, रंगों और इमेजेस को एक से दूसरी लम्बी कविताओं में खेलने का साहसपूर्ण कार्य करते रहते हैं।

मुक्तिबोध को इस सन्दर्भ मे समझना हो तो उनकी 'एक साहित्यिक की डायरी' को कविताओं के साथ पढ़ें–कुछ अंश :

1. मैंने अपनी एक कविता में उन्हीं काजली रंगों का प्रयोग किया है। अन्तर केवल यह है कि इस श्यामलता के कार्य कारण संबंध भी वहीं प्रस्तुत किये हैं।
2. कविता, एक संगीत को छोड़, अन्य सब कलाओं से अधिक अमूर्त हैं। वहाँ जीवन–यथार्थ केवल भाव बनकर प्रस्तुत होता है, या बिम्ब बनकर या विचार बनकर।
3. शब्द के अपने ध्वनि अनुषंग होते हैं जिनमें चित्र और ध्वनियाँ दोनों शामिल हैं।

मैं अगर ऑडियो–वीडियो इमेजरी, रंग आदि के बीच कथ्य को खोज रहा हूँ तो ये सभी संकेत मुक्तिबोध के हैं, जिन्हें नए सिरे देखना शेष है।

3

मित्रों! अभी मुझे श्रीकान्त वर्मा की याद आ रही है। श्रीकान्त जी ने 'चाँद का मुँह टेढ़ा' है, की पांडुलिपि भारतीय ज्ञानपीठ के लिए तैयार की थी और अशोक वाजपेयी ने कविताओं के चुनाव में महत्त्वपूर्ण भूमिका निभाई थी। श्रीकान्त जी ने नवयुवकों में मुक्तिबोध की गहरी दिलचस्पी का ज़िक्र किया था। यह एक अर्थगर्भी संकेत है। आज के लेखकों के लिये भी, जबकि समाज में अँधेरा सघन है। आशंका के कई द्वीप हैं जिनमें आज लेखक का मुक्तिबोधीय होना दायित्वपूर्ण है और युवा लेखकों का जागरुक व संगठित होना ज़रूरी है।

श्रीकान्त जी ने अपनी भूमिका में एक और बात कही है कि मुक्तिबोध की दो कविताएँ क्रमशः 'चम्बल की घाटी में' और 'आशंका के द्वीप : अँधेरे में' एक के बाद एक छापी जायें और दूसरी का शीर्षक बदल दिया जाये। दोनों एक मनःस्थिति की कविताएँ हैं, ऐसा मुक्तिबोध ने कहा था। श्रीकांत जी ने 'आशंका के द्वीप' हटाकर 'अँधेरे में' कर दिया। यह अब एक क्लासिक कविता की तरह उपस्थित है।

इस प्रसंग का मेरे लिए बहोत गहरा अर्थ है, जिसे मैं खोलने का यत्न करूँगा बाद में। अभी इतना बता दूँ कि जब मैं दुर्गा कॉलेज, रायपुर में एम.ए. का विद्यार्थी था तबसे इन दो कविताओं को बार–बार पढ़ता रहा हूँ ताकि मुक्तिबोध की मनःस्थिति को समझ सकूँ। 4 दशक से मैं लम्बी कविताओं की तरफ़ भी लौटता रहा हूँ और पिछले एक साल से तो मैंने मुक्तिबोध को ही पढ़ा है। लेकिन इन कविताओं का मेरे भीतर पूर्ण आविर्भाव हुआ हो, मैं कह नहीं सकता।

4

मुक्तिबोध को समझने के फेर में हजारीप्रसाद द्विवेदी की एक टिप्पणी ने मेरे लिए पाठ की प्रक्रिया को ही उलट दिया। उन्होंने लिखा– *'मुक्तिबोध जीवन भर एक ही कविता लिखते रहे और अँधेरे में उसका अन्तिम पाठान्तर है।'* इस गहरी टिप्पणी के कारण मुझे नए सिरे से मुक्तिबोध की कविताओं की तरफ लौटना पड़ा और विशेष रूप से लम्बी कविताओं की तरफ़। वहाँ से अँधेरे में का दरवाज़ा खुला और कुछ कुहरीली भाप भरी उजास भी मिली। जो झमक के साथ न थी और वह मनः स्थिति जिसमें भय, आशंका, पुकारती हुई एक पुकार

खोती हुई, मिथकों का अबूझ संसार, कहीं प्रसाद का मनु, कहीं उनकी कामायनी के एकाएक चमकते रत्न, अछोर पगडंडियाँ, हर पंक्ति में चित्रमयता, भूरे, काले, तेलिया, स्याह, गेरूआ, लाल और सिन्दूरी रंग, पहचान न आनेवालीं टेढ़े चेहरों की आकृतियाँ, साँप, अजगर, प्रेत, राक्षस, घुग्घू, गिद्ध, खोह, बावड़ी, तालाब और इन सबके साथ और ऐन बीच ध्वनियों और दृश्यों का संसार यानि एक रहस्य लोक, कवि की मनः स्थिति, और बेचैनी और जलते हुए सत्य की खोज में अँधेरे में गहरे तक धँसते जाने का बोध...। मुक्तिबोध की कविताओं के पाठ में ऐसा लगता हैं माने आप कोई हॉरर फ़िल्म देख रहे हों और आपको दीखते हैं–गिद्धों, घुग्घूओं और जंगली पक्षियों की हिंसक निगाहों के डरावने दृश्य, मूर्तियों से झरती चिंगारियाँ, अलाव, आग–ज्वालाओं के दृश्य, काँपता कमल, जल का अथाह–अशांत जगत कोई उस जल में छप–छप करता, एकाएक सनसनी, गोलियाँ चलने का दृश्य, भीड़, पत्थरों की गड़गड़ाहट, भूखे प्राणों की हँसी, जंजीरों की झंकार और कोई विराट पुरुष रक्तस्नात जिसकी आँखों से प्रकट होते बिजली के फूल अर्थात एक रहस्यलोक जिसमें झाड़–झंझाड़, सूखें कुँओं, गहरी बावलियों का अँधेरा लोक, आतंक का, रहस्य का वातावरण और कवि की वैसी बड़बड़ाहट, जो बेहोशी में मृत्यु के समय एम्स अस्पताल में भी सुनी गयी। मैं इन सबके मानी समझना चाहता था जो जीव्र गति से फ़िल्म के सजीव दृश्यों के तरह सामने थे। मेरे हिस्से मुक्तिबोध की 'साहित्यिक डायरी' से कुछ पंक्तियाँ मिलीं, जिनसे मुझे पाठ के लिए बल मिला, आप भी सुनें'– *'मुझे लगता है कि मन एक रहस्यलोक हैं। उसमें अँधेरा है। अँधेरे में सीढ़ियाँ हैं। सीढ़ियाँ गीली हैं। सबसे निचली सीढ़ी पानी में डूबी हुई हैं। वहाँ अथाह काला जल है। इस अथाह काले जल से स्वयं को ही डर लगता है। इस अथाह काले जल में कोई बैठा है। वह शायद मैं ही हूँ।'* यहाँ से मैं, मुक्तिबोध के रहस्यलोक को समझने की कोशिश करता हूँ। मुक्तिबोध का **'मैं'** और उनका **'स्व'** कविताओं में मन के रहस्यलोक के साथ कविताओं में बाहर भी दिखता हैं और कविताओं में उसके रूपांतरण की परतें खुलने लगती हैं। तमाम लम्बी कविताओं में मुक्तिबोध के भीतर का रहस्यलोक फ़िल्म के दृश्यों की तरह खुलता है। फ़िल्म निर्माण की दो प्रसिद्ध अवधारणाएँ हैं। एक पुडोविकन की जिसमें दृश्य + दृश्य कथा में जुड़ते हैं जैसे उदाहरण के लिए गुलज़ार की मेरे अपने, आँधी या कोई भी फ़िल्म लें। दूसरी

अवधारणा है–आइंजेस्टाइन की दृश्य × दृश्य। कथा में दृश्य एक के बाद जुड़ते नहीं, बल्कि मल्टीप्लाई होते हैं जैसे मणिकौल और कुमार शहानी की कुछ फ़िल्में। मणिकौल ने मुक्तिबोध पर 'सतह से उठता आदमी फ़िल्म बनाई थी'। दर्शकों को, इस फ़िल्म को चाक्षुष अनुभव की तरह गृहण करना लाज़िमी है। आपकों एक सन्नाटा, एक रहस्य, चेहरों की गतिशील आकृतियाँ, स्याहधुंध और कोहरे जैसे वातावरण में चेहरों का चीज़ों में बदलने का बोध होगा, कई रंग उभरते तिरोहित होते लगेंगे, एक अचानक आया चेहरा और उस पर सुपरइंपोज होते कई अंजान चेहरे, ढेर से शब्दों का अनगढ़–अबूझ स्वर, चक्करदार सीढ़ियों पर कैमरा पीछा करता हुआ और मीनार, गुम्बद तालाब, बावड़ी के भूदृश्य और ये किसी कथा के क्रमागत इतिवृत्त की तरह नहीं बल्कि असम्बद्ध। एक डरावनी फ़िल्म की तरह जिसमें कविताओं में आये किरदार इतिहास से, मिथक से, आज से एक–दूसरे में डिज़ाल्व होते हुए। मणिकौल इसे दुःस्वप्न की तरह गढ़ते हैं जिसमें कुछ भी एक संगति में नहीं लगता, लेकिन वह दूसरी तरह से सम्बद्ध है जैसे मुक्तिबोध की अधूरी कविताओं की गहरी सम्बद्धता। फ़िल्म में मुक्तिबोध की फैंटसी को गढ़ने के सिनेमैटिक अभिप्रायों में एक नरेशन या कहें आख्यान बनता है। मणिकौल ने इसमें संगीत रचना के लिए बाँस के आदिवासी वाद्य के एक ही स्वर को कई तरह से बैकग्राउंड में डाला है। लोक वाद्य, बाँस का प्रयोग मुक्तिबोधीय लोक के वातावरण निर्माण के लिए है। नेपथ्य में रमेश की गूँजती आवाज़। पत्थर के गिरने–डूबने का स्वर, उस तालाब में जहाँ रमेश का स्वर गूँजता है। "जहाँ अथाह काला जल है... अँधेरा है... इस तालाब में कइयों ने जाने दी हैं।" फिर वो एक दृश्य रमेश और केशव के बीच 'कला के तीन क्षण' वाली बहस का। और एक सन्नाटा, सन्नाटे को मूर्त करने की कोशिश, लेकिन मुझे फ़िल्म में मुक्तिबोध की गरजती, गूँजती आन्दोलिता गहराइयों से उठती ध्वनियाँ, भूरी–भूरी खाक धूल जन–जन के आन्दोलित चेहरे और आग और चकमक चिनगारियाँ, जुलूस, मशाल, बरगद पर घुग्घू, खिलते गुलाब और कमल और भविष्य की उम्मींद का प्रतीक वो बच्चा, सुबह की धूप आदि, मुक्तिबोध की दृष्टि और मेधा के रास्ते मूर्त होते नहीं दीखते बल्कि मणिकौल सन्नाटे की तरह रचते दृश्यों–रंगों और ध्वनियों में उसे अस्मिता मूलक बनाते लगते हैं। बहरहाल... मेरा यह पाठ गलत लगे या हो सकता है, लेकिन मेरे सामने सवाल एक बनता है जिसका

उत्तर मैं खोजना चाहता हूँ। वो यह कि क्या मुक्तिबोध की कविताओं में उभरे कथ्य, मिथ, या गाथा, या फिर प्रतीकों और बिम्बों को अलग–अलग स्वायत्त ढंग से समझा जा सकता है। हमारी अधिकांश आलोचना वस्तु या कथ्य केंद्रित है। वस्तु और कथ्य को मुक्तिबोध के दृश्यों, चित्रों, ध्वनियों, रंगों के स्टिल या गतिशील तत्वों से जोड़कर शायद नहीं देखा गया है जबकि इनके बिना मुक्तिबोध के कथ्य या वस्तु अपने आधार या संरचना को पूर्ण नहीं बनते। बस... यहीं से मैं ऑडियो और वीडियो इमेजरी के साथ कविताओं का एक अपना पाठ बनाने की जद्दोज़हद मैं बना रहा हूँ। एक साहित्यिक की डायरी में मुक्तिबोध अपनी रचना प्रक्रिया के बारे एक सूत्र देते हैं–"होना यह चाहिए कि ज्ञान आँखों में सुनहला अंजन लगा दे, दृश्य को निःसीम और अत्यन्त मनोहर कर दें।" यह वीडियो इमेजरी है। वे आसमान का चित्र नहीं साधते, बल्कि मैले डबरे में सूरज के बिम्ब का चित्रण करते हैं जो उनके जीवन सत्य के ज़्यादा नज़दीक है। मैं उनके जीवन–सत्य को सिर्फ़ वस्तु के एक कोण से नहीं देख पाता अपितु पूरे आब्जेक्ट में पकड़ना चाहता हूँ जैसे वस्तु को दृश्य, चित्र, रंग, ध्वनि की गतिशील अवस्था में मुक्तिबोध पकड़ते हैं। और मुझे पहले 'डूबता चाँद कब डूबेगा' में कथ्य के साथ एक वीडियो इमेज मिलती है–

'धन–तम में लाल अलावों की नाचती ज्वालाओं में। मृदु चमक रहे जन–जन मुख पर, आलोकित ये विचार हैं, अब यह घटना बार–बार होगी। शोषण के बन्दीगृह जन में, जीवन की तीव्र धारा होगी।'

मुक्तिबोध की इस दृष्टि में जहाँ वर्तमान से भविष्य में खुलनेवाला महान दृश्य है। लेकिन जन–जन के मुख पर आलोकित विचार को और उसकी भविष्य में होनेवाली जीवन की तीव्र धारा का फ़िल्मांकन कठिन है। मुक्तिबोध दरअसल फ़िल्मांकन के व्याकरण और शिल्प को भी अतिक्रमित करनेवाले कवि हैं। उनके दृश्य ज्ञानमय आँखों से निःसीम हो उठते हैं। दृश्य का निःसीम होना और कुछ नहीं, उनके ज्ञानात्मक अभिप्रायों की महान वीडियो इमेजरी हैं, जो घन–तम में लाल अलावों की नाचती ज्वालाओं में अपने दर्शन को मूर्त करती हैं। उनकी कविता में उर्जस्वल, भव्य, स्वादेयित और रक्तांकित मुखमंडल विशिष्ट प्रतीक हैं जो विराट पुरुष और रक्तस्नात पुरुष के कई चेहरों में हैं, जो उनकी कई कविताओं में आकार लेते हैं मसलन– 'मेरे सहचर मेरे मित्र, लकड़ी का बना रावण, अँधेरे में, चम्बल की घाटी में कभी वो प्रत्यक्ष तो कभी

प्रतीक और बिम्ब में मिलता है। ये दूसरी कविताओं में भी है–कहीं तप्तमुख, कहीं कुहरीली भाप का चेहरा और कहीं बादलों में बनते चेहरे के रूप में आदि।

5

मित्रो! मुक्तिबोध की कविताओं को पढ़ते, और–और–और पढ़ते हुए, मुझे अपनी हालत उनकी इन पंक्तियों की तरह लगने लगती है–

"ज्यों कोई च्यूँटी शिलालेख पर चढ़ती है अक्षर–अक्षर रेंगती वहीं कुछ पढ़ती है। त्यों मन। भीतर के लेखों को छू लेता है... बेचैन भटकता है, बेकार ठिठकता है... पर पकड़ नहीं पाता उसके अक्षर..."

ये है मुक्तिबोध की भी ठिठक, बेचैनी और पकड़ न पाने की असहायता इसलिए वे अधूरी कविताओं के साथ 'अँधेरे में' की ओर बढ़ते हैं, उसमें धँसते हैं, जलते सत्य का अर्जन करते हैं और तब कहीं 'अँधेरे में' कालजयी कविता हो उठती है।

आइये अब उनकी कविताओं के कथ्य के साथ मिथक, प्रतीक और बिम्बों के साथ ऑडियो–वीडियो की सम्बद्ध इमेजरी को देखें। हाँ! एक बात और मुक्तिबोध के ऐंद्रिक लोक के रास्ते ही इन इमेजेस को समझा जा सकता है– पहले कुछ अमर वीजुअल्स इमेजेस को याद करें। 'भूल गलती' की ये पंक्तियाँ :

सामने। बेचैन घावों की अजब तिरछी लकीरों से कटा–चेहरा।
कि जिस पर कांप दिल की भाप उठती है।
पहने हथकड़ी वह एक ऊँचा क़द, समूचे जिस्म पर लत्तर।
झलकते लाल लम्बे दाग़–बहते ख़ून के
वह क़ैद कर लाया गया ईमान
सुल्तानी निगाहों में निगाहें डालता, बेख़ौफ़ नीली बिजलियाँ फेंकता।
ख़ामोश... सब ख़ामोश। मनसबदार, शाइर और सूफ़ी।
अल ग़ज़ाली, इब्ने सिन्ना, अलबरूनी, आलिमो फाज़िल सिपहसालार, सब सरदार हैं ख़ामोश...।

यहाँ फ़िल्म की विलक्षण इमेजरी है, जिसमें संवाद नहीं नरेशन है मानो ओमपुरी की आवाज़ या सोहराब मोदी की।

इस ऐतिहासिक गतिशील काव्य दृश्य का सिरा जुड़ता है 'अँधेरे में' के इस दृश्य से–

'चुप... साहित्यिक चुप... तख़्त पर है सुल्तान, सामने क़ैदी है ईमान। कतारों में खड़े ख़ुदगर्ज बा हथियार। बख़्तर बन्द समझौते।' इसलिए मुझे लगता है मुक्तिबोध की सारी कविताओं से गुजरे बिना, मुक्तिबोध की उस मनःस्थिति, उस जलते दर्शन को समझना असम्भव है जहाँ 'अँधरे में' कविता में वे पूर्णतः आविष्कृत होते हैं। उनकी दृष्टि को आज की चुप्पी, संशय और घनघोर अँधेरे से जोड़कर देखिये तो शिलालेख में दर्ज़ इबारतों का अर्थ दिखेगा।

6

आइये कुछ और कथ्य से सम्बद्ध इमेज़ेस पर ग़ौर करें–

'ब्रह्मराक्षस' की कविता का यह अंश– *'बावड़ी को घेर, डालें ख़ूब उलझी हैं। खड़े हैं मौन औदुम्बर व शाखों पर। लटकते घुग्घूओं के घाँसले परित्यक्त, भूरे, गोल।'* यहाँ कैमरा लाँग शॉट से मिड शॉट और फिर घोंसलों तक क्लोज अप में आता है। यह टॉप एंगल यानि ऊपर से नीचे की बावड़ी का लिया दृश्य भी अभिकल्पित होता है। यह फ़िल्म निर्देश के विज़न से ही सम्भव है कि वह इस काव्य दृश्य को कैसे देखता है।

'चाँद का मुँह टेढ़ा है' का यह दृश्य– *'कारख़ाना–अहाते के उस पार। धुम मुख चिमनियों के ऊँचे–ऊँचे। उद्‌गार–चिन्हाकार–मीनार, मीनारों के बीचों–बीच। चाँद का मुँह टेढ़ा है'*

यह कठिन दृश्य एक्सट्रीम लाँग शॉट से लाँग शॉट। इंटरकट में कहीं नीचे से दीखता या बगल से क्लोजअप में 'चाँद का मुँह टेढ़ा' बनता है। बताये ये टेढ़ा मुँह कोई फ़िल्मकार कैसे फ़िल्मांकित करेगा। यह इमेज की जटिलता, कम्पोज कैसे होगी, लेकिन ये वीडियो इमेज़ ही आपको कथ्य में छिपे अर्थ का रास्ता देती है बिना इसके उस तक पहुँचने का मार्ग बन्द है। ये पूरी कविता दृश्यों से भरी है यानी दृश्य × दृश्य से।

एक अन्तःकथा का ये दृश्य– *'अग्नि के काष्ठ खोजती माँ। बीनती नित्य सूखे डण्ठल– सूखी टहनी। सूखी डालें। घूमी सभ्यता के जंगल। वह मेरी माँ। खोजती अग्नि के अधिष्ठान।'*

मित्रो! मुक्तिबोध की कविता में श्रमीजीवी स्त्रियों के कथ्य के साथ अनेक दृश्य और चित्र हैं, जो निराला की स्त्रियों से जुड़ते हैं। हम गहरे स्त्री–विमर्श को पाते हैं इन दृश्यों में।

चम्बल की घाटी में आइये

'अजनबी हवाओं की तेज़ मार–धाड़। बरगदों बबूलों को तोड़–ताड़, फाड़ क्षितिज पर अड़े हुए– पहाड़ों से छेड़–छाड़। नहीं कोई आड़। मद्धिम चाँदनी में, हवाओं के हमलों में। मैं अधखुले रहस्यों में। टीलों के बीच जाने किस फ़िक्र में घूम रहा हूँ। कौन–सी फ़िक्र।'

इसका मेरा एक पाठ पर्यावरण का, जलवायु परिवर्तन की विभीषिका का भी बनता है। इस तरह के कई दृश्य हैं आज के सुपरिचित पाठ। चम्बल की घाटी में नदी के डूबने की अन्तर्कथा है, पक्षियों के चीत्कार आदि हैं। स्याह अँधेरा, जिन्न। भयानक गुहा। खोह। दस्यु। उजाड़। हथियार। क़ारख़ाने खोलने की कामना। गिरोह और अँधेरे में दुष्ट सत्ता है, आतंक फैलाने की तरफ़ संकेत हैं। कंधे पर बालक है। पीठ पर बच्ची है। गिद्ध है। पानी की नीली काली सतह है। सत्ता है, पीड़ित जन हैं, दाँव–पेंच, झगड़े व युद्ध हैं आदि। ये प्रतीक, बिम्ब, इमेज़ेस आपको कई कविताओं के साथ 'अँधेरे में' भी मिलते हैं। अर्थात मुक्तिबोध के संवेदनात्मक अभिप्राय इस कविता में– 'अँधेरे में' कविता के अनक़रीब हैं। दोनों कविताओं में मनःस्थिति एक–सी प्रतीत होती है। शायद इसी वज़ह से मुक्तिबोध ने इस कविता के ठीक बाद 'अँधेरे में' को छापने का सुझाव दिया था।

7

आइये अब 'अँधेरे में' कथ्य से सम्बद्ध वीडियों इमेज़ेस पर ग़ौर करें।

मैं स्मरण दिलाना चाहूँगा इस विराट पुरुष की कल्पना के बारे में जो अन्य कविताओं में बार–बार आता है आखिर कौन है वह, और उसमें संकेत क्या हैं, उसका वास्तविक अर्थ क्या [illegible]। 'अँधेरे में' यह 7 बार आता है। क्या यही वो विशिष्ट प्रतीक है जिर [illegible] तबोध की बेचैनी और सत्य की खोज है। क्या यही वो विज़न है या उसका पूर्वरंग?

यह **पहला अंश :**

'ज़िंदगी के... कमरों में अँधेरे, लगाता है चक्कर। कोई एक लगातार। आवाज़ पैरों की देती है सुनाई। बार–बार... बार–बार... वह नहीं दीखता, किन्तु वह रहा घूम।'

दूसरा अंश :

'खुद–बखुद कोई बड़ा चेहरा बन जाता है स्वयमपि। मुख बन जाता है दिवाल पर। नुकीली नाक और भव्य ललाट है। दृढ़ हनु। कोई वह दिखाई जो देता, पर नहीं जाना जाता है।'

तीसरा अंश :

सलिल के तम–श्याम शीशे में कोई स्वेत आकृति, कुहरीला कोई बड़ा चेहरा फैल जाता है। और मुस्काता है। पहचान बताता है। किंतु मैं हतप्रभ। नहीं वह समझ में आता।

चौथा अंश :

कुहरे में, सामने रक्तानात पुरुष एक। रहस्य साक्षात। तेज़ो प्रभावमय उसका ललाट देख। मेरे अंग में अजीब एक थर–थर। गौरवर्ण, दीप्त हग। सौम्य मुख। सम्भावित स्नेह–सा प्रिय–रूप देखकर। विलक्षण शंका। भव्य आजानुभुज देखते ही साक्षात। गहन एक संदेह।

वह रहस्यमय व्यक्ति। **अब तक न पायी गयी मेरी अभिव्यक्ति है।**

पाँचवाँ अंश :

वह निकल गया है गाँव में, शहर में। उसको तू खोज अब। उसका तू शोधकर। वह तेरी **पूर्णतम परम अभिव्यक्ति।** उसका तू शिष्य है–

(यद्यपि पलातक...) वह तेरी गुरु है, गुरु है...।

छटवाँ अंश :

अनखोजी निज समृद्धि का वह उत्कर्ष। **परम अभिव्यक्ति।** मैं उसका शिष्य हूँ। वह मेरा गुरु है। गुरु है।

सातवाँ अंश :

'खोजता हूँ पठार... पहाड़... समुन्दर जहाँ मिल सके मुझे मेरी वह खोयी हुई। **परम अभिव्यक्ति अनिवार। आत्म सम्भवा।'** यह लम्बी कविताओं में आत्मसंघर्ष की अभिव्यक्ति से परम अभिव्यक्ति की यात्रा है।

8

मित्रों! अपनी अनेक कविताओं में और 'अँधेरे में' विशेष कर जिस सत्य को मुक्तिबोध बेचैनी में ढूँढ़ रहे थे, वह उनके लिए क्या परम अभिव्यक्ति की खोज थी? गुरु वह ब्रह्मराक्षस हो सकता है, ज्ञान आँख हो सकता है। मुक्तिबोध परम अभिव्यक्ति को 'आत्म सम्भवा' कहते हैं। लेकिन यहाँ वह स्वयं को शिष्य के रूप में पाते हैं, गुरु नहीं। और ग़ौरतलब यह है कि गुरु व शिष्य दोनों एक निर्जन अभिशप्त एकान्त में क्रमशः 12 वर्षों के लिए ज्ञान की साधना या विस्तार के लिए क़ैद हैं यानि सकर्मक जीवन से दूर। क्या इसी परम अभिव्यक्ति से खतरे उठाने हैं, मठ और गढ़ तोड़ने हैं, क्रान्ति के रास्ते में जोड़ना है उस मनु को जो प्रसाद का नहीं, मुक्तिबोध का फटेहाल मनु है जन–जन में। जिसे उन्होंने इस तरह पाया और चित्रित किया है–

'किन्तु, वह फटे हुए वस्त्र क्यों पहने हैं?
उसका स्वर्ण–पर्ण मुख मैला क्यों?
वक्ष पर इतना बड़ा घाव कैसे हो गया?
उसने कारावास–दुख झेला क्यों?
उसकी इतनी भयानक स्थिति क्यों है?
रोटी उसे कौन पहुँचाता है?
कौन पानी देता है?
फिर भी, उसके मुख पर स्मित क्यों है?
प्रचण्ड शक्तिमान क्यों दिखता है?'

('अँधेरे में'–पुनः शामिल पंक्तियाँ जो 'चाँद का मुँह टेढ़ा है' किताब में नहीं थीं।)

मैं अपनी बात संकेतों में कर रहा हूँ। और अब लौटते हैं कथ्य से जुड़ी आडियो–वीडियो इमेजरी में। हालांकि ये इमेज़ेस आपको इन लम्बी कविताओं में भी हेर–फेर और एक–सी प्रतीति के साथ मिलेंगी, मैं गत एक वर्ष से जिनका पाठ कर रहा हूँ और करता रहूँगा। कविताएँ हैं– भूल ग़लती। ब्रह्मराक्षस। दिमागी गुहान्धकार का औरांग–उटाँग। लकड़ी का बना रावण, डूबता चाँद कब डूबेगा, मुझे पुकारती हुई पुकार, मुझे क़दम–क़दम पर, मेरे सहचर मेरे मित्र, एक अन्तःकथा, एक अरूप शून्य के प्रति, ओ काव्यात्मन फणिधर, चकमक की चिनगारियाँ, एक

स्वप्न कथा, अन्तःकरण का आयतन, इस चौड़े ऊँचे टीले पर, चम्बल की घाटी में और अँधेरे में।

आइये पहले कुछ– ऑडियो, वीडियो इमेजेस और देखें–

1. *दिमाग़ी गुहान्धकार का ओरॉंग–उटॉंग*

   'सुनता हूँ ध्यान से। अपने ही शब्दों का *नाद, प्रवाह* और पाता हूँ स्वयं के स्वर में। औरांग–उटांग की *बौखलाती हुंकृति ध्वनियाँ।'* – (ऑडियो इमेज़री)

2. *चाँद का मुँह टेढ़ा है*

   'चप्पलों की छप–छप। गली के मुहाने से अजीब–सी आवाज़। फुसफुसाते हुए शब्द। जंगल की डालों से गुज़रती हवाओं की सर–सर।–(ऑडियो)

3. *मुझे पुकारती हुई पुकार*

   'मुझे पुकारती हुई पुकार खो गयी कहीं। संवारती हुई मुझे। उठी सहास प्रेरणा। प्रभात भैरवी जगी–अभी–अभी'–(ऑडियो)

4. *मेरे लोग*

   उभरते काँपते हैं वायलिन के स्वर सहज गुंजारती झंकार, गहरे स्नेह–सी मीठी सघन विस्तृत भटकती गूँज जिसकी सान्द्र ध्वनि में से झुकी मल रश्मियों के पुंज–(ऑडियो)

5. *चकमक की चिनगारियाँ*

   'दिवालें ले रही हैं आलाप। पत्थर गा रहे हैं तेज़। तूफानी हवाएँ धूम करती, गूँजती रहतीं। उखड़ते चौखटों में ही। खड़–खड़ खिड़कियाँ नचतीं। भड़ाभड़ सब बजा करते खड़े बेडौल दरवाजे।'–(ऑडियो)

6. *अन्तःकरण का आयतन*

   'इतने में कहीं से आ रहा है पास कोई जादुई संगीत–स्वर आलाप'–(ऑडियो)

7. *चम्बल की घाटी में*

'अब तक अथाह जो भरी–पूरी नदी थी। वही आज। अपनी ही घाटी में डूब मरी। चम्बल के यहाँ आके। पैर उखड़ गये। तुमने बहुत देर कर दी। तुमने बहुत दे कर दी। पानी की खोहें और थाहें सब सूख गयीं। तले सब फट गये। दरारों में प्यास भर गयी हैं। भूख भरी गहराई खुली पड़ी कब से। जाने कब से।'–(वीडियो)

और अन्त में 'अँधेरे में' का एक अंश'–(कथ्य के साथ ऑडियो वीडियो)

''काले–काले घोड़ों पर खाकी मिलिट्री ड्रेस। चेहरे का आधा भाग सिंदूरी गेरूआ। आधा भाग कोलतारी। आबदार। कंधे से कमर तक कारतूसी बेल्ट है तिरछा। कमर में, चमड़े के कवर में पिस्तौल। रोषभरी एकाग्र दृष्टि में धार हैं कर्नल, ब्रिगेडियर, जनरल मार्शल। कई और सेनापति– सेनाध्यक्ष। चेहरे वे मेरे जाने–बूझे से लगते। उनके चित्र समाचार–पत्रों में छपे थे। उनके लेख देखे थे। यहाँ तक कि कविताएँ पढ़ी थीं। उनमें आलोचक, विचारक, जगमगाते कविगण, मंत्री भी, उद्योगपति और विद्वान। यहाँ तक कि शहर का हत्यारा कुख्यात। डोमाजी उस्ताद।''

9

दोस्तों! मैंने कथ्य से सम्बद्ध आडियो–वीडियो इमेज़ेस, चित्र, प्रतीक, बिम्ब का मोतांज यहाँ प्रस्तुत किया है, जिसके भीतर मुक्तिबोध की दृष्टि, विचार रंगलोक और दर्शन एक महानतम हो सकनेवाली फ़िल्म में अन्तर्भुक्त हैं। किसी एक को अलगाकर या छोड़कर आप कविता के आशय, अर्थ या मर्म तक नहीं पहुँच सकते। ऐसा मैंने अपने अनेक पाठों से जाना। बिन चाहते बहुत सारा महत्त्वपूर्ण छूट गया है। मैं जो कुछ बता पाया वह संकेतों में है। अपनी इस बात को कहने के लिए, एक पूरी किताब कम होगी। अब मुक्तिबोध के रंगलोक के बारे में कुछ बातें–

दोस्तों फ़िल्म का रंगों से गहरा सम्बन्ध और सहमेल होता है। मुक्तिबोध के प्रिय मूल रंग हैं काला, स्याह, भूरा, साँवला, राखड़ा, कुहरीला, लौह, पत्थरी, धूल रंग, तेलिया, नीला, आसमानी स्याह, खाकी अर्थात धूमिल रंग जगत। अब इन रंगों का सम्बन्ध तो किसी

रहस्यलोक, किसी हॉरर फ़िल्म से बनता है। अब ये चुनौतीपूर्ण और जटिल काम है फिर मुक्तिबोध का कथ्य सीधा नहीं टेढ़ा, तिरछा और तिर्यक है सो फ़िल्म निर्माण एक जटिल काम हो जाता है। मणिकौल की फ़िल्म भी इस चुनौती से गुजरती हैं और सर्वहारा के मुक्तिबोध को पकड़ने में चूक जाती है। मुक्तिबोध ख़ुद अँधेरे में थे सत्य की बेचैन खोज में, परम अभिव्यक्ति के अर्जन के लिए प्रतिश्रुत–प्रतिबद्ध, लेकिन वे कुछ और रंगों के साथ यात्रा करते हैं जिनसे एक प्रतीकात्मक फ़िल्म बनती है। जिस तरह अभी गिनाये गये रंगों को ध्यान से देखें वे विशिष्ट प्रतीकों, बिम्बों, मिथकीय और इतिहास के कुछ पात्रों के साथ दृश्य में आते हैं और आब्जेक्ट कविताओं में कथ्य के साथ स्पष्टता में स्थापित हो जाता है, चाहे वे इमेज़ेस स्टिल में हों या मूव्ही के रूप में। उसी तरह वे इनके साथ जिन रंगों को लाते हैं, वे हैं–लाल, सिन्दूरी, गेरूआ, आग और ज्वाला के रंग, बिजली के रंग, स्फटिक, पीत, गंभीर लाल, चमचमाते प्रदीप्त रंग, गुलाब और कमल के रंग, रक्तयुक्त दीप रंग, ज्वालामुखी के खौलते रंग, सुरभीला धुँआ रंग, सफ़ेद कीचड़ के रंग, करौंदे और भटकटैया के रंग आदि–आदि। तो इस तरह फ़िल्म के लिए एक जुदा रंग जगत भी है, जो अँधेरे के सगोत्रीयं रंगों के बरक्स एक इफेक्ट पैदा करते हैं– साथ में नेपथ्य संगीत में धकधक, उसाँस, गूँज की भी गूँज, छपछप प्रभाती, मधुर वैदिक ऋत्राओं का पाठ संगीत, ध्वनि–प्रतिध्वनि का नाद, शब्दों का पाठ नहीं नाद प्रवाह, हवाओं की सरसर, हनुमान चालीसा का डूबी हुई बानी में गान, भौरों की भयानक हँसी, सूखे प्राणमय प्राणों की हँसी, वेदना की कराह, जंगली जानवरों की लयबद्ध आवाज़ें, लोहे के नालों की टाँपों की गूँज, रात की साँय–साँय, पुकारती हुई पुकार के खोने की अनुगूँज आदि ऑडियो इमेज़ेस जो कथ्य को वीडियो इमेज़ेस और स्टिल चित्रों के साथ मूर्त करते चलते हैं। अर्थात कठिन और जटिल फ़िल्म की सारी प्रापर्टीज मुक्तिबोध अपनी कविताओं में देते हैं।

10

अन्त में एक और अत्यन्त महत्त्वपूर्ण सूत्र मिलता है कि मुक्तिबोध का ज्ञानात्मक संवेदन, जन के विरुद्ध भयानक बनती स्थितियों में परिवर्तन के लिए किसी नेंतृत्व की ढूँढ़ता है, क्योंकि अपनी बिरादरी के मध्यवर्ग की अवसरवादिता से वे हताश हो चुके हैं। जन–जन में क्रान्ति

के लिए वे मानो एक नेतृत्व की तलाश अपनी बेचैनी में करते हैं। वे तिलक, गाँधी से निराश हैं। यहाँ तक नेहरू में भी वे वैचारिक या कहे ज्ञानात्मक दृष्टि तो देखते हैं लेकिन उसे ऐसा शायद नहीं पाते जो अन्य महादेशों की तरह क्रान्तिकारी परिवर्तन में सक्षम में हो। मृत्यु के समय अपनी बड़बड़ाहट में वे नेहरू की तबियत के बारे में दरयाफ़्त करते हैं, जो एक गहरा संकेत है। उनकी कविताओं में जो ब्रह्ममुख, विराट पुरुष और रक्तस्नात पुरुष आते हैं, उनके बारे में बात करते हुए मुक्तिबोध उनके वैचारिक स्वप्न में उनका सकर्मक होना नहीं देखते है। यानि वे वैचारिक रूप से तो तैयार हैं– ब्रह्म के विशिष्ट प्रतीकों में, ज्ञानी भी हैं, किन्तु उनका ज्ञान सकर्मक नहीं हो पाता यानि परिवर्तन या क्रान्ति में उनका नेतृत्व मुक्तिबोध को नाकाफी लगता है और इस त्रासद स्थिति के कई संकेत कविताओं में हैं। उनकी कुछ कविताओं में यह 'सकर्मक' शब्द गूँजता रहता है। और वे शिशु या बालक के विशिष्ट प्रतीक में सकर्मक ज्ञान की आशा को देखते हैं और उसके साथ जनता पर भरोसा करते हैं।

और एक तथ्य ग़ौरतलब है कि स्थानीयता से उपजा उनका विश्वबोध कारणों की तलाश में हिन्दुस्तान तक महदूद नहीं है। वे कई जगह इस बात का संकेत करते चलते हैं, सिर्फ़ एक उदाहरण–

'आत्मविस्तार यह। बेकार नहीं लाएगा। ज़मीन में गड़े हुए देहों की ख़ाक से। शरीर की मिट्टी से, धूल से। खिलेंगे गुलाब।'

एक अन्तिम बात। मुक्तिबोध 'एक साहित्यिक की डायरी' में शिद्दत से विवेकानन्द को याद करते हैं। उनसे सहमत हैं। दुर्भाग्य कि मार्क्सवादियों ने उन्हें छोड़ दिया। उनके विचारों को मुक्तिबोध ने अपने स्वप्न, अपने विज्ञान से कभी ओझल नहीं होने दिया। कुछ पंक्तियाँ जो मुक्तिबोध ने 'एक साहित्यिक की डायरी' में लिखीं, वे विवेकानन्द के विचार हैं–(रूसी क्रांति के पूर्व के)

1. मैं एक समाजवादी हूँ, इसलिए नहीं कि वह एक सर्वगुण सम्पन्न व्यवस्था है बल्कि इसलिए कि रोटी के अभाव की अपेक्षा आधी रोटी बेहतर होती हैं। अन्य व्यवस्थाओं की परीक्षा की जा चुकी और उनमें अभाव ही अभाव पाये गये। अब इस (व्यवस्था) की भी परीक्षा कर ली जाये, अगर और किसी बात के लिये नहीं तो केवल नवीनता के लिए क्यों न सही।

2. भारत की एकमात्र आशा उसकी जनता है। उच्चतर वर्ग दैहिक और नैतिक रूप से मृतवत हो गये हैं।

स्मरण करें मुक्तिबोध भी परिवर्तन से क्रान्ति तक जनता में ही अपने महास्वप्न का फलीभूत होना देखते हैं। वे उच्चतर वर्ग से अवसर परस्त मध्यवर्ग को भी किसी क्रान्ति में शामिल नहीं करते। 'अँधेरे' में कविता जो निष्कर्षीय है, यह जनता के पक्ष में है जो आज नहीं तो कल आज के शिशुओं, बालकों के रास्ते भविष्य में परिवर्तन का, क्रान्ति का रोडमेप बनेगी। वही सकर्मक होगी...। 'अँधेरें में' के साथ उनकी अन्य कविताओं का मेरे लिए फिलहाल यही पाठ बनता है।

◆◆◆

मुक्तिबोध का साहित्यिक प्रदेय

डॉ. गोरखनाथ तिवारी

हिंदी साहित्य जगत में गजानन माधव मुक्तिबोध का नाम बड़ा ही आदर के साथ लिया जाता है। आपका जन्म 13 नवंबर, 1917 में श्याँपुर, ग्वालियर (मध्य प्रदेश) में हुआ था। प्रारंभिक शिक्षा उज्जैन में हुई तत्पश्चात् सन् 1953 ई. में नागपुर विश्वविद्यालय से आपने एम.ए. की परीक्षा पास की।

बड़नगर, शुजालपुर, उज्जैन, कलकत्ता, इंदौर, बंबई, बंगलौर, बनारस तथा जबलपुर आदि स्थानों पर भिन्न–भिन्न प्रकार की नौकरियाँ कीं। प्रकाशित पुस्तकें हैं–चाँद का मुँह टेढ़ा है, भूरि–भूरि ख़ाक धूल, (कविता संग्राह), काठ का सपना, विपात्र, सतह से उठता आदमी (कथा साहित्य), क़ामायनी : एक पुनर्विचार, नए कविता का आत्म संघर्ष, नये साहित्य का सौंदर्यशास्त्र जिसका नया संस्करण अब कुछ परिवर्तित रूप में 'आखिर रचना क्यों? नाम से प्रकाशित हुआ, समीक्षा की समस्याएँ, एक साहित्यिक की डायरी (आलोचनात्मक) तथा भारत इतिहास और संस्कृति। लंबी बीमारी के उपरांत हिंदी साहित्य के इस जाज्वल्यमान साहित्यकार का अंत 11 सितंबर, 1964 को नयी दिल्ली में हो गया। इनके निधन से हिंदी साहित्य की अभूतपूर्व क्षति हुई। जिसकी भरपाई आज तक संभव न हो सकी। इस शोध आलेख को शुरुआत में मुक्तिबोध की इस कविता के साथ करना चाह रहा हूँ–

''अँधा हूँ,
ख़ुदा के बंदों का बंदा हूँ बावला,
मेरे इस साँवले चेहरे पर कीचड़ के धब्बे हैं, दाग हैं
और इस फैली हुई हथेली पर जलती हुई आग है
अग्नि विवेक की,
नहीं–नहीं वह तो ज्वलंत सरसिज–
जिंदगी के दल–दल कीचड़ में धंसकर
वक्ष तक पानी में फंसकर
मैं यह कमल तोड़ लाया हूँ।''[1]

मुक्तिबोध ने सन् 1935 से लिखना आरंभ किया। 1943 में प्रकाशित 'तारसप्तक' में उनकी 16 कविताएँ सम्मिलित हुईं। तार सप्तकीय वक्तव्य में अपनी प्रेरणाओं के बारें में उन्होंने लिखा हैं कि,– "मेरे बालमन की पहली भूख सौंदर्य और दूसरी विश्वमानव का सुख–दुःख, इन दोनों का संघर्ष मेरे साहित्यिक जीवन की पहली उलझन थी।"[2] विश्व मानव के सुख–दुःख से जब मुक्तिबोध अपने आपको तादात्म्य किये तब वे मार्क्सवाद के अधिक निकट दिखाई देने लगे। सन् 1942 में वे शुजालपुर छोड़कर उज्जैन आये और 3 वर्ष उज्जैन में उन्होंने बिताया। इसी समय मध्य भारतीय साहित्यिक प्रतिभाओं को प्रेरित और प्रोत्साहित करने के उद्देश्य से 'मध्य भारत प्रगतिशील लेखन संघ' की स्थापना किये। सन् 1945 में वे 'हंस' के संपादकीय विभाग में शामिल होने के लिए वे बनारस गये। इसके उपरांत मुक्तिबोध 1946–47 में जबलपुर तथा 1948 में नागपुर चले गये। आर्थिक अभावग्रस्त से जूझते हुए भी कई पुस्तकों की रंचना की। इसी अवधि में मुक्तिबोध ने 'कामायनी : एक पुनर्विचार' कृति लिखी तथा नागपुर से प्रकाशित होनेवाले 'नए खून' का संपादन भी बड़ी ही तन्मयता के साथ वे किये। 'वसुधा' जो जबलपुर से प्रकाशित होती थी उसमें धारावाहिक रूप से उनकी डायरी प्रकाशित हुई। एक 'साहित्यिक की डायरी' और 'कामायनी : एक पुनर्विचार' कृति ने मुक्तिबोध के समीक्षक रूप को उभारा और वे एक मौलिक व महत्त्वपूर्ण समीक्षक के रूप में माने जाने लगे।

सन् 1958 में राजनाद गाँव आने के बाद उन्होंने अनेक सफल कृतियों की रचना की। 'ब्रह्मराक्षस' दिमागी गुहान्धकार का औरांट–उटाँग, अँधेरे में, चाँद का मुँह टेढ़ा है तथा विपात्र आदि। 'काठ का सपना' और 'सतह से उठता हुआ आदमी' में संग्रहीत कहानियों का सृजन–स्थल भी यही रहा। निरंतर प्रतिकूल स्थितियों से लड़ते हुए मुक्तिबोध ने एक जिजीविषा, एक जीवन शक्ति और तमाम झंझटों को झेलते हुए भी अपने आप में अपार उत्साह संचित कर लिया था। वीरेंद्र कुमार जैन को एक पत्र में लिखे भी थे– "हालत तो ख़राब ही है पर जिंदगी में बड़ी जानदारी है। इसी के सहारे, जहाँ बनता है, दुलत्तियाँ झाड़ देता हूँ। भौतिक असफलताओं की चट्टानों पर टकराकर भी हिम्मत नहीं हारा हूँ।"[3]

एक कवि के रूप में उनकी कविताएँ उन्हें प्रतिबद्ध जीवन दृष्टि को सर्जक प्रमाणित करती है। डॉ. हरिचरण शर्मा ने मुक्तिबोध कविता के तीन प्रमुख स्वर मानते हुए यह स्पष्ट कर दिया है कि यही तीनों स्वर कौन–कौन से हैं जिनका नामोल्लेख निम्नवत् है–यथा

1. "आत्म–चेतना का अन्वेषण और उसी से व्यक्तिव का परिष्कार संस्कार करने की ललक।
2. संस्कारित और शोधित व्यक्तिव के सहारे वैज्ञानिक द्वंद्वात्मक भौतिकवाद की काव्यात्मक परिणति।
3. व्यक्तिव संशोधन के लक्ष्य से प्रेरित होकर आत्म संघर्ष और आत्म साक्षात्कार की स्थितियों का काव्यांकन और निरूपण।"[4]

अगर हम मुक्तिबोध के काव्य–लेखन के स्वरूप के बारे में कुछ कहें तो यही कह सकते है कि मालवे के प्राकृतिक सुषमा से शुरुआत की, छायवादी रंग, रोमान और शिल्प से परिचय किया और निरंतर प्रगतिशील चेतना के आयाम उसके काव्य में दृष्टिगोचर होता गया। मुक्तिबोध की 'तार सप्तक' की कविताएँ छायवादी स्वरूप की मिली–जुली अभिव्यक्तियाँ है वहीं उनमें कवि के चिंतन के वे सूत्र भी संकेतित हैं जो आगे चलकर 'चाँद का मुँह टेढ़ा है' के रूप में कहा जा सकता है कि मुक्तिबोध जन–मत के करीबी और यथार्थ के चित्रकार रहे हैं। वे जिंदगी को जिस ढंग से जी सके वही ढंग उनके काव्य में भी है। उनकी कविताएँ पाठक से धैर्य धारण की माँग करती हैं।

'काव्यात्मन फणिधर' शीर्षक लंबी कविता, मुक्तिबोध की कविताओं के चरित्र और लक्ष्य को एक़दम स्पष्ट कर देती हैं। उनकी कविताएँ नागात्मक हैं। वे मनुष्य के उन अनुभवों रत्नों को छिपाकर रखती हैं कि उन्हें स्वार्थवश कचरे में फेंक दिया गया है ये दूर–दूर की यात्राएँ करती हैं, अंधकार और प्रकाश में उनकी समान रूप से गति है जिनका चित्रण इस कविता के माध्यम से देखा जा सकता है–

"ओ नागात्म, संक्रमण काल में धीर धरो
ईमान न जाने दो।"[5]

कविता के अनुसार कविताएँ आत्मीय फटकार प्यार समर्पण की आहुति से भरी हुई प्रगति की सीढ़ियाँ हैं।

वस्तुतः मुक्तिबोध का आत्मान्वेषण आत्म परिष्कार से होता हुआ अंततः व्यक्तिवांतरण में जाकर सिमट गया है। इस यह देखते हैं कि मुक्तिबोध आत्म परिष्कार तक ही नहीं विराम लेते हैं, बल्कि वे व्यक्ति के सत्य को सामान्य जन–जन में परिवर्तित कर देते हैं। 'अँधेरे में' कविता तो इसका स्पष्ट प्रमाण कहा जा सकता है। 'मैं' से शुरू हुई 'हम' तक पहुँचनेवाली यह कविता मात्र अँधेरे से प्रकाश की कविता नहीं है इसमें कवि के व्यक्तिवांतरण की भूमिका परिलक्षित होती हैं। वे लिखते हैं–

"कि मैं अपनी अँधूरी दीर्घ कविता में
उमग कर
जन्म लेना चाहता फिर से
कि व्यक्तिवांतरित होकर
नए सिरे से समझना और जीना
चाहता हूँ सच।"[6]

"चाँद का मुँह टेढ़ा है' में कुल 28 कविताओं का संकलन है, जिनमें 12 छोटी और 16 बड़ी कविताएँ हैं। 'चाँद का मुँह टेढ़ा है' संग्रह की छठी बड़ी कविता है, जिसके नाम पर इस संकलन का नाम रखा गया है। अगले अध्यायों में इनके सृजन संदर्भ के विचारात्मक और अनुभूत्यात्मक आयामों का विवेचन मुक्तिबोध की कविताओं के आधार पर किया गया है जो उनके संदर्भ को व्यक्त करने के लिए आवश्यक है।

यहाँ यह उल्लेखनीय है कि लंबे समय तक मुक्तिबोध का संपूर्ण लेखन एकत्र नहीं किया गया था अनेको पत्र–पत्रिकाओं में बिखरा पड़ा था। उनके हाथ के लिखे कागज के सब पुलिंदे भी पूरी तरह अस्त–व्यस्त थे और यह महसूस किया जा रहा था कि उनमें अगर कुछ और तलाश की जायें तो कई अप्रकाशित पूरी या अधूरी कविताएँ जरूर मिल जायेंगी।

'चाँद का मुँह टेढ़ा है' तथा 'अँधेरे में' जैसी कविताओं के जो पाठ प्रस्तुत किया गया है वह 'चाँद का मुँह टेढ़ा है' संकलन में प्रकाशित पाठों से एकदम अलग है। कारण कि खुद मुक्तिबोध द्वारा उन पाठों में किये गये संशोधनों सहित प्रारूप मौजूद थे। 'अँधेरे में' का जो पाठ यहाँ दिया गया है उसे थोड़ा–बहुत संशोधन करके 'कल्पना' पत्रिका में प्रकाशित किया गया। कल्पना पत्रिका उस समय देश की सर्वोच्च

साहित्यिक पत्रिका थी। उसमें प्रकाशित होने पर संपूर्ण देश म खूब चर्चा–परिचर्चा होती थी।

इन समस्त रचनाओं को संकलित करके संपादक नेमिचंद जैन ने मुक्तिबोध रचनावली के छः खंड प्रस्तुत किये हैं जिनसे यह पता लगता है कि मुक्तिबोध का हिंदी साहित्य को प्रदेय अत्यंत विशाल और अनेक आयामी है। नेमिचंद जैन इस बात को कहते भी है कि–''मुक्तिबोध की काव्यतर रचनाओं में अप्राप्य पुस्तक' भारत इतिहास और संस्कृति' के ऊपर कुछ कानूनी अड़चन के कारण पहले संस्करण में शामिल हो सका और समयाभाव की भी कमी थी कि सही बातों की छानबीन शीघ्रातिशीघ्र किया जा सके। रचनावली के प्रकाशन के उपरांत जब सभी मामलों को देखा गया तो पता चला कि म.प्र. उच्च न्यायालय ने पुस्तक के कुछ अंशों को आपत्तिजनक घोषित कर दिया है जब तक इस निर्णय को न्यायालय पुनर्विचार न करे तब तक पुस्तक को उन अंशों के बिना ही प्रकाशित किया जा सकता है।'' ऐसी समस्याओं का शिकार मुक्तिबोध हमेशा होते थे इस पर व्यथा–कथा उनकी इस कविता के माध्यम से स्पष्ट रूप से दृष्टिगोचर होती है–

''मैं ब्रह्म राक्षस का सजल उर शिष्य
होना चाहता
जिससे कि उसका वह अधूरा कार्य
उसकी वेदना का स्रोत
संगत, पूर्ण निष्कर्षों तलक
पहुँचा सकूँ।''[7]

मुक्तिबोध की गद्य रचनाओं में दो लेख को विशेष रूप से उल्लेखनीय माना गया है, एक 'शेक्सपियर के साथ मुठभेड़ और दूसरा 'साहित्य में पक्षधरता'। इसके अलावा पत्र विधा की दृष्टि में विख्यात कम्युनिस्ट नेता एस.ए. डांगे को अंग्रेज़ी में लिखा गया एक लंबा पत्र भी उल्लेखनीय है। यह पत्र साहित्य में प्रगतिशील आंदोलन की भूमिका, उसकी सार्थकता और उसकी सीमाओं या असंगतियों के बारे में विचारोत्तेजक बहस के लिए प्रेरित और प्रोत्साहित करता है।

इस प्रकार से यह दृष्टगोचर होता है कि मुक्तिबोध ने उपन्यासों और कहानियों की भी रचना की है। यद्यपि उनकी सर्जनात्मक प्रतिभा की मुख्य अभिव्यक्ति कविता में अधिक दिखाई देती है, फिर भी

कथा–लेखन में भी शुरू से ही गहरी पकड़ थी और वे लगातार अपने जीवन के अनुभवों की कथा–मुलक बिंबों में व्यक्त करते रहे हैं। इसीलिए यहाँ संकलित कहानियों का काल भी कविताओं की भाँति ही 1936 से 1964 तक माना जा सकता है।

रचनावली के संपादक नेमीचंद जैन ने लिखा है कि–''कविताओं की भाँति मुक्तिबोध ने अक्सर एक ही कहानी को बार–बार लिखा। इसलिए कई कहानियों के एक से अधिक प्रारूप मिलते हैं। कहीं–कहीं पांडुलिपि में उपलब्ध पत्रिका में प्रकाशित और संकलन में प्रकाशित रूपों में भी अंतर स्पष्ट रूप से परिलक्षित होता हैं दिलचस्प बात हम यह देखते हैं कि कुछ में अलग–अलग प्रारूप दिखाई देते हैं तो कुछ सामान्य पात्रों, नामों, स्थानों तथा वाक्यांशों को इस्तेमाल करते हुए भी, अपने आप में स्वतंत्र कहानियाँ–जैसे हैं या एक ही स्थिति को अलग–अलग बिंदुओं से प्रस्तुत करते हैं।''[8]

उनकी कहानियों में एक दाखिल, दफ्तर, सांझ, विपात्र, ब्रह्म राक्षस का शिष्य, खलील काका, वह और मैत्री की मांग आदि प्रमुख हैं। उनकी 16 अपूर्ण कहानियाँ भी मिली हैं। इनमें भी एक हद तक, अधूरी होने के बावजूद, किसी स्थिति, चरित्र या विचार का इतना प्रस्फुटन अवश्य है कि वे मुक्तिबोध की सूक्ष्म अवलोकन की प्रवृत्ति अंतर्दृष्टि अथवा वर्णन क्षमता को उद्‌घाटित करती है। साथ ही उनसे लेखक की रचनात्मक मानसिकता भी कुछ अधिक समग्रता के साथ उभरकर पाठकों के सामने आयी हैं उनके कथा साहित्य को देखकर ऐसा प्रतीत होता हैं कि मुक्तिबोध की कहानियों की प्रेरणा कहानी का कोई आंदोलन नहीं था। हर रचना, उनके लिए, एक भयानक, शब्दहीन अंधकार को जो आज भी भारतीय जीवन के चारों ओर, चीन की दीवार की तरह खिंचा हुआ है–लांघने की एक और कोशिश थी। सारा इतिहास मुक्तिबोध के लिए एक चुनौती था। मध्यवर्ग इस इतिहास की एक गुत्थी है, जिसे मुक्तिबोध समझना, सुलझाना चाहते थे। मुक्तिबोध की कविताओं में कथाकार की ब्यौरा के सूक्ष्म अवलोकन की दृष्टि बार–बार प्रकट होती है, उसी तरह उनकी कहानियों में भी एक कवि का स्वर ही अक्सर बार–बार उभरकर आता है। यहाँ तक कि संवेदना के स्तर पर कई बार उनकी कविता और कहानी में अंतर करना मुश्किल होता है। वस्तुतः 1935–1964 तक फैला हुआ उनका समस्त कथा लेखन उनके रचनाकार–व्यक्तिव का एक नया ही स्तर उद्‌घाटित करता हुआ नज़र आता है।

मुक्तिबोध रचनावली के 5वें खंड में उनकी समीक्षात्मक कृतियों को रखा गया है। इसमें लेखक की आलोचनात्मक दृष्टि उभरी हैं उनकी आलोचना दृष्टि के बारे में विष्णु खरे का कहना है कि–''उनकी आलोचना केवल साहित्यक मूल्यों और मानदंडों की नहीं, मानव जीवन के मूल्यों और पैमानों की पक्षधर है। वे एक प्रतिबद्ध आलोचक है किंतु रूढ़िग्रस्त, कठमुल्ला और सिद्धांतवादी समीक्षा से होने वाली हानि को जितना उन्होंने पहचाना था, उनके समकालीन शायद किसी अन्य प्रतिबद्ध साहित्यकार ने नहीं। उनकी दृष्टि इतनी व्यापक है कि हिंदी कविता के सारे युगों का आकलन करती है और उसे विश्व–संदर्भ में रखती–परखती है।...''[9]

मुक्तिबोध ने आंलोचनात्मक कृतियों में अपनी जनवादी–मानवतावादी आस्था को अक्षुण्ण करते हुए भी सामने उपस्थित रूप तथा वस्तु के प्रश्नों का भी मुकाबला किया है और जिस साहित्य से जनवादी और मानवतावादी मूल्य नहीं निकालते उसका सामना करने की तकनीक भी बताई है।

मुक्तिबोध ने 'शेक्सपियर से मुठभेड़' जैसी एक ऐसी रचना भी प्रस्तुत की जिसे विधा की दृष्टि से काल्पनिक वार्तालाप कहा जा सकता है। इसका शीर्षक है 'शेक्सपियर से मुठभेड'। इसमें 'हैमलेट' नाटक के बारे में मुक्तिबोध की कुछ अपनी प्रतिक्रियाओं के अलावा शेक्सपियर के साथ एक 'वार्तालाप' भी है। अपने विचारों को एक संवाद के रूप में रखने की उनकी परिचित शैली का यह एक़दम अनूठा प्रयोग है। मुक्तिबोध के लेखन में नाटकों के बारे में चर्चा नहीं के बराबर है। इस दृष्टि से 'शेक्सपियर से मुठभेड़' के अलावा 'स्कंदगुप्त–कुछ–नोट्स' भी दिलचस्प है। जिसमें उनकी सोच विचार के एक नए आयाम की तरफ इशारा है।

मुक्तिबोध रचनावली के छठे और अंतिम खंड से हिंदी साहित्य को उनकी देन के दो आयाम सामने दिखाई देते हैं। एक ओर छठे दशक में नियमित रूप से साप्ताहिक पत्रों में अंतर्राष्ट्रीय और राष्ट्रीय राजनैतिक–आर्थिक तथा सांस्कृतिक सवालों पर लिखे गये उनके लेख हैं, जो इन विषयों में उनकी रुचि जानकारी और अंतर्दृष्टि को जाहिर करते हैं। दूसरी ओर है उनके पत्र जिनमें कई साहित्यिक सवालों पर उनकी दो–टूक प्रतिक्रियाओं के अलावा, उनकी निजी, भीतरी और बाहरी उलझनों, परेशानियों और टकराहटों आदि को देखा जा सकता है।

मुक्तिबोध ने एक डायरी लेखक के रूप में भी हिंदी साहित्य का संवर्द्धन किया है। उनकी रचना 'एक साहित्यिक की डायरी' एक प्रबल प्रमाण है। उनकी डायरी पर विचार करने से हमारे सामने यह बात स्पष्ट हो जाती है कि उनकी डायरी एक ऐसी क्रांतिकारी कृति है–विशेषतः नवलेखन के लिए जो सत्यान्वेषी की तरह हर संभव तथ्य के। उजागर करने का सार्थक पहल करती है।

इस प्रकार मुक्तिबोध के कृत्तिव का विहंगम दृष्टि से दृष्टिपात करने पर यह ज्ञात होता है कि उन्होंने केवल कवि के रूपों में ही नहीं अपितु विविध विधाओं के रचनाकार के रूप में वे साहित्य की अपार श्रीवृद्धि किये हैं। कविता पक्ष की दृष्टि से देखा जाये तो मुक्तिबोध ने भाव पक्ष और कला पक्ष के माध्यम से जो चमत्कार किये हैं वे अन्य कवि की सोच से परे है तभी तो वे लिखते हैं कि–

"याद रखो
कभी अकेले में मुक्ति नहीं मिलती
यदि वह है तो सबके साथ ही।"[10]

संदर्भ ग्रंथ सूची

1. मुक्तिबोध, चाँद का मुँह टेढ़ा है–पृ. 129
2. डॉ. हरिचरण शर्मा, नए प्रतिनिधि कवि–पृ. 163
3. डॉ. हरिचरण शर्मा, नए प्रतिनिधि कवि–पृ. 165
4. डॉ. हरिचरण शर्मा, नए प्रतिनिधि कवि–पृ. 176
5. डॉ. देवेंद्र कुमार जैन व डॉ. राजेंद्र मिश्र, मुक्तिबोध विचार और कविता–पृ. 14
6. डॉ. हरिचरण शर्मा, नए प्रतिनिधि कवि–पृ. 227
7. मुक्तिबोध, चाँद का मुँह टेढ़ा है–पृ. 15
8. संपादकःनेमिचंद जैन, मुक्तिबोध रचनावली–तीन–पृ. 10
9. सं. नेमिचंद जैन, मुक्तिबोध रचनावलीःपाँच पृष्ठ, फ्लैप
10. मुक्तिबोध, चाँद का मुँह टेढ़ा है–पृ. 259

संपर्क सूत्र : सहायक प्राध्यापक,
उच्च शिक्षा और शोध संस्थान,
दक्षिण भारत हिंदी प्रचार सभा,
खैरताबाद, हैदराबाद–500 004,
मो0–9441017160

♦♦♦

मुक्तिबोध का राजनीतिक और सामाजिक यथार्थ

दिनेश कुशवाह

अरस्तू से किसी ने पूछा था – कविता व इतिहास में क्या अन्तर है? उन्होंने कहा इतिहास सिर्फ़ उतना ही कह सकता है जो घट चुका है, परन्तु कविता घटने की सम्भावना भी व्यक्त करती है। इतिहास में व्यक्तियों के नाम और तारीखों के अलावा सब झूठ हैं। कविता में व्यक्तियों के नाम व तारीख कें अलावा सब सही है। मुक्तिबोध ने कहा था :

कविता में कहने की आदत नहीं
पर कह दूँ
वर्तमान समाज अब चल नहीं सकता
पूँजी से जुड़ा हृदय बदल नहीं सकता।[1]

यह बात मात्र परिकल्पना नहीं थी। अपनी जीवन यात्रा के अनुभवों के आधार पर मुक्तिबोध इस निष्कर्ष पर पहुँचे थे। यह उनकी रचनात्मक ईमानदारी का तकाजा था। उन्होंने बहुत शिद्‌दत से महसूस किया था–

अब अभिव्यक्ति के सारे खतरे उठाने ही होंगे
तोड़ने ही होंगे मठ और गढ़ सब
पहुँचना होगा दुर्गम पहाड़ों के उस पार।[2]

कवि की इस उक्ति में अभिव्यक्ति के वे खतरे शामिल थे, जिसे उन्होंने जीवन–भर उठाया और उसी के लिए संघर्ष करते हुए अपने प्राणों का विसर्जन किया। दुर्भाग्यवश आज भी हम देख रहे हैं कि पूँजी से जुड़ा हृदय बदला नहीं बल्कि और कुटिल और क्रूर हो गया। गढ़ और मठ मिलकर लोकतंत्र पर कब्जा कर लिए। अगर आज मुक्तिबोध होते तो उनके मन में और गहरा असंतोष होता और वे विषाद से भरे होते। मुक्तिबोध आज के कवि के लिए इस मामले में आदर्श हैं कि उन्होंने अपनी अभिव्यक्ति में एक अक्षर की बेइमानी नहीं की। जैसा

---

1. चाँद का मुँह टेढ़ा है, पृ. 264।
2. चाँद का मुँह टेढ़ा है, पृ. 261।

लगा वैसा कहा। कबीर के बाद हिन्दी में मुक्तिबोध ऐसे कवि हैं जिन्हें 'आखिन् देखी' का सच्चा कवि कहा जा सकता है।

कबीर कवि होने की पराकाष्ठा हैं, मनुष्य होने की मिशाल हैं। अपने समय और समाज की जड़ता पर जैसा प्रहार कबीर ने किया और किसी ने नहीं किया। आज के समय और समाज में कबीर से अधिक प्रासंगिक कोई दूसरा कवि नहीं है। कबीर अतुलनीय हैं, अनूठे हैं, उनके जैसे कोई दूसरा नहीं हैं इसी तरह मुक्तिबोध अद्वितीय हैं। शोषित, उत्पीड़ित, उपेक्षित तथा वंचित भारत की जनता का ऐसा ईमानदार कवि दुर्लभ है। यह ईमानदारी उन्होंने जन संघर्षों में तपकर अर्जित की है। उनके आचरण और अभिव्यक्ति में कोई अंतर नहीं है। मुक्तिबोध जानते थे कि अगर एक पत्ता भी हिलता है तो उसके पीछे पॉलटिक्स होती है। तो जिस समाज में वेद, शास्त्र, पुराण, साहित्य, इतिहास सब पॉलटिक्स कर रहें हों तो यह पूछना लाजिम था– 'पार्टनर! तुम्हारी पॉलटिक्स क्या है?' कहना न होगा की यह दृष्टि उन्हें मार्क्सवादी दर्शन से प्राप्त हुई थी। जब मुक्तिबोध सन् 1942 के आस–पास नेमिचन्द जैन के सम्पर्क में आये थे। लगातार अध्ययन, मनन, चिन्तन और जीवन अनुभव क्रमशः उन्हें मार्क्सवाद की तरफ अग्रसर करते गये।

"कवि की आन्तरिक विकलता, जीवन का अर्थ जानने की आकुलता उसे समग्रता में समझने का प्रयत्न, उसे मार्क्सवाद के पास ले जाता है। वे काफी समझ–बूझकर मित्रों से विचार–विमर्श और तर्क–वितर्क के बाद मार्क्सवादी बनते हैं। उनकी यह द्वन्दात्मक स्थिति अनेक आलोचकों को भ्रम में डाल देती है। जीवन और परिवेश की विषमता को देखते हुए उनकी अन्तरमुखी धारणाओं से उचित संवाद न कर पाने के कारण डॉ. रामविलास शर्मा मुक्तिबोध के काव्य में अस्तित्ववाद पर निरुपाधि शोध के लिए प्रवृत्त होते हैं। उन्हें मुक्तिबोध टूटे हुए मनुष्य और अपराध बोध से ग्रस्त प्रतीत होते है। लेकिन वास्तविक स्थिति इससे भिन्न हैं। वास्तविक स्थिति उनके संदर्भ में बूँद का समुद्र हो जाना है, व्यष्टि से आरम्भ होकर समष्टि बोध प्राप्त करना है, व्यक्ति चेतस् का विश्व चेतस् हो जाना है।"[1]

डॉ. रामविलास शर्मा ने राहुल सांकृत्यायन, यशपाल, रांगेय राघव जैसे लेखकों को साड़ी–चोली, सलवार, जम्फर उतार लेखक कहा था।

---

1. कविता और मानवीय संवेदना, लेखक डॉ. रेवतीरमण, पृ. 14 राजेश प्रकाशन, कृष्ण नगर, दिल्ली।

मुक्तिबोध के साथ उनका व्यवहार जगजाहिर है। कवि त्रिलोचन के शब्दों में कहें तो अकेले रामविलास शर्मा ने अनेक लेखकों के मुख पर सयाश कोलतार पोता और उनके इस कृत्य से अनेक लेखकों की 'मुख–छवि' लुप्त हो गयी। इसके बरस्क उनके जीवन काल में ही घनघोर दक्षिणपंथी लोग उन्हें मार्क्सवादी ऋषि कहने लगे। जब किसी व्यक्ति की दुश्मन प्रशंसा करने लगे तो स्वाभाविक प्रश्न उठता है कि 'पार्टनर तुम्हारी पॉलटिक्स क्या है' और सबने देखा कि अपने जीवन के अंतिम काल में डॉ. शर्मा वैदिक कालीन आरण्य में स्वर्ण मृग खोजने निकल पड़े थे। जिसकी पोल बहुत पहले 'ऋग्वैदिक आर्य' लिखकर राहुल जी ने खोल दी थी। जब राहुल–यशपाल, रांगेय और मुक्तिबोध लगातार प्रासंगिक हाते गये तो भी रामविलास शर्मा ने अपने पूर्वाग्रहों पर पुनः विचार नहीं किया। इस बात की तरफ मैं इसलिए संकेत कर रहा हूँ कि वर्ष 2017–18 मुक्तिबोध का शताब्दी वर्ष और महापंडित राहुल सांस्कृत्यायन का 125वाँ जन्म वर्ष है। इस देश की लाखों–लाख जनता इन लेखकों को प्यार करती है। इसलिए कि जनता के लिए अनवरत रचनात्मक संघर्ष किया।

मुक्तिबोध की करनी और कथनी में कोई अंतर नहीं था। वे शब्द–व्यापारी नहीं थे। शोषित जनता चाहे वह आर्थिक दृष्टि से शोषित हो या सामाजिक दृष्टि से उनके लिए उनका आत्मीय सर्वहारा है। और मुक्तिबोध इस सर्वहारा के युगांतकारी रचनाकार हैं। उन्होंने प्रगतिशील जनोन्मुख कविता को जो गति प्रदान की वह अब हिन्दी साहित्य के इतिहास में दर्ज हो चुका है। नितान्त अभाव का जीवन जीते हुए भी उन्होंने अपने रचना कर्म पर किसी लोभ को हावी नहीं होने दिया। वे अपने जीवन में तथा मरणोपरान्त भी सांप्रदायिक शक्तियों जातिदम्भ, अभिमानियों, सामन्तों और पूँजीवाद परस्त बुद्धिजीवियों के लिए अछूत और अग्राह्य रहे। साधारण जनता में व्याप्त अज्ञान, जड़ता, रुढ़िवादिता, अवैज्ञानिक धारणाओं के ख़िलाफ रचनात्मक संघर्ष करते रहे। मुक्तिबोध ने 'अंतरात्मा और पक्षधरता' नामक अपने लेख में स्पष्ट लिखा है कि 'समाजवाद और जनता ही जन–साधारण की मुक्ति का राजपथ है और इसीलिए उसकी मूल आत्मा जनतांत्रिक है .... मेरे जैसे कोटिशः अकिचनों और अरक्षित जीवन मुक्ति का रास्ता समाजवाद की मूल आत्मा जनतांत्रिक है।'' इसलिए उन्होंने इस अमानवीय व्यवस्था, साम्राज्यवाद–पूँजीवाद के पिछलग्गू सत्ता के प्रतिरोध में लाखों–लाख

साधारण जनों के संगठित होकर सड़कों पर उतरने का आवाहन किया। इसके लिए मुक्तिबोध कठिन व्यक्तिवांतरण की प्रक्रिया से होकर गुजरे। वे अपार जन समूह को भी समय के साथ सचेत होने की सलाह देते हैं और दूसरी तरफ रचनाकार को जनता से जुड़ने की सलाह देते हैं। अपनी कविता 'चकमक की चिनगारियाँ, में लिखते हैं–

अरे! जन संग–उष्मा के बिना,
व्यक्तिव के स्तर जुड़ नहीं सकते
प्रयासी प्रेरणा के स्रोत
सक्रिय वेदना की ज्योति
सब साहाय्य उनसे लो
तुम्हारी मुक्ति उनके प्रेम से होगी
कि तद्गत लक्ष्य में ही हृदय के नेत्र जागेंगे
व जीवन लक्ष्य उनके प्राप्त करने की क्रिया में से
उभर ऊपर विकसते जायेंगे निज के
तुम्हारे गुण। कि अपनी मुक्ति के रास्ते अकेले में नहीं मिलते।[1]

कविता में अपने इस राजनीतिक और सांस्कृतिक प्रशिक्षण के लिए मुक्तिबोध हमारे प्रिय कवि हैं। वे भारत के ऐसे कवि हैं जिन्हें सत्तर और अस्सी के दशक से युवावर्ग ने अपना क्रान्तिकारी कवि मान लिया था। वे जीवन भर अभाव और उपेक्षा से जूझते रहे परन्तु मृत्यु के बाद वे हिन्दी जनमानस पर आवेश की तरह छा गये। जिस कवि का उसके जीवन काल में एक भी कविता संग्रह नहीं प्रकाशित हो सका वही कवि अपनी मृत्यु के बाद सर्वाधिक चर्चित कवि के रूप में हमारे सामने आया। कहे तो एक तरह से वे हिन्दी के युवा पीढ़ी के हीरो हो गये। उनकी कविता ने पाठक वर्ग से ऐसा तादात्म स्थापित किया कि वे विद्यालयों से लेकर विश्वविद्यालयों के पाठ्यक्रम में पढ़ाये जाने लगे। रामविलास शर्मा ने महाकवि निराला का आकलन करते हुए लिखा है–"निराला को विरोध बहुत सहना पड़ा किन्तु उन्हें समर्थन भी मिला उन्होंने हिन्दी भाषी जनता को जितना स्नेह दिया उससे ज्यादा स्नेह पाया। निराला कभी रीते नहीं, चूके नहीं स्नेह निर्झर के वह जाने के बाद भी उन्हें अपने भीतर और बाहर स्नेह के नये स्रोत मिले। हिन्दी

---

1. चाँद का मुँह टेढ़ा है, पृ. 131।

भाषी जनता की अजेय अप्रगट शक्ति से, उसके अगाध अव्यक्त स्नेह से कहीं निराला के मन का तार बराबर जुड़ा हुआ था।''

यह बात निराला की तरह ही मुक्तिबोध पर हू–ब–हू लागू होती है। निरन्तर चर्चा के केन्द्र में रहे मुक्तिबोध कुछ लोगों द्वारा अकादमिक हलकों में जटिल और दुर्बोध कवि के रूप में प्रचारित किये गये। इसके लिए उनकी निन्दा भी की गयी। जो लोग यह आरोप लगाते हैं कि मुक्तिबोध की कविता समझ में नहीं आती उन्हें यह साधारण–सी बात भी समझ में कहाँ आती है कि स्वतंत्रता, बंधुता और समानता लोकतांत्रिक मूल्य है और मानवता के हित में एक समतामूलक समाज की स्थापना होनी चाहिए। प्रसिद्ध पत्रिका 'साखी' के मुक्तिबोध अंक का सम्पादकीय सदानन्द शाही ने 'मुक्तबोध : आत्मा के शिल्पी' शीर्षक से लिखा है इसमें वे लिखते हैं–''ऐसे कवि से निबटने का सबसे आसान तरीका है– उसे कठिन, दुरुह घोषित कर देना। अकादमिक हल्कों में पहले भी यह काम होता रहा है। कबीर इसके उदाहरण हैं। मुक्तिबोध के काव्य की जटिलता का गहरा सम्बन्ध उनके काव्य मूल्यों और जीवन मूल्यों से है। दिक्कत मुक्तिबोध की कविताओं में नहीं है, कविताओं में निहित मूल्यों से है। मुक्तिबोध की कविताएँ हमें आइनाख़ाने में खड़ा कर देती हैं जहाँ हम ठीक वैसा ही दिखने लगते हैं जैसे हैं। ''हाय, हाय। मैंने उन्हें देख लिया नंगा, इसकी मुझे और सजा मिलेगी।'' मुक्तिबोध की कविता इसी तरह हमे आर–पार देख लेती है। यह आर–पार देख लिया जाना असुविधाजनक होता है। इसलिए हम आर–पार देखे जाने से बचते रहते हैं। मुक्तिबोध की कविताओं की दुरुहता के मूल में बहुधा यही भाव काम करता है।''[1]

मुक्तिबोध न होते तो 'भूल गलती', 'चाँद का मुँह टेढ़ा है', 'ब्रह्मराक्षस', 'चकमक की चिनगारियाँ, 'मालव निर्झर की झर–झर कंचन रेखा', 'पता नहीं', अँधेरे में', 'अन्तःकरण का आयतन' जैसी कविताएँ हिन्दी साहित्य में दुर्लभ थीं। एक द्रष्टा कवि के रूप में मुक्तिबोध ने उसी समय राजनीति और माफिया के गठबंधन को पहचान लिया था। नए मनुष्य के निर्माण में उनकी आस्था प्रबल है। वे अध्ययन शील कवि हैं। गद्य और पद्य दोनों में उनका समान अधिकार है। वे अपने गद्य और कविता दोनों से जनता तक अपनी बात पहुंचाना चाहते हैं।

---

1. साखी, अंक 26 जुलाई–दिसम्बर 2015, पृ. 07।

मुक्तिबोध को यह अखण्ड विश्वास है कि आत्म संघर्ष और आत्म विस्तार का उनका कवि कर्म व्यर्थ नहीं जायेगा–

तुम्हारे पास, हमारे पास सिर्फ़ एक चीज है
ईमान का डण्डा है
बुद्धि का बल्लम है
अभय की गेती है
हृदय की तगारी है–तसला है
नए–नए बनाने के लिए भवन
आत्मा के मनुष्य के।

मुक्तिबोध की कविता 'अँधेरे में' एक सधन कविता है। यह लम्बी कविता शुरू में पहली बार 'कल्पना' में छपी थी। उनकी मृत्यु के उपरान्त वह 'चाँद का मुँह टेढ़ा है' में संग्रहीत हुई। मुक्तिबोध ने पहले इसका शीर्षक 'अँधेरे में आशंका की दीप' रखा था। जो बाद में बदलकर मात्र 'अँधेरे में' कर दिया गया। मुक्तिबोध ने अपना संग्रह स्वयं नहीं तैयार किया।

केदारनाथ सिंह, प्रभाकर माचवे के हवा़ले से एक संस्मरण सुनाते थे। प्रभाकर माचवे ने उन्हें 'अँधेरे में' कविता के बारे में एक दिलचस्प बात बताई थी। उन्होंने कहा था, 'ये कविता में 'गोयर्निका' है। 'गोयर्निका', 'पिकासो' का विश्व प्रसिद्ध चित्र है। यह दूसरे महायुद्ध के बाद अस्त–व्यस्त यूरोपीय वास्तविकता का चित्र. है। इसमें मनुष्य के कटे हुए विभिन्न अंग हैं, थोड़ा है और विभिन्न आकृतियाँ हैं। कहते हैं कि जब हिटलर की पुलिस 'गेस्टापो' ने 'पिकासो' से पूछा कि क्या यह चित्र आपने बनाया है? तो 'पिकासो ने कहा–"नहीं यह चित्र आपने बनाया है।" एक ऐसी वास्तविकता जिसमें बहुत सारी चीजें टूट–फूट गयीं और उलट–पलट गयीं। नेहरू युग यानी स्वतंत्रता प्राप्ति के बाद का काल जिसे भारतीय जनता का स्वर्णकाल होना था, मोहभंग का युग बन गया। जनता का एक तपका यह महसूस. करने लगा कि–"देश की जनता भूखी है, ये आजादी झूठी है।"

मुक्तिबोध के बेटे रमेश मुक्तिबोध ने लिखा है कि मुक्तिबोध ने 'अँधेरे में' कविता पंद्रह बार लिखी। इससे इस बात का अंदाजा लगाया जा सकता है कि कवि कितना उद्विग्न रहा होगा। उस समय मुक्तिबोध कई लड़ाईयाँ एक साथ लड़ रहे थे। एक तरफ उनकी भारतीय

इतिहास पर लिखी किताब सरकार द्वारा प्रतिबंधित कर दी गयी। इस लड़ाई में वामपंथी आंदोलन से जुड़े बहुत सारे साथियों ने भी उनका साथ नहीं दिया था। इससे वे बहुत दुःखी थे। उन्होंने एक लम्बा पत्र कामरेड श्रीपाद अमृत डाँगे को लिखा था। मुक्तिबोध की लड़ाई बाहरी व भीतरी दोनों स्तरों पर थी। उस पूरे दौर का आत्म संघर्ष 'अंधरे में' कविता में प्रतिबिम्बित होता है। इस पूरी कविता में कवि अपनी परम अभिव्यक्ति को बार–बार तलाशता है। उसे आश्चर्य होता है–

सब चुप, साहित्यिक चुप और कवि जन निर्वाक
चिंतक, शिल्पकार, नर्तक चुप हैं
उनके ख्याल से यह सब गप हैं
मात्र किवदंती
रक्तपायी वर्ग से नाभिनाल–बद्ध ये सब लोग
नपुंसक भोग शिरा–जालों में उलझे,
प्रश्न की उथली–सी पहचान
राह से अनजान
वाक रुदंती।
चढ़ गया उर पर कहीं कोई निर्दयी
कहीं आग लग गयी, कहीं गोली चल गयी।

कहना न होगा कि आज जबकि पुनुरुत्थानवादी शक्तियाँ देश और समाज में अपना वर्चस्व कायम करने में लगी है। जबकि बहुत सारे वामपंथी और समाजवादी डवांडाल हो दक्षिण तरफ चले गये हैं। तथाकथित बुद्धिजीवी चुप हैं या दरबारी राग अलाप रहे हैं; ऐसे समय मुक्तिबोध कितने अधिक प्रासंगिक हैं।

'अँधेरे में' कविता स्वतंत्र भारत की एक केन्द्रीय कविता है। बिना सामाजिक–राजनीतिक विमर्श में प्रवेश किये मुक्तिबोध को नहीं पढ़ा जा सकता। जैसे कबीर को पढ़ने की कुछ शर्ते हैं। उनकी उलटवासियों को उनकी विडम्बना के साथ ही समझा जा सकता है। कबीर कहते हैं कि "एक अचरज मैं देखा रे भाई, सिंह चरावे गायी।" आज हम देखते हैं कि कैसे सामंती–बाजारू और तथा कथित राजनेता जनता को गाय–बकरी और भेंड़ की तरह चरा रहे हैं। मुक्तिबोध ने जो कुछ देखा–सुना और कहा आज वह हमारे लिए और प्रासंगिक हो गया है।

उनका सामाजिक और राजनीतिक यथार्थ हमारे सामने दर्पण की तरह खड़ा है। अगर हम कविता के पुराने पाठ के आस्वाद को बदलें, अपने पाठ के तरीके और आस्वाद को आधुनीकृत करें और संवेदनशीलता से उन्हें पढ़े तो मुक्तिबोध हमें कठिन कवि नहीं लगेंगे। न डॉ. रामविलास शर्मा की तरह वे हमें 'वल्गार मार्क्सवादी' लगेंगे। विवेक–बुद्धि और तर्क से जिनका नाता है, जिन्होंने अपने अध्ययन और जीवन से मार्क्सवाद को स्वीकार किया है और जो सही मायने में दिल से 'डिकास्ट' और 'डिक्लास' हैं वे मुक्तिबोध से विरादराना व्यवहार करेंगे। विवेकानन्द से किसी ने पूछा कि आप गेरूआ वस्त्र क्यों पहनते हैं। उन्होंने कहा कि इसलिए कि लोग जाने कि मैं कौन हूँ? और मेरे साथ कैसा व्यवहार किया जाना चाहिए। मुक्तिबोध का बाह्य और आभ्यतर एक है, आप उनके साथ दो रंगा व्यवहार नहीं कर सकते। मुंक्तिबोध ने हमें बताया कि मांसभक्षी राजा जितना भयानक हो, दुर्वध्य नहीं हैं। शास्त्रों और साहित्य ने राजा और उसे पूजनीयों को जनता से ऊपर और अवध्य घोषित कर रखा था। मुक्तिबोध ने बताया कि जो समाज रचना विरोधी हो उसे मुक्ति की आवश्यकता है और मुक्ति समूह में संभव है। अपराधियों को सांस्कृतिक संरक्षण मिल रहा है। राजनीतिक संरक्षण मिल रहा है इसलिए अपराध बढ़ रहे हैं। हम भीड़ तंत्र का हिस्सा होते जा रहे हैं। हम 'मासकल्चर' के शिकार होते जा रहे हैं। 'मासकल्चर' का अर्थ है–'झुण्ड संस्कृति।' 'मासकल्चर', 'पिपुल्स कल्चर' नहीं है। 'क्राउड कल्चर' भेड़–तंत्र जैसा है। एक तरफ गायें प्लास्टिक खाकर मर रही है और दूसरी तरफ गाय के लिए आदमी मारे जा रहे हैं। 'मॉबलिंचिंग' की घटनाएँ हो रही हैं। भीड़ द्वारा तरह–तरह के बहानों से मनुष्य की हत्यायें प्रायोजित हो रही है। स्वतः स्फूर्त हो रही हैं। हमने सोचना और तर्क करना छोड़ दिया है। कभी डेकार्ट ने कहा था,–"I think so I am" अर्थात् मैं सोचता हूँ इसलिए मैं हूँ। हमें सोचना चाहिए कि इस विकट समय में स्त्री, दलित, किसान भाषा आदि मुक्ति के लघु आख्यान महत्त्वपूर्ण हैं। वैश्वीकरण, पुनुर्त्थानवाद के इस समय में हमें समग्र मुक्ति के आख्यान को पुनः केन्द्र में लाना होगा। मुक्तिबोध अनायास ही नहीं कह रहे हैं–

लोक हित–पिता को घर से निकाल दिया
जन–मन–करुणा–सी माँ को हकाल दिया,
स्वार्थों के टेरियर कुत्तों को पाल लिया,

भावना के कर्त्तव्य ... त्याग दिये,
हृदय के मंतव्य मार डाले!
बुद्धि का भाल ही फोड़ दिया,
तर्कों के हाथ उखाड़ दिये
जम गये, जाम हुए, फँस गये,
अपने ही कीचड़ में धँस गये।।
विवेक बघार डाला स्वार्थों के तेल में
आदर्श खा गये।

\+ + +

अब तक क्या किया
जीवन क्या जिया
ज्यादा लिया और दिया बहुत–बहुत कम
मर गया देश, अरे, जीवित रह गये तुम!!

ऐसा जुल्मी निज़ाम, ऐसी अन्यायी सत्ता और संवेदन हीन तंत्र जो गरीब को आदमी नहीं समझता। आज शोषितों, उत्पीड़ितों और दलितों का दर्द, उनके दुःख और संघर्ष कल्पना से परे हैं। स्थिति भयावह हो गयी है। शोषण हजारों शताब्दियों से जारी है पर बाज़ार–विकास–बांध और सेज के नाम पर कारपोरेट की भयानक लूट जारी है। इसे इस देश के नियोजित विकास की विडम्बना ही कहेंगे कि देश के सबसे साधन सम्पन्न इलाकों में सबसे निर्धन लोग रह रहे हैं। जो अन्न उपजाता है उसके पास ख़ाने के लिए नहीं है। जो कपड़ा बुनता है उसके पास फटा वस्त्र है। जो घर बनाता है वह झुग्गी में रहता है। करोड़ों शिक्षित बेरोजगार हताशा के शिकार हैं। कभी फैज ने कहा था।

ये तो वह शहर नहीं जिसकी आरजू लेकर
चले थे यार कि मिल जायेगी कभी न कभी।

आजादी की अनुभूति कुछ समय तक बहुत रामेंटिक अनुभूति थी। आजादी मिलने के दस वर्ष बाद तक का समय सपनों, आकांक्षाओं, योजनाओं और बँटवारे, भगत सिंह की फाँसी तथा गाँधी जी की हत्या आदि की पीड़ाओं का समय हैं। 1962 के बाद आजादी, कांग्रेस और नेहरू से मोहभंग होने लगा। लोकतंत्र और नेताओं की खामियाँ दिखने लगी। फिर इंदिरा और आपातकाल आया और अब जो आया है उसकी

व्याख्या बहुत कठिन है। यह हमारे कारपोरेटी कंसों का समय है जिसकी व्याख्याकार पाखण्डी बाबाओं की जमात है। यह ऐसा समय है जिसमें चन्द्रगुप्त मौर्य को छोटी जाति का बताया जाता है और चुनाव से लेकर प्रचार तक जाति के आधार पर होता है। बड़े मूल्यों, आदर्शों तथा विज्ञान के पक्षधर मारे जा रहे हैं। ऐसी स्थिति में हमें मुक्तिबोध की कविता 'भूल गलती' याद आती है–

हमारी हार का बदला चुकान आयेगा
संकल्प–धर्मा चेतना का रक्तप्लावित स्वर
हमारे ही हृदय का गुप्त स्वर्णाक्षर
प्रकट होकर विकट हो जायेगा।'[1]

मुक्तिबोध ने सिर्फ़ कविताएँ ही नहीं लिखीं। वे निरंतर पत्र–पत्रिकाओं में लिखते रहे। उनका अध्ययन–मनन–चिन्तन लेखों और पुस्तकों में रूप में आज हमारे सामने है। उनके समीक्षात्मक निबंध, आलोचनात्मक चिन्तन, साहितय चिंतन तथा इतिहास चिन्तन बहुत मौलिक और विचारणीय है। इसमें 'एक साहित्यिक की डायरी', 'आत्मवक़्तव्य', 'नयी कविता और उसकी पृष्ठभूमि', 'कामायनी : पुनर्विचार', तथा 'भारत : इतिहास और संस्कृति' तो निहायत काबिले गौर है।

'नयी कविता और उसकी पृष्ठभूमि में मध्ययुगीन भक्ति आंदोलन का एक पहलू' शीर्षक से मुक्तिबोध का एक निबंध है। उसकी स्थापनाओं पर जान–बूझकर चुप्पी साध ली गयी। यहाँ मुक्तिबोध का कहना है कि भक्ति आंदोलन के सारे क्रान्तिकारी दाँत तुलसीदास ने उखाड़ लिए। मुक्तिबोध कहते हैं, "कुरीतियों, धार्मिक, अंध–विश्वासों और जातिवाद के विरूद्ध कबीर ने आवाज उठाई। वह फैली। निम्न जातियों में आत्मविश्वास पैदा हुआ। समाज की शासक सत्ता को यह कब अच्छा लगता? x x x एक बार भक्ति आंदोलन में ब्राह्मणों का प्रभाव जम जाने पर वर्णाश्रम धर्म की पुनर्विजय की घोषणा में कोई देर नहीं थी। ये घोषणा तुलसीदास जी ने की थी। निर्गुण मत में निम्न जातीय धार्मिक जनवाद का पूरा जोर था। उसका क्रान्तिकारी संदेश था। x x x निर्गुण मतवाद के जनोन्मुख रूप और उसकी क्रांतिकारी जातिवाद विरोधी भूमिका के विरुद्ध तुलसीदास जी ने पुराण मतवादी स्वरूप प्रस्तुत

1. भूल–गलती–मुक्तिबोध रचनावली भाग–दो, पृ. 392।

किया। x x x साधारणजनों के लिए कबीर का सदाचारवाद तुलसी के संदेश से अधिक क्रांतिकारी था। तुलसी को भक्ति का यह मुल तत्व तो स्वीकार करन ही पड़ा कि राम के सामने सब बराबर हैं, किन्तु राम ने ही सारा समाज उत्पन्न किया है, इसलिए वर्णाश्रम धर्म और जातिवाद को तो मानना ही पड़ेगा। पं. रामचंद्र शुक्ल जो निर्गुण मत को कोसते हैं, यह यों ही नहीं। इसके पीछे उनकी सारी पुराण मतवादी चेतना बोलती है।"[1]

मुक्तिबोध कहते हैं कि जो भक्ति आंदोलन साधारण जनता ने शुरू किया था, जिसमें सामाजिक कट्टरता के ख़िलाफ जन आकांक्षायें बोलती थीं, मानुष सत्य बोलता था, उसे सगुण राम भक्ति और कृष्ण भक्ति के नाम पर उच्च्वर्गीयों ने अपनी तरह बना लिया, उससे समझौता कर फिर उस पर अपना प्रभुत्व कायम कर, कालान्तर में जनता के अपने तत्वों को उसमें से निकालकर कुछ समय बाद इन उच्चवर्णियों ने उस भक्ति को साहित्य के क्षेत्र में अपने प्रियभाव श्रृंगार–विलास की तरफ ठेल दिया जिसे हम रीतिकाल के नाम से जानते हैं। तो ये हैं मुक्तिबोध और उनकी दृष्टि जो अपने पूर्वज कवियों के मूल्यांकन में कोई पूर्वाग्रह या बेइमानी नहीं पालती और आनेवाले कल के सूर्योदय को भी लक्षित करती है।

◆◆◆

1. मुक्तिबोध रचनावली भाग–पांच, पृ. 292।

उपेक्षा–आत्मसंघर्ष–समाज की प्रतीति और परम अभिव्यक्ति की खोज यानी मुक्तिबोध

अभिजीत सिंह

"I think therefore I am"

Rene Descartes

मुक्तिबोध की कविता या समूचे साहित्य को देखना है तो इसी विश्वास और साहस के नजरिए से देखना होगा। और इस बात को मुक्तिबोध के अस्तित्ववादी रुझान के संदर्भ में विश्लेषित करके इसकी महत्ता को धूमिल नहीं करनी चाहिए। मुक्तिबोध के संदर्भ में इस 'सोचने' को और सोचने के कारण अपने 'होने' के बोध को समूची समाज–व्यवस्था की प्रक्रियात्मकता से जोड़कर देखा जाना चाहिए।

छायावाद में जो स्थान 'निराला' का है, नयी कविता में वहीं स्थान 'मुक्तिबोध' का है। मुक्तिबोध का काव्य नयी कविता की अन्यतम उपलब्धि है। 'तार सप्तक' से लेकर 'चाँद का मुँह टेढ़ा है' तक नयी कविता ने एक लम्बी यात्रा तय की है तथा अब यह भी स्पष्ट होता जा रहा है कि नयी कविता की इस विकास यात्रा में मुक्तिबोध का महत्तव अपरिहार्यता की सीमा तक विशिष्ट है। 'तार सप्तक' में मुक्तिबोध की कविताओं का प्रकाशन एक महत्त्वपूर्ण घटना मानी जा सकती है क्योंकि इस संकलन में मुक्तिबोध के 'कवि' को जहाँ पहली बार साहित्यिक मान्यता मिली वहीं उनकी घोर उपेक्षा का युग भी आरंभ हुआ।

नयी कविता के भीतर मुक्तिबोध ने ऐसा वातावरण उपस्थित कर दिया जिसमें जन–जीवन की आशा, आकांक्षा और संघर्षों का महत्त्व बढ़ गया। मुक्तिबोध ने अपनी कविताओं में उस युग की सामाजिक जटिलता, पाखंड, मानसिक तनाव तथा विषमतापूर्ण जीवन का भयावह चित्र रचा है। उन्होंने शोषण और भ्रष्टाचार पर आधारित पतनोम्मुख भारतीय सभ्यता का सच्चा चित्र उकेरने का तनाव बहुत गहरे तक महसूस किया है। यानी कुल मिलाकर नामवर जी के शब्दों में कहा जा सकता है कि जो कविता कुछ मीठी–मीठी और कुछ छोटी–छोटी अनुभूतियों का पुंज बन गयी थी उस मुक्तिबोध ने निराला के बाद, मेरी दृष्टि में पहली बार केवल वैचारिक दृष्टि, केवल विचारधारा नहीं बल्कि एक वैचारिक ऊर्जा प्रदान की जिससे लगा कि हिंदी कविता प्रौढ़ और वयस्क हो गयी है।''

मुक्तिबोध को जनवादी, मार्क्सवादी की अपेक्षा व्यापक अर्थवत्ता का रचनाकार मानना कहीं न्यायसंगत होगा। मानव के शाश्वत मूल्यों की व्याख्या ही उनके काव्य का लक्ष्य है। वे वैश्विक घटनाओं को ध्यान में रखकर अपनी प्रतिक्रिया देनेवाले कवि हैं। मुक्तिबोध समूची विश्व व्यवस्था में जो मनुष्य है उसकी नियति को लेकर सोचते हैं। यदि उनकी पूरी काव्य–रचना के केन्द्रीय भाव को लेना है तो उनकी इन दो पंक्तियों से समझी जानी चाहिए।–'पिस गया वह भीतरी और बाहरी दो कठिन पाटों बीच/ऐसी ट्रैजिडी है नीच।' तो यही त्रासदी है जो मध्यवर्गीय सचेतन व्यक्ति है जो अपने विवेक और अपने आदर्शों को लेकर जीना चाहता हैं लेकिन भारतीय जीवन में उस वक़्त तक मूल्य–ह्रास और मूल्य–भंग की स्थितियाँ उत्पन्न हो गयी थीं–तो इन्हीं स्थितियों को समझने और समझाने के संघर्ष के कवि हैं मुक्तिबोध।

साहित्यकार का जीवन–बोध अंततोगत्वा उसकी रचनाओं से अभिव्यक्त होता हैं उसकी निजी जिंदगी, जीवन की तंग गलियों में चक्कर काटती हुई अस्तिव–संघर्ष और सृजनशीलता के द्वंद्व से ही उसकी रचना में निखार आता है। वस्तुतः महान कलाकार का जीवन और उसकी कृति में अन्योन्याश्रित संबंध होता है। मुक्तिबोध प्रायः चिंतन किया करते थें, विचारते थे ओर उनका प्रत्येक प्रयत्न समाज को शोषण से मुक्त करने का था–''मेरे सभ्य नगरों और ग्रामों में/सभी मानव/सुखी, सुन्दर व शोषण मुक्त/कब होंगेद्य'' यह सभ्यता विकासोन्मुख देश की सबसे बड़ी समस्या है। मुक्तिबोध ने इसे विशेष रूप से रेखांकित भी किया है। इसी का समाधान पाने के प्रयत्न में उन्होंने अपने जीवन को भी शोषण की अंतहीन यातनाओं में उलझा दिया था। समाज में गतिरोध के क्या कारण हैं? उनका विकल्प क्या है? इन प्रश्नों पर मुक्तिबोध ने गहन चिंतन किया है। मुक्तिबोध की कविता व्यापक चिंता को जताती कविता है–'क्या उत्पीड़कों के वर्ग से होगी न मेरी मुक्ति?' की चिंता, लेकिन मुक्तिबोध केवल चिंता ही नहीं जताते बल्कि चिंतन भी करते हैं और उऩके चिंतन का यह अहाता समाज, राजनीति और राष्ट्र के विराट फलक के साथ व्यक्ति के मूल्यगत ह्रास और विकास तक के सरोकारों तक फैला है। और कहना न होगा कि इसी क्रम में वे किसी सक्षम नेतृत्व की तलाश भी करते हैं–'किसी की खोज है उनको/किसी नेत्त्व की।' मुक्तिबोध को अपने समाज और उससे संबद्ध राजनीति की इतनी गहरी समझ थी कि वे

नेतृत्व के महत्त्व को बड़ी गंभीरता से लेते हैं– वे जानते थे कि नेतृत्व का गलत हाथों में पड़ना विशाल जनसमूह को किसी अंधेरी खाई की ओर भेज देने जैसा होगा। इसी कारण वे ऐसे व्यक्ति के पक्षधर बनते हैं जिसकी चेतना में एक बेचैनी हो, जो समझौतापरस्त न हो और टुटन की आखरी चटख तक लड़ने का माद्दा रखता हो। ऐसे में यह कहना अतिशयोक्ति न होगी कि–'अपने से लड़ने वाले कवि तो इस पीढ़ी में कई हुए, किंतु 'वह जो समझौता कर सका नहीं' और 'अपने से लड़ते–लड़ते थका नहीं' ऐसा कवि यदि कोई है तो संभवतः वह है मुक्तिबोध।''

इस 'अपने से लड़ते रहने' की जो ईमानदारी है यह हमें इस बात को सोचने को मजबूर कर देती है कि मुक्तिबोध के साहित्य में बार–बार जिस आत्मसंघर्ष की चर्चा की जाती है–उस आत्मसंघर्ष को हम साधारणीकृत करके नहीं देख सकते। यदि देखते हैं–जैसा कि पठन–पाठन की सामान्य परिपाटी में दिखाई देने लगा है–तो निःसंदेह मुक्तिबोध जैसे कवि के साथ अन्याय करेंगे। हम जब मुक्तिबोध की कविता या साहित्य में आत्मसंघर्ष की बात करते हैं तो यह भी समझना होगा कि यह आत्मसंघर्ष उनके जीवन में उन्हें मिली उपेक्षाओं से अलग नहीं है। भले ही उन्हें 'तार सप्तक' में स्थान मिला था लेकिन 'तार सप्तक' जैसे बड़े प्रोजेक्शन के बावजूद यह नहीं कहा जा सकता कि मुक्तिबोध को लोगों ने समझना शुरू कर दिया था। क्योंकि उस वक़्त के एक बड़े आलोचक समविलास शर्मा ने तो उन्हें खारिज ही कर दिया था। मुक्तिबोध के साथ उपेक्षा का आलम यह था कि उनकी अपनी धारा–ख़ुद को जिसके वे करीब मानते थे–उसने भी उन्हें उपेक्षित किया। उनकी रचनाओं को जो महत्त्व मिलना चाहिए था वह नहीं मिला, न ही उनके अपने लोगों ने ही उनकी रचनाओं को आत्मसात किया। अज्ञेय ने इसलिए कर लिया क्योंकि वे विविध धाराओं का एक संकलन करना चाह रहे थे। मुक्तिबोध ने जीवनपर्यंत जो आत्मसंघर्ष किया उसने उनके जीवन को भीतर तक गहरे रूप में प्रभावित किया। इस आत्मसंघर्ष ने उन्हें अपने समूचे व्यक्तिव को शोधन की दिशा में प्रेरित किया, परिणामतः मार्क्सवादी सामाजिक दृष्टि का संस्कार हो सका और उनकी दृष्टि अधिक व्यापक एवं समाजोन्मुखी हो सकी। नन्दकिशोर नवल लिखते हैं–'मुक्तिबोध को आत्मसंघर्ष का कवि कहा गया है। समग्र रूप में वे आत्मसंघर्ष के कवि नहीं हैं, सामाजिक संघर्ष के कवि

हैं और उनका आत्मसंघर्ष मूलतः उसी की छाया है, उनमें व्यक्ति का आत्मसंघर्ष भी उसके वर्ग के आत्मसंघर्ष को अभिव्यक्त करता है।"[3] इन अर्थों में मुक्तिबोध जन साधारण के कवि हैं।

मुक्तिबोध के संदर्भ में जिस आत्मसंघर्ष की चर्चा हम कर रहे हैं उसके मूल में जो बात है–जो अकेलापन है, जो न समझे जाने की कसक है–और वह न समझा जाना जो है–वह किसी व्यक्ति के प्रति न होकर समय और युग के प्रति ही है। एक पूरा का पूरा देश और काल उनकी चिंताओं को समझ नहीं पा रहा है–यह एक बहुत बड़ी विडंबना है। दूसरी बात यह है कि जब मुक्तिबोध को उनका पूरा देश और काल समझ नहीं पा रहा है तो वो उन्हें समझाने की पुरजो कोशिश भी कर रहे हैं और उन कोशिशों में जो और कई चीजें–जैसे फैंटेसी या कम्युनेकेटिंग विसडम (communicating wisdom) आदि घुल–मिल जाती हैं तो इनके कारण उनका चिंतन साधारण चिंतन प्रक्रिया के साँचे में सीधे–सीधे बैठता नहीं है। ऐसे में मुक्तिबोध को समझने की प्रक्रिया के दो परिणाम होते हैं–पहला कि मुक्तिबोध की उस दुरूहता के बरक्स हम आलोचना में भी दुरूहता गढ़ते चले जाते हैं और दूसरा यह होता है कि हम फिर साधारणीकृत करने लगते हैं चीजों को। तो इन दोनों ही परिणामों के बीच मुक्तिबोध का समूचा काव्य–विकास है यानी मुक्तिबोध का आत्मसंघर्ष बहुत ही ईमानदार किस्म का आत्मसंघर्ष था और इसी आत्मसंघर्ष के कारण वे धीरे–धीरे लोगों से कटते चले गये। रामविलास शर्मा ने अपने लेख में तो उन्हें 'सिजोफ्रेनिया का शिकार' तक घोषित किया–यानी आप मुक्तिबोध को देखिए कि जिससे सबसे ज्यादा उम्मीद थी समझे जाने की–वह भी गलत मूल्यांकन करता है–तो ऐसे में व्यक्ति जिस सीमांत पर पहुँचता है, वह भयावह होता है। यहाँ ध्यातव्य है कि 'अँधेरे में' कविता जब छपी थी तो उसका पहला शीर्षक 'आशंकाओं के द्वीप' था–वो शायद इसीलिए था कि व्यक्ति को जीवन इतनी आशंकाओं से घिरा है कि स्वाभाविकता उसके जीवन में रह ही नहीं गयी। नामवर जी इस कविता के बारे में लिखते हैं कि–'निस्संदेह इस कविता का मूल कथ्य है, अस्मिता की खोज, किंतु कुछ अन्य व्यक्तिवादी कवियों की तरह इस खोज में किसी प्रकार की आध्यात्मिकता या रहस्यवाद नहीं, बलि गली–सड़क की गतिविधि, राजनीतिक परिस्थिति और अनेक मानव चरित्रों की आत्मा के इतिहास का वास्तविक परिवेश है।"[4] ऐसे में जिस तनाव की सृष्टि हुई है वह

मुक्तिबोध की धमनियों तक व्याप्त है और यदि आगे चलकर मुक्तिबोध की कोई परंपरा विकसित नहीं हो पायी है तो संभवतः उसका कारण यही रहा है कि उनके बाद किसी ने भी उस आत्मसंघर्ष और तनाव को उस ईमानदारी के स्तर पर नहीं जिया है। विचारधारात्मक स्तर पर यदि इस उपेक्षा का विश्लेषण किया जाये तो यही समझ आता है कि जो प्रमुख धारा थी–वामपंथी आंदोलन की–उसमें कई बार ऐसा हुआ कि चीजों को कार्यकारण सिद्धांतों के तौर पर ही लोग देखा करते थे। हिंदी आलोचकों की एक अच्छी खासी परंपरा में यह कमी रही है। यानी कि चीजों को सिद्धांतों में बांधकर देखने की कमी–यानी ऐसा है तो ऐसा होगा–एक तरह की फ्रेम्ड आइडियोलॉजी के तहत। कुछ उससे अलग भी हो सकता है ये सोचने की जहमत नहीं उठाते थे लोग। तो इसी वजह से मुक्तिबोध की गहनबोध की कविताओं को एक खास तरह का टैबू बना दिया गया कि यह तो जनता, मजदूरों, किसानों या सर्वहारा की कविता नहीं हैं यानी एक विचारधारा के तहत कई बार ऐसा भी हुआ कि गंभीर साहित्यकारों से भी साहित्य के नाम पर नारों की उम्मीद की जाती थी लेकिन मुक्तिबोध जैसे कवि विचारधारात्मक प्रतिबद्धता के बावजूद अपने साहित्यिक गांभीर्य की गरिमा को समझते थे और उसके साथ ईमानदार रहते थे। ऐसे में मुक्तिबोध के काव्य के अध्ययन के सूत्र हमें कुँवर नारायण के इस वाक्य में मिल जाते हैं–'मुक्तिबोध की कविताओं में प्रत्यक्ष यथार्थ के चित्रण से ज्यादा महत्त्वपूर्ण है उनका परोक्ष अर्थ विन्यास।"[5] दूसरा यह है कि उन्हें लगातार उस वक़्त की सरकार द्वारा भी प्रताड़ित किया गया–प्रतिबंध आदि के बहाने। तो ऐसे में मुक्तिबोध नाम के जिस कवि के निर्माण पर हम बात कर रहे हैं वह चारों ओर के संघर्षों और अपेक्षाओं से लड़कर तैयार हुआ था और कहीं–न–कहीं मुक्तिबोध को इस नजरिए से भी उनकी प्रतीति के करीब जाकर समझने की चेष्टा करनी चाहिए। दरअसल मुक्तिबोध हमेशा से यह मानते थे कि सौंदर्य की प्रतीति और अभिव्यक्ति में कोई फर्क नहीं–यानी कवि ने यदि सौंदर्य को समझा है तो उसकी अभिव्यक्ति हमेशा उस प्रतीति के ही हिसाब से होगी। तो ऐसे में हमें यह समझना होगा कि मुक्तिबोध की कविता यदि गाढ़ी हुई है या अधिक गहरी हुई है तो उसका कारण यही रहा है कि सौंदर्य की उनकी अंतर्दृष्टि काफी अलग थी। सौंदर्य का अर्थ यहाँ समूचे समाज को देखने समझने की व्यापक दृष्टि के रूप में लिया जाना चाहिए। ऐसे

में मुक्तिबोध की कविताओं को आलोचना भी वही खोल सकती है जो प्रतीति के उस स्तर पर जाकर उन्हें देखती है। मुक्तिबोध की कविता में एक अलगाव की भी स्थिति दिखाई देती है–यह अलगाव है दो वस्तुओं के बीच–एक जो 'वस्तु है' और जो 'होना चाहता' है के बीच। उनकी दृष्टि इस अलगाव पर केन्द्रित रहती है और इस अलगाव का आधार है निम्नमध्यवग। 'मैं तुम लोगों से दूर हूँ' कविता इस तथ्य का सटीक उदाहरण है कि ये जो मध्यवर्ग है वह अपनी लालसाओं व महत्त्वाकांक्षाओं में फँसा 'वस्तुतः क्या है' को भूल कर 'क्या होना चाहता है' के पीछे दौड़ता है लेकिन मुक्तिबोध के काव्य में व्यक्ति की त्रासदी इतनी भीषण है कि वह 'क्या होना चाहता है' की इस दौड़ को कभी पूरा नहीं कर पाता–बस दौड़ में शामिल हो सकता है–पूरा करना उसके नियंत्रण अथवा बूते के बाहर की बात है–इसीलिए कुछ न पा कर भी वह इस कुण्डाग्रस्त दुविधा में फँसा है कि वह–'शेव्रलेट डॉज के नीचे लेटा है।'

असल में मुक्तिबोध की कविता से जटिलता और दुरूहता के मुलम्मे को हटाने के लिए उनकी कविता के शिल्प को भी देखना होगा। और जब शिल्प कहा जा रहा है तो इसे भी साधारणीकृत करके नहीं देखना चाहिए बल्कि उनका शिल्प उनके भव–चिंतन से जुड़ा हुआ है। कुँवर नारायण लिखते हैं–'मुक्तिबोध ने अपने चिंतन में 'फंतासी', 'वैज्ञानिक दृष्टिकोण' और 'मार्क्सवादी यकीनों' की बात की है। ये तीनों बिंदु महत्त्वपूर्ण हैं जिनसे वे अपने समय की दुनिया, अपने यथार्थ–बोध और अपनी रचना–प्रक्रिया को समझने–समझाने की कोशिश करते हैं।''[6] अब यदि इस वाक्य के धागों को सुलझा लिया जाये तो यकीनन मुक्तिबोध की कविताई को सहज–स्वाभाविक लहजे में समझ पाने में मदद मिलेगी।

कुँवर नारायण की इस बात को थोड़ा विश्लेषित करें तो पायेंगे कि वे तीनों परस्पर अंतगुंफित हैं। दरअसल इस कारण उनकी कविताओं में मुलतः जो संश्लिष्टता है वो मिलती है। फैंटेसी वाला मसला मुक्तिबोध के काव्य में बड़ी गहराई से उपस्थित है। एक बात हमें स्वीकार करने में समस्या नहीं होनी चाहिए कि हम अमूमन फैंटेसी का जब इस्तेमाल करते हैं तो इस शब्द का इस्तेमाल हम समझदारी से नहीं करते। दरअसल फैंटेसी एक प्रतिसंसार है। यानी जो संसार हमारे सामने है–हम उसे नकार दें कि यह संसार हमें चाहिए ही नहीं–तब एक

दूसरा संसार रखेंगे हम। यही दूसरा संसार प्रतिसंसार होगा। तो जब हम एक प्रतिसंसार रचेंगे तो वह इस वास्तविक संसार जितना ही समानांतर, संपूर्ण और समग्र होना चाहिए। लेकिन मुक्तिबोध में जब हम 'ब्रह्मराक्षस' या 'अँधेरे में' जैसी चीजों को पढ़ेंगे– तो वो जो फैंटेसी है वो मुकम्मल प्रतिसंसार नहीं रचती है, बल्कि उसके कुछ टुकड़ों को सामने रखती है। जैसे 'अँधेरे में' को देखें तो उसमें गाँधी, टॉलस्टॉय सब हैं, और भी तमाम चीजें आती–जाती हैं–तो वहाँ मुक्तिबोध स्मृति का इस्तेमाल करते हैं–और स्मृति की जो संरचना होती है उसमें इतने अंतराल या टूटन होते हैं कि उनमें एक तारतम्यता का अभाव होता है। तो मुक्तिबोध के मामले में भी हमें यह समझना होगा कि फैंटेसी से अधिक वो स्मृति–संरचना अपना काम करती है और जिस अंतराल की बात की गयी अभी–उन अंतरालों में युग अपना अर्थ भर रहा है। और आनेवाला हर युग अपना अर्थ भरेगा और कविता भी अलग–अलग समयों में अपना अर्थ बदलती चलेगी। जहाँ तक बात रही वैज्ञानिक दृष्टिकोण और मार्क्सवादी यकीन को तो यह तो है ही कि । अपने आप में मुकम्मल है–कि यदि एक मार्क्सवादी समाज की परिकल्पना ा में करनी हो तो मार्क्स ने जो रास्ते सुझाए हैं उसके जरिए उसकी निर्मिति संभव हैं। तो दर्शन के दृष्टिकोण से मार्क्सवाद एक मुकम्मल दर्शन है और वैज्ञानिक वह है जिसका कार्यकारण संबंध हो। तो मार्क्सवाद में शोषक–शोषित कर जो पूरा चिंतन है, वर्ग की अवधारणा है वो इसी कारण है कि उनके चिंतन में उसके कार्यकारण संबंध स्थापित किये जा सकते हैं। तो कुँवर नारायण जो इन तीनों की बात करते हैं–ये तीनों समग्रतामूलक दर्शन के धरातल पर खड़े हो जाते हैं और मुक्तिबोध भी यही करते है कि उनकी जो आस्थाएँ टूटी हुई हैं उसमें वैचारिक संबल के तौर पर मार्क्सवाद को लेते हैं, मार्क्सवाद को लेने के साथ–साथ वो एक विकल्प के तौर पर प्रतिसंसार की सृष्टि करते हैं और तीसरा जो है वो इसी को वैज्ञानिकता से दिखा रहे हैं कि समाज यदि ऐसा होगा तो कार्यकारण संबंध के तौर पर उसकी क्या परिणतियाँ होंगी।

सामाजिक संरचना और उस संरचना की सामयिक प्रक्रिया से व्यक्ति इकाई में जो असंतोष व्याप्त है वह मुक्तिबोध के शब्दों में–'किंतु, असंतोष मुझको है गहरा, / शब्दाभिव्यक्ति–अभाव का संकेत।' जाहिर है अभिव्यक्ति के खतरे मुक्तिबोध के समय में भी थे–शायद कहीं गहरे तौर पर। लेकिन वो कवि ही क्या जो समस्याओं से उबर न सके। तो

मुक्तिबोध का यह संकल्प उन्हें जीवन–संघर्ष का एक अमर सेनानी बनाता है।–'अब अभिव्यक्ति के सारे खतरे/उठाने ही होंगे/तोड़ने होंगे ही मठ और गढ़ सब/पहुँचना होगा दुर्गम पहाड़ों के उस पार/तब कहीं देखने मिलेंगी बाँहें/जिनमें कि प्रतिपल काँपता रहता/अरुण कमल एक।' स्वाभाविक है–अभिव्यक्ति की विविधताओं के कारण ही हमारी दुनिया बहुरंगी है, अन्यथा उन शक्तियों की कमी नहीं जो संसार को अपने बूते चलाने के लिए शोषण और भ्रमित करने की किसी भी हद को पार कर सकती है ओजस्विता मुक्तिबोध की कविताओं का स्वाभाविक गुण है। लेकिन जैसे–जैसे वे समाजवादी विचारधारा को आत्मसात करते जाते हैं, यह गुण उत्कर्ष को प्राप्त करता हैं 'तार सप्तक' में संकलित उनकी कवितओं में भी जहाँ–जहाँ इस ओजस्विता के दर्शन होते हैं, लेकिन उसका शक्तिशाली रूप दिखता है बाद की कतिवाओं में। बाद की कविताओं में वह उदात्त के स्तर को छूने लगती है और धीरे–धीरे उनका काव्य–लोक अत्यंत उदात्त हो उठता है। 1944 में लिखी गयी उनकी कविता 'लाल सलाम' उनकी काव्य–यात्रा में आनेवाले निर्णायक मोड़ की सूचक है। इसमें सोवियत संघ में निर्मित होनेवाली समाजवादी सभ्यता का यह उदात्त चित्र देखने योग्य है–'कोई नयी सभ्यता है, वह सौ सूर्यों का प्रात/अब तो सौ समुद्र, सौ नदियाँ, सौ चन्द्रों की रात।'

मुक्तिबोध संस्कृति को जड़ स्थिति नहीं निरंतर प्रक्रिया मानते हैं। वह प्रक्रिया जो विगलित मूल्यों को छोड़कर नए मूल्यों से अपने को समृद्ध करती चले। इसलिए जब वे सांस्कृतिक परंपरा की बात करते हैं तो जड़ रीति–रिवाजों, कर्मकाण्डों और अंधविश्वासों को उससे अलग कर देते हैं। मुक्तिबोध के अनुसार सांस्कृतिक–साहित्यिक क्षेत्र पर उच्च वर्ग का अधिपत्य होता है, अतः जनता के मनोभाव, उसके कष्ट, उसका संघर्ष, उसकी निर्माण क्षमता साहित्य और कला में प्रतिबिंबित नहीं हो पाती। मुक्तिबोध वर्तमान समाज में आये परिवर्तन, बदले हुए परिवेश में सांस्कृतिक विरासत की सार्थकता को निरंतर परखते जा रहे हैं। वे संस्कृति को प्रचलित रूढ़ अर्थों से इतर मूल्यों का एक ऐसा ढाँचा मानते हैं जो विविध क्षेत्रों से प्राप्त ज्ञान से अपने समृद्ध कर, विगलित और जड़ मान्यताओं को त्यागकर वर्तमान जीवन मूल्यों की रक्षा कर सके और मानव समाज के उत्तरोत्तर विकास में सहयोग कर सके।

ऐसे में मुक्तिबोध भी अपने विशिष्ट अर्थों, संदर्भों एवं सरोकारों के साथ जनकवि थे। जनता के जीवन, उस जीवन की समस्याओं और जटिलताओं से जूझते कवि थे। नामवर जी के शब्दों को उधार लूँ तो यही कहना होगा कि–'जो अपने पूरे परिवेश के संदर्भ में जानने–समझने–खोजने और पाने की ईमानदार कोशिश कर रहे हैं उनके लिए नए कवियों में यदि कोई एकदम –अपना कवि' है, तो गजानन माधव मुक्तिबोध।''[7]

संदर्भ

1. नामवर सिंह, कहना न होगा, संकलन–संपादन–समीक्षा ठाकुर, वाणी प्रकाशन, 1994, पृ. 728
2. नामवर सिंह, कविता की जमीन और जमीन की कविता, राजकमल प्रकाशन, सं. : आशीष त्रिपाठी, 2011, पृ. 147
3. नन्दकिशोर नवल, कविता के आर–पार, राजकमल प्रकाशन, 2012, पृ. 191
4. नामवर सिंह, कविता के नए प्रतिमान, राजकमल प्रकाशन, 2013, पृ. 221
5. कुँवर नारायण, सामाजिक यथार्थ और कविता का आत्मसंघर्ष (लेख), कविता का जनपद, सं. : अशोक वाजपेयी, राधाकृष्ण प्रकाशन, 1992, पृ. 37
6. कुँवर नारायण, मुक्तिबोध की कविता की बनावट (लेख), कविता का जनपद, सं. : अशोक वाजपेयी, राधाकृष्ण प्रकाशन, 1992, पृ. 84
7. नामवर सिंह, कविता की जमीन और जमीन की कविता, राजकमल प्रकाशन, सं. : आशीष त्रिपाठी, 2011, पृ. 145

◆◆◆

मुक्तिबोध और फाँतसी

के.एम. जयकृष्णन

अज्ञेय द्वारा प्रकाशित तारसप्तह में मुक्तिबोध की कविताएँ पहले प्रकाशित हुई थी। बाद में हिन्दी के प्रगतिवादी साहित्य के सबसे सशक्त हस्ताक्षर के रूप में जाने गये मुक्तिबोध फाँतसी को अभिव्यक्ति के एक महत्त्वपूर्ण साधन के रूप में इस्तेमाल किया। मात्र कल्पनाओं और तरल भावों का प्रकाशन करनेवाले स्वच्छन्दतावाद के फाँतसी को यद्यपि मुक्तिबोध ने स्वीकार किया मगर उन्होंने फाँतसी को तभी तक के सभी मापदण्डों को लांघकर एक विशिष्ट अंदाज में विकसित किया। यथार्थ और कल्पना तथा फाँतसी ऐसे एक बैनरी–द्वन्द्व की (Binary division) सीमाओं को उन्होंने एक बड़ी तौर पर अतिवर्तन किया। यथार्थ के अतितीक्ष्णताओं, परस्पर द्वन्द्वों तथा मन और चेतना के कठिन संघर्षों और तनावों को स्पष्ट कराने के लिए मुक्तिबोध अपनी कविताओं में फाँतसियों के सहारे प्रयास किया। उनकी सभी लंबी कवितायें किसी एक फाँतसी या कई फाँतसियों के एक कालिडोस्कोपियन चित्रण थीं। उन्होंने फाँतसी को 'अनुभवों की कन्या' का विशेषण दिया था। मुक्तिबोध .की फाँतसियाँ कल्पना लोक की तरल अनुभव शून्य चित्रण नहीं थीं। उनके 'चाँद का मुख टेढ़ा है' नामक काव्य संग्रह की अधिकांश कवितायें इस नवीन फाँतसी प्रयोगों के निदर्शन थीं। कईयों ने सन्देह किया था कि क्या मुक्तिबोध मार्क्सवादी दर्शन को इन फाँतसी संसाधनों के साथ संयोजित करने में विजयी हुए हैं? इसका कारण था कि अस्तिववाद की कई प्रकार की धाराएँ मुक्तिबोध की पहली रचनाओं में दिखाई गयी थी। शायद अज्ञेय ने भी सोचा होगा कि मुक्तिबोध एक अस्तिववादी कवि थे। लेकिन मुक्तिबोध अस्तिववाद की अमूर्तताओं को मार्क्सवादी चिन्तन के यथार्थ–बोध से मिला–जुलाकर सामाजिक यथार्थ विमर्श की व्यापकता की ओर संक्रमित करने में फाँतसी को एक समग्र अनुभव के रूप में रूपाँतरित करते हैं। फ्रॉयड के दर्शन के अनुसार दबी हुई कई वासनाओं, रूपाँतरण के सहारे कई प्रकार के स्वप्नविभ्रमों की फाँतसियों के रूप में सृजनात्मकता में अवतरित होती है। लेकिन मुक्तिबोध की सृजनात्मकता के निश्कर्ष में यह धारणा गलत स्थापित हो

जाती हैं। मुक्तिबोध की फाँतसियाँ अकेले हो गये मनुष्य के मनो–विभ्रमों के प्रतीकीकरण नहीं है। उलटे सामाजिक जीवन के शोषणाधिष्ठित पूँजीवादी व्यवस्था के मज़दूर और शोषित इन्सानों के कठिन यंत्रणाओं के आविष्कार थे। क्योंकि मुक्तिबोध ने लिखा था "सत्य में स्वप्न, स्वप्न में सत्य" कविता मं फाँतसी का इस्तेमाल करते हैं तो बिलकुल यथार्थ की तरह उसका चित्रण करते हैं और यथार्थ का वर्णन करते हैं तो उसे फाँतसी बना देते हैं। मुक्तिबोध अपनी फाँतसियों के सहारे मध्यवर्ग बुद्धिजीवियों के कपटपूर्ण अस्त्तिव के अपभ्रंशों को शक्तिशाली ढंग से प्रस्तुत करते हैं। कुछ लोग उनकी फाँतसियों पर दुरूहता का आरोप लगाते हैं। लेकिन सूक्ष्म पाठन तथा गहन विश्लेषण से उस प्रकार की फाँतसियों का राज़ खुल सकते हैं। एक प्रकार की 'कोड़' भाषा का सूत्रपरक विश्लेषण मुक्तिबोध की लंबी कविताओं की फाँतसियों में निहित हैं। फ्रायॅड़ के सिद्धांत के अनुसार असंतुष्ट व्यक्ति ही फाँतसी की रचना कर सकता है। क्योंकि फाँतसी दिवास्वप्न है। मुक्तिबोध की असंतुष्टि कौन–सी थी जिसके कारण उन्होंने फाँतसियों का प्रयोग किया? सन्देह नहीं, पूँजीवाद के बढ़ते प्रभाव, सामाजिक विसंगतियाँ, उसके छल–प्रपंच दोहरेपन आदि थे। नेमिचन्द जैन 'मुक्तिबोध रचनावली' में लिखते हैं–"मुक्तिबोध की भावनात्मक ऊर्जा, अशेष और अटूट थी जैसे कोई नैसर्गिक अन्तस्रोत हो जो कभी चुकता ही नहीं–बल्कि लगातार अधिकाधिक वेग और तीव्रता के साथ उमड़ता चला आता है। इस आवेग की लगाव में वह लगातार लिखते चले जाते थे और उनकी यह ऊर्जा अनेकानेक कामना–चित्रों फाँतसियों का आकार ग्रहण कर लेती थी।" (नेमिचन्द जैन, 'मुक्तिबोध रचनावली' पृ. 18)

"मेरी ज्वाला जन की ज्वाला होकर एक अपनी श्रेष्ठता से धो चुके अविवेक" फाँतसी तो अपनी मन की इच्छाओं को पूरी करने के लिए कल्पना द्वारा रची हुई दुनिया है। मुक्तिबोध की फाँतसी में एक तीव्र छटपटाहट दिखाई देती है जैसे–जैसे मुक्तिबोध जटिल यथार्थ में प्रवेश करते जाते हैं वैसे उनकी फाँतसी भी जटिल होती जाती है। कुछ कविताओं में तनिक मात्रा में ही फाँतसी दिखाई देती है– 'सूरज के वंशधर', 'जिन्दगी का रास्ता', 'बारह बजे रात'। कुछ कविताओं में फाँतसी और यथार्थ का चित्रण है– 'मेरे सहचर मित्र' जैसी कविता में। मुक्तिबोध अपनी सृजनात्मकता में ज्ञानात्मक संवेदन और संवेदनात्मक

ज्ञान पर बल देते हैं। मुक्तिबोध एक साहित्यिक की डायरी में लिखते हैं– "फैंटसी में संवेदनात्मक ज्ञान और ज्ञानात्मक संवेदना रहती है।" (पृ. 23) व्यक्ति के संशोधन के लिए चिन्तन और कर्म दोनों की आवश्यकता है। कर्म नहीं है; मात्र चिन्तन है तो ब्रह्मराक्षस की स्थिति हो जावेगी।

"बावड़ी में वह स्वयं
पागल वृतिकों में निरंतर कह रहा
वह कोठरी में किस तरह
अपना गणित करता रहा
और मर गया..."

वास्तव में फाँतसी अभिव्यक्ति की एक शैली है। इसमें बिंबों, प्रतीकों तथा मिथकों का प्रयोग होते हैं। बिंब तो अमूर्त भाव को मूर्त बना देते हैं। यह तो शब्दचित्र है। बिंब जब रूढमूल हो जाता है तब प्रतीक बन जाता है। एक मिसाल देखिए–

"यह है अँधियारा कुआँ/करोंढी की झाड़ी में/छिपी हुई चौड़ा मुँडेर, अध–टूटी सी/वीरान एक महक/सूखि सूनी।"

यहाँ अँधियारा कुआँ शून्यता का द्योतक है। महक को वीरान और सूखी सूनी विशेषण देकर उस शून्यता को और भी गहराया गया है। ये बिंब भय, आतंक, दहदात, क्रांति और नीरवता को व्यक्त करनेवाले हैं। लगता है मुक्तिबोध का प्रिय प्रतीक 'बरगद' है। कुछ आलोचक उसे 'ऐतिहासिक अनुभव ज्ञान संपन्न' प्रतीक मानते हैं कभी वह शोषितों के रक्षक के रूप में। मुक्तिबोध ने अपने ही कुछ प्रतीकों को बनाया है जैसे, ओरंगुटान, ब्रह्मराक्षस, चुग्घू, उल्लू, रक्तलोकस्नात पुरुष। मुक्तिबोध ने कहा है कोई प्रतीक तभी तक भावोत्तेजना की शांति रखता है जब तक उसकी जड़ें सामाजिक–सामूहिक अनुभवों की धरती पर जमाई हुई है। मुक्तिबोध की फाँतसी के शिल्प में पूँजीवादी सभ्यता की कटु आलोचना है। उनका फाँतसी एक अति–विस्तृत साँस्कृतिक सन्दर्भ है। मुक्तिबोध की फाँतसी का मर्म ग्रहण करने के लिए उनकी एक कविता का विश्लेषण जरूरी है। 'भूल–गलती' कविता की आलोचना से यह संभव हो जायेगा।

मुक्तिबोध जितने प्रखर कवि हैं उतने ही प्रबुद्ध विचारक भी हैं। 'एक साहित्यिक की डायरी', 'नयी कविता का आत्म संघर्ष', 'नए

साहित्य का सौन्दर्यशास्त्र', 'आखिर रचना क्यों' में काव्य रचना प्रक्रिया तथा काव्य सौन्दर्य के बदलते प्रतिमानों की चर्चा करते हैं। काव्य माध्यम के रूप में लंबी कविता का चुनाव तथा फाँतसी की परिकल्पना उनके मौलिक प्रयास हैं। उन्होंने समस्त काव्य और कला को फाँतसी मानते हुए उनकी रचना–प्रक्रिया के कला के तीन क्षणों द्वारा समझाने का प्रयास किया।

"कला का पहला क्षण है जीवन का उत्कट तीव्र अनुभव क्षण। दूसरा क्षण है इस अनुभव का अपने कसकते दुखते हुए मूलों से पृथक हो जाना और एक ऐसी फैंटेसी का रूप धारण कर लेना मानो वह फैंटसी अपनी आँखों के सामने ही खड़ी हो। तीसरा और अन्तिम क्षण है इस फैंटसी के शब्दबद्ध होने की प्रक्रिया का आरंभ और उस प्रकिया की परिपूर्णावस्था तक की गतिमानता।" (एक साहित्यिक की डायरी, पृ. 16–17)

फैंटसी में असंबद्ध चित्रों को भी किसी विशेष उद्देश्य के लिए रखा जा सकता है। फैंटसी में प्रतीकार्थ ओर निहितार्थ दोनों रहते हैं। फैंटसी अतिकल्पनात्मक होते हुए भी उसमें यथार्थ को रूपाँतरित करने की गहरी शक्ति हैं वे कविता को आवेग त्वरित कालयात्री संबोधित करते हैं और घोषणा करते हैं 'नहीं होती, कहीं भी खत्म कविता नहीं होती।' उनकी कविताओं को निश्चित सामग्री नहीं है क्योंकि यथार्थ की व्यापकता की कोई सीमा नहीं है। उन्होंने लिखा "कविता खत्म करने की कला मुझे नहीं आती, यही मेरी ट्रैजडी है।" गंगाप्रसाद विमल लिखते हैं "मुक्तिबोध की कविता के शब्द सीधे या अभिधात्मक अर्थों या अर्थों की अन्य प्रतीतियों से नहीं जुड़े हैं अपितु वे शब्द दूरस्थ अर्थ या शब्द के अपरिचित अर्थ या शब्द के खोये हुए अर्थ की प्रतीति देते हैं।" (मुक्तिबोध का रचना संसार, राजा गंगा प्रसाद विमल, मुक्तिबोध का काव्य सृजन, पृ. 75)

अँधेरे की पंक्ति सुनिए–

"हृदय में रिस रहे ज्ञान का तनाव वह।"

(अँधेरे में, चाँद का मुख टेढ़ा है, पृ. 258)

यहाँ तनाव मस्तिष्क की शिराओं को तोड़नेवाला नहीं है बल्कि हृदय में रिसनेवाला है। परस्पर विरोधी शब्दों को प्रयोग भी।

"अग्रि को लेकर मस्तक हिमवत
उग्र प्रभंजन लेकर, उर यह
बिलकुल निश्चल–" (अँधेरे में, पृ. 287)

नाटकीय विधान—फाँतसियों का

"खूब ऊँचा एक जीना साँवला

उसकी अँधेरी सीढ़ियाँ" (ब्रह्मराक्षस, पृ. 38)

"काँपती है दुनियाँ, गूँजते हैं फासले (अँधेरे में)

श्रीकांत वर्मा ने लिखा है "मुक्तिबोध अकेले कलाकार हैं जिनके अनुभव का आवेग अभिव्यक्ति की क्षमता से इतना बड़ा था कि सार साहित्य टूट गया।" (काठ का सपना, भूमिका, पृ. 7)

अन्यायपूर्ण आततायी व्यवस्था और संघर्षशील, संकल्प धर्मी चेतना के लगभग एक जैसे बिंब अनेक कविताओं में बिखरे पड़े हैं, अंधेरा, बावड़ी, चक्करदार सीढ़ियाँ, सूनसान चौराहा और इन सबके बीच आतंकित सहमे हुए व्यक्ति के बिंब व्यवस्था का भयावह चेहरा अंकित करते हैं। हॉरर क्रियेट करनेवाला बिंब—हॉररे दोस्तोयवस्की जैसा जिसमें एक अजब मानसिक यातना और मनोवैज्ञानिक तड़पन है।

संगीन नोंको का... बिगड़े गहरे

अँधेरा का साम्राज्य—मन के अवचेतन का प्रतीक अव्यवस्था, मूल्यहीनता सत्ता का शोषण और आतंक, स्वार्थलिप्सा, अवसरवादिता, समझौतापरस्ती।

चाँद—पूँजीवाद का प्रतीक है।

लाल रंग—क्रांति का सूचक, खून

काला रंग—शोषक व्यवस्था, शोषित या वंचित

ब्रह्मराक्षस के लिए मरे पक्षी—सा विदा।

फाँतसी में इस्तेमाल किये गये बिंबों के अर्थ की व्यवस्था इस प्रकार कर सकते हैं।

'कविता के नए प्रतिमान' में नामवरजी लिखते हैं—"इसी प्रसंग में मक्तिबोध के काव्य संसार का भी उल्लेख किया जा सकता है जो फैंटसी के द्वारा वास्तविकता के अन्यथाकरण के बावजूद कहीं अधिक वास्तविक है।... मुक्तिबोध में जो विशेष हैं, वह है भयावह शक्ति से जूझनेवाले आलोक—कण की पहचान ... मुक्तिबोध का संसार कुल मिलाकर निषेध का निषेध है यह उसकी मूल्यावत्ता है।" नामवर सिंह 'अँधेरे में' कविता की समीक्षा 'परम अभिव्यक्ति की खोज' नाम से करते हैं। मुक्तिबोध की इस कविता का यह विश्लेषण सूक्ष्म, मार्मिक तथा

अनुपम है। अजित कुमार 'नयी कविता में मुक्तिबोध की केन्द्रीयता की खोज' में लिखते हैं ''वे अँधेरे की चर्चा के दौरान अद्‌भुत नाटकीयता, गहरी अर्थवत्ता, तीखा तनाव, कौशलपूर्ण घटना–विन्यास, परिवेश के सही परिप्रेक्ष्य, तेजस्कृत भाषा आदि से विशेषीकृत होते हुए परम अभिव्यक्ति की खोज की ओर उन्मुख क्यों होते हैं।'' (वर्तमान साहित्य, शताब्दी आलोचना पर एकाग्र (1), पृ. 235–36)

'भूल गलती' कविता में भूल–गलती का साम्राज्य है जो जिरहबख्तर पहने दिल के तख्त पर बैठी है। उसके सामने कैद कर लया गया ईमान है। ईमान का ज़िस्म लहु–लुहान है पर चेहरे पर ख़ौफ़ का कोई निशान नहीं। इस दरबारे आम में मौजूद–मनसबदार शायर सूफी, बड़े–बड़े विद्वान, सिपहसालार, सरदार सब चुप हैं। सत्ता की ताकत इस चुप्पी से है लेकिन ईमान को समझौते और सुविधाओं भरी शर्त नामंजूर है। जब वह हठकर सिर तान खड़ा होता है तो जन–साधारण में से ही कोई यह सोचता है कि शाही–जिरहबख्तर मिट्‌टी का बना है। भूल को आलमखीर बनानेवाली हमारी कमजोरियाँ ही हैं जिसके बल पर वह सच्चाई की आँखें निकालता और दिल की बस्तियाँ उजाड़ डालता है। इस सोच के आते ही स्थितियाँ सकर्मक होती हैं। हमारे बीच से ही कोई निकल भागकर लश्कर मुहैया करता है। वह संकल्प–धर्मा चेता का रक्तप्लावित स्वर हमारी हार का बदला चुकाने आयेगा और हमारे ही हृदय का वह गुप्त स्वर्णाक्षर प्रकट होकर विकट हो जायेगा अर्थात् क्रांति की चेतना हमारे भीतर से फूटेगी। 'अँधेरे में,' 'चम्मक की चिनगारियाँ', 'एक भूतपूर्व विद्रोही का आत्मकथन', 'इस चौड़े ऊँचे टीले पर', 'चाँद का मुँह टेढ़ा है', 'चंबल की घाटी में', 'ब्रह्मराक्षस', 'एक स्वप्न कथा', 'दिमागी गुहाँधकार का ओरांट–ऊटाँग' आदि सभी लंबी कविताओं में मूलतः संवेदन का यह ढाँचा बार–बार सृजित होता है। उनकी लगभग सभी कविताओं में एक अंत–सूत्र दिखाई पड़ता हैं इसी आधार पर विष्णु खरे ने कहा ''उनकी समग्र कविताएँ एक बड़ी कविता लगती है।'' (आलोचना–जुलाई–सितंबर, 1968, पृ. 67) प्रायः कविता प्रारम्भ होती है एक आंशका या बेचैनी से जहाँ निजी व्यक्तिगत स्वर प्रधान रहता है। एक अजब छटपटाहट है जैसे कहीं कुछ गलत हो गया है लेकिन कहाँ और क्या इस प्रश्न का उत्तर पाना बेहद ज़रूरी है। जब तक वह उत्तर नहीं मिलता बेचैनी और आशंका बनी रहती है किन्तु ज्योंही काव्य नायक इस स्थिति में आ जाता है कि वह ऊँगली

रख वह बता सके कि यहाँ यह गलत हो गया है वहीं से संभावनाएँ खुलने लगती है और सारा वातावरण महक उठता है। 'अँधेरे' कविता में पागल के गीत की योजना इसी दृष्टि से की गयी है। पागल का गीत ही उस स्थिति का विश्लेषण करता है कि कैसे स्वार्थ के टेरियार कुत्ते पाल हमने भावना के कर्त्तव्य त्याग दिये। किस तरह हमने स्वहित को देश से अधिक महत्त्व दिया। यह गीत काव्य नायक को बुरी तरह विचलित कर देता है। इस सारे अवमूल्यन में वह अपनी भूमिका तलाशने लगता है।

"अब तक क्या किया
जीवन क्या जिया" (अँधेरे में, चाँद का मुँह टेढ़ा है, पृ. 270)

केवल अँधेरे में ही नहीं अन्य कविताओं में भी कवि बार–बार ख़ुद को कटघरे में खड़ा करता है–

"लेकिन हम इसलिए
मरे कि ज़रूरत से
ज़्यादा नहीं: बहुत–बहुत कम
हम बागी थे।"

(एक भूतपूर्व विद्रोही का आत्म कथन, चाँद का मुँह टेढ़ा है, पृ. 83)

स्वातंत्र्योत्तर भारत में मध्यवर्ग द्वारा आदतवश बुराई की उपेक्षा और संघर्ष के स्थान पर स्थिति का स्वीकार उस पूरी व्यवस्था को रुग्ण कर रहा है। ज्ञान–संवेदनाओं विवेक और करुणा को खोकर व्यक्ति मृत सभ्यता के किनारे खड़ा है।

"शोषण की अतियात्रा
स्वार्थी की सुखयात्रा
जब जब संपन्न हुई
आत्मा से अर्थ मर गया, मर गयी सभ्यता"

(एक स्वप्न कथा, चाँद का मुँह टेढ़ा है, पृ. 83)

मुक्तिबोध की कविताओं का कैनवास अत्यंत विस्तृत है। एक ओर वहाँ युग यथार्थ का भयावह अँधेरा है तो दूसरे छोर पर व्यापक क्रांति का आह्वान। इन दोनों छोरों के बीच का सेतु है इतिहास–दर्शन। अँधेरे में कविता का काव्यनायक अपने व्यक्तिवांतरण की प्रक्रिया में तोल्स्तॉय, तिलक और गाँधी का साक्षात्कार करता हैं गाँधीजी के कंधे पर एक

बच्चा है जिसका दायित्व वे काव्यललक को सौंप देते हैं। तिलक और गाँधी के प्रभाव से कविता का मैं एक नए उत्साह से भरकर नए–नए साथियों की तलाश में निकल पड़ता हूँ। जनता के बीच से मुक्ति की राह खोजने की ललक उसे अनेक साथियों से जोड़ देती हैं। वह रक्तलोक–स्नात पुरुष को ढूँढ़ता हुआ हर गली, सड़क पर झाँककर परम–अभिव्यक्ति की खोज करता है–

"अब अभिव्यक्ति के सारे खतरे
उठाने ही होंगे।
तोड़ने होंगे ही मठ और गढ़ सब।"
(अँधेरे में, चाँद का मुँह टेढ़ा है, पृ. 289)

मुक्तिबोध की कविताओं में केवल आतंक के ही बिंब नहीं हैं उससे संघर्ष करती शक्ति के बिंब भी हैं। पुरुष बिंबों के बीच झटक से उपस्थित हो जानेवाले बिंब भी हैं। दृश्यात्मकता और नाटकीयता प्रायः उनकी सभी कविताओं का गुण हैं। संघर्षधर्मी चेतना से उपजनेवाली क्रांति किसी एक के लिए नहीं बल्कि सबके लिए परिवर्तन की सूचक होगी।

◆◆◆

दिन के उजाले में भी अँधेरे की साख़ है

वीरेन्द्र मोहन

मुक्तिबोध की कविता आत्मसंघर्ष और यथार्थ के नए सीमान्तों की खोज की कविता है। मुक्तिबोध का यह आत्मसंघर्ष आत्मान्वेषण भी है। परन्तु यह आत्मान्वेषण निरा निजता का अन्वेषण नहीं है, बल्कि वह समाज के भीतर रह रहे मनुष्य का भीतरी और बाहरी संसार है, जहाँ अनेक प्रकार की क्रियाएँ भी शामिल है, वे क्रियाएँ मानसिक जगत की हैं और चाक्षुष जगत की भी। मुक्तिबोध की कविता में ये दोनों ही क्रियाएँ परस्पर गुंथी हुई हैं, इसलिए उनके लक्ष्य को उनके निहितार्थ को इकहरी दृष्टि से देखना उचित नहीं है, और इस तरह इस कविता के सौन्दर्यबोध की पहचान करना भी उसका अधूरा साक्षात्कार ही होगा। मुक्तिबोध की कविता अपनी परम्परा का एक नया उत्थान है, इसलिए उसकी आलोचना के उपकरणों की निर्मिति भी एक कठिन चुनौती हैं। यद्यपि मुक्तिबोध की कविता के आलोचना सूत्र उनकी ही कविता तथा गद्य रचनाओं में फुटकर रूप से फैले हुए हैं। हम उससे सहमत या असहमत हो सकते हैं, पर उन्हीं उपकरणों से मक्तिबोध की कविता का मूल्यांकन संभव है।

मुक्तिबोध ने पोस्टर और विज्ञापन या प्रचारात्मक ढंग की कविताएँ न लिख कर, कविताओं के माध्यम से यथार्थ के सौन्दर्यबोधात्मक पक्षों को उद्‌घाटित करने का कार्य किया हैं। यहीं से उनकी कविता अपने समय की कविता से भिन्न प्रकृति की कविता हो जाती है वह विज्ञापन होने से बच जाती हैं मुक्तिबोध की कविता को समझने में यहीं से कठिनाई आरम्भ हो जाती है। 'कविता के तीन क्षण' का ताना–बाना यहीं से ध्वस्त होने लगता हैं। तीन क्षणों की तारतम्यता और उसकी अर्थ संगति आलोचना में यहीं से लड़खड़ाने लगती हैं। यही से मुक्तिबोध की कविता के प्रत्यक्षीकरण, इंद्रियबोध और अवधारणात्मक बोध की संगति टूटने लगती है या उसका घालमेल होने लगता हैं यह आलोचना की एक सीमा हो सकती है, पर कविता की अर्थ छबियों की सीमा नहीं हो सकती है। इसीलिए कहा जाता हैं कि मुक्तिबोध ने इतिहास के प्रश्नों को इतिहास के रूप में नहीं, बल्कि कविता के प्रश्नों के रूप में खोजने का कार्य किया, जैसे रचना का कोई देश–काल होता

ही न हो। क्या यह संभव है कि कविता अपने दिक्–काल से इतना असम्पृक्त हो कि वह इतिहास विहीनता की स्थिति को प्राप्त करे। क्या इसे उचित कहा जा सकता है। क्या कविता इस प्रकार औचित्य हीन हो सकती है। फिर मुक्तिबोध की कविता के संदर्भ में इस प्रकार के प्रश्न स्वतः ही निरर्थक सिद्ध हो जाते हैं'। मुक्तिबोध की कविता यदि इन स्थितियों से बाहर निकल सकी तो यह मुक्तिबोध की ख़ुद की अपनी समझ से ही सम्भव हो सका। कह सकते हैं कि यह मुक्तिबोध की कालांकित व्यक्ति और समाज के सम्बन्धों की गहरी समझ से ही सम्भव हो सका है। कवि ने अपनी इस समझ को फैंटसी में रूपान्तरित किया है। उनकी कविता में फैंटसी को स्थायी मान्यता प्राप्त है और स्वयं मुक्तिबोध अपने समय की कविता के भीतर भी वे फैन्टसी की तलाश करते हैं और उनकी यह तलाश कामायनी में पूरी होती हैं इतिहास और मिथक की फैन्टसी तक की यात्रा प्राचीन से समकालीन की यात्रा है। और मिथक से समकालीनता की इस यात्रा में फैन्टसी एक स्वतंत्र व्यक्तिव प्राप्त कर लेती है। वह अपने मूल से स्वतंत्र हो जाती है।

समकालीनता की इस यात्रा में फैन्टसी एक स्वतंत्र व्यक्तिव प्राप्त कर लेती है। वह अपने मूल से स्वतंत्र हो जाती है।

मुक्तिबोध की कविता सामन्ती और पूँजीवादी सामाजिक परिस्थितियों के बीच जन्म लेती है। यह स्वतंत्र समाज की कविता है ही नहीं, स्वतंत्रता के लिए संघर्ष करनेवाला समाज इसके केन्द्र से अवश्य है। यह एक ऐसे समाज की कविता है, जिसे कवि ने बहुत नजदीक से दुखा है कि कैसे जन–साधारण के साथ अमानवीय व्यवहार हो रहा है यहाँ सच्चाई को कैद होते कवि ने देखा है और मुँह पर ताले लगे समाज को भी। इस समाज ने अभिव्यक्ति की स्वतंत्रता ही खो दी है, क्योंकि इस अभिव्यक्ति के अपने खतरे हैं। यहाँ छल–प्रपंच–झूठ–बेईमानी हिसा और अनाचार के बीच फलते–फूलते ऐसे वर्ग समाज को देखा है जिसने सारी नैतिकता और ईमान को एक किनारे रख दिया है। यह वर्ग समाज मुक्तिबोध की नज़रों में निरन्तर गड़ता रहा है। मुक्तिबोध ने स्थान–स्थान पर इसे उद्‌घाटित भी किया हैं। मुक्तिबोध की ऐसी ही फतासियाँ समाज की वास्तविकता से परिचित कराने का कार्य करती हैं। ऐसे समाज का व्यक्ति भी वर्ग समाज का प्रतिनिधित्व करता है।

मुक्तिबोध की परिवर्तनकारी चेतना विचार के स्तर पर अपना रूप ग्रहण करती है, पर इस विचार तक पहुँचने के लिए वे कविता में अभिव्यक्ति की वक्रता का आश्रय लेते हैं और इस प्रकार वह विचार वस्तु सपाट रूप से उनकी कविता में कम ही स्थलों पर देखने को मिलती है। कविता के ऐसे ही स्थल एक पोस्टर की तरह दिखाई देने लगते हैं और ऐसे ही स्थल उद्धरणीय भी हो जाते हैं। मुक्तिबोध कविता के विषयों में क्रान्तिकारी परिवर्तन लाते हैं और उन विषयों, स्थितियों और विचारों के, उसकी शब्दावली के वे प्रथम प्रयोक्ता भी हो जाते है। मुक्तिबोध की कविता की आकांक्षा अँधेरे दिन के सूरज की तरह है। यह अंधेरा अन्याय पूर्ण स्थितियों का भी हो सकता है। यह अंधेरा वर्तमान का हो सकता है' मुक्तिबोध की कविता इस अँधेरे से पार जाने की कविता भी है। इसलिए वे उस सबको निरस्त करते हैं, जिसका सम्बन्ध अँधेरे से है। वे इस सब को खारिज करते हैं जो मनुष्यता को कलंकित करनेवाला है। 'नाश देवता' कविता इसी संहार को व्यक्त करती है :

'सभी उरो के अन्धकार में
एक तड़ित वेदना उठेगी'
तभी सृजन की बीज–वृद्धि हित
जड़ावरण की मही फटेगी।
शत्–शत् वाणों से घायल हो
बढ़ा चलेगा जीवन अंकुर,
दंशन की चेतन किरणों के
द्वारा काली अमा हटेगी।'
(रचनावली : 1 पृ0 118)

यह काली अमावस्या मुक्तिबोध की कविता में कई–कई रूपों में देखने को मिलती है। मुक्तिबोध के लिए उनका अपना समय ही जैसे अंधकार युग हो जाता है'। यहाँ उत्सर्ग और बलिदान का भाव सहज ही मुक्तिबोध को माखनलाल चतुर्वेदी की कविता के बलिदानी स्वर से जोड़ देता हैं महत्त्वपूर्ण यह है कि इन दोनों कवियों का यह बलिदानी स्वर स्वतंत्रता आन्दोलन के युग का स्वर है। मुक्तिबोध की कविता का यह एक ऐसा पक्ष है जिस पर नए सिरे से विचार करने की आवश्यकता है। यही वह समय है जब मुक्तिबोध ने साम्राज्यवाद की घाटिया जैसी

कविताएँ ऐसे रूपक की सृष्टि करती हैं, जो बलिदान के भावों की ओर अग्रसर होता है।'

मुक्तिबोध अपनी गहन अन्तर्द्वष्टि और निरीक्षण क्षमता के आत्मसाक्षात्कार से उस नए मध्यवर्ग को पहचान लेते हैं जो जीवन की विसंगतियों का एकत्र समुच्चय होता जा रहा है। वे स्वयं निरन्तर अपने मध्यवर्गीय मन से संघर्ष करते हैं और मानवीय संवेदन के प्रति अपनी अगाध आस्था को कमजोर नहीं होने देते हैं, यह जानते हुए कि यह समाज पक्षी ओर दीमक के सम्बन्धों का समाज है।' जीवन क्या जिया' या 'मर गया देश और जीवित रह गये हम' की पृष्ठभूमि में केवल देश या राष्ट्र ही नहीं, यह मध्यवर्ग भी हैं'। यह एक सच्चाई है। ऐसी ही अन्य सच्चाइयाँ भी हैं, जिनका सम्बन्ध राष्ट्रीयता और मध्यवर्ग से है। इसी अर्थ में मुक्तिबोध की कविता यथार्थ की कविता है, वर्ग सम्बन्धों की कविता है। इन सबके बीच भी वह आत्मान्वेषण की कविता है। यह आत्मान्वेषण हमें शमशेर बहादुर सिंह और कुँवरनारायण की कविता में भी देखने को मिलता है।

मुक्तिबोध की कविता का यथार्थ बहुत ही बदरंग, मटमैला है। हम कह सकते हैं कि वह कुछ नए ढंग का है। यहाँ अपना समय तो है ही, कई जगह तो इतिहास का समय भी कौधने लगता है और अतीत से वर्तमान तक यह यथार्थ एक लड़ी का रूप ले लेता है पर उसे इतिहास समझना भूल ही कही जायेगी। वस्तुतः सच्चाई का पता लगाने के लिए कवि एक जिद और जुनून की तरह कहाँ–कहाँ नहीं जाता है और वह सच्चाई के इस हीरे को खोज लाता है। यह अवश्य है कि मुक्तिबोध की कविता का यथार्थ जीवन की जद्दोजहद के भीतर से पाया गया यथार्थ है। उसका यथार्थ के सिद्धान्तों के आधार पर मुल्यांकन और परीक्षण किया जा सकता है, जो कि आलोचना की सीमाओं में ही संभव हो सकता है, अन्यथा मुक्तिबोध की कविता सिद्धान्तों की कविता से भिन्न कविता है। इस कविता का यथार्थ जीवन व्यवहार की नाना स्थितियों और भावनाओं मे खोजा जा सकता है। इस कविता के यथार्थ को जानने की शर्त भी यही है। यह टुकड़े–टुकड़े यथार्थ की कविता न होकर अपनी सम्पूर्णता में यथार्थ की कविता है। मुक्तिबोध की कविता के यथार्थ की यह समग्रता ही उसकी लय और छन्द को निर्धारित करती है। प्रकारान्तर से उसके शिल्प की खोज और प्रविधि भी इस यथार्थ की सहवर्ती हैं मुक्तिबोध की कविता का यह यथार्थ ज्यादातर

मिथक, फैंटसी और इतिहास प्रतीकों के रूप में तथा पर्त के भीतर एक और पर्त की तरह ही व्यक्त होता है। इसलिए यह अकारण नहीं कि मुक्तिबोध की कविता अर्थ की खोज के लिए संवेदनात्मक संवाद के लिए जिस निष्ठा की माँग करती है, वह कम ही देखने को मिलती है। खींचतान अधिक देखने को मिलती है। यहाँ जीवन के यथार्थ की मार्मिक खोज और उसका परीक्षण–विश्लेषण अपनी वैचारिक समझ के साथ कविताओं की विषय वस्तु को महत्त्वपूर्ण बना देता हैं इसलिए मुक्तिबोध की कविता एक प्रश्नाकुल कविता भी है। प्रश्न–प्रति प्रश्न करती यह कविता जिज्ञासा के एक नए लोक की सृष्टि भी करती है।

आखिर क्या कारण है कि मुक्तिबोध की कविता में असुरक्षा, भय, संदेह और स्याहपन निरन्तर गहरा होता जाता है। समीक्षकों ने इसके कारण मक्तिबोध के जीवन के भीतर से भी तलाशने का कार्य किया है जिससे असहमत नहीं हुआ जा सकता है। इसके प्रमाण मुक्तिबोध की रचना और जीवन में मौजूद हैं पर बाहरी कारणों से इंकार भी नहीं किया जा सकता है। सब–कुछ कवि के जीवन से ही सम्बन्धित नहीं है वह भी है जो कवि की संवदेना को झकझोरता है। वैयक्तिक से अधिक एक–दूसरी दुनिया भी इन कविताओं से उद्घाटित होती है। मुक्तिबोध की आत्मानुभूति का दायरा इतना सीमित नहीं है। मुक्तिबोध की रचना और जीवन में मौजूद हैं, पर बाहरी कारणों से इन्कार भी नहीं किया जा सकता हैं सब–कुछ कवि के जीवन से ही सम्बन्धित नहीं है, वह भी है जो कवि की संवदेना की झकझोरता हैं। वैयक्तिक से अधिक एक–दूसरी दुनिया भी इन कविताओं से उद्घाटित होती हैं मुक्तिबोध की आत्मानुभूति का दायरा इतना सीमित नहीं है। मुक्तिबोध के समय का भारतीय और विश्व परिदृश्य बहुत खुशनुमा नहीं है। मुक्तिबोध की कविता वैश्विक स्थितियों का भी संकेत करती है। राष्ट्रीय परिदृश्य में आजादी के पूर्व का अन्धकार और आजादी के बाद सपनों का ध्वस्त होना भी इसका एक प्रमुख कारण है। मुक्तिबोध की कविता का यह यथार्थ सदैव मिथक और फैंटसी के रूप में ही नहीं व्यक्त होता है वह सीधे–सीधे हमारे सामने खड़ा हो जाता है। 'भूल–गलती' कविता में वे कहते हैं :

'सामने
बेचैन घावों की अजब तिरछी लकीरों से कटा
चेहरा

कि जिस पर काँप
दिल की भाफ उठती है....
पहने हथकड़ी वह एक ऊँचा क़द,
समूचे जिस्म पर लत्तर,
झलकते लाल लम्बे दाग
बहते खूने के।
वह कैद कर लाया गया ईमान...
सुल्तानी निगाहों में निगाहें डालता,
बेख़ौफ़ नीली बिजलियों को फेंकता
खामोश!!
सब खामोश
मनसबदार,
शायद और सूफी
अलगजाली, इब्ने सिन्ना अलबरुनी,
आलिमों फाजिल सिपहसालार, सब सरदार
हैं। खामोश!!

(मुक्तिबोध रचनावली--2 पृ0 390--91)

यह एक नए तरह का यथार्थ, जिसे मुक्तिबोध ने अपने समय में देखा है'। यह केवल सत्ता व्यवस्था का यथार्थ नहीं है, शासित का यथार्थ भी है और उस वर्ग का भी यथार्थ है, जिससे बेहतर की उम्मीद की जाती हैं। इसीलिए मुक्तिबोध अकेले की मुक्ति की बात नहीं करते हैं। कई बार तो ऐसा लगता है कि मुक्तिबोध अपनी कविता में एक ऐसी कल्पना की निर्मिति करते है, जो हमारी समझ में यथार्थ से मेल नहीं खाती है और ऐसे यथार्थ की बात करते हैं, जिस पर एक बारगी विश्वास करना आसान नहीं हैं पर हम मुक्तिबोध की ईमानदार अभिव्यक्ति पर अविश्वास नहीं कर सकते हैं। वह हमारी समझ से आगे की कविता भी है। मुक्तिबोध अपनी कविताओं में ऐसे रूपक की सृष्टि करते हैं, जो तत्कालीन समाज और व्यवस्था की भीतरी दुनिया का नक्शा लेकर सामने आता है। इस दुनिया में जो भी शामिल है, कवि उसका गहन निरीक्षण करता है' और इस तरह उनकी कविता का दायरा निरन्तर पूँजी से जुड़ा हुआ हृदय बदल नहीं सकता,

स्वातंत्र्यव्यक्ति का वादी
छल नहीं सकता मुक्ति के मन को,
जन को।'
(मुक्तिबोध रचनावली–2 पृ0 350–51)

मुक्तिबोध की ऐसी कविताएं न मिथक हैं और न ही फैंटसी। यह आँखों देखा यथार्थ हैं। मुक्तिबोध की कविता में, मिथक, फैन्टसी और प्रतीक हैं। तभी वे मध्यकालीऩ सामंती मानसिकता के बिम्बों की सृष्टि कर सके और आदिम प्रतीकों को फैंटसी बना सकें।' 'ब्रह्मराक्षस' कविता इसका प्रामाणिक उदाहरण हैं'। इन्हीं प्रतीकों और फैंटसी के कारण वे समकालीन समाज सत्ता व्यवस्था की भीतरी पर्तो का उद्घाटन कर सके। इसीलिए यह कविता अपने समय की स्थितियों और अन्तर्विरोधों पर तीखी प्रतिक्रिया और हस्तक्षेप व्यक्त कर सकी। इसीलिए मुक्तिबोध अपनी कविता में एक ऐसे यथार्थ की सृष्टि कर सके जो अपनी संरचना में, अपने समय की कविता में अलग तरह का आस्वाद पैदा करता है। इसीलिए मुक्तिबोध अपने बाद की कविता के प्रेरणास्रोत भी बन सके। इस कविता में एक ओर पराजित मानसिकता का गहरा बोध है तो दूसरी ओर क्रूरता का विकराल रूप भी। यहाँ छटपटाती आत्मा के बिम्ब देखने को मिलते हैं तो दूसरी ओर अँधेरे की काली परछाइयाँ भी। मुक्तिबोध की दृष्टि यथार्थ के ऐसे स्थलों तक जाती है। जो सामान्यतः उनके समय की कविता में इस रूप में प्रायः देखने को नहीं मिलते हैं। यही कारण है कि इस कविता में एक किस्म का खतरा निरन्तर मडँराता दिखाई देता है और मुक्तिबोध, इन खतरों की अनदेखी भी नहीं करते हैं 'पता नहीं...' कविता में वे कहते है :

'फिर वही यात्रा सुदूर की,
फिर वही भटकती हुई खोज भरपूर की'
फिर वही आत्मचेतस् अंतः संभावना,
....जाने किन खतरों में जूझे जिन्दगी!!''

मुक्तिबोध रचनावली–2 पृ. 257

खतरों से जूझते हुए कविता की खोज प्रकारान्तर से जीवन की खोज ही मुक्तिबोध की कविता का अभीष्ट है। यही मुक्तिबोध की परम अभिव्यक्ति की खोज है और यहीं जीवन में खतरे उठाने की उनसे जूझने की सुदूर की यात्रा भी है। यहाँ यथार्थ निरन्तर बदरंग होता जा रहा है और यात्रा सांवली गहराइयों की यात्रा होती जा रही है।

मुक्तिबोध अपनी कविता के माध्यम से मानवीय जीवन के प्रति अपनी आस्था को प्रबल करते हैं। यद्यपि मुक्तिबोध की कविताओं में व्यक्त जीवन बेहद विषादपूर्ण और वंचितरों का जीवन है, अथवा वह जीवन अन्याय पर अवलम्बित है। एक स्पष्ट विभाजन रेखा मुक्तिबोध की कविता में दो तरह के जीवन को लेकर देखने को मितली है, और अनवरत मिलती है। यह दो तरह का जीवन जैसे मुक्तिबोध की कविता का स्थायी भाव हो तथा इन्हीं के अन्तर्गत अन्य वर्गीय भावनाओं की भी अभिव्यक्ति देखने को मिलती है। मुक्तिबोध की रचनात्मक जागरूकता अपनी पूरी बौद्धिकता और संवेदनात्मकता के साथ अनुभूति का अंग बन कर व्यक्त होती है इसीलिए मुक्तिबोध खतरे उठाकर भी सच्चाई को सामने लाने का कार्य करते हैं और उसकी कीमत भी चुकाते है। मुक्तिबोध ने यो ही नहीं कहा है कि 'अब अभिव्यक्ति के सारे खतरे/उठाने ही होंगे'। वस्तुतः उन्होंने इस अँधेरे की व्यवस्था में के अन्तर्गत अन्य वर्गीय भावनाओं की भी अभिव्यक्ति देखने को मितली है। मुक्तिबोध की रचनात्मक जागरूकता अपनी पूरी बौद्धिकता और संवेदनात्मकता के साथ अनुभूति का अंग बन कर व्यक्त होती है इसीलिए मुक्तिबोध खतरे उठाकर भी सच्चाई को सामने लाने का कार्य करते हैं और उसकी कीमत भी चुकाते हैं। मुक्तिबोध ने यों ही नहीं कहा है कि 'अब अभिव्यक्ति के सारे खतरे/उठाने ही होंगे। वस्तुतः उन्होंने इस अँधेरे की व्यवस्था में विचारशीलता के इससे भिन्न रूपों को देखा है, उन्होंने अभिव्यक्ति पर पाबन्दी लगने देखी हैं इसीलिए वे 'अँधेरे में' कविता में कहते है :

"......... ओ मेरे आदर्शवादी मन,
ओ मेरे सिद्धान्तवादी मन,
अब तक क्या किया?
जीवन क्या जिया!!
उदरम्भरि बन अनात्म बन गये,
भूतों की शादी में कनात से तन गये,
किसी व्यभिचारी का बन गये बिस्तर,
दुःखों के दागो को तगमों–सा पहना,
अपने ही ख्यालों में दिन–रात रहना,

असंग बुद्धि व अकेले में सहना,
जिन्दगी निष्क्रिय बन गयी तलघर,
अब तक क्या किया,
जीवन क्या जिया!! *(मुक्तिबोध रचनावली–2 पृ0 332–33)*

वस्तुतः मुक्तिबोध ने अपनी कविता को जीवन के विकट संघर्ष और जीवनानुभूति से प्राप्त किया है। इसलिए मुक्तिबोध की वैचारिकता को केवल राजनीतिक अर्थशास्त्र की दृष्टि से देखना उचित नहीं हैं। वे रचना के पास अपनी बुद्धि की गठरी लेकर नहीं जाते हैं। वे रचना में उपस्थित जीवन के साथ यात्रा करनेवाले कवि है। यहाँ रचनाकार और रचना का द्वैत समाप्त हो जाता है। यहाँ 'जीवन' और जीवन का फासला समाप्त हो जाता है। यही कारण है कि मुक्तिबोध की कविता का यथार्थ भिन्न धरातल पर स्थित है। यह यथार्थ कवि की चिन्ता को भी नया विस्तार देता है। आत्म के प्रभाव से मुक्त हुए बिना ऐसे यथार्थ की सृष्टि समभव नहीं है। वैचारिकता के चौखटे से ऊपर उठकर ही ऐसी वैचारिक सृजनात्मकता संभव होती हैं वे जानते हैं। कि 'अपनी मुक्ति के रास्ते अकेले में नहीं मिलते' है। पर यहाँ जीवन ही महत्त्वपूर्ण है :

'जिन्दगी में जो कुछ है, जो भी है
सहर्ष स्वीकारा है,
इसलिए कि जो कुछ भी मेरा है
वह तुम्हें प्यारा है।
गरबीली गरीबी यह, ये गंभीर अनुभव सब

(मुक्तिबोध रचनावली–1. पृ0 349)

यह मुक्तिबोध की संवेदना हैं। संवेदनात्मक ज्ञान और ज्ञानात्मक संवेदना जैसे बीज शब्दों के द्वारा इसे मुक्तिबोध ने स्वयं ही स्पष्ट किया है। पर इसी से द्वारा मुक्तिबोध अपनी पक्षधरता को भी व्यक्त करते हैं और प्रकारान्तर से जिनके साथ उनकी पटरी नहीं बैठती, उनका भी–संकेत कर जाते हैं' अन्यथा उन्हें यह बार–बार कहने की जरूरत नहीं पड़ती जैसा कि वे 'हर चीज, जब अपनी कविता में कहते हैं :

'जो मारे–मारे से हमारे–से
ईंट के सिरहाते अकेले लेटते हैं

धूल के बवन्डर–सा वक़्त समेटते हैं
जो बहुत गुरूर से
जो सिर्फ़ इंसान होने की हैसियत रखते हैं
जैसे आसमान, या पेड़ या मैदान
अपनी–अपनी
एक खास शान और शख्सियत रखते है
वैसे ही और ठीक उसी ठोस
और पक्की बुनियाद पर
जो अपने लिए इज्जत तलब करते हैं
बराबरी का हक़, बराबरी की दावा
नहीं तो मुठभेड़ और धावा
अब आप चाहे सरकार हों
या साहूकार हों
उनके साथ मेरी पटरी बैठती है
उनके साथ
हों, उन्हीं के साथ
मेरी यह बिजली भरी ठठरी लेटती है
और रात काटती हैं।

(मुक्तिबोध रचनावली–2, पृ0 229–30)

यहाँ तक आते--आते मुक्तिबोध ह्रदय परिवर्तन को स्वीकार नहीं करते हैं। क्योंकि वे जानते हैं कि पूँजी से जुड़ा हुआ ह्रदय बदल नहीं सकता हैं और व्यक्ति स्वातंत्र्य का हामी इस जन के मन को छल नहीं सकता है। यह अवश्य है कि मुक्तिबोध विश्व की सृजनशीलता से अनेक स्थानों पर प्रभावित होते दिखाई देते हैं। वे टालस्टाय और मायकोव्शकी से प्रभावित होते हैं और मुक्तिबोध को स्वयं की क्षमताओं का भी बोध है। 'कहने दो उन्हें जो यह कहते हैं' कविता में वे कहते हैं:

'तुम्हारे पास, हमारे पास,
सिर्फ़ एक चीज है–
ईमान का डंडा है,
बुद्धि का बल्लम है,

अभय की गैंती है,
हृदय की तगारी है–तसला है
नए–नए बनाने के लिए भवन
तुम्हारे पास, हमारे पास,
सिर्फ़ एक चीज है।
ईमान का डंडा है,
बुद्धि का बल्लम है,
अभय की गैंती है,
हृदय की तगारी है–तसला है
नए–नए बनाने के लिए भवन
आत्मा के
मनुष्य के
हृदय की तगारी में ढोते है हमी लोग
जीवन की गीली और
महकती हुई मिट्टी को'

(मुक्तिबोध रचनावली–2 पृ0 289)

वस्तुतः यह मुक्तिबोध की कविता का यह एक महत्त्वपूर्ण पक्ष और स्वर है और उनकी कविता की खोज की एक प्रमुख चिन्ता भी। यद्यपि मुक्तिबोध की कविता की अनेक दिशाएँ हैं, पर सबसे अधिक विकलता इस सामान्य जन के प्रति है। उनका यह सामान्यजन ही अनेक रूपों में और अनेक अवस्थाओं में देखने को मिलता हैं एक समय के बाद तो यही उनकी कविता का केन्द्रीय विषय भी हो जाता है। कभी प्रतीक के रूप में तो कभी स्थिति और दशाओं के रूप में यह उनकी चेतना में विचरण करता है। परन्तु मुक्तिबोध की कविता के अनेक प्रतीक ऐसी भी हैं, जो प्रतीक के साथ अभिधा रूप में भी एक नयी ऊर्जा का और स्थितियों का संकेत करते हैं।

मुक्तिबोध की कविता अनेक स्तर और रूप के साथ अर्थ की अनेक छवियों से गुजरती हुई कविता है। इसीलिए इस कविता के पाट में वैश्विक स्थितियाँ भी हैं। एक अनवरत युद्ध भी इस कविता में शुरू से अन्त तक चलता रहता है। इसी के साथ ज्ञान के अनेकानेक अनुशासन

इस कविता की अर्थ छवि के साथ मिलकर कविता को एक नयी रूप रचना और भाषा भी प्रदान करते हैं। एक ओर यदि इस कविता के राष्ट्रीय संदर्भ हैं, स्वाधीनता आन्दोलन की अनुगूंजे हैं तो स्वाधीन भारत की नयी स्थितियाँ और नया युगबोध भी। आखिर मुक्तिबोध देश–दुनिया में चल रहे युद्धों की विभीशिका से परिचित हैं और 'नया खून' में वे इनकी नोटिस भी ले रहे थे, फिर यह कैसे संभव नहीं कि वे स्थितियाँ उनकी कविता का विषय न बनती। मुक्तिबोध की रुचियों और जिज्ञासाएँ केवल साहित्य–समाज तक ही नहीं हैं, वे रसायन–चिकित्सा से लेकर भू–भौतिकी, इतिहास, नृतत्वशास्त्र, इतिहास–मिथक आदि तक पहुँचती हैं और उनकी कविता में इन संदर्भो की समकालीन संगति भी देखने को मिलती है। केवल इतना ही नहीं, इस कविता का भूगोल इतिहास के साथ मिलकर एक ओर यदि स्मृतियों का आश्रय लेता है तो दूसरी और यह भूगोल उनकी चेतना के साथ भी चलता है और वह इतिहास, मिथक के साथ मिलकर प्रतीकों को नयी अर्थवत्ता भी प्रदान करता हैं इससे इंकार नहीं किया जा सकता कि चम्बल के बीहड़, मालव और शिप्रा, नागपुर और राजनाद गाँव के इतिहास–सम्बन्ध उनकी कविता में उपस्थित न हुए हों, उतनी आवश्यकता नहीं है, जितने औजारों का प्रयोग किया गया है। यह बात केवल मुक्तिबोध के ही संदर्भ में नहीं, बल्कि सृजनात्मक कला मात्र के विषय में कही जा सकती है। क्योंकि रचना आत्म संघर्ष, आत्मानुभूति और आत्मान्वेषण की अभिव्यक्ति है। परन्तु यह अभिव्यक्ति सामान्य अभिव्यक्ति नहीं है। 'अँधेरे में' कविता में मुक्तिबोध कहते हैं :

'अब अभिव्यक्ति के सारे खतरे
उठाने ही होंगे।
तोड़ने होंगे ही मठ और गढ़ सब।'

ये मठ और गढ़ केवल समाज के ही नहीं है, रचना के भी मठ और गढ़ हैं, जिनको तोड़ने की बात मुक्तिबोध कर रहे हैं।

◆◆◆

मुक्तिबोध की कविता : मार्क्सवादी चिंतन के परिप्रेक्ष्य में

के.के. वेलायुधन

"बिना आदर्श का जीवन निरर्थक है, उसके लिए जीने या मरने से सुखद कार्य और कुछ नहीं," यह सात दशकों तक क्यूबा के सेवक और शासक रहे क्यूबा के प्रिय क्रांतिकारी नेता फीडल कास्ट्रो का कथन है, मैंने इसलिए इसका उद्धरण किया कि इसके समानार्थी वाक्य मुक्तिबोध में भी मिलता है" संवेदनशील मनुष्य को जीने के लिए दो बाते विशेष रूप से आवश्यक है, एक तो यह कि सांसारिक क्षेत्र में उसकी सर्वांगीण सामंजस्यपूर्ण उन्नति होती चली जाये, दूसरे उसके सम्मुख कोई ऐसा आदर्श हो जिसके लिए वह जी सके या मर सके, (साहित्य और समाज) मुक्तिबोध के आदर्श को अनुशासित एवं अनुप्राणित करनेवाला चिंतन मूलतः मार्क्सवादी विचारधारा रही है इसका कदापि यह अर्थ नहीं है कि उन पर अन्य कोई चिंतन पद्धति का प्रभाव नहीं, सर्वांगीण सामंजस्यपूर्ण उन्नति और आदर्श के बीच तालमेल बिठाना आसान कार्य नहीं, मुक्तिबोध का सारा जीवन–संघर्ष इसी अनबन का परिणाम था, ऐसा मेरा विचार है, यहीं गड़बड़ी फिलहाल मार्क्सवाद के अलावा अन्य चिंतन पद्धतियों में भी प्रतिबिंबित है, फिलहाल मूल्यों और आदर्शों का ह्रास आम बात बन गयी है, किन्तु सारा दोष मार्क्सवादियों पर थोपा जाता है, इसका कारण भी स्पष्ट है कि कोई दूसरा सिद्धांत इतना जन हितैशी नहीं है।

मुक्तिबोध जनपक्षधर साहित्यकार हैं, सघर्ष उनकी अनिवार्य शर्त थी, भारत में मौजूद सांप्रदायिकता, अंधविश्वास, जाति–भेद आदि पर सांस्कृतिक बार करने का दायित्व वे बुद्धिजीवियों का कर्त्तव्य समझते थे, किन्तु बुद्धिजीवी यहाँ अपने दायित्व से विचलित हुए, क्योंकि वे पूँजीवाद की चपेट में आ गये। स्वार्थता एवं आपसी प्रतिद्वंद्व के दलदल में फंस जाने के कारण मुक्तिबोध पहचानते हैं कि समता, स्वतंत्रता और बंधुत्व का सपना पूरा नहीं हुआ, यह सपना अधूरा ही रह गया, अंतः वे अपने आप पूँछते हैं–"मेरे सभ्य नगरों और ग्रामों में सभी मानव सुखी, सुंदर और शोषण मुक्त कब होंगे?" यह सवाल इसका गवाह है कि वे

मानवीय दृष्टि संपन्न कलाकार है, उनके व्यक्तित्व विकास में कटु जीवनानुभवों की निश्चित भूमिका रही है, इसकी कटुता और निजता की सही पहचान में, मुझे किसके पक्ष में खड़ा होना है, यह जानकारी मार्क्सवादी चिंतन से ही उन्हें प्राप्त हुआ, द्वंद्वात्मक भौतिकवाद की बुनियाद पर खड़ा यह चिंतन एक सामाजिक अर्थ व्यवस्था की स्थापना चाहता है जिसमें सारे मनुष्य समान और स्वतंत्र जीवन बिता सकें, मार्क्सवाद एकाध साधना की उपज नहीं; जनांदोलन के बोध से निर्मित एवं विकसित ज्ञान है, जब कभी अनीति और अत्याचार के विरुद्ध जन जागरण संभव होता है और उसके फलस्वरूप क्रांतिकारी विचार उभरकर आता है उसे आत्मसात कर चह चिंतन धारा आगे बढ़ती है, मार्क्सवाद में परिवर्तन और विकास की प्रक्रिया इसी कारण वर्तमान है, इसलिए कि यह कोई जड़ और स्थिर अपरिवर्तनशील विचारधारा नहीं हैं, मार्क्सवाद असल में एक वर्गहीन समाज की संकल्पना है, जिसके मूल में शोषण मुक्त सभ्य सुंदर समाज की कामना है, "वैचारिक क्षेत्र में यह जनवाद और पूँजीवाद के बीच का तुमुल संगर है," (मुक्तिबोध)

अब हम देखें कि पूँजीवाद की क्या खासियत है? पूँजीवाद का धरोहर जनता के सुख–शांति विनाश से प्राप्त धन ही है, वह लाभ–लक्षित आर्थिक शोषण व्यवस्था है, समय–समय पर उसने कई रूप धारण किये हैं, वह ऊपर से मोहक दीखने वाला किंतु भीतर से खतरनाक शोषण तंत्र है जिसके मकड़जाल में सारा विश्व फँसा हुआ है, मार्क्सवादी नेता और कार्यकर्ता भी इसके सुविधाभोगी सभ्यता–संस्कार की पकड़ से मुक्त नहीं, लगता है शायद सत्ता और सम्मान के मोह से कोई मुक्त नहीं, इस प्रसंग में मैनेजर पाण्डेय का निम्न कथन ध्यान देने योग्य है– "आज के समय में मार्क्सवाद पर विचार करते समय यह ध्यान में रखना बहुत जरूरी है कि हम जिस समय और संसार में जी रहें, वह पूँजीवाद की विजय का, विश्वव्यापी विजय का समय है, बल्कि पूँजीवाद की विजय के उन्माद का समय है, यही नहीं, यह उस विजय के उन्माद से उपजे शोर का भी समय है, साथ ही उस शोर में विवेक के डूबने का समय भी है, इसमें कोई संदेह नहीं कि आजकल वि[illegible] के पैमाने पर पूँजीवाद का वर्चस्व कायम है, उस वर्चस्व के साथ यह शोषण, दमन, लूट और इन सबसे जुड़े झूठ का समय है, पूँजीवाद के वर्तमान दौर की जैसी विस्तृत और व्यवस्थित व्याख्या होनी चाहिए, वैसी अभी नहीं हो रही है, जहाँ–तहाँ इस दिशा में प्रयत्न जरूर हो रहे हैं,

लेकिन वे पर्याप्त नहीं,'' ('आज का समय और मार्क्सवाद', मैनेजर पाण्डेय, 'पल प्रतिपल', जुलाई–दिसंबर, 2016)। मैनेजर पाण्डेय के उक्त कथन में पूँजीवाद की भयावहता और उसके प्रति सतर्क रहने की चेतावनी है, साथ ही साथ वर्तमान संदर्भ में उसके भीषण हमले से बचने के लिए अधिक कारगर और व्यावहारिक उपाय ढूँढने का आह्वान भी है:

स्वतंत्रता आैर समानता की स्थापना तभी होती है जब हम उसे पूरे वर्गहीन समाज के सामाजिक लक्ष्यों से एकाकार करने पर होते हैं, मुक्तिबोध के समाज की परिकल्पना में व्यक्ति और समाज के बीच अंतर्विरोध की गुंजाइश नहीं, व्यक्ति का विकास समाज को समृद्ध करें और उलटा, व्यक्ति की स्वतंत्र प्रगति समाज की प्रगति की शर्त पर होनी चाहिए, नेमीचंद जैन को लिखे एक पत्र में वे कहते हैं–''मैं एक अशांत आत्मा लेकर पैदा हुआ हूँ–अशांत अपने समय की सर्वोच्च आकाँक्षाओं और अपने समय की सबसे बड़ी कमजोरियों की वजह से।'' ''युग की सर्वोच्च आकांक्षाएँ–शोषण मुक्त समाज के स्वप्न, और समय की सबसे बड़ी कमजोरियाँ–व्यक्तिवादी समाज के दुर्गुण, मुक्तिबोध में यदि इन दोनों के बीच संघर्ष की स्थिति है, तो यह उनके मार्क्सवाद की कमजोरी नहीं शहजोरी है, उसे अधिकाधिक प्रामाणिक और जीवंत बनानेवाली वस्तु, उसे उन्होंने द्वंद्वात्मक स्थिति में ही ग्रहण किया था, बने बनाए रूप में उसे स्वीकार नहीं लिया था, व्यक्ति जीवन के अंतर्द्वंद्व को रचनात्मक स्तर पर इतनी तीर्वता में अभिव्यक्त करनेवाला मुक्तिबोध हिंदी का अकेला कवि है, खोज और ग्रहण के माध्यम से जो ज्ञान प्राप्त हुआ उसे अपने व्यक्त्तिव के ढाँचे में पिघलकर प्राप्त विश्व दृष्टि से अपनी अपूर्णता को पूर्ण बनाने में वे हमेशा उत्सुक रहे, उन्हीं के शब्द लेकर कहें तो उसने उसका ''सिर्फ़ ज्ञान विस्तार नहीं, बल्कि, आत्म विस्तार किया था।'' (मुक्तिबोध : ज्ञान और संवेदन, नवल)।

आगे हम मुक्तिबोध की वैचारिकता के विकास में सक्रिय मार्क्सवादी चिंतन किस ह्द तक उनकी रचनाओं की अंतर्धारा रूप में प्रवृत्त है, यह देखने की कोशिश करेंगे, प्रारंभ में मैंने कहा है कि मुक्तिबोध की व्यक्त्तिव और कृत्तिव को प्रभावित करनेवाले कई तत्व हैं उनमें आधार शिला के रूप में मार्क्सवादी चिंतन की भूमिका महत्त्वपूर्ण है, अंतः मैं इसी पक्ष पर बल देना चाहता हूँ।

मुक्तिबोध का रचना संसार व्यापक एवं व्यतिरिक्त है, अब वह प्रचुर मात्रा में उपलब्ध है, ये सब मेरे ख्याल से मुक्तिबोध के अनोखे व्यक्तिव और विलक्षण प्रतिभा के प्रमाण–पत्र हैं, असल में मुझे लगता है कि मुक्तिबोध की चर्चा 'तारसप्तक' के प्रकाशन से हिंदी जगत में संभव हुई, तब उनका परामर्श एक अनबूझे व्यक्तिव का धनी सिरफिरा कवि, न समझ में आनेवाली कविताओं का कवि, व्यवस्था विरोधी विद्रोही के रूप में प्रचलित था, परंपरावादी आलोचक और साहित्यकार उन्हें मानने के लिए तैयार नहीं थे, इस प्रसंग में नेमीचंद जैन को लिखे एक पत्र का उल्लेख सार्थक होगा, पत्र यों जारी है–" कोई समान धर्मा पुरुष जरूर उन्हें पढ़ेगा, आज नहीं, मेरी मृत्यु के बाद, सही, उसे अच्छी नहीं लगेगी, वह आलोचना करेगा, किन्तु उसे उसके कुछ हिस्से अवश्य पसंद आयेंगे, तो उस समान धर्मा के इंतजार में–या यूँ कहिए कि आशा में – मेरे इस कमरे में कवि कर्म चल रहा है।"

केरल के प्रसंग में इस अधुनातन सिरफिरा कवि के समान धर्मा सबके द्वारा उपेक्षा और अनादर का पात्र बने किंतु यथार्थ का ईमानदार एवं राजनीतिक समझ–बूझ के साथ विमर्श करनेवाले मलयालम कवि एन.एन. कक्काड की याद दिलाना चाहता हूँ, नयी कविता के दौर में केरल के हिंदी जगत को मुक्तिबोध का परिचय देने का श्रेय कोचीन विश्वविद्यालय के हिंदी विभाग को है, इसके लिए हम विभाग के श्रेष्ठ गुरु जनों के ऋणी हैं, सचमुच यहाँ की शुरुआत ने आगे हमें मुक्तिबोध की कविताओं के अध्ययन–आस्वादन की सही दिशा प्रदान की, आगे मुक्तिबोध की पक्षधरता, प्रगतिशील चिंतन और सबसे अधिक समाजवादी मान्यताओं की स्थापना के लिए समर्पित व्यक्तिव का परिचय भी प्राप्त हुआ।

मुक्तिबोध की विश्व दृष्टि मानववादी है, इसके रूपायन में नंदकिशोर नवल के अनुसार मार्क्सवादी चिंतन का काफी योगदान है। वर्ग विशेष का संस्कार, शिक्षा दीक्षा से प्राप्त संचित ज्ञान एवं जीवन की कटु वास्तविकताओं के मंथन से निखर व्यक्तिव का संयोग भी इस दृष्टि में क्रियाशील है। इस संबंध में एक पत्र में वे लिखते हैं–"क्रमशः मेरा झुकाव मार्क्सवाद की ओर हुआ, अधिक वैज्ञानिक, अधिक मूर्त और अधिक तेजस्वी दृष्टिकोण मुझे प्राप्त हुआ" इस दृष्टिकोण के बल पर समाज के दमित, पीड़ित, उत्पीड़ित और शोषण के शिकार हुए निम्न जन जीवन की समस्याओं से रू–ब–रू होने की ताकत उन्हें प्राप्त हुई,

साथ ही पूँजीवाद के शोषण तंत्र के प्रतिरोध की ऊर्जा मिली और वे उसे यों प्रकट करते हैं–"हमें थ चाहिए कुछ और/जिससे खून में किरणें बहे रवि की/कि जिससे दिल/अनूठा भव्य अपराजेय टीला हो/कि जिससे वक्ष/हो सिद्धांत–सा मजबूत/भीतर भाव गीला हो" (नक्षत्र खंड), कवि समाज सापेक्ष्य चिंतन के कायल हैं इसलिए अकेले मुक्ति की संभावना नहीं देखते हैं–"याद रखो/कभी अकेले मुक्ति नहीं मिलती/यदि वह है तो सब के ही साथ है" (चंबल की घाटी में)! वर्ग संघर्ष से पूँजीवाद पर विजय पाने में सब की साझेदारी और सक्रिय योगदान कवि चाहते हैं, और इसके लिए सबके एकजुट होने की कामना उक्त पंक्तियों में दर्ज है।

पूँजीवाद के घ्वंसावशेष पर नए समाज की स्थापना की चाह कवि 'पूँजीवादी समाज के प्रति' कविता में प्रकट करते हैं, 'मुझे याद आते हैं' मुक्ति बोध की दूसरी महत्त्वपूर्ण कविता है, इसमें वे एक गर्भवती स्त्री का चित्र खींचते हैं जो सब प्रकार के अभावों, मुसीबतों और सारी थकान के बावजूद घर गृहस्थी संभालने के लिए तन तोड़कर काम करती है, इससे प्रेरणा लेकर कवि भी जीवन संघर्ष में जुड़ जाने का प्रण लेते हैं, देखिए–"यदि उस श्रमशील नारी की आत्मा सब/अभावों को सहकर/कष्टों को लात मारकर निराशाएँ ठुकराकर/किसी ध्रुव लक्ष्य पर/खिंचती–सी जीती है। जीवित रह सकता हूँ मैं भी तो वैसे ही," देहाती दमित पीड़ित जन जीवन के प्रति कवि की सहानुभूति इन पंक्तियों में अभिव्यक्त है, उनके अनुसार रचनाकार के स्वानुभूत जीवन रचनात्मक प्रक्रिया का स्थापथ्य है, वह समाज से अलग नहीं; समाज सापेक्ष्य है।

मुक्तिबोध आत्म–संघर्ष का कवि है, उनका यह आत्म–संघर्ष शोषण मुक्त समाज के स्वप्न, समय की सबसे बड़ी कमजोरियाँ यानी व्यक्तिवादी समाज के दुर्गुण से बच निकलने की विवशता की उपज है, मुक्तिबोध के संबंध में कहा जाता है कि व्यक्ति जीवन का अंतर्द्वंद्व बाहरी तौर पर आत्म–संघर्ष का कारण बनता है और यह आत्म–संघर्ष सृजनात्मक क्षणों में कवि को ऊर्जा प्रदान करता है, हिंदी में वे ही अकेला कवि है जो बाहरी और भीतरी तौर पर आत्म संघर्ष का शिकार है।, ब्रह्मराक्षस के हवाले मध्य वर्गीय बुद्धिजीवी के इस आत्म–संघर्ष को वे अभिव्यक्त करते हैं, वे आत्म चेतस हैं, समाज चेतस होने को अग्रसर हैं, किन्तु वे भी मध्यवर्गीय बुद्धिजीवी के अवगुणों के शिकार हैं,

व्यक्तिवांतरण के द्वारा वे अपने ही सहचरों के साथ जा मिलने के प्रयास में हैं, 'चकमक की चिनगारियाँ' नामक कविता में वे इस आकाँक्षा से लिखते हैं–"मैं अपनी अधूरी दीर्घ कविता में/उमगकर/जन्म लेना चाहता फिर से,/कि व्यक्तिवांतरित होकर/नए सिरें से समझना और जीना/चाहता हूँ सच" मौजूदा सामाजिक व्यवस्था में अपरिवर्तनशील तत्वों की भरमार है। सामाजिक रूढ़ियाँ, जैसे अंधविश्वास, अनाचार, जाति–भेद, छुआछूत, सांप्रदायिक गलत धारणाएँ, रोडा बनकर रास्ते में मुँह बाए खड़ी है।, अतः नए के निर्माण के लिए गढ़ और मठ को तोड़ने का अह्वाद वे करते हैं, नाश ही निर्माण की कसौटी है। इसलिए 'अंतःकरण का आयतन' में मुक्तिबोध पुराने ढाँचे को तोड़ने तथा उसकी जगह नए को जोड़ने में सबके सहयोग की माँग करते हैं–"बिना संहार के, सर्जन असंभव है,/समन्वय झूठ है,/सब सूर्य फूटेंगे/व उनके केन्द्र टूटेंगे/उड़ेंगे खंड/बिखरेंगे गगन ब्रह्मांड में सर्वत्र/उनके नाश में तुम योग दो।"

जो आपत्त और संकट सामयिक व्यवस्था में आम जनता सामना कर रही हैं उसे दूर करने के लिए कवि नागात्मन फणीधर से प्रार्थना करते हैं कि अपना सर्वस्व लेकर थोड़े समय के लिए ही सही तू मानव रूप धारण करके विश्व की पीड़ा दूर कर, देखिए–"तक्षक मेरे,/मेरी छाती से चिपक रक्त का पान करो,/अपने विष से मेरे अभ्यंतर प्राण भरो,/मेरा सब दुःख पीयो,/सुख पीयो, ज्ञान पी लो!/पर, पल भर केवल पल भर/मानव रूप धरो", पूँजीवादी दमनचक्र बुरी तरह जनता पर सवार है, उनकी यह दमनकारी प्रवृत्ति कई रूपों में अवतरित होती है। यह छल रूपिया है। उनकी हरकतें सांस्कृतिक जामा पहनकर कभी मूल्यों का रक्षक, कभी शासन तंत्र में घुसकर सरकारी विकास नीतियों के प्रायोजक और सहायक के रूप में हमारे बीच अपनी उपस्थिति दर्ज करती है, कवि इस व्याघ्र के शिकंजे से जन की मुक्ति अवश्यंभावी मानते हैं और इन पंक्तियों में यह आशा प्रकट करते हैं–"समस्या एक/मेरे सभ्य नगरों और ग्रामों में/सभी मानव/सुखी, सुंदर व शोषण मुक्त/कब होंगे, (चकमक की चिंनगारियाँ), मुक्तिबोध के अनुसार कविता कभी खत्म नहीं होती, वह त्वरित आवेगमयी प्रवाह है जैसे जीवन, समाजवाद की स्थापना मुक्तिबोध के लिए समाज की प्रगति एवं उन्नति की पहली शर्त थी। उपेक्षित, शोषित एवं उत्पीड़ित निम्न गरीब का यह तकाजा था कि वे स्वतंत्र और समता का जीवन जी सके इस

उद्देश्य के लिए इस अभियान में वैचारिक यानी मार्क्सवादी चिंतन पक्षधरता और व्यावहारिक यानी जीवन वास्तविकताओं का मुकाबला करने की ताकत से पूरी तरह समर्पित मुक्तिबोध का क्रियाशील व्यक्तिव अक्षुण है, साहित्य को केवल कला के परिप्रेक्ष्य में देखना मुक्तिबोध को मंजूर नहीं, वे साहित्य को समग्रता में देखना चाहते हैं, उनके साहित्य संबंधी मान्यताओं के परिसर में समाज की उपस्थिति निश्चित है, अंतः राजनीतिक समझ के बल पर सामाजिक विमर्श वे अपने समय की माँग स्वीकार करते हैं।

◆◆◆

बाँकें तिरछे काल में प्रतिरोध की मुक्तिबोधीय दृष्टि

वी.जी. गोपालकृष्णन

"....उनका मार्क्सवाद यांत्रिक और संकीर्णतावादी न होकर विकासमान और सृजनात्मक था। इसी कारण उन्होंने विश्वदृष्टि को अपने अनुभव के योग से 'विकसित' करने की बात कही है, उसे 'अर्जित' करने की नहीं। एक कवि के लिए उनकी दृष्टि में विचारधारा की सार्थकता तभी है, जबकि वह उसे आत्मविस्तार के रूप में दिखलाई दें।" – नन्दकिशोर नवल, 'मुक्तिबोध : ज्ञान और संवेदना'।

समाज निरंतर गतिशील है। गतिशीलता एवं परिवर्तन ही सामाजिक चेतना का लक्षण हैं। परिवर्तन अक्सर सकारात्मक होता हैं किन्तु मनुष्य समाज के संदर्भ में यह कथन पूर्णतः सार्थक सिद्ध होता नहीं। प्रयाः सामाजिक परिवर्तन का गुण एक विशेष वर्ग को ही उपलब्ध होता रहता हैं, समाज का बहुसंख्यक वर्ग इससे वंचित रह जाता है। असल में यह स्वयं वंचित होना नहीं, बल्कि उसे वंचित किया जाता है।

मार्क्सवाद वर्ग–विभाजित समाज में जन चेतना जागृत करने का सिद्धांत है। शोषण पर आधारित समाज में शोषित जनता विभिन्न खेमों में विभाजित है और वह खंडित लड़ाई लड़ने को मज़बूर हैं। अर्थ और अधिकार के बल पर जनता के शोषण करनेवाला व्यवस्था का मुकाबला करने के लिए जन–साधारण के पास खास कोई हथियार नहीं हैं। किन्तु जनता की एक शक्ति को कार्ल माक्स ने पहचान लिया था, वह है उसकी संघ–शक्ति। इसलिए उन्होंने विश्व भर के मेहनत करनेवालों को सम्बाोधित कर उनसे एकजुट हो जाने का आह्वान किया था। एकता से ही मेहनतकश वर्ग की मुक्ति संभव हैं। मार्क्स के इन विचारों से काफी प्रभावित कालजयी कवि हैं गजानन माधव मुक्तिबोध। इसलिए वे अपनी कविताओं में निरंतर एकता की शक्ति का महत्त्व घोषित करते रहे। जाति और धर्म आदि कई खेमों में विभाजित शोषित जनता में एकता स्थापित करना आसान कार्य नहीं हैं। पीड़ित जनता से घुल–मिलकर उनसे आत्मीयता स्थापित करके ही उनमें एकता स्थापित कर सकते हैं। इस प्रकार जनता का नेतृत्व देनेवाला व्यक्ति ही सही अर्थों में क्रांतिकारी हो सकता है। जन–साधारण हमेशा अपनी रोटी

जुटाने के चक्कर में बने रहते हैं। इसलिए वे अक्सर शिक्षा एवं ज्ञान से वंचित रह जाते हैं ऐसी जनता को दिशा–निर्देश देने का दायित्व शिक्षितों को है। किन्तु शिक्षित लोग प्रायः साधारण जन से घुलने–मिलने में असहजता का अनुभव करते हैं। मध्यवर्ग के लोग शोषित जनता की वकालत तो करते हैं, किन्तु उनसे मिल–जुलकर काम करने में वे असमर्थ दिखाई देते हैं। मुक्तिबोध ने भी इस स्थिति का अनुभव किया था। इससे उत्पन्न आत्म–संघर्ष का मुक्तिबोध निरंतर शिकार बनते रहे। इसलिए उनकी कविताओं में एक और मध्यवर्गीय बुद्धिजीवी का यह आत्म–संघर्ष रूपायित है, तो दूसरी ओर जन–साधारण से मेल–मिलाप होने का जो परिणाम होता है उसका भी उद्घाटन है। मुक्तिबोध की 'पता नहीं' शीर्षक कविता में अपरिचित व्यक्ति से मिलने से एक अद्‌भुत दुनिया के खुल जाने का चित्र है। अपरिचित से परिचय स्थापित करना और वह भी दोनों के तस–तस अनुभवों के द्वारा–

"टटोलो मन, जिससे जिस छोर मिले,
कर अपने–अपने तस अनुभवों की तुलना
घुलना मिलना।।"[1]

कटु जीवनानुभवों के आदान–प्रदान से ही हरेक व्यक्ति यह समझ पायेगा कि हरेक मनुष्य की पीड़ा, यातना एवं दुःख समान है। व्यक्ति–व्यक्ति का संबन्ध सिर्फ बाहरी मिलन–जुलन से सुदृढ़ नहीं होगा। उसका एक आत्मीय स्तर होता है। जन–साधारण के जीवन के हर अनुभवों और अनुभूतियों से तादात्म्य स्थापित करने पर उत्पन्न ऊष्मा से ही सहचर होने का भाव पैदा होता हैं क्रांतिचेता व्यक्तियों एवं संगठनों को इसकी समझ अनिवार्य है। वर्तमान भारतीय संदर्भ में वामपंथी विचार रखनेवालों के लिए इस विषय में आत्मालोचना करने की ज़रूरत है। मुक्तिबोध स्पष्टतः यह जानते थे कि व्यक्ति के व्यक्तिव के विकास और विस्तार से ही इस बाँके तिरछे काल का प्रतिरोध संभव है।

"पर, हाथ तुम्हारे में जब भी मित्र का हाथ
फैलेगी बरगद–छाँह वहीं।"[2]

मित्रता का सम्बन्ध जहाँ आत्मीयता के साथ स्थापित होता है, वहाँ बरगद की जो छाया फैल जाती है वह पूरे समाज को मुक्ति की शीतलता प्रदान करेगी। पीड़ित जनता की वेदना को अपनी वेदना

मानने से जो प्रेम प्राप्त हो जायेगा, वहीं प्रेम मुक्ति–संघर्ष की सबसे बड़ी शक्ति बन जायेगा।

"प्रयासी प्रेरणा के स्रोत,
सक्रिय वेदना की ज्योति,
सब साहय्य उनसे लो।
तुम्हारी मुक्ति उनके प्रेम से होगी।"[3]

कवि यह महसूस करते हैं कि मानव के प्रति मानव के इस प्रेम से ही मुक्ति का रास्ता खुल सकता हैं। लेकिन कुछ लोग सोचते हैं कि औरों की नहीं, तो अपनी मुक्ति तो ज़रूर होगी और इसलिए वे अकेले में अपनी मुक्ति का मार्ग ढूँढ़ने लगते हैं। ऐसे लोग ही धर्म के पीछे जाते हैं। क्योंकि धर्म में भी मुक्ति की चर्चा होती है ईश्वर की उपासना से मुक्ति मिलने का विश्वास दिलाया जाता है। वहाँ भगवान सिर्फ़ भक्तों के प्रति ही कृपा दिखायेगा। यानी वहाँ मुक्ति देनेवाला एक व्यक्ति है और मुक्ति की कामना करनेवाला भी व्यक्ति है। धर्म अक्सर व्यक्ति की मुक्ति की चर्चा करता है, तो मार्क्सवाद शोषणकारी सामाजिक व्यवस्था से मुक्ति की बात करता है और शोषण–मुक्त एक समाजवादी समाज की स्थापना पर बहस करता हैं व्यवस्था को बदलना किसी एक व्यक्ति के वश की बात नहीं। इसलिए ही मार्क्स ने एकजुट संघर्ष के महत्त्व को घोषित किया था। वैश्वीकरण के इस दौर में उदारीकरण की नीतियों के द्वारा व्यक्ति को सारी समस्याओं से मुक्ति दिलाने का नारा बुलंद हैं। किन्तु मुक्तिबोध ने पहले ही व्यक्त किया था–

"कि अपनी मुक्ति के रास्ते
अकेले में नहीं मिलते।"[3]

कवि ने चेतावनी ही दी थी–

"याद रखो,
कभी अकेले में मुक्ति नहीं मिलती,
यदि वह है तो सबके ही साथ है।"[5]

इसलिए ही मुक्तिबोध शोषितों की संघ–चेतना की अनिवार्यता पर निरंतर बहस करते हैं। वे यह समझा रखते हैं कि दमित–पीड़ित समाज के भीतर से ही विद्रोह एवं क्रांति का सम्मिलिंत स्वर उभरकर आ जायेगा।

"फेनायित निरंतर एकता का बोध
जिसकी घोर आवाज़ें
समुन्दर के तले के अन्धकारों से उमड़ती हैं।"[6]

भीषण सामाजिक स्थितियाँ से जूझते सर्वहारा वर्ग में, क्रूर दमन और उत्पीड़न के बावजूद, मुक्ति की कामना जबरदस्त रूप में बनी रहती है। यह कामना ही उसे शोषक वर्ग से संघर्ष करने की प्रेरणा देती रहती है। इस संघर्ष का अक्सर सकारात्मक परिणाम नहीं निकलता। किन्तु वह अपने हार से पस्त न होकर अपना अपराजय संघर्ष जारी रखता है। मुक्तिबोध ने व्यक्त किया कि–

"स्वातंत्र्य व्यक्ति का वादी
छल नहीं सकता मुक्ति के मन को,
जन को।"[7]

जनता की स्वातंत्र्य की चाह हमेशा बनी रहती है। किन्तु वर्ग विभाजित समाज में उसकी इस चाह की चिनगारियों को प्रज्वलित करते रखना तथा चिनगारियों को बड़े मशाल में तथा क्रांति की ज्वाला में बदलना अनिवार्य है। क्योंकि जन जागरण से ही नए समाज़ का सृजन संभव है। जनता की महत्त्वाकांक्षाओं से ही मेहनतकश वर्ग का एक समाज स्थापित हो सकता है। मुक्तिबोध निरंतर अपनी कविताओं में इस विचार को अभिव्यक्त करते रहे।

"जनता के गुणों से ही संभव
भावी का उद्भव..."[8]

किन्तु कवि यह समझ भी रखते हैं कि रोटी के संघर्ष से जुड़ा हुआ आम आदमी हर प्रकार के बुनियादी अधिकारों से वंचित हैं। हर तरह से खंडित आम आदमी में वर्ग बोध पैदा करने तथा उसे क्रांति के पथ पर प्रशस्त करने के लिए एक क्रांतिकारी नेतृत्व की जरूरत है। इसलिए ही मुक्तिबोध की कविताओं में जन नायक बनकर एक 'शक्ति–पुरुष' फैंटेसीकृत रूप में अक्सर उपस्थित होता है–

"उस कमल–कोष के पराग–स्तर
पर खड़ा हुआ
सहसा होता है प्रकट एक
वह शक्ति–पुरुष"।[9]

वर्तमान समाज के तथाकथित राजनीतिक नेताओं के समान जन–समाज से दूर ऊँचे मंच पर खड़े होकर खोखलें भाषण देनेवाला नहीं हैं मुक्तिबोध का नायक 'शक्ति–पुरुष'। वह जनता के बीच से संघर्षरत होकर उभरकर आनेवाला है–

"जो दोनों हाथ आसमान थामता हुआ
आता समीप अत्यंत निकट
आतुर उत्कट
तुमको कन्धे पर बिठला ले जाने किस ओर
न जाने कहाँ व कितनी दूर'!![10]

वह शोषित, उत्पीड़ित जनता के प्रति उत्कट आतुरता प्रकट करते हुए आत्मीयता के साथ उससे मिलने के लिए अत्यंत निकट आ जाता हैं। प्रगतिशील मध्यवर्गीय बुद्धिजीवी सर्वहारा वर्ग के प्रति हमदर्दी प्रकट करते हुए भी उससे गला मिलाने में, अपने अंहबोध के कारण संकोच का अनुभव करता है। प्रगतिशील मध्यवर्गीय बुद्धिजीवी से जो कार्य असाध्य प्रतीत होता है, उसे मुक्तिबोध जन नायक 'शक्ति–पुरुष' के द्वारा साध्य बनाने का प्रयास कर रहे हैं। क्रांति–पथ की यात्रा अनंत यात्रा हो सकती है। किन्तु क्रांतिकारी अपने सहचर को यातनाओं से अलग कर अपने कन्धे पर बिठलाकर ले जाना चाहता है। यह जन नायक सर्वहारा को अपना अनुयायी बनाना नहीं चाहता, बल्कि उसे नायकत्व प्रदान कर उसे श्रेष्ठ स्थान पर प्रतिष्ठित करना चाहता हैं इसलिए ही वह सर्वहारा वर्ग के साथ रहकर लड़ना चाहता हैं। 'अँधेरे में' शीर्षक कविता में एक 'रक्तालोक स्नात–पुरुष' का चित्रण है।

"धुसती है लाल–लाल मशाल अजीब–सी,
अंतराल–विवर के तम में
लाल–लाल कुहरा,
कुहरे में, सामने, रक्तालोक स्नात–पुरुष एक
रहस्य साक्षात।।"[11]

यह रक्तालोक स्नात–पुरुष या शक्ति–पुरुष किसी स्वर्ग का अवतारी पुरुष नहीं है। यह व्यवस्था के सारे उत्पीड़नों के शिकार होनेवाले आम मनुष्यों में से ही है। इसलिए वह फटेहाल का, वक्ष पर घावों से युक्त, कारावास की यातनाओं को झेला, रोटी के दुःख को अनुभव करनेवाला व्यक्ति है। इसलिए ही वह 'रक्तालोक स्नात–पुरुष' है।

"जाने कितने जन–कष्टों की

पीढ़ियाँ दुःखों की देखी हैं तुमने,"[12]

यातनाओं को झेलते मनुष्य से निरंतकर संपर्क बनाये रखने से ही इस यथार्थ का बोध होता है कि–

"सत्य केवल एक है जो कि

दुःखों का क्रम है।"[13]

ऐसे एक अनुभवी व्यक्ति के नेतृत्व में यदि क्रांति का संघर्ष चलेगा, तो निश्चय ही यह निर्णय लेना पड़ेगा कि इस वर्ग–संघर्ष में प्रत्येक व्यक्ति की पक्षधरता क्या है? यहाँ अवसरवादिता के लिए कोई स्थान नहीं है। मुक्तिबोध व्यक्त करते हैं कि–

"बशर्तें तय करो,

किस ओर हो तुम, अब

सुनहले ऊर्ध आसन के

निपीड़क पक्ष में, अथवा

कहीं उससे लुटी–टूटी

अँधेरी निम्न कक्षा में तुम्हारा मन,

कहाँ हो तुम?"[14]

संदर्भ वैश्वीकरण का हो या सांप्रदायिकता का, पक्षधरता एक बड़ा मुद्दा होकर उपस्थित होती है। पूँजीवादी–फासीवादी शक्तियों के आर्थिक–सांप्रदायिक आतंक से त्रस्त जनता के पक्ष में मुक्तिबोध अपना तर्क प्रस्तुत करते हैं। जब आर्थिक उदारीकरण और हिन्दुत्ववादी साप्रदायिकता भारतीय मानव जीवन को चुनौती दे रहे हैं और अभिव्यक्ति की आजादी तक पर खुला आक्रमण हो रहा है तो मुक्तिबोध का, राज–सत्ता और धर्म सत्ता केन्दों पर प्रत्याक्रमण का यह आह्वान उल्लेखनीय हैं–

"अब अभिव्यक्ति के सारे ख़तरे

उठाने ही होंगे।

तोड़ने होंगे ही मठ और गढ़ सब।"[15]

यह एक राजनीतिक आह्वान है। साधारण मनुष्य को शोषण के चंगुल में फंसानेवाली राजनीतिक और धार्मिक सत्ता को ध्वस्त करने पर ही

जनक्रांति का मार्ग प्रशस्त हो सकता है। मुक्तिबोध यह भी अनुभव करते हैं कि पूँजीवादी–फासीवादी संप्रभुता वाले समाज में क्रांतिकारी बनना भी खतरे को मोल लेना हैं। विपक्षियों को राज्यद्रोही करार कर दण्डित किया जायेगा। जे.एन.यू. के छात्र नेता कन्हैया कुमार समेत देश के अनेकों लोग इस प्रकार के क्रूर दमन का शिकार हुए हैं। सच को बोलने के खतरे को मुक्तिबोध ने पहले ही व्यक्त किया था–

"भूत–बाधा–ग्रस्त,
कमरों को अन्ध–श्याम साँय–साँय
हमने बताई तो
दण्ड हमीं को मिला,
बागी करार दिये गये।"[16]

चुनौतिपूर्ण परिस्थितियों में भी अपने वैयक्तिक जीवन के भविष्य को अनदेखा कर, बहुसंख्यक जन के हित में, शहीद बन जाने के खतरे को मोल लेनेवाले क्रांतिकारी का आत्म–विस्तार विशेष स्मरणीय है। कवि दुस्सह समय में निराशापूर्ण होना नहीं चाहते। वे आशा को बनाये रखते हुए घोषणा करते हैं कि–

"आत्म–विस्तार यह
बेकार नहीं जायेगा।"[17]

मुक्तिबोध की कविता निरंतर सर्वहारा वर्ग के जीवन–संघर्ष एवं मुक्ति–संघर्ष में आस्था रखती है। वे यह आशा बनाये रखते हैं कि क्रांति के गुलाबी फूल खिलेंगे।

किन्तु समाज के निम्न वर्ग के लिए वर्तमान समय अत्यंत अंधकारमय है। ऐसी एक नाजुक घड़ी में ही, पूरे मज़दूर वर्ग की एकता की बात छोड़ दीजिए, उसकी मुक्ति के लिए संघर्षरत विभिन्न वामपंथी दलों के बीच भी एकता संभव नहीं हो रहा है। यही वर्तमान भारतीय समाज की सबसे बड़ी त्रासदी है। मार्क्स ओर मुक्तिबोध के अध्येता एवं चिन्तक तक उनके वैचारिक पक्ष को सही अर्थों में समझने और उसे व्यावहारिक बनाने में असमर्थ दिखाई देते हैं। लेकिन नवउदारीकरण तथा उससे जुड़ी हुई अर्थ–नीतियों के कारण समाज के बहुसंख्यक जन आत्महत्या की स्थितियों से जूझ रहे हैं। इस यथार्थ से साक्षात्कार होने से, सारे राजनीतिक मतभेदों को भूलकर एकत्र होने की भावना ट्रेड

यूनियनों में दिखाई दे रही है। पिछले कुछ सालों से कांग्रेस व भारतीय जनतापार्टी के ट्रेड यूनियनों तक वामपंथी ट्रेड यूनियनों से मिलकर एकजुट आंदोलन राष्ट्रीय स्तर पर करने के लिए तैयार हो गये हैं। इस एकजुटता की अनिवार्यता पर ही मार्क्स ने विचार किया था और मुक्तिबोध ने उसे काव्यात्मक संदर्भ दे दिया था। इस दृष्टि से मुक्तिबोध की कविताएँ और अधिक प्रखर और सार्थक होकर हमारे सामने उपस्थित होती हैं।

संदर्भ :

1. पता नहीं...., चाँद का मुँह टेढ़ा है, पृ. 34
2. वही
3. चकमक की चिनगारियाँ, चाँद का मुँह टेढ़ा हैं, पृ. 158
4. वही
5. चम्बल की घाटी में, चाँद का मुँह टेढ़ा है, पृ. 252
6. चकमक की चिनगारियाँ, चाँद का मुँह टेढ़ा है, पृ. 165
7. अँधेरे में, चाँद का मुँह टेढ़ा है, पृ. 290
8. अँधेरे में, चाँद का मुँह टेढ़ा है, पृ. 278
9. पता नहीं..., चाँद का मुँह टेढ़ा है, पृ. 36
10. वही
11. अँधेरे में, चाँद का मुँह टेढ़ा है, पृ. 255
12. मेरे सहचर मित्र, चाँद का मुँह टेढ़ा है, पृ. 115
13. मैं तुम लोगों से दूर हूँ, चाँद का मुँह टेढ़ा है, पृ. 120
14. चकमक की चिनगारियाँ, मुक्तिबोध रचनावली–2, पृ. 237, 238
15. अँधेरे में, चाँद का मुँह टेढ़ा है, पृ. 287
16. एक भूतपूर्व विद्रोही का आत्म–कथन, चाँद का मुँह टेढ़ा है, पृ. 82
17. वही, पृ. 85

♦ ♦ ♦

मुक्तिबोध का भविष्य चिन्तन

सुधांशु कुमार

मैं विचरण करता–सा हूँ एक फैंटेसी में
यह निश्चित है कि फैंटेसी कल वास्तव होगी (एक अन्तर्कथा)

शमशेर बहादुर सिंह ने मुक्तिबोध की कविता 'अँधेरे में' को आधुनिक जन इतिहास का स्वतंत्रता पूर्व और पश्चात् का एक दहकता दस्तावेज कहा है।[1] 'अँधेरे में' के संदर्भ में शमशेर द्वारा कहा गया यह वाक्य जनक्रांति के इतिहास और भविष्य की ओर इशारा करता है। मुक्तिबोध की यह लम्बी कविता कभी खत्म नहीं होती, वह इतिहास बनने से इनकार करती रहती है। मुक्तिबोध ने कहा भी है–''नहीं होती, कहीं भी खत्म कविता नहीं होती कि वह आवेग–त्वरित काल यात्री है–परम स्वाधीन है वह विश्व–शास्त्री है।''[2] प्रकृति का नियम है कि समय बीतने के साथ चीजें अतीत की ओर जाती है लेकिन 'अँधेरे में' एक ऐसी कविता है जो अतीत की ओर न जाकर भविष्य की ओर गयी हैं। यह 'कविता आगमिष्यत् की गहन–गम्भीर छाया को साथ लेकर चलने वाली जन–चरित्री है।' इस कविता को लिखते समय मुक्तिबोध भारत के भविष्य को लेकर काफी सशंकित थे।

9 दिसम्बर, 1963 को पोलिश महिला आग्नेष्का सोनी को लिखे खत में आशंका व्यक्त करते हुए मुक्तिबोध लिखते हैं कि–''उसमें एक आशंका है, अँधेरी आशंका का वातावरण है– कहीं हमारे भारत में ऐसा–वैसा न हो।''[3] भोपाल में नेहरू जी के निधन का समाचार सुनकर अचेत अवस्था में ही मुक्तिबोध शोकाकुल हो उठे, 'पार्टनर, बस अब फासिज्म आ जायेगा।' मुक्तिबोध की यह आशंका धीरे–धीरे सच साबित होती गयी। नेहरू की मृत्यु के बाद देश ने भूख और विस्फोटक क्षोभ के आवेग से उपजी नक्सलबाड़ी क्रांति और उसके बाद के बर्बर दमन को देखा, सम्पूर्ण क्रांति और उसके बाद के आपातकाल को देखा। साथ ही प्रगति के पथ पर आरूढ़ इस देश ने राजनैतिक, आर्थिक, सामाजिक, सांस्कृतिक बौद्धिक, शैक्षणिक व आध्यात्मिक दरिद्रता को भी देखा। नेहरू की मृत्यु के पाँच दशक बाद भी अँधेरी आशंका की गहन–गम्भीर छाया साफ देखी जा सकती है। लक्ष्मणपुर बाथे, शंकर बीघा, मिर्चपुर,

खैरलाजी आदि देश के विभिन्न क्षेत्रों और प्रांतों में इतिहास ख़ुद को दोहरा रहा है। किसी ने यह नहीं सोचा था कि अंग्रेज़ों के बर्बर शासन के बाद स्वतंत्रता, समानता और बंधुत्व का प्रतीक चिन्ह इतनी जल्दी धूमिल हो जायेगा। तब ऐसा लगता है कि वाल्टर बेंजामिन ने ठीक ही कहा था कि–'सभ्यता का हर दस्तावेज बर्बरता का भी दस्तावेज होता है।'

1991 की नयी आर्थिक नीति के साथ आये उदारीकरण और भूमंडलीकरण के नाम पर हमारी ही सरकार ने निजीकरण, निजी संपत्ति और नव–साम्राज्यवाद को बढ़ावा दिया। हम एक के बाद एक सरकारों को देश में नए वैश्विक साम्राज्यवाद के अनुकूल नीतियाँ लागू करते देखते आ रहे हैं। हम देखते आ रहे हैं सभ्यतागत विनाश के आखिरी कगार पर खड़े विस्थापन, आत्महत्या और दमन के शिकार आदिवासियों को, दलितों को, किसानों को और छात्रों को। 'हमीं में से विदेशी–सा हमारे बीच का ही एक नव–साम्राज्यवादी... लोभ के आवेश में आकर उजाड़े जा रहे हैं जिन्दगी की बस्तियाँ पददलित मानव मूल्य हैं आक्रांत आत्माएँ।''[4] 'स्वाधीनता के लगभग सात दशक और उदारीकरण के पच्चीस वर्षों बाद भारतीय समय, समाज, सत्ता और राष्ट्र का अँधेरा फैंटेसीमय हो गया है। 'अच्छे दिन', 'साइनिंग इण्डिया', मेक इन इण्डिया डिजीटल इण्डिया' के जुमले में 'द ग्रेट अमेरिकन ड्रीम' को परोसा जा रहा है। मध्यवर्ग को अय्याशी, उत्तेजना, सनसनी और उदासीनता के अन्धकार में इस प्रकार धकेला जा रहा कि उपेक्षित वर्गों पर होनेवाले अत्याचार और दमन को लेकर उसमें कहीं कोई क्लेश या नैतिक विकलता बची न रहने पाये। मध्यवर्ग का चरित्र ज्यादा पतित हो गया है। आम जनता से लगभग उसका संबंध–विच्छेद हो गया है। सत्ता के साथ वह ज्यादा नाभिनालबद्ध है। बौद्धिक वर्ग पूर्णतः रक्तपाई वर्ग का क्रीतदास बन गया हैं हमारे समाज के मध्यवर्ग और वंचित तबकों के बीच का जीवंत मानवीय संबंध खत्म होता जा रहा है। तमाम आधुनिक और प्रगतिशील विमर्श के बावजूद ऐसा लग रहा है मानो मध्यकालीन दरबार की अँधेरी अदालत में हमारे समाज के मध्यवर्ग के प्रतिनिधि चरित्र–'आलिमो फाजिल, फ्रामरोज (पंडितराज), केटायून (कवयित्री), बहराम (संपादक), सिपहसालार, आदि' मिल बैठकर लुटेरे के अर्दली के साथ रम, शैम्पेन, व्हिस्की के साथ–साथ वंचित तबकों का खून भी पी रहे हैं।

'अरे रे, सिर्फ़ नालिश की अँधेरी उस अदालत में
जहाँ मुंशी और मुंसिफ पी रहे थे
लुटेरे के अर्दली के साथ
रम, शैम्पेन, व्हिस्की—जब
उड़ेले जा रहे थे खूब कैरोसिन के पीपे
लगाई जा रही थी सींक माचित की
कहाँ थे वे
कहाँ थे तुम'' (उस दिन)[7]

'वे' और 'तुम' से किया गया यह सवाल ही मुक्तिबोध की कविता का केंद्रीय तत्व है। सवाल है, आखिर यह किसकी 'भूल—गलती' है? ऐसा क्यो होता है कि हम अपने संघर्ष के क्षणों में 'आँखों पर किसी काले ''डैश'' की धनी काली पट्टी ही बाँध लेते हैं, अपनी पीड़ाएँ को समेटे खड्डे में पड़े रहते हैं।' ''अत्याचार, दमन, हिंसा, शोषण और अन्याय की सच्चाइयाँ आज इतनी ज्यादा हैं कि उन्हें याद रखने के कष्ट से गुजरने की बजाय उन्हें भूल जाना हमारी स्वाभाविक प्रवृत्ति बनती जा रही है। यह भूलना एक खास तरह का डिफेंस मैकेनिज्म बनने लगा है।'' ऐसा लगने लगता है कि व्यक्ति को अपनी कमजोरियों से मोह है, वह यथास्थिति को स्वीकार कर चुका है। इसलिए वह तमाम अत्याचारों को झेलकर सब—कुछ भूल जा़ना चाहता है। ''हमारी विस्मृति त्रासदियों को लेजिटिमेट बना देती है... व्यक्ति अपनी निजी और सामूहित नियति के आगे जिस तरह आत्मसमर्पण करने को बाध्य है, यह विस्मृति उसमें अपने खूंटे गाड़ लेती है। पाशविकता को लगातार झेलते हुए व्यक्ति का एक अंडरवर्लड बनता है, जो प्रकारांतर से पूरी संस्कृति का अंडरवर्लड होता है।'' मुक्तिबोध की कविता —अँधेरे में' का मध्यवर्गीय बुद्धिजीवी संस्कृति के इसी अंडरवर्लड से मुठभेड़ करता है।

हाय, हाय, पितः पितः ओ,
चिंता में इतने ना उलझो
हम अभी जिन्दा है जिन्दा,
चिंता क्या है!! (अँधेरे में)[8]

विविधताओं से भरे भारत में भारत के बाशिंदों के बीच बस एक ही समता है, वह है उनका इतिहास। अंग्रेज़ों के ख़िलाफ लड़ाई ने एक भौगोलिक सीमा के भीतर रहनेवालों को भारतीय राष्ट्र के रूप में

संगठित किया था। कायदे से इस संघर्ष का एका और इससे पनपे मूल्य ही भारतीय राष्ट्रवाद के आधार होने चाहिए थे यह किसी व्यक्ति के राष्ट्रवादी होने की जरूरी शर्तें होनी चाहिए थीं। लेकिन पूँजीवादी स्वार्थपरक मूल्यों से जुड़ा हमारा समाज तमाम आंदोलनों (कबीर के भक्ति आंदोलन से लेकर गाँधी के राष्ट्रीय आंदोलन तक) से हासिल किये गये मानवीय मूल्य को भूल चुका है। आजादी के कुछ वर्षों बाद ही राष्ट्रीय मुक्ति संग्राम के दौरान खड़ी की गयी स्वतंत्रता, समानता और बंधुत्व की दीवार के पल्स्तर फूलने लगे, पपड़ियाँ खिकने लगीं। जब मध्यवर्गीय बुद्धिजीवी अपने समय के अँधेरे से जूझ रहा होता है तब उसे ऐसा लगता है कि ये भीत अकस्मात गिरने–गिरने को है। कहना न होगा कि कौमों की एकता और अखंडता पर खड़ा किया गया राष्ट्रवाद मुट्ठी भर लालची लोगों के स्वार्थों की भेंट चढ़ रहा है। 'विडंबना तो देखिए आज आजादी के सत्तर साल बाद भी इस देश को राष्ट्रवादी रक्तकणों की कमी सता रही है।, ऐसा लग रहा है कि एक बीमार लोकतंत्र में एक बीमार देश राष्ट्रवाद की ऊर्जा की तलाश में भटक रहा है। आज जब जनमुक्ति की समस्या और भी जटिल होती जा रही है जब बाज़ारवादी ताकतों के द्वारा गाँधी, तिलक और पटेल आदि को राष्ट्र और राष्ट्रवाद के नाम पर बेचा जा रहा है। आज जब गाँधी के संपूर्ण जीवन दर्शन को भुलाकर चरखे और चश्में की बांडिंग हो रही है, झाड़ू और लाठी से राजनैतिक प्रोपेगेंडा रचा जा रहा है। जब 'शासक–विचार से इतर विचार रखनेवालों को देशद्रोही होने का सर्टिफिकेट बाटा जा रहा है, उन पर राजद्रोह का मुक़दमा चलाया जा रहा। जब सम्पूर्ण राष्ट्रवाद और देशप्रेम कुछ नारों और स्लोगनों तक सीमित हो गया है तब सभ्यता संकट के इस सर्वग्रासी दौर में मुक्तिबोध की ये कविता पाठकों के लिए नयी रोशनी का काम कर सकती है। 'अँधेरे में' से गुजरते हुए ऐसा लगता है कि 'मुक्तिबोध के लिए जनमुक्ति का प्रश्न राष्ट्रमुक्ति से जुड़ा हुआ है तथा राष्ट्रमुक्ति और जनमुक्ति का संयुक्त प्रश्न मध्यवर्गीय चेतना की मुक्ति से है। मुक्तिबोध को इन प्रश्नों का हल सभ्यता मुक्ति में दिखता है।''[9] उन्हें मालूम है कि पूँजीवादी राष्ट्र राज्य का चरित्र दमनकारी होता है। जनमुक्ति की सबसे बड़सी समस्या राष्ट्र राज्य का दमन अभियान है।

राष्ट्र के साथ जब राज्य जुड़ जाता है तब राष्ट्र राज्य को संचालित करनेवाले अभिजन और उसकी वैधता का बड़ा प्रभावशाली

मिश्रण तैयार होता है। राष्ट्र की अवधारणा के साथ सबसे बड़ी समस्या यह है कि वह सम्पूर्ण अर्थों में कभी राष्ट्र नहीं बनता। एक ओर राष्ट्रवाद जहाँ एकता स्थापित करने की जबरन कोशिश करता है वहीं ठीक इसके विपरीत स्वाभाविक विविधताओं की ओर से राष्ट्र को हमेशा चुनौती मिलती रहती है। अपने राजनीतिक–आर्थिक विकासक्रम में इन राज्यों को गंगभीर समस्याओं का सामना करना पड़ता है। इन राज्यों की मुख्य राजनैतिक समस्या यह है कि इनमें भिन्न–भिन्न जातियों, धर्मों, भाषाओं, संस्कृतियों तथा क्षेत्रों इत्यादि से जुड़े लोगों की अपनी निष्ठा संकुचित क्षेत्रों से हटाकर अपने–अपने देश की केंद्रीय सत्ता के प्रति केन्द्रित करनी है जो न केवल उन सबको एक व्यवस्था में पिरो सके बल्कि उनकी भावनाओं, माँगों और आकांक्षाओं को भी यथा संभव संतुष्ट कर सके। लेकिन प्रायः देखा जाता है कि राज्य को संचालित करने वाले अभिजन समस्याओं के समाधान में रूचि नहीं लेते बल्कि वे जान–बूझकर इन समस्याओं को ठीक उसी तरह बनाये रखना चाहते हैं। वे भीतरी विविधताओं को साधने के लिए किसी बाहरी या अंदरूनी दुश्मन की संरचना करते हैं और नेशन और नेशनल इंटरेस्ट के मुद्दे को इन्हीं दुश्मनों के इर्द–गिर्द रखते हैं। बेरोजगारी और आर्थिक असमानता का प्रश्न ठंडे बस्ते में चला जाता है, किसानों की आत्महत्या का प्रश्न हासिये पर घकेल दिया जाता है। भुखमरी की समस्या पर कोई भी अभिजन बात करने को तैयार नहीं होता क्योंकि उसने बेहद ही चालाकी और धूर्तता से बाहरी और अंदरूनी दुश्मन को तैयार कर रखा है। अंततः टकराव की नकारात्मक मानसिकता के साथ राष्ट्र और राष्ट्रवाद अपना वजूद टिकाए रखता है। टकराव की यह नकारात्मक मानसिकता वस्तु स्थिति को इतना विद्रूप कर देती है कि मनुष्य निर्मम, तटस्थ और संवेदनहीन बन जाता है। वह यथास्थिति को स्वीकार करता है और इस लोकतांत्रिक ढाँचे के 'खतरनाक, खुरदरे कगार–तट' को देखते हुए अनदेखा करता है।

"अरे भाई, मुझे नहीं चाहिए शिखरों की यात्रा,
मुझे डर लगता है ऊँचाइयों से,
बजने दो साँकल!!
उठने दो अँधेरे में ध्वनियों के बुलबुले,
वह जन–वैसे ही
आप चला जायेगा आया था जैसे।

खड़डे के अँधेरे में मैं पड़ा रहूँगा

पीड़ाएँ समेट!!" (अँधेरे में)[10]

आज जनमुक्ति और सभ्यता मुक्ति के प्रश्नों को राष्ट्र और राष्ट्रवाद के नाम पर गुमराह किया जाता है। बीसवीं शताब्दी के मध्य में उपनिवेशवाद के पतन के फलस्वरूप एक ओर जहाँ विश्व क्षितिज पर नए–नए राष्ट्र राज्य का उदय हो रहा था, वही दूसरी ओर अमेरिका दुनिया में साम्राज्यवादी ताकत के रूप में उभर रहा था। इस बात का अंदेशा मुक्तिबोध को उसी समय लग चुका था जब वो 'अँधेरे में' लिख रहे थे। 1960–1961 में लिखी गयी कहानी "क्लाड ईथरली' में मुक्तिबोध साफ लिखते हैं कि–"और अगर यह सच है तो यह भी सही हैं कि उनकी संस्कृति और आत्मा का संकट हमारी संस्कृति और आत्मा का संकट है–हमारे यहाँ भी हिरोशिमा पर बम गिरानेवाला विमान चालक क्यों नहीं हो सकता और हमारे यहाँ भी साम्राज्यवादी, युद्धवादी नलोग क्यों नहीं हो सकते। मुख्तसर किस्सा यह है कि हिन्दुस्तान भी अमेरिका ही है।"[11] मुक्तिबोध इस कहानी में बेहद ही स्पष्टता के साथ कहते हैं कि हमारे तथाकथित राष्ट्रीय अखबार और प्रकाशन केंद्र अपनी विचारधारा और दृष्टिकोण अमेरिका से ही ग्रहण करते हैं। कहना न होगा कि मुक्तिबोध ने पांच दशक पहले ही 'समय की धकधक' को सुन लिया था–

एकाएक मुझे भान होता है जग का,

अखबारी दुनिया का फैलाव,

फॅसाव, घिराव, तनाव है सब ओर,

पत्ते न खड़कें

सेना ने घेर ली हैं सड़कें।

बुद्धि की मेरी रग

गिनती है समय की धकधक।

यह सब क्या है?

किसी जन–क्रांति के दमन–निमित्त यह

मार्शल लॉ है।। (अँधेरे में)[12]

ऊपर कहा जा चुका है कि जनमुक्ति की सबसे बड़ी समस्या हैं–राष्ट्र राज्य का दमन अभियान। आज भारत जैसे तमाम विकासशील देश बाहरी साम्राज्यवादी विकसित राष्ट्रों के बाज़ारवादी और

हथियारवादी राष्ट्रवाद तथा आंतरिक उन्मादी सांप्रदायिक राष्ट्रवाद दोनों के दमन और शोषण का शिकार है। साम्राज्यवादी 'कुक्कुट' दुनिया को कचरे का ढेर बनाने पर आमादा है, इसी कारण वे समय–समय पर केंद्रीय सत्ता के साथ मिल–बैठकर षडयंत्र करते हैं। वे अपने षडयंत्र को अंजाम तक पहुँचाने के लिए सांप्रदायिक गृह युद्ध को खाद पानी पहुँचाते रहते है। जब सोवियत संघ के पतन के बाद खाड़ी देशों में 'मुस्लिम ब्रदरहुड' लोकतांत्रिक सिद्धांतों का समर्थन करते हुए अपने चर्चित नारे 'इस्लाम ही समाधान हैं' के साथ राजनैतिक पटल पर आता है।, जब तानाशाही, मानवाधिकार उल्लंघन, राजनैतिक भ्रष्टाचार के ख़िलाफ मध्य पश्चिमी एशिया एवं उत्तरी अफ्रीका में शृंखलाबद्ध विरोध प्रदर्शन और धरने का दौर शुरू होता है तब ग्लोबल गांव के देवता और केंद्रीय सत्ता मिल–बैठकर कब इस लोकतांत्रिक मूल्यों की लड़ाई को शिया और सुन्नी की लड़ाई बना देते है, कब दुनिया का यह बड़ा हिस्सा कचरे के ढेर में तब्दील होने लगता है, कब कोई साम्राज्यवादी कुक्कुट मसीहा बनने के लिए बांग देने लगता है यह किसी को भनक तक नहीं लगती। यह अनायास ही नहीं है कि दुनिया के सबसे बड़े लोकतंत्र भारत में भूमंडलीकरण और उदारीकरण के साथ हिंदुत्व का भी उभार होता है। ग्लोबलाइजेशन के साथ–साथ सांप्रदायिक ध्रुवीकरण की प्रक्रिया भी तेज होने लगती है। आज पच्चीस वर्ष बाद जब पूँजीवाद अपने किशोरावस्था में आ चुका है तब हिंदुत्व के साथ–साथ उन्मादी सांप्रदायिक राष्ट्रवाद के एजेंडे को भी उभारा जा रहा है।

राष्ट्रवाद दुनिया में कोई पुरानी और पवित्र अवधारणा नहीं है बल्कि इसकी सारी समझ पुनर्जागरण, औद्योगिक क्रान्ति और किशोर पूँजीवाद के बीच के अंतर्संबंधों से पनपी है। पूरी दुनिया में राष्ट्रवाद एकता लाने के प्रयास में उभरा है लेकिन आज ऐसा लग रहा है कि 'उत्तर–पूँजीवादी समाज' में आर्थिक संघर्ष और राजनैतिक संघर्ष एक–दूसरे से कट चुके हैं। आज के युग में औद्योगिक क्षेत्र के अंतर्गत मालिक और मजदूर के बीच का संघर्ष औद्योगिक क्षेत्र तक ही सीमित रहता है वह संपूर्ण समाज तक फैल नहीं पाता या यूँ कहें कि इस संघर्ष को संपूर्ण समाज तक फैलने ही नहीं दिया जाता।' आज का सांस्कृतिक संकट सर्वग्रासी और भयावह हो चुका है। लोकतांत्रिक मूल्यों की ख़िलाफत करनेवाले तत्व आज इतने चालाक हो गये हैं कि आप विपक्ष की जिस किसी संभावना को टटोलना आरंभ करते हैं, उसी में

सेंध लगा दी जा रही है। न्याय के लिए संघर्ष करनेवाली शक्तियों की लगातार एक ट्रेजि–कॉमिकल पराजय हम देख रहे है।'[13] कार्लमार्क्स ने कहा है न कि 'इतिहास ख़ुद को दोहराता है, पहले एक त्रासदी की तरह, दूसरे मजाक की तरह'। वाकई में आज हमारा वर्तमान ट्रेजि–कॉमिकल दौर से गुजर रहा है। एक ओर हमारी सरकार पूँजपतियों के इशारे पर आदिवासियों और किसानों को जल–जंगल–जमीन से अलग कर रही है, वहीं दूसरी तरफ यही सरकार लेकतंत्र का मुखौटा पहनकर आदिवासियों और किसानों के नाम पर स्यापा भी करती है।" हम एक ऐसे समय में जी रहे हैं जब दमन, शोषण, अत्याचार और हिंसा के रूपों का इतना विकास, परिमार्जन और संस्थानीकरण हो चुका है कि जब तक आप उनकी व्याख्या नहीं करते तब तक ये अपने असली रूप में दिखाई भी नहीं पड़ते।"[14] जब हम बौद्धिक रूप से अपने समय के यथार्थ को पकड़ने में असफल होते जा रहे हैं। तब भीनी–भीनी व्यथा में सिक्त सिर चकरा देनेवाला घना अँधेरा, बावड़ियों की गहराई और खंडहरों की सुनसान भयावहता के साथ मुक्तिबोध की यह तनावभरी कविता यथार्थ को सहनीय नहीं, असहनीय बनाती है।

अरे, इन रंगीन पत्थन–फूलों से मेरा
काम नहीं चलेगा!!
क्या कहूँ
मस्तक–कुंड में जलती
सत–चित–वेदना–सच्चाई व गलती–
मस्तक–शिराओं में तनाव दिन–रात। (अँधेरे में)[15]

इस ट्रेजि–कॉमिकल दौर से निपटने के लिए हमें नए औजार खोजने होंगे। 'हमें दुर्गम पहाड़ों के उस पार पहुँचना होगा, तब कहीं देखने को मिलेगी नीली झील की लहरीली थाहों में प्रतिपल कांपता यह अरुण कमल।' आज हम जिस सूचना क्रांति के दौर से गुजर रहे हैं उसमें जानकारियों और सूचनाओं का 'समझ' से कोई संबंध नहीं है। जो जानकारियाँ व सूचनाएँ हमें प्राप्त हो रही है वो सीधे–सीधे वर्ग हितों और समूह के संकीर्ण स्वार्थ से विकृत होकर जनमानस तक पहुँच रही है जिससे हमारा संघर्ष बँट रहा है, हमारी लड़ाई कमजोर हो रही है। आर्कमिडीज ने यह कहा था कि आप मुझे इस दुनिया के बाहर खड़े

रहने की थोड़ी–सी जगह दीजिए मैं इस दुनिया को हिला दूँगा। सूचनाओं और जानकारियों की पक्षधरता से भरे हुए समय में हम वो निष्पक्ष जमीन कहाँ जाकर ढूँढ़े जहाँ खड़े होकर इस दुनिया को हिला सकें। हमें वो निष्पक्ष जमीन ढूँढ़नी होगी। हमें सारे खतरे उठाने होंगे, जगत की गलियों में घूमना होगा प्रतिपल क्योंकि हम जिस औजार की तलाश में हैं वह अविरत घूमती है जंग में–

परम अभिव्यक्ति
अविरत घूमती है जग में
पता नहीं जाने कहाँ, जाने कहाँ
वह है।
इसलिए मैं हर गली में
और हर सड़क पर
झाँक–झाँक देखता हूँ हर एक चेहरा,
प्रत्येक गतिविधि,
प्रत्येक चरित्र,
व हर एक आत्मा का इतिहास,
हर एक देश व राजनीतिक स्थिति और परिवेश
प्रत्येक मानवीय स्वानुभूत आदर्श
विवेक–प्रक्रिया क्रियागत परिणति!! (अँधेरे में)[16]

सन्दर्भ :

1. मुक्तिबोध रचनावली, भाग–2, पृ. 143
2. मुक्तिबोध रचनावली, भाग–2, पृ. 243
3. मुक्तिबोध रचनावली, भाग–6, पृ. 393
4. मुक्तिबोध रचनावली, भाग–2, पृ. 368
5. वही
6. कविता की संगत, विजय कुमार, पृ. 34
7. वही, पृ. 34
8. मुक्तिबोध रचनावली, भाग–2 पृ. 339
9. पचास साल बाद मुक्तिबोध की कविता 'अँधेरे में' पर पुनर्विचार, रामाज्ञा शशिधर (अस्सी चौराहा ब्लाग से)

10. मुक्तिबोध रचनावली, भाग–2, पृ. 324
11. मुक्तिबोध रचनावली, भाग–3, पृ. 158
12. मुक्तिबोध रचनावली, भाग–2, पृ. 331
13. कविता की संगत, विजय कुमार, पृ. 50
14. कविता की संगत, विजय कुमार, पृ. 34
15. मुक्तिबोध रचनावली, भाग–2, पृ. 348
16. वही, पृ. 355

सुधांशु कुमार
हिंदी विभाग, दिल्ली विश्वविद्यालय
दिल्ली
मो0–7839114692

♦♦♦

अँधेरे में : विचारों के अर्थ और अर्थों के विचार

वर्षा अग्रवाल

'अँधेरे में' मुक्तिबोध की समझ काव्य साधना का निचोड़ है अथवा यों कहें कि मुक्तिबोध ने मृत्युवरण कर अपने को 'अँधेरे में' अवतरित कर लिया, तो यह कहना ज्यादा सत्य होगा। यहाँ इस कविता के संबंध में पहले प्रशंसात्मक आलोचनाओं के उद्धरण प्रस्तुत किये जाते हैं जिनसे कवि मुक्तिबोध का विधेय इस कविता में क्या था, यह स्पष्ट ही जायेगा। तदनंतर इसकी व्याख्या में अपने विचारों को प्रस्तुत करने का प्रयत्न करूँगी।

प्रशंसा और महिमा का व्याख्यान करनेवाले समकालीन साहितयालोचक तथा प्राध्यापक हैं जिनमें इस बात की होड़ है कि देश की आज़ादी की करिश्मा की भाँति हमें साहित्य में भी नए करिश्में को आविर्भूत करने की आवश्यकता है। देश की आज़ादी तो एक शतवषीय जनांदोलन था। परन्तु कवि और उसके आलोचकों का यह करिश्मा समाजवाद और प्रगतिवादी के स्कूलों का नारा और नारों का हर्षोल्लास था, और इन स्कूलों का मूल पाठ–पाठ्यक्रम देश से बाहर का है। यह इसलिए कहा जा रहा है कि डॉ. सम्पूर्णानन्द जी के 'समाजवाद' 'चिद्विलास' पुस्तकों में निरूपित समाजिक प्रगति और समाजवाद से इसका मेल नहीं बैठता। यह ज्ञातव्य है कि सम्पूर्णानन्द जी स्वतंत्रता आंदोलन के सेनानी एवं प्रसिद्ध समाजवादी चिंतक रहे हैं। प्रथमतः आलोचकों के उद्धरण दिये जा रहे हैं, 'यह कविता देश के जन इतिहास का, स्वतंत्रता पूर्व और पश्चात् का एक दहकता इस्पाती दस्तावेज है।' इसमें अजीब और अद्भुत रूप से व्यक्ति और जन का एकीकरण है। देश की धरती, हवा, आकाश, देश की सच्ची मुक्ति आकांक्षी नस–नस इसमें फड़कर रही है, और भावनाओं के अनेक गुंफित स्वरों पर इसका अनुभव किया जा सकता है। इसमें मुक्तिबोध की काव्यात्मक शक्ति के अनेक तत्व घुल–मिलकर एक महान् रचना की सृष्टि करते हैं, जो रोमानी होते हुए भी अत्यधिक यथार्थवादी और एक़दम आधुनिक हैं, और किसी भी कसौटी पर उसको जाँचा जाये, मैं कहूँगा कि वह आधुनिक युग की कविताओं में सर्वोपरि ठहरती है। इसके बिंब, प्रतीक, संकेत, और संदर्भ, छंद और ध्वनि चित्र बड़ी गहरी और विविध गूँजें हमारी

भावनाओं में भर जाते हैं। उनमें मुक्तिबोध का कवि व्यक्तित्व वॉल्ट व्हिटमैन और मायकोवस्की के शिल्प और शक्ति से टक्कर लेता है, और अपनी जमीन पर अप्रतिहत और अद्वितीय रहता है। इस कविता का हमारी अमर राष्ट्रीय कविताओं में शुमार होगा, मुझे इसमें किंचित भी संदेह नहीं। हिंदी के स्वस्थतर आधुनिक काव्य–सृष्टि का यह सर्वोपरि विजय चिन्ह है।

'अँधेरे में' उन महत्त्वपूर्ण रचनाओं में से एक है जो विश्वव्यापी संदर्भ में अपने अर्थ खोलती जाती है और दिन–पर–दिन अधिक प्रखर, ऊर्जामय, गत्यात्मक और चुनौतीपूर्ण लगती है। अपने कव्य और संरचना में निश्चय ही वह बहुत जटिल कविता है और 'अंधेर नगरी', 'अंधा युग' 'राम की शक्ति पूजा', तथा 'सरोज समृति' आदि की तरह अपनी समकालीन अर्थवत्ता, अपने गहरे मानवीय और सामाजिक द्वंद्व और त्रासदी को इतने व्यापक स्तर पर व्यंजित करती चली जाती है कि उसे बार–बार पढ़ने, उसके भीतर बैठने, उसकी खोज और 'परम अभिव्यक्ति' उसकी वेदना और 'अँधेरे' को समझने अनुभव करने की अपेक्षाएँ जगमगाती रहती हैं। 'अँधेरे में' कविता, कविता का समग्र अन्वेषण है, इसलिए उसकी समीक्षा भी उसी 'समग्रता' की माँग करती है। साथ ही कवि में कविता और कविता में कवि की खोज के लिए प्रेरित करती है।

'अँधेरे में' मुक्तिबोध की व्यक्तिगत और मानवीय एवं चारों ओर विभिन्न संदभों में व्याप्त त्रासदी की ही अभिव्यक्ति है। इस कविता के रचनाकाल को लेकर यद्यपि लोगों ने अलग–अलग प्रकार के मन्तव्य दिये हैं। नेमिचन्द जैन ने इस कविता का रचना काल 1957 से 1962 तक संभावित बतलाया है। 'चाँद का मुँह टेढ़ा है' की भूमिका में शमशेर ने लिखा है कि इस कविता की रचना मुक्तिबोध ने राजनाँद गाँव में की थी। राजनाँद गाँव वे जुलाई, 1958 में पहुँचे थे और 1961 में उन्होने उन्हें वहां अपनी जो तीन बहुत लंबी और लाजवाब कविताएँ सुनाई थीं, उनमें एक कविता 'अँधेरे में' भी थी। इसी भूमिका में डनहोंने यह भी लिखा है कि, 'नागपुर में एप्रेंस मिल के मजदूरों पर जब गोली चली थी, तो रिपोर्टर की हैसियत से मुक्तिबोध घटना–स्थल पर मौजूद थे। उन्होंने सिरों का फूटना और खून का बहना अपनी आँखों से देखा था।'

शमशेर इसलिए 'अँधेरे में' जैसी सशक्त और मार्मिक कविता के पीछे 'नागपुर निवास के बहुत सारे संदर्भों की तीखी और प्रत्यक्षानुभूति

को मानते हैं' नागपुर रेडियो में मुक्तिबोध के सहकर्मी अनिल कुमार का भी 'लक्षित मुक्तिबोध' में कहना है कि 'अँधेरे में' कविता की पृष्ठभूमि एप्रेंस मिल गोलीकांड से संबंधित हैं विष्णुचन्द्र शर्मा ने 'मुक्तिबोध की आत्मकथा' में इस गालीकांड की जो चर्चा की है।, उससे पता चलता है कि मुक्तिबोध घटना–स्थल पर 'नया खून' के रिपोर्टर की हैसियत से मौजूद थे। यह उल्लेखनीय है कि 1940 से 1950 के मध्य–देश की हलचलों को लेकर मुक्तिबोध ने कोई तात्कालिक प्रतिक्रियाएँ व्यक्त नहीं कीं लेकिन सभी परिस्थितियाँ और संदर्भ कहीं उनकी भावनाओं को छील या हिला तो रहे ही थे। उन्होंने 1950 के बाद से 'नया खून', 'सवेरा संकेत', 'वसुमती', और 'सारथी' आदि कई पत्र–पत्रिकाओं में राजनीतिक, सामाजिक, सांप्रदायिक, आर्थिक और व्यापक मानवीय समस्याओं पर खुलकर और जमकर अपनी प्रतिक्रियाएँ व्यक्त करना आरम्भ कर दिया था। जनतंत्र को खतरा, साम्प्रदायिक ताकतों से मनुष्य और देश को खतरा, राजनीति का दोगलापन, समाजवादी दृष्टि के भावी विकास के प्रति आशंकाएँ सब–कुछ बहुत स्पष्ट वह लिख रहे थे और बेहद उत्तेजना, पीड़ा, वेदना और तनाव के साथ लिख रहे थे–वैसी ही गहरी पीड़ा, उत्तेजना, वेदना, मानसिक तनाव, बेचौनी, संघर्ष–प्रक्रिया से मुक्तिबोध ने अपना साहित्य भी रचा, जो उनकी अंतिम कविता 'अँधेरे में' पूर्णता के साथ' 'सम अप' हो गया है। निश्चय ही बहुत सारे अनुभव, विचार, प्रश्न मुक्तिबोध के दिमाग में जब परिपक्व हो गये तो 'अँधेरे में' कविता की 'चक्करदार सीढ़ियों' में उनकी अभिव्यक्ति हुई है।

हरिशंकर परसाई ने अपने दो संस्मरणों में 'अँधेरे में' की रचना का संबंध एक दूसरी घटना से बतलाया है। वह घटना है मुक्तिबोध द्वारा माध्यमिक विद्यालयों के लिए तैयार की गयी पुस्तक 'भारत : इतिहास और संस्कृति' का मध्य प्रदेश सरकार द्वारा प्रतिबंधित किया जाना। यह घटना 19 सितंबर, 1962 को घटी थी। पहला संस्मरण 'राष्ट्रवाणी' (जनवरी–फरवरी, 1965) में 'वह तेजस्वी पीड़ा' शीर्षक से प्रकाशित हुआ था। इसमें परसाई जी कहते हैं : 'जबलपुर वे (मुक्तिबोध) साल में एक बार जरूर ही आते थे, कभी अधिक भी। 4–5 दिन रुकते थे और उन चार–पाँच दिनों में मुक्तिबोध से एक घंटा अपनी समस्याओं के बारे में बात करते। बाकी जाग्रत स्थिति के 17–18 घंटे विभिन्न साहित्यिक, सामाजिक, राजनैतिक समस्याओं पर बातें होतीं। में देखता मुक्तिबोध कुछ चीजों के बारे में बहुत उत्तेजित हो जाते। यों बेचैनी और

छटपटाहट उनके भीतर हमेशा ही रहती थी पर जिस चीज ने उन्हें गहरे छू दिया है, उसके बारे में घंटों किसी सार्वजनिक वक्ता की तरह जोर–जोर से बातें करते थे। उनके गले की नसें फूल जातीं और वे हाँफने लगते। उनकी एक पुस्तक को जब्ती के लिए एक आंदोलन खड़ा हो गया था। आंदोलन चलानेवाले थे कुछ असंतुष्ट प्रकाशक और एक सांप्रदायिक संगठन के लोग। वे पुस्तक की जब्ती की माँग कर रहे थे और धर्मान्धता को उभारकर मुक्तिबोध के ख़िलाफ जनमत को उत्तेजित कर रहे थे। मुक्तिबोध तब बहुत उत्तेजित थे। वे बड़े व्यापक संदर्भ में इस चीज को देख रहे थे। वे कहते, 'पार्टनर, यह मेरी या आपकी पुस्तक का मामला नहीं है। मामला यह है कि देश में 'फासिस्ट' ताकतें बहुत बढ़ गयी हैं। वे आपकी कलम छीन लेंगी, आपके गले को दबाकर आपको बोलने नहीं देंगी। वे स्वतंत्र चिंतन को समाप्त कर देंगी। ये बढ़ीं तो किसी दिन आपकी सारी प्रजातांत्रिक संस्थाओं को नष्ट कर देंगी और देश में फासिस्ट तंत्र को स्थापित कर देंगी।' वे घंटों देश की राजनैतिक, आर्थिक परिस्थितियों का विश्लेषण करते और बताते कि ऐसी स्थितियों में फासिस्ट प्रवृति किस तरह उभर रही है। बोलते–बोलते उनकी दम फूल उठती और वे बिस्तर पर लुढ़क कर थोड़ी देर चुपचाप पड़े रहते। मुझे लगता है, उस घटना ने मुक्तिबोध को सबसे अधिक आघात पहुँचाया। जिसने उन्हें तब देखा है, वही जान सकता है कि भारतीय जीवन में जिन काले संकेतों को उन्होंने देखा था उनसे वे कितने विचलित, उत्तेजित और त्रस्त थे। उन्हीं दिनों उनकी वह सबसे लंबी और सबसे ताकतवर कविता 'अँधेरे में' पूरी हुई।

दूसरा संस्मरण 'मुक्तिबोध' एक संस्मरण शीर्षक से 'आलोचना' (जुलाई–सितम्बर, 1968) में प्रकाशित हुआ था। इसमें भी परसाई जी ने किचिंत विस्तार से लगभग वही बातें दोहराई हैं, मुक्तिबोध की उस पुस्तक को जब्त कराने के आंदोलन में जनसंघ संगठन और सम्मिलित संपादकों का, पत्रकारों का, उनके बिके हुए व्यक्तित्व का जिक्र भी किया है। शायद वही 'अँधेरे में' के प्रोफेशन दृश्य की रचना के पीछे रहा है। परसाई जी ने मुक्तिबोध द्वारा मुख्यमंत्री और राज्यपाल से बात करने के प्रयत्न की चर्चा भी की है जिसमें मुक्तिबोध ने अपने को, सृजन को बेहद अपमानित, तिरस्कृत महसूस किया। परसाई जी आगे मुक्तिबोध के लिए लिखते हैं : 'वह आदमी चट्टान जैसा था, लेकिन इस घटना ने उनके भीतर भय और असुरक्षा की भावना भर दी थी।... इस पूरे काड

को व्यापक राजनीतिक संदर्भ में देखकर वह बेहद त्रस्त थे। कहते थे–लेखक को लोग घेरें, शारीरिक क्षति की धमकी दें।....अभिव्यक्ति की स्वतंत्रता जा रही है गला दबाकर आवाज घोंटी जा रही है। 'अँधेरे में' कविता का यही रचना काल है। 19 सितंबर, 1963 को मुक्तिबोध ने अग्न्येश्का सरेनी को 'अँधेरे में' कविता भेजने से पहले पत्र में लिखा भी था, 'मैं अपनी एक कविता आपके पास भेजने को इच्छुक था बहुत लंबी है। कोई पत्रिका ऐसी नहीं जो उसे छापे। संभव है वह कविता भी बहुत रद्दी किस्म की और तीसरे दर्ज की है।...उसमें एक आशंका है, अँधेरी आशंका का वातावरण है–कहीं हमारे भारत में ऐसा वैसा न हो।' मुक्तिबोध की यह कविता 1964 में 'चाँद का मुँह टेढ़ा है' में 'आशंका के द्वीप : अँधेरे में' शीर्षक से गयी। मुक्तिबोध ने उस संग्रह में श्रीकान्त वर्मा से अपनी इस कविता को संकलित करने को कहा और यह भी कहा कि 'आशंका के द्वीप : अँधेरे में' शीर्षक एक विशेष मनःस्थिति के प्रवाह में मैंने दिया था। इसमें से आशंका के द्वीप हटा दिया जाये। और इस प्रकार 'अँधेरे में' नाम से कविता प्रकाशित हुई। यह कविता मूल रूप में पहले ही रची जा चुकी थी, उसे अंतिम रूप मिला या वह पूरी हुई, उनकी पुस्तक प्रतिबंधित होने के दौर में। 'लक्षित मुक्तिबोध' में शरद कोठारी में 'अँधेरे में' कविता का जिक्र तो नहीं किया है, लेकिन पुस्तक के प्रतिबंधित होने की घटना की मुक्तिबोध पर क्या मानसिक प्रतिक्रिया हुई थी, यह आवश्य बतलाया है : अपनी पुस्तक 'भारत : इतिहास और संस्कृति' के सरकार द्वारा कानूनन जब्त किये जाने से मुक्तिबोध को बहुत गहरा सदमा पहुँचा था। वह कई दिन तक खोये–खोये से रहे। दरअसल उनका सदमा राजनीति की भयंकर प्रतिक्रिया का परिणाम था। अपनी पुस्तक के जब्तीकरण को वह लेखक की विचार स्वतंत्रता और लेखन स्वतंत्रता के लिए खैफनाक मानते थे, क्योंकि सरकार ने वह निर्णय सांप्रदायिक दबाव में आकर किया थ। भोपाल में नेहरू जी के देहान्त का समाचार सुनकर अचेतन–सी अवस्था में ही मुक्तिबोध शोकाकुल होकर कह उठे थे, 'पार्टनर, बस अब फासिज्म आ जायेगा।''

मुक्तिबोध ने अपने 'समीक्षा की समस्याएँ' शीर्षक विस्तृत निबन्ध में भी 'भारत : इतिहास और संस्कृति' पर प्रतिबन्ध लगाए जाने का जिक्र किया है और उस घटना से महत्त्वपूर्ण राजनीतिक निष्कर्ष निकाला है : 'भारत में जनतंत्र है, और आपेक्षिक रूप से तथा विशेष स्तर पर यहाँ

व्यक्ति स्वतंत्र अवश्य ही है और उसकी रक्षा करना तथा उसे दृढ़ करते जाना हमारे लिए जरूरी है लेकिन उपेक्षा द्वारा वह स्वातंत्र्य छिन भी सकता है। यह अंतिम वाक्य कहने का मुझे अधिकार है। मध्य प्रदेश शासन द्वारा मेरी एक पुस्तक 'भारत : इतिहास और संस्कृति' गैर कानूनी घोषित कर दी गयी 19 सिंतबर, 1962 के दिन। देश में जो जनतांत्रिक स्वतंत्रता है, वह उपेक्षा के द्वारा छिन भी सकती है, यही वह राजनीतिक निष्कर्ष है जो मुक्तिबोध ने पुस्तक पर प्रतिबंध लगाए जाने की घटना से निकाला था। स्पष्टतः इस घटना ने उन्हें बहुत आंदोलित किया और ताज्जुब नहीं कि वह 'अँधेरे में' कविता की रचना के लिए सबसे बड़ा प्रेरक तत्व सिद्ध हुई हो।

ऊपर की बातों से हम इस निष्कर्ष पर पहुँचते है कि 'अँधेरे में' में मुक्तिबोध के एंप्रेस मिल के मजदूरों की हड़ताल और गोलीकांड के अनुभवों का उपयोग भले ही किया हो, इस कविता का रचना काल वह है, जिसमें उनकी पुस्तक प्रतिबंधित हुई और वह जोरों से इस आशंका से पीड़ित हो उठे कि चौकसी न बरती गयी, तो अपने देश में भी फासिज्म आ सकता है। ऐसी स्थिति में जब शमशेर कहते हैं कि उन्होंने 1961 में मुक्तिबोध के मुँह से कविता सुनी थी, तो उसका मतलब यह होता है कि फासिज्म की आशंका से वे काफी पहले से पीड़ित थे और अपनी पुस्तक के प्रतिबंधित होने की घटना से उनकी उस आशंका की पुष्टि हुई थी, जिससे वे विचलित हो उठे थे। इस तरह वह कविता उक्त घटना से पहले की भी रचना हो सकती है। यह जानी हुई बात है कि वे अपनी कविताओं पर वर्षों श्रम करते थे और उनमें संशोधन–संपादन करते रहते थे। इस क्रम में कविताओं का रूप भी बदल जाता था और वे लंबी भी हो जाती थीं अनिल कुमार ने अपने साक्षात्कार में एप्रेंस मिल गोली काण्ड का जिक्र करने के बाद आगे यह भी कहा है।, ''शैलेन्द्र कुमार भी तब वहीं थे। मुक्तिबोध से उन्होंने कहा था–महागुरु, कविता लिखोगे? वह बोले नहीं, थोड़ा पकने दो। कुछ दिन बाद पता चला, कविता अंडररिपेयर पड़ी है। एक टीन की पेटी थी उनके पास। कहते थे : फर्स्ट राइिंटग में क्या होता है अनिल कुमार, कि जो हम कहना चाहते हैं, न वह पहले झटके में ही छूट जाता है। रिपेयर लिए जब उठाते हैं तो रूप ही बदल जाता है। संश्लिष्टता के कारण लंबाई आ जाती है, गहराई भी।'' आज 'अँधेरे में' का प्रथम प्रारूप सुलभ नहीं है। यदि वह सुलभ होता तो मालूम किया जा सकता था कि वह

कौन–सी चीज थी, जो उसमें पहले झटके में छूट गयी थी और जिसे बाद में उन्होंने उस कविता में उभारकर रखा। "हमारा ख्याल है, वह चीज रही होगी फासिज्म की आशंका। अपने विचार स्वातंत्र्य पर किये गये हमले और उसके आगे कांग्रेसी सरकार के घुटने टेकने की घटना से प्रेरित होकर उन्होंने अपनी कविता को अंतिम रूप प्रदान किया और उसकी अंतर्वस्तु को धारदार बनाकर पेश किया।

'अँधेरे में' ने मुक्तिबोध और उनके समय को पहचानने का क्रम आरम्भ किया। आश्चर्यजनक रूप से मुक्तिबोध की सभी रचनाओं कविताओं, कहानियाँ में एक अंतःसूत्र मिलता है एक ही प्रकार के अनुभव, एक ही प्रकार का शिल्प–बिम्ब और प्रतीक। और इस कारण प्रायः उन पर पुनरावृत्ति का, एकरसता का आरोप लगता रहा है। साथ ही उनकी कविता की 'मौलिक यूनिटी' को प्रत्यक्ष दीखने की चर्चा भी हुई है। इसलिए वे आज भी आलोचना और विवेचन का विषय बनी हुई हैं। 'अँधेरे में' उनकी सबसे लंबी कविता है छोटी कविता ने लिख पाने और उसे बार–बार काटने–छाँटने, पकने देने पर ही वह अंतिम रूप लेती है। शायद मुक्तिबोध को इसका आभास था कि यह उनकी अंतिम कविता होगी। उनकी अनेक कविताओं में जो सामग्री बिखरी दीखती है क्या मुक्तिबोध उसे एक मग्र महाकाव्यात्मक अभिव्यक्ति देना चाहते थे? 'अँधेरे में' क्लासिकी और सामाजिक यथार्थ की दुष्टि से आज भी एक चुनौतीपूर्ण रचना है। इसे 'खण्डित रामायण' भी कहा गया और यह भी कि 'मुक्तिबोध की कविता में अर्थ–भेदिनी अभिप्रायवृत्ति तभी विकसित हुई, जब वे दृश्य और दृश्येतर यथार्थ को एक–दूसरे से जुदा कर सके। जब उन्होंने जाना कि दिन के उजाले में लक़दक सफेदी से ढका हुआ दृश्य जगत रात को अपने असली नंगे रूप में दिखाई पड़ता है, तब उस सत्य शोधी ने रात के बियावन डरवाने अँधेरे का पीछा करना शुरू किया। शोषण की खूँखार ताकतों से उसकी गुरिल्ला लड़ाई शुरू हुई जो कभी खत्म नहीं हुई।' (प्रभाकर श्रोत्रिय) इस माने में 'अँधेरे में' 'कालजयी' और 'असमाप्त' कविता है जिसके भीतर काल के पुनर्सृजन की संभावनाएँ भी छिपी हैं।

'अँधेरे में' आठ खंडों में विभक्त, इकहत्तर बंद (स्टेंजा) की लंबी कविता है। न तो आठों खंड समान आकार–प्रकार के हैं और न ही बंद। एक विशेष गति जो इस कविता में देखने को मिलती है और जो प्रायः मुक्तिबोध की सभी कविताओं का सामान्य धर्म है कि हर नए बंद

में कविता–गत शिल्प का पैटर्न बदल जाता है, लेकिन मजाल है कि अगला बंद पिछले बंद से असंबद्ध हो जाए। ये बंद पैटर्न में भिन्न होते हुए भी किसी–न–किसी सूत्र से जुड़े रहते हैं।

इस प्रदीर्घ लंबी कविता का आरंभ एक काव्य नायक की सार्थक, व्यापक अर्थगामी कल्पना से हुआ है जिसके पीछे आलोचकों ने प्रायः स्वयं मुक्तिबोध को माना है। जबकि मुक्तिबोध के व्यक्तिव और अनुभवों की अभिव्यक्ति होते हुए भी 'यह काव्य–नायक बेचौन, खंडित, जर्जर और व्यग्र हिदुस्तान है। उसके चेहरे पर इतिहास की झुरियाँ, सीने पर गोली के घाव और अंतरात्मा में बेचैनी है।' इस सबको बेहद ऐंद्रिय संवेदन, दृश्यात्मक सौंदर्य और श्रव्य ध्वनियों के साथ मुक्तिबोध यूँ दिखाते हैं–

जिंदगी के...
कमरों में अँधेरे
लगाता है चक्कर
कोई एक लगातार

जो चक्कर लगाता है उसके पैरों की आवाज तो आती है, पर उसका रूप दिखाई नहीं देता। उसके घूमने की आहट है। 'तिलस्मी खोह में गिरफ्तार कोई एक–भीतपार आती हुई पास से/गहन रहस्यमय अंधकार ध्वनि–सा/अस्तिव जनाता/अनिवार कोई एक।' जो है, वह अपनी भूमिका में निश्चित और अनिवार्य है। बस इतना ही, क्योंकि वह दीखता नहीं है। 'तिलस्मी खोह में गिरफ्तार होने की ही सीमा है कि वह जिंदगी के अँधेरे कमरों में चक्कर लगाता है। अस्तिव जनता/अनिवार, कोई एक, और मेरे ह्रदय की धक–धक। पूछती है वह कौन/सुनाई जो देता, पर नहीं देता दिखाई/इतने में अकस्मात गिरते हैं भीत से/फूले हुए पलस्तर, खिरती है चूने भरी रेत/खिसकती है पपड़ियाँ इस तरह खुद–व–खुद/कोई बड़ा चेहरा बन जाता है।, स्वयमपि/मुख बन जाता है दिवाल पर/नुकीली नाक और भव्य ललाट है, दृश्य हनुरू कोई अनजानी अनपहचानी आकृति। कौन वह दिखाई जो देता, पर नहीं जाना जाता! कौन मनु?

कविता की समदर्शी व्याख्या

आलोचकों ने 'अँधेरे में' कविता की भरपूर प्रशंसा की है ओर उसके अर्थ को रहस्यदर्शी बताया है, कुछ ने यह भी कहा है कि इसमें कवि

के जीवन की ऊँचाइयाँ, गहराइयाँ, युग–संघर्ष और आत्म–संघर्ष की बातें हैं। कविता ने यह काव्य क्यों लिखा होगा, इसकी खोज इस कविता में होनी चाहिए, किस मानसिक स्थिति में लिखा है, इसका भी आकलन किया जाना चाहिए और कहाँ, पृथ्वी के किस धरातल पर लिखा इसे भी हमें देखना है, यह प्रश्न भी है कि क्या यह कविता भारत की भूमि पर लिखी गयी है? इन प्रश्नों का उत्तर ही इस कविता की सच्ची समीक्षा है। आलोचकों ने जो प्रशंसा की धारा बहा दी है वह सब बिना सोचा–समझा–आंदोलन–सा है, क्योंकि कविता केवल आलोचक के लिए नहीं है उस धरती और समाज के लिए है जहाँ वह लिखी गयी है। और जब आलोचक ही इस रहस्यदर्शी कविता के अर्थो को प्रकट करने में असमर्थ हैं तब सामान्य पाठक के लिए इस कविता की उपयोगिता?

ऊपर के प्रश्नों पर विचार और कविता के अर्थ का अनावरण क्रमशः करने का प्रयास करती हूँ।

पहली बात है कि कवि का अंतर्मन जब इस काव्य की रचना कर रहा है। तब वह किस भूमि के धरातल, किस भूगोल पर स्थित है। कवि का मन बड़े वेग से भागता है, किसी चौराहे पर स्थित होता है, किसी मोड़ से वेग से चला जाता है, कहीं अपने को घिरा हुआ पाता है, कविता का आरंभ अँधेरे से होता है–

(1) जिन्दगी के/कमरों में अँधेरे/लगता है चक्कर/कोई एक लगातार...

फिर प्रत्येक नया संदर्भ ऐसे ही सुनसान या अँधेरे वातावरण को दुहराता है–

(2) सूनापन सिहरा/अँधेरे में ध्वनियों के बुलबुले उभरे

(3) समझ न पाया कि चल रहा स्वयं या/जागृति शुरू है/दिशा जल रहा है/पीला लोक प्रसार में काल गल रहा है।

(4) अकस्मात्/चार का गजट कहीं खड़का/मेरा दिल धड़का/उदार मटमैला मनरूपी वाल्मीकि। विचलित/अनगिनत काली–काली हायफन–डैशों की लकीरों की हलचल।

(5) एकाएक मुझे मान!!/पीछे से किसी अजनबी ने/कंधे पर रखा हाथ/चौंकता मैं भयानक

(6) सीन बदलता है/सुनसान चौराहा साँवला फैला/बीघ में वीरान गेरुआ घंटाघर/ऊपर कत्थई बुजुर्ग गुंबद...।

भागता मैं दम छोड़/घूम गया कई मोड़/भागती है चम्पल चटपट आवाज/चाँटों–सी पड़ती।

दृश्य ही बदल गया चिन्ह बदल गया/जबरन ले जाया गया मैं गहरे/अँधियारे कमरे में स्याह सिफर में/टूटे–से स्टूल पर बिठाया गया हूँ।

(7) चाँद उग आया है/गलियों की आकाशी लंबी–सी चीर में...

गलियों में अँधेरे में भाग रहा हूँ। इतने में चुपचाप कोई एक/दे जाता पर्चा/कोई गुप्त शक्ति/हृदय में चुपचाप करती है चर्चा/...

पर्चा पढ़ते हुए उड़ता हूँ हवा में/चक्रवाक गलियों में घूमता हूँ नभर–भर।...

(8) एकाएक हृदय धड़क कर रुक गया, क्या हुआ/नगर में भयानक धुआँ उठ रहा है। कहीं आग लग गयी कहीं गोली चल गयी।...

सब चुप, साहित्यिक चुप और कवि जन निर्वाक्/चिंतक शिल्पकार, नर्तक चुप हैं/उनके ख्याल से यह सब गप है/मात्र किंवदंती।...

राह के पत्थर ढोकों के अंदर/पहाड़ों के झरने/तड़पने लग गये।..

गेरूआ मौसम, उड़ते हैं अंगार/जंगल जल रहे जिन्दगी के अब/जिनके ज्वलंत प्रकाशित भीषण/कूलों में बहती वेदना नदियाँ/ जिनके कि जल में/सचेत होकर सैकड़ों नदियाँ ज्वलंत अपने/बिम्ब प्रसारित करती हैं प्रतिपल।

पूरी कविता के आठ भाग हैं, ऊपर प्रत्येक भाग से आरम्भ, मध्य की पंक्तियाँ दी गयी हैं। इस कविता में कवि क्या कहना चाहता है, कथ्य वस्तु का विन्यास बेतरतीब, निराधार और अर्थ–हीन है, जैसे लगता है कि कवि किसी स्वप्न में डूबा है और स्वप्न की बेतरतीब घटनाओं को अपने जैसे–तैसे शब्दों में बाँधता जा रहा है, वह कहता भी है–समझ न पाया कि चल रहा स्वप्न था। स्वप्न मन की भावनाओं और अंतर्मन के संस्कारों के अनुसार उदय होते हैं। कविता में चर्चित कथ्यवस्तु पर यदि ध्यान दिया जाये तो लगता है कि कवि का मन अंतर्मन के अतीत के किसी विपल्व, युद्ध, राज्यक्रांति और उसमें डूबे अपने मृतात्मा का संसार

देख रहा है, वह तेजी से गली के मोड़ों पर भागता है, जैसे कि यह किसी मृतात्मा का आत्मचरित है जिसमें उसका कर्त्तव्य केवल गली के मोड़ों पर भागना है–

गलियों के अँधेरे में मैं भाग रहा हूँ।
भागता मैं दम छोड़/घूम गया कई मोड़।
गलियों के अँधेरे में मैं भाग रहा हूँ।

ऐसा लगता है कि कवि के मन की किसी मृतात्मा के प्रेत ने आक्रांत कर रखा है और ऐसी स्थिति में और स्वप्न की दुनिया में यह खुलकर अपनी बात नहीं कह सकता, उसकी अभिव्यक्ति की क्षमता मारी जा रही है या समाप्त हो रही है, स्वप्न में या कि मृतात्मा के संस्कार में वह कुछ कह नहीं पा रहा है, कविता का अंत हैं–

प्रत्येक मानवीय स्वानुभूत आदर्श
विवेक प्रक्रिया, क्रियागत पारिणति
खोजता हूँ, पठार–पहाड़...समुंदर
जहाँ मिल सके मुझे
मेरी वह खोयी हुई परम भीम शक्ति अनिवार
आत्म–संभवा।

लगता है कि जैसे कवि से अतिरिक्त कोई विचलित आत्मा– (ब्रह्म प्रेत) इस कविता की रचना कर रहा है, इसलिए उसे रात्रि के दो बजे सियारों की आवाज, गहराती गूँजती रेल की पहियों की आवाज ही सुनाई पड़ती है–

रात के दो हैं
दूर–दूर जंगल में सियारों का हो हो
पास–पास आती हुई गहराती गूँजती
किसी रेलगाड़ी के पहियों की आवाज
किसी अनपेक्षित
असंभव घटना का भयानक संदेह
अचेतन प्रतीक्षा
कहीं कोई रेल–एक्सीडेंट न हो जाये।

(कविता का भाग–3)

कवि ने किसी स्थल पर भी इस भूमि–भारत भूमि के हरे–भरे पर्वत, वन, कलकल बहती नदियों का चित्र नहीं अंकित किया है, उसका रचयिता मन उस स्थल में भयभीत दुबला है जहाँ से सिहरती काँपती आवाजें आ रही हैं, देश में जनतंत्र है, देश प्रकृति संपदा से संपन्न है, भारत का जनतंत्र विश्व में प्रसिद्ध है, व्यक्ति स्वतंत्रता की पूरी छूट है, अपने कर्त्तव्यों और गुणो से कोई भी जन–समर्थन प्राप्त कर इस प्रकृति संपदा (भारत के प्राकृतिक आर्थिक वैभव को सजा सकता है) तब क्या कारण है कि कवि अँधेरी गलियों में मोड़ से मोड़ की ओर भाग रहा है, बेतहाशा भाग रहा है, उसमें उसे गोली की आवाजें, विज्ञापन के पर्चे, सुनसान धरातल सब–कुछ दिखाई देता है, उसके ऐसी स्थिति में भी (जब उसने रेल की धकधक आवाज सुनी, सियारों का हुआ हुआ, हो हो सुना) पर्वत की कोई रमणीय चोटी, गाँवों का सेवार, नदियों का सुहावना तट नहीं दिखाई पड़ा। उसने जो कुछ देखा जैसे वेग से देखा जहाँ देखा, यह सब प्रकारान्तर से विकृत मन की क्रियाकारिता और उसका करिश्मा है। इसमें न कहीं देश है, न युग है, न समाज है। और न ही कोई रहस्यदर्शी अर्थ है। इसको आलोचकों ने फैंटसी बिम्ब और प्रतीकों की रचना–प्रक्रिया में देखा है, किंतु इसमें फैंटसी (रोमांटिकता) की अभिव्यक्ति वैह्नसे होती है एक आलोचक विवरण देते है–

''यह फैंटसी रूप क्या है? स्पष्ट है कि वह रूप अमूर्त न होकर मूर्त होता है टूटे बिम्बों का ढेर/सारा अनुभव एक गडमड बृहत् प्रतीक बन जाता है, कला के तीसरे क्षण में फैंटसी के शब्दबद्ध होने की प्रक्रिया का आरम्भ और उस प्रक्रिया की परिपूर्णावस्था तक की गतिमानता निहित रहती है।''

इस फैंटसी को एलिगरी भी कहा है। ऊपर फैंटसी के संबंध में जो कुछ कहा गया हैं, शब्द प्रतीक और क्रिया के क्षणों का गडमड वह सब इस शब्द जाल में तो नया है, फैंटसी शब्द भी नया है, पर अंत में केवल कहना ही कहना है जो रोमांटिकता की परिणतगामी क्रिया है, अर्थ का संसार कुछ नहीं है, प्रारंभ है और अंत है, बीच में अभिव्यक्ति के क्षण शून्य हो गये हैं, जैसे–

उसे देख प्यार उमड़ता है अनायास
लगता है दरवाजा खोलकर
बाहों में कर लूँ।

हृदय में रख लूँ।

घुल जाऊँ मिल जाऊँ लिपटकर उससे।

लिपटना, घुल जाना मिल जाना–रोमांटिकता का खुला विज्ञापन है, इसमें कवित्व कहाँ हैं?

इसी प्रकार पूँजीवाद की निन्दा ओर लोकहित का नाम ले लेना ही जन–संघर्ष नहीं है। ऐसे रहस्यदर्शी घटनाओं को काव्य में अवतरित करना ही कविता का स्वरूप होता है, अंयथा जन–संघर्ष या पूँजीवाद का निंदा किये जाना तो केवल नारेबाजी ही कहा जायेगा–

कविता में कहने की आदत नहीं, पर कह दूँ

वर्तमान समाज में चल नहीं सकता।

पूँजी से जुड़ा हुआ हृदय बदल नहीं सकता।

वैसे कहा जाये तो प्रकृति ने ही अपने आप समुद्र, पर्वत, नदी, वन, मैदानों से इस देश को बहुत समृद्ध कर रखा है, जीवन में संघर्ष के लिए कहीं बाधा नहीं हैं और जब देश में जन–तंत्र हो, तब कहाँ रोक–टोक है, श्रम और गतिशीलता तो चाहिए ही, कोई अपने–आप मेरे चरणों पर अन्नों का ढेर नहीं लगा जायेगा, फिर कवि क्यों बहुत निराश हैं, पूँजीवाद के विरुद्ध नारे लगा रहा हैं यह देश रूस, यूरोप और ईरान नहीं है जहाँ ख़ाने की सामग्री के लिए कठिन प्रयत्न करना पड़ता है, यहाँ ज़ंगल में भी फल तोड़कर खाकर जीवन बिताया जा सकता है। धरती में बोओ और काटों। भूमि की उपज से देश में कहीं भी भूख को रुकने का ठौर नहीं है। हरित क्रान्ति के बाद तो बिलकुल नहीं। फिर भी कवि मुक्तिकामी चेतना में व्यग्र है ऐसा आलोचकों का कहना हैं, उसकी यह मुक्तिकामी चेतना क्या है, शायद आलोचक भी नहीं समझते, उनकी आलोचना भी शब्दजाल जैसी लगती है। लगता है, जो कि कवि की कविता से आभास होता है वह अपने विचारों की परिणति में इस देश और समाज के अनुशासन की परंपरागत शक्ति मनु को भी नगण्य समझता है, उसने अँधेरे में मनु को चक्कर लगाते देखा है–

लगता है चक्कर

कोई एक लगातार...

कौन वह दिखाई जो देता, पर

नहीं जाना जाता है!!

कौन मनु?

'चाँद का मुँह टेढ़ा है' संकलन में इस कविता में मनु के बाद अँधेरे में पड़े वाल्मीकि, व्यास, कालिदास भी दिखाए गये थे, पर अब नए संस्करण में वे अंश निकाल दिये गये हैं, कवि, उसकी आत्मा और उसकी प्रणयात्मा सभी अँधकार में है, क्योंकि जहाँ पर है वहाँ मनु ने अंधकार की रचना कर दी है। आगे कविता के भीतर भाग में जहाँ उसका वर्तमान है (संभवतः ग्वालियर मध्य भारत है) उसको सियारों का हो–हो और रेलगाड़ी के पहियों की आवाज सुनाई पड़ती है, तब क्रमशः वह जैसे अंधकार से निकलता है, उसको एक प्रकाश दिखाई पड़ता है, देश में यह कवि मानव संस्कृति के आदि अनुशासक भगवान् मनु के अंधकार में डूबा था, अब उसे एशिया के उत्तरी भाग से आकाश में तालस्ताय का प्रकाश दिखाई पड़ा, कवि इसका वर्णन इस प्रकार करता है।

हाय!हाय! तालस्ताय
वैसे मुझे दीख गये
सितारों के बीच–बीच
घूमते व रुकते
पृथ्वी को देखते।
शायद तालस्ताय नुमा
कोई वह आदमी
और है
मेरे किसी भीतरी धागे का आखिरी छोर वह,
अनलिखे और उपन्यास का केंद्रीय संवेदन
दबी हाय–हाय नुमा
शायद, तालस्ताय नुमा।।

कवि सारे देश के वैभव को छोड़कर देश की सहस्रों वर्ष की परंपरा को अपने लिए अंधकार मानकर इसी तालस्तायनुमा के लिए मुक्तिकामी हो रहा है।

कवि की एक कुंठा और भीममान यह भी है कि उसकी दृष्टि में समाज और देश का उद्धार साहित्यिक, कविजन, चिंतक, शिल्पकार, नर्तक ही कर सकते हैं इनको जनसंघर्ष में आना चाहिए–

सब चुप, साहित्यिक चुप ओर कविजन निर्वाक्
चिंतक, शिल्पकार, नर्तक चुप हैं
उनके ख्याल से यह सब गप है
मात्रा किवंदंती।

(अँधेरे में आठवाँ भाग)

कवि का यह सोचना इतिहास के विरुद्ध हैं। इतिहास से कवि, चिन्तक शिल्पकार आदि का संयोग नए युग या नए वर्तमान को जन्म देता है। इतिहास अर्थात् नेतृत्व, नेतृत्व का अर्थ है क्षमता संपन्न विराट् व्यक्तिव। ऐसे नेतृत्व से जब कवि, चिंतक या कलावंत का संयोग घटित हो जाता है, तब निश्चित रूप से नया वर्तमान जन्म लेता है।

◆◆◆

ब्रह्मराक्षस : ऑर्गेनिक बुद्धिजीवी की तलाश

अशोक कुमार पाण्डेय

मुक्तिबोध की कविताओं को पढ़ते हुए लगातार यह लगता है जैसे सिर्फ़ दो कविताओं को लिखने या पूरा करने के लिए वह लगातार लिख रहे थे– 'अँधेरे में' और 'ब्रह्मराक्षस।' यह अनायास नहीं है कि दोनों के बिम्ब और दृश्य उनकी दूसरी तमाम कविताओं में मिल जाते हैं। गहरी रहस्यमयी बावड़ी और खुली सार्वजनिक सड़क के दो पाटों के बीच जूझते मुक्तिबोध लोगों को दुरूह और अबूझ से लेकर अस्तिवादी और इन दिनों अचानक आध्यात्मिक भी लगने लगे हैं। लम्बी कविता और लगभग फैंटसी का जो शिल्प उन्होंने अपनाया वह उनमें कुछ भी देख लेने की एक सुविधा तो देता ही है, अँधेरे के जुलूसों में शामिल लोगों के लिए थोड़ी देर बावड़ी में छुपकर प्रलाप कर लेने का भी अवसर प्रदान करता है। एक ऐसे समय में जब डोमाजी जुलूस के पीछे नहीं आगे है तो मुक्तिबोध के ऐसे कुपाठ साहित्यिक से आगे राजनीतिक बयान में तब्दील हो जाते हैं इसलिए आज उन कविताओं में दुबारा धँसने और उनके वैचारिक स्रोत तलाशने का काम भी कोई शुद्ध साहित्यिक कर्म नहीं हो सकता। इस लेख में भी मेरी कोशिश 'ब्रह्मराक्षस' के बहाने मुक्तिबोध के कवि कर्म के एक संक्षिप्त सामाजिक–राजनैतिक अध्ययन की ही है।

ग्राम्शी : विचारधारा, वर्चस्व और ऑर्गेनिक बुद्धिजीवी

मार्क्सवाद में हेजिमनी या वर्चस्व कोई नया पद नहीं था लेकिन इसका उपयोग ग्राम्शी से पहले राजनैतिक वर्चस्व के लिए ही किया जाता था और आर्थिक सवालों को मूलभूत प्रश्न माना जाता था। विचारधारा को सुपरस्ट्रकचर का हिस्सा माने जाने की मान्यता के चलते यह माना जाता था कि आर्थिक मूलाधार में परिवर्तन के साथ अपने–आप बौद्धिक वर्चस्व का प्रश्न हल हो जाता है। वर्ग संघर्ष में कामगार वर्ग के राजनीतिक नेतृत्व का रेखांकन हुआ था लेकिन ग्राम्शी ने इसे आगे बढ़ाते हुए नैतिक तथा बौद्धिक नेतृत्व तथा वर्गों के बीच गै़र–आर्थिक सम्बन्धों के महत्त्व का रेखांकन किया। उनके अनुसार विचारधारा आर्थिक सुपरस्ट्रक्चर के बदलाव से अपने–आप बदल जानेवाली कोई उपोत्पाद नहीं बल्कि सामाजिक व्यवहारों सिद्धान्तों और

रूढ़ियों में विन्यस्त ऐसा कारक है जो समाज में व्यक्तियों को पराश्रितों तथा सामाजिक अभिकत्ताओं में तब्दील कर देती हैं यही सामाजिक अभिकर्ता उत्पादन कार्यों में भी अपनी भूमिका निभाते हैं और इस तरह आर्थिक तथा राजनैतिक संघर्ष के साथ विचारधारात्मक संघर्ष भी वर्ग संघर्ष का अहम हिस्सा बन जाता है। इस स्थापना से ग्राम्शी उस 'सिविल सोसायटी' को वर्ग संघर्ष के दायरे में ले आते हैं जो समाज में जनमत निर्माण में अहम भूमिका निभाती है। इस सिविल सोसायटी को लेकर ग्राम्शी को प्रस्थापना बेहद महत्तवपूर्ण है। उनका मानना है कि विचारधारात्मक धरातल पर यानी कि सिविल सोसायटी में विचारधारात्मक आधार पर एक तरह का पुल निर्मित हो सकता है यानी ज़रूरी नहीं कि विचारधारात्मक तत्व एक ही वर्ग से सम्बन्धित हों। विचारधारात्मक निकाय अपने विचारधारात्मक निष्कषों से परिभाषित होते हैं और ये निष्कर्ष विचारधारात्मक तत्वों से। इस तरह वर्चस्व के लिए संघर्षरत विभिन्न वर्गों के भिन्न विचारधारात्मक विमर्शों में तत्व रूपायित होते हैं।

ग्राम्शी के लिए अधिक महत्त्वपूर्ण पक्ष था 'ऑर्गेनिक विचारधारा' का। विचारधारा वर्गीय शासन के निकाय यानी वर्चस्व के संदर्भ में ही परिभाषित होती है जिसमें एक एकीकृत व्यवस्था में सभी विचारधारात्मक तत्व व्यवस्थित होते हैं। यह जटिल व्यवस्था ही 'ऑर्गेनिक विचारधारा' है– एक वर्ग द्वारा अधिकृत राज्य व्यवस्था तथा तत्जनित सामाजिक वर्चस्व के भीतर एक समाज के सामुदायिक जीवन की अभिव्यक्ति। इस ऑर्गेनिक विचारधारा को व्याप्ति पूरे सिविल समाज में इसकी विभिन्न संस्थाओं और संरचनाओं जैसे, परिवार, धार्मिक संस्थाएँ, मीडिया, शिक्षण संस्थान, विधि व्यवस्था तथा ट्रेड यूनियन आदि में होती हैं। यह व्याप्ति वर्चस्वशाली वर्ग के सामाजिक अभिकर्ताओं के माध्यम से होती है जिन्हें ग्राम्शी 'ऑर्गेनिक बुद्धिजीवी' कहते हैं यानी लेखक, पत्रकार, शिक्षक, वकील, नेता, उद्योगपति तथा इंजीनियर आदि आदि।

गौर से देखिये तो 'अँधेरे में' के जुलूस में चलते लोग इसी सिविल समाज के हिस्से हैं, रक्तपायी वर्ग से नाभिनालबद्ध। इस पर आगे हम और विस्तार से बात करेंगे।

कहना न होगा कि वर्चस्वशाली वर्ग के साथ–साथ वर्चस्व के संघर्ष के संघर्ष में रत वर्ग के भी अपने ऑर्गेनिक बुद्धिजीवी होते हैं। बहुत

विस्तार में न जाते हुए यहाँ इतना बता देना काफी होगा कि ग्राम्शी वर्चस्व को दो तरह से परिभाषित करते हैं, पहला यह कि वर्चस्वशाली वर्ग उन वर्गों और समूहों के हितों को ध्यान में रखता है जिन पर उसका वर्चस्व है और इस प्रक्रिया में अपने अधीनस्थ वर्ग के साथ एक तरह का संतुलन बनाने के लिए वह अपने हितों के साथ कुछ समायोजन भी करता है तो दूसरे यह वर्चस्व नैतिक–राजनैतिक नेतृत्व के साथ आर्थिक वर्चस्व भी स्थापित करता है। यानी एक वर्ग के वर्चस्व में आर्थिक, राजनैतिक, नैतिक और बौद्धिक वर्चस्व शामिल है, इस प्रक्रिया में अपने कुछ निगमित हितों का बलिदान वस्तुतः एक ऐसा संतुलन बनाए रखने के लिए किया जाता है जो सर्वसहमति स्थापित कर अपनी नेतृत्वकारी भमिका को बनाए रखने में सहायक हो। इस तरह 'सत्ता' दो रूपों में अभिव्यक्त होती हैं, बलपूर्वक नियंत्रण और सर्वसहमति। ये दो प्रविधियाँ शासक और शासित के बीच एक संतुलन की स्थापना करती हैं। जब कि राज्य के नौकरशाही, पुलिस, सेना और दूसरे तंत्र बलपूर्वक नियन्त्रण में काम आते हैं सिविल सोसायटी और उसके सामाजिक अभिकर्ता यानी ऑर्गेनिक बुद्धिजीवी वर्चस्वशाली वर्ग की विश्वदृष्टि को सर्वमान्य बनाकर सर्वसहमति की स्थापना में महत्त्वपूर्ण भूमिका निभाते हैं अर्थात वे विचारधारात्मक संघर्ष में विरोधी वर्ग की विश्व दृष्टि या विचारधारा के ख़िलाफ़ अभियान चलाकर अपने वर्ग के विचारों को अपने–अपने तरीके से जन–सामान्य में प्रतिष्ठित करते हैं। इस प्रस्थापना से ग्राम्शी अपने महत्त्वपूर्ण निष्कर्ष पर पहुँचते हैं कि कामगार वर्ग को राज्यसत्ता हासिल करने से पहले सत्ताधारी वर्ग के बरक्स राजनैतिक सांस्कृतिक और नैतिक क्षेत्रों में नेतृत्व हासिल करना होगा।

यहाँ ग्राम्शी के विस्तृत विवरणों को छोड़ते हुए हम 'ब्रह्मराक्षस' की तरफ लौटते हैं।

ऐसी ट्रेजेडी है नीच : ब्रह्मराक्षस और उनका सजल उर शिष्य

कुबेरनाथ राय 'ब्रह्मराक्षस' को मुक्तिबोध की इकलौती शुद्ध अर्थ में फंतासी कहते हैं। इस लेख की विषयवस्तु को देखते हुए यह बहस विषयांतर होगी कि यह कविता क्या वाकई में कोई फंतासी रचती है! लेकिन इस पर बात शुरू करने से पहले यह कह देना प्रासंगिक होगा

कि अपने पाठ में यह कविता 'अँधेरे में' या 'चाँद का मुँह टेढ़ा है' और 'भूल–ग़लती' की तुलना में न केवल छोटी है बल्कि अपने कथ्य और शिल्प में अधिक सहज और स्पष्ट है और एक निष्कर्षात्मक अंत तक पहुँचती है। यह उनकी इकलौती कविता है जिसके साथ उन्होंने इसी शीर्षक की कहानी लिखी। दोनों का प्रकाशन का समय एक ही है (1957) इसलिए यह कह पाना मुश्किल है कि कविता को समझाने के लिए कहानी लिखी गयी या फिर कहानी की असंतुष्टि से कविता जन्मी। लेकिन इन्हें बार–बार पढ़ते हुए मुझे लगता है कहानी अपने रचाव और क़थ्य दोनों ही में बेहद साधारण है जबकि कविता बेहद संश्लिष्ट। जैसे कहानी लिखने के बाद अनभिव्यक्त की बेचैनी ने उनसे यह कविता लिखवाई है। कहानी का ब्रह्मराक्षस अपना अलौकिक होना प्रदर्शित करता है अंत में जब कि कविता में 'वह कोठरी में किस तरह/अपना गणित करता रहा/औ' मर गया। इसके बाद का सवाल 'यह क्यों हुआ! क्यों यह हुआ!!' कविता का केन्द्रीय सवाल है यह वह सवाल नहीं जिसके इर्द–गिर्द कविता का वितान रचा जाता है बल्कि यह वह सवाल है जिसका जवाब ढूँढ़ने का निश्चय कविता का वाचक ब्रह्मराक्षस का शिष्य है और इस तरह कविता की परिधि पर दिखने वाला सवाल उसके केन्द्र में स्थापित हो जाता है।

गौर से देखें अगर तो यह सवाल अपने मूल में क्या है? उस 'क्यों' का जवाब किस विमर्श में अवस्थित है जिसे मुक्तिबोध लगातार दो बार पूछते हैं बढ़ते हुए विस्मयादिबोधक चिन्ह के साथ। यह विमर्श है समाज में बुद्धिजीवी की भूमिका की तलाश मैं नहीं जानता कि 1946 में प्रकाशित हो पायी ग्राम्शी की जेल नोटबुक मुक्तिबोध पढ़ पाये थे या नहीं, हालाँकि इस बात की संभावना भी कम ही है और उनके लेखन में भी ग्रामशी का कहीं कोई ज़िक्र नहीं आता लेकिन यह बिलकुल अस्वाभाविक नहीं हैं कि दुनिया के दो कोनों पर एक राजनैतिक कार्यकर्ता और बुद्धिजीवी तथा एक जनपक्षधर कवि नए बनते बिगड़ते समाजों में बुद्धिजीवी वर्ग की भुमिका को लेकर एक जैसी गंभीर चिंताओं और सवालो से जूझ रहे थे। जैसा कि मैंने पहले भी इंगित किया है अपनी बेहद महत्त्वपूर्ण कविता 'अँधेरे में' कवि अपनी अपूर्ण अभिव्यक्ति की घायल प्रतिमूर्ति के साथ प्रोसेशन में जिस मृत्यु दल की सी शोभायात्रा को देखता है उसमें प्रत्यक्ष शासन के सैन्य अधिकारी, मंत्री, उद्योगपति ही नहीं बल्कि ग्राम्शी जिसे सिविल समाज के

ऑर्गेनिक निकाय कहते हैं उसके हिस्से लेखक, कवि, आलोचक, विचारक, चिन्तक, शिल्पकार, नर्तक, चिकित्सक, पत्रकार सब शामिल हैं। वह इन्हें 'रक्तपायी वर्ग से नाभिनालबद्ध' कहते हैं। रक्तपायी वर्ग, यानी समाज, संस्कृति और राजनैतिक सत्ता पर काबिज़ वर्चस्वशाली वर्ग। वे इस वर्चस्व अपने सामाजिक–सांस्कृतिक निगमनों से जनता के लिए स्वीकार्य और सह्य बनाने की अपनी ऐतिहासिक भूमिका निभा रहे हैं। इसी कविता में मुक्तिबोध और स्पष्ट करते हुए कहते हैं– 'बौद्धिक वर्ग है क्रीतदास।' ज़ाहिर है पूँजीवादी वर्ग के वर्चस्व में वह इन 'ऑर्गेनिक बुद्धिजीवियों' की सहकारी भूमिका को बहुत स्पष्ट लक्षित कर पा रहे हैं और इसके समक्ष वह अपनी आत्म–सम्भवा 'परम अभिव्यक्ति अनिवार' की तलाश में हैं। यहाँ वह परम अभिव्यक्ति उनकी गुरु है। यह 'परम अभिव्यक्ति' 'अनखोजी निज समृद्धि का परम उत्कर्ष' है। और इन निजी समृद्धि की राह उस बदले हुए समय के स्वप्न में है जिसमें प्रतिकार के उजले दृश्य हैं, जिसमें कहीं आग लग गयी है कहीं गोली चल गयी है और इस निश्चय के साथ कि 'वर्तमान समाज चल नहीं सकता' मुक्ति का मन और जन आंदोलित हैं। चंद्रकांत देवताले के शब्दों में यहाँ 'फैंटसी और बाह्य अनुभव जगत के मध्य छलाँगे' लगती रहती हैं जब कि ब्रह्मराक्षस में सब–कुछ फैंटसी के भीतर घटित होता हैं क्या सच में? इस सवाल पर आने से पहले ज़रा देखें कि फैंटसी किसे कहा जा रहा है? उस प्रोसेशन को या अपनी अनिवार अभिव्यक्ति के साक्षात्कार को या फिर प्रतिरोध के उस स्वप्न दृश्य को? फैंटसी यानी एक अवास्तविक और आधारहीन स्वप्न, अपनी सुविधा या दुविधा से चुनी हुई एक ऐसी दुनिया जिसका अस्तिव न हो, जो अनिवार नहीं दुर्निवार हो। क्या 'अँधेरे में' का कोई भी स्वप्न का दृश्य अपने अभिधार्थ में इस तरह की फंतासी रचता है? क्या ब्रह्मराक्षस का प्रतीक उस फैंटसी के पात्र में अविश्वसनीयता की हद तक जाता है? मुक्तिबोध खुद अपनी कविताओं के शिल्प को फंतासी कहते थें, लेकिन क्या किसी कवि को कविताओं के पाठ के लिए हम उसके ही मानकों और पर्यवेक्षणो पर निर्भर होंगे? ऐसा करते हुए हम न्यूनाधिक डॉ. रामविलास शर्मा की उस मनोविश्लेषक पद्धति के समीप ही पहुँचेंगे जिसमें मुक्तिबोध के भीतर ब्रह्मराक्षस के स्रोत तलाशते हुए वह उनके बचपन के पहुँचते हैं और अंततः उनमें व्यक्तिवाद ढूँढ़ कर अस्तिववाद का लेबल चिपका दते हैं। कभी किसी अन्य लेख पर उस पर विस्तार से

बात होगी लेकिन अभी इतना कि वह समझ अपने आप में दिक्कततलब है कि वाह्य संघर्ष 'मार्क्सवादी' हैं और 'आतंरिक संघर्ष' गैर–मार्क्सवादी। असल सवाल यह है कि इन संघर्षों का उद्देश्य क्या है और इसमें कवि की पक्षधरता किस ओर है। यानी ग्राम्शी की शब्दावली उपयोग करूँ तो वह किस वर्ग का सामाजिक अभिकर्ता या ऑर्गेनिक बुद्धिजीवी है।

'ब्रह्मराक्षस' वर्चस्वशाली वर्ग का हिस्सा नहीं है। आप देखिये कि कहानी में तमाम प्रसिद्ध गुरुओं के बीच वह अलक्षित और उपेक्षित है तो कविता में ज्ञान के लिए भटकते ब्रह्मराक्षस को योग्य गुरु न मिलने के कारण हैं कि बदले हुए युग में 'धन–अभिभूत अंतःकरण' से युक्त 'कीर्ति व्यवसायी' उपस्थित हैं। ज़ाहित है वह धन–अभिभूत नहीं हैं। वह ज्ञान का शोधक है, सत्य का निःस्वार्थ शोधक। यह साधना वह अपने स्तर पर करता है। दुनिया भर का ज्ञान हासिल करता हैं। देखना रोचक है कि 'सुमेरी–बैबिलोनी जन कथाओं से माधु वैदिक ऋचाओं तक' यानी विश्व के इतिहास के ज्ञान से वह मार्क्स, एंगेल्स, बर्ट्रेंड रसेल, टाएनबी, हिडेगर, स्पेंगलर, सार्त्र और गाँधी तक पहुँचा है। यानी मनुष्य की मुक्ति के सभी आख्यानों का अध्ययन किया है उसने। यह चुनाव यों ही नहीं है। बहुत स्पष्ट है कि उसकी दिशा मनुष्य की मुक्ति की दिशा है। लेकिन अगर मुक्तिबोध के ही एक बेहद मानीखेज़ पद का प्रयोग करें तो जो नहीं है उसके पास वह है– जनसंगउष्मा। इस जनसंगउष्मा का अभाव उसके ज्ञान को मनुष्य की मुक्ति के मार्ग का सहधर्मी बनाने की जगह एक आत्ममुग्ध और असफल व्यक्ति में तब्दील कर देता है। यहाँ हम रुककर माओ त्से तुंग का अत्यंत महत्त्वपूर्ण लेख 'ज्ञान के बारे में' याद कर सकते हैं तो थोड़ा अलग संदर्भों में पाउलो फ्रेरे की किताब 'एजुकेशन फॉर क्रिटिकल कंसशनेस' में समझाया गया मनुष्य होने का मतलब भी–'मानव होने का मतलब अन्यों और दुनिया के साथ रिश्ता रखा है। इससे व्यक्ति यह अनुभव करता है कि दुनिया व्यक्ति से अलग, समझे जाने योग्य वस्तुपरक वास्तविकता है। वास्तविकता के भीतर डूबे जानवर इससे रिश्ते नहीं रख सकते; वे केवल संपर्क रखनेवाले प्राणी हैं। लेकिन मनुष्य की दुनिया से विलगता और खुलापन उसे रिश्ते रखने वाले प्राणी के रूप में अलगाती है... मनुष्य आलोचनात्मक तरीके से अपनी दुनिया से रिश्ते बनाते हैं... चूंकि वे प्राकृतिक (जैवीय) क्षेत्र तक सीमित नहीं हैं बल्कि सृजनात्मक आयाम में भी हिस्सा ले सकते हैं, इसलिए वास्तविकता को बदलने के लिए मनुष्य

उसमें हिस्सा ले सकते हैं।' कहना न होगा कि फ्रेरे खुद ग्राम्शी से बहुत प्रभावित थे।

जनसंगउष्मा का यह अभाव उसे उस बावड़ी में क़ैद करता है, अपने अस्तिव के प्रति शंकालु बनाता है और उसकी संवेदना को स्याह करता है। यह उसके 'उर' को शुष्क बना डालता है और उसे अपने प्रचंड ज्ञान के बावजूद समाज के लिए एक अनुपयोगी तथा भयोत्पादक प्रेत में तब्दील कर देता हैं शिष्य का 'सजल उर' हो उसकी वेदना के स्रोतों को संगत निष्कर्षों तक पहुँचाना उस जनसंगउष्मा से लैस हो ज्ञान की सामाजिक संपत्ति को समाज तक लौटाना तथा परिवर्तन के संघर्ष में धन–अभिभूत क्रीतदास बौद्धिक वर्ग के बरक्स सर्वहारा वर्ग के ऑर्गेनिक बुद्धिजीवी की तरह व्यवहृत होने का संकल्प है। इसे मुक्तिबोध के अपने ऑन्तरिक संघर्षों की तरह बहुत विवेचित किया गया है लेकिन मुझे यह कविता अपनी सामाजिक उपस्थिति में एक संक्रमणकालीन समय में बुद्धिजीवी के पक्ष चयन और लोक व्यवहार की संकेतक कविता लगती है और इसीलिए आज के समय के लिए बेहद प्रासंगिक।

इन झीलों में मुग्घ खिली हैं लाल पंखुरियाँ

ब्रह्मराक्षस के ठीक पहले मुक्तिबोध के जीवनकाल में अप्रकाशित रह गयी और अपूर्ण–सी एक सुदीर्घ कविता है। यह कविता जितनी अभिधा में है उतनी ही अभिव्यंजना में। पढ़ते हुए लगता है जैसे मुक्तिबोध तय ही नहीं कर पा रहे कि उन्हें इसमें कहना क्या है। गौर से देखें तो यह ब्रह्मराक्षस और अँधेरे में, दोनों की तैयारी कविता लिखती है। किसी बड़ी पेंटिंग को बनाने से पहले का अभ्यास जहाँ बेहद अवसादजनक दृश्य हैं तो 'लम्बी सड़कें' चली आ रही हों/लपेटने तुमको बरबस/चीख़ो, चीख़ो 'फ़ायर–फ़ायर'/गोली दागो, गोले दागो'/.../इस नगरी में अच्छे अच्छे/लोग हुए जाते हैं देखो/शैतानों के झाबरे बच्चे' जैसी बेचैनी और गुस्सा भी है। यहाँ भी 'दुखते हिय से भीष्माचार्यों की मज़बूरी/कौरवों के घर' के बाद दो विस्म्याधिबोधक चिन्ह है। यह विस्मय बौद्धिक वर्ग के वर्चस्वशाली जनशत्रु के दास हुए जाने का विस्मय है। यह किसी शोधक की बेचैनी है जो लगातार उस समूह की भूमिका और पक्षधरता को लेकर बेचैन है और उसे हल करने का प्रमेय तलाश रहा हैं। इसके एक हिस्से का शीर्षक उन्होंने 'डूबता

चाँद कब डूबेगा' दिया था। स्पष्ट है कि यह डूबता चाँद पतनशील पूँजीवादी व्यवस्था है जिसके डूबने की चिंता उनकी प्राथमिक चिंता है और डूबने की इस प्रक्रिया में अपने समूह की भूमिका की तलाश उनका प्रमुख कार्यभार। यह तलाश उन्हें उन झीलों के पास ले जाती हैं जिनमें 'मुग्ध खिली हैं/लाल पंखुरियाँ/जन अनुभव की कमल–श्रेणियाँ' और 'देश–देश की ऐतिहासिक पीड़ाओं की बातों' के सिलसिले में मिला यह निष्कर्ष एक बार फिर उन्हें विस्मय से भर देता है। लेकिन इस विस्मय में हर्ष है और ये बाते भी ख़ुद से नहीं की हुई हैं बल्कि यहाँ हम हैं, हम यानी उनका समूह, बौद्धिकों का समूह।

यही शोध ब्रह्मराक्षस में जाकर अपनी तार्किक निष्पत्ति तक पहुँचता है। दूसरों से उनकी पॉलिटिक्स पूछने वाला कवि ख़ुद से भी अपनी पॉलिटिक्स के बारे में निर्मम सवाल पूछता है और सरल उत्तरों में फँसने की जगह अपने समय, समाज और राजनीति के परिप्रेक्ष्य में भीतर और बाहर भटकता अपनी सच्ची अभिव्यक्ति तलाशता वह जहाँ पहुँचता है वह एकदम स्पष्ट जनसंगउष्मा से दीप्त होकर मनुष्य की मुक्ति की राह में अपनी भूमिका लक्षित करने की दिशा है।

♦♦♦

मुझे पुकारती हुई पुकार

सदाशिव श्रोत्रिय

'मुझे पुकारती हुई पुकार' अपनी कुछ विशेषताओं के कारण मुझे मुक्तिबोध की सिद्ध रचनाओं में से एक लगती है। उदाहरणार्थ शुरू से अंत तक बाँधे रखनेवाली इसकी लयात्मकता मुझे इस रचना का एक ख़ास आकर्षण लगती है। पर जो इस कविता को मेरी राय में विशिष्ट बनाता है वह इसकी रचना–सामग्री का वह गुण है जो कि स्वप्नों की रचना करनेवाली सामग्री में पाया जाता है– और वह है मनमाना रूप बदल सकने की उसकी क्षमता। इस प्रकार की स्वप्न–सामग्री कभी भी राह से राहगीर, वक्ष से पहाड़ और प्राण से पक्षी की रूप ले सकती है। अनेक प्रतीकवादी, अभिव्यक्तिवादी और सर्रियलिस्टि चित्रकारों की कृतियों में रचना–सामग्री का रूप बदलने का यह गुण बखूबी देखा जा सकता है।

इस कविता का प्रारंभ जहाँ एक ओर बरबस नॉर्वीजियन चित्रकार एडवर्ड मुंक़ की बहुचर्चित कृति *चीख (द स्क्रीम)* को हमारे सामने ले आता है वहीं यह रचना हमें अल्बेयर कामू के प्रसिद्ध उपन्यास *पतन (द फॉल)* के उस प्रारंभिक भाग का भी स्मरण कराती है जिसमें इस उपन्यास का नायक एक पुल से दरिया में गिर पड़ी एक औरत की सहायता के लिए पुकार को सुनकर भी अनसुना कर देता है किन्तु जिसके कारण वह बाद में अपने चरित्र की वास्तविकता के बारे में गहरे संदेह से भर उठता है।

मुंक़ की कृति में चित्रित पार्श्व जिस तरह उस व्यथित पात्र की व्यथा को ही विस्तार देता हुआ लगता है जिसे इसके अग्र भाग में चित्रित किया गया है उसी तरह इस कविता का बिम्ब–विधान हमें इसके *पर्सोना* के उस अचेतन मन की छिपी हुई परतें खोलता दिखाई देता है जो उस स्वप्न का सृजनकर्ता रहा है जिससे यह *पर्सोना* मध्यरात्रि के बाद अचानक जागा है और जिस स्वप्न की समाप्ति दूर जाकर खो जाती और हृदय को व्यथित करती किसी पुकार के साथ हुई है।

अपने अत्यन्त निकट के किसी व्यक्ति की करुण पुकार के साथ समाप्त होनेवाले इस स्वप्न का चित्रात्मक और स्वप्नलोक जैसा वर्णन

हमें इस रचना की प्रारंभिक पंक्तियों में मिलता है। कविता की दूसरी से चौथी पंक्ति में 'वक्ष प्राण' के बिम्ब को 'अपार चर्म' के बिम्ब से और इस 'अपार चर्म' के बिम्ब को 'प्रलम्बिता अंगार रेख' के एक अन्य बिम्ब से जोड़ा गया है। पुकार की ध्वनि के लिए लगता है कि कवि यहाँ 'वक्ष प्राण' का प्रयोग करता है और इस पुकार का बहुत लम्बे समय तक खिंचना काफी ज़ोर लगाकर खींची जानेवाली (और फिर भी न टूटनेवाली) चमड़ी–'अपार चर्म'–के बिम्ब को उसकी कल्पना में ले आता है। खिंची चमड़ी का यह बिम्ब ही उसके मन को दूग्ध कर देने वाली इस करुण पुकार के लिए कवि की कल्पना में प्रलंबिता अंगार रेख' के एक अन्य बिम्ब की सृष्टि कर देता है। (मुंक् के चित्र में इस बिम्ब–विधान की कुछ–कुछ समरूपता चौंकानेवाली लगती है)।

इस स्वप्न के अंत ने *पर्सोना* को जिस उजाड़पन और वीरानगी की भावभूमि में ला छोड़ा हैं उसे इसकी अगली पंक्तियाँ प्रभावोत्पादक ढंग से चित्रित करती है :

पुकार खो गयी कहीं विखेर अस्थि के समूह
जीवनानुभूति की गंभीर भूमि में
अपुष्प–पत्र वक्र–श्यामझाड़–झंखड़ों घिरे असंख्य
ढूह
भग्न निश्चयों–रुँधे विचार–स्वप्न–भाव के
मुझे दिखे

स्पष्ट है कि यह स्वप्न *पर्सोना* को उसके जागने के साथ जिस भावलोक में छोड़ गया है उसमें चारों ओर जीवन उर्वरता और प्रगति की जगह मृत्यु, अनुर्वरता और अवरोध के चिन्ह दिखाई देते हैं। सत्य की पूर्ति और यत्न की पूर्णता की जगह इसमें जीवनानुभूति का अभाव और 'प्राणमूर्ति की भग्नता' दिखाई देती है जिसके कारण *पर्सोना* को अपने भीतर एक कराह–सी उठती महसूस होती है

अपूर्त सत्य की क्षुधित
अपूर्ण यत्न की तृषित
अपूर्त जीवनानुभूति–प्राणमूर्ति की समस्त भग्नता
दिखीं
(कराह भर उठा प्रसार प्राण का अजब)
समस्त भग्नता दिखी

भग्नता, निर्जनता, बिखराव, मलिनता, अवसाद, अनुर्वरता, कठोरता, अनुपयोगिता और रसशून्यता के भावों को प्रकट करनेवाले बिम्ब इस कविता की अगली पंक्तियों में भी जारी रहते हैं–

कि ज्यों विरक्त प्रांत में
उदास–से किसी नगर
सटर–पटंर
मलीन, त्यक्त, जंग–लगे कठोर ढेर–
भग्न वस्तु के समूह
चिलचिला रहे प्रचंड धूप में उजाड़
दिख गये कठोर स्याह
(घोर धूप में) पहाड़

यह द्रष्टव्य है कि प्रकृति के जिन रूपों को सामान्यतः उनकी मनोरमता में चित्रित किया जाता है वे भी जहाँ उनकी भयावहता में चित्रित हैं–यहाँ वर्णित धूप सुहावनी न होकर 'प्रचंड' या 'घोर' है; पहाड़ भी यहाँ कठोर और स्याह हैं। रूप बदल सकनेवाली स्वप्न–सामग्री से निर्मित ये पहाड़' कठिन–सत्व भावना नपुंसका असंज्ञ' के पहाड़ बन जाते हैं।

कविता की इस तेइसवीं पंक्ति पर रुककर जब हम इसका विश्लेषण करते हैं तो हमें पहली बार इस बात का आभास होता है कि वस्तुतः यह कविता इसके *पर्सोना* के अचानक डगमगा जानेवाले आत्मविश्वास की कविता है। उसे शायद पहली बार यह लगा है कि जिस 'सत्व भावना' से वह अब तक संकलपपूर्वक प्रतिबद्ध रहा है उस भावना का एक पक्ष उसका कठिन, नपुंसक और असंज्ञ होना भी है। किसी कठोर संकल्प पर दृढ़ता से डटे रहने के लिए व्यक्ति को कई बार उन लोगों के प्रति काफी कठोर और असंवेदनशील हो जाना पड़ता है जिनसे वह वस्तुतः प्यार करता है। उनके प्रति उसकी इस तरह की असंवेदनशीलता उसे उस बहुत से आनंद से भी वंचित कर देती है जिसे वह अपने लागों की इच्छाओं को अपनी इच्छाओं के रूप में अपनाकर ही प्राप्त कर सकता है। अपने प्रिय के समागम से रोकने वाली कठिन सत्व भावना के लिए 'नपुंसका' शब्द का प्रयोग इस दृष्टि से महत्त्वपूर्ण है। *पर्सोना* को यहाँ इस बात का ख्याल व्यथित करता है

कि मानव जीवन की संपूर्ण रसात्मकता को शायद पूरी तरह सात्विक और नैतिक रहकर हासिल नहीं किया जा सकता।

अर्द्धरात्रि के बाद देखे गये स्वप्न के अंत में सुनाई देनेवाली किसी आत्मीय जन की करुण पुकार *पर्सोना* को जिस नीरस प्रांत में छोड़ गयी है उसका वर्णन वह आगे इस तरह करता है :

मुझे दिखी विराट शून्यता अशांत काँपती
कि इस उजाड़ प्रांत के प्रसार में रही चमक।

केवल एक शून्यता है, एक अशान्त शून्यता, एक काँपती हुई विराट शून्यता, जो इस उजाड़ प्रांत के प्रसार में चमक रही है। *पर्सोना* को यहाँ चारों ओर केवल इस शून्यता के प्रसार की चमक ही दिखाई देती है।

कवि कई अमूर्त अवधारणाओं को यहाँ सशक्त काव्य–बिम्बों द्वारा अभिव्यक्ति देता है। इस उजाड़ प्रांत में धरती का शरीर सुंदर नहीं रह गया है। वह किसी दुर्घटना, हिंसा या दुर्भिक्ष के कारण जैसे चर्महीन हो गया है। उसकी अस्थियाँ काली मिट्टी के आवरण को हटाकर नुकीली चट्टानों के रूप में बाहर निकल आयी हैं। उसके जलते हुए प्रस्तरी अंग अब 'यत्र–तत्र–सर्वतः' बिखरे पड़े हैं। वसुंधरा शरीर की ये समस्त अस्थियाँ अब खुली हुई 'अचेत सूर्य की सफेद औ' उजाड़ धूप में' चमक रहीं–चिलचिला रही– हैं।

जैसा कि ऊपर कहा गया, सूर्य और उसकी धूप को भी यहाँ जीवन और उर्वरता के बजाय अचेतनता और उजड़े पन के भावों से संयुक्त कर दिया गया है। (निराला की कविता *वनबेला* के प्रारंभिक भाग से तुलना करने पर मुक्तिबोध द्वारा इन भावों के लिए सकारात्मक बिम्बों के नकारात्मक उपयोग को और भी अच्छी तरह समझा जा सकता है)।

कविता की अगली पंक्तियों में मुक्तिबोध स्वप्न–बिम्बों की एक और कड़ी ला जोड़ते हैं जो किसी गहरे दर्रे से गुज़रते पर्वतीय मार्ग और उस पर अग्रसर पथिक को एक साथ चित्रित करने में समर्थ है :

समीरहीन खैबरी
अशांत घाटियों गयी असंग राह
शुष्क पर्वतीय भूमि के उतार औ' उठान की निरर्थ
उच्चता निहारती चली वितृष्ण दृष्टि से
(कि व्यर्थ उच्चता बधिर असंज्ञ यह)

स्पष्ट ही यह शब्द–चित्र किसी ऐसी राह का है जो किसी ऊँची–ऊँची चट्टानों से गुज़रते खैबर जैसे समीरहीन दर्रे की अशांत घाटियों में होकर आगे बढ़ रही है। इस राह का किसी से कोई भावनात्मक लगाव नहीं दिखाई देता; वह केवल इस शुष्क पर्वतीय भूमि के 'उतार औ' उठान 'की निरर्थ उच्चता को अपनी कामना–रहित दृष्टि से निहारती हुई आगे बढ़ती गयी है।

कविता की संख्या बत्तीस से उन्तालीस तक की पंक्तियाँ उस स्वप्न के अंतिम भाग को वर्णित करती हैं जिसमें राह, स्वप्नदर्शी *पर्सोना* और उसके मनोभाव जैसे एकाकार हो गये हैं और जिसका अंत *पर्सोना* के एक गहरे अवसाद भाव के साथ अचानक उससे जाग पड़ने और उससे सहायता की याचना करती हुई किसी करुण पुकार के दूर होते हुए पूर्णतः विलुप्त हो जाने में होता है :

उजाड़ विश्व की कि प्राण की
इसी उदास भूमि में अचक जगा
मुझे पुकारती हुई पुकार खो गयी कहीं।

कविता की चालीसवीं पंक्ति से इसके बिम्ब एक नया मोड़ ले लेते हे। और वे धरती के बाह्य वर्णन के बजाय उसके गर्भ भाग के वर्णन से जुड़ने लगते हैं। प्राण की प्रतप्त धरा की काली माटीवाली जल–विहीन देह में *पर्सोना* को जहाँ अब एक 'गंभीर–दीर्घ' दरार दिखाई देने लगी हैं वहीं जिस स्वप्न से वह जागा है उसमें सुनी गयी एक अधीर व्यग्र पुकार के भार से उसके भाव एक असहनीय व्याकुलता से भर उठे हैं :

दरार पड़ गयी तुरत गभीर–दीर्घ
प्राण की गहन धरा प्रतप्त के
अनीर श्याम मृत्तिका शरीर में।
कि भाव स्वप्न–भार में
पुकार के अधीन व्यग्र स्पर्श से बिलख उठे

किन्तु पर्सोना को जिस दृश्य ने सर्वाधिक विचलित किया है वह उसकी 'प्राण–धरा' में अब भी उस अशांत नागिनी की उपस्थिति है जिसे वह अब तक पूरी तरह मृत और निश्चेष्ट मान चुका है। वह इस बात से वाकिफ़ है कि यह नागिन वस्तुतः (भैतिक उपलब्धियों के लिए) उसकी 'छिपी हुई तृषा' और उसकी 'अपूर्त स्वप्न–लालसा' की प्रतीक

है। यह उसके दृढ़ संकल्प में हो सकनेवाली वह 'भूल–चूक' है जो उसके लिए कभी भी विध्वंसक साबित हो सकती है और जिसे उसने अब तक प्रयत्नपूर्वक कठोर नियंत्रण में रखा हैं उसका फिर से अचानक दिख जाना उसके सामने अकाट्य रूप से यह साबित कर देता है कि वह नागिन अब तक भी पूर्णतः जीवित और सक्रिय है :

तिमिर–विवर में पड़ी अशांत नागिनी–
छिपी हुई तृषा
अपूर्त स्वप्न–लालसा
तुरत दिखी
कि भूल–चूक ध्वंसिनी अनावृता हुई।

अपने आदर्श लक्ष्य पर दृष्टि जमाए हुए *पर्सोना* जिन भावों को बलपूर्वक अपने विचारों से बाहर रखे थे उन नकारात्मक और बाधक भावों के एक सैलाब ने जैसे अचानक इस स्वप्न के साथ उसे आ दबोचा है और उसकी अब तक की तमाम आदर्शवादिता को केवल प्रवंचना साबित कर दिया है :

पुकार ने समस्त खोल दी छिपी प्रवंचना
कहा कि शुष्क है अथाह यह कुआँ
कि अंधकार–अंतराल में लगे
महीन श्याम जाल
घृण्य कीट जो कि जोड़ते दिवाल को दिवाल से
व अंतराल का तला
अमानवी कठोर ईंट–पत्थरों भरा हुआ
न नीर है, न पीर है, मलीन है
सदा विशून्य शुष्क ही कुआँ रहा।

जिस लक्ष्य के प्रति *पर्सोना* अब तक निर्द्वन्द्व होकर संकल्पपूर्वक प्रतिबद्ध रहा है उसकी वास्तविकता को किसी प्रियजन की इस करुण पुकार ने जैसे खोलकर उसके सामने रख दिया है। उसने एकबारगी उसे दिखा दिया है कि उसका लक्ष्य हकीकत में कितना शुष्क, कठोर, अँधेरा, रिक्त, बेदर्द और अमानवी है।

अपने जिस निजत्व को *पर्सोना* अब तक प्रयत्नपूर्वक एक विजय–भाव से साधे रहा था उसे उसकी 'अपूर्त स्वप्न–लालसा' का यह

प्रगटीकरण एक 'अभद्र रौद्र हार' में बदल गया है। यह पर्सोना की 'अपूर्त स्वप्न–लालसा' ही है जो उसके लिए अब तक किसी 'विराट झूठ', 'गोपनीय द्वंद्व' या 'अलक्ष्य भार' सी अप्रकट रही है और जिसकी ओर उसने लक्ष्य के प्रति उसकी एकाग्रता के कारण आज तक कोई ध्यान नहीं दिया। किन्तु अचेतन मन की कमज़ोरी के इस रात्रिकालीन क्षण में यह 'छिपी हुई तृषा', यह 'अपूर्त स्वप्न–लालसा' किसी छिपी हुई विषैली नागिन की तरह अचानक उसके अब भी जीवित होने का बोध करा गयी है। उससे इस तरह रू–ब–रू होने के बाद उसके अस्तिव को स्वीकार करने के अलावा उसके पास अब चारा ही क्या रह गया है अपने आदर्श लक्ष्य की प्राप्ति के लिए उसके द्वारा किये जा रहे संग्राम में चुपचाप अपनी पराजय स्वीकार करने के अलावा अब उसके सामने जैसे कोई विकल्प ही नहीं बचा है :

मैं उदास हाथ में
हार की प्रतप्त रेत मल रहा
निहारता हुआ प्रचंड उष्ण गोल दूर के क्षितिज।

उद्विग्नता, तनाव, चिन्ता, कुंठा तथा अवसाद आदि मानसिक अस्वस्थता की स्थितियों में रात्रि को किसी दुःस्वप्न के कारण अचानक जाग पड़ने और फिर वैचारिक अंतर्द्वन्द्व के कारण पुनः नींद न ले पानेवाले *पर्सोना* का चित्रण इस कविता की अगली पंक्तियों में भी जारी रहता है। इस *पर्सोना* के सूने शयन–कक्ष में एक मात्र उपस्थिति एक छिपकली की है और उसका लगातार एक यांत्रिक–सी आवाज़ निकालना *पर्सोना* के मन के अवसाद, निराशा, अतृप्ति और असंतोष के भावों को और गहरा देता है। छिपकली को अधिकांश लोग एक प्रकार के जुगुप्सा भाव से संयुक्त करके देखते हैं अतः इक्यानवीं से अट्ठावनवीं पंक्ति के बिम्बों द्वारा संप्रेषित भावों को ये अगली पंक्तियाँ और भी सघन बना देती हैं :

शून्य कक्ष की उदास
श्वासहीन, पीत–वायु शांति में
दिवाल पर
सचेष्ट छिपकली
अजान शब्द–शब्द ज्यों करे
कि यों अपार भाव स्वप्न–भार ये

प्रशांति गाढ़ में

प्रशांति गाढ़ से

प्रगाढ़ हो

समस्त प्राण की कथा बख़ानते

अधीर यंत्र–वेग से अजीब एकरूप–तान

शब्द, शब्द, शब्द में।

अवसाद, भग्नता और पराजय की जिस भाव–भूमि पर *पर्सोना* को उसका दुःस्वप्न छोड़ गया है उसे छिपकली का यह यांत्रिक और पुनरावर्ती स्वर जैसे और गहरा कर ज़ाता है। कविता की अगली पंक्ति 'मुझे पुकारती हुई पुकार खो गयी कहीं'... के साथ *पर्सोना* अवसाद व निराशा का यह आवर्त जैसे पूरा हो जाता है।

किन्तु कविता के ठीक इसी बिन्दु से इस कविता का एक दूसरा आवर्त प्रारंभ होता है जो अवसाद, कुंठा, पराजय या मृत्यु को अंतिम स्थिति के रूप में स्वीकार करने के विरुद्ध है। कविता में वर्णित समय के गतिमान होने का अनुभव भी पाठक इस कविता की अगली पंक्तियों में भली–भाँति कर सकता है।

हम अपने सामान्य अनुभव से जानते हैं कि जिस तरह के नकारात्मक भाव रात्रि के तीसरे पहर में किसी अवसादग्रस्त व्यक्ति को आ घेरते हैं उनसे भोर के आगमन के साथ ही वह व्यक्ति सामान्यतः मुक्त होने लगता है। उषाकाल के आगमन के साथ हर व्यक्ति में सामान्यतः एक नयी आशा का संचार होने लगता हैं शमशेर की कविता *घिर गया है समय का रथ* में भी रात्रिकालीन समय के संचरण के साथ मनोभावों के इस बदलाव को भली–भाँति देखा जा सकता है।

जो नकारात्मक विचार *पर्सोना* को पराजय और मरण की सी अवस्था तक ले गये थे उनका एक विपरीत दिशा में संचरण इस कविता की तिरासीवीं पंक्ति से स्पष्ट दिखाई देता है :

आज भी नवीन प्रेरणा यहाँ न मर सकी

न जी सकी, परंतु वह न डर सकी।

लगता है जैसे कोई फीनिक्स पक्षी यहाँ अपनीराख से एक बार फिर जीवित हो उठा हो :

घनांधकार के कठोर वक्ष

दंश–चिन्ह–से

गंभीर लाल बिंब प्राण–ज्योति के
गंभीर लाल इंदु–से
सगर्व भीम शांति से उठे अयास मुस्करा
घनांधकार की भिदी परंपरा।

घनांधकार के कठोर वक्ष के भावावेग में दंत–क्षत होने, दंतपंक्ति के इस चन्द्राकार चिन्ह के किसी लाल रंग के उगते हुए चाँद जैसा लगने और किसी प्रणय–रत युगल (या किसी स्तनपान करते शिशु और माँ) के होठों पर एक 'सगर्व भीम शांति'– मिश्रित मुस्कराहट के अनायास उभर आने के बिम्ब कविता के अब तक के नकारात्मक भावों को अचानक एक सकारात्मक दिशा में मोड़ देते हैं। राख, शीत, अचेतनता, मलिनता, उदासी, अंधकार, मृत्यु और काले–लंबे नागपाश के बिम्बों का स्थान अब जैसे जीवन, उष्णता और प्रकाश के बिम्ब ले लेते हैं :

सफेद राख के अचेत शीत
सर्व ओर रेंगते प्रसार में
दबी हुई अनंत ज्योति जग उठी
मलीन मृत्यु–गीत के उदास छंद बावरे
घनांधकार के भुजंग–बंध दीर्घ साँवरे
विनष्ट हो गये
प्रबद्ध ज्वाल में हताश हो।

आगे की पंक्तियों में 'घनांधकार के कठोर वक्ष' का स्थान 'विशाल भव्य वक्ष' ले लता है, जिससे :

बही अनंत स्नेह की महान् कृतिमयी व्यथा
बही अशांत प्राण से महान् मानवी कथा।

(पाठक यहाँ ठिठककर अपने आप से प्रश्न करता है कि जिस 'कृतिमयी व्यथा' या 'महान् मानवी कथा' का हवाला कवि यहाँ दे रहा है वह कहीं यह कविता ही तो नहीं जिसे वह इस समय पढ़ रहा है?)

जो जीवन्त और प्राणमय भाव अब तक क़ैद में रहकर *पर्सोना* के मन को उद्वेलित कर रहे थे वे जैसे अब अपने बंधन से छूटकर मुक्ताकाश में उड़ गये हैं :

किसी उजाड़ प्रांत के
विशाल रिक्त–गर्भ गुंबजों–घिरे
विहंग जो

अधीर पंख फड़फड़ा दिवाल पर
सहायहीन बद्ध–देह, बद्ध–प्राण
होकर न हारते
अरे नवीन मार्ग पा खुला हुआ
तुरंत उड़ गये सुनील व्योम में अधीर हो।

कविता की एक सौ नौवीं पंक्ति में 'मुझे पुकारती हुई पुकार खो गयी कहीं' के "कहीं" का स्थान "वहीं" शब्द ले लेता है। *पर्सोना* का अपने लक्ष्य के प्रति संकल्पबद्धता में खोया हुआ विश्वास जैसे एक बार पुनः लौट आया है। प्रेरणा *पर्सोना* को सँवारती हुई जैसे फिर से उठ बैठी है :

मुझे पुकारती हुई पुकार खो गयी वहीं
सँवारती हुई मुझे
उठी सहास प्रेरणा।

यह महत्त्वपूर्ण है कि मुक्तिबोध की इस कविता का अंत भारतीय शास्त्रीय संगीत की सांस्कृतिक छटा से समृद्ध एक अत्यंत काव्यमय और मुखर (निम्नलिखित) पंक्ति के साथ होता है :

प्रभात भैरवी जगी अभी–अभी।

♦♦♦

लकड़ी का बना रावण : प्रतिस्वरों का संघर्ष

जीवन वी.जे.

'लकड़ी का बना रावण' हिन्दी साहित्य जगत के प्रगतिशील जनवादी लेखक श्री गजानन माधव मुक्तिबोध की कविता है। यह कविता मुक्तिबोध की मृत्यु के बाद सन् 1964 में प्रकाशित काव्य संग्रह 'चाँद का मुँह टेढ़ा है' में संकलित है। इस संग्रह में इसके अलावा 'मूल', 'पता नहीं', 'मुझे क़दम–क़दम पर', 'मुझे नहीं मालूम', 'मेरे लोग', 'मैं तुम लोगों से दूर हूँ', 'कल जो हमने चर्चा की थीं', 'ब्रह्मराक्षस', 'चम्बल की घाटी में', 'अँधेरे में', जैसी अनेक लंबी और छोटी कविताएँ हैं। आचार्य इन्द्रनाथ मदान के अनुसार 'मुक्तिबोध की कविताएँ छोटी हो या लंबी अथवा बीच की अधूरी है कि वे पूरा होना नहीं चाहती, किनारे लगना नहीं चाहती, किनारे लगें भी कैसे युगजीवन ही मंझधार में पड़ा हुआ है, अतः इनकी कविता तट की न होकर मंझधार की कविता है।''[1] अर्थात उनकी कविताएँ सतत् संघर्ष की कविताएँ हैं। इसलिए उनकी किसी भी एक कविता को किसी प्रत्येक स्वतंत्र पृष्ठभूमि में रखकर पूर्ण रूप से समझना संभव नहीं हैं अशोक बाजपेई जी कहते हैं कि ''मुक्तिबोध परिणति के नहीं निरंतर प्रक्रिया के कवि हैं।''[2] उनकी कविताओं में अनेक स्वर हैं जो दहशत का है, त्रास का है, ख़ौफ़ का है, घृणा और स्नेह का है, अकेलापन का है, साथीपन का है, टूटने और जुड़ने का है। इसी तरह उनकी कविताओं में मानसिक तड़पन, अकुलाहट और चटपटाहट है, इनमें तनाव है सादगी और टेढ़ापन है, सरलता और जटिलता है, आस्था और अनास्था है, शौक और विश्वास है। ये सारी भावनाएँ सामाजिक यथार्थों के प्रति कवि की प्रतिक्रियाएँ हैं। अतः उनकी हर एक कविता एक–दूसरे से काफी संबंध रखती हैं ख़ुद कविता ही निरंतर प्रक्रिया बन जाती है।

'लकड़ी का बना रावण' कविता का वर्ण्य विषय तानाशाही एवं फासीवादी सत्ता और जनतंत्र के बीच का संघर्ष है। अंत में तानाशाही व्यवस्था के ऊपर लोकतंत्र का विजय होता है सत्ता अपने–आप लकड़ी से बना रावण बन जाती है। कवि ने अपने इस मत को प्रस्तुत करने के लिए विभिन्न प्रकार के बिम्बों, प्रतीकों एवं फैन्टेसी का प्रयोग किया है। इसके संबंध में श्री लल्लन रॉय का कथन है कि ''मुक्तिबोध ने फैन्टेसी

के भाववादी शिल्प के माध्यम से अपनी यथार्थवादी दृष्टि को व्यक्त करने का प्रयत्न किया है।"[3] यहाँ कविता का आरम्भ पर्वत वर्णन के साथ होता है। कविता की प्रारंभिक पंक्तियों में ही कवी प्रकृती का एक ऐसा फैन्टेसी पूर्ण चित्र खींच लेते हैं जिसमें कविता की विषय–वस्तु की पृष्ठभूमि तैयार हो जाती हैं। कवि लिखते हैं–

"दीखता
त्रिकोण इस पर्वत–शिखर से
अत्ताम, अरूप और अनाकार
असीम एक कुहरा,
भस्मीला अन्धकार
फैला है कटे–पिटे पहाड़ी प्रसारों पर;
लटकती हैं मटमैली
ऊँची–ऊँची लहरें
मैदानों पर सभी ओर"

इंटरनेशनल इनसाइक्लोपीडिया ऑफ़ सोशलसाइंसेस के अनुसार "फैन्टेसी का शाब्दिक अर्थ है मानव का प्रवाह रूप में या माँग पर एक काल्पनिक दुनिया निर्माण करने का अद्भुत सामर्थ्य। यह मुलतः ग्रीक शब्द 'फैंटसिया' से बना है।"[4] लेकिन यहाँ कवि अपनी सामाजिक संवेदनाओं को साहित्य में उभारने को विवश है।

कविता के दूसरे चरण में, उस शैल–शिखर पर खड़ा हुआ, अपने अपा को विराट पुरुष माननेवाला आदमी का चित्र है। यह आदमी एक सामान्य व्यक्ति नहीं हैं। सर्वतंत्र स्वतंत्र सत् चित्त है। गिरिशिखर पर ध्यानमग्न ब्रह्म–सा निसंग खड़ा है। लेकिन ऐसा रूप जन–सामान्य के लिए अजीब–सी बात नहीं हैं। धर्म, जाति, वर्ग, वंश और लिंग आदि के नाम पर दुनियाभर हुई नरहत्याओं के आगे, मानवीयता की मृत्यु के वक़्त इतिहास के पन्नों में ऐसे कई नेतागण उभर आये हैं। महाभारत के 'भीष्म' में भी यही मौन दिखाई पड़ता है कभी इन नेताओं का चेहरा अडोल्फ़ हिटलर का रहा, मुसोलिनी का रहा, रानी विक्टोरिया का रहा। आपातकाल के समय इंदिरा गाँधी में, सिख हत्याकांड के वक़्त राजीव गाँधी में, गुजरात के दंगों में मुख्यमंत्री रहे नरेंद्र मोदी में, बाबरी मस्जिद ध्वंस के वक़्त प्रधानमंत्री रहे नरसिंह राबू में वहीं निसंग, भव्य, ध्यानमग्न भाव दोहराता रहा। आज भी यही निसंग भाव (दूसरे शब्दों में कहें तो

वही समझदार चुपी) कई चेहरों पर दोहराते हुए दिखाई पड़ रहा है। इसमें दक्षिणपंथी एवं वामपंथी दोनों नेताएं शामिल हैं।

इस संदर्भ में श्री आलोक गुप्त जी का कथन अधिक समीचीन लगता है कि "मुक्तिबोध ने फैन्टेसी का प्रयोग कविताओं को भावसंकुल बनाने के लिए ही किया है। फैन्टेसी उनका शौक नहीं मजबूरी थी। फैन्टेसी युक्त कविताओं में एक ओर काव्य–नायक का आत्मविस्तार होता है, उसके साथ ही परिवेश की विषमता और सत्ता का आततायी रूप भी प्रकट होता है।"[5] कविता में आगे वह विराट पुरुष खुद अहंकार करता है कि रवि–चन्द्र–तारा द्युति मण्डलों के परे तक व्याप्त 'सुनील शून्य' उनके कन्धों पर ही विराजमान हैं। यहाँ शून्य कॉर्पोरेट शक्तियों का प्रतीक है जो दुनियाभर के राज्य, राष्ट्र तथा देशी सीमाओं को तोड़कर इस पूरे जगत में विराज करते हैं। इस संदर्भ में फासीवाद सम्बन्धी सर्व प्रचलित परिभाषा अधिक समीचीन लगती है कि "Fascism should more appropriately be called Corporatism because it is a merger of state and corporate power". कहा जाता है कि यह परिभाषा मुसोलिनी का कथन है जो 1932 में प्रकाशित 'इटालियन इन्साईक्लोपीडिया' में उपलब्ध है। जो भी हो फासीवाद सिर्फ़ सत्ता के विरुद्ध उभर आनेवाले प्रति स्वरों को समाप्त करने की शासकीय चेष्टा तथा सत्ता द्वारा अपनी इच्छाओं को जनता पर थोपने का प्रयास ही नहीं, बल्कि यह सरकार और कॉर्पोरेट पूँजी का सम्पूर्ण विलय है। लेकिन यह सामाजिक यथार्थ गोवध, पैसे की विमुद्रीकरण, "पद्मावती फ़िल्म' जैसे समस्याओं से ग्रसित है। इस संदर्भ में कवि लिखते हैं :

मैं ही वह विराट् पुरुष हूँ
सर्व–तन्त्र, स्वतन्त्र, सत्–चित्!
मेरे इन अनाकार कन्धों पर विराजमान
खड़ा है सुनील
शून्य
रवि–चन्द्र–तारा–द्युति–मण्डलों के परे तक।

दोनों हम
अर्थात्
मैं व शून्य

देख रहे... दूर... दूर... दूर तक
फैला हुआ
मटमैली जड़भूत परतों का
लहरीला कम्बल और–छोर–हीन
रहा ढाँक
कन्दरा–गुहाओं को, तालों को
वृक्षों के मैदानी दृश्यों के प्रसार को।

इस प्रकार फासीवाद आर्थिक तौर पर सरकार और कॉर्पोरेट पूँजी का आपसी विलय है। यहाँ ध्यान देने योग्य बात यह है कि 'हिन्दुस्तान टाइम्स' द्वारा 2017 जुलाई में प्रकाशित आँकड़े के अनुसार भारत के राज्यसभा सदस्यों में पचहत्तर प्रतिशत लोग करोड़पति हैं। इस संदर्भ में यह भी नहीं भूलना चाहिए कि विजय विटल मल्या भी हमारे देश के राज्यसभा सदस्य रहे थे। इसी प्रकार सरकारी कार्यक्रमों में कॉर्पोरेट पूँजी के हस्तक्षेप का सबसे बड़ा दृष्टान्त है 2001 के "Ambani-Birla report on higher education इस रपट के अनुसार "Government must encourage private financing by taking on some risks that makes financial institutions reluctant to lend for higher education."[6] इसके अनुसार उच्च शिक्षा के क्षेत्र में सरकार द्वारा दिया जानेवाला अनुदान रद्द कर देना चाहिए तथा शिक्षा के क्षेत्र में निजीकरण स्थापित करना चाहिए। सरकारी धन सहायता प्राथमिक शिक्षा के क्षेत्र में सीमित कर देना है। कॉर्पोरेट के लिए जिस प्रकार के मज़दूरों की आवश्यकता है, उन्हें वे खुद बनाएँगे। जैसे ''कैंपस रिक्रूटमेंट' द्वारा कई बहुराष्ट्रीय कंपनियाँ आवश्यक मज़दूरों को ले रही हैं। दूसरे शब्दों में कहें तो सरकार और कॉर्पोरेट पूँजी का आपस में सम्पूर्ण विलय।

इस प्रकार के शासक वर्ग होनेवाले इस देश में आम जनता की समस्याओं का हल कैसे संभव हो सकता है? यहाँ कविता प्रश्नचिन्ह लगाती है कि सत्ता के उत्तुंग शिखर पर बैठकर नीचे की ओर देखें तो क्या इन नेताओं को साधारण जनता नज़र आयेगी? वहाँ कवि कहते हैं कि हर कहीं मटमैली जड़ीभूत परतों का लहरीला कम्बल ही दिखाई पड़ रहा है। यह कम्बल–सा कुहरा अंतहीन है। यह सारे सामाजिक यथार्थों को ढाँक रहा है। यह कुहरा पूँजी का प्रतीक है जिससे पूरा समाज ग्रसित है।

कविता के अगले चरण में एक नया भाव दिखाई पड़ता है। गिरि शिखर के दोनों आदमी और शून्य चौंक पड़ते हैं कि नीचे कुहरे के अंदर कुछं करवट बदलता–सा लग रहा है। यह चिंता उन्हें बेचैन कर देती हैं। कुहरे के अन्दर से भाफ भरे अशंक असंख्य व उग्र चेहरे उभर कर आ जाते हैं इस असंख्य चेहरे देखकर खुद वह विराट पुरुष ही भयभीत हो जाता है। कविता वर्ग संघर्षो की रणभूमि बन जाती है। कवि लिखते हैं–

"कमज़ोरी बढ़ रही; सहसा
आतंकित हम सब
अभी तक
समुत्तुंग शिखरों पर रहकर
सुरक्षित हम थे
जीवन की प्रकाशित कीर्ति के क्रम थे,
अहं–हुंकृति के ही...यम–नियम थे,
अब क्या हुआ यह
दुःसह!!
सामने हमारे
घनीभूत कुहरे के लक्ष–मुख
लक्ष–वक्ष, शत–लक्ष–बाहु ये रूप, अरे
लगते हैं घोरतर।"

यहाँ संघर्ष सिर्फ़ वर्गों में सीमित नहीं है। जन–साधारण से उभर आनेवाली प्रतिस्वरों एवं प्रतिक्रियाएँ उस विराट पुरुष को भयभीत कर देता है। इस संदर्भ में मार्क्स का कथन सार्थक दिखाई पड़ता है कि "समाज में होनेवाले परिवर्तन मानव चेतना को और चेतना समाज को प्रभावित करते हैं।"[7] अर्थात द्वंद्वात्मकता से कोई भी व्यक्ति मुक्त नहीं है। एंगल्स ने इस संबंध में लिखा था कि "द्वंद्ववाद प्रकृति–मानव–समाज व चिंतन के विकास और गति के सामान्य नियमों का विज्ञान है।"[8] इस तरह उस विराट पुरुष के मन में भी वैचारिक संघर्ष उत्पन्न हो जाता है। यह वैचारिक संघर्ष प्रतिस्वरों के प्रति उनकी प्रतिक्रिया है। वे खुद कहते हैं कि पर्वत शिखर पर रहकर हम दोनों सुरक्षित थे। अपने विरुद्ध उठनेवाले प्रतिस्वरों को समाप्त करनेवाली

स्वेच्छा के यम–नियम थे। लेकिन ये लक्ष मुख, लक्ष वक्ष, शत लक्ष बाहुएँ उस प्रकाशमान जीवन के कीर्ति क्रम पर आक्रमण करने लगी हैं। लक्ष मुख, लक्ष वक्ष, शत लक्ष बाहुएँ तानाशाही व्यवस्था के विरुद्ध जन–साधारण का प्रतिरोध है। फासीवादी दमनकारी अनेक विराट पुरुष विश्व के इतिहास में इसी तरह भयभीत हुआ है। महात्मा गाँधीजी और सफ़दर हाश्मी से लेकर आज गोविन्द पनसारे, नरेंद्र धाबोलकर और अंत में गौरी लंकेश तक कितने ही चेहरें उभर–उभर आये हैं। यहाँ कवि का विश्वास है कि सारी पर्दाओं को हटाकर जनता रूपी क्रांति अवश्य उभर आयेगी। फिर भी इन चेहरों पर कितनी ही साम्राज्यवादी तानाशाही फासिस्ट शक्तियों ने आक्रमण किया है। कवि लिखते हैं–

''आसमानी शमशीरी, बिजलियों,
मेरी इन भुजाओं में बन जाओ
ब्रह्म–शक्ति।
पुच्छल ताराओं,
टूट पड़ो बरसो
कुहरे के रंग वाले वानरों के चेहरे
विकृत, असभ्य और भ्रष्ट हैं...
प्रहार करो उन पर,
कर डालो संहार!!''

यहाँ कवि पाठकों को पुराण के उन पन्नों तक ले जाते हैं जहाँ अधर्मी रावण वानर सेना के आगे भयभीत होकर खड़ा था। इस संदर्भ में 'चिली' के नेता रहे 'साल्वदोर अलंदे' 11 सितंबर, 1973 अमेरिकी आक्रमण के वक़्त अपनी जनता के आगे दिये भाषण में इस प्रकार कहा है–"They have the strength, they may overcome us. But the social process cannot be stopped neither by crimes or by force. History is ours and it is made by the people."[9] अर्थात् वे हमसे अधिक शक्तिशाली है, शायद हमें पराजित भी करेंगे। लेकिन सामाजिक प्रक्रियाओं को किसी हिंसात्मक क्रिया और सेना द्वारा बंद नहीं किया जा सकता। इतिहास हमारा है जो जनता द्वारा निर्मित है। हाँ...! आज तक की दुनिया का इतिहास आम जनता का रहा है। तानाशाही, फासिस्ट शक्तियों के ख़िलाफ़ दुनियाभर में उभर आये प्रतिस्वरों का रहा है

हकीक़त यह है कि दुनिया के कोई भी तानाशाही फासिस्ट नेता हमेशा के लिए कायम नहीं रहा है। कवि लिखते हैं–

"सब तरफ़ अकेला,
शिखर पर खड़ा हूँ।
लक्ष–मुख दानव–सा, लक्ष–हस्त देव–सा।
परन्तु, यह क्या
आत्म–प्रतीति भी धोखा ही दे रही!!
स्वयं को ही लगता है
बाँस के व कागज़ के पुट्ठे के बने हुए
महाकाय रावण–सा हास्यप्रद
भयंकर!!

हाय, हाय,
उग्रतर हो रहा चेहरों का समुदाय
और कि भाग नहीं पाता मैं
हिल नहीं पाता हूँ
मैं मन्त्र–कीलि–सा, भूमि में गड़ा–सा,
जड़ खड़ा हूँ
अब गिरा, तब गिरा
इसी पल कि उल पल...।"

कवि यहाँ तक आते–आते अधिक आशावादी होते दिखाई पड़ते हैं। तानाशाही फासीवादी शासन का अंत सुनिश्चित है। जनतंत्र की स्थापना होगी। इस वक़्त पिछले एक साल के अंदर भारत में हुए आन्दोलनों को परखना होगा। देश की साधारण जनता ने ही सरकार के विरुद्ध आवाज़ उठाई थी। सरकार के विरुद्ध एकजुट हो गये किसान लोग एवं श्रमिक लोग शायद देश में होनेवाले सांस्कृतिक राष्ट्रवाद, साम्प्रदायिकता से परिचित न हो, शायद वे नरेंद्र धाबोलकर, गोविन्द पनसारे और गौरी लंकेश से परिचित न हो। लेकिन अपने विरुद्ध चलनेवाली दमनकारी व्यवस्था से परिचित है। इन आंदोलनों का आविर्भाव किसी भी विश्वविद्यालय से नहीं हुआ है। इसमें भाग लिए लोग भी किसी वरेण्य वर्ग का नहीं रहे। आम जनता है। शायद कविता के अनुसार "कुहरे के रंग वाले वानरों के चेहरे/विकृत, असभ्य और भ्रष्ट है..." लेकिन कवि

का विश्वास उन असभ्य, विकृत एवं भ्रष्ट चेहरे वाली मेहनतकश आम जनता पर है। संघर्ष करने की क्षमता उनपर ही होती है।

इस संदर्भ में रवीन्द्रनाथ टैगोर का वचन अधिक सार्थक दिखता है जो आपने 1908 में अपना मित्र ए.एम. बोस के वास्ते लिखे पत्र में था कि "My refugee is humanity"। अर्थात् मेरा प्राश्रय मानवता है। इधर कवि मुक्तिबोध भी टैगोर की तरह मानवता पर आश्रय लेते हैं। लेकिन मुक्तिबोध के अनुसार समाज के केन्द्र में तथा सत्ता में मानव और मानवता की स्थापना क्रांति द्वारा ही संभव है। कविता देश की आम जनता द्वारा सामाजिक क्रांति का आह्वान करती है। इसकी पंक्तियाँ कविता को वैचारिक संघर्षों की रणभूमि बना देती है जो जन–साधारण की मुक्ति की आकांक्षा करती है।

सन्दर्भ :

1. लक्ष्मणदत्त गौतम, मुक्तिबोध : व्यक्ति अनुभव और अभिव्यक्ति, पृ.सं. 10।
2. अशोक वाजपेई, आलोचना, अंक 55 पृ.सं. 88।
3. लल्लन रॉय, मुक्तिबोध का साहित्य विवेक और उनकी कविता, पृ.सं. 103।
4. डेविड एंड सिल्स, इंटरनेशनल इनसाइक्लोपीडिया ऑफ़ सोशल साइंसेस, खण्ड–5, पृ.सं. 327।
5. आलोक गुप्त, मुक्तिबोध युग चेतना और अभिव्यक्ति, पृ.सं. 157।
6. People democracy, weakly organ of communist party of India Marxist, Vol No. 25, March, 2001.
7. चंचल चौहान, जनवादी समीक्षा : तथा चिंतन, नए प्रयोग पृ.सं. 118।
8. एगलस, ड्यूहरिंग मत खंडन, पृ.सं. 194।
9. https://www.youtube.com/watch?v=HC8UirZLCZQ

◆◆◆

दो दीमकें लो, एक पंख दो

योगेंद्र आहूजा

मैं एक ऐसे कथाकार की कहानियों के बारे में कुछ कहना चाहता हूँ जिनके बारे में बहुतों को संदेह हो सकता है कि क्या वह कथाकार था भी? मुझे भी है। प्रथमतः अंततः वह एक कवि था, हमारी भाषा में पिछले पचास वर्षों की सबसे तेजस्वी प्रतिभा। उसकी संवेदना कविताओं में व्यक्त होती थी और उनकी कविताओं में बेशुमार ऐसी है जिनकी पवित्रता और शक्ति की विपुल संपदा देखकर हमारी सांस रुकने लगती है। लेकिन कविताओं के हाशिये पर, किनारे, बीच के अंतरालों में वह जीवन भर कहानियाँ भी लगातार लिखता रहा – बहुत–सी अधूरी छूट गयी, विश्रृंखल कहानियाँ, कहानियों के टुकड़े या नोट्स। उनकी कहानियों की संख्या कम नहीं है बहुत से विशुद्ध कहानीकार भी अपने जीवन में इतनी ही कहानियाँ लिख पाते हैं। उनके बाद बहुत–सी अधूरी कहानियाँ उनके कागजों में मिलीं जिनमें से कुछ के तो आखिरी वाक्य भी अधूरे थे। जैसे एक चलती हुई फ़िल्म अचानक रुक जाये, अचानक अंधकार छा जाये।

मैं उस कथाकार की बहुत पुरानी कहानियों, ऐसी नाकाम कहानियों के बारे में बात करना चाहता हूँ, जो संभवतः कहानी कला के मानदंडों पर भी पूरी नहीं उतरतीं और जिनके कहानी होने में भी संदेह है। इसकी वजह यह है कि बेशक वो हों प्रचलित अर्थों में नाकाम, फिर भी आपका पीछा नहीं छोड़तीं। उन्हें भुला पाना या नज़रअंदाज या दरकिनार कर पाना मुमकिन नहीं हो पाता–और अनायास, कई बार चुपके से वो जो कुछ कह जाती हैं वह आपकी चेतना का हिस्सा बनकर हमेशा साथ रहता है। मगर सिर्फ़ इतना ही नहीं। मेरा एक अपना, निजी अनुभव यह भी है, जरूरी नहीं कि वह औरों का भी हो– कि आपकी जिंदगी के कुछ नाजुक, कमजोर निर्णायक, अँधेरे क्षणों में उन कहानियों का कोई हिस्सा, कोई वाक्य तड़ित की तरह कौंध जाता है। और बहुत दूर तक आगे का रास्ता आलोकित कर देता है।

उन कहानियों के बारे में कुछ कहने से पहले मुझे इज़ाजत दीजिए एक और कहानी, उसका आखिरी हिस्सा, दृश्य, आखिरी पैराग्राफ सुनाने

की। हर लेखक या कवि कागज पर जो लिखता है या लिखने की आंकाक्षा रखता है या नहीं लिख पाता, उसके अलावा भी उसके जीवन में हर पल, अपने–आप, अनभिप्रेत एक अदृश्य टेक्स्ट लिखा जाता रहता है। एक इनविजिबिल, अदृश्य, अलिखित कहानी जो उसके साथ चलती है। यह वही अदृश्य, अलिखित कहानी है, उसका आखिरी हिस्सा... अपने में बहुत हृदय विदारक, मगर रोमांचक भी। वह भी कोई नयी कहानी नहीं, आप सब जानते हैं। यह 9 या 10 सितंबर, 1964 की रात है। दिल्ली के एम्स के कमरा नं 208 के दरवाजे के शीशे में से एक उम्रदराज, 53 साल का कवि बेबस निगाहों से भीतर देख रहा है। वहाँ नीम अँधेरे में एक बेहोश जिस्म है, जिसकी सांस धीरे धीरे उठती और गिरती है। पास में ऑक्सीजन सिलिंडर हैं, मशीनें। वह कवि स्वीकार नहीं करना चाहता, लेकिन भीतर कहीं उसे एहसास है कि वह शख्स जो भीतर है, धीरे–धीरे मर रहा है और उसके संग बाहर खड़े उस शख्स के भीतर भी कुछ मरता जा रहा हैं। उसकी बेहोशी उसके अपने होश का पैमाना बन गयी है। ढ़ाई महीने पहले जून में रघुवीर सहाय ने तत्कालीन प्रधानमंत्री शास्त्री जी के कक्ष से एक बदहवास टेलीफोन किया था : कट थ्रू, दिस इस प्राइम मिनिस्टर्स आफिस, और उसके एक दिन के बाद नयी दिल्ली के रेलवे स्टेशन पर उनके चिंतित कविमित्रों ने उनके आने का इंतजार किया था। 26 जून, 1964 को नयी दिल्ली के प्लेटफार्म पर एक ट्रेन से वह शरीर, टर्मिनल कोमा में, सावधानी से नीचे उतारा गया था। पीछे–पीछे एक स्टैंड पर ग्लूकोज की एक बोतल, हिलती डुलती। वह बेहोश था, चेहरे पर जीवन–भर की अस्थिरताओं का तनाव था। उसकी नकसीर फूटी थी। एक एंबुलेंस में वह वहाँ से सीधे एम्स ले जाया गया था।

बाहर बरामदे की धुंधली रोशनी में वह शख्स, उम्रदराज कवि, बहुत देर इंतजार करता है – फिर जैसे किसी दुःस्वप्न में चलता हुआ बस पकड़कर एम्स से मॉडल टाउन अपने घर जाता है। उस काली, गाढ़ी रात के बीतने के इंतजार करते हुए, अपनी बेचैनी को अभिव्यक्ति देने के लिये वह चंद शेर लिखता है, कुछ इस तरह :

जमाने भर का कोई इस क़दर अपना न हो जाये
कि अपनी जिंदगी ख़ुद आपको बेगाना हो जाये।
और

सहर होगी, ये शब बीतेगी और ऐसी सहर होगी
कि बेहोशी हमारे होश का पैमाना हो जाये।

कमरा नं. 208 में जो शख्स भीतर बेहोश है, उसने कभी लिखा था :*साहित्य हमेशा अन्य से संवाद हैं, इसलिये एक सर्जक की, उसके कर्म की पहली और बुनियादी जरूरत है स्व' की धेरेबंदी तोड़ पाना।* लेकिन बाहर बरामदे में जो शख्स बेचैन खड़ा है वह तो इसके भी आगे जाकर, केवल अपने 'स्व' के परे उस अन्य तक पहुँचना भर नहीं चाहता, वह तो जैसे उस अन्य में अपने को विलीन कर देना चाहता है। देखिये वह क्या लिखता है :

इधर मैं हूँ, उधर मैं हूँ, अजल, तू बीच में क्या है।
फकत एक नाम है। ये नाम भी धोका न हो जाये।

उसी रात मुक्तिबोध का देहांत हो गया। उनकी शवयात्रा में एक युवा चित्रकार ने, जिसकी उम्र उस वक़्त 45 के आस–पास थी, कंधा दिया था। वह उस शवयात्रा में नंगें पावों क्या चला, फिर हमेशा या अधिकतर वैसे ही चलता रहा । उस चित्रकार का नाम था मकबूल फिदा हूसैन और उस कवि का शमशेर बहादुर सिंह। यह वह कहानी है, उसका आखिरी हिस्सा, जो मुक्तिबोध जीवन–भर प्राणों और खून से लिखते रहे। इसमें व जाने कितनी अर्थव्याप्ति, कितने रहस्योद्‌घाटन हैं। जो दूसरी कहानियाँ उन्होंने लिखीं, वो इसी कहानी के हिस्से थे। मगर लिटरेचर की दुनिया बेमुरव्वत होती है। जब हमारे सामने रचना होती है तो सिर्फ़ वही सामने होती है। रचनाकार का कितना ही कष्टप्रद जीवन रहा हो, रचना के मूल्यांकन में किसी सहानुभूति का लाभ उसे नहीं मिलता, न दिया जाना चाहिए। तो आइये उनकी कहानियों के बारे में हम बात करें जो वो जीवन–भर कविताओं के किनारे लिखते हैं।

'अँधेरे में'। शायद आपको लगे कि मैं उस बहुत लंबी कविता के बारे में बात करना चाहता हूँ जो इतनी चर्चित, इतनी ज्यादा उद्धरित है, जिसकी बेशुमार आलोचनायें मौजूद हैं और जो हिंदी कविता में अब एक आधुनिक क्लासिक का दर्जा हासिल कर चुकी हैं पता नहीं, किसी को याद भी है या नहीं कि इसी शीर्षक की उनकी एक कहानी भी है। मैं उस कहानी के बारे में बात करना चाहता हूँ। (प्रसंगवश इसी शीर्षक की एक कहानी निर्मल वर्मा की भी है)। क्या है इस कहानी में? रात को 12 बजे ट्रेन से 25 साल का एक युवक उतरता है। वहाँ लोग हैं,

शोरगुल, प्लेटफार्म का परिचित दृश्य। ठंडी हवायें, गर्म धुआँ, चाय की बास। पाँच साल पहले वह यहीं रहता था। बाहर ताँगे, दुकानें, सराय, अफीम का गोदाम, म्युनिसिपल पार्क, चौराहें, कॉलेज। युवक को रात का यह वातावरण अत्यंत प्रिय मालूम हुआ। रेल की पटरियों के पार मध्यवर्गीय नौकरों के क्वार्टर हैं। एक आंगन में दो खाटें बिछी हैं। एक खाट पर एक पुरुष टेबल लैंप की रोशनी में कुछ पढ़ रहा है। यकायक उसके मन में एक प्यार उमड़ आया। वे घर उसे अत्यंत आत्मीय जैसे लगे मानो वे उसके अभिनन अंग हों। मगर अपने ही मन की यह भावना उसे समझ में नहीं आयी। लेखक लिखता है–वह अब भावनाओं का इतना अभ्यस्त नहीं रह गया कि उनका आदर्शीकरण कर सके। यह युवक, करता क्या है? बस कहानी के बीच में एक लाइन में संकेत है कि वह मजदूरों की चालों में नित्य जाया करता है। उनके बीच काम करता है लेकिन शायद ख़ुद मजदूर नहीं। अमीर दोस्तों के स्वच्छ, सुंदर मकानों में भी जाता, चँदा इकट्ठा करता, चाय पीता और वाद विवाद करता है। रोज का कठिन शुष्क, दृढ़ जीवन उसे एक विशेष तरह का आत्मविश्वास देता था। परंतु आज...पता नहीं क्यों, वह तरल और भावुक और कुछ कमजोर हो रहा है। वह परिचित शहर की गलियों में चलता जाता है। वह अपना लक्ष्यस्थान भूल चुका है। उसे अपने घर की, माता–पिता की, बहन की याद आती है। दूर एक दुकान पर कुछ लोग हैं, एक तांगेवाला, एक मुसलमान सज्जन और एक मौलवी साहब। पुलिस का एक गश्तवान सिपाही जो चेहरे से मुसीबतजदा लगता है। युवक वहाँ जाकर चाय मांगता है। वे आपस में बातें कर रहे हैं। पुराने जमाने की बातें, नए जमाने का चलन। होटलवाला जो एक सैयद मुसलमान है, बातचीत के बीच में कहता है–मैं आपको एक किस्सा सुनाता हूँ। दुनिया में बदमाशी है, बदत्तमीजी है। है, पर करना क्या। मौलवी साहब मेरा दिल एक सच्चे सैयद का दिल है। एक दफा क्या हुआ कि हजरत अली अपने महल में बैठे हुए थे। वह हजरत अली का किस्सा सुनाता है। वो गरीबों के हिमायती हैं, महल में रहते हैं मगर कोई नहीं जानता कि वो बाज़ार में अनाज के बोरे भी उठाते हैं। रेशम का शाही लबादा सिर्फ़ ऊपरी लिबास है, अंदर वो मोटे बोरे के कपड़े पहनते हैं। किस्सा सुनाते हुए सैयद होटलवाले की आँखों में आंसू आ जाते हैं। मौलवी साहब जिनकी चिंता बस एक चाय या बिस्कुट मुफ्त या उधार लेने की थी, का सिर नीचा हो जाता है। उन्हें लगता है जैसे

वो हार गये हों, उनकी विद्वता भी हार गयी हो। युवक बातचीत में कोई शिरकत नहीं करता। वे मौलवी साहब उसके साथ चलने लगते हैं। वे अपने बारे में बताने लगते हैं कि वे मस्जिद में रहते हैं। दस साल पहले शादी हुई थी, मगर उनकी बीवी गहने समेटकर चंपत हो गयी। और तमाम बातें होती हैं। युवक बूढे क़ी सूरत से ही कई बातें जान लेता है– वही दुख जो किसी–न–किसी रूप में प्रत्येक कुचले मध्यवर्गीय के जीवन में मुँह फाड़े खड़ा हुआ है। वह चालीस का है। उसके दिल में सूनापन है, बेचैनी है। एक असंतुष्ट जीवन है। उस वक़्त लड़ाई चल रही है यानी दूसरी जंगे अजीम। मौलवी साहब अखबाद पएत्रते हैं, रेडियो भी सुनते हैं। अपनी तरह से दुनिया को, उस वक़्त की राजनीति को और जमाने की चाल को समझने की कोशिश करते हैं। ये बातें मामूली हैं मगर उनके आस–पास भावना का आलोकवलय है। युवक को उनकी बातें अच्छी लगती हैं।

मौलवी जब गली में मुड़कर गया तो युवक की आँखें उस पर थीं। मौलवी का लंबा, दुबला और श्वेतवस्त्रावृत्त सारा शरीर उसे एक चलता–फिरता इतिहास मालूम हुआ।

रात काफी हो चुकी है। युवक को अब सोना है। कहाँ सोए। फिर वह स्टेशन चल पड़ता है। वह वहीं सोना चाहता है। रास्ता अँधेरे से ढंका है। नींद के झोंकों में पैरों में कुछ नरम–नरम लगता हैं। वहाँ मानव शरीर है, पता नहीं बच्चे का, स्त्री का, जवान का या बूढ़े का। वह भागने लगा किनारे की ओर। लेकिन वहाँ तक आदमी सोए हैं। सोते हुए मनुष्यों का एक समुद्र है।

युवक के मन में एक प्रश्न, बिजली के नृत्य की तरह, घूमने लगा–क्यों नहीं इतने सब भूखे भिखारी जगकर, जागृत होकर उसको डंडे मारकर चूर–चूर कर देते हैं? क्यों उसे अब तक जीवित रहने दिया गया?

एक विस्तृत, शांत खुलापन युवक को ढंक रहा था और उसे सिर्फ़ अपनी आवाज सुनाई दे रही थी–पाप, हमारा पाप, हम ढ़ीले ढ़ाले, सुस्त, मध्यवर्गीय, आत्म–संतोषियों का घोर पाप। बंगाल की भूख हमारे चरित्र विनाश का सबसे बड़ा सबूत। उसकी याद आते ही, जिसको भुलाने की तीव्र चेष्टा कर रहा था, उसका हृदय कांपने लगता था और विवेक भावना हाँफने लगती थी।

उस लंबी सुदीर्घ सड़क पर वह युवक एक छोटी–सी नगण्य छाया होकर चला जा रहा था।

बस इतनी ही है कहानी जो 1948 के आस–पास लिखी गयी थी जब दूसरी बड़ी लड़ाई और बंगाल का अकाल अभी हाल की चीज थे। आइये हम इसका विश्लेषण करें। इस छोटी–सी कहानी में जैसे मुक्तिबोध की सारी बाहरी और आंतरिक दुनिया सिमट आयी है। सारे मुक्तिबोधीय तत्व यहाँ हैं और वह खास मुक्तिबोधीय आवाज तो है ही, गंभीर, भारी, दुर्धर्ष, कभी ग्लानि से भरी, कभी गुस्से से, और कुछ–कुछ शोकाकुल जो उनकी हर रचना में हमें सुनाई देती हैं एक अतिपरिचित रोजमर्रा का हिंदुस्तानी दृश्य जिसे हम सब अपने हाथ रेखाओं की तरह जानते पहचानते हैं। कहानी का पात्र, युवक जो उसे देख रहा है, वह भी इस दृश्य का ही एक हिस्सा है मगर फिर भी उससे बाहर है। उसके पास एक सचेत, जागृत, संवेदनशील, विश्लेषणपरक आँख है और सबसे बढ़कर, एक विशाल ह्रदय है। वह कष्ट से दबे लोगों के लिये सिर्फ़ सहानुभूति नहीं रखता, वह उन्हें गले लगा लेना चाहता है। उनसे अलग उसका अपना कोई जीवन हो, यह कल्पना उसके लिये नामुमकिन है। उसकी जो भी नियति या नसीब है, उन्हीं के साथ है। सड़क पर सो रहे लोगों को देखकर उसे अपना पाप याद आता है। वह शख्स जैसे ख़ुद मुक्तिबोध ही है। कहानी एक ओर एक प्राचीन मिथक को छू आती है। हजरत अली का, उनकी गरीबनवाजी का जिक्र। दूसरी ओर उस वक़्त की वैश्विक परिस्थिति...दूसरी बड़ी लड़ाई, बंगाल का अकाल।

मगर इसमें कहानी कहाँ है। इसमें तो इतने रिक्त स्थान हैं। तर्क का तार जहाँ तहाँ टूटा हुआ है। वह युवक जहाँ जाने के लिए आया है, वहाँ जाता क्यों नहीं? जिस काम से आया है वह काम क्यों नहीं करता। वह सिर्फ़ चाय पीने, बातें सुनने तो इतनी रात ट्रेन से नहीं आया होगा। वह इतना संवेदनशील है, लेकिन उसकी संवेदना मन ही में रहती है। वह किसी तरह का कोई हस्तक्षेप नहीं करता, बातचीत में भी अपनी ओर से कोई हिस्सा नहीं लेता, सिर्फ़ सुनता है और अंत में ग्लानि से भर जाता है। वह कहानी कहाँ हैं, यह तो सिर्फ़ एक स्केच, एक दृश्य है। कहानी के सारे तत्व यहाँ मौजूद हैं, मगर जैसे के तैसे, जड़ित, जमी हुई, मूर्छित अवस्था में पड़े रहते हैं। कहानी में गतिमयता का संचार नहीं होता। कहानी के अभाव की कुछ पूर्ति उनका विशाल

हृदय करता है। बेशक यह एक विशाल हृदय से उत्प्लावित कहानी है। कुछ हद तक उनकी भाषा उसकी क्षतिपूर्ति करती है। वह खास मुक्तिबोधीय मानवीय आवाज भी, जिसका मैंने अभी जिक्र किया। मगर ये सब मिलकर भी, लगता है, कहानी में कहानी के अभाव की पूर्ति नहीं कर पाते।

उनकी प्रसिद्ध कहानी है क्लाड ईथरली। कहानी का नैरेटर, 'मैं', पीली धूप से चमकती हुई एक ऊँची भीतर के सामने हैं। कांच के रोशनदान दूर से दीखते हैं। एक अहाता है, उसके पीछे एक आदमक़द दीवार। एक बिजली का ऊँचा खंभा। वह देखता है कि दुमंजिला मकानों पर चढ़ने की एक ऊँची नसैनी, जिसका अर्थ शायद सीढ़ी होगा, उसी से टिकी हुई है। सहज जिज्ञासावश, अंदर का दृश्य देखने के लिये वह उस नसैनी पर चढ़ जाता है। सामनेवाली ऊँची भीत के रोशनदान में से उसकी निगाहें पार निकल जाती हैं। वह जो देखता है, उससे स्तब्ध हो जाता है। दूर ढिलाई से गोल–गोल घूमते पंखे के नीचे दो पीली स्फटिक–सी तेज आँखें, एक सलवटों भरा चेहरा, बाहर देख रहा है। आँखों से आँखें लड़ पड़ती हैं। एक दूसरे को भेदती दो स्तब्ध, एकाग्र आँखें।

वह नीचे उतर पड़ता है। सुनसान रास्ता। कम–से–कम दो फर्लांग दूरी पर उसे एक आदमी मिलता है। सिर्फ़ एक आदमी। उसका चेहरा खुरदुरा, पंजाबी कहला सकता है, मगर जिस्म लचक़दार है। एक नारीतुल्य, जनाना आदमी। उनमें परिचय होता है, बातें होने लगती हैं। वह शख्स बताता है कि वह सी आई डी है। नैरेटर कहता है–बड़ी अच्छी बात है। मुझे भी इस धंधे में दिलचस्पी है। हम लेखकों का पेशा इससे कुछ मिलता–जुलता है। पान की दुकान पर चार पाँच आदमी और एक औरत उसे घेर लेते हैं। वे निचले तबके में पुलिस के इन्फार्मर्स होंगे। फिर वे आगे बढ़ते हैं। नैरेटर उस शख्स के जनानेपन में कोई अर्थ, कोई एकस्प्लेनेशन ढूंढने की कोशिश करता है। वह शख्स उस बिल्डिंग के बारे में बताता है कि वह एक पागलखाना है। अपने बारे में वह बताता है "मेरा किस्सा मुख्तसर यों है। तुम मेरे दोस्त हो, इसलिये कह रहा हूँ। मैं एक बहुत बड़े करोड़पति सेठ का बेटा हूँ। उनके घर में जो काम करने वालियां हुआ करती थीं उनमें से एक मेरी माँ है जो अब भी वहीं है। मैं घर से दूर पाला पोसा गया, पिता के खर्चे से। मां मिलने आती। बमुश्किल तमाम मैट्रिक किया, फिर किसी की

सिफारिश से सी आई डी की ट्रेनिंग में चला गया। बाद में पता चला कि वहाँ का खर्च भी वहीं सेठ देता रहा। तुम लेखक वेखक भी हो। बहुत से लेखक *और पत्रकार इन्फार्मर* हैं। इसलिये मैंने सोचा, चलो अच्छा हुआ, एक साथी मिल गया।

वह शख्स बातचीत के बीच कहता हैं—जो आदमी आत्मा की आवाज कभी कभी सुन लिया करता है और उसे बयान करके उनसे छुट्टी पा लेता है, वह लेखक हो जाता है। जो लगातार सुनता मगर कुछ कहता नहीं है, वह भोला भाला सीधा सादा बेवकूफ है। जो उसकी आवाज बहुत ज्यादा सुना करता और वैसा करने लगता है, वह समाज विरोधी तत्वों में शामिल हो जाया करता है। लेकिन जो आदमी आत्मा की आवाज जरूरत से ज्यादा सुनकर हमेशा बेचैन रहा करता है और उस बेचैनी में भीतर के हुक्म का पालन करता है, वह निहायत पागल है।

बातचीत के बीच में वह शख्स लेखक को प्रस्ताव भी दे देता है—तुम क्यों नहीं यह धंधा करते? यह सुनकर लेखक को बहुत कुछ सोचना होता है, धंधा शब्द पर भी वह ठिठक जाता है। आगे बातें होती हैं। वह बताता है कि वहाँ पागलखाने में जो है उसका नाम है क्लाड ईथरली।

नैरेटर को आश्चर्य का धक्का लगता है। वह सोचता है कि यह कौन शख्स है जो मुझसे इस तरह बात कर रहा है। लगा कि मैं सचमुच इस दुनिया में नहीं रह रहा हूँ। दो सौ मील ऊपर आ गया हूँ। पृथ्वी एक चौड़े नीले गोल जगत—सी दिखाई दे रही है। मन में एक भयानक उद्वेगपूर्ण भारहीन चंचलता है। एक घनघोर, भयावह, संदिग्ध पल। तो क्या हिरोशिमा वाला क्लाड ईथरली इस पागलखाने में है?

वह कहता है—हाँ, वह क्लाड ईथरली ही है।

—तो क्या यह हिंदुस्तान नहीं है? हम अमरीका में रह रहे हैं?

कौन था यह क्लाड ईथरली। कहानी उसके बारे में बताती है, मगर वहाँ एकाध ब्यौरा गलत भी है। वह हिरोशिमा मिशन में भाग लेने वाले ग्रुप में पायलट था। इस मिशन में सात बी–29 विमान लगाये गये थे जिनमें से एक का, जिसका नाम था स्टेट फ्लश, वह पायलट था। कहानी में है कि उसके गिराये बम से हिरोशिमा नष्ट हुआ था। लेकिन नहीं, उसने बम नहीं गिराया था। वह उस विमान का चालक नहीं था

जिसने असल में बम गिराया था। 6 अगस्त, 1945 को टिनियन आइलैंड से वह उड़ा था रात को 1 बजकर 37 मिनट पर। बम गिरानेवाले विमान जिसका नाम था एनोला गे उससे एक घंटा पहले। क्लाड ईथरली का काम सिर्फ़ इतना था कि वह हिरोशिमा के आसमान में जाये, वहाँ से मौसम का हाल बताये। न उसने बम गिरया था न बम गिरना या विस्फोट या हिरोशिमा शहर का विनाश अपनी आंखों से देखा था। लेकिन बहरहाल, इससे फर्क नहीं पड़ता, उस मिशन का हिस्सा तो वह था ही। 1947 में उसने एयर फोर्स छोड़ दी। इसके बाद उसका जीवन नरक सरीखा था। ग्लानि और पश्चाताप से भरकर एक या दो बार उसने आत्महत्या की नाकाम कोशिशें कीं। मानसिक चिकित्सालय में उसे डाल दिया गया। वहाँ वह चार साल रहा लेकिन उसकी हालत बिगड़ती गयी। अमरीकी सरकार ने उसे 'वार हीरो' का खिताब दिया था। लेकिन वह तो अपने को मानवता का एक घोर अपराधी मानता था। 'वार हीरो' का मिथ तोड़ने के लिये वह गुंडों के साथ मिलकर छोटे मोटे अपराध, चोरियाँ करने लगा। ऐसे अपराध जिनसे उसे कुछ फायदा नहीं होता था। वह डाकघरों पर, बैंकों पर धावा मारता था। हिरोशिमा के मेयर को छोटी मोटी धनराशियाँ भेजता था। जब वह अस्पताल में था तो आस्ट्रिया के शांतिवादी विचारक गुंथर एंडर्स से उसका पत्राचार हुआ। उनके पत्र प्रकाशित भी हुए हैं। उसने लिखा है कि हम ऐसे भयानक संकट के रू–ब–रू हैं जो मांग करता है कि हम अपनी पूरी मूल्य व्यवस्था और वफादारियों पर पुनर्विचार करें। इस गुनाह में जो दूसरे लोग शामिल थे वे अपनी अंतरात्मा को धोखा देते रहे यह कहकर कि वो तो एक बहुत बड़ी मशीन या तंत्र का महज़ एक पुर्जा थे। उनका फर्ज था आज्ञापालन करना और वही उन्होंने किया। मगर यह क्लाड ईथरली के लिये नहीं मुमकिन हुआ। वह मानता था कि हम अपने विचारों और कामों के लिये ख़ुद जिम्मेदार हैं। यह जिम्मेदारी आप किसी राजनीतिक दल, ट्रेड यूनयिन या संस्था या चर्च या राज्य पर नहीं डाल सकते। इनमें से किसी के पास आपसे उच्चतर नैतिकता नहीं, इसलिये किसी को नैतिक हक़ नहीं कि वो आपको कोई निर्देश दे सकें। क्लाड ईथरली अपने–आप में इतना बड़ा विषय है, उसके जीवन में कई महान उपन्यासों और फ़िल्मों की सामग्री है। दिलचस्प है कि जिस विमान ने सचमुच बम गिराया था, उसका चालक, जिसका नाम था कर्नल पाल टिबेट्स, वह बिना किसी ग्लानि या

पश्चाताप या कचोट के एक सुखी संतुष्ट जीवन जीता रहा और क्लाड ईथरली की परेशानी उसे कभी समझ में नहीं आयी।

मगर मुक्तिबोध की यह कहानी सिर्फ़ क्लाड ईथरली की कहानी नहीं है। वह यहाँ एक वास्तविक, ऐतिहासिक व्यक्ति तो है, मगर एक रूपक भी है। वह शख्स कहता है कि भारत के हर बड़े नगर में एक–एक अमरीका है। वहाँ की संस्कृति और आत्मा का संकट हमारी संस्कृति और आत्मा का संकट है। यही कारण है कि आजकल के लेखक और कवि अमरीकी, ब्रिटिश तथा पश्चिमी यूरोपीय साहित्य तथा विचारधाराओं में गोते लगाते हैं, वहाँ से अपनी आत्मा को शिक्षा और संस्कृति प्रदान करते हैं। क्या यह झूठ है? क्या हमने इंडोनेशियाई या चीनी या अफ्रीकी साहित्य से प्रेरणा ली है या लुमुंबा के काव्य से? छिः छिः वह तो जानवरों का, चौपायों का साहित्य है। अगर वहाँ की संस्कृति हमारी संस्कृति है, उनकी आत्मा हमारी आत्मा और उनका संकट हमारा संकट है–जैसा कि सिद्ध है कि है, जरा पढ़ो अखबार, करो बातचीत अंग्रेजीदां फर्राटेबाज लोगों से–तो हमारे यहाँ भी हिरोशिमा पर बम गिरानेवाला विमानचालक क्यों नहीं हो सकता और हमारे यहाँ भी साम्राज्यवादी, युद्धवादी लोग क्यों नहीं हो सकते! मुख्तसर किस्सा यह है कि हिंदुस्तान भी अमरीका ही है।

क्लाड ईथरली अणुयुद्ध का और सारे युद्धों का विरोध करने वाली आत्मा की आवाज का दूसरा नाम है। वह मानसिक रोगी नहीं है। आध्यात्मिक अशांति का, आध्यात्मिक उद्विग्नता का ज्वलंत प्रतीक है। पुराने जमाने में हमारे बहुतेरे विद्रोही संतों को भी इसी तरह पागल कहा गया। इसके आगे वह शख्स कहता है कि हमारे अपने मन–हृदय–मस्तिष्क में भी ऐसा ही एक पागलखाना हैं जहाँ हम अपने उच्च, पवित्र और विद्रोही भावों और विचारों को फेंक देते हैं। जिससे धीरे–धीरे या तो वे ख़ुद बदलकर समझौतावादी पोशाक पहनकर सभ्य, भद्र हो जायें यानी दुरुस्त हो जायें या उसी पागलखाने में पड़े रहें।

कहानी का अंत यहाँ होता है। वह शख्स कहता है कि व्यापक अन्याय का अनुभव करनेवाले मर उसका विरोध न करनेवाले लोगों के अंतःकरण में पाप भावना रहती है, रहनी चाहिए। ईथरली में और उनमें यह बुनियादी एकता और अभेद है। उससे सिद्ध हुआ कि तुम सरीखे सचेत जागरुक संवेदनशील सन क्लाड ईथरली हैं।

उसने मेरे दिल में खंजर मार दिया। लेखक कहता है, हाँ यह तो सच है। अवचेतन के तहख़ाने में पड़ी हुई आत्मा विद्रोह करती है। पापाचारों के लिये अपने को जिम्मेदार मानती है। यह मेरा भी तो रोग है। 'लेकिन यह सब तुम मुझसे क्यों कह रहे हो?' 'इसलिये कि मैं सी आई डी हूँ और तुम्हारी स्क्रीनिंग कर रहा हूँ।'

आइये इस कहानी का विश्लेषण करें। कहानी में बाहरी दुनिया और मनुष्य की आंतरिक दुनिया के बारे में इतनी चिंतायें हैं कि लगता है कि वे कहानी में सिमट ही नहीं पातीं। इसमें आधुनिक मनुष्य के अंतःकरण की स्क्रीनिंग है, उसके अवचेतन की पड़ताल है, उसका एक सटीक मनोविश्लेषण है। साम्राज्यवाद के, युद्ध के, अणुबम के लिये नफरत है। दूसरे विश्वयुद्ध के बाद जो नैतिक सवाल और संकट मनुष्य के सामने खड़े हो गये थे, उनका जिक्र है। कहानी में एक तरह की सभ्यता समीक्षा है। आज की कहानी के बारे में कभी–कभी कहा जाता है कि उसमें विवरणों की बहुतायत है–इसके विपरीत इस कहानी में जैसे सत्यों की बहुतायत है। कुछ रोजमर्रा के आमफहम सत्य, कुछ दार्शनिक सत्य। लेकिन बहुत सारे अनुत्तरित सवाल इस कहानी में भी हैं। वह जो सी आई डी है उसका जिस्म जनाना क्यों है। अगर वह मर्दाना होता तो क्या कहानी में कुछ फर्क पड़ता? वह एक करोड़पति सेठ की नाजायज संतान बताया गया है, कहानी के सत्य से इसका क्या संबंध है। थोड़ी ही देर की मुलाकात में ही वह कैसे अपनी निजी, गुप्त बातें उसे बता देता है, बिना किसी उकसावे के। ये बातें कहानी के कथ्य से, या उसके अभिप्रेत से असंबद्ध लगती हैं मगर वो इतनी जीवंत हैं, इस क़दर मानीखेज, कि हम उन्हें महज पृष्ठभूमि मानकर, नज़रअंदाज करके आगे नहीं बढ़ पाते। फिर वह मैट्रिक पास शख्स क्या इतनी सटीक सभ्यता समीक्षा, ऐसी राजनीतिक टिप्पणी, और ऐसा गहन मनोविश्लेशण कर सकता है। और वह शिकायत तो अपनी जगह रहती ही है कि कहानी में कुछ घटित नहीं होता। अंत तक बस कुछ घटित होने का इतंजार रहता है। कहानी में कोई वाकया, घटना या दुर्घटना नहीं, सिर्फ़ बात होती है– या तो दूसरों से या अपने से–लेकिन क्या केवल वार्तालाप सें कहानी बनती है? निर्मल वर्मा मुक्तिबोध की कहानियों के बारे में लिखते हैं कि उनकी कहानियों में सब–कुछ स्थिर है, सिर्फ़ बात चलती है। यहाँ घटनायें स्थगित हैं, वक़्त और चीजें फ्रीज्ड हैं। उनके बीच मुक्तिबोध के पात्र अपने या दूसरों से बातें करते हुए निकल जाते हैं। वो लिखते हैं कि ऐसा लगता है कि वो चीजों के संचारी जीवन को

इसलिये फ्रीज करते हैं कि मन की प्रयोगशाला में उन तत्वों का एक–एक कर परीक्षण कर सकें जिनके सम्मिश्रण से वेदना बनती है। कैसी वेदना, किस तरह की वेदना? 'वेदना' तो अपने में एक अमूर्त लफ़्ज है। क्या कोई जन्मजात, जैविक वेदना जो इंसान के मन में पैदा होती है या उसके होने से, उसके वजूद से जुड़ी होती है। या वह जिसके स्त्रोत इंसान के मन में नहीं, उसके बाहर कहीं समाज व्यवस्था में, जीवन स्थितियों में, अर्थतंत्र में होते हैं। निर्मल जी इसके बारे में कुछ नहीं कहते। वो इस बात को नज़रअंदाज करते हैं कि मुक्तिबोध मार्क्सवादी थे, और मार्क्सवाद में उनकी एक प्रबल, जिद्दी आस्था थी। मार्क्सवाद उनके लिये आजीविका का साधन नहीं था, वह जीने मरने का प्रश्न था।

निर्मल जी की 'वेदना' वाली बात को याद रखते हुए हम उनकी एक और कहानी देखते हैं। 'भूत का उपचार'। मुक्तिबोध कहानी लिखने की कोशिश कर रहे हैं मगर नहीं लिख पाते। कहानी आगे बढ़ने से इंकार कर देती है। फिर लेखक, जैसा कि उसका स्वभाव है, आत्मविश्लेषण करने लगता है। दो बताते हैं कि उसका पात्र ऐसी आबोहवा में रहता है जो उसके आत्मविकास के विरुद्ध है। वह व्यक्ति जब घर में समय नहीं मिलता तो आफिस में डिफरेंशियल केलकुलस में सिर खपाता है। वह गणित के नशे में, साहित्य और संगीत की दुनिया में रहता है हाँलाकि वह न साहित्यकार है, न संगीतज्ञ, न गणितज्ञ। इन सबमें पारंगत होने का उसे अवकाश नहीं मिला। उसका कठिन जीवन है। वह तंगी में रहता है, नया कर्ज लेकर पुराना चुकाता है। मुक्तिबोध शायद उसकी इसी दुर्वस्था को, उसकी दीन हीन हालत को, उसके दबे कुचले होने को कहानी का विषय बनाना चाहते हैं।

वह पात्र लेखक के सामने आ धमकता है। उनमें वार्तालाप होने लगता है। पात्र कहता है–मुझे इतना निकम्मा न समझो। मैंने भी एक नया धंधा सीख लिया है।

मुझे आश्चर्य का धक्का लगा। यह क्या करनेवाला है। सट्टा या जुआ। दफ्तरी राजनीति से शुरू होकर बातें फिर वहाँ आ जाती हैं जहाँ वह लाना चाहता हैं मैंने कहा–मिस्टर, जिंदगी मैथेमेटिक्स नहीं है। वह जिंदा चीज है, सस्पंद। क्या समझे।

पात्र लेखक को देखकर हँसता है मानो वह सिर्फ़ एक शब्द तत्पर मूर्ख हो।

एकाएक मुझे महसूस हुआ कि पात्र का मस्तक दीप्त हो उठा है। वह कुछ कहना चाहता था। उस दिक के बारे में जो काल का ही एक विस्तार है। ऋण एक यानी माइनस एक का वर्गमूल एक काल्पनिक संख्या है। माइनस एक का वर्गमूल यानी *स्कवायर रूट ऑफ़ माइनस वन* इसे याद रखियेगा। इसका जिक्र उनकी एक अन्य कहानी में भी आता है। पात्र की धारणा है कि सृष्टि यानी प्रकृति इस संख्या को मानती है ओर उसके गगित शास्त्रीय नियमों के अनुसार बरताव करती है। इसी कारण गणित–विद्या विज्ञान की रानी है। शुद्ध तार्किक भावों में भी प्रतीक होते हैं। यहाँ ये सांख्यिक प्रतीक हैं। पात्र पूछता है–एक जमा एक क्या होता है। दो। क्या यह सार्वभौम सत्य है? क्या ऐसा हमेशा होता है? यह उदाहरण देता है। एक नदी इधर से आयी एक उधर से। दोनों एकाकार हो गयीं। जब नदी एक हो गयी तो उसे दो नहीं कहा जा सकता। जड़ गणित के नियम हमेशा प्रकृति नहीं मानती। उसमें अपनी एक स्वयं गति है। फिर वह पूछता है–लकीर की क्या परिभाषा है। वह आइस्टाइन, तारा बिंदुओं ब्रह्मांड, स्पेस के, समय के बारे में बातें करता, सवाल पूछता है। लेखक की घिग्घी बंध जाती है। वह जो कुछ भी कहता है, पात्र उसकी धज्जियां उड़ाता चला जाता है। फिर वह कहता है–क्षमा करें आप मेरे स्त्रष्टा हैं। लेकिन आपमें आब्जेक्टिव इमेजिनेशन नहीं है। आप नहीं जानते कि शुद्ध तार्किक भावों में भी एक भारी रोमांस होता है।

लेखक चिढ़कर कहता है–आप मुझे अपना पांडित्य क्यों बता रहे हैं।

इसके जवाब में पात्र जो कहता है, उसे साहित्य के पंडित किस तरह लेते हैं, मुझे नहीं पता, लेकिन वह मेरी नज़र में तो हिंदी लिटरेचर का एक जैम है। इसे बार–बार पढ़ा जाना चाहिएं। वह कहता है। *मेरे भीतर का जीवन आप क्या जानो। जो भीतर है वह धुँआ या कुहरा है, यह गलत है। आप मुझे ऐसा पेंट करना चाहते हैं जैसे मैं दुख के, असंगति के, कष्ट के एक गटर का कीड़ा यानी निम्नमध्यवर्गीय हूँ। जी नहीं स्त्रष्टा महोदय, मैं इतना आधुनिक नहीं हूँ। मेरी आत्मा आधी क्लासिकल है, आधी रोमांटिक। ईश्वर के लिये आप मुझे गलत चित्रित न कीजिए। ठीक है कि मैं तंग गलियों में रहता हूँ और बच्चे को कपड़े नहीं हैं, या कि मैं फटेहाल हूँ। किन्तु मुझ पर दया करने की कुचेष्टा न कीजिए।*

वह आगे कहता है—*क्षमा कीजिए लेकिन यह सच है कि आप लोग मन की कुछ विशेष अवस्थाओं को ही अत्यंत महत्त्वपूर्ण मानकर चलते हैं—विशेषकर उन अवस्थाओं को जहाँ वह अवसन्न है, और बाहरी पीड़ाओं से दुखी हैं। मैं उस अवसन्नता और पीड़ा का समर्थक नहीं, भयानक विरोधी हूँ। ये पीड़ायें दूर होनी चाहिए। लेकिन उन्हें अलग हटाने के लिये मन में एक भव्यता लानी होती है—चाहे वो भव्यता पीड़ा दूर करने संबंधी हो या गणितशास्त्रीय कल्पना की एक नयी अभिव्यक्ति! उस भव्य भावना को यदि उतारा जाये तो क्या कहना!*

इसलिये जनाबेआली, मैं इस बात का विरोध करता हूँ कि आप निम्नमध्यवर्गीय कहकर मुझे जलील करें मेरे फटेहाल कपड़ों की तरफ जान—बूझकर लोगों का ध्यान इस उद्देश्य से खिंचवायें कि वे मुझ पर दया करें। उन सालों की ऐसी—तैसी!

निर्मल जी ने मुक्तिबोध की कहानियों में वेदना की बात की थी। मुक्तिबोध उसकी वेदना को उसकी अंदरूनी मस्ती या भव्यता से पृथककर अपनी कहानी का विषय बनाना चाहते थे, और इस बात पर लड़ने—झगड़ने के लिये खुद उनका पात्र उनके सामने चला आया।

यह कहानी बहुत महत्त्वपूर्ण है। लेकिन कहानी के रूप में नहीं, इस कहानी में साहित्य के बारे में जो सिद्धांत निरूपण है, उसके कारण। कहानी तो यह है ही नहीं। कहानी को भूल जाइये, साहित्य को भी भूल जाइये। लिटरेचर के अलावा और उसके बाहर भी तो एक दुनिया है। मुझे तो इन लफ्ज़ों ने इंसान को देखने का एक नजरिया दिया। मुझे उसके चेहरे की लकीरों के पार देखना, उसकी अंतरात्मा में झाँकना सिखाया। मुझे बताया कि फटेहाली, फाकाकशी, भूख, दारिद्रय, दुख, अपमान...बेशक ये सब घृणित चीजें हैं, उन्हें सबसे पहले दूर करना जरूरी है ओर लिटरेचर का एक उद्देश्य है कि उन्हें दूर करने के लिये जो हजारहा लड़ाइयाँ चल रही हैं, उनमें यह भी शामिल हो। मगर फटेहाली और दारिद्रय मनुष्य की पूरी परिभाषा नहीं है, यहाँ तक कि फटेहाल और दरिद्र की भी पूरी परिभाषा वह नहीं है। फटेहाली के भीतर भी खजाने छुपे हो सकते हैं, होते हैं। हर मनुष्य के भीतर एक भव्यता, एक कल्पनाशीलता, सौंदर्यबोध होता है। हर मनुष्य अपने में एक विश्व होता है। इस धरती पर जितने मनुष्य हैं, उतने विश्व हैं। उसमें

असीम सौंदर्य, अनंत संभावनायें होती हैं, जिनसे निगाह हटनी नहीं चाहिए। साहित्य का संबंध सिर्फ़ मनुष्य की ऊपरी दरिद्रता से नहीं, उसकी अंदरूनी भव्यता से भी है। सिर्फ़ उसकी वेदना से नहीं, उसकी मस्ती से भी। अदब महज जिंदगी के वाकेयात की मुसव्वरी नहीं है, वह जिंदगी के बुलंद मकासिद की मुसव्वरी है। यह बात मार्क्सवादियों की बात से थोड़ा अलग या दूर की महसूस हो सकती है, मगर यह बात *मार्क्स* के करीब है। यहाँ इस बात को विस्तार देने का अवकाश नहीं है लेकिन जान लें कि मार्क्स बेशक अपने जमाने के तरक्कीपंसद अदीबों के साथ थे, मगर जिन पर वे फिदा थे, वे थे शेक्सपियर।

ब्रह्मराक्षस का शिष्य

आप जानते हैं 'ब्रह्मराक्षस' शीर्षक की उनकी एक प्रसिद्ध कविता भी है। उसमें शहर के बाहर एक खंडहर में एक परित्यक्त सूनी बावड़ी के ठंडे अँधेरे में जल का गहराइयाँ हैं। वहाँ न जाने कब से जमे पुराने पानी में बावड़ी की अनेक सीढ़ियां डूबी हुई हैं। उस बावड़ी को बहुत सारी उलझी शाखाओं ने घेर रखा है। शाखों पर लटकते घुग्घओं के घोसले हैं। बावड़ी की उन घनी गहराइयों में एक ब्रह्मराक्षस बैठा है इस कविता में मुक्तिबोध स्वयं को उस बृह्मराक्षस का सजल–उर–शिष्य होने और उसके अधूरे कार्यो को पूरा करने की इच्छा जाहिर करते हैं। कविता लंबी है। उसकी आखिरी पंक्तियां मैं आपको याद दिलाता हूँ–

पिस गया वह भीतरी
औ, बाहरी दो कठिन पाटों बीच
ऐसी ट्रेजडी है नीच!!

बावड़ी में वह स्वयं
पागल प्रतीकों में निरंतर कह रहा
वह कोठरी में किस तरह
अपना गणित करता रहा
औ, मर गया...
वह सघन झाड़ी के कंटीले
तम–विवर में

मरे पक्षी–सा

विदा ही हो गया

वह ज्योति अनजानी सदा को सो गयी

यह क्यों हुआ

क्यों यह हुआ

मैं ब्रह्मराक्षस का सजल–उर–शिष्य

होना चाहता

जिससे कि उसका वह अधूरा कार्य,

उसकी वेदना का स्त्रोत

संगत, पूर्ण निष्कर्षों तलक

पहुँचा सकूँ।

जब वे यह कविता लिख रहे थे, उसी समय, उसी के दौरान, इसी कविता के हाशिये पर उन्होंने वह कहानी भी लिखी थी–'ब्रह्मराक्षस का शिष्य'। ये दोनों रचनायें 1957 में साथ–साथ लिखी गयी थीं, जैसे उन्होंने एक ही रचना को दो तरह से लिखा हो, या वो एक ही रचना के दो हिस्से हों। गौर करें कि कविता में वे जो इच्छा जाहिर करते हैं– उस ब्रह्मराक्षस का शिष्य होने की, उसे जैसे इस कहानी में पूरा करते हैं। इस कहानी में वह ब्रह्मराक्षस, किसी खंडहर की सूनी बावड़ी के अँधेरे जल में नहीं, एक बहुमंजिला भव्य भवन में रहता हैं कहानी की शुरुआत दिलचस्प है, माहौलसाजी जबरदस्त। उस महाभव्य भवन की आठवीं मंजिल के जीने से सातवीं मंजिल के जीने की सूनी–सूनी सीढ़ियां उतरता हुआ एक विद्यार्थी है। अभी–अभी उसने एक चमत्कार देखा है। तीन कमरे पार करता हुआ एक विशाल वज्रबाहु हाथ। वह बारह साल के बाद इस भवन से बाहर आ रहा हैं जब वह चिड़ियों के घोसलों और बर्रो के छत्तों भरे ऊँचे सिंहद्वार के बाहर निकला तो यकायक राह से गुजरते हुए लोग भूत–भूत कहकर भाग खड़े हुए। आज तक उस भवन में कोई नहीं गया था। बारह साल पहले दक्षिण के एक देहात से वह लड़का भूखा प्यासा वहाँ आया था। पढ़ने–लिखने से बैर रखने के कारण उसके विद्वान पिता ने उसे घर से निकाल दिया था। जंगल–जंगल घूमता, राह पूछता वह वहाँ पहुँचा। उसे गुरु की तलाश थी। विद्यार्थी उसकी बात सुनकर जोर–जोर से हँसने लगे। एक

ने कहा—देख बे, सामने सिंहद्वार है।। उसमें घुस जा, तुझे गुरु मिल जायेगा। उन विद्यार्थियों को पता है कि उस भवन में एक ब्रह्मराक्षस रहता है।

वह भूखा प्यासा मासूम लड़का भीतर जाकर देखता है कि वहाँ आठ मंजिलों का एक विशाल भवन है। हर मंजिल पर विशाल, भव्य, सूने बरामदे, जैसे अभी—अभी कोई साफ करके गया हो। चादर लगी गद्दियाँ, वाद्ययंत्र, फानूस, अगरबत्तियाँ। मगर इतनी प्रबंध व्यवस्था के बाद भी उसे कहीं किसी मनुष्य के दर्शन नहीं होते। वह मंजिलें चढ़ता जाता है। उसे डर भी लगता हैं। आठवीं मंजिल पर फिर एक भव्य बरामदा मिलता है जहाँ एक ऋषि मनीषी ध्यान मुद्रा में बैठे हैं।

तुमने यहाँ आने का साहस कैसे किया? यहाँ कैसे आये?

लड़का आतंकित हो गया। मुँह से कोई बात नहीं निकली।

कैसे आये? क्यों आये? एक गरज जैसी आवाज में वह कहता है।

मैं मूढ़ हूँ निरक्षर हूँ। ज्ञानार्जन के लिये आया हूँ।

वह उसे तरह—तरह से आजमाता है, उसके संकल्प की हर तरह से परीक्षा लेता है। फिर गुरु बनना स्वीकार करता है। वह एक दिल दहलानेवाली, मगर धीमी आवाज में कहता है—बारह वर्ष के भीतर तू वेद, शास्त्र, पुराण, गणित, आयुर्वेद, साहित्य, संगीत, समस्त शास्त्र और कलाओं में पारंगत हो जायेगा। केवल भवन त्यागकर बाहर जाने की इजाजत नहीं होगी।

बारह वर्ष तक वह वहीं रहता है, आठवीं मंजिल पर। उस भयानक निःसंग, शून्य, वीरान भवन में विद्याध्ययन की गूँजें उठती रहती हैं। दोनों में कोई इस दौरान सातवीं मंजिल तक भी नहीं उतरता। केवल एक ही बात वह नहीं जान सका, न जानने का प्रयास किया कि वहाँ यदि और कोई व्यक्ति नहीं है तो यह सारा मामला चलता कैसे है? निश्चित समय पर उन्हें भोजन मिल जाता है। भोजन के समय वे विवादग्रसत विषयों पर बहसें करते हैं। वहाँ आठवीं मंजिल पर एक नयी दुनिया बस गयी। बारह वर्ष के बाद अध्ययन समाप्त होता है। गुरु शिष्य से कहता है—बेटा! आज से तेरा अध्ययन समाप्त हो गया है। आज ही तुझे धर जाना है। बारहवें वर्ष का आज आखिरी दिन है। स्नानादि से निवृत्त होकर आओ और अपना अंतिम पाठ लो।

पाठ के समय वे दोनों उदास, गंभीर हैं। उनका दिल भर रहा है।

अंतिम पाठ के बाद वे भोजन के लिये तैयार हैं। गुरु कहता है–बैटे खिचड़ी में घी नहीं डाला है?

शिष्य उठनेवाला है कि गुरु कहते हैं–नहीं नहीं उठो मत। वह अपना हाथ इतना बढ़ा देता है कि वह कक्ष पार करता हुआ, दूसरे कक्ष में प्रवेश कर, एक क्षण में घी की लुटिया ले आता है। शिष्य कांपकर स्तंभित रह गया। गुरु बताता है– मैं एक ब्रहमराक्षस हूँ, फिर भी तुम्हारा गुरु हूँ। अपने मानव जीवन में मैंने विश्व की समस्त विद्या को मथ डाला। दुर्भाग्य से मुझे कोई योग्य शिष्य न मिला जिसे मैं अपना समस्त ज्ञान दे पाता। इसीलिये मेरी आत्मा संसार में अटकी रह गयी और मैं ब्रहमराक्षस के रूप में यहाँ विद्यमान हूँ। तुमने मेरा ज्ञान प्राप्त कर मुझे मुक्ति दिला दी। यह उत्तरदायित्व अब तुम पर आ गया। जब तक मेरा दिया तुम किसी और को न दोगे तब तक तुम्हारी मुक्ति नहीं।

यह कहानी जो आधुनिक यथार्थवादी कथाओं के शिल्प में नंहीं है, एक फैंटेसी है और पुरानी नीति कथाओं, बोध कथाओं के, फेबल के शिल्प में है। इस वक़्त की कहानी, आधुनिक कहानी इस शिल्प में नहीं लिखी जाती। हमारे वक़्त की जटिलता और बहुआयामिता शायद इस शिल्प में नहीं समा सकती। यह शिल्प आज हमें एकायामी लगता है, उसे हम कब का छोड़ आये हैं। यह कहानी कहानी के रूप में कितनी महत्त्वपूर्ण है, मुझे नहीं मालूम। मगर उसमें जो ज्ञानमीमांसात्मक अवधारणा है, वह बहुत महत्त्वपूर्ण है। ज्ञान किसी की पर्सनल प्रापर्टी नहीं हैं। वह परंपरा की, सामाजिक व्यवहार की उपज है, उनकी आपसी अंतर्क्रिया का परिणाम। इस तरह वह हमेशा एक सामाजिक उत्पाद है और उसे समाज को वापस लौटा देना, यह उसके साथ जुड़ी एक आवश्यक जिम्मेदारी है। इस तरह यह हमारे समय की, पूँजीवादी ज्ञान धारणा का विरोध करती है। इस वक़्त तो ज्ञान पर कब्जा जमाने की और इंटेलेक्चुअल प्रापर्टी राइट्स की बातें होती हैं। ज्ञान के मायने भी अब सीमित हैं–उपयोगितापरक या तकनीकी ज्ञान या महज सूचनायें या जानकारियाँ। ज्ञान पर कब्जा जमाने की चाहना ज्ञान की प्रकृति से बेमेल है। लेकिन सिर्फ़ हमारे समय की नहीं, यह उस बहुत पुरानी ज्ञान धारणा के भी विरुद्ध है जिसके अनुसार ज्ञान पर हक़ केवल कुछ खास वर्णो का था। वह जो हमारी परंपरा का सबसे बड़ा पाप रहा है,

मनुस्मृति नाम की घृणित किताब। गौर करें कि कहानी में ब्रह्मराक्षस युवक को आजमाने के लिये बहुत सारे सवाल पूछता है, लेकिन उसकी जाति नहीं। इस कहानी को पढ़कर हम समझ पाते हैं कि क्यों मुक्तिबोध ब्रह्मराक्षस को इतने स्नेह से याद करते हैं, उनका सजल–उर–शिष्य होना चाहते हैं। क्यों चाहते हैं कि उसका अधूरा कार्य, उसकी वेदना का स्त्रोत संगत, पूर्ण निष्कर्षो तलक पहुँचा सकें। कहानी में वे लिखते हैं–*भाग्यवान है वह जिसे ऐसा गुरु मिले।* जब मैं इस कहानी के बारे में सोचता हूँ तो मुझे उनकी दूसरी कहानी 'मैं फिलासफर नहीं हूँ' भी अनिवार्यतः याद आती है। यह 1939 में लिखी गयी एक छोटी–सी कहानी है, और उनकी शायद ऐसी अकेली कहानी जिसमें उनका स्वर तंज से भर है। तंज या व्यंग्य मुक्तिबोध की मूल आवाज नहीं है। उस कहानी में भी एक गुरु हैं, एक आधुनिक गुरु। एक डाक्टर ऑफ़ फिलासफी, विद्वान माने जानेवाले प्रोफेसर साहब जो विद्यार्थियों को मेटाफिजिक्स पढ़ाते हैं। वे दार्शनिक, क्रांतिकारी, साम्यवादी, मैटीरियलिस्ट, एथीस्ट, प्रैगमेटिस्ट सब–कुछ एक साथ हैं। उनके दिमाग में बहुत बारीक ख्याल आते हैं– मगर सब ख्यालों के पीछे जो ख्याल आता है वह यह कि वो बिलकुल कोरे हैं। टैब्यूला रासा।

वे सफलता की सीढ़ियाँ चढ़ते जाते हैं। हर सफलता पर अपने–आप से पूछते हैं–कहो भाई, अब तो तुम पढ़ लिख गये हो?

फिर आवाज आती है–मैं बिल्कुल कोरा हूँ। टैब्यूला रासा।

वे कहते हैं–पढ़ाते–पढ़ाते ऐसा जी होता है कि कप भर चाय पी लूँ और उनसे साफ–साफ कह दूँ कि मुझे कुछ नहीं आता है। मुझ पर विश्वास मत करो। मेरी विद्वता इंद्रजाल है। इसके साथ फंसोगे तो जीवन–भर धोखा खाओगें और मुझे नहीं भूलोगे। तब मुझे ऐसा लगता है मानो मेरे दिल से खून बह रहा हो।

टेब्यूला रासा लैटिन शब्द है जिसके माने हैं–खाली स्लेट। यह एक पारिभाषिक शब्द भी है, एक ज्ञानमीमांसीय अवधारणा जिसके अनुसार जन्म के साथ मनुष्य कोई पूर्वज्ञान, पूर्व संस्कार लेकर नहीं आता। इस अवधारणा के अनुसार जन्म के समय उसका मस्तिष्क एक खाली स्लेट की तरह होता है। सारा ज्ञान अनुभव और अवबोध से, सामाजिक वयवहार से आता है। उस ब्रह्मराक्षस जैसे गुरु का मिलना सौभाग्य है।

और ज्ञान की प्राप्ति के रास्ते में इस टैब्यूला रासा से टकरा जाना घोरतम दुर्भाग्य।

'पक्षी और दीमक' मेरी एक और प्रिय कहानी है। इसे तकरीबन तीन दशक पहले, तीस साल पहले पहली बार पढ़ा था और तब से उसे भूलना मेरे लिये संभव नहीं हो पाया। दरअसल, इस कहानी ने ही अपने को भुलाने नहीं दिया। वह बार–बार मेरे सामने आती रही।

इस कहानी में भी, पहले पाठ में, लगता है कि कुछ घटित नहीं होता, सिर्फ़ बात होती है। मगर सतह से थोड़ा नीचे उतरें, तली तक जायें तो हम जान पाते हैं कि यहाँ बहुत कुछ धटित हो रहा है। इस कहानी में नायक या कहानी का मुख्य पात्र अपनी आजीविका के लिये किसी संस्था से जुड़ा है। यह कोई एन जी ओ जैसी संस्था है। उसका सर्वेसर्वा एक सांवले नाटे क़द का भगवा खद्दर कुर्ता पहनने वाला शख़्स है। वह शेवरलेट चलाता है। संस्था को कुछ शिक्षा संबंधी कामों के लिये सरकार से कुछ ग्रांट मिला करती है। एक पूरा, सुव्यवस्थित तंत्र है झूठी रसीदें पेश कर ग्रांट हड़प कर जाने का। नायक इसका हिस्सा नहीं है मगर उसमें प्रतिरोध की इच्छाशक्ति भी नहीं है। वह सिर्फ़ खामोश देखता रहता है। उसके दिल के किसी कोने में एक अंधियारा गटर बहता है–आत्मालोचंना, दुख और ग्लानि का, उसे लगता है कि वह एक जाल में, बुराई की अनेक चक्रों वाली दैत्याकार मशीन में फँसा है। मगर वह यह महसूस करने के अलावा, दुखी होते रहने के अलावा कुछ नहीं कर पाता। एक श्यामला नाम की नारी है जिससे उसे प्रेम है। वह उसकी उदासीनता पर कुछ वक्र वाक्य कहती है। उस संस्था में उसकी क्या स्थिति है, यह स्पष्ट करने के लिये वह उसे एक कहानी सुनाता है। दरअसल यह वह उसे नहीं अपने–आप को ही सुना रहा है। उसके बहाने यह उसका ख़ुद अपने से ही एक वार्तालाप है। एक प्रकार का आत्म स्वीकार या कन्फेशन।

एक पक्षी था। नीले आसमान में खूब ऊँचाई पर उड़ता जा रहा था। एक दिन वह नौजवान पक्षी जमीन पर चलती हुई एक बैलगाड़ी देखता है। उसमें बड़े–बड़े बोरे भरे हैं। गाड़ी वाला चिल्ला कर कहता है–दो दीमके लो, एक पंख दो। उस पक्षी को दीमकों का शौक था। वे हवा में या ऊँचाई पर नहीं, सिर्फ़ जमीन पर मिलती थीं। नौजवान पक्षी को लगता है कि यह तो बड़ी सुविधा है। दोनों का सौदा तय हो जाता

है। अपनी चोंच से एक पर को खींचकर तोड़ने से उसे पीड़ा भी होती है। मगर बदले में बड़े स्वाद के साथ दो दीमकें दबाकर वह उड़ जाता है। अब उसे गाड़ीवाले से रोज एक पंख के बदले दो दीमकं ख़रीदने की लत लग जाती है। एक दिन उसका पिता देख लेता है। वह समझाता है कि बेटे, दीमकं हमारा स्वाभाविक आहार नहीं हैं। और उनके लिये पंख तो हरगिज नहीं दिये जा सकते। मगर नौजवान पक्षी को लत लग गयी थी। उसके पंखों की संख्या घटती गयी। अब वह ऊँचाइयों पर पहले की तरह उड़ान नहीं भर पाता, अपना संतुलन नहीं साध पाता। धीरे–धीरे उसकी हालत यह हो गयी कि वह आकाश में उड़ ही नहीं सकता था। वह सिर्फ़ एक पेड़ से देसरे पेड़ तक उड़ पाता। फिर यह भी कम होता गया। अब वह केवल एक डाल से दूसरी डाल तक फुदक पाता था। मगर उसका दीमकें खाने का शौक नहीं छूटता। कभी–कभी वह गाड़ीवाला आता ही नहीं था। तब उसे अपने भीतर एक भयानक खालीपन महसूस होता था। उसने सोचा मैं ख़ुद दीमकं ढूँढूंगा। वो पेड़ से उतरकर जमीन पर आ गया। फिर एक दिन उसके मन में न जाने क्या आया। वह खूब मेहनत से जमीन में से दीमकें चुनकर खाने के बजाय उन्हें जमा करने लगा। अगली बार वह गाड़ीवाला नज़र आता है तो वह कहता है– देखो मैंने कितनी दीमकें जमा कर ली हैं।

तो मैं क्या करूँ?

ये दीमकें ले लो और मेरे पंख मुझे वापस दे दो।

गाड़ीवाला ठठा कर हँस पड़ा। बेवकूफ, मैं दीमक के बदले पंख लेता हूँ। पंख के बदले दीमक नहीं।

गाड़ीवाला चला गया। वह पक्षी छटपटाकर रह गया। एक दिन एक काली बिल्ली आयी और मुँह में उसे दबाकर चली गयी। पक्षी का खून टपक–टपक कर जमीन पर बूंदों की लकीर बना रहा था।

लेखक लिखता है–श्यामला ध्यान से मुझे देख रही है। कहानी कह चुकने के बाद मुझे एक झटका लगा। हर व्यक्ति के जीवन में एक निर्णायक क्षण आता है जब उसकी सारी शक्तियों को एक साथ जागृत होना होता हैं उसके जीवन में यह वही मूमेंट है। एक संकल्प, एक निश्चय उसके भीतर जागता है। मैं उस पक्षी जैसा नहीं मरूँगा। मैं अभी भी बच सकता हूँ। मुझमें उड़ने की ताकत अभी बाकी है। वह

फैसला करता है कि उसका जितना क्षरण होना था, हो चुका। वह अपने–आप को वापस पायेगा। वह मुश्किल जीवन जियेगा, कष्ट उठायेगा, संघर्ष करेगा। कहानी में सिर्फ़ इतना ही नहीं इसके अलावा और भी बहुत कुछ है। कहानी इतनी सरलीकृत नहीं है, उसमें बहुत सारी गुत्थियाँ और जटिलतायें हैं। शुरुआत में एक खिड़की का जिक्र आता है जिसे बंद रखना होता है। खिड़की के पार झाड़ियाँ हैं। वहाँ पक्षी रहते हैं और अंडे देते हैं। कभी–कभी रात बिरात उनकी चीखती आवाजें सुनाई देती हैं। वहाँ शिकार की खोज में एक सांप आता है उन झाड़ियों में रेगता फिरता है। एक रात उस खिड़की से कथानायक के कमरे में भी चला आया था। उसे मुश्किल से किस तरह मारा गया, इसकी बारीक डिटेल्स कहानी में है। कहानी के अंत में भी एक मरा साँप आता है। कथानायक श्यामला से प्रेम करता है मगर उसे अपने प्रेम पर ख़ुद ही शंका है। श्यामला भी गीले सपनों की दुनिया में रहने वाली नहीं, वह बहस करनेवाली एक आधुनिक, सचेत नारी है, उसमें एक पथरीलापन है। इन सबकी अपनी व्यंजनायें हैं जिनकी वजह से कहानी सघन और अनेकार्थी और बहुआयामी है। मगर कहानी पढ़ने के बाद याद रह जाता है वही पक्षी। मैंने कहा था कि यह कहानी बार–बार मेरे सामने आती रही है। सबके जीवन में कभी या अक्सर ऐसा मौका आता है, कोई आपको दो दीमकों का आफर देता है और चुपके से एक पंख ले लेता है। ऐसे मौकों पर आपको दृढ़ता से, बिना किसी शंका के, एक साफ और निश्चयात्मक तरीके से कहना होता हैं–'नहीं'। जब भी ऐसे पल मेरे जीवन में आये जैसे वे सबके जीवन में आते हैं और आपके जीवन में भी आते रहेंगे, तब यह कहानी मुझे हमेशा याद आयी। *दो दीमकें लो, एक पंख दो।* इस कहानी ने मुझे ऐसे पलों में याद दिलाया कि क्या कहना है, और वह कह पाने की ताकत भी दी।

मुक्तिबोध की केवल एक कहानी का जिक्र और करूँगा। यह कहानी है 'जलना' जो उनकी अंतिम नहीं तो अंतिम कहानियों में है। यह उन्होंने अपने अंतिम वर्षों में लिखी थी और उनके जीवन काल में प्रकाशित न हो सकी। यह 1960 में लिखे गयी थी यानि 'नयी कहानी' के दौर में, उस वक़्त जब मोहन राकेश, कमलेश्वर और निर्मल वर्मा इत्यादी की शुरू की रचनायें सामने आ चुकी थीं। प्रकाशित यह हुई थी

उनकी मृत्यु के बाद, 1968 में। यह कहानी कहानी कला के मापदंडों पर भी मुकम्मिल कहानी है।

कहानी में जो घटनाक्रम है, वह इतना साधारण, इतना मामूली है कि आश्चर्य होता है–और उसका वक्फा इतना छोटा है कि कहानी बस आधे या अधिक–से–अधिक एक घंटे के अंतराल में पूरी हो जाती हैं एक निम्नमध्यवर्गीय परिवार में सुबह का एक परिचित दृश्य है। परिवार के लोग अभी पूरी तरह जगे नहीं हैं। बाहर आड़ी तिरछी बारिश हो रही है। चुन्नीलाल वर्मा उर्फ चुन्नू, एम.एस.सी. असिस्टेंट टीचर परिवार के लोगों के लिये चाय बना रहा है। आप चुन्नीलाल वर्मा उर्फ चुन्नू से पहले मिल चुके हैं। अगर आपको याद नहीं आया तो मैं याद दिलाता हूँ। यह वही तो है, जो भूत का उपचार कहानी में लेखक से, अपने स्त्रष्टा से बहस करने, लड़ाई करनेवाला चला आया था। जी हां, बिलकुल वही। जिसकी शिकायत थी कि आप केवल मेरी दुर्वस्था का जिक्र करते है, मेरे भीतर की भव्यता का नहीं। जिसने कहा था कि जो लोग मुझ पर तरस खाते या दया करते हैं, उनकी ऐसी की तैसी।

वह एक विचारशील, कल्पनाशील व्यक्ति है। यह गणित के नशे में, साहित्य और संगीत की दुनिया में, विचारों की दुनिया में रहता है। यह मुक्तिबोध के पात्रों की खासियत है– वे जिन जीवन स्थितियों में रहते हैं, उन तक महदूद नहीं रहते, उनके द्वारा कुचले नहीं जा पाते। उनका एक हिस्सा यहाँ होता है, बहुत कष्टकारी जीवन स्थितियों में, मगर दूसरा हिस्सा इतिहास, भूगोल, फिलासफी, दिक और काल.... कहाँ–कहाँ उड़ान भरता है मैं इसे कहता हूँ 'मुक्तिबोधीय उड़ान'। यह उड़ान वे अंत तक भरते रह सके, तो इसका कारण यह था कि जब भी कोई उनके सामने यह प्रस्ताव लेकर आया 'दो दीमकें लो, एक पंख दो' तो हर बार उन्होंने एक मजबूत आवाज में कहा, बिना किसी दुविधा के – नहीं।

उसकी स्त्री की आँख खुलती है, वह पाती है कि छाती का उसका दबाव अभी दूर नहीं हुआ है। सपने में वह न मालूम वह किस–किस पर चिड़चिड़ रही थी। बाहर पानी बरस रहा है, आड़ा तिरछा। वह अपने पति को देखती है। उसके मन में तेजाबी काला गटर बहने लगा। यह वह आदमी था जिस पर एक जमाने में वह जान देती थी। लेकिन अब वह बदल गया है। वह उसका पति है। उसके गुस्से का, विक्षोभ का कोई तात्कालिक कारण नहीं है। वह बरसों से उसके भीतर

बूँद–बूँद जमा होता आया है। वह तड़ से एकदम उठी। दिल में जहर भर कर उसने अपने बगल में सोए हुए बच्चे को इस तरह झकझोरकर जगा दिया कि जिससे वह खूब रो उठे, चीखे, इतना तीखा शोर करे जिससे सब लोग, सास–ससुर, पति, बड़ा लड़का, छोटे चिल्लर पिल्लर, सब उस कर्कश क्रंदन को सुनकर अशांत और बेचैन हो उठें, हाय हाय करने लगे। घर भर पर यह उसका प्रतिशोध है। वह सबसे बदला लेना चाहती थी, उस आक्रोश के द्वारा जो खुद उसका अपना नहीं था। पति अस्त–वयस्त बालोंवाली अपनी पत्नी को देखता है और सन्न रह जाता है। वह चुपचाप चाय बना रहा है। जान लेता है कि आज हालात पेचीदा है।

चुन्नीलाल वर्मा उर्फ चुन्नू का कठिन जीवन है। वह तंगी में रहता है। नया कर्ज लेकर पुराना चुकाता है। इस कहानी में भी दिक का, काल का जिक्र आता है। आपको ध्यान होगा कि 'भूत का उपचार' कहानी में ऋण एक यानी माइनस एक के वर्गमूल का जिक्र आता है। वह यहाँ भी आता है। मुक्तिबोध इससे अभिभूत जान पड़ते हैं और क्यों, इसे हम लोग गणितज्ञ नहीं हैं, फिर भी समझ सकते हैं। आप जानते हैं कि किसी संख्या का वर्गमूल होता है वह संख्या जिसे उसी से गुणा करें तो तो परिणाम वह आये। जैसे चार का वर्गमूल दो। दो गुणा दो बराबर चार। माइनस एक का वर्गमूल एक असंभव, एक काल्पनिक संख्या हैं ऐसी कोई संख्या संभव नहीं है जिसे उसी से गुणा करें तो परिणाम माइनस एक आये। प्लस एक को प्लस एक से गुणा करें तो परिणाम आता है प्लस एक। माइनस एक को माइनस एक से गुणा करें तो भी परिणाम आता है प्लस एक। इस तरह माइनस एक का वर्गमूल एक तार्किक असंभावना है। उसका जीवन में, प्रकृति में कोई वजूद नहीं हैं। आप कहेंगे कि उसमें अभिभूत होनेवाली क्या बात है। वह बात यह है कि एक असंभव संख्या होने के बावजूद गणित में उसका इस्तेमाल वास्तविक कैलकुलेशंस में किया जाता है। गणित जो तर्क का, लाजिक का शुद्धतम, उच्चतम रूप है, उसमें एक तार्किक असंगति का सहारा लिया जाता है। उसे गणित में अंग्रेज़ी के 'आई' से डीनोट करते हैं। अगर गणित में हर संख्या, या सिंबल नेचर की किसी वास्तविक घटना या परिघटना का प्रतीक है, तो इस 'आई, का नेचर में कोई वजूद नहीं है। वह सिर्फ़ एक कल्पना है। फिर भी उसकी मदद से विज्ञान की वास्तविक गुत्थियाँ सुलझाई जाती है, एक झूठ की उंगली पकड़कर सच

तक पहुँचा जाता है। इसमें जो कविता या भव्यता है वह मुक्तिबोध से अलक्षित कैसे रह सकती थी।

हम उस कहानी पर वापस लौटें। बालों का उलझा जंगल लिये माँ का खाँसता हांफता बदन, रक्तहीनता के कारण काला और विद्रूप, गिड़गिड़ाकर कहता है– मुझे एक गरम चाय और दे, चुन्नू।

चुन्नू का मन उस आर्त वाणी को सुनकर दुखी हो गया। कहाँ गयी माँ की वह पुरानी शान, जब वह घर भर पर शासन करती थी। किंतु आज वह निश्चित संख्या से अधिक एक कप चाय के लिये गिड़गिड़ा रही है। नहीं, उसका कर्त्तव्य है कि दमे से जर्जर इस देह के लिये व्यवस्था की जाये। अवश्य। अवश्य।

मगर दूध तो खत्म हो चुका है। सिर्फ़ दो चम्मच गिना गिनाया उसकी पत्नी के लिये रखा है। अब क्या किया जाये। उसने माँ की तरफ देखा और एकाएक जोर से हँस पड़ा। मां को अपनी बाहों में भर लिया। माँ को तकलीफ होने लगी। वह चीख उठी–अरे छोड़, छोड़। उसने मां को जबरदस्ती हाथों से उठा लिया और उसको लेकर लगा नाचने गोल गोल।

पति कुछ रद्दी कागज बेचकर दूध लाने के लिये गया है। उसके पीछे पत्नी उस बचे खुचे दूध से अपने लिये चाय बनाती है। चूल्हे के लाल अंगारों पर उसकी दृष्टि स्थिर है। वह लकड़ियों को आगे सरकाती जा रही है। उनका प्रकाश और गरमी बढ़ते जा रहे हैं। वह याद करती है कल क्या हुआ था, क्यों वह इतनी विक्षुब्ध थी। उसे ऐसी कोई घटना याद नहीं आती। संभवतः ऐसी कोई घटना हुई ही नहीं थी। बस एक विक्षोभ था जिसने उसके मन में आत्मनाशक सपने और भाव तैरा दिये थे। वह सोच रही है। उसके दिल में अभाव का, हानि का दुःख भरता गया। हर तीसरे साल बच्चे, जन्म और मृत्यु कर्ज और अपमान, बढ़ती हुई जिम्मेदारियाँ, और काम, काम, काम। वह चूल्हे के सामने अपने इन्हीं ख्यालों में गिरफ्तार है। चूल्हे में से एक चिनगारी तड़ाक से साड़ी के किसी कोने में दुबककर बैठ जाती है। पति जब लौटता है तो पाता है कि वहाँ कुहराम मचा हुआ है। बच्चे रो रहे हैं। बूढ़ी माँ रोती हुई काँप रही है। बूढ़े बाप के चेहरे पर शम्शान की छाया है। उसकी पत्नी नीचे औंधी पड़ी है, पानी में तर। सारा फर्श गीला है। शुक्र है आग ज्यादा नहीं फैली। स्त्री अब भी चुप है, निश्चेष्ट है। वह

फटी–फटी आँखों से न जाने क्या सोच रही है। उसका दारिद्रय और भयानक हो उठा है।

और अकस्मात चुन्नीलाल को लगा कि अब वह अपने एकांत की रक्षा नहीं कर सकेगा। उसे लड़ाई में कूद पड़ना होगा, उसे मुठभेड़ करनी ही होगी। उसे अपने सपने भूल जाने होंगे, परिस्थितियों को वश में करने के कार्य में उसे दक्ष और समर्थ होना होगा। इसके बाद कहानी सिर्फ़ इतनी है कि उसे बरनाल की व्यवस्था करनी है।

कहानी में जो कथा है वह इतनी मामूली है। मगर यह मुक्तिबोध के समर्थ और जादुई हाथ हैं कि कहानी ऐसी बन पड़ती है कि उसके टेक्सचर को जहाँ छूओ, वहाँ अर्थो का विस्फोट होता है। पत्नी का यह चिड़चिड़ापन, उसका गुस्सा, विक्षोभ, उसका लड़ाकूपन.... हमें पता चलता है कि यह तो उसके प्रेम की अभिव्यक्तियाँ हैं। वह अपने पति से बेहद प्रेम करती है। यह तो उनका तंगी और अभाव का जीवन है जिसने उनके सहज मनोवेगों को उलट दिया है। मुक्तिबोध बार–बार वह उड़ान लेते हैं जिसे मैने कहा है मुक्तिबोधीय उड़ान, और एक से अधिक बार – और ऐसे स्थलों पर उनका गद्य भी ऐसी ऊँचाई हासिल करता है कि मानवीय और कलात्मक सच्चाई की एक मिसाल बन जाता है। उसे मैं अपने शब्दों में नहीं कह सकता। मुझे इज़ाजत दें एक हिस्सा पढ़ने की।

और अकस्मात् उसे भान हुआ कि मनुष्य अपने इतिहास से जुदा नहीं है, वह कभी भी अपने इतिहास से जुदा नहीं हो सकता। न अपने बाह्य जीवन के इतिहास से, न अपने अंतर्जीवन के इतिहास से। उसका अंतर्जीवन अपने स्वप्नों में, अपने तर्कों और विश्लेषणों में, डूबता आ रहा है। उसे अधिकार है कि वह उसमें डूबता रहे, अपने से बाहर निकलने की उसे जरुरत नहीं है। अपने से बाहर वे निकले, जिनका बाह्य से कोई विरोध हो।

क्या यह सच नहीं है कि गणितशास्त्र में, जिसका उसने एम.एस.सी. तक अध्ययन किया था, एक काल्पनिक संख्या भी होती है? क्या यह काल्पनिक संख्या फिजूल है? क्या प्रकृति की सूक्ष्म क्रियायें इसी संख्या का अनुसरण नहीं करती? क्या ऋण एक राशि का वर्गमूल एक भ्रामक वस्तु है? क्या सीधी रेखा वक्र रेखा का ही एक विशिष्ट रूप नहीं है? क्या यह झूठ है कि एक समय वह भी आयेगा, जब वैज्ञानिक विधि–शिल्प इतना बढ़ जायेगा कि मानव जीवन प्रकृति की शक्तियों का

आज से अधिक दोहन करके, अधिक विकसित होते हुए, अपने–आप को बदल डालेगा? कि आज के प्रश्न और समस्यायें इतिहास की वस्तु होकर बहुत बार हास्यास्पद भी प्रतीत होती होंगी, उसी प्रकार हास्यास्पद जिस प्रकार बुंदेला नरेश राणा धंग के युद्ध! क्या यह सच नहीं है कि आज से सौ साल बाद सामान्य मनुष्य इतना सुविज्ञ हो जायेगा कि विज्ञान प्राप्त नयी सुविधाओं के कारण, वह फिलासफी और पोएट्री के प्रश्नों पर बहस करने लगेगा? अजी, दुनिया और समाज की जिंदगी में सौ साल बहुत थोड़े होते हैं। इतिहास की एक पलक गिरती और उठती है कि एक सौ साल हो जाते हैं। उसमें धरा क्या है? मेरे बच्चे के बच्चे उस नयी आभा को अवश्य देखेंगे। अजी उसके पहले भी यह संभव है। I don't care, I will live in my dreams, this is my private world, and I am entitled to live in it, I am not prepared to let others destroy it.

मुक्तिबोध की कहानियों पर गंभीरतापूर्वक विचार नहीं हुआ है। उनके कवि, आलोचक, साहित्य चिंतक ने उनके कथाकार पक्ष को आच्छादित किये रखा। फिर ये कहानियां अपने रूप और गठन में इस क़दर जुदा हैं कि कहानियों जैसी लगती ही नहीं। यही मानकर चला गया कि वे महज उनकी कविताओं के किनारे यूँ ही दर्ज कर दी गयी एंट्रीज हैं और उनके मानियों को खोल पाने की कुंजी भी वहीं कहीं होगी – उनकी कविताओं के भीतर। निर्मल वर्मा ने लिखा है–वे अधूरी और प्रतीक्षारत कहानियाँ हैं। उनमें पहले वाक्य से अंतिम पूर्णविराम तक सब–कुछ सपाट, निश्चित, पूर्वनिर्धारित जान पड़ता है। किंतु किस बात की प्रतीक्षा? इसका जो उत्तर वे देते हैं वह यह है–यह होनेवाली घटना कोई और नहीं, कविता है–कहानियों में कविता होने की संभाव्य घटना। कहानी के कथ्यस्थल में कहीं कविता का टाइमबम है। उसके विस्फोट की प्रतीक्षा में पेड़, झाड़ियाँ, चट्टानें, सरोवर, तालाब, अंधेरी गलियाँ, बर्फ से जमे, सहमे और स्तब्ध खड़े रहते हैं। वे स्थिर, बिना हिले डुले खड़े रहते हैं और हम समझ नहीं पाते वे वहाँ क्यों हैं क्योंकि वे इतने जीवंत और प्राणवान हैं कि केवल कहानी की पृष्ठभूमि नहीं जान पड़ते, लेकिन वे इतने स्थिर, मूक और तटस्थ भी हैं कि कहानी में कहीं भी प्रत्यक्ष रूप से दखल नहीं देते। वे मुक्तिबोध के अजन्मे रूपक हैं–कहानी के ठहरे उपादान–जो होनेवाली कविता में सहसा अंधेरी गुफाओं और रहस्यमय सरोवरों में अपना दूसरा जीवन ग्रहण करते हैं।

यह अपने में एक बहुत गहन बात है। शायद कुछ ज्यादा ही गहन.. .कुछ–कुछ रहस्यमय। क्या कविता के लिये यह आवश्यक होता है कि पहले कहानी लिखी जाये और फिर उनके कविता होने का इंतजार किया जाये। निर्मल जी हमारे बहुत आदरणीय हैं.... लेकिन कहे बिना नहीं रहा जाता कि ऐसी रहस्यवादी आलोचना, वह रचना का रहस्य नहीं उजागर करती, उसे भी अपनी तरह रहस्यमय बना देती है। हम यह क्यों न मानें कि इन कहानियों में वह कुछ है जो कविता के तंग कलेवर में नहीं अट सका, जिसने कविता होने से इंकार कर दिया। बहरहाल, मुक्तिबोध की कहानियाँ उनकी कविताओं की तैयारी हैं या उनका विस्तार, कविताओं की तलछट हैं या उनके ऊपर जम आयी पपड़ी, इस तरह के सवाल मैं विद्वान आलोचकों के लिये छोड़ देता हूँ। मुझ सरीखे गैर अकादमिक, साधारण पाठक समीक्षा पद्धतियों और सिद्धांतों से परिचित नहीं होते। पढ़ने के दौरान कुछ सीधी सादी कसौटियाँ या मानदंड अचेतन रूप से अपने–आप बन जाते हैं। वे शायद औरों के लिये बहुत काम के न हों, फिर भी मैं उनमें से कुछ का जिक्र करूँगा क्योंकि वादा कर चुका हूँ अपने–आप को पूरी तरह उंडेल देने का।

यह तो एक बुनियादी शर्त है ही कि भाषा के भीतर के दृश्यों का भाषा के बाहर की दुनिया से मिलान होना चाहिए। यह आवश्यक नहीं कि बाहर की दुनिया यथावत भाषा में चली आये, लेकिन उसमें हमारे वक़्त के सचों, रहस्यों, द्वंद्वों और तनावों को समझने के संकेत जरूर होने चाहिए। रचना से शायद बाहर की दुनिया में कुछ न बदलता हो, मगर हमारे भीतर तो कुछ बदलना चाहिए। उसे पढ़ने के बाद हम वह न रह जायें जो पहले थे। दूसरी कसौटी यह है कि बेशक लेखक को सच्चाई को तथ्यपरक और निर्मम से रखना चाहिए, लेकिन हताशा फैलाते हुए नहीं। उनमें कोई सपना या उम्मीद जरूर होनी चाहिए, चाहे वह प्रच्छन्न हो, थोड़ी–सी हो, धुंधली हो। ऐसी कहानी लिखना गुनाह है जिसमें कोई उम्मीद न हो। एक मायूस कहानी लिखना कुफ्र है जिसके लिये कोई भी सज़ा काफी नहीं।

लेकिन लोग दुनिया में टूटते, हारते, हताश भी तो होते हैं। तो क्या उनकी कहानी न लिखी जाये। या लिखा जाये तो आखिर में कोई नकली, झूठी उम्मीद दे दी जाये। यह भी नहीं। इसीलिये तो रचना

करना एक तनी हुई रस्सी पर चलना है, वह इतनी बड़ी जिम्मेदारी है। राइटर का लाडला संबोधन ऐसे ही नहीं मिलता। टूटना बिखरना या पराजय हमेशा शर्मनाक नहीं होते। टूटने बिखरने से भी एक उम्मीद पैदा होती है, लेकिन उसे पहचाननें की आवश्यकता होती है। दरअसल मैं जो कहना चाहता हूं वह मुक्तिबोध नें ही अपने शब्दों में बहुत अच्छी तरह कहा है :

ओ दृषद आत्मन
कट जाओ, टूट जाओ
टूटने से विस्फोट – शब्द जो होगा
गूँजेगा जग भर।
किंतु अकेले की, तुम्हारी ही वह सिर्फ़
नहीं होगी कहानी।

इस कविता का आसान भावानुवाद अपने शब्दों में करूँ जो वह कुछ इस तरह होगा : *जिस तरह दो अकेलेपन मिलकर एक 'साथ' बन जाते हैं, उसकी तरह दो मायूसियां मिलकर एक उम्मीद बन जाती हैं। और बहुत सारी मायूसियां मिलकर बहुत सारी उम्मीदें, या कोई एक बहुत बड़ी उम्मीद।*

मुक्तिबोध की कहानियों के बीच में कुछ डरानेवाले वाक्य अनायास चले आते हैं। क्लाड ईथरली कहानी में एक वाक्य आता है– बहुत से लेखक और पत्रकार इन्फार्मर हैं। कौन हैं ये लोग? क्या इन्फार्म करते हैं और किसे? इसी कहानी में वे लिखते हैं–बड़े–बड़े शहरों के मामूली होटलों में जहाँ दस पांच आदमी तरह–तरह की गप लड़ाते हुए बैठते हैं, उनकी बातें सुनकर, अपना अंदाज जमाने के लिये कई भीतरी सूची–भेद्य–तम–प्रवेशक आँखें भी सुनती रहती हैं। यह सब मैं जानता हूँ। ख़ुद के अनुभव से बता सकता हूँ। हमें एहसास होता है कि इस शख़्स को इस दुनिया की रग–रग का पता है। वह तहख़ानों से लेकर आसमानों तक सब–कुछ जानता है– इंसान का मन, मानव जाति का अतीत, इतिहास...क्लाड ईथरली, माइनस एक का वर्गमूल, आइंस्टाइन, जगत की रचना, टाइम, स्पेस, तारामंडल और टेब्यूला रासा। वह इर्द–गिर्द से लेकर क्लाड ईथरली तक के बारे में सब–कुछ जानता है।

वह अनंत दूरियों के पास किसी असंभव तक पहुँचना चाहता हैं वह सिर्फ़ एक सचेत, संवेदनशील लेखक नहीं, एक बेचैन, प्रश्नाकुल लेखक हैं। वह विश्वचेता है। उसका एक हिस्सा आज और यहाँ रहता है, मगर उसमें पूरा समा नहीं पाता। दूसरा हिस्स... वह शमशेर जी के शब्दों में पहाड़ों को कुहनियों से ठेलता है, पूरब से पश्चिम को एक क़दम से नापता है, शताब्दियों के आर–पार आता जाता है। एक निगाह जमीन पर रहती है, एक निगाह सितारों की ओर। सिर्फ़ सुबह को शाम से नहीं, वह जमीन को आकाश से मिलाता है, टाइम और स्पेस मापता और नापता है। मगर कहानियों में इतना कुछ सिमट नहीं पाता। शायद इतनी विराट सच्चाइयों के लिये कहानी की विधा ही कुछ छोटी हो जाती है। उनकी कहानियाँ किसी अनगढ़ थरथराते विश्व में ले जाती हैं और भाषा भी कांपती, थरथराती–सी जान पड़ती है। मगर, जैसा आचार्यो ने कहा है, भाषा की थरथराहट से रचना श्रेष्ठ या महत्त्वपूर्ण तो हो सकती है, मगर महान रचना तब होती है जब यह थरथराहट थमती है, जब वह एक तवाजुन या संतुलन हासिल करती है। इसलिये कहानी विधा के मानदंडों पर वे कहानियाँ, विशुद्ध अकादमिक आलोचना के मानदंडों पर, कुछ कमजोर, यहाँ तक कि असफल जान पड़ सकती हैं।

मगर किसे परवाह हैं सफलता की। रहें वे असफल, मगर फिर भी हमें इतना कुछ देती हैं। वह एक भव्य, महान असफलता है। उनकी यह महान नाकामी मुझमें रश्क जगाती है और उसके आगे सारी सफलतायें निस्तेज, निरर्थक जान पड़ती हैं। पता नहीं यह किसने कहा था–*कलाकार होने का अर्थ है असफल रहना, और कला असफलता के प्रति वफादारी है।* यह वफादारी वे जीवन–भर निभाते रहे।

बस एक आखिरी बात। निर्मल जी ने यह तो सही लिखा है कि मुक्तिबोध की कहानियाँ अंधूरी और इंतजार करती हुई कहानियाँ हैं। मगर किस चीज का इंतजार, इसका जवाब ढूँढने की कोशिश में वे पता नहीं किस मुश्किल, रहस्यवादी रास्ते पर चले गये। मेरे ख्याल में इसका उत्तर बहुत सीधा सादा है। एक कहानी की आत्यंतिक आकांक्षा क्या हो सकती है। हर कहानी पूरा होना चाहती है, कहीं पँहुचना चाहती है। वे किसी और चीज का नहीं, पूरा होने का, पूरा किये जाने का इंतजार कर रही हैं। जो उन्हें पूरा करेंगे, वे कहीं और से, किसी दूसरी दुनिया

से, कहीं आसमानों के परे से नहीं आयेंगे। वे आपमें से ही तो कुछ होंगे। अब हमें इस सवाल का जवाब मिल गया है कि वो किसका इंतजार कर रही हैं। दोस्तो, आपका, आप सबका।

◆◆◆

निबंधात्मक कहानियाँ या कथात्मक निबंध?

संजीव कुमार

गजानन माधव मुक्तिबोध का पूरा कथा–साहित्य *मुक्तिबोध रचनावली खंड–3* के 360 पृष्ठों में संकलित है। लगभग 120 पृष्ठों यानी एक तिहाई हिस्से में उनकी अपूर्ण रचनाएँ हैं–छोटी–बड़ी कुल 21 अधूरी कहानियाँ और एक अधूरे उपन्यास के कुछ असंबद्ध टुकड़े। शेष दो तिहाई हिस्से में भी एकाधिक स्थलों पर पूर्णता का मामला संदिग्ध हैं। 'चाबुक' शीर्षक कहानी तो बिलाषक अधूरी है; इस कहानी के एक बड़े हिस्से का कहानी की शुरुआत के साथ कोई तालमेल न देख उसे 'उपसंहार' शीर्षक के साथ अलग से छापा गया है। ख़ुद 'उपसंहार' कहानी के अंत में संपादक ने लिखा है, संभवतः अपूर्ण कहानी का अंश'। 'विद्रूप' के अंत में लिखा है, संभवतः किसी लंबी कहानी का अंश'। इसी तरह 'एक दाखिल–दफ़्तर सांझ' जहाँ खत्म होती है, उसके आगे का भी एक अधूरा टुकड़ा पांडुलिपियों में मिला है जो *रचनावली* में संकलित है। 'विपात्र' *ज्ञानोदय* में कहानी के रूप में प्रकाशित हुई थी और फिर यथावत *काठ का सपना* में संकलित हुई। उपन्यास की शक्ल में शाया होने पर उसमें एक बड़ा हिस्सा और जुड़ा जो कि उन्हीं पात्रों और परिवेश को लेकर एक अलग तरह के बरताव और मिजाज के साथ आगे चलता है। *रचनावली* के संपादक श्री नेमिचंद जैन के मत में, 'ऐसा जान पड़ता है कि यह इसी लंबी कथा का एक अलग प्रारूप है।... इसे मिलाकर 'विपात्र' को एक लघु उपन्यास मानने की बजाय उसी कथा का एक अन्य रूप मानना अधिक समीचीन होगा।'

मुक्तिबोध के यहाँ अधूरी कहानियों की इस बड़ी तादाद का कारण क्या है? एक तो यह कि उन्हें लेखक की मृत्यु के बाद उसकी पांडुलिपियों में से किसी तरह उपराया गया है। जिन लेखकों की रचनाओं को उनके जीवित रहते उनकी देख–रेख में ही प्रकाशित होने का सौभाग्य प्राप्त होता है, उनका आधा–अधूरापन इस तरह सामने नहीं आ पाता। मुक्तिबोध का सृजन–संसार इस सौभाग्य से वंचित रहा। इसीलिए उसकी स्थिति ऐसी है जैसे किसी कारीगर का शो–रूम ही नहीं, उसके हुनर का इंतजार करती आड़ी–टेढ़ी चीजों से अंटा पड़ा वर्कशॉप भी हमारे सामने आ गया हो।... पर अधूरी कहानियों की बड़ी

संख्या सिर्फ़ इस वजह से नहीं है। जयादा बड़ी वजह, संभवतः, मुक्तिबोध के रचनात्मक मिज़ाज में निहित है। यह बात तब समझ में आती है जब आप पाते हैं कि उनकी साबुत और संपूर्ण कहानियों में से भी अनेक अधूरी ही जान पड़ती है। उनका अंत समापन का वह बोध नहीं दे पाता जिसकी हम एक कहानी से उम्मीद करते हैं। वे जहाँ खत्म होती है वहाँ कथा–प्रसंगों के कई लावारिस धागे हमारी अँगलियों में उलझे रह जाते हैं। उंगलियाँ हिलाएँ भी तो कहीं कोई हरक़त नहीं होती, क्योंकि इन धागों के दूसरे छोर हवा में लटके होते हैं। इससे लगता है कि मुक्तिबोध 'स्वभावतः' कहानीकार नहीं हैं। कहानीकार से जुदा किस्म के सृजन–स्वभाव के चलते वे अक्सर अटकाव या भटकाव के शिकार होते हैं। पहली स्थिति में कहानी अधूरी छूट जाती है, दूसरी स्थिति में वह पूरी होकर भी कोई आश्वस्तिकर समापन अर्जित नहीं कर पाती।.... अलबत्ता, कुछ प्रीतिकर अपवाद भी हैं, जिनसे गुजरते हुए यह अहसास होता है कि स्वभाव जैसा कोई सत्य अगर है तो बहुलांश के अर्थ में ही। बचा हुआ अल्पांश भी कभी–कभी निर्णायक हो जाता है।

मुक्तिबोध के 'स्वभावतः' कहानीकार न होने के इस नुक़्ते पर हम वापस लौटेंगे, उससे पहले यह देखें कि मुक्तिबोध ख़ुद अपनी कहानियों के अधूरे छूट जाने की इस समस्या पर क्या सोचते हैं। उनकी एक कहानी है, 'भूत का उपचार'। इसमें वाचक बताता है कि उसने एक कहानी लिखी, जिसके चार पन्ने लिखने के बाद उसे मालूम हो गया कि कहानी इस तरह आगे बढ़ायी नहीं जा सकती।

'मुख्य पात्र की ज़िंदगी थी, मैं भाष्यकर्ता दर्शक की हैसियत से एक पात्र बना हुआ था। कहानी बढ़ सकती थी बशर्ते कि मैं मूर्खता को ही कला मान लेता।'

मूर्खता को ही कला मान लेने का वह तंज कहानी की उन चिराचरित रूढ़ियों को लेकर है जिन्हें अपनाने की छूट मुख्य पात्र ने उसे नहीं दी। वह लेखक बने हुए इस वाचक से बहस कर बैठा। लेखक ने सोचा था कि कहानी दुनियादार न हो पाने के कारण असफल रहनेवाले इस गणित प्रेमी, कलाभिरुचिसंपन्न, निम्नमध्यवर्गीय पात्र की ज़िंदगी के बारे में होगी। उस ज़िंदगी में अवसन्नता और पीड़ा होगी और दुनियादारी के मोर्चे पर अपनी 'परम–श्लाध्य' पराजय का पछतावा होगा। पात्र ने बहस छेड़कर उसकी सारी कल्पना को ध्वस्त

कर दिया। गणित की पहेलियों में उलझाकर उसने उसे यह अहसास कराया कि वह गणित की बहुत स्थूल समझ रखता है और उसी तरह मनुष्य–स्वभाव के भी स्थूल गणित को ही जानता हैं। स्थूल गणित का सत्य सार्वभौम और सार्वकालिक नहीं होता, उसी तरह मनुष्य–स्वभाव के बारे में स्थूल प्रेक्षणों के सत्य सार्वभौम और सार्वकालिक नहीं होते। 'अवसन्न्ता', 'पीड़ा' और 'पराजय–बोध' जैसी चीज को वह एक निम्नमध्यवर्गीय व्यक्ति के बारे में इसी तरह के फॉर्मूलाबद्ध सत्य का दर्जा देता है। वह 'शुद्ध तार्किक भावों की दुनिया में 'नयी–नयी संगतियों की खोज' से प्राप्त होनेवाले आनंद की बात करता है और उसे ही अपने 'भीतर के जीवन' के रूप में पहचानने पर जोर देता है।

'मेरे भीतर का जीवन आप क्या जानो! जो भीतर का है, वह धुआँ या कुहरा है, यह गलत है। आप मुझे ऐसे पेंट करना चाहे हो जैसे मैं दुख के, असंगति के, कष्ट के, एक गटर का एक कीड़ा यानी निम्नमध्यवर्गीय हूँ।... ईश्वर के लिए, आप मुझे गलत चित्रित न कीजिए। ठीक है कि मैं तंग गलियों में रहता हूँ और बच्चे को कपड़े नहीं हैं, या कि मैं फटेहाल हूँ। किंतु मुझ पर दया करने की कुचेष्टा न कीजिए।... क्षम कीजिए लेकिन यह सच है कि आप लोग मन की कुछ विशेष अवस्थाओं को ही अत्यंत महत्त्वपूर्ण मानकर चलते हैं–विशेषकर उन अवस्थाओं को जहाँ वह अवसन्न है, और बाहरी पीड़ाओं से दुखी है। मैं इस अवसन्नता और पीड़ा का समर्थक नहीं, भयानक विरोधी हूँ। ये पीड़ाएँ दूर होनी चाहिए। लेकिन उन्हें अलग हटाने के लिए मन में एक भव्यता लगती है–चाहे वह भव्यता पीड़ा दूर करने संबंधी हो, या गणितशास्त्रीय कल्पना की एक नयी अभिव्यक्ति। उस भव्य भावना को यदि उतारा जाये तो क्या कहना!... इसलिए जनाबेआली, मैं इस बात का विरोध करता हूँ कि आप निम्नमध्यवर्गीय कहकर मुझे ज़लील करें, मेरे फटेहाल कपड़ों की तरफ जान–बूझकर लोगों का ध्यान इस उद्देश्य से खिचवायें कि वे मुझ पर दया करें। उन सालों की ऐसी–तैसी।'

इस चुनौती का सामना होने पर वाचक परेशान हो उठता है। उसे लगता है कि यह ऐसा भूत है जो उसका पिंड नहीं छोड़ेगा। 'मार भगाना' यानी कहानी को अधूरा छोड़ देना ही इस भूत का उपचार है।

गणित और विज्ञान के उलझे सवालों में 'एक अजीब विश्वात्मक रोमांस' देखनेवाला यह पात्र अपने लेखक के सामने जो चुनौती पेश कर रहा है, वह क्या है? वह किसी पात्र को चली आती रूढ़ियों की मदद

से चित्रित न करने की चुनौती हैं। इन रूढ़ियों में फँसा लेखक 'मन की कुछ विशेष अवस्थाओं को ही अत्यंत महत्त्वपूर्ण मानकर' उनके चित्रण पर अपने रचनात्मक दायित्व की इतिश्री समझ लेता है। ऐसा नहीं कि वे विशेष अवस्थाएँ असत्य हैं। वे भी सत्य हैं, पर उनकी सत्यता स्थूल और सुविदित है। उनका बार–बार वर्णन हुआ है, इसलिए वे बहुत जानी–पहचानी अवस्थाएँ हैं, पर किसी पात्र विशेष की दुनिया उन्हीं पर खत्म नहीं हो जाती। यह पात्र लेखक को सुपरिचित और सुविदित से आगे–जाने की, उन सत्यों को पहचानने की चुनौती देता है जिन तक पहुँचने का रास्ता फॉर्मूलों से होकर नहीं जाता। वह एक तरह से आसान मार्ग अपनाकर संतुष्ट हो जाने के लिए उसे बरजता है।

यह बहसतलब हो सकता हैं कि एक कहानी के अधूरे छूट जाने का जो विशिष्ट संदर्भ इस कहानी में आया है, उसे विशिष्ट ही रहने दिया जाये या सृजनशीलता के व्यापक संदर्भ मे उससे कुछ सामान्य निष्कर्ष निकाले जायें। विशिष्ट ही रहने देने का मतलब होगा, सिर्फ़ एक नही हिकमत के रूप में इस कहानी की व्याख्या करना, जो कि गलत भी नहीं है। एक कहानी क्योंकर अधूरी रह गयी, यह बताते हुए लेखक, दरअसल, कहानी पूरी ही कर रहा है। एक पात्र का चित्रण करने में वह अपने को असमर्थ बता रहा है, पर इसी बहाने वह उसका चित्रण भी कर रहा है। यह युक्ति कुछ–कुछ वैसी ही है जैसे सारी बात बता कर यह कहना कि ये बातें मैं आपको नहीं बताऊंगा।

विशिष्ट ही रहने देने का एक और मतलब होगा, एक खास तरह के निम्नमध्यवर्गीय पात्र की कहानी के रूप में इसकी व्याख्या करना–एक ऐसे पात्र की कहानी जो ग़रीब और तंगहाल तो है, पर उसका ज्ञान–व्यसन उसे इस तंगहाली की पीड़ा में गर्क़ नहीं होने देता।

पर यह कहानी सृजनशीलता के व्यापक संदर्भ में कुछ सामान्य निष्कर्ष निकालने के सुराग भी सौंपती है, बल्कि कहना चाहिए, उसके लिए उकसाती है। जब वाचक कहता है कि 'कहानी पूरी हो जाती बशर्ते कि मैं मुर्खता को ही कला मान लेता', या कहानी का पात्र उससे कहता है कि 'स्थूल गणित मानव–स्वभाव का भी होता है, सो आपने जान लिया, लेकिन आपमें ऑब्जेक्टिव इमैजिनेशन नहीं हैं', या 'मेरे भीतर का जीवन आप क्या जानो', तो ये बातें अपने विशिष्ट संदर्भ से

परे औसत रचनाशीलता पर खड़ा किया गया सामान्य सवाल बन जाती हैं। यहाँ सहज उपलब्ध समीकरणों से काम न चला कर कहीं गहरे पैठने की एक चुनौती हर लेखक के सामने पेश की जा रही है। ख़ुद 'भूत का उपचार कहानी का वाचक इसी चुनौती से घबराकर अपनी कहानी अधूरी छोड़ देने का बात कह रहा है (भले ही हम यह जानते हों कि उसके लिए कहानी अधूरी छोड़ने की यह कहानी, दरअसल, अपनी कहानी को पूरा करने की ही युक्ति है)। इस तरह पूर्वोक्त विशिष्ट संदर्भ से परे यहाँ मुक्तिबोध अपनी अन्य अधूरी छूट गयी कहानियों के बारे में भी एक वक़्तव्य दे रहे हैं। वह यह कि उपलब्ध समीकरणों से काम चला लेने की फितरत होती तो वे भी पूरी हो जातीं। अधूरेपन का कारण, वस्तुतः, मानव–स्वभाव के स्थूल गणित से आगे जाने और 'नयी–नयी संगतियों की खोजे' करने का आग्रह है जो हर बार सध नहीं पाता।

निस्संदेह, 'स्वभावतः' कहानीकार न होने के जिस नुक्ते को पीछे उठाया गया था और जिस पर बात होना अभी बाक़ी है, उसके अलावा उक्त आग्रह भी मक्तिबोध के यहाँ अधूरी कहानियों की बड़ी संख्या का एक कारण रहा होगा। चरित्रों और कथा–स्थितियों की कल्पना के मामले में वे आसान रास्ते का चुनाव करनेवाले कहानीकार नहीं हैं। वे हर जगह उस जटिलता में उतरते दिखाई पड़ते हैं जहाँ व्यक्ति और टाइप, सामाजिक और मनोवैज्ञानिक जैसे लोकप्रिय/प्रचलित वर्गीकरण विश्लेषण की दृष्टि से कारगर नहीं रह जाते। कैसे? एक ओर आप पाते हैं कि वे वर्गीय प्रश्न के प्रति बेहद सजग कथाकार हैं और उनकी बहुत कम कहानियां ऐसी हैं जहाँ मौजूदा समाज–व्यवस्था के भीतर पात्र की वर्गीय अवस्थिति के मसले को अनछुआ छोड़ दिया गया हो, पर दूसरी ओर, पारंपरिक अर्थ में प्रतिनिधि कहे जानेवाले पात्र उनके यहाँ नहीं मिलेंगे जिसकी कि वर्गीय प्रश्न के प्रति सजग कथाकार से सामान्यतः उम्मीद की जाती है। एक ओर, वे जिन समस्याओं से लगातार टकराते हैं, वे पूँजी के तंत्र में ऊगी ठेठ सामाजिक–ऐतिहासिक समस्याएं हैं और इसी रूप में इनकी पहचान वे बतौर कथाकार करते भी हैं, पर दूसरी ओर, उनकी कथा बाहर के घटनासंकुल संसार में उतनी नहीं चलती जितनी अंदर के भाव–विचारमय संसार में, यानी वे 'मैन इन ऐक्शन' के नहीं, 'मैन इन कंटेम्प्लेशन' के कथाकार लगते हैं जो कि मनोवैज्ञानिक कथा–धारा का गुण बताया जाता है। ग़रज कि मुक्तिबोध के लिए

मार्क्सवादी होने का मतलब व्यक्ति–मनोविज्ञान की बारीकियों में उतरने और उसकी अशेष संभावनाओं के प्रति अपने को खुला रखने की दुष्वारियों से पीछा छुड़ा लेना नहीं है और पात्र के मनोविज्ञान में, उसके भाव और विचार की दुनिया में गोता लगाने का मतलब उसे पूँजी और सत्ता के गठजोड़ पर टिके ठोस सामाजिक परिप्रेक्ष्य से काट देना नहीं है।

मुक्तिबोध की ज़्यादातर कहानियाँ, 'भूत का उपचार' की तरह ही, इस बात का उदाहरण हैं। उनकी कहानियों में निम्नमध्यवर्गीय अभावग्रस्त जीवन के दारुण चित्र बहुतायत से हैं, इन चित्रों को व्यवस्था में निहित अन्याय और छल के परिणाम के रूप में प्रस्तुत करने का सचेत प्रयास भी है, लेकिन इसके लिए कहानी घटनाओं की श्रृंखला का सहारा उतना नहीं लेती जितना मानसिक प्रतिक्रियओं का। व्यवस्था की आलोचना किसी पात्र के आत्मनिष्ठ अवलोकन–बिंदु से प्रस्तुत की जाती है जहाँ उसके विद्रूप को झेलते व्यक्ति का मन केंद्र में होता है और आलोचनात्मक यथार्थवाद एक तरह का मनोवैज्ञानिक रचना–विधान हासिल कर लेता है। पता नहीं, इसके लिए अंतर्मुखी यथार्थवाद जेसा कोई पद गढ़ा जा सकता है या नहीं, पर यह सच है कि मुक्तिबोध के यहाँ अन्यायपूर्ण समाजार्थिक व्यवस्था की आलोचना और जटिल मनोवैज्ञानिक चित्रण के बीच कोई फांक नहीं मिलती। ये परस्पर विरोधी विशेषताएं न रहकर पूरक बन जाती हैं। 'उपसंहार' कहानी को इसके नमूने के तौर पर पढ़ सकते है।

'उपसंहार' रामलाल नामक एक गरीब निम्नमध्यवर्गीय व्यक्ति की कहानी है। उसका पेशा क्या है, यह ठीक–ठीक पता नहीं चलता, पर अनुमान लगाने की गुंजाइश है कि वह बहुत कम वेतन पर किसी अख़बार में नौकरी करता है। उसकी ग़रीबी के बारे में उसके एक खैरख़्वाह की राय है कि 'जो आदमी गरीब बना रहना चाहता है, उसका कोई इलाज है? कितनी ही नौकरियाँ छोड़ीं उसने। मात्र भावुकतावश।... दिमागी फितूर उस पर आज भी सवार है।... भाई, अगर रोटी कमाना हो तो उसका तरीका सीखो। दुनिया का फिक्र छोड़कर अपनी बढ़ती की चिंता करो।' कहानी के किसी और हिस्से से नहीं, सिर्फ़ अंत में आयी हुई एक पात्र की इस टिप्पणी से पता चलता है कि रामलाल उसूलों वाला आदमी है ('भावुकता', 'दिमागी फितूर', 'दुर्निया की फिक्र'–ये सब उसी ओर इशारा करते हैं) और समझौता न करना उसकी दुर्दशा का

कारण है। इसीलिए इस दुनियादार पात्र की निगाह में, 'वह एक निकम्मा और दयनीय व्यक्ति है।' उसका पारिवारिक जीवन भयावह अभावों से घिरा है। उसकी अपनी हालत यह है कि 'कठिनाइयों ने... शरीर को भी झुलसा दिया। उसे कमजोरी और रोग का घर बना दिया। तनख़्वाह की बड़ी रकम डॉक्टरों के पास जाने लगी और कर्ज़ का पहाड़ ऊँचा होता चला गया। चिंता का धुआँ दिलोदिमाग में हमेशा के लिए भर उठा और आत्मा की लौ धुआंने लगी। जीवन में जीवन की अभिरुचि जाती रही।' पत्नी की दशा : '...जब विवाहित होकर आयी थी तो उसका रूप ही कुछ और था।... स्वास्थ्य ऐसा कि जो किसी वृक्ष का स्वास्थ्य होता है, जिसमें बड़ी शक्ति और बहुत आत्मसामर्थ्य स्वाभाविक रहता है, शाखा के या धड़ के कट जाने के बावज़ूद जो विकसित और सवंर्द्धित होता रहता है।...किंतु आज आठ साल बाद, वह एक ऐसा खोखला घर हो गयी जिसे ज़रा–सी आंधी का हल्का–सा थप्पड़ ढहा सकता है।' उसके दो छोटे–छोटे बच्चे हैं जो बाबूजी के अफ़सर बन जाने की झूठी उम्मीद जगाये जाने पर 'खुशी में नाचने' लगते हैं और आपस में होड़ लगाने लगते हैं कि बाबूजी उसके जूते ला देंगे, उसकी कमीज़ ला देंगे।

अभावग्रस्त गृहस्थी के ऐसे चित्र कहानी में कई तरह से और कई बार आये हैं इन अभावो से पैदा होनवाले अवसाद और इन दोनों–यानी अभाव और अवसाद–से लड़ने की कोशिशों पर कहानी केंद्रित है, लेकिन आश्चर्यजनक रूप से स्थूल घटनाएँ नगण्य हैं। कहानी का बड़ा हिस्सा मनोभावों के धरातल पर चलता है। रामलाल किसी से कर्ज़ माँगने के लिए घर से निकला है, पर मन की अव्याख्येय गति कुछ ऐसी है कि जिस दिशा में जाना था, उससे ठीक उल्टी दिशा में काफी दूर तक निकल जाता है। फिर उसके मन में एकाएक चुभती हुई आँखों का एक बिंब उभरता है और उसे अपने कर्त्तव्य की याद दिला देता है। ये आंखे उसकी पत्नी की हैं, जेसा कि हमें थोड़ी देर बाद बताया जाता है।

'किस तेज रोशनी–सी चमकती हुई वे आँखे–मानो किसी पागल की हों। फिर भी वे सचेत थीं, अपनी हताशा में सम्मिलित प्रतिरोध से भरी हुई, संपूर्ण निरपेक्ष, किन्तु किसी को उसके कर्त्तव्य का भान कराती हुई, निराश, और किसी अमूर्त (यानी तुरंत समझ में न आ सकनेवाले कि क्यों ऐसा है)... क्रोध और क्षोभ में जलती हुई।

पीले, कृश सुधड़ चेहरे की वे आंखें रामलाल के अंतःकरण में गड़ी जा रही थीं। मानो, किन्हीं तेज किरणों की ले लंबी चमकती हुई आलपीने हों। उनकी वह दृढ़ एकाग्र निरंतर दृष्टि हृदय को आह्लाद देने वाली न थी। चेतना की गहरी तहाँ को जबरदस्ती झकझोर, विचारों और वेदनाओं की अराजक स्थिति उत्पन्न कर, वे उस तमोलीन गहराई में से एक केंद्रीय सत्य का उद्घाटन करती थीं, जो रामलाल के लाख प्रयत्नों के बावजूद छिप न सका। उन आँखों की तेज़ रोशनी के एक पल के भीतर ही रामलाल कई बार जन्मा और कई बार मर गया—उसके कई पुनर्जन्म हुए।

चुभती हुई आंखों का यह वर्णन आगे भी चलता है। ये आँखे रामलाल के अंदर कहीं बहुत गहरा घाव कर देती हैं। उसके बाद रामलाल 'किसी आंतरिक प्रवृत्ति से' साइकिल से उतर पड़ता है, और बहुत बेचैनी से अपनी जेबें टटोलने लगता है, जैसे उसके पास दस रुपये का कोई नोट रहा हो जिसे किसी ने उड़ा लिया। '...यह सब करते हुए भी उसका सचेत मन कह रहा था कि क्या तमाशा कर रहे हो। तुम्हारा कुछ खोया नहीं।'

रामलाल के घर से निकलने के बाद का यह पूरा प्रकरण पात्र के जटिल मनोविज्ञान में मुक्तिबोध की दिलचस्पी का एक नमूना है। 'सचेत मन' कुछ और कह रहा हो, आंतरिक प्रवृत्ति कुछ और करवा रही हो—यह स्थिति सामान्यतः व्यवस्थागत अन्याय और छल के प्रश्नों से टकरानेवाले लेखकों के यहाँ नहीं मिलती। उनके यहाँ ऐसे जटिल मनोवैज्ञानिक प्रसंग नहीं मिलते कि पात्र घर से निकले कहीं और के लिए और चल पड़ें ठीक उल्टी दिशा में, फिर एक निरावलंब प्रत्यक्ष के रूप में एक शुद्ध मानसिक परिघटना से जूझते हुए गहरी ग्लानि का अनुभव करें, फिर कोई ऐसी हरकत करने लगें जिसका खुद उनकी सजग बुद्धि के लिए कोई अर्थ न हों। मुक्तिबोध यहाँ विशुद्ध मनोवैज्ञानिक कथाकार नज़र आते हैं फर्क यही है कि मनोवैज्ञानिक पेचीदगियों का चित्रण उनके लिए अन्यायपूर्ण असमानता की बुनियाद पर क़ायम समाज की विद्रूपता को उज़ागर करने का साधन है। जब रामलाल बेचैनी से अपनी जेबें टटोलता है, जैसे उसका दस रुपये का नोट किसी ने उड़ा लिया हो, तब हमारा ध्यान असामान्य मनोविज्ञान की पोथियों की ओर नहीं बल्कि उस व्यवस्था की ओर जाता है जिसने मेहनतकशों को उनके प्राप्य से, उनके वाजिब हक़ से वंचित कर रखा

है और इस तरह चुपके से जेब खाली कर जानेवाले गिरहकट का किरदार निभा रही है।

कहानी ज्यों–ज्यों आगे बढ़ती है, रामलाल जैसों को अपना निरीह शिकार बनानेवाली व्यवस्था के कई ठोस संदर्भ कहानी में आते जाते हैं। कॉफी हाउस में बैठे–बैठे रामलाल 'ब्लिट्ज' अख़बार देखता है जिसमें किसी कस्बे के एक ग्रामीण शिक्षक की आत्महत्या की ख़बर छपी है। उस शिक्षक की जेब में मिले पुरजे पर लिखा था कि चालीस रुपये माहवार की तनख़्वाह पर वह अपने प्यारे परिवार का भरण–पोषण करने में असमर्थ है, इसलिए ख़ुदकुशी कर रहा हैं उसी के साथ यह ख़बर भी छपी थी कि इस ख़ुदकुशी के बाद जगह–जगह आंदोलन भड़क उठे हैं।

'उसको पढ़ते–पढ़ते उसे भी जोश आ गया। उसके दिल की सारी नाउम्मीदी एक विश्वव्यापी अंगार के रूप में रूपांतरित होकर उसके दिल को गरमी और आत्मा को किरण प्रदान करने लगी। बीमार को जैसे सेहत प्राप्त होती है, भूखे को जैसे अन्न मिल जाता है, निस्सहाय को जैसे कोई उद्धारक अभिन्न–हृदय मित्र के दर्शन होते हैं–बिलकुल उसी तरह रामलाल को एक सत्य के दर्शन प्राप्त हुए, वह सत्य जिसका वह स्वयं एक अंग है। रामलाल ने अपने–आपको प्राप्त कर लिया, अपने–आपको खोज लिया।

क्या रामलाल स्वयं टीचर देशपांडे नहीं है, जो रेल के नीचे कटकर मर गया? क्या उसने कभी नहीं सोचा था कि अपनी उलझनों की दुनिया से फरार होने का निश्चय कर डाले?... रामलाल स्वयं देशपांडे है, और बिलखता परिवार भी है जो आज किसी गांव में–दूर किसी गांव में, जिंदगी की सियाह चट्टानों पर बीज बोने की पागल कोशिश कर रहा है। रामलाल वह बेचैन नौजवान भी है जिसने देशपांडे की ख़ुदकुशी की ख़बर सुन, इंकलाब की आग लगाने की हिम्मत और जुर्रत की और गिरफ़्तार हुआ।...'

ख़ुदकुशी की खबर पर रामलाल की इस मानसिक उथल–पुथल का वर्णन कहानी में खासा लंबा है, जिसमें वह पूरी व्यवस्था में मूलबद्ध अन्याय और अपराध की पहचान करता है, और साथ–ही–साथ उसका अंत कर देनेवाली सामूहि लहर का हिस्सा बनने की जरुरत महसूस करता है।

'रामलाल ने बौद्धिक रूप से भी कुछ निष्कर्ष निकाले। एक तो यह कि वह स्वयं विशाल भव्य उपन्यास हो सकता है और उसका अंगभूत एक पात्र भी। पर अभी वह कुछ नहीं। पर उसे होना चाहिए। नवीन शक्तियों की ऊष्मा उसमें जरुरत से ज़्यादा हो सकती है, और यकायक भड़क सकती है, पर अभी तक वह अपने को उससे बचाता आ रहा है... पर कब तलक? उसे उलझ ही जाना चाहिए। यही धर्म है।

इस तरह मेहनतकशों की दुर्दशा और व्यवस्थाविरोधी संघर्ष की ज़रूरत को रेखांकित करनेवाला आलोचनात्मक यथार्थवादी कथ्य यहाँ ऐसी कथा–स्थितियों पर निर्भर है जिन्हें मुख्यतः एक विचारशील पात्र की आत्मनिष्ठ प्रतिक्रियाओं से बुना गया है। हाँ, इसके बाद जब रामलाल की मेज पर और लोग आ जाते हैं, तब निश्चत रूप से कथा की प्रकृति बदल जाती है। अब एकाधिक आत्मनिष्ठ प्रतिक्रियाएँ वार्तालाप के रूप में सामने आने लगती हैं। कांग्रेसी हुकूमत के जुल्मों पर, इंदौर में मज़दूरों और ग्वालियर में विद्यार्थियों पर गोली चलने की घटनाओं पर बातचीत होती है, जिसमें परस्पर विरुद्ध मत व्यक्त किये जाते हैं। इन सभी मसलों पर सरकार और व्यवस्था के पक्ष में दलील देनेवाला व्यक्ति वही है जो कहानी के अंत में रामलाल के बारे में यह राय व्यक्त करता है कि वह एक निकम्मा और दयनीय व्यक्ति है क्योंकि दुनियादार नहीं है। वार्तालाप वाले इस हिस्से के बारे में हम कह सकते हैं कि यहाँ भी कहानी प्रतिक्रियाओं से ही बुनी जा रही है, पर अब कम–से–कम वह बाहर चल रही है, भीतर नहीं। बाहर चलने के कारण यहाँ मुख्तलिफ क़िस्म की प्रतिक्रियाओं का टकराव, उन्हें व्यक्त करने के क्रम में सामने आनेवाली भाव–भंगमिाएं, बहस के भंगिमाएँ समानांतर चल रहे कुछ और क्रियाव्यापार–ये सब कहानी का हिस्सा बनते हैं रामलाल की भयावह ग़रीबी और उससे जूझते हुए रामलाल के अंतर्जगत को सामने रखकर कहानीकार जिस यथार्थ के प्रति अपने पाठक को संवेदनशील बनाना चाहता है, उसका अब एक नयी परिधि में विस्तार होता है।

इस पूरे विवेचन का उद्देश्य 'उपसंहार' कहानी की समीक्षा करना नहीं है। वैसे भी यह कोई मुकम्मल कहानी नहीं, 'संभवतः अपूर्ण कहानी का अंश' है, लिहाजा कहानी की कसौटी पर इसे परखने का कोई मतलब नहीं। यहाँ उद्देश्य सिर्फ़ यह दिख़ाना है कि मुक्तिबोध के यहाँ

गहरी सामाजिक चेतनावाला कथ्य पात्र के मनोजगत की सूक्ष्म गतिकी के चित्रण में बाधक नहीं बनता, और इसका उलट भी सच है। बल्कि यह कहना अधिक उचित होगा कि ये उनके लिए दो अलग–अलग चीजें हैं ही नहीं, जिनमें तालमेल बिठाने के लिए उन्हें सचेत रूप से प्रयास करना पड़ रहा हो। उनकी कहानी–कला में यह द्वैत मिट जाता है। द्वैत का मिटना आलोचना के लिए इस लिहाज से एक बुरी ख़बर या चुनौती है कि इसकी वज़ह से तयशुदा वर्गीकरण की सहूलियत छिन जाती हैं। मुक्तिबोध प्रेमचंद परंपरा के कहानीकार हैं या नहीं, इस पर विचार करके देखिए, सहूलियत छिनने का मतलब समझ में आ जायेगा।

मुक्तिबोध के यहाँ सामाजिक स्थितियों के चित्रण का सहचर और साधन बननेवाला यह अंतर्जगत बहुत वैविध्यपूर्ण नहीं है। हम बार–बार दुहराये जानेवाले कुछ मनोभावों की पहचान कर सकते हैं। अवसाद, ग्लानि ओर अपराध–बोध, निरुपायता की तड़प, आत्मसम्मान को बचाने की जद्दोजहद–इन्हीं के क्रमचय–संचय से उनके पात्रों का अंतर्जगत बनता है। वे इन्हीं मनोभावों के कथाकार हैं, और चूँकि इन मनोभावों का संदर्भ उनके यहाँ अन्यायपूर्ण व्यवस्था है, इसलिए वे अन्यायपूर्ण व्यवस्था के कथाकार हैं। 'पक्षी और दीमक', 'विपात्र', 'समझौता', 'विद्रूप', 'एक दाखिल–दफ़्तर सांक्ष', 'जलना', 'काठ का सपना', 'जंक्शन', 'अँधेरे में' 'नयीं जिंदगी', 'जिंदगी की क़तरन', और 'क्लाड ईथरली'–इन सारी कहानियों को देखें तो कहीं गहरे अवसाद के धूसर चित्र मिलेंगे, कहीं अपनी पारिवारिक–सामाजिक ज़िम्मेदारियों को न निभा पाने या प्रकारांतर से व्यवस्थागत अन्याय का साधन बनने का अपराध–बोध मिलेगा, कहीं अपनी स्वव्रत्रता को बेच खाने की ग्लानि और निरुपायता का अहसास, तो कहीं स्वतंत्रता को बचाने की पीड़ा भरी जद्दोजहद।'[1] ऐसी ही मिलती–जुलती स्थितियाँ मुक्तिबोध की जयादातर कहानियों में हैं, भले ही इन स्थितियों की परिस्थितियाँ और तीव्रता, और कई बार प्रकृति भी, भिन्न हो। परिस्थितियों और तीव्रता पर तो शायद कुछ कहने की जरूरत नहीं, अलबत्ता प्रकृति की भिन्नता को एक उदाहरण से स्पष्ट कर देना उचित होगा। व्यवस्थागत अन्याय का साधन बनने का अपराध–बोध 'पक्षी और दीमक' में भी है और 'क्लाड ईथरली' में भी, पर दोनों जगह इस बोध की प्रकृति के अंतर को चिह्नित किया जा सकता है। 'पक्षी और दीमक' में मुख्य पात्र (स्वयं वाचक) का अपराध–बोध शुरू से ही बहुत साफ है। उसे पता है कि श्यामला के सामने वह जिन

बातों को छुपा जाता है, वे 'अपने व्यक्तिव का सुंदरतम चित्र उपस्थित करने' में बाधक हैं। अपनी सुविधाओं के लिए किये गये समझौते को लेकर उसके 'दिल के किसी कोने में कोई अंधियारा गटर एक़दम फूट निकलता है। वह गटर है आत्मालोचन, दुःख और ग्लानि का।' अपने व्यक्तिव–'कीमती फ़ाउंटेनपेन जैसे नीरव–शब्दांकनवादी व्यक्तिव'– के विलोम के रूप में वह श्यामला को देखता है, जिसमें 'बारीक बेइमानियों का सूफ़ियाना अन्दाज़' बिलकुल नहीं है। विलोम व्यक्तिव वाली इस स्त्री की चाहत और ख़ुद को उसके लिए काम्य बनाने की फ़िक्र में ही वह अपने–आपको बदलने का संकल्प लेता है। 'क्लाड ईथरली' में भी वाचक के अंदर व्यवस्थागत अन्याय का साधन बनने का अपराध–बोध है, पर वह अवचेतन की परतों में दबा हुआ है जिसे कहानी के अंत में एक रूपक के साधर्म्य के सहारे सामने आना है। हिरोशिमा पर एटम बम गिरानेवाले विमान–चालक क्लाड ईथरली की कहानी और उस कहानी को बतानेवाले सी.आई.डी. के अधिकारी की विस्तृत व्याख्या उस अह़स़ास को चेतना की सतह पर ले आती हैं। यह किसी अपराध में सीधे–सीधे शामिल होने की ग्लानि नहीं, समाज में व्याप्त –अन्याय का अनुभव करनेवाले किन्तु उसका विरोध न करनेवाले लोगों के अंतःकरण में (बसी) व्यक्तिगत पाप–भावाना' है। इस तरह सामाजिक दायित्व के स्तर पर अपनी नकारात्मक भूमिका का अपराध–बोध दोनों कहानियों के केंद्र में है, पर एक जगह वह स्पष्ट और प्रत्यक्ष है, दूसरी जगह धुंधला और परोक्ष। स्पष्ट और प्रत्यक्ष वहाँ है जहाँ नकारात्मक भूमिका सुपरिभाषित और ठोस है; कहानी को इसी भूमिका से बाहर आने के संकल्प पर खत्म होना है। धुंधला और परोक्ष वहाँ है जहाँ नकारात्मक भूमिका अपेक्षाकृत अमूर्त है। हिरोशिमा पर एटम बम गिरानेवाले विमान–चालक क्लॉड ईथरली का अपराध–बोध निस्संदेह किसी धुंधलके में नहीं है, पर वह कहानी के भीतर की कहानी है। उस विमान–चालक के बहाने वाचक के अपराध–बोध का उभरना और आधुनिक समाज के सचेत–जागरूक–संवेदनशील जन के अपराध–बोध के रूप में स्थापित होना ही कहानी की पूरी प्रक्रिया है–"इससे यह सिद्ध हुआ कि तुम–सरीखे सचेत, जगरूक, संवेदनशील जन क्लॉड ईथरली है"। यहाँ सामाजिक दायित्व के स्तर पर अपनी नकारात्मक भूमिका का ज्ञान हस्तामलकवत नहीं, व्याख्यासापेक्ष है। इसीलिए 'पक्षी और दीमक' जहाँ अपनी भूमिका और तत्संबंधी अपराध–भावना से मुक्त होने के संकल्प पर ख़त्म होती है, वहीं 'क्लॉड ईथरली' उस भूमिका और तत्संबंधी

अपराध–भावना की पहचान पर–"उसने मेरे दिल में ख़ंजर मार दिया। हाँ, यह सच था! बिलकुल सच! अवचेतन के अँधेरे तहख़ाने में पड़ी हुई आत्मा विद्रोह करती है। समस्त पापाचारों के लिए अपने–आपको ज़िम्मेदार समझती है।"

बहरहाल, इस तरह के अंतरों के साथ ग्लानि, अपराध–बोध, अवसाद, निरुपायता और घुटन की स्थितियाँ–मनःस्थितियाँ बार–बार मुक्तिबोध की कहानियों का विषय बनती हैं। इन्हीं की अनुकूलता में उनकी पूरी कहानी–संसार ख़ासा धूसर और मटमैला–सा है। वहाँ खिले और खुले दिन का प्रसन्न प्रकाश बमुश्किल मिलता है। एक ख़ास तरह की प्रकाश–व्यवस्था, जिसमें वस्तुगत परिवेश से लेकर आत्मगत मनःस्थिति तक, सब–कुछ बुझा–बुझा–सा जान पड़ता है, इस कहानी–संसार की पहचान है। जहाँ मनःस्थिति में यह बुझाबुझापन न हो, वहाँ भी प्रकाश–व्यवस्था में सियाह छायाएँ बहुतायत से हैं। वातावरण को लेकर यह मुक्तिबोध की ख़ास पसंद है।

'रात में तालाब के रुंधे, बुरे बासते पानी के विस्तार की गहराई सियाही हो उठती है, जिसकी ऊपरी सतह पर बिजली की पीली रोशनी के बल्बों के रेखाबद्ध निष्कंप प्रतिबिंब वर्तमान मानवी सभ्यता के सूखेपन और वीरानी का ही इज़हार करते से प्रतीत होते हैं।' ('जिंदगी की कतरन')

'...मैंने तालाब के पूरे सियाह फैलाव को देखा, उसकी अथाह काली गहराई पर एक पल नज़र गड़ायी। सूनी सड़कों और गुमसुम बंगलों की ओर दृष्टि फेरी और फिर अँधेरे में अर्ध–लुप्त किंतु समीपस्थ मित्र की ओर निहारा।' ('जिंदगी की कतरन')

'मध्यवर्गीय समाज की सांवली गहराइयों की रुंधी हवा की गंध से मैं इस तरह वाक़िफ हूँ जैसे मल्लाह समुंदर की नमकीन हवा से।' ('जिंदगी की कतरन')

'इतने में परछाईं–सा एक व्यक्ति न दिख सकनेवाली गैलरी में से आता हुआ दिखाई दिया।' ('जिंदगी की कतरन')

'स्टेशन पर बिजली की रोशनी थीं, परंतु वह रात के अंधियाले को चीर न सकती थी, और इसीलिए मानो रात अपने सघन रेशमी अंधियाले से तंबूनुमा घर हो गयी थी जिसमें बिजली के दीये जलते हों।' ('अँधेरे में')

'सड़क के आधे भाग पर चाँदनी बिछी थी और आधा भाग चंद्र के तिरछे होने के कारण छायाच्छन्न होकर काला हों गया था। उसका कालापन चांदनी से अधिक उठा हुआ मालूम होता था।' ('अँधेरे में')

'हल्का, धुंधला प्रकाश, जो बादलों से उतर न पाता था, बहुत ही निर्जीव–सा था। रात भी जलते रहने का दम भनरनेवाले म्यूनिसिपैलिटी के कंदील की सूरत मरी हुई, बुझी हुई थी।' ('उपसंहार')

'रात भर की बरसात के कारण सुबह भी गीली, धुँधली और मैली थी। निर्जीव था उसका प्रकाश।... वह अंदर के कोठे में चला गया। वह एक अंधेरा कमार था – मानो एक बड़ा–सा संदूक हो।' ('उपसंहार')

'अंधेरी रात में सड़क पर बिजली के बल्ब के नीचे दो छायाएँ दीख रही थी।' ('नयी जिंदगी')

अँधेरे से भरा, धुंधला संकरा प्रदीर्घ कौरिडोर और पत्थर की दीवारें। ('समझौता')

'दूर सिर्फ़ एक कमरा खुला है। भीतर से कॉरिडोर में रोशनी का एक खयाल फैला हुआ है। रोशनी नहीं, क्योंकि कमरे पर एक हरा परदा है। पहुंचने पर बाहर, धुंधले अँधेरे मेंएक आदमी बैठा हुआ दिखाई देता है।' ('समझौता')

'बिल्ली जैसे दूध की आलमारी की तरफ़ नज़र दौड़ाती है, उसी तरह मैंने बिजली के बटन के लिए अँधेरे–भरी पत्थर की दीवार पर नज़र दौड़ायी। हाँ, वो वहीं है। बटन दबाया। रोशनी ने आँख खोली। लेकिन प्रकाश नाराज़–नाराज़–सा, उकताया–उकताया–सा फैला।' ('समझौता')

'...ज्यों ही उसे खयाल आया कि उसका पति चाय बना रहा है।, उसके मन में तेजाबी काला गटर बहने लगा।... काले सल्फ्यूरिक एसिड की भयानक बू–बासवाला वह गटर उसके भीतर–भीतर बहता ही गया... ।' ('जलना')

'पिता बच्ची को लिये घर में प्रवेश करते हैं, तो एक ठंडा, सूना, मटियाली बास–भरा अंधेरा प्रस्तुत होता है, जिसके पिछवाड़े के अंतिम छोर में आसमान की नीलाई का एक छोटा चौकोर टुकड़ा खड़ा हुआ है। वह दरवाज़ा है।' ('काठ का सपना')

'अंधेरा जड़ हो गया और छाती पर बैठ गया।' ('काठ का सपना')

'मैंने किवाड़ खोलते ही पाया कि वहाँ सचमुच कोई नहीं था, केवल काला अंधेरा जो अंदर के प्रकाश से फट गया था। ('विद्रूप')

'सामने अँधेरे में एक सिंधी की चाय की दूकान पड़ती थी। उसके भीतर के कमरे में एकांत था। उस एकांत के लिए मैं तड़प उठा। एकांत मेरा रक्षक है। वह मुझे त्राण देता है। और बहते हुए खून को अपने फावे से पोंछ देता है। जगत मेरी इच्छा समझ गया। अँधेरे भरे एकांत कमरे में जिसके ऊपर एक रोशनदान से धुधंला प्रकाश आ रहा था। हम दोनों जाकर धप्–से बैठ गये।' ('विपात्र')

'लगता था, हम किसी अंधेरी सुरंग में भटकते–भटकते अब यहाँ पहुँचकर एक दीवार का सामना कर रहे थे, जिसके आगे रास्ता नहीं था।' ('विपात्र')

'धरड़–खरड़, खरड़–धरड़ मशीन चलती है, चलती है, उसमें स्याही लगी है, लेकिन काग़ज नहीं है, इसलिए कुछ नहीं छपता। पुस्तक नहीं, पर्चा नहीं, अख़बार नहीं। पर, पूरी मशीन रफ़्तार के साथ धरड़–धरड़, खरड़–खरड़ चलती रहती है, सूने अँधेरे–अकेले में।... एक अजीब भयानक काला–काला सांड़ पल–क्षण की हरी–हरी घास चरता जा रहा है। ख़याली धुंध में जीते रहने की आदत बन गयी है।' ('विपात्र')

काली–मटमैली छायाओंवाली इस प्रकाश–व्यवस्था को अगर वातावरण के संबंध में मुक्तिबोध की ख़ास पसंद न कहना चाहें–'पसंद' शब्द के 'प्रियता' वाले आशय को देखते हुए–तो एक तरह की मनोग्रस्ति कह सकते हैं। यह मनोग्रस्ति उनके पूरे कहानी–संसार को अवसाद और घुटन का एक विराट बिंब बना देती है।

यह बिंब शायद बहुत विकर्षक होता और उसमें कोई सकारात्मक ऊर्जा नज़र न आती अगर उसकी पृष्ठभूमि में मौजूदा व्यवस्था की आलोचना और अपना जमीर, अपनी स्वतंत्रता, अपना आत्मसम्मान बचाये रखने का संघर्ष न होता। मुक्तिबोध की कोई कहानी इस आलोचना से वंचित नहीं है। जहाँ ऐसा लगता है कि वे सिर्फ़ अभावग्रस्त निम्नमध्यवर्गीय जीवन के अवसाद को अपना विषय बना रहे हैं, वहाँ भी व्यवस्था की आलोचना का यह पक्ष एक लगभग निराकार उपस्थिति की तरह कहानी में मौजूद रहता है। 'काठ का सपना' अभावग्रस्त जीवन के

अवसाद में डूबी हुई एक छोटी–सी कहानी है जिसमें मुक्तिबोध की दूसरी कहानियों की तरह मौक़ा मिलते ही विश्लेषण की दिशा में निकल भागने का लोभ बिलकुल नहीं है इसके बावजूद कहानी में यह व्यंजना व्याप्त है कि अभावों की पृष्ठभूमि वह अन्यायपूर्ण व्यवस्था है जिससे व्यक्तिगत स्तर पर पार नहीं पाया जा सकता और जाहं सफल–संपन्न जीवन ऐसी शर्तों पर ही संभव है जो एक अच्छे–सच्चे इंसान के लिए अस्वीकार्य हैं। बच्ची को सुलाने के बाद पुरुष और स्त्री जब अपने तथाकथित बिस्तरों पर लेट जाते हैं, उस समय का यह हिस्सा देखें :

'अंधेरा जड़ हो गया और छाती पर बैठ गया। नहीं, उसे हटाना पड़ेगा ही–सरोज के पिता सोच रहे हैं। और उनकी आंखें बगल में पड़े हुए बिस्तर की ओर गयीं।

वहाँ भी एक हलचल है। वहाँ भी बेचैनी है। लेकिन कैसी?

...लेकिन उन दोनों में न स्वीकार है, न अस्वीकार! सिर्फ़ एक संदेह है, वे संदेह साधार है कि इस निष्क्रियता में एक अलगाव है–एक भीतरी अलगाव है। अलगाव में विरोध है, विरोध में आलोचना है, आलोचना में करुणा है। आलोचना पूर्णतः स्वीकारणीय है, क्योंकि उसका संकेत कर्त्तव्य–कर्म की ओर है, जिसे इस पुरुष ने कभी पूरा नहीं किया। वह पूरा नहीं कर सकता।

कर्त्तव्य–कर्म को पूरा करना केवल उसके संकल्प द्वारा ही नहीं हो सकता। उसके लिए और भी कुछ चाहिए। फिर भी, वह पुरुष मन–ही–मन यह वचन देता है, यह प्रतिज्ञा करता है कि कल जरूर वह कुछ–न–कुछ करेगा, विजयी होकर लौटेगा।

इसी तरह शुरुआत का वह हिस्सा जहाँ पुरुष बाहर से आता है और अपनी बेटी को इंतज़ार करता हुआ पाता है :

'नन्हीं बालिका सरोज का पीला चेहरा, तन में फटा हुआ सिर्फ़ एक फ्रॉक और उसके दुबले हाथ उन्हें बालिका के प्रति अपने कर्त्तव्य की याद दिलाते है; ऐसे कर्त्तव्य की जिसे वे पूरा नहीं कर सके, कर भी नहीं सकेंगे, नहीं कर सकते थे। अपनी अक्षमता के बोध से वे चिढ़ जाते हैं।'

'काठ का सपना' व्यवस्था में मूलबद्ध अन्याय को सीधे–सीधे अभिधा में नहीं कहती, पर उसकी ध्वनि पूरी कहानी में गूँजती है। यह अपने

प्रिय विषय के साथ मुक्तिबोध के बरताव का एक छोर है। इससे ठीक उलट छोर पर है 'विपात्र', और मुक्तिबोध की ज़्यादातर कहानियाँ इन दो छोरों के बीच है। 'विपात्र' में उनके इस प्रिय विषय की सबसे मुखर, यहाँ तक कि लगभग वाचाल, उपस्थिति देखने को मिलती है। प्रथम पुरुष वाचक और उसका पढ़ाकू मित्र जगत एक अकादमिक संस्थान में काम करते हैं जहाँ 'विज्ञानवालों को यह मालूम नहीं था कि हाल ही में कौन–कौन महत्त्वपूर्ण आविष्कार हो रहे हैं, और हिंदीवालों को यह ज्ञात नहीं था कि आजकल इस क्षेत्र में क्या चल रहा है।' इस संस्थान में सबसे बड़ी योग्यता है, संस्थान के निदेशक का दरबारी होना। वाचक और उसका मित्र इस माहौल से घृणा करते हैं, लेकिन उनके पास विकल्प नहीं है। जगत तो फिर भी अपना कोई उपाय निकाल सकता है, पर अपेक्षाकृत बड़ी उम्र में नौकरी पानेवाला, लंबे–चौड़े परिवार का भरण–पोषण करनेवाला वाचक बिलकुल निरुपाय है और चापलूसी, अयोग्यता, मध्यवर्गीय स्वार्थपरता के इस दमघोंटू माहौल में किसी तरह अपने दिन काट रहा है। चूँकि लंबी कहानी/उपन्यासिका का अधिकांश, वाचक, जगत और कुछ दूसरे सहकर्मियों के वार्तालाप के रूप में ही बुना गया है।, इसलिए उक्त स्थितियों को लेकर सीधी टिप्पणियाँ बहुतायत से है, जिनमें पूँजीवादी तंत्र के भीतर व्यक्ति–स्वातंत्र्य के छद्म पर, वर्गीय तनावों और वर्ग–च्युत होने के मध्यवर्गीय भय पर, आदमी–आदमी के बीच फासलों और 'भेदों के दलदल' पर खुलकर विचार किया गया है। मुक्तिबोध इस लंबी कहानी/उपन्यासिका में मानो अपने कहानी–संसार की मार्गदर्शिका तैयार कर रहे हैं। यहाँ बहसों में पिरोये गये लंबे चिंतनपरक अंश वह पूरा वैचारिक आधार मुहैया करा देते हैं जिन पर मुक्तिबोध के कहानी–संसार का बड़ा हिस्सा टिका है। इस वैचारिक आधार को संवादात्मक 'विचार' के रूप में ही यथासंभव मुकम्मल ढंग से रख दिया जाये, सुभवतः इसी चिंता के तहत मुक्तिबोध ने एक अलग ड्राफ्ट भी तैयार किया जिसमें कार्य–व्यापार और भी कम हो गये हैं तथा वैचारिक आदान–प्रदान ने और लंबी जगह घेर ली हैं। मुक्तिबोध को मानो यह लोभ था कि व्यवस्था के भीतर 'मिसफिट' ठहरनेवाले इन लोगों के संवादों को व्यवस्था की सबसे सारगर्भित और संपूर्ण आलोचना का माध्यम बनाया जा सकता है। 'विपात्र' के दोनों हिस्सों–या नेमि जी के शब्दों में, इस लंबी कथा के दोनों अलग

प्रारूपो–को पढ़ते हुए लगता है कि मुक्तिबोध इस मौके को हाथ से जाने नहीं देना चाहते, इसीलिए वैचारिक आदान–प्रदानवाला कथात्मक ढाँचा अगले प्रारूप में और भी इकहरा हो जाता है।

यही उपयुक्त अवसर है कि हम मुक्तिबोध की कहानी–कला की दुर्लध्य सीमाओं पर बात शुरू करें। पीछे कहा गया था कि मुक्तिबोध 'स्वभावतः' कहानीकार नहीं हैं। असल में, वे बुनियादी तौर पर विचारक है। और हाँलाकि विचारक होने का अर्थ अनिवार्यतः कथाकार न होना नहीं है, पर मुक्तिबोध के यहाँ उनका विचारक उनके कथाकार के साथ रचनात्मक सह–अस्तित्व बना पाने में प्रायः विफल रहा है।[2] उनकी बहुत कम कहानियाँ ऐसी हैं जिन्हें पढ़कर लगता है कि इन्हें कहानी ही होना था। उन बहुत कम कहानियों में 'पक्षी और दीमक' या 'काठ का सपना' को शामिल किया जा सकता है। बहुतेरी कहानियाँ ऐसी हैं जो अपने कहानी होने की अनिवार्यता का बोध नहीं करा पाती। मसलन, 'क्लॉड ईथरली' जैसी चर्चित कहानी में सारा कार्य–व्यापार एक गैर–जरूरी इंतजाम की तरह जान पड़ता है। कहानी में जिस तरह से आज की यानी आधुनिक सभ्यता की निगाह में पागलपन का मतलब समझाया गया है, अमरीकी संस्कृति और आत्मां के संकट का हमारी संस्कृति और आत्मा का संकट बन जाने के रुझान की व्याख्या की गयी है, हिरोशिमा पर ऐटम बम गिरानेवाले विमान–चालक के अपराध–बोध को आधुनिक समाज के सचेत–संवेदनशील जनों के व्यापक अपराध–बोध का रूपक बनाने की कोशिश की गयी है–वह सब अपनी पद्धति में पूरी तरह निबंधात्मक है। जिन संवादों का सहारा लेकर ये व्याख्याएँ सामने आयी हैं या रूपक निर्मित किये गये हैं, उन्हें अलग निकालकर निबंध की शक्ल दे दें, लेखक के अभिप्रेत का कुछ नहीं बिगड़ेगा। कहानी की पूरी जान उसके भीतर आसन जमा कर बैठे निबंध में है, उन कथा–स्थितियों में नहीं जिनके बहाने यह निबंध लिखा जा रहा है। यह निबंध कमाल का है, इसमें क़्या शक, पर वह जिन पात्रों और परिस्थितियों के बीच संवाद के रूप में अपनी जगह बनाता है, वे अपने होने की कोई अनिवार्यता, यहाँ तक कि ढीला–ढाला औचित्य भी, सिद्ध नहीं कर पाते। आप सोचिए कि क्या 'कफन' को बुधिया की मौत और चंदे की रक़म से की गयी घीसू–माधो की मौज–मस्ती से अलग करके सोच सकते हैं, भले ही बाप–बेटों का मधुशाला–संवाद हम याद रखें चाहे न रखें? ऐसा ही सभी महत्त्वपूर्ण कहानियों के साथ होता है, यहाँ तक कि महत्त्वहीन कहानियों के साथ भी, अगर वें सचमुच कहानी हैं।

उनका भ्रूण ही ऐसे कार्यव्यापार के रूप में निर्मित होता है जिसका विमर्श आयातित या आरोपित नहीं होता, स्वयं उसका अंतरंग होता हैं पर 'क्लॉड ईथरली' जैसी कहानी एक जटिल चिंतन–सूत्र के लिए जुगाड़े गयें कार्यव्यापार का उदाहरण है। जुगाड़ यह न होता, कुछ और होता, तब भी कोई फर्क नहीं पड़ना था। ऐसे में कहानी कहने की जरूरत क्या है? सीधे विचार करनेवाली विधा–मसलन, डायरी या निबंध–क्या उसका सबसे स्वाभाविक आश्रय न होती?

यही स्थिति कमोबेश 'विपात्र' की है। यहाँ पात्र और परिस्थितियाँ गैर–जरूरी नहीं हैं, पर इतनी क्षीण हैं कि संवादों के स्तर पर चलनेवाला अनवरत विमर्श एक तरह की स्वतंत्र सत्ता अर्जित कर लेता हैं, ख़ास तौर से दूसरे प्रारूप में। अपने समय और उसके भीतर के सामाजिक संबंधों, वर्गीय तनावों और ताकत की संरचनाओं पर इन विचारों की गहराई से कोई इंकार नहीं। वाचक के आत्मालाप या उसकी और जगत की बातचीत से असंख्य उद्धरणीय अंश इस गहराई को दिख़ाने के लिए प्रस्तुत किये जा सकते है।[3] पर बात फिर वही है, कि इसकी रचना के पीछे कथाकार वाली कल्पनाशीलता अनुपस्थित हैं। एक सधा हुआ विचारक मानों भटककर इधर आ गया हो, किसी रचनात्मक दबाव के कारण उतना नहीं जितना कि विचारों के निबंधन के लिए एक अलग फॉर्म आजमाने के लोभ में।

कथाकार वाली कल्पनाशीलता का यह अभाव मुक्तिबोध के कहानी–संसार में अपूर्ण रचनाओं की बड़ी संख्या, और पूर्ण कही जानेवाली कहानियों में भी अधूरेपन की प्रतीति, का कारण है। ऐसा जान पड़ता है कि उनकी ज्यादातर कहानियों का भ्रूण चिंतन सूत्रों से निर्मित हुआ है, कथा–स्थितियों की कौंध से नहीं। कथा–स्थितियों की कौंध में जिस तरह आदि–अंत, धुंधली शक्ल में ही सही, मौजूद रहते हैं और लिखे जाने के क्रम में एक व्यवस्था अर्जित करते हैं, वैसा मुक्तिबोध के यहाँ नहीं होता। इसीलिए कहानियाँ शुरू होने के बाद या तो पूरी नहीं होतीं, या फिर कहानीकार की ओर से पूरेपन का प्रमाण–पत्र पाकर भी–कुछ उदाहरणों को छोड़ दें तो–समापन का संतोष नहीं दे पाती, जैसा कि बिलकुल अलग–अलग मिज़ाजवाले कहानीकारों के यहाँ मिल जाता है, चाहे वे बाक़ायदा घटना को केंद्र में रखनेवाले प्रेमचंद हों या घटनाविहीनता के उस्ताद, निर्मल वर्मा।

टिप्पणियां

1. 'पक्षी और दीमक' का प्रथम पुरुष वाचक एक नेता का विश्वासपात्र बन कर साधनसंपन्न जीवन जी रहा है और अपने को उस जी–चटोर पक्षी के समान महसूस करता है जिसने दीमकों को हासिल करने के बदले दीमक बेचनेवाले को अपनं पंख दे दिये। 'विपात्र' का प्रथम पुरुष वाचक और उसका पढ़ाकू मित्र दोनों, जिस संस्थान में काम करते हैं, उसके सर्वेसर्वा के दरबार में बैठने की मजबूरी से त्रस्त हैं, लेकिन वहाँ से छुटकारा पाने की कोई सूरत उन्हें नज़र नहीं आती। वाचक को लगता हैं, 'सच है कि हम श्रम बेचकर पैसा कमाते हैं। लेकिन श्रम के साथ–ही–साथ हम न केवल श्रम के घंटों में, बल्कि उसके बाहर भी अपना–अपना संघर्ष–स्वातंत्र्य, विचार–स्वातंत्र्य और लिखित अभिव्यक्ति–स्वातंत्र्य भी बेच देते हैं। और यदि हम इस स्वतंत्रता का प्रयोग करने लगते हैं तो पेट पर लात मार दी जाती है। यह यथार्थ है। इस यथार्थ के नियमों को ध्यान में रखकर ही पेट पाला जा सकता है।, अपना और बाल–बच्चों का।' वह अपने एक सहकर्मी की टिप्पणी से ख़ुद को एबी लॉर्ड जैसा महसूस करता है जिसने संत बने रहने के लिए अपनी जननेन्द्रिय को चाकू से काट दिया था। 'काठ का सपना' में अभावग्रस्त परिवार का भयंकर अवसाद है। 'विद्रूप' का सर्वटे बड़ी मुश्किल से जीवन जीने लायक चीजें जुटा पाता है। पर ख़ुद को दयनीय नहीं बनने देना चाहता, अपना आत्मगौरव बचाये रखने का हर जतन करता है।, लेकिन वाचक की राय में, 'वह जिसे आत्मगौरव समझता है, यदि उसकी रक्षा करता तो अपने परिवार का पालन–पोषण उसके लिए असंभव हो जाता। वह कई बार अपने को वेश्या कह चुका है।' 'जलना' के चुन्नीलाल के लिए अपनी मास्टरी की तनख्वाह से परिवार की सभी जरूरतें पूरी कर पाना मुमकिन नहीं होता, वह भयंकर ग्लानि के बोध से ग्रस्त है, पर अपने बच्चों को दुनियादार बनाने के बजाय पढ़ा–लिखा क्रांतिकारी बनाने की बात सोचता है। ऐसे कई उदाहरण दिये जा सकते हैं।

2. विचारक और कथाकार कोई आत्यंतिक रूप से भिन्न श्रेणियाँ नहीं हैं, पर इतना अंतर तो है ही कि जहाँ सामान्यीकरण और अमूर्तन विचारक की विशेषता होती है, वहीं विशिष्ट और मूर्त को बरतना कथाकार की। सामान्यीकरण और अमूर्तन शुद्ध रूप से भाषा के भीतर होता हैं चूँकि अवधारणाओं और तर्कों का अस्तित्व भाषा में ही संभव है, इसलिए भाषा के द्वारा हम विचार को *व्यक्त* नहीं करते, विचार करते हैं। दूसरी ओर, कथाकार चरित्रों और कथा स्थितियों को भाषा के द्वारा *व्यक्त* करता है जिसका मतलब यह है कि, जिस भी हद तक और जिस भी रूप में सही, वे चरित्र और स्थितियाँ भाषा में घटित होने के पहले से मौजूद रही हैं। इसीलिए चरित्रों और कथा–स्थितियों को दिखाया जा सकता है। विचार को दिखाया नहीं जा सकता। ज्यों ही हम उसे दिख़ाने की कोई सूरत निकालते हैं, वह विचार नहीं रह जाता।

कथाकार और विचारक के इस अंतर को चिह्नित करने का मतलब यह नहीं कि ये इतनी ही विशुद्ध श्रेणियों के रूप में व्यवहार में भी पाये जाते हैं। असल में तो विशुद्ध श्रेणियाँ स्वयं में विचार मात्र हैं, व्यवहार में हमारा सामना सिर्फ़ मिलावट से हो सकता है। पर मिलावट में किसका रंग ज़्यादा गहरा है, इससे रचनाकार के विधागत चयन का औचित्य प्रमाणित होता है। और इस पैमाने पर हम कह सकते हैं कि कथात्मक विधाओं में विशिष्ट और मूर्त के साथ अधिक गहरा विनियोजन/एनगेजमेंट होना चाहिए। मामला ये नहीं है कि आपने कथा का वायदा किया है, इसलिए अब वायदा निभाने के वास्ते आपको सामान्य और अमूर्त का रंग हल्का रखना ही होगा। मामला ये है कि विशिष्ट और मूर्त के साथ यह विनियोजन सत्य या यथार्थ को आयत्त करने की कथा की अपनी पद्धति है जिसका अवमूल्यन नहीं किया जाना चाहिए। यह पद्धति एक स्तर पर अधिक संश्लिष्ट है, इतनी कि विचार–सूत्र के रूप में हम जब भी उसका निखेड़ निकालने की कोशिश करते हैं, किसी डिग्री तक घटाववाद के शिकार होने से बच नहीं पाते। महान रचनाओं के पाठ और

पुनर्पाठ का सिलसिला, इसीलिए कभी थमता नहीं। वे अधिक संश्लिष्ट होने के कारण मुक्तमुखी होती है। उनमें हमेशा कई तरीकों से पढ़े और समझे जाने की संभावना निहित होती है।

3. 'विपात्र' के कई हिस्से बहुत गहन वैचारिक निबंधों के रूप में अलग किये जा सकते हैं, पाठ्यक्रमों में पढ़ने–पढ़ाने के ख़याल से भी। वैचारिक वैभव से संपन्न ऐसे गद्य के नमूने हिंदी में विरल हैं। कुछ उद्धरण मिसाल के तौर पर देख सकते हैं :

'यह एक मानी हुई बात है कि कोई भी व्यक्ति चाहे जितना भी आत्मालोचन कर सकने का सामर्थ्य रखता हो, वह अपने 'स्व' द्वारा 'निज' का परिष्कार और विकास नहीं कर सकता। मुक्ति कभी अकेले की नहीं हो सकती। मुक्ति अकेले में अकेले को नहीं मिलती।'

'दरमियानी फासले गलत हैं–चाहे वे अक्षांशवाले हों, चाहे देशांतरवाले। लेकिन अक्षांशवाले फासले सबसे खतरनाक हैं, क्योंकि इस प्रकार की दूरी ऊँच–नीच की भावना से बनती हैं। ऊँची नसैनी की सर्वोच्च सीढ़ी पर चढ़ा हुआ व्यक्ति जब उसी निसैनी की निचली सीढ़ी पर खड़े हुए व्यक्ति को अपने से नीचा और हीन समझने लगता है, तब निसैनी पर ही हाथापाई की नौबत आ जाती है। यदि ऐसी हाथापाई हुई तो दोनों को चोट लगती है। इससे तो अच्छा है कि ऊँच–नीच पैदा करनेवाली ख़तरनाक निसैनी टूट जाये।'

'व्यक्तिबद्ध वेदना और व्यक्तिबद्ध वासना–साहित्य के अनेक उद्‌गम स्रोतों में से स्वयं दो हैं। मज़ेदार बात यह है कि इन दो स्रोतों ने साहित्य में जो उपमाएं और प्रतीक प्रदान किये हैं, उनमें भावों का औदार्य न सही तो भावों की तीव्रता बहुत अधिक होती है। काव्यकला द्वारा ऐसे कलाकार अपनी व्यक्तिबद्ध वेदना या व्यक्तिबद्ध वासना का उदात्तीकरण और आदर्शीकरण भले ही कर लें, उनके व्यक्ति–चरित्र की मूल–ग्रांथि तो बनी ही रहती है। दूसरे शब्दों में, कला तथा साहित्य में प्रकट जो सौंदर्य है वह

इस बात का विश्वसनीय प्रमाण नहीं हो सकता कि उस सौंदर्य के सृजनकर्ता का वास्तविक निज चरित्र उदार, उदात्त और उच्च हैं। असल में हमारे वाक्–सिद्ध साहित्यिक अपने–आपको बहुत 'प्रकट' करते हैं, इस तरह अपने–आपको खूब छिपाते हैं। हमारा आत्मप्रकटीकरण बहुत कुछ अंशों में वस्त्र–परिधान है, वास्तविक आत्मोद्घाटन नहीं। हमारी उच्चानुभूति के तथाकथित क्षण सुंदर क्षौम वस्त्रों द्वारा आत्म–प्रच्छादन हैं।'

'जिस समाज में व्यक्तिगत स्वतंत्रता खरीदी और बेची जा सकती है, उस समाज में खरीदने और बेचने की स्वतंत्रता हैं, व्यक्तिगत स्वतंत्रता नहीं। इसलिए पश्चिमी देश उन देशों को भी स्वतंत्र (फ्री) कहते हैं जहाँ पूरी तरह सैनिक तानाशाही है। वे ऐसा क्यों कहते हैं? वे ऐसा इसलिए कहते हैं कि उन देशों में खरीदने और खरीदे जाने, बेचने और बेचे जाने की, यानी कि मुनाफा कमाने की, व्यापार की, निजी पूँजी से आदमी को गुलाम बनाने की, स्वतंत्रता है।''

◆◆◆

मुक्तिबोध की कहानियाँ : सभ्यता–समीक्षा

कैलाश बनवासी

'तार सप्तक' के अपने आत्म–वक्तव्य में मुक्तिबोध कहते हैं : "जिज्ञासा के विस्तार के कारण कथा की और मेरी प्रवृत्ति बढ़ती गयी। इसका द्वंद्व मन में पहले ही से था। मुझे अनुभव हुआ कि कथा–तत्व मेरे उतना ही समीप है जितना काव्य।" फिर भी यह स्पष्ट है कि मुक्तिबोध कविता की तरफ ही रहे। वे कहानी की तरफ उस तरह से तो नहीं ही बढ़े जैसे आमतौर पर दूसरे कहानीकार। कि उन्होंने कहानी को अपने लेखन के प्रतिनिधि होने का पैमाना नहीं माना। उनके लेख या निबंधों में भी उनकी कहानी पर केन्द्रित रुचि वैसी जाहिर नहीं होती, जो प्रायः कहानीकार को हुआ करती है। विधा के लिहाज से उनके लिए चिंता का केन्द्र कविता ही थी। इसके बावजूद, उनकी कहानियाँ कई मायनों में विशिष्ट हैं। सबसे पहली बात, कि ये किसी कथा–आंदोलन की फौरी उपज नहीं हैं। दूसरी, ये कहानी के तत्कालीन प्रचलित मानदंडों से काफी अलग हैं, बल्कि उनका अतिक्रमण करती हैं। वस्तुतः ये अपने समय से आगे की कहानियाँ हैं, जो किसी मुद्दे पर जिरह करने का, उसकी तह में जाने का जोखिम उठाती हैं, जिसके चलते ये पठनीयता के लिहाज से वैसी आसान नहीं रह जातीं। उन्होंने कहानियों को भी अपनी कविता की तरह कई–कई बार लिखा है। कहानी की तथाकथित लोकप्रियता या स्वीकृति से उन्हें खास लेना–देना नहीं था। उनका सारा ध्यान कथा के सबसे महत्त्वपूर्ण पक्ष–संप्रेषण–की तरफ रहता था–उसकी विश्वसनीयता, सूक्ष्म अवलोकन, दृश्यों के डिटेल्स, पात्रों के अंतर्द्वद्व, उनके मन की गहरी थाह लेना, मनोवृत्तियों के आधार पर चरित्र खड़े करना। वे उस तरह के यथार्थवादी लेखक नहीं थे जिसमें महज घटनाक्रम का बयान ही कहानी बन जाता है। इसके बरक्स, वह अपनी फैंटेसियों, स्वप्नों के माध्यम से बड़े व्यापक फलक का चुभनेवाला यथार्थ सामने लाते हैं। एक अन्य विशेषता उनकी कहानियों की यथार्थ की बहुस्तरीयता है। ये निपट एकांगी कतई नहीं हैं, जो सिर्फ़ विडम्बना के किसी एक पहलू तक ही सीमित रह जाती हैं। अपनी कहानियों में वे दृश्यों, संवादों, या अंतद्वंद्वों के माध्यम से यथार्थ की एक साथ कई परतें उधेड़ते चलते हैं।

सतह से उठता आदमी

(रचनाकाल 1963–64)

यह 1962–63 की लिखी कहानी। यह कहानी सिद्धांतों दर्शनों के व्यक्तिगत प्रभावों की कहानी हैं। केन्द्रीय पात्र रामनारायण अपनी व्यक्तिगत कुंठाओं से बाहर आने के लिए, एक तीखी प्रतिक्रिया के फलस्वरूप अपने क्षेत्र में सर्वनिषेधवाद का लोकप्रिय प्रवक्ता है। चूँकि उसके भीतर राज–घराने की बेटी रही अपनी माता के जीवन–व्यवहार, उनकी कुलीनतावादी सोच को लेकर गहरे नफ़रत है, इसलिए वह अपना जीवन इसी निषेधवाद को समार्पित किये हुए है। इसमें एकाधिक जगह इस बात का उल्लेख है कि 'इन्हें क्या नहीं चाहिए, इसकी तो पूरी जानकारी है, लेकिन क्या चाहिए, इसकी नहीं'। वस्तुतः इसके कैरेक्टरों की बनावट में ही ये अंतर्विरोध छिपे हुए हैं, जो किसी बदलाव का बीड़ा उठाए हुए नहीं हैं, वरन् अपने अनुभवजन्य व्यक्तिगत द्वेश को ही जीवन–लक्ष्य माने बैठे हैं। इसलिए इसके पात्र रानारायण का भद्र समाज के प्रति नफ़रत एक स्तर पर तो समाज के अंतर्विरोधों के शिकार हुए लोगों को अच्छा लगता है, उसके भाषणों पर तालियाँ पीटते है... यह लगभग उसी किस्म की राहत और 'बदला' है जिसमें एंग्री यंगमैन हीरो खलनायकों की फ़िल्म के आखिरी में धुनाई करता है तो पब्लिक वाह–वाह करती हैं, लेकिन जिससे यथास्थिति में कोई बदलाव नहीं आता। विचारधाराओं, सिद्धांतों या दर्शनों की गहरी जानकारी के बाद भी इस चरित्र की रुचि यही तक है। रामनारायण को समाज के हाशिये में पड़े लोगों से ऊँचे वर्ग के प्रति नफ़रत भर है, लेकिन इससे आगे आने की भावना नदारद है, उनके भविष्य के लिये कोई सोच नहीं है। वह अपने व्यक्तिगत द्वेष के लिये तमाम दर्शनों या सिद्धांतों का प्रयोग कर रहा है। यही नहीं, उसके द्वारा निकाले जानावाला अखबार महज ऊँचे लोगों के कारस्तानियों के भंडाफोड़ तक ही सीमित है, और आगे चलकर इसके पत्रकार पत्रकारिता की आड़ में ब्लेकमेलर बन रहे हैं, तो यह उसी विचारहीनता का असर है, और जिसे ही इन लोगों ने अपना साध्य बना लिया है। वास्तव में समाज को आगे ले जानीवाली लड़ाई यदि ऐसे सतहीपन, विचारहीनता का शिकार हो तो उनका यही हश्र होना है। आज देख सकते हैं, पत्रकारिता जिस तरह से अपने समाज और देश हित के सर्वकालिक लक्ष्यों से विचलित होकर, मात्र अपनी निजी संपदा बनाने की मुनाफ़बाज सीढ़ी के रूप में बदल गयी

है, या इससे भी नीचे गिरकर राजसत्ता, औद्योगिक घरानों अथवा कारपारेटों की गुलामी में मुब्तिला हो गयी हो, वहाँ कोई सामाजिक–आर्थक बदलाव देर–दूर तक संभव नहीं है। मुक्तिबोध इस कहानी में कृष्णस्वरूप, रामनारायण जैसे चरित्रों के नाहने अपने यहाँ छठवें दशक में ही घर करते उपभोक्तावाद को दिखाते हैं। दरअसल, अपनी गरीबी से छुटकारा पाने का कृष्णस्वरूप की सोच यही है कि सत्ता से संबंध बनाकर उनके अनुकूल काम करते रहो, समृद्धि आती जायेगी। यहाँ फिर किसी दर्शन की जरूरत नहीं है। दरअसल लोकतंत्र के नाम पर इस पूँजीवादी लोकतंत्र में आर्थक असमानता राजसत्ताओं के लिए एक दीर्घकालिक संजीवनी बनी रही है। जिसके लिए कभी 'गरीबी हटाओं' जैसा घर–घर में लोकप्रिय मुहावरा देकर भी अपनी राजनीति की जाती है। और आज भी यही खेल तरह–तरह के लोक–लुभावन प्रलोभनों से जारी है। यह उनको हमेशा–हमेशा अपना मोहताज बनाये रखने की दीर्घकालिक कूटनीति है।

कहानी अपने फैलाव में आजादी के बाद सामंती रजवाड़ों की सत्ता से गठजोड़ और अपने पूर्व–प्रभाव के चलते लिये जानेवाले लाभों को भी रेखांकित करती है। मजे की बात यह है कि इसका नायक रामनारायण ख़ुद एक राजपरिवार से ताल्लुक रखता है, और उसकी माँ, साम्राज्ञी का अपना रूतबा उसी तरह बरकरार रखना चाहती है। रामनारायण अपनी माँ की इस सत्ता लालसा से नफरत करता है और इसी बहाने तमाम ऊँचे लोगों से नफरत। इसी प्रतिक्रिया स्वरूप उसने अपना हुलिया बिगाड़ लिया है, बदसूरत और बदहाल कर लिया है। उसके लिए यह नफरत बस हव़ा–हव़ाई है। वह ख़ुद इसका आमूलचूल विरोधी नहीं, वरन् व्यक्तिगत प्रतिक्रिया तक ही सीमित है। उसका अवाँगर्द, अराजक़ चरित्र अंततः कहीं नहीं लेकर जानेवाला है, बल्कि इसी व्यवस्था में फिट हो जानेवाला है। इस कहानी का सूत्रधार–पात्र कन्हैया इस बारे में, अंत में अपनी निश्कर्षात्मक टिप्पणी देता हैं, वह बेहद महत्त्वपूर्ण है–''मेरे ख़याल से तुम दोनों (कृष्णस्वरूप और रामनारायण) एक ही सिक्के के दो पहलू हो। ख़ैर जो भी हो, आज रामनारायण तुम्हें चिढ़ाने के लिए सूट पहना है, कल वह तुम्हें नीचा दिख़ाने के लिए अपनी जायदाद ख़ुद संभालेगा। और चक्र तब पूरा घूम जायेगा। अगले दस साल के बाद मुझे रिपोर्ट देना।''

इस पूरे बदलाव को मुक्तिबोध बहुत स्पष्ट, तार्किक ढंग से कथारूप में हमारे सामने प्रस्तुत करते हैं। उनका सधा हुआ, कसा हुआ अभिव्यक्ति कौशल कथा को पूरी तरह संप्रेषित करता हैं कविता में तो उनकी मास्टरी है ही, कहानी में चीजों को बहुत तटस्थता से, या कहें कि कुछ निर्मम यथार्थवादी तरीके से ही वे सामने रखते हैं। उनकी कहानियों में यह नहीं है कि विधा को बाकायदा साधा जा रहा हैं। नहीं! वे विधा की इस ऐसी किसी पवित्रता में यकीन नहीं करते। वे एक विचारक, या सहृदय पाठक की तरह बातों को पूरी ईमानदारी से रखते जाते हैं। उन्हें काहनी के बनने या नहीं बनने की चिंता नहीं होती। उनके लिए ख़ुद को अभिव्यक्त कर देना ही लेखन का सबसे जरूरी पहलू है, और वे इसे बख़ूबी अंजाम देते हैं। इस कहानी में आये चरित्रों का खाका मुक्तिबोध कमाल की संलग्नता, साथ ही तटस्थता से खींचते हैं। मुक्तिबोध का लेखन सफलता–असफलता से दूर अपनी परम अभिव्यक्ति की तलाश में लगे वास्तविक रचनाकार का लेखन है। इसीलिए उनकी कई कहानियों को प्रचलित मानदंडों से कहानी कह पाना भी मुश्किल होगा।

एक दाख़िल दफ़्तर की सांझ

(रचनाकाल 1948–1958 के बीच)

उनकी कहानियाँ पढ़ते हुए एक बात तो मन में बहुत साफ उभरती है, मुक्तिबोध की कहानियाँ मानो अपने समय से आगे की कहानियाँ थी। एक लंबे समय तक हिंदी कहानी यथार्थवाद के अपने चिर–परिचित और लगभग सुविधाप्रद राजमर्ग पर चलता रहा। यह यथार्थवाद प्रत्येक लेखक की अपनी कमाई हुई दौलत है जिसे वह अपने संघर्ष से अर्जित करता हैं प्रायः यह देखने में आता है कहानी उनके लिए यथार्थ का कोई दृश्य या विडम्बना या कोई आधात, या फिर कोई चौंकानेवाला वाक्य या दृश्य; या ऐसा ही कुछ भी जो पाठक को रंजित भी करे और शिखित भी लेकिन मुक्तिबोध का कहानी के प्रति रवैया अपने दौर के तमाम कथाकारों से अलग है। वे कहानी को उस पाठकीय लोकप्रियता की शैली से दूर रखते हैं, साथ ही किसी भी सरलीकरण से दूर। उनकी यह कहानी कई तरह से चकित करनेवाली कहानी है। आमतौर पर कचहरियों के ऑफिसरों, बाबुओं की यह दुनिया बहुत 'लाउड' होकर हमारी कहानियों में आता रहा है, और इस दुनिया के कैरेक्टर ज्यादातर 'स्टीरियों टाइप' रहे हैं। इसके विपरीत, यह कहानी बहुत आहिस्ते से,

पूरी विश्वसनीयता और पूरे विस्तार से पाठक को इस तंत्र की उन बारीकियों में ले जाती है जो प्रायः अनकहा रह जाता है। रामेश्वर, एक सीनियर मुंशी और उसके अधीनस्थ बाबू वर्मा के संवादों के माध्यम से यह कहानी कचहरी–संसार में व्याप्त परस्पर संदेहों, भय, षड़यंत्रों, खींचातानी, अंतर्निहित स्वार्थ, भाई–भतीजावाद, उठा–पटक, दुरभिसंधियों और वर्चस्व की कूटनीतिक लड़ाई की महीन पड़ताल करते हुए इसके लालफीताशाही साम्राज्य को उजागर करती है। यही नहीं, कि वे अपने पात्रों के मनोभावों का एक दर्लभ गहराई में जाकर विश्लेषण करते हैं, बल्कि बहुत गंभीरता से हमारे समय में बन रहे इन जटिलताओं से साक्षात्कार कराते हैं, जिसमें एक काम के होने के पीछे भी दसियों कारण रहते हैं–डायरेक्टर, असिस्टेंट डायरेक्टर, सुपरिन्टेंडेंट, या कि कौन किसका चहेता है और किन कारणों से है। इन विद्रूपताओं की पूरी श्रृंखला है, जो एक सिरे के उधड़ने से ख़ुद–ब–ख़ुद उधड़ती चली जाती है। उनकी कूटनीतिक वर्चस्व की लड़ाई के ज़्यादातर शिकार छोटे कर्मचारी होते हैं, जिन्हें पिसना होता है इस व्यवस्था की चक्की तले। वर्मा यहाँ ऐसा ही कैरेक्टर है, जिसे अपनी पर्याप्त कार्यक्षमता, समर्पण ओर वफादारी के बावजूद उसका वाजिब हक़ नहीं मिल पाता, और सुपरिन्टेंडेंट के चहेते शर्मा–जो बीसियों महल का मालिक है– को पदोन्नति मिल जाती है। देखने में यह हमारे कार्यालयों में व्याप्त भाई–भतीजावाद, स्वार्थ या आपसी खींचतानी की कहानी लग सकती है, लेकिन इसकी शक्ति वह गहराई है जो इन पात्रों के मनोभावों का गहन विश्लेषण करती हैं यह तो पहले भी कहा जा चुका है, मुक्तिबोध कहानियाँ महज कहानी कह देने के लिए नहीं लिखते थे। यह कहानी आज़ादी के बाद के भारत के कचहरियों यानी न्यायालयों–में लाभ–व्यापार के बीहड़, परस्पर उलझे स्वाथीं के झाड़–झंखाड़ों से टकराती हैं, और बन रहे नए भारत के चरित्र का पता अद्भुत विश्वसनीयता से देती हैं।

कहानी में एक जगह रामेश्वर का अधीनस्थ बाबू वर्मा कहता है, "आप तो प्रगतिवादी है!"

"क्यों मज़ाक कर रहे हो यार?" हतप्रभ होकर रामेश्वर ने जवाब दिया।

"अच्छा, मैं अपने को करेक्ट कर लेता हूँ, एक्स प्रगतिवादी, अवसर प्राप्त क्रांतिकारी।"

इस पर थोड़ी और बातचीत के बाद, रामेश्वर का कथन है, ''प्रगतिवादी', इस शब्द से मैं डरता नहीं, किंतु दुर्भाग्य से मैं अब सरकारी नौकर हूँ। सरकारी नौकर की विचारधारा नहीं होती, होती भी है तो उसके अनुसार कार्य करना मना है। पेट की गुलारमी कर रहा हूँ आत्मा बेचकर। मात्र वेश्यावृत्ति पर हम लोग जीवित हैं। किसी वेश्या को सुहागन कहने से उसका अपमान ही होता है। वैसा अपमान तुम कर रहे हो मेरा।''

मध्यवर्गीय जीवन के अंतर्विरोध, उसके समझौते, पराजय मुक्तिबोध की कविताओं की केन्द्रीय थीम है, ये कई तरह से वहाँ बार–बार आते हैं, जिसमें इसवर्ग के सुविधाओं के कीचड़ में लिथड़े रहने की तीव्रतम आत्म–धिक्ककार सुन सकते हैं। उपरोक्त अंशों में वही आत्म–धिक्कार और विवशता इतने विस्फोटक बयान के रूप में सामने आता है। यही यह कहानी इस पूरे तंत्र में बजबजाती यथास्थितिवादी, स्वार्थ केन्द्रित और प्रगतिविरोधी चलन का बयान बन जाती है, जिसे कितने ही स्वार्थों, भाई–भजीतावाद, भ्रष्टाचारों द्वारा पोषित किया जा रहा है, जिसमें वास्तविक न्याय की उम्मीद इस द्वेशी माहौल से दूभर हो चला है। यहाँ हरिशंकर परसाई की रूपक कथा, 'भोलाराम का जीव को याद किया जा सकता है, जो इसी लाल–फीताशाही में फाइलो में दबकर दम तोड़ रही है।

मुक्तिबोध अपने जीवनानुभवों को जैसी तटस्थता से, बगैर किसी रोमान के, निपट ठोस यथार्थवादी शैली में कहते है, यह भी हिंदी कहानी के अध्याय में नय़ा इज़ाफा करती हैं। उनके पास बरसों में कमाई हुई जीवन–दृष्टि है, यह कोई चार–छह सालों में अर्जित जीवन–दृष्टि नहीं है। न ही अपनी कहानियों के 'हिट' होने का किसी किस्म का कोई नुस्खा अपनाते हैं। उनकी कविताओं में उनकी पक्षधरता मुखर होकर आती है, लेकिन कहानी में वे उस शिल्प के भीतर से निकलकर आती हैं, बगैर नारे लगाये, या किसी तत्कालिक जोश से भरे। यह भी है कि इन्हें पढ़ते हुए इस बात को आप बहुत पीछे भूल चुके होते हैं। कि ये किसी 'कवि' की लिखी कहानियाँ हैं। नहीं। यह भी उस दौर में जब किंदी कहानी का विन्यास बनना शुरू हुआ था, और जब की कहानी भावुकता से भी मुक्त नहीं हो पा रही थीं, ऐसे दौर में ऐसी ठोस कहानियाँ! बाद में बहुत से कवियों ने भी कहानियाँ लिखीं,

लेकिन मुझे लगता है, रघुवीर सहाय ही अपवाद ठहरते हैं, जो इसी ठोस भूमि पर किसी रोमान से दूर, यथार्थ की ठोस पथरीली जमीन पर खड़े नज़र आते हैं, सो भी बगैर किसी सतही सृजनात्मक महत्त्वाकांक्षा के। अपने–आप में यह विलक्षण बात है। यह बिलकुल ठोस, पथरीला गद्य उनके कठोर आत्म–संघर्ष से उपजा हुआ। हाँ, उनकी कवि–दृष्टि की गहराई का अंदाजा उनके बारीक डिटेलिंग से जरूर मिल जाता है। उनके कहानी लेखन में गजब की शार्पनेस है, यथार्थ की ऊपरी कठोर परत को भेदती, और उसकी गहराई तक, तल तक जाकर थाह लेने की उत्कट, गंभीर साहसिक आकांक्षा के साथ। 'पहल' वाले साक्षात्कार में नामवर सिंह कहते भी हैं, जैसी कहानियाँ उन्होंने लिखीं, वैसी सिर्फ़ वे ही लिख सकते थे।

इन कहानियों से गुजरना वास्तव में एक बड़े बौद्धिक विमर्श से भी गुजरना है। ये कहानियाँ उन अर्थों में सरल नहीं हैं, न ही वैसी लोकप्रियता के टोटके अपननानेवाली। ये तटस्थ, निस्संग हैं। साथ ही न ही किसी भी टूटपूँजिया स्वीकृति की महत्त्वाकांक्षा से ग्रस्त। बेतरह निर्मम कथाकार।

प्रश्न

(1956 में प्रकाशित)

इस कहानी में मुक्तिबोध देश की तब के एक उपेक्षित किंतु विकट समस्या से जूझते दिखाई पड़ते हैं। यह समाज में स्त्री–जीवन की समस्या है। इसमें तरूणाई में ही वैधव्य का शिकार हो जाने के बाद स्त्री की सामाजिक, दैहिक और मानसिक समस्याओं को परखा गया है। लेकिन कुछ कारणों से मुझे यह मुक्तिबोध की कमजोर कहानी लगी है। इसमें समस्या का एक कोण उस स्त्री–सुशीला–के तेरह वर्षीय बालक नरेन्द्र की स्थिति है, जहाँ उसके स्कूल के सहपाठी और दूसरे लोग उसकी माँ के 'काका' के साथ संबंधों को लेकर छींटाकशी करते हैं, जो उसके जीवन–मरण का प्रश्न बन गया है। उसे हर हाल में अपनी माता के पवित्रता का समाधान चाहिए। इसका सबसे महत्त्वपूर्ण कोण ख़ुद माँ सुशीला की जिंदगी है। वह सर्वथा स्नेहवश काका से जुड़ जाती हैं, जिसकी बात उसके बदनामी के रूप में फैल गयी है। इन स्थितियों में

एक माँ और उसके बेटे का, एक विधवा स्त्री और उसके स्नेही के बीच के संबंध सरल नहीं रह जाते। लेकिन मुक्तिबोध इसकी जटिलता और गहराई में वैसे नहीं उतरे हैं जैसे अपनी अन्य कहानियों में। उन्होंने समाज के इस जटिल समस्या को उठाया जरूर, लेकिन लगभग फ़िल्मी अन्दाज़ से, बहुत सतही ढंग से इसका सुखद अंत कर दिया है वस्तुतः यह कहानी पाठक को किसी विधवा स्त्री के जीवन के वास्तविक तनावों या जटिलताओं में न ले जाकर, उसका मात्र एक भावात्मक चित्र प्रस्तुत करके रह जाती हैं जब कि हम ऐसी स्त्रियों के प्रति इस समाज का उत्पीड़न, कठोर, दमनीय और अमानवीय रूख आज पर्यंत देखते आ रहे हैं। यह कथ्य के रूप में इस समस्या को उठाती जरूर है, लेकिन इसका अपेक्षित प्रभाव कहानी नहीं दे पाती। इस कहानी की एक बड़ी कमजोरी मनोभावों का चित्रण है। जिस समय नरेन्द्र अपनी माँ सुशीला से अपने जलती प्रश्नों का जवाब माँगने की तीव्र आवेश में घर आता है, तब उसकी माँ फर्श पर सोयी हुई हैं। मुक्तिबोध यहाँ उस उद्विग्न तेरह बरस के बालक की मनःस्थिति को नहीं दर्शाकर, सोयी हुई माता के सौंदर्य पर एक बड़ा पैराग्राफ लिख रहे हैं, सो भी ऐसे–ऐसे काव्यात्मक छायावादी–बिंबों में, जो बिलकुल गढ़ी हुई मालूम देती है–

शान्त, सुकोमल मुख निद्रा–मग्न था। आँखें मुँदी हुई थीं जिन पर कमल वार दिये जा सकते हैं। चेहरे पर कोमलतापूर्ण स्निग्ध माधुर्य की शान्ति–निर्मल सरोवर के अचंचल जल प्रसार–सी पड़ी हुई झीनी नीलम चाँदनी की प्रसन्नता के समान दिखलाई देती थी। अस्त–व्यस्तता के कारण गोरा पतला पेट खुला दिखलाई देता था और वह उसी तरह पवित्र सुन्दर मालूम होता था, जेसे दो सघन श्यामल बादलों के बीच प्रकाशमान चन्द्र, पैर उघाड़े फैले हुए थे मुक्त, जैसे जंगल में कभी–कभी क़दली के लाल फूल वृक्ष की मर्यादा छोड़कर टेढ़े–मेढ़े रास्ते से होते हुए हरी घास के ऊपर अपने को ऊँचा कर देते हैं, फैला देते हैं।...

लेखक का ऐसा अनावश्यक बिम्बमूलक प्रसार कहानी के इस तनाव के क्षण के बिलकुल विपरीत है, यह कोई भी देख सकता है।

दूसरे, इस कहानी में माँ–बेटे के रिश्ते को बेहद भाववादी कोण से प्रस्तुत किया गया है, जिसके चलते भी कहानी का यह ज्वलंत विषय अपनी दाहक क्षमता खो देता है।

एक नयी ज़िंदगी'

(1953 में प्रकाशित)

'एक नयी ज़िंदगी' कहानी रमेश नामक एक ऐसे युवक की कहानी हैं जिसके पास दनिया–जहान की चिंताओं के लिये समय है, किंतु अपने अव्यवस्थित और जरूरतमंद घर के लिए न सोच है, न समय। वह दुनिया को बदलने के सपने देखता है लेकिन अपनी ही निजी ज़िंदगी में सुधार नहीं कर पाता। कहानी में आगे चलकर अपनी इस जिम्मेदारी को समझने लगता है, और अपनी घरू ज़िंदगी को पटरी पर ले आता है। यह कहानी भी ऐसे किसी व्यक्ति का सामान्य जीवन चित्र मात्र खींचकर रह जाती है, वैसी उद्वेलित नहीं करती जैसी मुक्तिबोध की वे कहानियाँ, जिनमें वे अपने समय की कठोर सच्चाई से दो–दो हाथ करने का हौंसला लेकर उतरे हैं। वे उनकी बड़ी कहानियाँ हैं। जैसे 'पक्षी और दीमक'। मानव नियति या भ्रष्ट व्यवस्था के सड़ांध पर उनकी यह महान कहानी है। यह सही भी है, कि किसी भी लेखक की हर रचना मास्टरपीस नहीं हो जाती। लेखक अपनी नचना विभिन्न मनोभावों में लिखता है, अपने सामर्थ्य भर, लेकिन जरूरी नहीं कि सभी में वह 100 प्रतिशत खरा उतरे। मुंशी प्रेमचंद की भी कितनी ही कहानियाँ उस कोटि की नहीं हैं, जितनी उनकी कुछ चर्चित महान कहानियाँ।

काठ का सपना

(1963 में प्रकाशित)

गरीबी असमानता आधारित समाज व्यवस्था की सबसे बड़ी विकृति है जो मनुष्यता की सबसे बड़ी हत्यारी है। निर्धनता, अभाव कैसे एक घर को, उसके रहवासियों को जीते–जी एक मृत काठ में बदल देती है, इसी कठोर कहानी कहते हैं मुक्तिबोध। गरीबी केवल आपके बाहरी संसार को अभावग्रस्त नहीं बनाती, आपकी भीतरी दुनिया–राग– रंग, उत्साह, उमंग, जीवंतता, संगीत–सब को किस भयावह ढंग से क्षत–विक्षत करके रख देती हैं, आपके भीतर–बाहर कैसा अछोर सुनसान, अँधेरा और बेचैनी बरपा सकती है, इस कहानी में देख सकते हैं। गरीबी एक भयानक अभिशाम है, और इससे बाहर आने की जद्दोजहद आसान नहीं हैं। इस कहानी का पिता अपनी इसी अक्षमता से जैसे एक निष्प्राण काठ में बदल चुका है, उसे इस अँधेरी, लंबी सुरंग

से बाहर आने का कोई रास्ता मालूम नहीं। अपने अभावों में घुटकर रह जाना ही जिसकी नियति हैं। इस कहानी का पिता, इतना अक्षम क्यों है, कहानी से इसका उचित उत्तर नहीं मिल पाता। इसकी तुलना में ऐसी ठूँठ गृहस्थी का भार ढोती उसकी स्त्री सक्रिय है, और उसी से इस नर्क से मुक्ति की राह बन सकती हैं लेकिन इस मुक्ति की छाया भी इस कहानी से नदारद है। कहानी विकट खामोशी से इस दांपत्य के जलते तनावों और क्रमशः मृत होते स्नावयिक तंतुओं को पाठक के रगों में उतार जाती है। इस कहानी को पढ़ते हुए महान जापानी फ़िल्मकार अकीरा कुरोसावा की फ़िल्म 'डोडेस्का डेन' की छवियाँ मन में उभरती रहीं। यह फ़िल्म भीषण गरीबी की इसी भयावहता का, इससे उपजी मानसिक विकृतियों का गहरा मनोवैज्ञानिक आख्यान है, एक महानगर के तलछट पर बसे स्लमवासियों के जीवन की दारूण त्रासदियों पर केन्द्रित। इनके जीवन में दूर–दूर तक खुशी की कोई हरियाली नहीं। इस प्रतीक के लिए फ़िल्म में एक पेड़ बार–बार दिखाया जाता है। बिलकुल सूखा, जिसमें एक पत्ती तक नहीं। एक निचाट सूखा, उजाड़ बियावान है उनका जीवन।

इस कहानी के पिता का सपना है–खुशहाली। वह सपना देखता है, जागती आँखों से अपने घर के सीलन भरे 'अँधेरे में', कि उसकी बेटी का ब्याह हो चुका है, यह नारंगी साड़ी पहने है, दर्जन भर चूड़ियाँ उसके हाथों में हैं, उसके घर मेहमान आये हुए हैं, उसकी पत्नी पूड़ी बनाने में व्यस्त है, घर में मेहमानों का खुशहाल शोर है...। यह सपना जैसे देश के अस्सी करोड़ घरों में पलनेवाला सपना है। पति–पत्नी में अब आपस में कहने के लिए कुछ बचा नहीं है। पत्नी उसकी आलोचना करते–करते थक चुकी है। कहानी में मुक्तिबोध लिखते हैं–"आलोचना पूर्णतः स्वीकारणीय है, क्योंकि उसका संकेत कर्त्तव्य–कर्म की ओर है, जिसे इस पुरुष ने कभी पूरा नहीं किया। वह पूरा नहीं कर सकता। कर्त्तव्य–कर्म को पूरा करना केवल उसके संकल्प द्वारा नहीं हो सकता। उसके लिए और भी कुछ चाहिए। फिर भी, वह पुरुष में नहीं मन यह वचन देता है, यह प्रतिज्ञा करता है कि कल वह कुछ–न–कुछ करेगा विजयी होकर लौटेगा।"

इस कहानी के पात्र निश्चय ही इतने निचले वर्ग के नहीं हैं, जो गरीबी को अपनी नियति के रूप में स्वीकार कर चुके होते हैं, और उसके अनुरूप जीने लगते हैं–किसी भी उम्मीद से दूर–दूर तक परे। उनके भीषण गरीब जीवन में भी यह तनाव, सन्नाटा, और बेचैनी नहीं

मिलेगी। दरअसल यह निम्नवर्ग से और नीचे पायदान पर खिसक आया कुछ शिक्षित परिवार है, जो इससे लड़ने की बदलने की सोच किसी तरह बनाए रखे हैं। लेकिन यह कितना दुःसाध्य है, इसे पढ़ते हुए अनुभव किया जा सकता है।

यह ऐसे घरों में व्याप्त तनाव, कुंठा, असहायता, बेचैनी और इससे मुक्ति का मार्ग मलाशती कहानी है, एक गहनता बोझिलता के साथ। इस नियति में फंसे दांपत्य की अनकही पीड़ा, बेचैनी और घुटन की कहानी है। यह किसी स्थिति का महिमामंडन नहीं करती। अभावों की इस काल–कोठरी में, अपनी मुक्ति का एक झरोखा खोजती कहानी हैं इस कहानी को उनकी शक्तिवान कहानियों में रखा जा सकता है, जिसके लिए वे जाने जाते हैं। यों देखा जा सकता है, मुक्तिबोध, अपनी कविताओं की तरह, अपने पात्रों के अंतर्मन की गहराई की थाह लेने उनके भीतर के अँधेरे में नीचे उतरते ही जाते हैं। इतना कि वहाँ का सब कुछ खंगाल के एकबारगी पाठक के सामने उलीच देना चाहते हैं। यह चिंतनशील निम्नवर्गीय धारा है जो कल को आज से बेहतर बना पाने का ख्वाहिशमंद है। यहाँ वह कहानी के किसी साँचे–वाचे की चिंता से दूर, उस हल न हो सकनेवाली समया का हल तलाश रहे हैं। कहानी की भाषा खुरदुरी और नुकीली है, जैसे अपनी एक कविता में वे कहते हैं–'मुझे चाहिए मेरा असंग बबूलपन'। और कथा का यह ऊबड़खाबड़पन इस स्थिति को और प्रभावशाली ढंग से व्यक्त करता इनकी कहानियाँ अपने साँचे खुद तय करती है। बने–बनाये मानदंडों के आधार पर इन्हें कहानी की श्रेणी में भी रखने में मुश्किल होगी। जैसे उनकी कवितायें हैं–बेचैन, दीर्घ, तनाव से भरीं, और बदलाव के लिए दृढ़ संकल्पित, यही बात उनकी श्रेष्ठ कथा रचनाओं में भी है।

यही, उनकी कहानियों को प्रचलित अर्थ में 'कहानी' कहने के बजाय 'कथा–रचना' कहना मुझे ज्यादा उपयुक्त लग रहा है। वह इसलिए कि विधा के रूप में कहानी के जो मानदंड स्थापित किये गये हैं, उनसे में ये मेल नहीं खातीं। और कहानी के उन निर्धारक तत्वों को, जिनके आधार पर कहानी को कहानी घोषित करने की परम्परा रही है, इनका सर्वथा अभाव है। ये नुकीली, बीहड़, गहन तनाव से भरीं, कठोर पथरीली हैं, जिनकी शुरुआत है लेकिन वह क्लाईमेक्स वाला 'अंत' नहीं, जैसा हम बहुतेरी कहानियों में पाते हैं। अंत को लेकर मुक्तिबोध किसी परिभाषित दायरे में फिट नहीं बैठते। दरअसल उनका आवेगवान कहन

साहित्य के बने–बनाये हर चौखटे को ध्वस्त करती चलती है। ये बेलौस, अनगढ़, ऊबड़–खाबड़, और पाठकों के मनोरंजन की वैसी चिंता नहीं करनेवाला है। एक सर्वथा भिन्न बर्ताव है उनकी रचनाओं का। यह तो पूर्व–निर्धारित साँचे हैं जिसमें किसी तरह उनको वर्गीकृत किया जा सकता है। अन्यथा उनकी तरह की लम्बी–लम्बी कवितायें, विकट उद्वेग, बेचैनी और तनाव के साथ फिर किसी लेखक के द्वारा संभव नहीं हो सकी हैं।

यानी उनकी कहानियों के पास यदि हम उसी स्वाद की अपेक्षा करते हुए जायें, तो हमको निराशा होगी। उनकी बहुत–सी कहानियाँ अधूरी है। यह आधा–अधूरापन यह तो दिखाता ही है कि लेखकीय महत्त्वकांक्षा उनकी वैसी नहीं थी जैसा कि हर दूसरे–तीसरे की हुआ करती है। लिखना, उनके लिए अपने ही बीहड़ में उतरना, जंगली झाड़–झंखाड़ की पहचान करना, उनसे उलझना और उलझते–पुलझते राह बनाना है। उल्लेखनीय है कि विचारों से मार्क्सवादी होने के बावजूद विचारों को अपनी रचनाओं में वे वैसे नहीं लाद देते कि बस उसके प्रचारक लगने लगे–जैसा कि प्रायः मार्क्सवादी रचनाकारों पर कलावादी आरोप लगाते रहे हैं। इसके उलट, विचार यहाँ कहानी की एक पूरी प्रक्रिया में आते हैं। उनका रास्ता औरों से ज्यादा कठिन था, जो उन्होंने उस बने बनाये रास्तों पर चलना अस्वीकार कर अपनी पगडंडी ख़ुद बनाने में जुट गये। भले ही वह कच्चा हो, ऊबड़–खाबड़ हो, या कंटीली झाड़–झंखाड़ से भी हो। ख़ुद को अपनी रचनाओं में उड़ेल देना–यह ज्यादा जरूरी था उनके लिए, बनिस्बत विधा की अथवा लोकप्रियता की मांग के अनुरूप काँट–छाँट के। ऐसा किसी विलक्षण, निर्मम और दुस्साहसी लेखक–व्यक्तिव के द्वारा ही संभव है।

जंक्शन

(रचनाकाल 1963–64)

मुक्तिबोध विशिष्ट कहानीकार इस अर्थ में हैं कि उनके यहाँ निरी घटनाएँ नहीं हैं, जिनके आधार पर आमतौर पर कहानी बुनी जाती है। इससे अलग, उनके यहाँ अंतर्मन की जद्दोजहद सबसे मुखर है। बल्कि वह इसी अंतःकरण का आयतन मापनेवाले लेखक हैं। इस कहानी में भी ऐसी कोई घटना नहीं हैं। यह एक कवि–जिसके पास गाँधी के उदार

परोपकारवाद से लेकर मार्क्स के क्रांति तक के विचार हैं–के द्वारा एक छोटे–से, मामूली जंक्शन में कुछ घंटे–ट्रेन के आने तक–बिताए जाते समय और इस दौरान उसके अंतर्मन बनते उतार–चढ़ावों का चिट्ठा है। सर्दी की एक विकट रात में कवि को ट्रेन का इंतजार है, उस छोटे स्टेशन में जहाँ मुसाफिर फटी चादरों और धोतियों में ठिठुरे–ठिठुरे, सिमटे–सिमटे, ख़ुद गठरी बने बिखरे पड़े हैं। 'वहाँ आदमी नहीं, आदमीनुमा गन्दा सामान इधर–उधर बिखेर दिया गया है।' कवि को इस वर्ग पर विश्वास नहीं हैं। वह सोचता है कि "शहर में जाकर भोजन कर आऊँ, लेकिन सामान कौन देखेगा। इनके भरोसे सामान कैसे लगाया जाय। कोई भी उसमें से कुछ भी उठाकर चम्पत हो सकता है!" निचले वर्ग के प्रति उसकी धारणा यही है। वह इनके प्रति करुणा रखने के बावजूद अविश्वास से भरा हुआ है। और उनकी तुलना में कवि सचमुच शानदार है, उसके पास ओवरकोट है, होल्डाल है, अलवान है, कम्बल है। हाँलाकि इनमें से कोई भी चीज उसकी अपनी नहीं है, उसके मित्रों द्वारा दी हुई है। फिर भी उन मैले, मनहूस, दरिद्र लोगों के बीच उसका मध्यवर्गीय शान जाग जाता है, और वह इन फटेहालों के बीच अपना रौब गालिब करना चाहता है, सिगरेट पीते हुए इत्मीनान से घूमना चाहता है।

लेकिन यहाँ उसकी मनःस्थिति का आंतरिक संघर्ष है। उसकी आर्थिक स्थिति वास्तव में बहुत अच्छी नहीं है। वह अपने बच्चों को अभी से 'सामना करना मुसीबत का तनकर/ख़ुद को हाथ में रखकर/मटमैले गऊ चेहरे/उन्हीं को देखकर जीना/कि करुणा क्रांति की माँ है।' जैसी अपनी कवितायें रटा चुका है, बावजूद इसके, वह ख़ुद इससे मुक्त नहीं हो पाया है। उसका मन बँटा हुआ है। वह छली है। वह अपनी सुविधा के हिसाब से अपनी सहृदयता दिख़ानेवाला। कहीं–न–कहीं वह अपनी आलोचना करने के बावजूद अपनी वर्गीय दृष्टि को निथार नहीं पाया है। वह ऐसे भयानक ठंड में एक दुबले, ठिठुरते, गठरी बने जरूरतमंद बच्चे की मदद नहीं करता। मदद करता है एक अच्छे घर के बच्चे की। वह उसे चाय, डबलरोटी देता है। अपने विस्तार पर सोने देता है। कहीं–न–कहीं, उसके वर्गीय संस्कार आड़े आ रहे हैं। गरीब बच्चे की मदद करने में। वह सोच रहा है–"आश्चर्य है कि मैं भीतर से इतना जड़ क्यों हो गया हूँ, कौन–सी वह भीतरी पकड़ है जो मुझे वैसा करने से रोकती है!"

यह वर्गीय जकड़ है, जिससे छुटकारा पा लेना इतना आसान नहीं है। इसमें कई बारीक, जटिल और गहरी पेचीदगियाँ है, जो राह रोक लेती हैं। मसलन इस कहानी में कवित ख़ुद को उस ठिठुरते बच्चे की सहायता करने में असमर्थ हैं क्योंकि उसके भीतर यह खयाल घर किये बैठा है कि –'मेरा बिस्तर क्या इसीलिये है कि वह सार्वजनिक सम्पत्ति बने! शीः। ऐसे न मालूम किनते ही बालक हैं जो सड़कों पर घूमते रहते है!' उसे डर है कि ऐसा करने से 'उसका कीमती अलवान और यह नरम कम्बल, और यह दुधिया चादर ख़राब हो जायेगी। मैली हो जायेगी। क्योंकि जैसा कि साफ दिखाई देता है, यह लड़का साफ–सुथरे बढ़िया कपड़े पहने हुए थोड़े है! मुद्दा यह है। हाँ, मुद्दा यह है कि वह दूसरे और निचले किस्म के, निचले तबके के लोगों की पैदावार है।''

यहाँ देख सकते हैं कि वह कवित जो 'करुणा क्रांति की माँ है' सोचकर क्रांति के सपने पाले हुए है, सहृदयता और समानता के आदर्शवादी, सिद्धांतवादी मन रखता है, किन्तु उस पर वर्गीय घृणा और स्वार्थ की मोटी खाल चढ़ी हुई है, जो सुविधा का कोई–न–कोई तर्क खड़ा करके हर बार उसे रोक देती हैं। इस चित्रण के बहाने क्रांति की एक बुनियादी बात मुक्तिबोध कहना चाह रहे हैं कि जब तक बौद्धिकवर्ग ख़ुद का वर्गीय रूपांतरण नहीं कर लेता, तब तक किसी बड़े बदलाव की उम्मीद नहीं की जा सकती। महज मन में रख भर लेने से वस्तुस्थिति में कोई बदलाव नहीं हो सकता। बदलाव के लिए मन को इसके पार जाना पड़ेगा, अपने वर्ग, अपने अहम्, अपनी सुविधा, अपने संपर्क अपने स्वार्थ से। व्यक्ति को इस बाबत कड़े संघर्ष करने की जरूरत है। इससे छलांग लगाने की जरूरत है। और मामला केवल ऐसी सुधारवादी मदद का भी नहीं है, अपने भीतर उस समूची क्रांतिकारिता को आत्मसात करने का है। और इनके अभव में, ऐसी ही छोटी–छोटी बातों से खोखले आदर्शवादियों के मन का सच नंगा होकर दिखाई देने लगता है। 'जंक्शन' जहाँ एक ओर जैसे ऐसे सारे आदर्शवादियों के प्रचलित जीवन–व्यवहार के खोट को उभारता है, वहीं दूसरी तरफ इसमें बदलाव करने की माँग भी उठाता है। इस कहानी से मुक्तिबोध हममे जड़ीभूत होती उसे उथली सोच को नंगा करते हैं जो वर्गीय ख़ानों से ख़ुद को ऊपर उठा नहीं पाता। हमारे मन में कमोबेश जड़ होती इन मान्यताओं की कड़ियल खाल को उधेड़ देने की खातिर एक कठोर आत्म–धिक्कारी चोट इस कहानी के जरिये करते हैं।

मुक्तिबोध की कहानियाँ अपने समय की होकर भी अपने समय से आगे की कहानियाँ हैं–अपनी संरचना में, बिम्ब और 'एप्रोच' में सामान्य पाठकों के लिए कुछ कठिन भी, क्योंकि यहाँ किसी भी किस्म के सरलीकरण, भावुकता, समान या लोकप्रियता के जाने–माने नुस्खों का निषेध है। यहाँ व्यक्ति के मन के भीतरी तल के परतों को आमूल खंगाल लेने की अनगढ़, किंतु दृढ़ जिद है। उनकी कहानियों के निहितार्थ, बहुत साफ होते हुए भी कई बार समझना आसान नहीं होता, क्योंकि वह पाठक के भीतर, कई स्तरों पर हस्तक्षेप करती हैं। उनकी कहानियाँ अंतिम वाक्य के पढ़ लेने के बाद समाप्त हो जानेवाली कहानी कतई नहीं हैं, बल्कि, पाठ की समाप्ति के बाद ही कहानी की असल सक्रियता शुरू होती है, मन के भीतर–खुद की बार–बार निर्मम जाँच करने के बलवती ढकेल के साथ।

समझौता

इस तंत्र में जीने के लिए शर्ते निर्धारित हैं। व्यक्ति को उसी अनुरूप जीना पड़ेगा। यदि वह इससे अलग सोचता है, तब इस व्यवस्था में उसकी कोई जगह नहीं। यह सिस्टम मनुष्य से उसकी मनुष्यता छीन लेता हैं और उसे किसी जानवर में तब्दील कर देता है–पालतू या फिर हिसक! यही वजह है कि इस सिस्टम में कोई शेर बना हुआ है, कोई भालू, कोई रीछ, कोई चीता, कोई बंदर, कोई कुत्ता। यह व्यवस्था बहुत शातिर है और 'साम–दाम–दंड–भेद' मनुष्य से मनुष्य होने का बोध छीनकर उसे किसी जानवर में बदल देता है, और ख़ास बात यह है कि व्यक्ति इस दौरान बिलकुल भूल जाता है कि अब वह मनुष्य नहीं रहा और एक जानवर में बदल चुका है। लोकतंत्र का मुखौटा ओढ़े पूँजीतंत्र समाज को 'पंचतंत्र' में तब्दील कर दे रहा है। पूँजीवादी शोषक व्यवस्था इसी तरह चला करती है जहाँ व्यक्ति या तो मशीन का पुर्जा बन जाता है या पालतू जानवर। इस भीषण विडम्बना को मुक्तिबोध इस कहानी में पूरी भयावहता, तीव्रता और यातना से चित्रित करते हैं। कमाल इस कहानी में मुक्तिबोध का यही है कि वह इस पूरी यातना का अहसास कहानीपन के साथ करा पाते हैं। मुक्तिबोध जो भी विषय उठाते हैं, उसकी पूरी गहराई और जटिलता में जाकर उसके तमाम अंर्तसंबंधों, अंर्तद्वंद्वो और अंर्तविरोधों की सूक्ष्म पड़ताल करते हैं। इसीलिए उनकी कहानियाँ हमारे समय से आगे की

कहानियाँ हैं। इस रूपक में जितनी भीषणता के साथ मनुष्य को अपने पशु में बदलते जाने का अहसास वह करा जाते हैं, यह उपलब्धि उन्हीं के नाम है। ऐसी कहानी हिंदी में बहुत कम लिखी गयी है। इस व्यवस्था में जैसी अफसरशाही है, उसकी बानगी हमें वे इस कथन से दे जाते हैं–

"यदि कोई बड़ा अधिकारी छोटे को–बहुत छोटे को–कुरसी पर बैठने को कहे तो अनुशासन कैसे रहेगा! अनुशासन हमारे लिए, जो छोटे हैं और निर्बल हैं, जिन्हें दम घोंटकर मारा जाता है। और जिनसे काम करवाया जाता है।"

इस कहानी में कथा का निर्वाह जितनी शक्ति के साथ, जिस 'फोर्स' के साथ हुआ हैं, पढ़ते हुए मुझे जर्मन के प्रख्यात कथाकार स्टीफन स्वाइग की कहानियाँ याद आती रहीं। स्टीफन स्वाइग के यहाँ भी पात्र ऐसी ही बहुत भीषण स्थिति से गुजरते हैं। इस कहानी का 'थ्रिल' किसी 'हॉरर' फ़िल्म की तरह है, जो इस सिस्टम के इतने भयानक और ख़तरनाक हो जाने के प्रति पाठक को आगाह करती जाती है। सचमुच, ऐसी फंतासी बुनने में वे 'मास्टर' हैं। साफ है कि ऐसी काहनी इस पूरे तंत्र की जटिलता, उसके खतरनाक आयामों को बेहद करीब और बारीकी से जाननेवाला व्यक्ति ही लिख सकता है। इस दर्जे की कहानी हिंदी में अकेले उन्हीं के पास हैं। हिंदी कहानी का ज्यादातर भाग अपेक्षाकृत सरलता से भरा हुआ है। वहाँ संवेदनात्मक आर्द्रता तो है, गहराई भी है, लेकिन ऐसी फैंटेसी कम रही है। बदीउज्जमा और सनत कुमार दो ऐसे नाम मुझे इस समय ध्यान में आ रहे हैं, जिन्होंने अपनी कहानियों में फैंटेसी का उपयोग किया है। दरअसल फैंटेसी मूलक कहानियाँ रूपक के माध्यम से इस व्यवस्था का पोस्टमार्टम करने का अत्यंत उपयोगी साधन रहा है। परसाई जी इस मामले में अग्रणी हैं। यह जरूर है कि उनकी फैंटेसी हास्यपूर्ण होकर भी व्यवस्था की कलई खोलने का काम करती हैं। मुक्तिबोध का ढंग अलग है। वे भय, अँधेरा, असहायता, बेचैनी जैसे भावों के सहारे यह पूरा फैंटेसी रचते हैं। यहाँ हिंदी कहानी के बड़े भाग में फैला यथातथ्यवादी यथार्थवाद नहीं है। इस अर्थ में मुक्तिबोध की कहानियाँ इस यथार्थवाद को लाँध चुकी कहानियाँ है, और वे तत्कालीन प्रचलित कहानी से न केवल विषय, बल्कि शिल्प में भी एक भिन्न मिजाज की कहानियाँ लिख रहे थे। जैसे वे अपनी कविताओं में बेचैन हैं, वैसे ही कहानी में।

मुक्तिबोध के यहाँ कोई भी चीज इकहरी नहीं होती। वे अपनी कथावस्तु में हमारे समय की पीड़ा, यातना, उसके द्वंद्वों घटनाओं के परस्पर अंतःसंबंधों को, या इन सबके फलस्वरूप बन रही जीवन दृष्टि या प्रवृत्तियों को सांगोपांग प्रस्तुत कर देने की उनकी चेष्टा रहती आयी है। इसीलिये, उनके यहाँ स्थितियों के दोहराव नहीं हैं। 'समझौता' कहानी में भी वे अपने पात्रों के जरिये, बन रहे तंत्र का सूक्ष्म विश्लेषण और उसकी आलोचना करते हैं। उनकी कहानियाँ प्रचिलत कथा मूल्यों को तोड़कर कथा के नए प्रतिमान स्थापित करती हैं। और उनमें ऐसी किसी बात का दंभ नहीं हैं। उनके मानदंडों के अनुसार जीवन–स्थितियों के क्षणिक चित्र आज के संस्लिष्ट यथार्थ को व्यक्त कर पाने में नाकाफी हैं। इसीलिए उनकी कविताओं की तरह उनकी कहानियों में भी एक बारीकी, सूक्ष्म ऑब्जर्वेशन और मन के जटिल द्वंद्व मिलते हैं। यह कहानी हमें हमारे तंत्र के तानाशही, या लालफीताशाही के बढ़ते रोग को उसकी पूरी विद्रूपता के साथ दिखाती है। मध्यवर्गीय नौकरीपेशा कर्मचारियों के ऐसे ही तनावों–दबावों ओर द्वंद्वों की कहानी, एक भिन्न संदर्भ में, उन्होंने अपनी कहानी 'एक दाखिल दफ़्तर सांझ' में कही है।

क्लॉड इथरली

प्रतीकों, द्वंद्वों या मिथकों के माध्यम से कथा बुनना उन्हें प्रिय रहा है। कभी–कभी लगता है कि हिंदी कहानी में ये उनके द्वारा ही आविर्भूत कथा–शिल्प हैं, नितात मौलिक। उनकी ऐसी कहानियाँ प्रायः अपनी कथा में ही नहीं, संरचना में भी कुछ जटिल होती हैं, और उनमें प्रस्तुत जीवन–चित्र भी बहुस्तरीय यथार्थ को समेटे रहती हैं। और ये कहीं–न–कहीं कहानी के उसके महज कथ्य कह देने की तय सीमा का अतिक्रमण करके, उसे एक धारदार और जरूरी बौद्धिक विमर्श में बदलने की चेष्टा रहती है। ये यथार्थ के सबसे निचले तल तक उतरकर, उसकी संशलिष्टता को बेधते हुए कथा कहते हैं। यानी उनकी राह उस स्वीकृत लोकप्रियतावाद का भी अपनी तरह से निषेध है। इसका अर्थ यह नहीं है कि वे अपनी रचना को जान–बूझकार जटिल बना रहे हैं, बल्कि यह कि, उनकी कथा–संरचना ही, उसमें शामिल भावबोध ही एक बौद्धिक ताप लिये होते हैं, अपने द्वारा चित्रित वर्ग की अनेक परतों को खोलते हुए, लेकिन कथा–तत्वों के साथ, कथा के पूरे

निर्वाह के साथ। यह कहानी कई तरह से पाठकों को झिंझोड़ जाती है, एक़दम चौंका जाती है और अपने पीछे हमारे समय के जलते हुए प्रश्नों की पूरी श्रृंखला छोड़ जाती है। उनका उद्देश्य महज चौंका देना नहीं कभी होता। वस्तुतः मुक्तिबोध अपनी रचनाओं में किसी भी तरह के आरोपित सरलीकरण के विरोधी हैं। उनके लिये रचनाकर्म जैसा गहरा अर्थ रखता है, वह विरल है। अपने एक आत्म–वक्तव्य में वे कहते हैं: 'कहानी लेखन आरंभ करते हुए मुझे महसूस हुआ कि कथा–तत्व मेरे उतना ही समीप है जितना काव्य।'

यह कहानी 1960 के आस–पास लिखी गयी है। नए बनते भारत का आलोचनात्मक आख्यान कह सकते है। इसे। *'भारत अब अमेरिका हो रहा है'* यह वाक्य इस कहानी में एकाधिक बार आता है, और इस पर बहस भी है, कि देश का अमेरिकीकरण बहुत तेजी से हो रहा है। कहानी में अपने समय की प्रवृत्तियों की स्पष्ट पहचान और गहन विश्लेषण है। इस नयी सभ्यता में यह प्रवृत्ति पनप रही है कि व्यक्ति अपनी आत्मा की आवाज दबा देता है और उसे अवचेतन में ढकेल देता है, चेतन में रखता है अपने सधनेवाले स्वार्थ। यह कहा जाये कि औद्योगिक–सभ्यता के विकास के साथ बढ़ते पूँजीवाद ने मनुष्य को जैसे बदला है, उसकी सादगी, सरलताएँ टूटी है, एक मन में कई मन लेकर चलने का गुण विकसित हुआ है। जिसे ही परसाई जी ने अपने व्यंग्य में एक आदमी के भीतर कई आदमी कहकर लताड़ा है। मुक्तिबोध, इस सभ्यता द्वारा गढ़े जा रहे ऐसे नए प्रवृत्तियों की पहचान अत्यंत तीक्ष्णता से करते हैं, और अपने पाठकों को कराते हैं।

इस कहानी का निचोड़ हमे इसके एक पात्र द्वारा कहे गये इस कथन में मिलता है– 'जो आदमी आत्मा की आवाज़ कभी–कभी सुन लिया करता है और उसे बयान करके छुट्टी पा लेता हैं वह लेखक हो जाता हैं। आत्मा की आवाज़ को जो लगातार सुनता है, और कहता कुछ नहीं, वह भोला–भाला, सीधा–सादा बेवकूफ़ है। जो उसकी आवाज़ ज़्यादा सुना करता है और वैसा करने लगता है, वह समाज विरोधी तत्वों में शामिल हो जाया करता है। लेकिन जो आदमी आत्मा की आवाज़ जरूरत से ज़्यादा सुन करके हमेशा बेचैन रहा करता है और उस बेचैनी में भीतर के हुक्म का पालन करने लगता है, वह निहायत पागल है।'

इस कहानी में क्लॉड ईथरली इस सभ्यता का ऐसा ही पागल है, जिसके बारे में बताया गया है, यह वही आदमी है जिसने अमेरिकी हवाई जहाज से हिरोशिमा पर अणु बम गिराया था। उसके इस काम के बदले अमेरिका ने पुरस्कृत किया, लेकिन उसने जब हिरोशिमा में तबाही के भयानक, लोमहर्षक मंजर देखे तो वह इससे बेहद व्यथित हो गया और वह हिरोशिमा के मेयर को हर माह चेक भेजता रहा, जिससे कि उसका पापबोध कम हो सके। लेकिन अमेरिकी व्यवस्था इसे पाप नहीं, बल्कि देश–भक्ति का महान कार्य मानती थी। जब उसने इथरली की ये हरकतें देखीं, तो उसे टेक्सास प्रांत में वाको नाम की एक जगह के पागलखाने में डाल दिया। वहाँ वह चार साल तक रहा, लेकिन फिर भी उसका पागलपन ठीक नहीं किया जा सका।

कहानी का एक पात्र, जो सी.आई.डी. से है, लेखक से बहस करते हुए कहता है–"क्लॉड ईथरली अणुयुद्ध का विरोध करनेवाली आत्मा की आवाज़ का दूसरा नाम है। हाँ! ईथरली मानसिक रोगी नहीं है। आध्यात्मिक अशांति का, आध्यात्मिक उद्विग्नता का ज्वलंत प्रतीक है।"

मुक्तिबोध के लिए क्लॉड ईथरली का अर्थ है, समूचे मनुष्य जाति या मानव के हित में अपनी आत्मा की आवाज़ को सुननेवाले, बेचैन रहनेवाले लोग। मुक्तिबोध इस कहानी में क्लॉड ईथरली के रूपक के बहाने दिखाना चाहते हैं–अपनी अंतर्आत्मा की आवाज़ सुनने वाले लोग, और विरोध न कर सकने के कारण अपने अंतःकरण में पाप भावना का शिकार हो जानेवाले लोग, जिसके चलते उनके मन में धिक्कार–भावना का घेरा बनना...। यह इस व्यवस्था के साथ सामंजस्य नहीं बैठा सकने वालों के अंतर्मन का प्रतीक है। कहानी में लेखक 'मैं' स्वयं इसका प्रतीक है, जो समस्त पापाचारों के लिए अपने आपको जिम्मेदार मानती है। यहाँ उनकी कविता 'अँधेरे में' का वह तीखा आत्म–धिक्कार याद किया जा सकता है–

अब तक क्या किया
जीवन क्या जिया
अरे मर गया देश
जीवित रह गये तुम!

यह कहानी दरअसल इस जमाने में ऐसे ही लोगों के और अधिक संख्या में होने की माँग करती–सी नज़र आती है, जिन्हें दुनिया भले ही

पागल कहती है। पुराने जमाने में हमारे बहुतेरे विद्रोही सन्तों को भी पागल ही कहा गया।

आगे चलकर यह कहानी सभ्यता–विमर्श की कहानी तब बन जाती है जब बहस से यह बात निकलकर आती है कि हम उनकी (अमेरिकी) संस्कृति को बड़ी तेजी से अपनाते जा रहे हैं, तो कल को हम भी वही हो जायेंगे। अर्थात अमेरिका की तरह साम्राज्यवादी, वर्चस्ववादी, अपने स्वार्थ के लिए युद्धपिपासु.... और तब कलॉड ईथरली इस देश में भी हो सकता है जो बम गिराने का काम करेगा।

"अगर उनकी संस्कृति हमारी संस्कृति है, उनकी आत्मा हमारी आत्मा और उनका संकट हमारा संकट–जैसा कि सिद्ध है कि है–ज़रा पढ़ो अख़बार, करो बातचीत अंगरेज़ीदां फर्राटेबाज़ लोगों से–तो हमारे यहाँ भी हिरोशिमा पर बम गिरानेवाला विमनचालक क्यों नहीं हो सकता और हमारे यहाँ भी साम्राज्यवादी, युद्धवादी लोग क्यों नहीं हो सकते! मुख़्तसर किस्सा यह है कि हिन्दुस्तान भी अमेरिका ही है।"

गौर करने की बात है कि यह आज से पैंतालिस बरस पहले लिखी कहानी है, तब शायद अमेरिका की संस्कृति उस तरह से भारत की संस्कृति नहीं हुई थी। गत तीन दशकों से देश–दुनिया में निर्बाध गति से जारी भूमंडलीकरण की प्रक्रिया ने जिसमें अभूतपूर्व तेजी ला दी है, और अपनी संस्कृति, नैतिकता, मूल्यों और आदर्शों का हरास हम अनवरत देख रहे हैं। स्थिति यहाँ तक पहुँच गयी है कि हर मामले में उनके अनुगामी बनने में ही देश की भलाई देखी जा रही है– सत्ता चाहे किसी भी रंग के झंडेवाली पार्टी की हो! मुक्तिबोध ने जिस क्लॉड ईथरली को रूपक बनाया है,–दोनों ही अर्थ में–सकारात्मक और नाकरात्मक, उससे यह आज और प्रासंगिक हो जाती हैं। और जिस तर्क से यह कहानी लिखी गयी है, उसके मुताबिक हमारे देश में भी अमेरिका है क्लॉड ईथरली भी हैं, लेकिन उन्हें या तो जेलों, पागलख़ानों में भेज दिया जाता है या फिर जिनकी हत्या कर दी जाती है। अपनी आत्मा की आवाज पर लड़ाई लड़ने वाले लेखक कलबुर्गी की हत्या कर दी जाती है, तमिल लेखक मुरूगन को लाचार होकर अपनी मृत्यु हो जाने की घोषणा करना पड़ती है; अंधविश्वास के ख़िलाफ जागृति फैलाते दाभोलकर की हत्या कर दी जाती है, और सांप्रदायिकों की जहरीली संकीर्णता का विरोध करने के लिए कामरेड गोविंद पानसारे

की हत्या कर दी जाती है। यह बर्बरता इसी पूँजी और फासीवाद के गठजोड़ से आयी है। और जो आज अपने सर्वाधिक भयानक और सर्वाधिक हिंसक रूप में नंगा नाच नाच रहीं है। दादरी, ऊना से लेकर जे.एन.यू. तक–जिसमें किसी भी असहमति के लिए कोई जगह नहीं है। क्लॉड ईथरली को यहाँ के आज के उन्मादी 'देशप्रेमी' या जाति–धर्म के ठेकेदार देशद्रोही करार देकर कब से मार चुके होते या नहीं तो जेल भिजवा चुके होते!

यह कहानी क्लॉड ईथरली की अंतर्आत्मा की आवाज़ के बहाने युद्धों के घोर विरोध की भी कहानी है। तथाकथित 'देशभक्ति' के नाम पर देश में इन दिनों जिस युद्धोन्मादी आग को हवा दी जा रही है, इसके परिणाम सत्ता के पक्ष में तो हो सकते हैं, लेकिन आवाम के पक्ष में कतई नहीं! अरबों–अरबों के हथियार या युद्धक विमानों की खरीदी से मुल्क की सेहत पर क्या असर पड़नेवाला है, इसे जाने के लिए किसी विशेषज्ञ के पास जाने की जरूरत नहीं है।

मुक्तिबोध की कहानियों का पाठ बहुत–से लेखकों की कहानियों की तरह आसान नहीं है। क्योंकि उनकी रचना के कई अंतर्निहित पाठ होते हैं, और जो हमारी चेतना को कई स्तरों पर सक्रिय करती है, इसके आगे नया कुछ सोचने को उकसाती है। यह उस परम्परा की कहानी नहीं है जिसमें सुखांत हो, या किसी समस्या का हल निकाल दिया गया हो और जिसे पढ़कर आप निश्चित–से हो जाते हैं। उसके बरक्स, यह आपको पढ़ते हुए भी और कहानी पढ़ लेने के बाद भी आपको बेचैन करती है, आपके भीतर वैचारिक सक्रियता बढ़ा देती है। अपने नाटकों से ब्रेख्त जैसा प्रभाव उत्पन्न करते थे, कमोबेश वैसा ही प्रभाव उनकी ये कहानियाँ या कवितायें करती हैं, जिनके लिए उन्हें जाना जाता है।

पक्षी और दीमक

यह मुक्तिबोध की अत्यंत चर्चित और महत्त्वपूर्ण कथा रचना है। इस कहानी को लिखे हुए 56–57 बरस होने जा रहे हैं, फिर भी यह कहानी मुझे आज की महत्त्वपूर्ण कहानी लगती है। अच्छी कविताएँ जैसे समय के साथ–साथ अपने अर्थ बदलती हुई हमारे साथ बनी रहती हैं, कहानियों के साथ आमतौर पर ऐसा नहीं होता, वे अपने समय में ज़्यादा

ठहरी हुई होती हैं। हम अधिकांश कहानियों को पढ़कर उनके लेखनकाल का अनुमान लगा सकते हैं, किन्तु मुक्तिबोध की इस कहानी से गुजरते हुए ऐसा लगता है जैसे समय ने इस पर धूल नहीं डाला, उल्टे अपनी गति के साथ इसे और–और प्रकाशित किया है। इसे पढ़ने के बाद यह लगता रहा कि यह आज की जरूरी कहानी है। और यह न सिर्फ़ विषय के लिहाज से वरन् शिल्प की दृष्टि से भी यह आधुनिक कहानी है।

यह कहानी उनकी दूसरी कहानियों जैसे 'क्लॉड ईथरली' या 'समझौता' की तुलना से ज़्यादा स्वाभाविक कहानी है। आज़ादी के बाद के भारत के सबसे सजग, जन–सरोकारों से लैस और सतत् संघर्षशील रचनाकार के रूप में जो दर्जा मुक्तिबोध को मिला है, यह कहानी उसे और पुष्ट करती है। हमारे समय के सर्वाधिक बेचैन रचनाकार थे मुक्तिबोध। इतनी उद्विग्नता और चिंता से अपने समय को जाँचने परखने का काम किसी और ने नहीं किया जितना मुक्तिबोध ने। कोई अजस्र स्रोत था जैसे उनके भीतर, जिसमें वह सबको समाहित करते चलते थे–देश, समाज, संस्कृति, कलाएं, इतिहास, विचारधारा...।

कवि शमशेर बहादुर सिंह ने मुक्तिबोध पर लिखते हुए कितनी सही टिप्पणी की थी कि आनेवाली पीढ़ी मुक्तिबोध को अपने सबसे निकट पायेगी।

जिस तरह मुक्तिबोध की कविताएँ अपने दौर की कविताओं से अलग और 'मिसफिट' थीं, कुछ वैसा ही उनकी कहानियों के साथ है। उनकी कहानियां उस समय लिखी जा रही कहानियों के साँचे से भिन्न है। बहुत सुगठित और व्यवस्थित न कभी मुक्तिबोध की कविताएँ रहीं न उनका गद्य। एक कारण तो यह है कि विधा की 'मास्टरी' या 'परफेक्शन' हासिल करना कभी उनके उद्देश्य में नहीं रहा, इसलिए एक ऊबड़–खाबड़पन, पथरीले पठार–सी कठोरता उनके संपूर्णता लेखन में मिलती है।

'पक्षी और दीमक' वास्तव में एक रूपक कथा है, फैंटेसी है। अपने समय के यथार्थ का रूपक में प्रकट करने की कला तब हिंदी कहानी में बिलकुल नयी नहीं तो बहुत पुरानी भी नहीं थी। गौर करने की बात है कि इस फैंटेसी का आधार हमारी वास्तविक दुनिया थी, उसका यथार्थ था, न कि कोई काल्पनिक उड़ान। ऊपरी तौर पर यह बहुत साधारण

कहानी मालूम पड़ती है, किंतु वास्तव में यह फैंटेसी के जरिये हमारे समय के जटिल यथार्थ के कई स्तरों को उधेड़ने का प्रयास है।,

शुरुआत से लगभग आधे भाग तक आभास होता है यह कोई बुजुर्गाना प्रेम कहानी है, जिसमें अधेड़ हो चुका कथावाचक नायक 'मैं' श्यामला नाम की स्त्री पर मुग्ध है, वह उसका सामीप्य चाहता है, उस पर अपना आंतरिक प्रेम उड़ेल देना चाहता है, साथ ही अपने मन की बात कह देना चाहता है। मध्यवर्गीय नायक पसोपेश में है, उसका वर्गीय संकोच आड़े आ रहा है। इस प्रकरण पर यह भी कहना जरूरी समझता हूँ कि मुक्तिबोध ने इस प्रसंग का चित्रण बेहद तटस्थता और बारीकी से किया है, बिना किसी रोमान के। अन्यथा उस दौर के कहानीकार बहुत जल्द रोमान के शिकार हो जाते थे। यह मुक्तिबोध की अपनी सतत् संघर्षशीलता से अर्जित जीवन–दृष्टि है जो सतही या रोमानी नहीं है, न ही पाठक को ध्यान में रखकर जान–बूझकर अपनाए जाने वाली माँसल सनसनी अथवा फिसलन है। हिंदी के बहुत–से नामी–गिरामी कहानीकारों ने ऐसे प्रसंग पर लगभग कामुक भाव की कहानियाँ लिखी हैं। बेमेल सेक्स और उसका, विकृत आनंद आज भी हमारे कथाकारों का प्रिय विषय है, जिसकी माँग मार्केट में बनी हुई है। खैर। जब कि यहाँ अधेड़ नायक की शुष्क तटस्थता है ओर वह स्वीकार करता है–"मेरे सिर का दाहिना हिस्सा सफेद हो चुका है। अब तो मैं केवल आश्रय का अभिलाशी हूँ...। उष्मापूर्ण आश्रय का....। "और नायिका को लेकर वह विचार करता है–"वह ठोस बातों की बारीकियों का बड़ा आदर करती है। वह व्यवहार की कसौटी पर मनुष्य को परखती है, यह मुझे अखरता है। उसमें मुझे एक ठंडा पथरीलापन मालूम होता है।"

मुक्तिबोध की अन्य कहानियों में भी भावुकता का व्यर्थ का रोमान नहीं है और वे सदैव यथार्थवादी दृष्टि बनाए रखते हैं। उनका लेखकीय संघर्ष इस बात के लिए भी था कि पाठक को अधकचरी भावुकता और रोमान से खींचकर यथार्थ के ठोस धरातल पर लाया जाये, उसकी जीवन–दृष्टि को उन्नत और प्रखर बनाया जाये।

पाठक भौचक्का रह जाता है जब यह प्रेम कहानी–सी लगती कहानी आहिस्ता से उस विराट तंत्र की कहानी बन जाती है जहाँ बेहिसाब भ्रष्टाचार है। यह आजादी के बाद बनते भारत का चित्र है

जिसमें भ्रष्टाचार ने फलना–फूलना शुरू किया था। आज तो इस समस्या ने ऐसा विकराल रूप धारण कर लिा है कि भ्रष्ट देशों की गिनती में इसका नंबर काफी आगे है, और जिसका हल निकाल पाना किसी भी राजनैतिक दल के बूते की बात नहीं रह गयी है। मुक्तिबोध तब भी इसकी विकरालता को ठीक–ठीक देख पा रखे थे जिसके आगे सामान्य आदमी असहाय हो जाता है, इस तंत्र के एक हिस्सा बन जाने के सिवाय उसके पास कोई विकल्प नहीं बचता। कहानी के मध्यमवर्गीय नायक के पास थोड़ी–बहुत नैतिकता बची हुई है। नायक इस भ्रष्ट तंत्र के दबाव के भयानक पीड़ा के साथ महसूस करता है और इससे बाहर निकलने का रास्ता खोजने की कोशिश करता है। उसे लगता है कि इस सारे जाल में, बुराई की अनेक चक्रों वाली दैत्याकार मशीन में न जाने कब से फँसा पड़ा हूँ, पैर भिंच गये हैं, पसलियाँ चूर हो गयी हैं, चीख निकल नहीं पाती, आवाज़ हलक में फंसकर रह गयी है।

कहानी में भ्रष्ट संस्था–संचालक (जिसका एक अधीनस्थ कथा–नायक है) को मुक्तिबोध ने भगवा खद्दरवाला के रूप में चित्रित किया हैं। आज यह एक अजीब संयोग जान पड़ता है– भगवा के साथ खद्दरवाला! दोनों ही आज भ्रष्ट शासक वर्ग के पर्याय बन चुके हैं। कहानी में चित्रित भगवा खद्दरवाला तमाम सुख–सुविधाओं के साथ सम्मानित व्यक्ति है। इतने बरस बाद कहानी के बाहर अगर उसकी स्थिति देखें तो वह और मजबूत हुई है। सोचना पड़ता है, मुक्तिबोध कैसे इस चरित्र को अपने समय से इतना आगे देख पा रहे थे?

इस कहानी में मुक्तिबोध ने अपनी लंबी कविताओं की तरह अनेक बिम्बों, प्रतीकों और रूपकों का प्रयोग किया है, जिसे गहराई से समझे बगैर इस कहानी को समझ पाना कठिन है। जैसे एक स्थान पर कथा नायक भगवा खद्दर–कुरतावाले की कार के पास खड़ा है और उसके चिकने काले चमक़दार हिस्से में सहसा अपनी सूरत देखकर हैरान रह जाता है–''मोटर के इस काले चमक़दार आइने में मेरे गाल, ठुड्डी, नाक और कान सब चौड़े हो गये हैं, एक़दम चौड़ें लंबाई लगभग नदारद।''

यह भ्रष्टाचार में लगे एक व्यक्ति, जिसमें विरोध का साहस नहीं है, का वास्तविक चेहरा है जिसके पास लंबाई नहीं है, रीढ़हीन है वह।

इसी तरह कहानी में आए एक पेड़ के चित्रण में मुक्तिबोध ने एक छोटा पैराग्राफ लिखा है–'पेड़! अजीब पेड़ है, (यहाँ रूका जा सकता है)

बहुत पुराना पेड़ हैं, जिसकी जड़े उखड़कर बीच में टूट गयी है, और जो साबित है, उनके आस–पास की मिट्‌टी खिसक गयी है, इसलिए वे उभरकर ऐंठी हुई–सी लगती हैं, पेड़ क्या है, लगभग ठूंठ है, उसकी शाखाएं काट डाली गयी है।''

जरा–सा ध्यानपूर्वक पड़ने पर ही पता चल जाता है कि कहानी में यह केवल पेड़ भर नहीं है। मुक्तिबोध यहाँ पेड़ नहीं, बल्कि समूचे भारत की बात कर रहे है।, उसके जड़ से उखड़ चुके लोगों की बात कर रहे हैं और जो साबित हैं–अर्थात उच्च मूल्यों में विश्वास करने वाले आदर्शवादी, सिद्धांतवादी और ईमानदार नागरिक–उनके आस–पास की मिट्‌टी खिसक गयी है, यानी उनको मौजूदा सत्ता–तंत्र से या अपने आस–पास के लोगों से समर्थन नहीं मिल रहा है और उन्हें उनके हाल पर छोड़ दिया गया है। इसीलिए वे उभरकर ऐंठे हुए–से लगते हैं। पेड़ की शाखाएँ काट डाली गयी हैं अर्थात् उसका हरा–भरापन या कि भविष्य छीन लिया गया है। यह अजब संयोग है कि कई सालों के बाद सन् 84–85 में मंजूर एहतेशाम अपने उपन्यास 'सूखा बरगद' में लगभग इसी बिम्ब को भारत की सूख रहे साझे विरासत की संस्कृति के रूप में रचते हैं। 'सूखा बरगद' और 'पेड़ क्या है, लगभग ठूंठ है, उनकी शाखाएँ काट डाली गयी हैं' में अद्‌भुत साम्य है।

'पक्षी और दीमक' कहानी का निचोड़ (शायद) उस रूपक कथा में है जिसे कथा नायक श्यामला को सुनाता है। इस कथा में ऊँचाई में उड़नेवाला एक पक्षी है। उसे दीमक खाना पसंद है, यद्यपि दीमक उसका स्वाभाविक खाद्य नहीं है। जमीन पर एक गाड़ीवाला दीमक बेच रहा है, ''दो दीमक लो, एक पंख दो।'' पक्षी लालच और सुविधा के कारण इस सौदे के लिए तैयार हो जाता हैं वह अक्सर यह सौदा करने लगता है। पक्षी के पिता उसे रोकते हैं लेकिन वह नहीं मानता। दीमकों का शौक उस पर हावी था। आगे चलकर दीमकों के इस शौक में वह अपने सारे पंख गँवा बैठता है और अपने उड़ने की शक्ति खो बैठता है। उड़ने की शक्ति वापस पाने की खातिर वह किसी तरह खूब दीमकें इकट्‌ठे कर एक दिन गाड़ीवाले से अपने पंख लौटाने के लिए कहता है, तो गाड़ीवाला जवाब देता है–''बेवकूफ, मैं दीमक के बदले पंख लेता हूँ, पंख के बदले दीमक नहीं।'' अंततः एक दिन काली बिल्ली पक्षी को दबोच ले जाती है।

इस रूपक कथा से साफ जाहिर है कि मुक्तिबोध मध्यवर्ग या निम्न–मध्यवर्ग की उच्चाकांक्षाओं अथवा लालच का हश्र किस रूप में देखते हैं। यह कहानी एक तरह से मध्यवर्ग की ट्रेजेडी की कहानी बन जाती है, जिसे ढेर सुख–समृद्धि और मनोवांक्षित सुविधाएँ अपने 'पंख', यानी अपने सपने, उड़ान, आज़ादी और सिद्धांतों या आदर्शों को गिरवी रखने या बेच देने की कीमत पर ही मिल पाती है। इस रूपक कथा के बहाने मुक्तिबोध एक गंभी चेतावनी दे रहे होते हैं, अपने पंख यानी अपनी उड़ान यानी सपने स्वामी वर्ग के पास लालचवश बेच देने के बाद व्यक्ति सिर्फ़ दास होकर रह जाता है, उसकी अपनी कोई शक्ति नहीं रह जाती। मुझे यहाँ पाश याद आ रहे हैं जिसने कहा था–'सबसे खतरनाक होता है हमारे सपनों का मर जाना। 'इस रूपक को आज हम और तेज़ गति से अपने चारों ओर घटते देख रहे हैं, जहाँ मध्यवर्ग अपनी नवधनिकवर्गीय सुख–सुविधाओं और लालसाओं की पूर्ति के नाम पर अपने सिद्धांत अपने ईमान का सौदा करके असहाय और पंखहीन होकर मात्र दास बन चुका है, जिसके पास अपना कोई मौलिक स्वप्न नहीं बचा है, और उन्हीं लालसाओं के घावों की बहती घृणित पीब लेकर 'महाभारत' के शापित अश्वत्थामा की तरह वन–वन दिशाहीन भटक रहा है। यह हमारे आज की भयानक सच्चाई हैं। हम मौजूदा विश्व आर्थिक शक्तियों द्वारा दबोचे जा चुके हैं और हमे बाहर निकलने का कोई रास्ता नहीं मिल रहा...।

लेकिन मुक्तिबोध का कथा नायक उस दौर में अपनी संघर्ष चेतना बचाए हुए था। वह सोचता है, "नहीं, मुझमें अभी भी बहुत कुछ शेष है, बहुत कुछ। मैं उस पक्षी जैसा नहीं मरूँगा। मैं अभी भी उबर सकता हूँ। रोग अभी असाध्य नहीं हुआ है। प्राण शक्ति शेष है, शेष।"

प्रश्न है– क्या आज हमारे भीतर से ऐसी आवाज़ उठ रही है? शायद नहीं। इस रोग ने हमें इस क़दर अनुकूलित कर लिया है, ऐसा ग्रस लिया है कि वैसी तड़प व्यक्त करने के काबिल नहीं बचे हम। समझ सकते हैं, इस कहानी के बहाने मुक्तिबोध हमें कितनी बड़ी और कितनी जरूरी चेतावनी दे रहे थे।

आज़ादी के बाद से देश में भ्रष्टाचार का अमरबेल निरंतर फैलता–फूलता रहा है, या कहें कि सत्ता–तंत्र ने अपने राजनीतिक, आर्थिक स्वार्थों के चलते जान–बूझकर इसे ऐसा हो जाने दिया, और आज इसकी जड़ें बेहद मजबूत है, क्योकि यह सत्ता–तंत्र से सीधा जुड़

जो गया है। ऐसा कोई क्षेत्र बाकी नहीं रहा जहाँ इसकी पहुँच न हो–पब्लिक सेक्टर के विकास की तमाम योजनाओं और देश के रक्षा सौदों से लेकर राष्ट्रीय संपदा को कौड़ी के मोल कारपोरेट्स और बहुराष्ट्रीय कंपनियों को बेचने तक...।

भ्रष्टाचार के इस निरंतर फैलते जहरवाद से टकराना, राह निकालना आसान नहीं। मुक्तिबोध इस समस्या को केवल दिखाकर ही संतुष्ट नहीं हो जाते, रास्ता निकालने की कोशिश भी करते हैं। कहानी में नायिका श्यामला एक जगह कहती है–''जहाँ साँप देखो, मार डालो, फिर वह पनियल साँप ही क्यों न हो।'' यह एक दुस्साहसिक कथन है, एक अतिक्रांतिकारी वाक्य, जो तंत्र की जटिलताओं को नहीं समझता। मामला इतना सीधा–सरल नहीं है। यह तंत्र कुछ यों जटिल है कि इसके दुष्चक्र में बेहद ईमानदार आदमी भी अपनी नौकरी (परिवार के पालन–पोषण की जिम्मेदारी) के चलते फँसने को विवश हो जाता है।–नहीं चाहते हुए भी! सारे नौकरीपेशा लोग भ्रष्ट नहीं हेाते। व्यवस्था उन्हें ऐसा गढ़ देती है। कहानी का मध्यमवर्गी नायक इस नतीजे पर पहुँचता है कि ''अगर श्यामला के साथ मुझे जिंदगी बसर करनी है तो न मालूम कितने ही भगवा खद्दर–कुरतेवालों से लड़ना पड़ेगा, जी कड़ा करके लड़ाइयाँ मोल लेनी पड़ेंगी और अपनी आमदनी के जरिये खत्म कर जरिये खत्म कर देने होंगे। श्यामला का क्या है! वह तो एक गाँधीवादी कार्यकर्ता की लड़की है, आदिवासियों की एक संस्था में कार्य करती है। उसका आदर्शवाद भी भले–भाले आदिवासियों की उस कुल्हाड़ी जैसा है जो जंगल में अपने बेईमान और बेवफा साथी का सिर धड़ से अलग कर देती है। किंतु फिर भी आदिवासियों–जैसे उस अमिश्रित आदर्शवाद में मुझे आत्मा का गौरव दिखाई देता है, मनुष्य की महिमा दिखाई देती है।... और ये सब बातें हृदय को स्पर्श कर जाती है। तो अब इसके लिए मैं क्या करूँ।''

मुक्तिबोध उस मध्यमवर्गीय द्वंद्व को समूचा खोल देते हैं, वे छिपाते नहीं। दरअसल उस मध्यमवर्गीय नायक के पास इतना नैतिक साहस शेष था कि अपना अपराध स्वीकार कर सके, खुद को धिक्कार सके। मुक्तिबोध के काव्य में ये अपराध–बोध और धिक्कार जगह–जगह मिलते हैं। उनकी क्लासिक कविता 'अँधेरे में' में यह आत्मधिक्कार अपने चरम पर है–अब तक क्या किया? जीवन क्या जिया!!

जाहिर है, इस कठिन द्वंद्व की अभिव्यक्ति के लिए वे खुद को दाँव पर लगा देने के खतरे उठाते हैं, इसमें चालाकी या बेईमानी नहीं करते। जैसा कि चंद्रकांत देवताले अपने सहित समकालीन कवियों को मानो कठघरे में खड़े करते हुए लिखते हैं–'मेरी कविता से/नहीं जान पाओगे/कि मिलावट कितनी/और कितने प्रतिशत इंसानियत मुझमें।

कहानी के अंत में, लंबे आत्मसंघर्ष के बाद नायक एक बड़ी लड़ाई लड़ने की खातिर अपने व्यक्तितत्वांतरण करने के फैसले तक पहुँचता हैं–''लेकिन मैं अब ऐसे कामों की शर्म नहीं करूँगा, क्योंकि जहाँ मेरा हृदय है, वहीं मेरा भाग्य है।''

समकालीन कथा संसार के अपनी तरह से समृद्ध होने के बावजूद मुझे लगता है कि 'पक्षी और दीमक' जैसी चुनौतीपूर्ण कहानी बहुत कम लिखी जा रही है, जो किसी समस्या की गहन छान–बीन करती हो या जो हमें ऐसी तिलमिलाहट से भर दें। यह अलग से कहने की जरूरत नहीं कि हमें ऐसी रचनाओं की बेहद जरूरत है।

◆◆◆

कथाकार मुक्तिबोध : एक अनुशीलन

नवीन कुमार 'नीरज'

हिंदी साहित्य में कहानी को एक आधार देने का काम प्रेमचंद ने किया। प्रेमचंद कहानी को जिस मुकाम पर लेकर आये, समय के साथ उसमें और कड़ियाँ जुड़ती गयीं। प्रेमचंद के बाद जैनेंद्र, यशपाल, अज्ञेय आदि आये। प्रेमचंद की कहानी को सामान्यतः सामाजिक कहानी कहा गया। जैनेंद्र और अज्ञेय उसे मनोवैज्ञानिक धरातल पर लेकर गये। वहीं यशपाल ने कहानी को क्रांति के लिए हथियार की तरह इस्तेमाल किया। कहानी में बुनियादी बदलाव आज़ादी के बाद आया। कुछ कहानीकारों ने मिलकर 'नयी कहानी' नाम से कहानी का एक आंदोलन खड़ा किया। पुरानी कहानी से 'नयी कहानी' को इस मायने में भिन्न बताया गया कि 'नयी कहानी' 'अनुभव की प्रामाणिकता' पर जोर देती है, पुरानी कहानियों में इसका नितांत अभाव बताया गया। 'नयी कहानी' में व्यक्ति को प्रमुखता मिली, इसके पूर्व की कहानियों में ऐसा नहीं था। 'नयी कहानी' में मध्यमवर्गीय व्यक्ति को प्रमुखता से स्थान मिला। शहरी और कम्बाई पात्र कहानी के केंद्र में थे। इसमें से ज्यादातर ऐसे पात्र थे जो मूलतः अपने परिवेश से कटकर नए परिवेश में नितांत अकेले जीने के लिए अभिशप्त थे। पारिवारिक विघटन, आजादी से मोहभंग, अतीत से कटकर एक ऐसे वर्तमान में जीने के लिए मजबूर हो जाना जहाँ भविष्य की कोई रूपरेखा सुनिश्चित नहीं आदि स्थितियाँ, नयी कहानी को पूर्व की कहानी से अलग करती हैं। कथ्य के स्तर पर ही नहीं 'नयी कहानी' शिल्प के स्तर पर भी पूर्व की कहानियों से भिन्न थी। कहा यह गया कि यथार्थ के चित्रण पर जोर के कारण कहानी की भाषा में परिवर्तन आ गया। लेकिन भाषा के स्तर पर परिवर्तन की जो बात की गयी, 'नयी कहानियों' में यह देखा गया कि भाषा में परिवर्तन उन कहानीकारों की कहानियों में ही था, जिनकी कहानी लिखने की अपनी विशिष्टता थी। निर्मल वर्मा, फणीश्वर नाथ रेणु इसके उदाहरण हैं।, कृष्णा सोबती ने भी भाषा प्रयोग में विविधता दिखाई है। बात प्रतीकों की भी हुई, पर प्रतीकों पर जिनका जोर था, वे कहानी के साथ प्रतीकों का तालमेल नहीं बिठा पाये और असफल रहे।

राजेन्द्र यादव ने लंबी भूमिका के साथ नयी कहानी की विशेषताओं को रेखांकित करते हुए बाईस कहानीकारों की कहानियों को 'एक दुनिया : समानांतर' शीर्षक कहानी संग्रह मे प्रस्तुत किया। लेकिन जिन लेखकों का इस आंदोलन को खड़ा करने में योगदान रहा, वे कहानी लिखने के स्तर पर उतने सफल नहीं रहे, उनका योगदान अधिक रहा जो चुपचाप बिना शोर–शराबे के कहानी लिख रहे थे। इस बीच मुक्तिबोध की कहानियों का कहीं कोई जिक्र नहीं हुआ। जब कि वह भी नयी कहानी के दौर में कहानी लिख रहे थे। संभवतः मुक्तिबोध की कहानियों की हिंदी साहित्य में व्यापक स्तर पर समीक्षा ही नहीं हुई हैं। जहाँ थोड़ी–बहुत चर्चा हुई भी है तो यही माना गया कि मुक्तिबोध की कहानियाँ कहानी के साँचे में फिट नहीं होतीं। उनकी कहानियाँ कहानी बन ही नहीं पातीं। एक साक्षात्कार में नामवर सिंह ने कहा था कि अगर उन्हें 'कहानी नयी कहानी' लिखने के दौरान मुक्तिबोध की 'क्लॉड ईथरली' दिख गयी होती तो नयी कहानी के केंद्र में निर्मल वर्मा को नहीं मुक्तिबोध को रखते। लेकिन नामवर सिंह ने मुक्तिबोध की कहानियों पर कुछ नहीं कहा।

निर्मल वर्मा मुक्तिबोध की कहानियों के बारे में लिखते हैं, "... मुंक्तिबोध की कहानियाँ असल में कहानियों–सी नहीं दीखतीं। अनुभव का क्षेत्र वही है जिस पर 'नयी कहानी' ने इतने हो–हल्ले के साथ हमला किया था–बेकारी, गरीबो, संयुक्त परिवारों की घुटन, मृत्यु, आत्महत्या... ये सब पहचाने तत्व मुक्तिबोध की कहानियों में मौजूद हैं। किंतु जहाँ दूसरे कथाकार इन तत्वों के सहारे कहानी में गतिमयता का संचार करते हैं, मुक्तिबोध इससे बिलकुल विपरीत कहानी के प्रवाह को रोककर इन सब तत्वों को जैसा का तैसा जड़ित, जमी हुई, मुर्च्छित अवस्था में छोड़ देते हैं...मानो उन्होंने चीज़ों के संचारी जीवन को क्षण–भर के लिए 'फ्रीज' कर लिया हो, ताकि वह मन की प्रयोगशाला में उन तत्वों का एक–एक करके परीक्षण कर सकें, जिनके सम्मिश्रण से 'वेदना' बनती है। यदि आत्मा का उल्लेख बार–बार उनकी कविता में होता है, तो वेदना की छाया उनकी कहानियों पर मँडराती है। मुक्तिबोध की कहानियाँ...यदि हम सचमुच उन्हें कहानियाँ कह सकें, इस सर्वव्यापी वेदना को पात्रों और घटनाओं द्वारा उतना व्यक्त नहीं करतीं...वह सड़क के दोनों ओर एक ठहरे, पथराए काल–खंड की तरह छाई रहती हैं... जिसके बीच मुक्तिबोध के पात्र अपने या दूसरों से बात करते हुए

निकल जाते हैं। यह अद्भूत बात है कि मुक्तिबोध की कहानियों में सब–कुछ स्थिर है, सिर्फ़ बात चलती है। यह चलती हुई बात जिंदगी की ठहरी हुई बात को समझना चाहती हैं, उसकी परत–दर–परत खोलती जाती है। किसी एक कहानी में एक परत खुलती है, तो दूसरी कहानी में उसी बात को दूसरी परत...जब तक बात पूरी नही होगी, कहानी कैसे समाप्त होगी? इसलिए मुक्तिबोध की कोई कहानी साफ–सुथरी, संपूर्ण रचना नहीं बन पाती। वह एक भटकती हुई आत्मा का डायरी है।''[1]

वहीं कथालोचक संजीव कुमार का मानना है कि 'मुक्तिबोध' स्वभावतः 'कहानीकार नहीं हैं। असल में, वे बुनियादी तौर पर विचारक हैं, और हाँलाकि विचारक होने का अर्थ अनिवार्यतः कथाकार न होना नहीं है, पर मुक्तिबोध के यहाँ उनका विचारक उनके कथाकार के साथ रचनात्मक सहअस्तित्व पाने में प्रायः विफल रहा है।''[2] इसके पीछे का कारण है, ''कथाकार वाली कल्पनाशीलता का यह अभाव मुक्तिबोध के कहानी–संसार में अपूर्ण रचनाओं की बड़ी संख्या और पूर्ण कही जानेवाली कहानियों में भी अधूरेपन की प्रतीति का कारण है। ऐसा जान पड़ता है कि उनकी ज्यादातर कहानियों का भ्रूण चिंतन सूत्रों से निर्मित हुआ है, कथा–स्थितियों की कौंध से नहीं। कथा–स्थितियों की कौंध में जिस तरह आदि–अंत, धुँधली शक्ल में ही सही, मौजूद रहते हैं और लिखे जाने के क्रम में एक व्यवस्था अर्जित करते हैं, वैसा मुक्तिबोध के यहाँ नहीं होता।''[3]

उपर्युक्त उद्धरण से तो यह लगता है कि कहानी के बारे में जो धारणा प्रचलित हैं (जिसमें कहानी का समय के साथ अपना विकास भी शामिल है) उसके अनुसार मुक्तिबोध की कहानियाँ 'कहानी' नहीं हैं। वैसे देखा जाये तो हिंदी साहित्य में ही कहानी की ही कोई एक धारा नहीं है। नयी कहानी के दौर में ही प्रतिनिधि कहानीकार के अलावा ऐसे लोग कहानी लिख रहे थे जिनकी मूल संवदेना कथाकार की नहीं थी, जो कवि थे, व्यंग्यकार थे; वे भी कहानियाँ लिख रहे थे। रघुवीर सहाय, श्रीकांत वर्मा, कुँवर नारायण, नरेश मेहता जैसे कवि, हरिशंकर परसाई जैसे व्यंग्यकार उस दौर में कहानी लिख रहे थे। अगर इन लोगों की कहानियों को देखा जाये तो 'नयी कहानी' की पहचान से बहुत मेल खाती हुई कहानियाँ वे भले न हों पर उस रूप में उन्हें भी कहानियों के

मानदंड से अलग नहीं किया जा सकता, जिस रूप में मुक्तिबोध की कहानियों को कहानी से अलगा दिया जाता है। मुक्तिबोध की कहानियाँ कहानी ही हैं, कहानी की एक अलग पहचान गढ़ती हुई। पर मुक्तिबोध की कहानियों का अपना एक अलग प्रारूप उभरता है। लेकिन जिस प्रकार मुक्तिबोध एक विलक्षण कवि हैं, क्या उसी प्रकार वह विलक्षण कहानीकार हैं? क्या उनकी कहानी की अपनी विलक्षणता उस रूप में है, जिस रूप में उनकी कविता की हैं? मुक्तिबोध की कविता हिंदी साहित्य में कविता को एक अलग आयाम देती है, क्या उसी रूप में उनकी कहानियाँ, कहानी को एक अलग आयाम देती है? या यह कहना ज्यादा सही है कि कहानी के कुछ तत्व उनकी कहानियों में छूट जाते हैं, जिनसे उनकी कहानियाँ कहानी बनते–बनते रह जाती हैं? उनकी कहानियों में इन्हीं बातों की पड़ताल आवश्यक है।

मुक्तिबोध रचनावली के खंड तीन मे मुक्तिबोध की संपूर्ण कहानियाँ संग्रहित हैं, जिसमें पूर्ण और अपूर्ण दोनों कहानियों को शामिल किया गया है। पूर्ण कहानियों की संख्या पच्चीस हैं और अपूर्ण कहानियों की संख्या बाईस जिनमें एक अधूरा उपन्यास अंश भी शामिल है जिसका श्री दूधनाथ सिंह द्वारा संपादित पत्रिका 'पक्षघर' में प्रकाशन शरू हुआ था लेकिन पूर्ण नहीं हो सका। अब सवाल यह है कि ऐसा क्यों है कि जितनी कहानियाँ पूर्ण हैं उतनी ही अधूरी भी? यह संभव है कि बहुत सारे कहानीकारों की कहानियाँ अधूरी रह जाती होंगी, जो प्रकाश में नहीं आ पातीं जिन लेखकों की कहानियाँ प्रकाश में नहीं आ पातीं उनके बारें में तो कुछ नहीं कहा जा सकता। लेकिन मुक्तिबोध के यहाँ जो अधूरी कहानियाँ हैं, उनका विश्लेषण करते हुए कुछ निष्कर्ष निकाले जा सकते हैं। शुरू की अधूरी कहानियों पर ध्यान दिया जाये तो ज्यादातर कहानियाँ ऐसी हैं, जिनमें वर्णनात्मकता हैं। ऐसा लगता है कि कहानीकार किसी कहानी को उठाते हुए किसी पात्र का चरित्र चित्रण करने की कोशिश का रहा है, लेकिन उसके बारे में ब्यौरा दे देने के बाद, कहानीकार यह समझ नहीं पा रहा है कि आगे कहानी को किस प्रकार बढ़ाया जाये, इसलिए वह किसी दूसरे पात्र का ब्यौरा देने लग जाता है। 'अधूरी कहानी : एक' से लेकर 'बाबू रामचंद्र अग्रवाल' तक की कहानियाँ ऐसी ही हैं, जो कहानी की शक्ल अख्तियार नहीं कर पा रही हैं, जिनमें किसी चरित्र के बारे में विवरण–भर हैं इससे यह

अनुमान तो सहज ही लगाया जा सकता है कि मुक्तिबोध जब कहानी लिखते थे उस वक़्त तक उनके अंदर 'कहानी की स्थिति' स्पष्ट नहीं होती थी। इसे ज्यादा स्पष्ट शब्दों में कहना हो तो 'कौंध' शब्द का प्रयोग किया जा सकता हैं कहानी का भ्रूण रूप उस कौंध में ही समाहित होता है, जो पहली बार कहानीकार के मन में पैदा होती है। जो विकसित होते हुए अपने इर्द–गिर्द एक मकड़जाल बुनने लगती है, कहानी लिखे जाने से पहले का कहानी का वह प्रारूप, लिखे जाने के बाद काफी हद तक बदल जाता है। मुक्तिबोध 'एक साहित्यिक की डायरी' में जिस 'कला के क्षण' की बात करते हैं शायद इसे अपनी फैंटेसी कविता तक ही अपने लिए जरूरी मानते थे। ऐसा लगता है, कहानी लिखने के पहले की प्रक्रिया को मुक्तिबोध अपने लिए सुनिश्चित नहीं कर पाये थे। ऐसा कहने के पीछे कारण है जो मुक्तिबोध की 'एक साहित्यिक की डायरी' से ही उपलब्ध है।' एक लंबी कविता का अंत' में मुक्तिबोध यह स्वीकारते हैं कि कविता लिखना ही उन्हें पसंद है, गद्य तो वह दबाव में आकर लिखते हैं, 'लेकिन क्या बताऊँ कि एक चीज है, जिसका नाम है धुन, जिसका नाम है लौ। ये शब्द 'आधुनिक' नहीं हैं। फिर भी उनके अर्थ का अस्त्तिव आज भी विराजमान है। वह मुझे कविता की ओर ही ले जाती हैं लेकिन मैं वचन देता हूँ कि मैं कविता नहीं बल्कि गद्य लिखूँगा। इससे मुझे आमदनी भी हो जायेगी और कुछ यश भी बढ़ेगा।

'मैंने सोचा है कि हर कविता पर एक कहानी लिखूँ। क्या यह असंभव है? साफ बता दूँ कि मैंने वैसा कभी भी करके नहीं देखा है। फिर भी सोचता हूँ कि वैसा करूँ। क्यों? अब क्या बताऊँ कि इस तरह मुझे गद्य लिखने की आदत तो पड़ जायेगी। लेकिन इससे भी बड़ी बात यह होगी कि अगर कविता नहीं तो कविता की आत्मा को, कहानी के रूप में ही क्यों न सही, मान्यता प्रदान करा सकूँगा। यह मेरी अभिलाषा है।'' इससे यह तो साफ जाहिर है कि कहानी लिखते हुए वे उन कवियों की तरह नहीं जो यह मानकर कहानी लिखने की ओर मुड़े कि जो कुछ बचा रह गया है, जिसे कविता में नहीं कहा जा सकता, उसे कहने के लिए कहानी की ओर आना हुआ है। जैसा कि श्रीकांत वर्मा, रघुवीर सहाय या कुँवर नारायण यह मानते हुए कहानी लिखने की ओर मुड़े। अनेकों कवि हैं जिन्होंने कविता के साथ कहानियाँ भी लिखीं ।

जयशंकर प्रसाद, निराला से लेकर बाद के अनेक कवियों ने कहानियाँ लिखीं। उनकी कहानी लिखने के पीछे स्पष्ट धारणा थी। धारणा तो मुक्तिबोध की भी थी, लेकिन कहानी को लेकर उनका दृष्टिकोण बहुत स्पष्ट नहीं था। अपने अंदर की किसी अनिवार्यता को लेकर वह कहानी लिखने की आरे उन्मुख नहीं हुए थे। कहानी लिखने के पीछे आंतरिक दबाव की जगह बाहरी बाध्यता ही सर्वप्रमुख थी। इसलिए इसे मानने में कोई संकोच नहीं होता कि अनिश्चय की अवस्था में ही मुक्तिबोध ने कहानी लिखना शुरू किया था। इसलिए उनके यहाँ अधूरी कहानियों की इतनी लंबी फेहरिस्त है। वे अधूरी कहानियाँ ऐसी हैं, जिन्हें मुक्तिबोध इसलिए पूरा नहीं कर पाये क्योंकि उनके पास समय की कमी थी, बल्कि वे इसलिए पूरी नहीं हो पायी क्योंकि वे कहानी के रूप में कोई शक्ल नहीं अख्तियार कर पायी। वे शक्ल इसलिए नहीं अख्तियार कर पायी क्योंकि उनका जन्म उस प्रक्रिया के तहत नहीं हुआ था, जिस प्रक्रिया के तहत आमतौर पर कहानी का जन्म होता है। इसलिए मुक्तिबोध की पूर्ण कहानियाँ भी अपने–आप में विलक्षण कहानियाँ हैं।

जो कहानियाँ पूर्ण हैं, उन्हें किस नज़रिए से देखा जाये? हम तो यह मान कर चलेंगे कि वह भी कहानी ही है, अपनी एक अलग लीक बनाती हुई कहानी। अगन उन कहानियों पर ध्यान दिया जाये तो कहानियाँ लिखते हुए मुक्तिबोध की मानसिक दशा (मूड) किस प्रकार की थी, इसका अन्दाज़ा लगाया जा सकता है। यह सवाल उठ सकता है कि मुक्तिबोध की मानसिक दशा का अन्दाज़ा लगाने का औचित्य क्या हैं? इसका उत्तर देने के लिए दूसरे ढंग से विचार करना होगा।... अगर कोई यात्री अपने गंतव्य तक सही सलामत बिना राह भटके पहुँच जाये तो उसकी यात्रा के बारे में कोई विचार नहीं करता। लेकिन अगर कोई यात्री अपनी राह भूलकर भटक जाये और ऐसी जगह पहुँच जाये, जहाँ पहुँचने की किसी को उम्मीद नहीं थी, तो उसका भटकाव अपने आप में विचार करने का विषय बन जाता है। आखिर क्या वजह होगी कि वह अपनी राह से भटक गया? उससे कहाँ गलती हो गयी कि वह उस ओर जाने के बजाए इस ओर चला आया? इसकी थाह लेना भी तो अपने आप में एक यात्रा ही है। इसलिए मुक्तिबोध की कहानियों के माध्यम से मुक्तिबोध के साथ भटकना भी तो एक यात्रा ही है, उन राहों की थाह लेना, जहाँ भटकते–भटकते मुक्तिबोध पहुँचे।

निर्मल वर्मा के अनुसार मुक्तिबोध की कहानियाँ चलती नहीं, स्थिर रहती हैं। 'कहानियों में सब–कुछ स्थिर है, सिर्फ़ बात चलती है।... इसलिए मुक्तिबोध की कोई कहानी साफ–सुथरी, संपूर्ण रचना नहीं बन पाती। वह एक भटकती हुई आत्मा की डायरी है। डायरी में हर सत्य अगले पन्ने के सत्य की प्रतीक्षा में अधूरा पड़ा रहता है, अधूरा और प्रतीक्षारत। मुक्तिबोध की कहानियाँ प्रतीक्षा करती हुई कहानियाँ हैं।''[4]

वहीं संजीव कुमार के अनुसार, 'उनकी (मुक्तिबोध की) बहुत कम कहानियाँ ऐसी हैं जिन्हें पढ़कर लगता है कि इन्हें कहानी ही होना था। उन बहुत कम कहानियों में 'पक्षी और दीमक' या 'काठ का सपना' को शामिल किया जा सकता है। बहुतेरी कहानियाँ ऐसी हैं जो अपने कहानी होने की अनिवार्यता का बोध नहीं करा पातीं। मसलन, 'क्लॉड ईथरली' जैसी चर्चित कहानी में सारा कार्य–व्यापार गैर–जरूरी इंतजाम की तरह जान पड़ता है।''[5] अगले पैराग्राफ में संजीव कुमार ने यह स्पष्ट किया हैं कि 'कलॉड ईथरली' ''कहानी की पूरी जान उसके भीतर आसन जमाकर बैठे निबंध में है, उन कथा स्थितियों में नहीं जिनके बीच यह निबंध लिखा जा रहा है।... 'क्लॉड ईथरली' जैसी कहानी एक जटिल चिंतन–सूत्र के लिए जुगाड़े गये कार्य व्यापार का उदाहरण है। जुगाड़ यह न होता, कुछ और होता, तब भी कोई फर्क नहीं पड़ना था। ऐसे में कहानी कहने की जरूरत क्या है?''[6]

जब कि 'कलॉड ईथरली' हिंदी साहित्य में अपने तरह की अकेली कहानी हैं। मुक्तिबोध हिंदी साहित्य में महत्त्वपूर्ण क्यों हैं, इसका जवाब 'क्लॉड ईथरली' जैसी कहानी है। क्या हर कहानी के लिए कार्य–व्यापार महत्त्वपूर्ण होता है? न हर किसी कहानी के लिए कार्य–व्यापार महत्त्वपूर्ण होता है, न उससे उत्पन्न संवेदना। कहानी अपनी अनिवार्यता स्वयं साबित करती है और यह कार्य 'कलॉड ईथरली' स्वयं कर रही है। क्या हम उसे पढ़ते हुए सोचते हैं कि उसे दूसरे प्रकार से कहा जाना चाहिए था? समय के साथ विकसित होते हुए कहानी जब अपने लिए अलग धारणा विकसित करती है तो उसके विकास की अनिवार्यता क्या होती है? बदलाव क्यों आवश्यक हो जाता है, क्योंकि पूर्व प्रचलित रूप अक्षम हो गया होता है। कहे जाने की अनिवार्यता अपने लिए मुकम्मल राह ढूँढ़ती है। 'क्लॉड ईथरली' को जिस प्रकार से कहा गया है, वह अपने अर्थ को तो उद्घाटित करती ही है। 'क्लॉड ईथरली'

जैसी दूसरी कहानी मुक्तिबोध के यहाँ भी नहीं एवं जिस रूप में है, वह मुकम्मल है।

संजीव कुमार 'काठ का सपना' और 'पक्षी और दीमक' को मुकम्मल कहानियों में शामिल करते हैं। यह आश्चर्य का विषय है कि उन्होंने 'जलना' कहानी को क्यों छोड़ दिया! अगर 'क्लॉड ईथरली' को छोड़ दिया जाये तो जिसे मुकम्मल कहानी कहा जाये, उसमें 'जलना' को सबसे ऊपर रखा जाना चाहिए। 'पक्षी और दीमक' और 'काठ का सपना' मुक्तिबोध की अन्य कहानियों से बहुत भिन्न नहीं है, लेकिन 'जलना' सबसे भिन्न है। यकीन नहीं होता कि इसे मुक्तिबोध ने ही लिखा था, क्योंकि इस कहानी को लिखते हुए मुक्तिबोध जीवन की उस पगडंडी को छोड़कर कहीं और भटकते हुए नहीं दिखते, जहाँ वह चल रहे होते हैं; जैसा कि वह आमतौर पर अन्य कहानियों में करते हैं। ऐसा लगता है कि हर बात को भूलकर उस घड़ी, उस क्षण में रहना उनको अनिवार्य लग रहा है। 'जलना' कहानी के भीतर का क्षण उनके पूरे कथा–साहित्य में सबसे इंटेंस पल है, सबसे तीव्रतम पल है। ऐसा लगता है कि सुख और दुख जो कुछ भी उन्हें जीवन से मिले हैं, वे सब उस पल में आकर सिमट गये हैं। भले ही वह काल्पनिक घटना हो, मुक्तिबोध के जीवन से उसका कोई लेना–देना न हो, लेकिन यह सुखद आश्चर्य होता है कि उस पल ने मुक्तिबोध को अपने में बाँध लिया है। विचारों में उलझे रहने से ज़्यादा उनको उस पल, उस घड़ी में जीना जरूरी लग रहा है।

माँ ने चुन्नू से चाय माँग ली है, दूध खत्म हो चुका है, चुन्नू करे क्या! ''उसने माँ की तरफ देखा, और एकाएक जोर से हँस पड़ा। माँ को अपनी बाँहों में भर लिया...उसने माँ को जबरदस्ती हाथों में उठा लिया और उसको लेकर लगा नाचने गोल–गोल!... और, अकस्मात, यह नजारा सामने दिखाई दिया कि चुन्नू कमरे में कागज पर कागज निकालकर फेंकता जा रहा है। वे कागज जो उसने अवेर के रखे थे, सँभाल के रखे थे। कमरा बिखरे हुए कागजों से अजीब हो चुका है।...वे कागज क्या थे? अख़बारों के टुकड़े, बच्चों की पुरानी बेकार कापियाँ, अमेरिकन और रूसी एजेंसियों के सरकारी समाचारों के वरक, पुराने न्यूटाइम्स, पुराने न्यूजवीक (जिनको अब तक उसने बहुत सँभालकर रखा था, लेकिन जो अब एकाएक निरुपयोगी प्रतीत हुए)...। कंधे पर थैली लटकाए ज्यों ही चुन्नू या चुन्नीलाल शर्मा, एम एस–सी, असिस्टेंट

टीचर, जीने से उतरकर नीचे के कमरे में आया, उसे लगा कि कहीं उसे इस सुबह–सुबह भयानक दुर्घटना का सामना न करना पड़े, यानी कि कहीं अपनी औरत से मुठभेड़ न हो जाये!...लेकिन नहीं, उसका यह भय निराधार था। रास्ता साफ था। सुबह की रौशनी की ताजगी में उसकी आँखों के सामने स्वप्न तैरने लगे। उसके बच्चे बड़े हो गये हैं। वे खूब मेहनती निकले हैं। वे बहुत होशियार हैं। हाँ, सही हैं कि उनके कपड़े फटे हुए हैं, लेकिन वे कांट और मार्क्स, सार्त्र और नेहरू के वचन अपने भाषणों में सहज रूप से गूँथ जाते हैं। वे किसी सुनहले लक्ष्य के लिए लड़ रहे हैं। उनके हृदय में उत्साह है। जमाना बदल गया है, अब बड़ा परिवर्तन होने को है। मौजूदा पीढ़ी, अपनी बुढ़भस में, हास्यास्पद प्रतीत हो रही है, इत्यादि–इत्यादि।"[7]

माँ के चाय माँगने से शुरू हुआ आवेग का सिलसिला खुशनुमा स्वप्न में साथ खत्म होता है कि बच्चे बड़े हो गये हैं। वे खूब मेहनती निकले हैं। वे किसी सुनहले लक्ष्य के लिए लड़ रहे हैं। जमाना बदल गया है, अब बड़ा परिवर्तन होने को है...। चुन्नू के मन से जो कुछ सुखद कल्पना के रूप में गुजर रहा है, वह अपने को जिंदा रखने की एक तरकीब है। मध्यमवर्गीय जीवन की यातना उस रूप में कहीं नहीं दिखती, जिस रूप में मुक्तिबोध के कथा–साहित्य में दिखती है। इसी लिहाज से मुक्तिबोध के कथा–साहित्य का हिंदी साहित्य में अपना महत्त्व है। चुन्नू अपनी मां के लिए एक कप चाय का बंदोबस्त नहीं कर पा रहा है उस अक्षमता की खिझलाहट मिटाने के लिए वह हँसता है। वह उसकी हँसी नहीं है, वह उसका चीत्कार है। अपना सिर फोड़ने से अच्छा है, उस यातना को थोड़ी खुशी में बदल लें। इसलिए वह अपनी माँ को गोद में उठाकर गोल–गोल नाचता है। अपने सँभालकर रखे गये कागज जो कभी जरूरी लग रहे थे, रद्दी में बेच आता है। लेकिन उन घोर यातनाओं से गुजरने के लिए एक संबल तो चाहिए, इसलिए मन सुखद स्वप्न में अपने को रमाता है कि बच्चे बड़े हो गये हैं। वह लायक निकले हैं। जमाना बदल गया है। क्या इतने कम शब्दों में इतना कुछ किसी अन्य हिंदी कहानी में कहा गया है? कितने कम शब्दों में मुक्तिबोध ने कितनी बातें कह दी हैं! इस कहानी में उनका हाथ कितना सध गया है! यह इसलिए हुआ है, क्योंकि अन्य कहानियों में जो कुछ चिंतन के द्वारा अभिव्यक्ति पाता था, (जिससे कहानी की गति मरती थी, क्योंकि कहानी वास्तविक जगत में न घटकर मन के अंदर केंद्र निर्मित

कर लेती थी) उसके लिए इस कहानी में अवकाश नहीं है, इसलिए वे सारी बातें अपने को व्यक्त करने के लिए प्रतीक का सहारा लेती हैं। इसलिए यह कहानी मुक्तिबोध की अन्य कहानियों से भिन्न है।

मुक्तिबोध को 'जलना' कहानी अन्य कहानियों से भिन्न इसलिए भी है, क्योंकि अन्य कहानियों के पात्र जीवन की यातनाओं से अपने को अलग कर बौद्धिकता की शरण में जाते हुए प्रतीत होते हैं एवं उस बौद्धिकता में अपनी यातनाओं के हल ढूँढ़ते जान पड़ते हैं। इसलिए पढ़ते हुए कई बार यह शंका भी होती है कि यह पात्र का पलायनवादी तरीका तो नहीं हैं। ऐसा लगता है वह परिस्थितियों से जूझने की बजाए अपने को उससे अलग रख अपने को बचाता है। इसलिए उसकी परिस्थिति खीझ भी पैदा करती है, बेचैनी तो है, पर उस बेचैनी के साथ एक खीझ भी है। खीझ उस परिस्थिति के लिए नहीं, खीझ पात्र के उस रवैये के लिए है, क्योंकि वह यातना में सबके साथ नहीं है। उसे एहसास है कि उसका संपूर्ण परिवार यातना में जल रहा है, लेकिन वह अपने को भिन्न धरातल पर रख, सबसे अपने को अलग कर लेता है। लेकिन 'जलना' में ऐसा नहीं है।

'जलना' में भी लगभग वही परिस्थिति है, जो अन्य कहानियों में है। लेकिन 'जलना' में चुन्नू अपने पूरे परिवार के साथ उस यातना को भोग रहा है। एक गहरी रागात्मकता से पूरा परिवार अपने की एक–सूत्र किये हुए है। इसलिए हर कोई दूसरे के दुख को अपने हिस्से में डाल लेना चाहता है। यहाँ कोई किसी को अपनी यातना के लिए जिम्मेदार नहीं ठहराता, बल्कि अपने ऊपर जिम्मेदारी लेता दिखता है। सब–कुछ मौन रहते हुए स्वीकारा जा रहा है। मन के अंदर न कोई बौद्धिक बहस है, न कोई इसके बौद्धिक समाधान की छटपटाहट। इसलिए दुख की वेदना और यातना उन्हें तोड़ते नहीं, बल्कि सभी को जोड़ देते हैं और सबसे महत्त्वपूर्ण बात है उनके बीच किसी बाहरी का प्रवेश नहीं होता। कोई बाहरी आकर उनके जीवन–यज्ञ को अपवित्र नहीं करता। जलना मात्र चुन्नू की स्त्री का जल जाना नहीं है, जलना एक प्रतीक है, उस पूरे परिवार की वेदना और यातना के लिए लेकिन उस जलना के लिए कोई फलसफा नहीं है, उसे जीवन की अनिवार्य कड़ी के रूप में स्वीकारा गया है। ऐसा लगता है कि जिस उलझन को लेकर मुक्तिबोध जीवन–भर उलझे रहे थे, उसे अनायास ही उन्होंने इस कहानी में जान लिया था। इसलिए कोई बौद्धिक चालाकी दिख़ाने के बजाए उस दुख

और यातना के प्रति एक स्वीकार भाव उनके अंदर आ गया था या उनके पात्र के अंदर आ गया था।

मुक्तिबोध की कहानियों को प्रकार की दृष्टि से देखा जाये तो उनके यहाँ जो महत्त्वपूर्ण कहानियाँ हैं उनमें शुरू की 'मैत्री की माँग' को छोड़ दिया जाये तो बाद की कहानियों में 'क्लॉड ईथरली', 'विद्रूप', 'सतह से उठता आदमी' और 'जंक्शन' ऐसी कहानी हैं जिसे उनके यहाँ जो कहानियाँ है उनसे अलग रखा जा सकता है। जिसमें उन्होंने स्वयं के चिंतन के घेरे से बाहर के पात्र या स्थिति को दर्शाया हैं। अगर उनकी अधूरी कहानियों पर ध्यान दिया जाये तो ज्यादातर ऐसी अधूरी कहानियाँ हैं, जो लेखक के दायरे के बाहर के पात्र या स्थिति है, जिसे कहानी के रूप में कहानीकार नहीं ढाल पाया है। मुक्तिबोध के यहाँ वे कहानियाँ कहानी बनती हुई प्रतीत होती हैं, जिनमें लेखक के अपने व्यक्तिगत जीवन की स्थिति को स्थान मिलता है (इसके बारे में तो निश्चित रूप से कुछ भी कहा नहीं जा सकता, पर ऐसा लगता है। इसलिए यह मानकर चलेंगे कि वे स्थितियाँ लेखक के जीवन की स्थितियाँ हैं, क्योंकि कहानी–दर–कहानी उन स्थितियों में समरूपता है, या वही मूड बार–बार हर कहानी में उभरकर आ जाता है।)

ऐसा क्यों है कि मुक्तिबोध अपने व्यक्तिगत दायरे से बाहर के पात्र या स्थिति को कहानी में ढाल नहीं पाते? 'मैत्री की चाह' उनके प्रारंभिक दौर की कहानी है, मुक्तिबोध की कहानियों में पहली कहानी 'खलील काका' के बाद इस कहानी में लेखन की तिथि अंकित है, 3–9–1942। ऐसा क्यों है कि इस कहानी में लेखक ने कहानी की लेखन तिथि अंकित की है? इसका तो यही कारण दिखता है कि इस कहानी को लिखे जाने से मुक्तिबोध काफी हद तक संतुष्ट रहे होंगे। जो वह कहना चाह रहे थे, उस उन्होंने भली–भाँति कह दिया होगा। इस कहानी का जन्म निश्चित तौर पर अनिश्चतता की स्थिति में नहीं हुआ होगा। एक बात और ध्यान देने लायक है, इस कहानी के बाद ही उनके कहानी लेखन में बदलाव होता है। 'मैत्री की माँग'' के पूर्व की कहानी आदर्श प्रधान कहानी है, इसके बाद ही उनकी कहानियों में मध्यमवर्गीय जीवन का बोझ झलकने लग जाता है। अगर मुक्तिबोध के जीवन पर ध्यान दिया जाये तो यही वह काल है, जब उनका प्रेम–विवाह हुआ था। उन्होंने कम उम्र में विवाह कर लिया और वह विवाह उनकी अपनी मर्जी से और घरवालों की मर्जी के विरुद्ध हुआ

था। मुक्तिबोध उस समय विद्यार्थी ही थे, विवाह की वजह से उनके ऊपर अपने परिवार को चलाने का बोझ आ पड़ा था। इसलिए आनन–फानन में ऐसी नौकरियाँ करनी पड़ीं जो उनके स्वभाव के विरुद्ध थीं। धीरे–धीरे पारिवारिक दायित्व बढ़ता जा रहा था। खर्च तो बढ़ता जा रहा था पर उस अनुपात में आमदनी नहीं, नौकरी ऐसी जो मन के अनुकूल नहीं। हमेशा उधार लेकर अपना खर्च चलाना पड़ता था। इसलिए वक़्त के साथ पति–पत्नी के मन में कटुता भरती चली गयी। पत्नी, परिवार के प्रति उनकी जिम्मेदारी है, वह इसे कभी भूले नहीं, बल्कि एक नैतिक जिम्मेदारी के बोझ तले दबते चले गये। मध्यमवर्गीय जीवन की कटुता जितनी मुक्तिबोध ने महसूस की, शायद अन्य किसी हिंदी साहित्यकार ने नहीं। ऐसा नहीं हैं कि अन्य साहित्यकार उस मध्यम वर्ग से नहीं आते थे, जिससे मुक्तिबोध आते थे, फर्क सिर्फ़ इतना था कि जिस नैतिकता की मुक्तिबोध मानते रहे उसे अपने व्यक्तिगत जीवन में निभाते भी रहे, जब कि अन्य लेखक अपने व्यक्तिगत जीवन में उस नैतिकता को सख्ती से नहीं निभाते थे। इसलिए मुक्तिबोध साहित्यिक संसार में भी अपने को बहुत अकेला महसूस करते थे। इन सब दबावों के बीच वह अपने लिए अपने मन के भीतर ही कोई रहा ढूँढ़ते थे। यही कारण है कि वैचारिक चिंतन में उनकी कहानियाँ गुँथी हुई हैं। घूमा–फिराकर कहानियों में वही स्थिति प्रकट हो जाती थी, जो उनके मन के ऊपर हावी थी।

जैसा कि ऊपर भी इसका जिक्र हुआ है कि 'मैत्री की चाह' उनकी प्रारंभिक रचना है एवं उसमें वैचारिकता का वह ताना–बाना भी नहीं है। जो शिकायत मुक्तिबोध की कहानियों से की जाती है, उसमें उस प्रकार की कमियाँ भी नहीं है। उसमें एक कथा–स्थिति है, कहानी का अपना अंत भी है। यह सही है कि 'मैत्री की माँग' की भाषा में पथरीलापन है, जो कि उनकी अन्य कहानियों में भी है। भाषा के पथरीलेपन को छोड़ दें, साथ ही कहानी के कसाव की ओर भी ध्यान नहीं दें तो 'मैत्री की माँग' अपने में संपूर्ण कहानी है। इसका तो यही अर्थ हुआ कि मुक्तिबोध कहानी की धारणा के अनुसार भी लिख सकते थे। लेकिन अगर वह नहीं लिख पाये तो इसके पीछे के कारणों का एक हद तक अनुमान तो लगाया ही जा सकता है। मुक्तिबोध की मुख्य संवेदना कवि की है। कविता लिखने में जिस तैयारी की जरूरत होती है, कहानी के लिए उससे भिन्न तैयारी की जरूरत होती है। मुक्तिबोध अपनी कविताओं के

लिए फैंटेसी शब्द का प्रयोग करते हैं। 'एक साहित्यिक की डायरी' में उन्होंने जिन तीन क्षणों का जिक्र किया है, वह कहानी के लिए भी आवश्यक है। कविता में जहाँ यह प्रक्रिया स्वचालित होती है, कहानी में उस प्रकार से यह स्वचालित नहीं होती। ऐसा भी नहीं है कि कविता में यह प्रक्रिया बिलकुल ही स्वचालित होती है और कहानियों में इसे बिलकुल नियंत्रित किया जाता है। फिर भी अपेक्षाकृत कविता से अधिक कहानियों में एक दिशा देने की आवश्यकता होती है। कविता का जगत स्वप्रिल प्रकार का होता है, जबकि कहानी का ऐसा नहीं होता। कहानी में तर्क गढ़ने होते हैं, इसलिए वस्तुस्थिति के बीच सामंजस्य बिठाना आवश्यक होता हैं कविता में एक ही साथ जमीन और आसमान की यात्राएँ संभव हैं, जबकि कहानी में जमीन से आसमान तक जाने के लिए एक साधन की जरूरत होती है। कविता में जो काम बिना किसी माध्यम के किया जा सकता है, वह कहानियों में नहीं हो सकता। मुक्तिबोध जिस प्रकार से अनायास ही अपनी कविताओं में फैंटेसी की दुनिया में विचरने लगते हैं, यह सुविधा उन्हें आसानी से कहानियों में उपलब्ध नहीं होती। कविता के तर्क अलग होते हैं और कहानियों के अलग। मुक्तिबोध कहानियों के तर्क से अपनी कहानियों में संगति नहीं बिठा पाते। वे अपने आवेग से मिलती–जुलती स्थिति अपने से बाहर के पात्रों में उल1ीच नहीं पाते। इसलिए सपाट ढंग से वह किसी के जीवन की स्थिति का मात्र विवरण दे पाते हैं, उसके बीच कोई ऐसी स्थिति निर्मित नहीं कर पाते, जिससे कोई कहानी उत्पन्न हो सके। इसलिए उनके अपने से भिन्न स्थिति या पात्र से निर्मित कहानियाँ अधूरी रह जाती हैं, क्योंकि उनके अंदर का जो आवेग है, वह त्वरित है और शायद मुक्तिबोध के पास वह अवकाश ही नहीं था कि उस आवेग को कुछ अन्य जीवन स्थितियों के बीच ढाल पाते। कच्चे माल से घर बनाने के लिए स्थान और समय दोनों आवश्यक हैं, शायद मुक्तिबोध के पास दोनों उस मात्रा में नहीं थे, इसलिए उनके यहाँ उस प्रकार की कहानियाँ नहीं हैं ('मैत्री की माँग', 'क्लॉड ईथरली' आदि को छोड़ दिया जाये तो), जो उनके जीवन से भिन्न स्थिति को व्यक्त करें। अगर अपने से भिन्न स्थिति के पात्र को लेकर उन्होंने कहानियाँ लिखी हैं, जिनमें उन्हें सफलता मिली है तो वह है 'सतह से उठता आदमी'। इस कहानी को पढ़ने से ऐसा लगता है, अपनी कविता वारली फैंटेसी को उन्होंने कहानियों में भी कुछ हद तक साध लिया है। अगर मुक्तिबोध और

अधिक जी पाते तो हमें उनकी फैंटेसी का प्रयोग उनकी कहानियों में देखने को मिलता।

मुक्तिबोध का आवेग ही उनकी कहानियों के मूल में दिखाई पड़ता है। वह आवेग चिंतन के सूत्र में गुँथा है। चिंतन के केंद्र में वे प्रश्न हैं जिनसे मुक्तिबोध आजीवन जूझते रहे। उनकी कहानियों की भाषा में पथरीलेपन के लिए जिम्मेदार उनके मन के अंदर का वह द्वंद्व था जो कि कोई गुत्थी नहीं थी, जिसे सुलझाया जा सकता था; वह तो मात्र दो भिन्न स्थितियों का खिंचाव था, जिसको परस्पर मिलाकर सुलझाने की कोशिश मुक्तिबोध करते रहे। इसलिए मन की जटिलता तथा उलझाव और सामाजिक प्रश्न, दोनों मुक्तिबोध के यहाँ एक साथ गुँथे दिखाई पड़ते हैं। उनकी नज़र होती है बाहरी जगत की समस्याओं पर लेकिन वे उलझे होते हैं अपने मन के अंदर की जटिलताओं से। जिस रूप में मुक्तिबोध इसे हल करने की कोशिश करते हैं, क्या उस प्रकार से उसका हल संभव है? जिन दो स्थितियों को मिलाकर मुक्तिबोध हल ढूँढ़ना चाहते है।, क्या उसका हल संभव है? क्योंकि वहाँ कोई समस्या ही नहीं, जिसका हल हो सकता है। उसका कोई बौद्धिक हल तो संभव ही नहीं है। उस स्थिति में तो मात्र दो सिथितियों के बीच खिंचाव पैदा हो सकता है, जो कि उनकी कहानियों में दिखाई पड़ता है। सामाजिक प्रश्न अपनी जगह रह जायेंगे, ऊपर से मन की जटिलताएँ ही बढ़ती जायेंगी। जितना भी जोर डाला जायेगा, मन का खिंचाव बढ़ता जायेगा और यही मुक्तिबोध की कहानियों के साथ होता है। इसलिए उनकी कहानियों में स्थितियाँ वही रहती हैं, सिर्फ़ कोण बदल जाते हैं और कहानी का कोई अपना अंत नहीं होता। उस द्वंद्व का खिंचाव 'जलना' में मिटा तो नहीं है, पर अनुपस्थिति है, इसलिए उसका अपना एक अंत है। 'जलना' मुक्तिबोध के कथा–साहित्य की नहीं, हिंदी साहित्य की भी ससे इंटेंस कहानी है। लेकिन आश्चर्य होता है कि हिंदी साहित्य में इस कहानी का कहीं कोई जिक्र ही नहीं है। हिंदी की प्रतिनिधि कहानियों में इसे जगह नहीं मिली है, जबकि इसे वह स्थान मिलना चाहिए था। मुक्तिबोध कहानियों में जिसे कहने की कोशिश करते रहे, जाने या अनजाने वह 'जलना' में सध गया था, पता नहीं मुक्तिबोध को इसकी चेतना थी या नहीं। अगर 'जलना' कहानी को मुक्तिबोध के कथा–साहित्य के केंद में रखा जाये तो उनकी कथा–लेखन की यात्रा को समझना बहुत आसान हो जाता है। चूँकि उनके कथा–लेखन के केंद्र में आवेग ही है और उस आवेग को दो दिशाओं में बाँट दिया गया

है। एक वह हिस्सा है जो मन के अंदर का है जो अरूप है, जो कोई–न–कोई आकार किसी बेचैनी में ही लेता है, दूसरा हिस्सा वह है, जो बाहरी जगत है, जिसकी अपनी एक स्वायत्त सत्ता है, मानसिक जगत से जिसका कोई संबध नहीं है। मुक्तिबोध की कहानियों में होता यह है कि मन की बेचैनी मन के बाहर के जगत में आरोपित होकर उस स्वतंत्र जगत का साक्षात्कार अपने मन के अनुसार करती है। उस वक़्त उसका साक्षात्कार किया जा रहा है, जब मन के अंदर विषाक्तता की स्थिति है। कहानी लिखते हुए मुक्तिबोध को इस बात की चेतना नहीं है कि मेरा मन विषाक्त हो चुका है, इसलिए वह विषाक्त मन पात्र के रूप में ढल जाता है। पात्र अपने विषाक्त संसार से जिस बाहरी दुनिया को देखता है, उसमें घोर अराजकता दिखती है। लेकिन पात्र के अंदर उस बाहरी जगत की अराजकता केंद्र में नहीं है, केंद्र में उसका अपना मन ही है, पर यह बात वह जान नहीं पाता। इसलिए स्थितियाँ जहाँ–की–तहाँ बनी रहती हैं। सवाल यह नहीं है कि बाहरी जगत सुसंगत, सामंजस्यपूर्ण है या अराजक है। वह अपनी जगह जैसा भी है, अगर उसे अपने मन के प्रभाव से बाहर आकर देखा जाये तो उसकी जैसी भी स्थिति है, उसकी समस्याओं को ढूँढ़ा जा सकता है और किसी परिणाम पर पहुँचा भी जा सकता है। पर जिस रूप में मुक्तिबोध के पात्र उसे देखते हैं और उस अराजकता को सुसंगतता में बदलना चाहते हैं, वह असंभव है। क्योंकि मन के अंदर जब तक अराजकता है, मन के अंदर जो भी संसार प्रतिबिंबित होगा, वह कैसे सुसंगत होगा? मुक्तिबोध के पात्र को यह प्रतीति होती कि मेरे मन का जगत और बाहरी जगत दो भिन्न चीजें हैं, तो शायद वह स्थिति–भ्रम ही मिट गया होता, जिसमें डूबा हुआ वह भटकता रहता है और कहीं पहुँच नहीं पाता। सच पूछा जाये तो उसके भटकाव के लिए पात्र नहीं, मुक्तिबोध जिम्मेदार हैं। मुक्तिबोध कविता में इस स्थिति को सहज ही साध लेते हैं, क्योंकि उनके अंदर का वही मूड तो फैंटेसी रचता है, लेकिन कहानी में उसे नहीं साध पाते हैं। 'एक दाखिल–दफ़्तर साँझ', 'उपसंहार', 'भूत का उपचार', 'पक्षी और दीमक' तथा 'काठ का सपना' आदि कहानियाँ इसी स्थिति में लिखी गयी कहानियाँ हैं। लेकिन इसमें भी उन कहानियों में एक संतुलन है, जहाँ मन के आवेगों के साथ थोड़ी–सी तटस्थता और दूरी बरती गयी है जैसे, 'समझौता', 'पक्षी और दीमक, 'काठ का सपना' और 'विद्रूप' आदि में। इसलिए इन कहानियों में एक निर्णय की स्थिति है। मुक्तिबोध अपनी कहानियों में कहीं पहुँचने के लिए हमेशा

प्रयास करते हुए दिखते हैं। यह अत्यधिक प्रयास ही कभी–कभी बाधा बन जाता है। लेकिन उनके इसी प्रयास का परिणाम है 'जलना' कहानी। अगर उनके अंदर अत्यधिक आवेग नहीं होता, वह प्रयास करते हुए नहीं दिखते तो वह 'जलना' जैसी कहानी कैसे लिख सकते थे। ऊपरी तौर पर मुक्तिबोध की कहानियों में 'जलना' सबसे सरल कहानी दिखती है पर वह मुक्तिबोध की सबसे कठिन कहानी है। कठिनता के मामले में 'क्लॉड ईथरली' उसके सामने कुछ भी नहीं हैं। 'जलना' में मुक्तिबोध के अंदर के आवेग को एक ठहराव मिला है, एक दिशा मिली है। उनके कथा–साहित्य में चुन्नू ही मात्र एक ऐसा पात्र है, जो जीवन की रागात्मकता में सबके साथ है। वरना उनके बाकी पात्र तो बौद्धिक संसार में विचरते नज़र आते हैं, अपनी शँकाओं के साथ भटकते नज़र आते हैं, इसलिए वे जीवन से कट जाते हैं, उस जगत से कट जाते हैं, जिसमें मुक्तिबोध को रहने की चाह है। निर्णयात्मक ढंग से कहा जा सकता है कि मुक्तिबोध की भटकाव भरी यात्रा में किसी मंजिल पर पहुँचने का ही परिणाम 'जलना' कहानी है। क्योंकि मुक्तिबोध मन को जिन दो हिस्सों में बाँटकर चलते थे, उसमें एक हिस्सा इस कहानी में लुप्तप्राय है। मन के बाहर का जगत है और वह जगत इस कहानी में महत्त्वपूर्ण हो चुका है। 'विपात्र' के अंत में कहा गया यह अंग्रेज़ी वाक्य कि ''आई वांट टु बी इन दि थिक ऑफ़ थिंग्स, ऐज मिले ट्राइड टु बी; यस, टु बी इन दि थिक ऑफ़ थिंग्स' उनकी 'जलना' कहानी में सार्थक हो गया हैं। अगर धार्मिकता को संकीर्ण अर्थ में न लें तो, 'जलना' में चुन्नू सच्चे अर्थ में धार्मिक व्यक्ति नज़र आता है, जिसकी अदम्य छटपटाहट मुक्तिबोध के पूरे साहित्य में बिखरी पड़ी है। यह थोड़ा–सा आश्चर्यजनक जरूर है कि जिसे उन्होंने पहले ही साध लिया है, उसकी इच्छा बाद की रचना में करते दिखाई देते हैं।

'विपात्र' उनकी अंतिम रचना है, निर्मल वर्मा की यह शिकायत की मुक्तिबोध की कहानियों में गतिहीनता है, सबसे ज्यादा 'विपात्र' में ही है। पहले की कहानियों में तो पात्रों के मन के अंदर की बेचैनी और छटपटाहट है, इसलिए बाहर गति भले न हो पर मन के अंदर गति तो है ही। पर 'विपात्र' में मन के अंदर की गति भी लगभग थिर हो चुकी है। परिस्थिति पहले ही वाली है, दुख का कचोट तो पहले से अधिक ही है, पर इसमें एक स्वीकार भाव है, इसलिए सब–कुछ स्थिर–सा दिखता है। चाह भी है पर साथ ही स्थिति के प्रति समर्पण भी है इसलिए पात्र के अंदर (एक प्रकार की तटस्थता आ गयी है। जो चीज मन के अंदर

गति पैदा करती थी या गति का आभास देती थी, 'विपात्र' में वह नहीं है। इसलिए 'विपात्र' किसी दार्शनिक चिंतन की रचना का आभास देती है, जबकि 'विपात्र' में कम पात्र नहीं हैं। इतने पात्र होते हुए भी कोई गति नहीं है। ऐसा लगता है कि 'विपात्र' में किसी स्थिर–चित्र या किसी फोटो का चित्रण किया गया है, जिसमें हर एक चीज की स्थिति नियत है। ऐसा इसलिए है क्योंकि पात्र जिस आतुरता में उसका वर्णन कर रहा है, वह सिर्फ़ अपने मन के साथ संगति बिठाने की कोशिश है। कोई ऐसी दुनिया नहीं है, जो पात्र के मन से स्वतंत्र है, उस बाहरी दुनिया का केंद्र मन के अंदर ही है, इसलिए वहाँ कोई गति उत्पन्न नहीं हो पाती। कारण यह भी है कि मन गति करने की अवस्था में है ही नहीं।

मुक्तिबोध के पात्रों का आत्मसंघर्ष जिसमें मन के दो हिस्से हैं, जिसका जिक्र ऊपर हो चुका है, उसमें 'जलना' में जो अनुपस्थित है, वही 'विपात्र' में उपस्थित है। जो 'जलना' में उपस्थित है, वह 'विपात्र' में अनुपस्थित है। 'जलना' की दुनिया वास्तविक है, यहाँ वह दुनिया नहीं, जिसका केंद्र मन के अंदर है, इसलिए वहाँ गति है। 'विपात्र' की दुनिया भी वास्तविक है, लेकिन उसका केंद्र मन के अंदर है, इसलिए यहाँ गतिहीनता हैं दुनिया वास्तविक होते हुए भी, केंद्र मन के अंदर होने से आभासित हो जाती है, उसकी वास्तविकता तिरोहित हो जाती हैं मुक्तिबोध का पूरा कथा–साहित्य मन की केंद्रीयता से प्रभावित है, इसलिए न कोई कथा–सूत्र है, न कोई अंत। हर कहानी में एक ही जैसी स्थितियों के अलग–अलग कोण हैं। कहानियाँ लिखते हुए मुक्तिबोध उस मन की केंद्रीयता से मुक्त नहीं हो पाये। अपनी शंकाओं और द्वंद्व को कहानी लिखते हुए अलग रख पाते तो उनकी हर कहानी एक अलग कहानी बन सकती थी, जिसमें गति भी होती और उसका अपना अंत भी होता। मुक्तिबोध की उन्हीं कहानियों का अपना अंत है, जहाँ मन की केंद्रीयता से कहानी मुक्त है। संजीव कुमार का यह कहना कि उनकी कहानियाँ चिंतन से जन्म लेती हैं, बिलकुल बेबुनियाद है। चिंतन से जन्म लेना और चिंतन से बद्ध होना दो भिन्न बातें हैं अगर उनकी कहानियाँ चिंतन से जन्म लेतीं तो उन कहानियों की कथा–स्थिति भले न होती, पर हर कहानी का अपना अंत होता, जैसा कि 'क्लॉड ईथरली' में है, क्योंकि उसका जन्म चिंतन से हुआ है, इसलिए उसका अपना एक अंत है।

मुक्तिबोध की कहानियाँ भले ही साफ–सुथरी कहानियाँ न हों, कहानी की धारणा से उसका सीधा संबंध न हो; जैसा कि निर्मल वर्मा ने कहा है उनकी कहानियाँ एक भटकती हुई आत्मा की डायरी है। डायरी कभी पूरी नहीं होती। डायरी का हर खाली पन्ना प्रतीक्षा में रहता है कि उसे भी भरा जायेगा। मुक्तिबोध की कहानियाँ धधकती हुई आत्मा का दस्तावेज हैं। वह कहानियाँ मुक्तिबोध के बारे में तो हैं ही, वह मुक्तिबोध के समय और समाज के बारे में बहुत कुछ कहती हैं। वह मध्यम–वर्गीय जीवन की दारुण कथा हैं, साथ ही समय और समाज के नैतिक संकट के बारे में भी बहुत कुछ उसमें प्रामाणिक रूप से दर्ज है। मध्यम–वर्ग की दयनीय स्थिति जिसमें एक तरफ खाई है तो दूसरी तरफ कुआँ, इसे हम मुक्तिबोध की कहानियों को पढ़कर जान पाते हैं मध्यमवर्गीय समाज हमेशा ही नैतिक संकट से घिरा होता है, एक ओर आत्मा को धुँधलके में छोड़कर मान और सम्मान पाने की सीढ़ी है तो दूसरी ओर अभाव और उपेक्षा का अंतहीन संघर्ष। मुक्तिबोध ने अपने लिए दूसरी राह को चुना। इस राह पर चलते हुए उन्हें जिस वेदना और यातना को सहना पड़ा, उनकी कहानियाँ उसी के बारे में हैं, जिसे पढ़ते हुए हमारे मन पर यह अमिट छाप पड़ती है कि नैतिकता या उससे भी बढ़कर कहें तो आध्यात्मिकता की राह कितना मुश्किल है, जिसे मुक्तिबोध ने कभी अपने अंदर से ओझल नहीं होने दिया। वह आजीवन उसके लिए लालायित रहे। मुक्तिबोध बौद्धिक द्वंद्व में उलझे न होते तो वह संत होते, जो कि वह हैं। उनका वह द्वंद्व भी इसलिए था क्योंकि वह सबके साथ होना चाहते थे, लेकिन उस द्वंद्व की वजह से वह किसी के साथ नहीं हो सके। इसी की खोज तो 'जंक्शन' कहानी में है, "अगर मैं ठंड में सिकुड़ते इस लड़के को बिस्तर दूँ तो मरी यह क़ीमती अलवान ओर यह नरम कंबल, और यह दूधिया चादर ख़राब हो जायेगी। मैली हो जायेगी। क्योंकि जैसा कि साफ़ दिखाई देता है, यह लड़का अच्छे–खासे साफ–सुथरे बढ़िया कपड़े पहने हुए थोड़े ही है। मुद्दा यह है। हाँ; मुद्दा यह है कि वह दूसरे और निचले किस्म के, निचले तबके की पैदावार है।...मैं अपने भीतर ही नंगा हो जाता हूँ। और अपने नंगेपन को ढाँकने की कोशिश भी नहीं करता।"[8] मुक्तिबोध स्वयं अपने आलोचक थे। लेकिन अपनी आलोचना करते हुए, जिन शंकाओं से घिरते गये, उन शंकाओं के निवारण के लिए उन्होंने जो रास्ता चुना,

वह उन्हें और भी दुविधाग्रस्त करता गया। पर उनके अंदर एक जिद थी, वह सबके साथ होना चाहते थे। लेकिन जिस आधार पर खड़े होकर वह सबके साथ होना चाह रहे थे, वह ही आधारहीन था और इसे वह समझ नहीं पाये। उन्होंने इसे चुनौती के रूप में लिया। मुक्तिबोध की कहानियाँ चुनौती का आमंत्रण हैं। मुक्तिबोध 'विपात्र' में ही लिखते हैं कि 'वेदना बुरी होती है। वह व्यक्ति को व्यक्तिबद्ध कर देती है।... वेदना स्वयं में उत्साह उत्पन्न नहीं कर सकती।...वेदना आदमी को कुचल देती है। मनुष्य अपने को हीन और अक्षम अनुभव करने लगता है। लेकिन जिनकी वेदना आत्मा को कुचल नहीं पाती, उनके तेजस्विता रहती है। वे लोग भी दुनिया में कुछ कर सकते हैं। वेदना आदमी को ढीला करती है। तेजस्विता उन्हें कस देती है।''[9] इसलिए मुक्तिबोध उस वेदना को सहकर उस तेजस्विता को साधते रहे, जिसके द्वारा हर प्रश्न का उत्तर ढूँढ़ते हुए वे उन शंकाओं के पार जा सकें, जिसमें वह जूझते रहे थे; ताकि वह सबके साथ हो सकें। यही तो उनकी चाह थी, जो उनकी हर कहानी के पन्नों पर बिखरी पड़ी है। एक ऐसी आत्मा की चाह जो बेदम हो गयी है, पर हारी नहीं है।

संदर्भ

1. सर्जना पथ के सहयात्री, निर्मल वर्मा पृ. 86
2. संजीव कुमार, आलोचना, अंक–55, पृ. 118
3. वहीं, पृ. 119
4. सर्जना पथ के सहयात्री, निर्मल वर्मा, पृ.
5. संजीव कुमार, आलोचना, अंक 55, पृ., 119
6. वही,
7. 'जलना', मुक्तिबोध रचनावली भाग 3, पृ. 1
8. 'जंक्शन' मुक्तिबोध रचनावली, 3, पृ. 203
9. विपात्र, मुक्तिबोध रचनावली, भाग 3, पृ. 233

♦♦♦

मुक्तिबोध का कथा–विवेक

मृदुला शुक्ल

गजानन माधव मुक्तिबोध के कथा–विवेक के परिप्रेक्ष्य में प्रथमतः उनके दो कथन अवलोकनीय हैं–

1. 'सौंदर्य सब–कुछ नहीं सिखा सकता। उसके लिये मस्तिष्क की भी आवश्यकता है और मस्तिष्क के लिए अनुभूति की आवश्यकता। यदि इन दोनों की सम्बलता है, तो जगत का रहस्य अधिक अवलोकित हो सकता है। यह मेरा अनुभव है, जिस पर मैं कभी अविश्वास नहीं कर सकता और ज्ञान का स्रोत अबाह्य है। बाह्य दृष्टि से जाना जाता है, अंतर्दृष्टि पहचानती है। इसी अन्तर्दृष्टिगत ज्ञान को मैं ज्ञात कहता हूँ। इसीलिए ज्ञान में मुझे रसानुभूति होती हैं ज्ञान रस मुझे सर्वोत्तम लगता है।''
2. ''साहित्य के अंदर सांस्कृतिक भाव होते हैं। सांस्कृतिक भावों को ग्रहण करने के लिए बुलन्दी–बारीकी और खूबसूरती को पहचानने के लिए, उस असलियत को पाने के लिए जिसका नक्शा साहित्य में रहता है, सुनने या पढ़नेवाले की कुछ स्थिति अपेक्षित होती है। वह स्थिति है उसकी शिक्षा, उसके मन का सांस्कृतिक परिष्कार। साहित्य का उद्देश्य सांस्कृतिक परिष्कार है, मानसिक परिष्कार है।''

उपर्युक्त कथनों में सौन्दर्य, अनुभूति, मस्तिष्क, ज्ञान, अंतर्दृष्टि, रस, रसानुभूति, सांस्कृतिक भाव, शिक्षा, सांस्कृतिक परष्किार तथा मानसिक परिष्कार जैसे पद वे कुंजियाँ हैं, जो मुक्तिबोध की रचनाधर्मित के रहस्य खोलते हैं। उनकी कथा–सर्जना पर तो यह तथ्य अधिक सटीक बैठता है।

मुक्तिबोध को मुख्यतः उनके विरल कवित्तव, उसमें भी विशेषतः अभिव्यक्त जटिल यथार्थबोध तथा अर्थगर्भित फैंटेसियों के लिए याद किया जाता है। गद्य में थोड़ा–बहुत उनके आलोचना कर्म पर भी दृष्टिपात हुआ है, किन्तु उनकी कथा–सृष्टि पर विद्वज्जनों की दृष्टि कम ही गयी है, जबकि उनकी काव्य–सर्जना में जो तत्व

प्रेरक–सहायक रहे हैं, प्रायः उन्हीं की भूमिका कथा–सृजन में भी रही है। 'तार सप्तक' में प्रस्तुत वक्तव्य में उन्होंने स्वयं कहा है–''कहानी–लेखन का आरम्भ करते ही मुझे अनुभव हुआ कि कथा तत्व मेरे उतना ही समीप है, जितना काव्य।'' कहानी लेखन के पीछे के अपने मन्तव को स्पष्ट करते हुए उन्होंने 'एक साहित्यिक की डायरी,– में लिखा–''मैंने सोचा कि मैं हर कविता पर एक कहानी लिखूँ।........अगर कविता नहीं तो कविता की आत्मा को, कहानी के रूप में ही क्यों न सही, मान्यता प्रदान करा सकूँगा।''

जैसी कि मुक्तिबोध की कविताओं के प्रकाशन के संदर्भ में स्थिति रही कि प्रथम संग्रह के बाद की कविताएँ पुस्तक रूप में उनकी मृत्यु–उपरान्त ही प्रकाशित हुई, लगभग वैसी ही स्थिति उनकी कहानियों के प्रकाशन–सन्दर्भ में भी दृष्टिगत होती है। उनके दोनों कहानी संग्रह–काठ का सपना (प्रकाशन सन् 1967 ई.) और सतह से उठता आदमी (प्रकाशन सन् 1971) उनकी मृत्यु के बाद प्रकाशित हुए। सन् 1980 में नेमिचन्द जैन के सम्पादन में मुक्तिबोध रचनावली छः खण्डों में प्रकाशित हुई, जिसका संशोधित–परिवर्धित संस्करण सन् 1985 में प्रकाशित हुआ। इसके तीसरे खण्ड में उनकी कहानियों को स्थान मिला, जो सन् 1936 से सन् 1963 के बीच लिखी गयी बताई जाती हैं। कहानियाँ उन्होंने अधिक नहीं लिखीं। कुल संख्या 47 स्वीकृत है, जिनमें 25 पूर्ण हैं तथा 22 अपूर्ण।

मुक्तिबोध की पहली कहानी 1936 में रचित 'खलील काका' है। यह एक छोटी किन्तु भावमयी कहानी है। कह सकते हैं कि यह आदर्शवाद लिए हुए मनोवैज्ञानिक यथार्थ अभिव्यक्त करती है। इसमें खलील नामक बुजुर्ग का हृदय एक हिन्दू बालक के प्रति वात्सल्य भाव से भरा हुआ है। खलील काका की संवेदना जाति, वर्ग, धर्म और सम्प्रदाय के भेदों से अलग मानवीय संवेदना है। वस्तुतः उनके कथा सर्जक व्यक्तित्व की मुख्य विशेषता, उनके रचना कर्म का प्रमुख प्रयोजन मनुष्यता का उद्‌घाटन एवं उसे प्रोत्साहित करना रहा है तथा इसी से मानो उनके आगे के कथाकर्म की दिशा तय होती है। उनकी मैत्री की माँग, पक्षी और दीमक, अँधेरे में, ब्रह्मराक्षस का शिष्य, समझौता, एक दाखिल दफ़्तर साँझ, क्लॉड ईथरली, काठ का सपना, सतह से उठता आदमी आदि कहानियाँ इसी कोटि की हैं।

जहाँ तक उनके कहानीगत वैशिष्ट्य की बात हैं, प्रायः सभी ने चार विशेषताओं को प्रमुखतः रेखांकित किया है– उनमें अभिव्यक्त जटिल यथार्थ बोध, विविध मानवीय सरोकार, अभिनव फैंटेसियाँ तथा काव्यमयी अभिव्यंजना शैली। मुक्तिबोध ऐसे सर्जक थे, जिन्होंने एक मध्यवर्गीय भारतीय के आध्यात्मिक संकट को उसकी समस्त कमजोरियों, आत्म भ्रान्तियों और बीहड दुःस्वप्नों के बीच पकड़ा था। उनका कथ्य सिर्फ़ बाहरी यथार्थ की कहानी नहीं था, बल्कि स्वयं उनकी आत्मा का निजी दस्तावेज था। यही कारण है कि हम उनकी कहानी, निबन्ध और डायरी आदि गद्य रचनाओं को एक–दूसरे से पूर्णतया अलग–अलग नहीं कर पाते। उनमें मुख्यतः मनुष्य की पीड़ा मनुष्य का चिंतन उभरकर आता है।

यथा उनकी 'मैत्री की माँग' कहानी मे निम्न मध्यवर्गीय समाज की एक विवाहित युवती सुशीला मुख्य पात्र है, जो एक परपुरुष के समक्ष मैत्री की मांग रखती है। पुरुष उसे स्वीकार नहीं कर पाता। निश्चय ही युवती की यह माँग बहुत साहस का कार्य है और पुरुष का अस्वीकार पुरुष–मन का कटु सत्य है, जिसे अत्यन्त बेवाकी एवं मार्मिकता से मुक्तिबोध ने वाणी दी है। वे मात्र झाँकी दिखाकर नहीं रुक गये हैं। युवती की प्रतिक्रिया भी प्रस्तुत की है, जो इस कहानी का सबसे सशक्त पक्ष है। वस्तुतः निम्न मध्यवर्गीय परिवार की गृहिणी सुशीला अधिक पढ़ी–लिखी नहीं है।, उसका पति रामाराव शिक्षक है। पढ़े–लिखे लोगों के प्रति सुशीला के मन में आकर्षण भी है और आदर भी। वह चाहती है उसका पति और पढ़े–लिखे तथा टिप–टॉप रहे। ऐसे में पड़ोस में 'माधवराव' नामक व्यक्ति रहने आता है। वह बहुत पढ़ा–लिखा है। एक़दम सूटेड–बूटेड रहता है। उसी के प्रति सुशीला के मन में मैत्री की कामना जागती हैं पुरुष–मानसिकता से प्रेरित माधवराव सुशीला से निर्द्वन्द्व भाव से बोलता–बतियाता है, किन्तु जब सुशीला मैत्री की माँग उसके सामने रखती है तो चुप्पी साध लेता है। इस व्यवहार को अपना अपमान समझते हुए सुशीला माधवराव से विमुख हो जाती है। उसकी प्रतिक्रिया को मुक्तिबोध जी ने इस प्रकार व्यक्त किया है–"दिवसानुदिवस सुशीला को मालूम हुआ कि माधवराव का विचार बदल गया है। वह कल न जाकर पन्द्रह दिन बाद जायेगा। उसने खेदमय आश्चर्य से गर्दन हिला दी कि पुरुष कैसे होते हैं, जो अपना वचन नहीं रख सकते।"

सुशीला ने तो अपने को तटस्थ कर लिया। वह हर उस अवसर को बचाने लगी, जब उसका माधवराव से आमना–सामना सम्भव था, जबकि माधवराव चाहता था सुशीला उसे देखे, उससे बोले–बतियाये। अन्ततः वहाँ से प्रस्थान करते हुए जब उसे खिड़की से ''वही स्तब्धपूर्ण मुख, आँखों में न्याय मैत्री की माँग करनेवाला दुर्दम्य चेहरा, वही स्तब्ध मूर्तभाव'' दिखा, तो माधवराव का हृदय पश्चाताप से भर गया। यहाँ अत्यन्त व्यंजक शैली में मुक्तिबोध ने पुरुष–मन के परिवर्तन को दर्शाया है। मुक्तिबोध ऐसी निर्मल मैत्री की अपेक्षा रखते हैं स्त्री–पुरुष के बीच जो स्वस्थ, पवित्र और एक–दूसरे का सम्मान करने वाली हो कहानी के पटाक्षेप स्वरूप प्रयुक्त ये पंक्तियाँ यही बोध कराती हैं–''माधवराव के हृदय की मानो खड़ाखड़–खड़ाखड़ (खिड़कियाँ) खुल गयी और एक बेरोक प्रकाश का तूफान अन्दर घुस गया और छाने लगा।''

'मुक्तिबोध संचयन' के 'पूर्वकथन में मुक्तिबोध की सृजन प्रक्रिया के परिप्रेक्ष्य में नितान्त सत्य कहा गया है– ''मुक्तिबोध का मन–मस्तिष्क एक लगातार जिरह करता मन–मस्तिष्क है। उनकी कविता, कहानी या साहित्यिक की डायरी के जितने भी लक्षित और अलक्षित पक्ष है सब पर एक लगातार चलती बहस। जब कोई पात्र उनके समक्ष नहीं होता तो वे अपने 'मैं' के ही एक या एकाधिक प्रतिरूप खड़े कर लेते हैं और उनके साथ उनकी बहस शुरू हो जाती है। हाँलाकि यह बहस विरुद्धों के बीच उतनी नहीं है, जितनी एक–दूसरे के पूरक के बीच चलती है।''

'एक दाखिल दफ़्तर साँझ' शीर्षक कहानी इसका सटीक उदाहरण है, इसमें कार्यालयीन परिवेश, शासकीय नौकरी की विडम्बना, सच्चे–ईमानदार और कर्मठ कर्मचारियों, अधिकारियों के पारस्परिक रिश्ते और संघर्ष, साथ ही आज के आत्मकेन्द्रित व्यक्तियों की वास्तविकताओं का सन्जीव अंक हुआ है और अभिव्यंजना की शैली वही है कि अपने अनेक प्रतिरूप गढ़कर, उनसे संवाद, विवाद अथवा आत्म चिन्तन द्वारा अपने अभिप्रेत को प्रत्यक्ष करना। कहानी में वर्मा एक कनिष्ठ कर्मचारी है तो रामेश्वर अधिकारी। मुख्यतः इनके संवाद के माध्यम से मुक्तिबोध ने अपनी बात रखी है। उदाहरण के लिये प्रशासकीय उलझन से परेशान रामेश्वर का कथन दृष्टव्य है–''सरकारी नौकर की विचारधारा नहीं होती, होती भी है तो उसके अनुसार कार्य करना मना है। पेट की गुलामी कर रहा हूँ आत्मा को बेचकर। मात्र वेश्यावृत्ति पर हम लोग जीवित हैं। किसी वेश्या को सुहागन कहने से उसका अपमान ही होता

है। वैसा अपमान तुम कर रहे हो मेरा।'' इस कथन में एक सरकारी अधिकारी की विडम्बना मूर्त हो रही है तो इसे सुनकर वर्मा द्वारा व्यक्त ये आवेशपूर्ण पंक्तियाँ कर्मचारियों की विडम्बना को भी प्रत्यक्ष करती हैं–''आप लड़ने से मुँह चुराते हैं। आप कैसे प्रगतिवादी हैं। जिन्दगी के हर क़दम पर लड़ाई है। सुपरडेन्ट से लड़ाई टालने के लिए आपने शर्मा को छूट दे रखी है। ए.डी. से लड़ना टालने के लिए मुझे काम में पीसा, सिर्फ़ इसलिए कि मैं मजबूर और गरीब आपके कहने में था। आपकी सदस्यता का कायल था, अपने मेरे भूखे बच्चों को नहीं देखा, पर सुपरडेन्ट की गुस्से भरी भौंह को जरूर देखा। बीस–बीस मकानों के स्वामित्व वाले ख़ानदान के लाडले पुत्र शर्मा को प्रमोशन दिलाया और मैं, उससे सीनियर और हर तरह से हक़दार होते हुए भी आपने मेरी सिफारिश नहीं की। आदमीयत का तकाजा था कि आप उसे करते। आपके व्यक्तिव का जौहर देखता और आपको दुआ देता। पर आप हैं कि महकमे के कूटनीतिक गुटों के चक्कर से घबराकर अपनी रक्षा करने के लिए मुझसे लगातार काम लेते रहे–और आप भी लगातार काम में पिसते रहे बुरी तरह। क्या हासिल हुआ आपको इससे।'' यहाँ रामेश्वर तथा वर्मा दोनों के उद्‌गारों में मुक्तिबोध ही अपनी बात कहते प्रतीत हो रहे हैं।

इसी क्रम में उनकी 'समझौता' कहानी दृष्टिगत होती है। इसमें एक ओर एक बेरोजगार व्यक्ति की विडम्बना का उद्‌घाटन है, तो दूसरी ओर नौकरी में उच्चाधिकारियों की तानाशाही का पर्दाफाश भी। कहानी में एक बेरोजगार व्यक्ति अन्ततः सर्कस का जोकर बनने को विवश हो जाता है। एक तरफ नौकरशाही में व्याप्त अनीति, अन्याय और पाश्विकता को मेहरबान सिंह नामक पात्र की अपने अधीनस्थ से बात–चीत के तहत व्यक्त किया गया है, तो दूसरी ओर कहानी के अन्दर एक अन्य कहानी का ताना–बाना बुनते हुए बेरोजगार युवक को विवश होकर सर्कस का जोकर बनने को प्रस्तुत होते दर्शाया गया है, किन्तु जोकर के स्थान पर रीछ बनने को विवश होने की मार्मिक सच्चाई भी सामने रखी गयी है। मेहरबान सिंह बताता है– ''यहाँ से उस व्यक्ति का मानव अवतार समाप्त होकर ऋक्षावतार शुरू होता है। उससे वे सभी कवायदें करायी जाती हैं, जो एक रीछ करता है और प्रैक्टिस भी कैसी? महाभीषण। और अगर नहीं की तो सभी आदमी एक़दम उस पर हमला करते हैं। बिजली के हंटरों की फटकार,

गाली–गलौज और मार–पीट तो मानो रूटीन हो गयी हैं। जलते हुए लोहे के पहिए के बीच से उसे निकल जाने को कहा जाता है।" इसी प्रकार नौकरशाही में भी आज न किये गये अपराधों की सजा भोगनी पड़ती है, अच्छे–बुरे दबाव स्वीकारने होते हैं। जो यह नहीं कर पाता, उसे नौकरी से बाहर कर दिया जाता है। यही तो समझौता है, जीवन में जिसे बार–बार करने को व्यक्ति विवश होता है। मेहरबान सिंह अपने अधीनस्थ को इस सच्चाई से अवगत कराते हुए कहता है–"तब तुमने भाड़ झोंका। अगर एक्सप्लेनेशन देने की कला तुमको नहीं आयी तो फिर सर्विस क्या की! मैंने तो तीन सौ आठ एक्सप्लेनेशन दिये हैं। वार्निंग अलबत्ता मुझे नहीं मिली, इसलिए कि मुझे एक्सप्लेनेशन लिखना आता है और इसलिए कि मैं शेर हूँ रीछ नहीं। तुमसे पहले पशु बना हूँ। सीनियारिटी का मुझे फायदा भी तो है। कभी आगे तुम भी शेर बन जाओगे।" यहाँ उन्होंने कैसे तीखे व्यंग्य द्वारा नौकरशाही के परिवेश की वास्तविकता को व्यक्त किया है कि समझौता करना ही होगा अर्थात मनुष्य से पशुत्व की ओर बढ़ना ही होगा, तभी नौकरी बचाये रखी जा सकेगी। जैसे–जैसे जीवनानुभव बढ़ेंगे, वैसे–वैसे शेर जैसा रौब आयेगा अर्थात मनुष्य का कायान्तरण होगा। आज की विद्रूप वास्तविकता भी तो यही है कि स्वार्थान्ध मनुष्य पशु बनता जा रहा है।

इसमें सन्देह नहीं कि मुक्तिबोध की कहानियों में सबसे मुखर स्वर मानव स्थिति और सामाजिक व्यवस्था की द्वन्द्वात्मकता का मिलता है। इस परिप्रेक्ष्य में 'पक्षी और दीमक' कहानी को ले सकते हैं। इसमें मूल में है एक समाजसेवी संस्था। कहानी का 'मैं' उक्त संस्था से सम्बद्ध है और वही कहानी को विस्तार दे रहा है। संस्था का कर्ता–धर्ता भगवे खद्दर के कुरतेवाला, शेवरलेट गाड़ी रखनेवाला व्यक्ति हैं उसके चरित्र–चित्रण द्वारा मुक्तिबोध ने दिखावटी, ढोंगी, झूठे और बेईमान समाजसेवियों का पर्दाफाश किया है। ऐसे लोगों के लिए उनकी टिप्पणी है–"मुझे उस मैदानी–आसमानी चमकीले खुले–खुलेपन में एकाएक, सामने दिखाई देता है–साँवले नाटे क़द पर भगवे रंग की खद्दर का बंडीनुमा कुरता, लगभग चौरस मोटा चेहरा, जिसके दाहिने गाल पर एक बड़ा–सा मस्सा है, और उस मस्से में से बारीक बाल निकले हुए।

जी धँस जाता है उस सूरत को देखकर। वह मेरा नेता है, संस्था का सर्वेसर्वा है। उसकी खयाली तस्वीर देखते ही मुझे अचानक दूसरे नेताओं की और सचिवालय के उस अँधेरे गलियारे की याद आती है,

जहाँ मैंने इस नाटे–मोटे भगवे खद्दर कुरतेवाले को पहले–पहल देखा था।''

कहानी का 'मैं' ऐसे ढोंगी समाजसेवियों की भ्रष्ट कार्यप्रणाली का कच्चा–चिट्ठा खोलने के साथ–साथ एक सच्ची–ईमानदार समाजसेवी महिला श्यामला के कार्यों का हवाला भी देता है। उसके सच्चे–खुले विचार, उसकी ईमानदार समाजसेवा 'मैं' को सच्चा रास्ता सुझाती है। उसके अनुसार–''श्यामला का क्या है! वह तो एक गाँधीवादी कार्यकर्ता की लड़की है, आदिवासियों की एक संस्था में काम करती है। उसका आदर्शवाद भी भोले–भाले आदिवासियों की उस कुल्हाड़ी जैसा है, जो जंगल में अपने बेईमान और बेवफा साथी का सिर धड़ से अलग कर देती है। बारीक बेईमानियों का सूफियाना अन्दाज़ उसमें कहाँ!

किन्तु फिर भी आदिवासियों– जैसे उस अमिश्रित आदर्शवाद में मुझे आत्म का गौरव दिखाई देता है, मनुष्य की महिमा दिखाई देती है, पैने तर्क की अपनी अन्तिम प्रभावोत्पादक परिणति का उल्लास दिखाई देता है और ये सब बातें मेरे हृदय को स्पर्श कर जाती है। तो अब मैं इसके लिए क्या करूँ, क्या करूँ!'' सम्भवतः इसीलिए 'मैं' अन्ततः इस निष्कर्ष पर पहुँचता है–''मैं अब ऐसे कामों से शर्म नहीं करूँगा, क्योंकि जहाँ मेरा हृदय है, यही मेरा भाग्य है।''

अपनी अन्य कहानियों की तरह उन्होंने इसमें भी कहानी में कहानी रची है। उन्होंने आज के आधुनिकता और भौतिकता की दोड़ में जीवन मूल्यों से विरत होते मानवीय जीवन को तो रूपायित किया ही है, 'पक्षी और दीमक' की कहानी को जोड़कर इस विडम्बना से बचने की मानो चेतावनी भी दी है। इस चेतावनी को समझते हुए 'मैं' यह दृढ़ संकल्प लेता हूँ–''नहीं, मुझमें अभी बहुत कुछ शेष है, बहुत कुछ। मैं उस पक्षी जैसा नहीं मरूँगा। मैं अभी भी उबर सकता हूँ। रोग अभी असाध्य नहीं हुआ है। ठाठ से रहने के चक्कर से बँधे हुए बुराई के चक्कर तोड़े जा सकते हैं, प्राणशक्ति शेष हैं, शेष।''

जीवन के जटिल यथार्थबोध को दर्शाती, मानवीय संवेदना से ओत–प्रोत उनकी कहानी 'काठ का सपना' आकार में छोटी है। कहानी का मूल विषय एक ऐसा पारिवारिक जीवन है, जिसमें स्त्री कर्मठ है और पुरुष अकर्मण्य। पुरुष की अकर्मण्यता ने जीवन को अभावग्रस्त कर दिया है। प्रभावित होती है बालिका सरोज। पारिवारिक जीवन के छोटे–छोटे, किन्तु अत्यंत व्यंजनापूर्ण चित्र इसमें प्रस्तुत किये गये हैं।

जैसे पुरुष अर्थात सरोज के पिता द्वारा यह सपना देखा जाना–''सामने, अँधेरे में, रंग–बिरंगी धुँधली आकृतियाँ तैर जाती हैं। सुन्दर चेहरेवाली एक लड़की है, वह उनकी सरोज है। नारंगी साड़ी है, सुनहली किनारी है, सफेद चम्पई ब्लाउज है। गले में हार है। हाथों में रंग–बिरंगी चूड़ियाँ एक–एक दर्जन। पति के घर से वापस लौटी है। खुश है, दामाद मैकेनिकल इंजीनियर है, जिसकी गरीब सूरत है और वह बाहर परामदे में कुरसी पर बैठा है, क्या करें सूझता नहीं।

घर में उनकी स्त्री पूड़ी बना रही है।, पकौड़ियाँ बन रही हैं। बहुत–बहुत–सी चीजें हैं। भाग–दौड़ है हल्ला–गुल्ला है, शोर शराबा है। लोग आकार बैठ रहे हैं–आ रहे हैं, जा रहे हैं। पास–पड़ोस की लुगाइया चौके में मदद कर रही है और उनके दिल में...... क्या करें, क्या न करें, सब कुछ कर डालें! क्या ही अच्छा होता कि उनमें यह ताकत होती कि वे सबको प्रसन्न कर सकते और सारी दुनिया को खुश देख सकते!..... कि इतने में सपना टूट जाता है।''

इसी प्रकार स्त्री अर्थात सरोज की माँ जब ठण्डे पड़े चूल्हे को इधर–उधर से सूखी लकड़ी लाकर जलाती है, तो बालिका चूल्हे में जलती आग की ओर आकृष्ट होती है, उसमें प्रसन्न भाव जागता है। यहाँ चूल्हे का जलाया जाना गृहस्थी के सच्चे सुख का, साथ ही मातृ रूपी वरदान के होने का प्रतीक तो है ही अब खानी मिलेगा, इस खुशी का संकेत भी है। कहानी में यह प्रसंग इन पंक्तियों में वर्णित है–''सरोज पिता की गोद से उठ आयी है। वह देखती है कि चूल्हे में सुनहली ज्वाला निकल रही है। वह देखती है और देखती रह जाती है। उसे उस ज्वाला का रंग अच्छा लगता हैं वह चूल्हे के पास जाकर बैठ गयी है। उसकी रीढ़ की हड्डी दुख रही है, पर चूल्हे में जलती हुई ज्वाला उसे अच्छी लग रही है।'' यह है भूख के यथार्थ की मार्मिक अभिव्यक्ति।

इस कहानी में उल्लेख है कि पुरुष यानी कि गृहस्थ की कर्त्तव्यहीनता तथा अकर्मण्यता ने ही यह अभावमयी स्थिति ला दी है। पति–पत्नी दोनों मानों काठ हो गये हैं एक–दूसरे के प्रति, जीवन मात्र के प्रति भी इस परिप्रेक्ष्य में अत्यन्त सटीक भिव्यंजना की गयी है–''लेकिन उन दोनों में न स्वीकार है न अस्वीकार! सिर्फ़ एक सन्देह है, यह सन्देह साधार है कि इस निष्क्रियता में एक अलगाव है– एक

भीतरी अलगाव है। अलगाव में विरोध है, विरोध में आलोचना है, आलोचना में करुणा है। आलोचना पूर्णतः स्वीकारणीय है, क्योंकि उसका संकेत कर्त्तव्य कर्म की ओर है, जिसे इस पुरुष ने कभी पूरा नहीं किया।'' वस्तुतः जीवन–संघर्ष और अभावजन्य कष्टों ने पति–पत्नी के मन में जड़ता ला दी है, मुक्तिबोध ने इस विडम्बनापूर्ण स्थिति को उजागर किया है। दाम्पत्य में जो जड़ता आयी हैं, उसे दूर करने की दवा बालिका सरोज है। उसी की चिन्ता करते हुए पिता को अपनी निष्क्रियता का बोध होता है। कहानी के अन्त में काठ का सपना प्रतीक अपनी अर्थवत्तता पूर्णतया स्पष्ट करता है। पति–पत्नी का सम्बन्ध काष्ठवत हैं, किन्तु बालिका सरोज के लिए सोचते ही उनमें बदलाव का विचार जागृत होता है, क्योंकि सरोज के प्रति उनका जो दायित्व है, वह उन्हें याद आ जाता हैं वस्तुतः माता–पिता बनने के बाद दाम्पत्य का आधार सन्तान का सुख बन जाता है।

मुक्तिबोध की 'सतह से उठता आदमी, शीर्षक कहानी भी विशेष उल्लेखनीय है। कहानी का मूल आधार अभावमयी स्थिति से सम्पन्न स्थिति में पहुँचनेवाले व्यक्ति और जिस व्यक्ति रूपी वैशाखी से अपनी अभावमयी सतह से सुविधासम्पन्न स्थिति में कहानी का मुख्य पात्र कृष्णस्वरूप पहुँचा उसकी जीवन कथा है, पात्र 'कन्हैया' 'आर्थिक अभावों से जूझते' कृष्णस्वरूष्प के जीवन–स्तर में परिवर्तन, साथ ही उसमें आये मूल्यगत परिवर्तन की चर्चा करते हुए उसके मित्र और सम्पन्न आर्थिक स्थितिवाले 'रामनारायण' के जीवन के बारे में बात करता है, जो उसे कृष्णस्वरूप ने बताई है।

कृष्णस्वरूप यों तो अत्यन्त आदर्शवादी है, किन्तु गरीबी–अभावजन्य कष्ट सहते हुए जब उसे सम्पन्न बनने का अवसर मिला, उसने पूँजीवादी वर्ग के धनाढ्य व्यक्ति रामनारायण की माँ की कृपा प्राप्त कर उनके व्यवसाय को चलाने में सहयोग दिया और स्वयं भी सम्पन्न बना। रामनारायण पढ़ा–लिखा है, किन्तु विद्रोही विचारों का है। अपने धन दौलत, पूँजी व्यवसाय की उसे बिलकुल परवाह नहीं। कहानी का सशक्त पक्ष पात्रों का चिन्तन है, द्वन्द्व, है, जिनके द्वारा सतह अर्थात् अभावमयी स्थिति से कृष्णस्वरूप का ऊपर उठना और रामनारायण जैसी सम्पन्न स्थिति में पहुँचना स्पष्ट होता है। जैसे जब कन्हैया कृष्णस्वरूप के सम्पन्न जीवन को देखता है, तो उसके मन में विचार आते हैं–''यह वही कृष्णस्वरूप है, जो कहता था कि त्याग और आत्मदान ही जीने का

एकमात्र उपाय है। क्यों? इसलिए कि पैर उतने ही पसारो, जितनी चाहत है– यह सिद्धान्त था उसका। सिद्धान्त अपनी जगह सही था, लेकिन इसके औचित्य के लिये वह फिलॉसफी लाता था, वह कहा करता था, "चाहिए, चाहिए, चाहिए" ने सभ्यता को विकृत कर डाला है, मनुष्य–सम्बन्ध विकृत कर दिये हैं। तृष्णा बुरी चीज है। हमारा जीवन कुरुक्षेत्र है। वह धर्मक्षेत्र है। हर एक को योद्धा होना चाहिएं। आसक्ति बुरी चीज है।"

वस्तुतः सुख–सुविधा और भौतिक आकर्षणों की चाहत ने आज ऐसे दोहरे व्यक्तिवों को पनपने का परिवेश प्रदान किया है, जिनकी कथनी और करनी में जमीन–आसमान का अन्तर है और इसी कारण से आज व्यक्ति अत्यधिक अन्तर्द्वन्द्वग्रस्त हैं। इस कहानी में मुक्तिबोध की चेष्टा ऐसे ही पात्रों को सजीव करने की रही है। इसी कहानी में एक ओर सिद्धान्तों–आदर्शों के लिए निरन्तर प्रयत्नशील रामनारायण का व्यक्तिव है, जो सम्पन्न है, किन्तु अपने आदर्शों के कारण, उनमें आस्था के कारण वह उस सुख–समृद्धि की अनदेखी करता है और विद्रोही एवं नकारात्मक विचारों का स्वामी बन जाता है। कन्हैया के अनुसार'– "कृष्णस्वरूप को इतना तो मालूम हो गया था कि अन्य दर्शनों की आलोचना करते–करते नए दर्शन की रचना होती है, नयी जीवन–नीति की रचना होती हैं, लेकिन व्यवहार तथा बुद्धि दोनों के क्षेत्र में यहाँ, केवल निषेध था। यानी उन्हें, क्या नहीं चाहिए– यह खूब मालूम था, लेकिन क्या चाहिए–इसकी कोई खास रूपरेखा उनके पास न थी, क्योंकि उनमें से कोई वस्तुतः गम्भीर नहीं था।" ये विचार रामनारायण जैसे व्यक्तियों के यथार्थ को पूर्णरूपेण प्रत्यक्ष करते हैं।

दूसरी ओर कृष्णस्वरूप के अन्तर्द्वन्द्व द्वारा आज के समाज के विद्रोही किन्तु नकारात्मक सोचवाले तथा पहले आदर्शवादी किन्तु बाद में सुखा–सुविधा के लिए उन्हीं आदर्शो से विमुख होनेवाले व्यक्तिवों की वास्तविकता मुक्तिबोध सामने रखते हैं। कृष्णस्वरूप ने सतह से उठने के लिए अपेन आदर्शो से समझौता कर लिचा है, किन्तु उसका मन, उसकी आत्मा अन्दर ही अन्दर कचोटती रहती है उसे। उसके मन में प्रश्न उठते हैं, उसने सही किया या गलत? रामनारायण सही है या गलत? यहाँ भी मानो मुक्तिबोध अपने मन के द्वन्द्वों–प्रश्नों को ही समाने रख रहे हैं–"अब मुझे बताओ पूँजीवाद के विरुद्ध, धन–सत्ता के विरुद्ध, अपनी माता के विरुद्ध रामनारायण की यह प्रतिक्रिया सचमुच सिद्धान्त

और आदर्श के अनुसार है? और कन्हैया, अब तुम यह भी बताओ कि मैं जो पहले अनासक्ति, निष्काम कर्म और आत्मवश रहने की बात करता था, तो क्या मेरी इस भौतिक, आर्थिक उन्नति में मेरा व्यक्तिशः अधःपतन नहीं हुआ है?

जब–जब मैं रामनारायण को देखता हूँ, तब–तब मैं अपने आपको ओछा और नीचा पाता हूँ। लेकिन जब उसके बारे में सोचता हूँ तो लगता है कि वह मुझसे भी गया–बीता और निकम्मा है।''

केवल प्रश्न नहीं, प्रश्न उठने के कारणों की तह में जाना और सम्भावित परिणाम को संकेतित करना भी मुक्तिबोध के कथा–विवेक का सशक्त पक्ष है। कहानी में कन्हैया का उत्तर यही दर्शाता है।–''मेरे खयाल से तुम दोनों एक ही सिक्के के दो पहलू हो, खैर, जो भी हो, आज रामानारायण ने तुम्हे चिढ़ाने के लिए सूट पहना है, कल वह तुम्हें नीचा दिख़ाने के लिए अपनी जायदाद ख़ुद सँभालेगा, और तब चक्र पूरा घूम जायेगा। अगले दस साल बाद मुझे रिपोर्ट देना समझे।''

कहानी की अन्तिम पंक्ति, जिसमें कन्हैया की प्रतिक्रिया वर्णित है, मुक्तिबोध के सहज–सुन्दर मानवीय बोध का ज्वलन्त उदाहरण है, क्योंकि कृष्णस्वरूप और रामनारायण के द्वन्द्व–अन्तर्द्वन्द्व, उनकी चेष्टाएँ, उनका चिन्तन एक सामान्य मनुष्य के मन में भी घृणा–वितृष्णा ही उपजायेगा। दोहरे, झूठे व्यक्तिव कभी सराहनीय नहीं हो सकते। इनसे तो सामान्य एवं अनपढ़ भले, जो अन्दर–बाहर एक से होते हैं। कहानी ऐसे ही भाववाली पंक्ति के साथ समाप्त होती है–''कृष्णस्वरूप को विदा करने जब कन्हैया नीचे पहुँचा, तब न मालूम क्यों उसने गटर में थूक दिया। क्यों? पता नहीं।''

फैन्टेसी, फन्तासी, काल्पनिक कथा, मनःसृष्टि, स्वप्नजाल लगभग एक ही अर्थ के बोधक हैं। काव्य–सृजन में मुख्यतः इसका प्रयोग होता आया है। पाश्चात्य काव्य की तो यह महत्त्वपूर्ण विशेषता रही है। हिन्दी में मुक्तिबोध ने इसे अभिनव आयाम दिया, अनूठी अर्थवत्ता दी। कारण यह है कि उनका ''फैन्टेसी–प्रयोग मात्र मनःसृष्टि नहीं है, उसमें केवल काल्पनिक संसार नहीं होता। वस्तुतः उनकी'' फैन्टेसी जीवन–यथार्थ का ही एक खण्डचित्र है। उनमें मनोवैज्ञानिक सत्य को ग्रहण करने का विशेष आग्रह पाया जाता है। यह सत्य सरलता से भाषा में बँध नहीं

पाता है, अतएव इसकी अभिव्यक्ति को सुकर बनाने के लिए फैन्टेसी का उपयोग किया जाता है।''

मुक्तिबोध ने जो जीवन जगत के जटिल यथार्थ को मूर्त करने का बीड़ा उठाया था, मनुष्यत्व की रक्षा को अपना प्रमुख कर्त्तव्य माना था, इसी कारण उनके द्वारा सृजित फैन्टेसी, यथार्थ की जमीन से जुड़ी रहीं। उन्हें विद्रूप सत्य दिख़ाना था और उसको मिटाने की चेष्टा भी करनी थी, इसी से उनकी फैन्टेसी में तिक्तता और कड़वापन आया, किन्तु वह अपेक्षित प्रभाव छोड़ने में भी समर्थ रहीं।

वस्तुतः कहानियों में भी फैन्टेसियों का सशक्त प्रयोग मुक्तिबोध की हिन्दी साहित्य को बहुमूल्य देन है। वैसे तो उनकी पक्षी और दीमक, काठ का सपना, ब्रह्मराक्षस का शिष्य, अँधेरे में, क्लॉड ईथरली आदि अनेक कहानियाँ इस विशेषता के लिए चर्चित रही हैं, किन्तु क्लॉड ईथरली उनमें सर्वोपरि मानी जाती है। इसमें मुक्तिबोध वैश्विक परिप्रेक्ष्य में चिन्तन करते दिखाई देते हैं तथा आधार बनाते हैं, हिरोशिमा पर बम डालनेवाले अमरीकी विमान चालक क्लॉड ईथरली की आत्म प्रताड़ना को।

'क्लॉड ईथरली' का आकलन विशुद्ध फैन्टेसी प्रयोग के परिप्रेक्ष्य में करें तो स्पष्ट होता है कि किस तरह एक 'सी.आई.डी.' पात्र तथा एक 'लेखक' पात्र को गढ़कर उनके संवादों द्वारा आज के जीवन यथार्थ को प्रस्तुत किया है। बहुत पहले पूँजीवादी अमेरिका ने अपनी ताकत बढ़ाने, अपनी ताकत का सिक्का जमाने के लिए युद्धोन्माद का सहारा लिया था और असंख्य निर्दोषों को काल का ग्रास बनना पड़ा था। आज भी स्थितियाँ वैसी ही हैं। पूँजीपतियों के षड़यंत्र से भारत पाश्चात्यीकरण के पाश में जकड़ता जा रहा हैं सांस्कृतिक जीवन अर्थात आचार–विचार, पहनावा, यहाँ तक कि कला और साहित्य भी उसी रंग में रँगते जा रहे हैं। क्लॉड ईथरली का पश्चाताप, उसके द्वारा किये गये मानवीय हित के कार्य 'लेखक' पात्र तथा 'सी.आई.डी.' पात्र के सम्वाद से प्रत्यक्ष होते हैं तथा इस काल्पनिक जाल से हमारे आज के सत्य भी प्रत्यक्ष होते हैं, यथा लेखक से सी.आई.डी. कहता है–''भारत के हर बड़े नगर में एक–एक अमरीका है। तुमने लाल होंठ वाली चमक़दार, गोरी–सुनहली औरतें नहीं देखी' उनके कीमती कपड़े नहीं देखे? शानदार मोटरों में घूमनेवाले अतिशिक्षित लोग नहीं देखे? नफीस किस्म की वेश्यावृत्ति नहीं देखी? सेमिनार नहीं देखें?''

"देखा नहीं! ब्रिटिश–अमरीकी या फ्रांसीसी कविता में जो मूड्स जो मनःस्थितियाँ रहती हैं–बस वे ही हमारे यहाँ भी हैं, लाई जाती हैं। सुरुचि और आधुनिक भावबोध का तकाजा है कि इनहें लाया जाये। क्यों? इसलिए कि वहाँ औद्योगिक सभ्यता है, हमारे यहाँ भी। मानो कि कल–कारख़ाने खोले जाने से आदर्श और कर्त्तव्य बदल जाते हों।"

सी.आई.डी. पात्र लेखक पात्र (भारतीय) को यह भी बताता है कि क्लॉड ईथरली हिरोशिमा में बम गिराने की घटना के बाद से पूरी तरह बदल गया। पश्चाताप की आग में जलते हुए उसने अपने आपको दण्डित करने का प्रयास भी किया। लोगों के हित में अपना धन और जीवन अर्पित कर दिया। कुछ पक्तियाँ दृष्टव्य हैं–"कौन नहीं जानता कि क्लॉड ईथरली अणु युद्ध का विरोध करनेवाली आत्मा की आवाज का दूसरा नाम है। हाँ! ईथरली मानसिक रोगी नहीं है। आध्यात्मिक अशान्ति का आध्यात्मिक उद्विग्नता का ज्वलन्त प्रतीक है।"

आज भी चिन्तनशील, रचनात्मक सोचवाले और मानवता की हित–चिन्ता करनेवाले अधिकांश मनुष्य गलत कार्यो को नापसन्द तो करते हैं, पर प्रतिकार नहीं कर पाते, इसीलिए अन्दर ही अन्दर घुटते रहते हैं। अनेक बार अपने को दोषी तक मानते हैं। उनके इस द्वन्द्व का उद्घाटन करना तथा उनमें इससे उबरने की चेतना जागृत करना मुक्तिबोध का प्रयोजन रहा है। सी.आई.डी. की ये पंक्तियाँ मुक्तिबोध के इस उदात्त प्रयोजन का ही तो दिग्दर्शन कराती हैं–"हमारे अपने–अपने मन–हृदय–मस्तिष्क में ऐसा ही पागल खाना है, जहाँ हम उन उच्च, पवित्र और विद्रोही विचारों और भावों को फेंक देते हैं जिससे कि धीरे–धीरे या तो वे ख़ुद बदलकर समझौतावादी पोशाक पहन सभ्य, भद्र हो जाये, यानी दुरुस्त हो जाये या उसी पागलखाने में पड़े रहें।"

तात्पर्य यह है कि क्लॉड ईथरली के प्रसंग को आधार बनाकर उन्हें प्रतीक रूप में स्वीकारते हुए मुक्तिबोध ने सी.आई.डी. और लेखक पात्रों से जो सम्वाद कराया है, उसके माध्यम से ही आत्मा की आवाज की विजय, सच्चे लोगों के लिए सही राह का संकेत प्रत्यक्ष किया है। कहानी के अन्त में कही गयी लेखक पात्र की ये पंक्तियाँ यही इंगित करती हैं–"उसने मेरे दिल में खंजर मार दिया। हाँ, यह सच था! बिलकुल सच! अवचेतन के अँधेरे तहख़ाने में पड़ी हुई आत्मा विद्रोह करती है। समस्त आत्मा पापाचारों के लिए अपने–आपको जिम्मेदार समझती है। हाय रे! यह मेरा भी तो रोग रहा है।"

मुक्तिबोध के कवित्त्व ने भी उनकी कहानियों को विशिष्ट बनाया है, गहरी अर्थवत्ता दी है। नीरस–जटिल यथार्थबोध को प्रस्तुत करते हुए उनका कवित्व जब कहानियों में सुन्दरता–सरसता और भावमयता का समायोजन करता है, तो जो कथा–संरचना सामने आती है वह अपनी बात पाठक–श्रोता तक पहुँचाने में सफल होती है, उसके मन–चेतना को झकझोंरती भी हैं। मुक्तिबोध की कहानियों में ऐसे अंश बहुलता में हैं। यथा–पक्षी और दीमक' कहानी में परिवेश–चित्रण करते हुए तालाब की लहरों और सूर्य की किरणों के उल्लेख द्वारा उनके कवित्व ने कैसी मनोहारी सृष्टि की है? उद्धृत पंक्तियों में दृष्टव्य है–''इसी खिड़की से लगभग छः ग़ज दूर, बेंत की झाड़ियों के उस पार एक तालाब है...... बड़ा भारी तालाब, आसमान का लम्बा–चौड़ा आईना, जो थरथराते हुए मुस्कुराता है और उसकी थरथराहट पर किरने नाचती रहती हैं।''

उनकी काव्यात्मक अभिव्यंजना की एक झाँकी 'नयी जिन्दगी' कहानी के उद्घृत अंश में दृष्टव्य है, जहाँ उन्होंने आम जिन्दगी की प्रतिदिन की गतिविधियों को सरस, सुन्दर और चित्रात्मक आयाम दिया है–''नीम के पेड़ के नीचे टोकरी में गोबर भरती हुई लड़कियाँ, छोटे से टीले पर खड़ी हुई ध्यानमग्न बकरी, खोमचा बेचकर घर लौटा हुआ अधेड़ रामकिसन, माडेल मिल से हाथ में टिफिन का डिब्बा लेकर चलने वाले मजदूरों का जत्था, विशाल बरगद का पेड़ और उसके नीचे रंभाती हुई गाये।''

वस्तुतः भले ही अपनी रूप–संरचना में मुक्तिबोध की कहानियाँ कम आकर्षक लगें, किन्तु अपनी गहन अर्थवत्ता, उदात्त प्रयोजन तथा सूक्ष्म मानवीय संवेदनाओं के कारण हिन्दी गद्य में–विशेषतः कथा साहित्य में आज नहीं तो कल, उन्हें विशिष्ट स्थान अवश्य मिलेगा।

सन्दर्भ ग्रन्थ :

1. सम्पादक रोहिणी अग्रवाल, मुक्तिबोध–प्रतिनिधि कहानियाँ, राजकमल पेपर बैक्स–नयी दिल्ली, पहला संस्करण : 2013
2. सम्पादक राजेन्द्र मिश्र; केवल एक लालटेन के सहारे, नेशनल पब्लिशिंग हाउस–नयी दिल्ली, प्रथम संस्करण : 2009

3. सम्पादक राजेश जोशी, मुक्तिबोध संचयन; भारतीय ज्ञानपीठ–नयी दिल्ली; प्रथम संस्करण : 2015
4. सम्पादक अज्ञेय तार सप्तक; भारतीय ज्ञानपीठ–नयी दिल्ली, नौवाँ संस्करण : 2009
5. सम्पादक प्रो. राजेन्द्र मिश्र, तिमिर में झरता समय (मुक्तिबोध विमर्श संचयन)' वाणी प्रकाशन–नयी दिल्ली; प्रथम संस्करण : 2014

◆◆◆

आधुनिक पुनर्जागरण और मुक्तिबोध

शंभुनाथ

1

मुक्तिबोध ने 'एक साहित्यिक की डायरी' में लिखा है, 'कभी–कभी ऐसा भी होता है, मन अपने को भूनकर खाता है।' आधुनिक स्थितियों पर इससे अच्छी टिप्पणी नहीं हो सकती। ट्यूटर जगत के संदेशों पर आधारित हाल के एक सर्वेक्षण से पता चला है कि इस समय लोग दुख, घृणा, गुस्से, अकेलेपन और बेचैनी से ज्यादा भरे हुए हैं। उनके जीवन में आनंददायक घटनाएँ कम होती जा रही हैं। मुक्तिबोध (1917–64) ने अमानवीय रास्तों से हुए आधुनिकीकरण के ऐसे नतीजों को काफी पहले देखा था। उन्होंने पतनशील पूँजीवादी सभ्यता के हमलों का आगे बढ़–बढ़कर व्यक्ति स्तर पर सामना किया था। वह एक न जीती जा सकनेवाली लड़ाई के क्षत–विक्षत सैनिक थे, सबसे जरूरी घड़ी में सबसे अधिक अकेले, फिर भी सबसे अधिक जीवनशक्ति से भरे।

एक जमाने में लेखक आपस में खूब तर्क करते थे, खुलकर बहस करते थे। वे बहुपठित थे और कई कोणों से वैचारिक गुत्थमगुत्थी करते थे। मुक्तिबोध आरंभिक जीवन में ऐसी बहसों में खूब शामिल होते थे। शमशेर ने 'चाँद का मुँह टेढ़ा है' की भूमिका में आपसी बहसों का एक चित्र खींचा है, जो 10वीं सदी के तर्क–वितर्क की निरंतरता दिखाता है। वह लिख्ते हैं, ''उस समय उज्जैन के वातावरण में सबसे अधिक महत्त्व की बात थी इन युवा साहित्यकारों के बीच दार्शनिक और राजनीतिक विचारों का मंथन। शॉ, इब्सन, वर्गसां, रसेल, मार्क्स, रवींद्रनाथ, गाँधी बड़ी उत्कंठा से पढ़े जा रहे थे।.... बहस के दौरान मुक्त्बोिध सब कुछ भूल जाते थे।'' मुक्तिबोध की तर्क और बहस की प्रवृत्ति उनकी 'एक साहित्यिक की डायरी' में ही नहीं, एक अलग रूप में उनकी प्रायः सभी लंबी कविताओं में है। वह अपने समकालीन कवियों में सबसे अधिक तर्कशील थे। यह नवजागरणकालीन आधुनिकता का एक प्रमुख लक्षण है। समाज में जब तर्क की प्रवृत्ति ह्रासोन्मुख होती जा रही हो और बौद्धिक आत्मविसर्जन बढ़ रहा हो, मुक्तिबोघ की तर्क–वितर्क और आत्मचिंतन की निरंतर बनी रहनेवाली प्रवृत्ति उन्हें विशिष्ट बनाती है।

आधुनिकता भारतीय जिंदगी में काफी उथलपुथल मचाती आयी। वह जल्दी सभ्यता–संकट में फंस गयी। आधुनिकीकरण के इकहरेपन ने आधुनिकता का अर्थ संकुचित कर दिया। इसका अर्थ हो गया निजी सुख, आराम और फैशन की दुनिया। आधुनिकता के महाख्यानों में पुराने–नए खलनायक घुसकर सब–कुछ तहस–नहस करने लगे। मुक्तिबोध ऐसे कवि हैं, जिन्होंने आधुनिकता की ऐतिहासिक शक्ति को पहचाना था और उसके क्षय को भी देखा था। वह आधुनिक पुनर्जागरण चाहते थे। इसलिए उनका कहना था, "यदि यह आधुनिक भावबोध ऊँचा उठाया न जा सका और इसके द्वारा व्यक्तिगत और सार्वजनिक कार्यानुशासन न हो सका, तो क्या होगा–खंडनकर्ता खंडित हो जायेगा। मूर्ति–भंजक की स्व–मूर्ति का सिर काट लिया जायेगा।" (एक साहित्यिक की डायरी)। आधुनिकता खंडन करते आयी थी। इसने सामंती बिंब तोड़े थे और जीवन के नए आदर्श दिये थे। उसकी समाज में एक महान भूमिका शेष थी। लेकिन परंपरा और नवता दोनों के प्रति अवसरवादी दृष्टिाकेण के सिर उठा लेने की वजह से आधुनिकता के महाख्यान ख़ुद खंडित होने लगे। मुक्तिबोध का कवि–मन इस पर जश्न नहीं मनाता, यह बावड़ियों से लेकर टीले तक उन महाख्यानों के ध्वंसावशेष के बीच अपने को तलाशता है।

मुक्तिबोध बीसवीं सदी के ऐसे कवि हैं, जिन्होंने आधुनिकता की शक्ति को पहचाना, साथ ही घिसेपिटे ढंग का आधुनिकतावादी होने से इन्कार किया। वह देखते थे कि दुनिया में तर्क, स्वतंत्रता और आधुनिक विकास की एक ही दिशा नहीं हो सकती, क्योंकि हर राष्ट्र और समाज की अपनी खासियत है। बीसवीं सदी की घटना यह है कि आधुनिकता का इकहरा वैश्विक मॉडल ही लगातार प्रक्षेपित किया गया। दरअसल उपनिवेशवाद राजनीतिक तौर पर जहाँ से भी हटा था, वहाँ के समाज में दरारें पैदा करके हटा था। इसने व्यक्तित्व में विभाजन ही नहीं ला दिया, औपनिवेशिक आधुनिकता का एक ऐसा इकहरा वैश्विक जाल भी बिछा दिया, जिसे उत्तर–औपनिवेशिक काल का आदमी आज भी ढो रहा है। इसका स्पष्ट आभास न हो, पर आजाद देश में भी आदमी बौद्धिक उपनिवेशवाद से आक्रांत है। इन स्थितियों में उसके पास सिर्फ़ दो रास्ते बचते हैं–आत्मविसर्जन या असहमति। मुक्तिबोध ने उत्तर–औपनिवेशिक विडंबना का सबसे तीखा अनुभव किया। इसलिए उनका अपना चयन 'असहमति' है, जो उनकी कविताओं में एक खास तेवर के साथ है।

आधुनिकता के बहुप्रचारित वैश्विक मॉडल को लेकर चिंता व्यक्त करते हुए मुक्तिबोध कहना चाहते हैं कि भारत की अपनी आधुनिकता है। वह लिखते हैं, "खेद की बात है कि आधुनिकता के आधारभूत देश यूरोप–अमरीका माने गये हैं। ....जबकि उसे यूरोप– अमरीका से उधार ली हुई भावना कहना असंगत प्रतीत होता है।" (नयी कविता का आत्मसंघर्ष) सन् साठ के दशक में वह आधुनिकता की पश्चिमी आँधी में न बहने के कारण ही कह सके, "व्यक्ति एक सांस्कृतिक शून्य में रह रहा है–एक कल्चरल वैंक्यूअम में। फलतः कोई टी.एस. इलियट के पास जाता है तो कोई आर्नल्ड टॉयनबी के समीप तो कोई और किसी तरफ।" (वही)। इसका अर्थ पश्चिम से संबंधविच्छेद करना नहीं है, बल्कि आधुनिकता को उधार के माल की जगह अपनी जातीय खोज बनाना है। लंबे समय से ऐसी आदत पड़ गयी थी कि पश्चिमी देशों से घड़ी, कैमरा और कार ही नहीं लाए जाते थे, आधुनिक सिद्धांत भी लिए जाते थे। ये सिद्धांत भी भारत में तब चर्चा में आते थे, जब पश्चिम में पिट गये होते थे।

भारत आज भी सिद्धांतों का एक आयातक देश बना हुआ है। एक भी 'थियरी' भारत से पश्चिम में नहीं गयी, जबकि अफ्रीका और लैटिन अमेरिका के कई छोटे देशों के साहित्य ने भी पश्चिम को आंदोलित किया। हिंदी में छाए बौद्धिक उपनिवेशवाद की वजह से ही परंपरा और नवीनता से विवेकपूर्ण रिश्ते की जगह संकीर्ण रिश्ता बना। इस संकीर्णता की जयजयकार में परंपरा और नवता दोनों के मूल्यवान आदर्श ध्वस्त किये गये। नयी कविता के जमाने में खासकर इस पर काफी बहस हुई कि 'नया' क्या है। जीवन में 'नया' क्या है और साहित्य में 'नया' क्या है, क्या दोनों में कोई आवयविक सम्बन्ध है? मुक्तिबोध 'नए' के प्रति बहुत सावधान थे। वह सबसे पहले तो आंख मूंदकर पश्चिम से आयी हर चीज को नयी मानने के लिए तैयार नहीं थे, खासकर निराशावाद और व्यक्तिवाद को। वह कहते हैं, "निराशावाद और जनता और समाज से अलग रहकर जीने की यह प्रवृत्ति अर्थात व्यक्तिवाद....हिंदी साहित्य में–नयी कविता के क्षेत्र में खूब प्रचलित है।... मैं इस प्रवृत्ति का विरोध करता हूँ। बहुतेरे लोग इसका विरोध करते हैं, किंतु यह प्रवृत्ति प्रबल है।" (वही)। यह आधुनिकता से आधुनिकता की टकराहट है और एक भिन्न आधुनिकता का आह्वान है।

आधुनिक समाज में घृणा की प्रवृत्तियाँ बरकरार है। यह घृणा परंपरा के प्रति हो, समुदाय का समुदाय के प्रति या व्यक्ति का व्यक्ति के प्रति। मुक्तिबोध ने इस पर एक अच्छी बात कही है, जो आज भी लागू होती है, ''प्रेम के प्रति सच्चे होने में इतनी तपश्चर्या नहीं लगती, जितनी घृणा के प्रति होने में। कम–से–कम इतना तो सही है ही कि घुणा के लिए भी बड़ा त्याग करना पड़ता है।'' (एक साहित्यिक की डायरी)। घृणा में बेईमानी, व्यक्तिवाद या समुदायवाद घुस जाता है। यह संपूर्ण व्यवस्था के प्रति घृणा नहीं होती।

भारत में पश्चिमी सभ्यता के उदारवादी मूल्यों की जगह भोगवादी मूल्यों का प्रचार ज्यादा था। पश्चिम आकर्षक था। मुक्तिबोध ने भारत के एलीट बुद्धिजीवियों, खासकर नयी कविता आंदोलन में लघु मानव पर चर्चा करनेवालों को संबोधित करके लिखा, ''सबको महानगरों में बिना कहे मालूम है कि वे सभ्य अमरीका के लघु मानव बनते जा रहे हैं। वे अमरीका की नकली संस्कृति या सभ्य कालोनियाँ अपने ड्राइंग रूमों या अपने महानगरों या उद्योग–केंद्रों में बसा रहे हैं।'' (नयी कविता का आत्मसंघर्ष) वह समझ रहे थे कि पश्चिम द्वारा सभ्य होने का बढ़–चढ़कर किया जानेवाला दावा खोखला और अभिमान–भरा है। लोग पश्चिम की जिस संस्कृति के पीछे दौड़ रहे हैं, वह कृत्रिम है। इसी तरह 'लघु मानव' एक अभिजात निराशा से भरी धारणा है।

यूरोप की आधुनिक सभ्यता की शुरुआत अमरीका के मूल निवासियों के व्यापक नरसंहार, सांस्कृतिक सफाए, जबर्दस्ती धर्मांतरण, बलात्कार, बहुमूल्य धातुओं की लूट और अफ्रीकी गुलामों के शोषण के साथ हुई थी। उसका विस्तार एशिया की लूट और दीर्घ उपनिवेशन के बल पर हुआ। पश्चिमी सभ्यता ने 1492 में कोलंबस द्वारा अमरीका की खोज से लेकर 1947 में भारत के स्वाधीन होने तक अपनी औपनिवेशिक छाया में आधुनिकता के जो मॉडल तैयार किये थे, वे दागों में भरे थे।

मुक्तिबोध की कविता पर विचार करते समय शीतयुद्ध के संदर्भ को ध्यान में रखा जाना चाहिए। दूसरे विश्वयुद्ध में रूस को भारी नुक़सान उठाना पड़ा था, शहर के शहर वीरान हो गये थे। अमेरिका का नुकसान साधारण था। वह इसी दौर में इंग्लैंड की तुलना में अधिक शक्तिशाली होकर उभरा। अब वह नव–उपनिवेशवादी मिजाज में डूबी पश्चिमी सभ्यता का अभिभावक था। उसने स्वतंत्रता और जनतंत्र की रक्षा के

नाम पर कई देशों में न सिर्फ़ अपने सैन्य–अड्डे बनाए, बल्कि दुनिया के अन्य समाजों में पश्चिमी संस्कृति की आँधी ला दी। चारों तरफ लालच बढ़ गया। सोवियत रूस अपने यहाँ बढ़ते जा रहे जनतंत्रविहीन केंद्रवाद, नौकरशाही ओर भ्रष्टाचार के बावजूद शतीयुद्ध में कुछ समय तक टिका जरूर था, पर उसे इसकी भारी कीमत अपने देश में बढ़ते असंतोष और जातीय विघटन से चुकानी पड़ी। उसकी आंतरिक विसंगतियों का असर दुनिया के साम्यवादी आंदोलन और इससे जुड़ी सांस्कृतिक गतिविधियों पर पड़ा। अमेरिका रूस की विडंबना से फायदा उठाते हुए विश्व अर्थव्यवस्था का नाभिकेंद्र बन गया। आज भले उसका आर्थिक संकट बढ़ा हो, उसकी सड़कों पर प्रतिवाद करनेवाले उतर आये हों ओर अमेरिका की साम्राज्यवादी महत्त्वाकांक्षाएँ खतरे में हों। साठ के दशक की स्थिति यह थी कि अमेरिका की घुसपैठ भारतीय घरों की रोटियों (पीएल 480) तक में हो गयी थी, जबकि रूस कुछ लेखकों को अपने देश में बौद्धिक पर्यटन कराने और सांस्कृतिक आयात–निर्यात से आगे न बढ़ सका था।

पश्चिम के बुद्धिवाद और व्यक्ति स्वाधीनता के मॉडल भारत के आधुनिक सोच में कुछ जोड़–घटा सकते थे, वे आधारभूत जमीन नहीं बन सकते थे। खुद पश्चिम में आधुनिकता की दशा अच्छी नहीं थी। उसकी आधुनिकता उसकी अपनी सभ्यता से, जिसे लेकर उसे बड़ा गर्व था, छीज चुकी थी। वहाँ के बौद्धिक लोग आत्मनिर्वासित महसूस करने लगे थे। पश्चिम के लोग आत्मसत्ता खोकर 'मशीन' या 'वस्तु' में बदलते जा रहे थे। वहाँ आधुनिक सभ्यता में छिपी मध्ययुग की नस्लीय–धार्मिक–जातीय बर्बरताएँ भी उभर आयीं थीं। दरअसल वहाँ की आधुनिकता एशिया–अफ्रीका का खून पीकर और खासकर एशिया में संकुचित राष्ट्रीय पहचाने निर्मित करके मोटी हुई थी। इसलिए भी पश्चिम द्वारा प्रक्षेपित आघुनिकता के वैश्विक मिथ का टूटना और केंद्रापसारी होकर आधुनिकता के राष्ट्रीय महाख्यानों का बनना जरूरी था।

मुक्तिबोध साफ कह देते हैं, 'आधुनिकतावादियों को मैंने देख लिया है। उनमें दम नहीं है, वे पोचे हैं।' (एक साहित्यिक की डायरी)। वह अपने लिए पश्चिमी आधुनिकतावाद में कोई प्रेरणा नहीं देखते। इसका यह अर्थ नहीं हैं कि वह जीवन की नयी विडंबनाओं का सामना करने

के लिए तैयार नहीं है, बल्कि आधुनिक युग के नए कवियों में मुक्तिबोध ने ही अपने मन पर आधुनिकीकरण के सबसे ज्यादा आघात झेले थे। लोकविमुख आधुनिकीकरण में जैसे–जैसे विस्तार आया, मनुष्यता का ह्रास होता गया। 'बुराइयो' से घृणा में सिकुड़न आयी। 'अच्छाइयों' से लगाव घटा। यह बीसवीं सदी की एक विडंबनापूर्ण स्थिति है कि आधुनिकीकरण में वृद्धि के बावजूद समाज में 'रैशनलिटी' नहीं पनपी, बल्कि निर्बुद्धिपरकता और ख़ुदगर्जी पनपी। ख़ुदगर्जी व्यक्तिगत, सामुदायिक और राष्ट्रीय तीनों स्तर पर थी।

मुक्तिबोध ने मनुष्य के अंतःकरण की व्यापक क्षति को देखकर 'तारसप्तक' (1943) की अपनी कविता 'नूतन अहं' (1942) में पूछा था–'कर सको घृणा/क्या इतना रखते हो अखंड तुम प्रेम?' मनुष्यजाति से प्रेम रखने के बाद जो घृणा होती, वह भेदभाव और विषमता से होती। पतनोन्मुख पश्चिम के आधुनिक सम्मोहन में मनुष्य का प्रेम ही संकुचित नहीं होने लगा था, गलत काम करने पर मध्यवर्ग के लोगों को पहले जो ग्लानि होती थी, वह भी अब मिटती जा रही थी। ब्रिटिश साम्राज्यवाद से संघर्ष की लंबी प्रक्रिया में अर्जित राष्ट्रीय आत्मविश्वास घट रहा था। मनुष्य पहले कोई अन्याय–अत्याचार होने पर गुस्से में मुखर हो जाता था, अब विरोध में भाटा आ गया था।

है खत्म हो चुका स्नेह–कोष सब तेरा
जो रखता था मन में कुछ गीलापन
और रिक्त हो चुका सर्व–रोष
जो चिर–विरोध में रखता था आत्मा में गरमी, सहज भव्यता
मधुर आत्मविश्वास
है सूख चुकी वह ग्लानि
जो आत्मा को बेचैन किये रखती थी अहोरात्र

मुक्तिबोध ने जब कविता लेखन शुरू किया, कुछ महान आधुनिक चीजें मनुष्य के जीवन से बिना आहट के चली जा रही थीं। यह आदर्शवाद के अवसान का युग था, जिसे मुक्तिबोध बड़ी वेदना से देख रहे थे। हर तरफ लघु स्वार्थों का बोलबाला था, कट्टर सामुदायिक आवाजें थीं और मनुष्य का आत्मविहीन होते जाना था। भारतीय आज़ादी की देहरी पर पश्चिमी आधुनिकता का बढ़ा असर ही था, जिसकी वज़ह से मुक्तिबोध को लग रहा था, 'अंतर्मन यह टार रोड के अंदर नीचे

बहनेवाली गटरों से भी है अस्वच्छ अधिक'। (वही)। भारतीय मन में बह रहे गंदे नाले को देखकर एक खास दौर में सबसे अधिक बेचैन मुक्तिबोध थे और क़दाचित सबसे अधिक अकेले भी। वह बड़ी तकलीफ से कहते हैं, "मुझको हैं भयानक ग्लानि/निज के श्वेत वस्त्रों पर/स्वयं की शील–शिक्षा सत्य दीक्षा के निरोधी अस्त्र–शस्त्रों पर।" आज के शिक्षित लोग ख़ुदगर्ज़ी, एलीट पहचान और कूपमंडूकता से बाहर नहीं आ पाते। मुक्तिबोध जीवन के 'श्रेष्ठ', 'मूल्यप्रवण' और 'तर्कसम्मत' को बनाने की कोशिश करते हैं अपने पूरे आवेग के साथ। वह ऐसा आधुनिक पुनर्जागरण की आशा में करते हैं।

'तारसप्तक' के दिनों में मुक्तिबोध के सामने स्पष्ट हो चुका था कि आधुनिकीकरण की विश्वव्यापी प्रक्रिया में उत्थानशील मध्यवर्ग की ललचाती एक पतनशील सभ्यता चली आ रही है। इस सभ्यता से उदासीन होकर उन्होंने लिखा, "अगर मैं उन्नति के उस जीने पर चढ़ने के लिए ठेलमठेल करने लगूँ, तो शायद मैं भी सफल हो सकता हूँ। लेकिन ऐसी सफलता किस काम की, जिसे प्राप्त करने के लिए आदमी को आत्मगौरव खोना पड़े, चतुरता के नाम पर बदमाशी करनी पड़े, शालीनता के नाम पर एक़दम सफेद झूठी खुशामद करनी पड़े। जिन व्यक्तियों को आप क्षण भर टालरेट नहीं कर सकते, उनके दरबार का सदस्य बनना पड़े।" आधुनिक सभ्यता ने ऐसा मोड़ लिया था कि आदमी बहुरूपिया होता जा रहा था। वह न ठीक से प्रेम कर पा रहा था और न घृणा। वह लघु स्वार्थों में उलझ गया था। वह संकट केवल राष्ट्रीय जीवन पर ही नहीं था, साहित्यिक संस्कृति पर भी था, 'रेशमी शब्द के जालों में मर गयी कला' (ओ कलाकार, 1937–39)। इसलिए कला और कविता की एक भिन्न संस्कृति की जरूरत बढ़ गयी थी, भले हिंदी पट्टी में ऐसी संस्कृति अब भी बन नहीं पायी हो।

मुक्तिबोध ने छायावाद के अवसान के समय लिखना शुरू किया था, पर वह छायावाद की शक्ति से भरे थे। उन्होंने छायावाद से 'वेदना' लेकर उसे 'सत्–चित्–वेदना' का रूप दिया और कल्पनाशीलता को एक अन्य दिशा में पर्याप्त विकसित किया। उनकी 1936 की कविता में ही इसके बीज थे, 'वेदना में झूम ले तू कल्पना का बन चितेरा।' उनकी 'वेदना' आगे चलकर बौद्धिक 'बेचैनी' का रूप धारण कर लेती है। शुरुआती समय में वह लिखते हैं, 'स्थिरता का वरदान न दो प्रिय, मेरे अस्थिर मानस सर को।' यह मानसिक अस्थिरता आगे चलकर एक द्वंद्व

के रूप में उनके व्यक्तिव का अंग बन जाती है। एक खास समय में आधुनिक जीवन खोखला किया जाने लगा। अब कहीं कुछ भी मधुर–मधुर नहीं था, चारों तरफ का वातावरण तिक्त करनेवाला था। फिर भी मुक्तिबोध का संकल्प जिंदा है, 'क्यों न विदोही बनें ये प्राण, जो सतत् अन्वेषी सदा' (1942)। इस तरह वेदना, बेचैनी और मानसिक द्वंद्वों के बीच मुक्तिबोध 'तारसप्तक' की अपनी कविताओं के समय से ही 'विद्रोह' और 'अन्वेषण' दोनों लक्ष्य साथ लेकर चलते हैं। 'विदोह' नवजागरण के दौर के बचे हुए सामंती कचरे से और 'अन्वेषण' वर्तमान की नयी चुनौतियों का सामना करते हुए नए आदर्शों का, नए स्फूर्तिवान जीवन का।

दरअसल मुक्तिबोध एक आंदोलन–बहुल समय के कवि थे। उनमें एक साथ कई आंदोलनों के सकारात्मक तत्व मुखर थे। वह पतनशील आधुनिकता का सामना उत्थानशील आधुनिकता की एक पूरी विरासत के साथ कर रहे थे।

निराला ने जब 'गीतिका' में कहा, 'टूटे सकल बंध...रुद्व तो धार रे/शिखर निर्झर झरे', उनके सामने चुनौती के रूप में ब्रिटिश पराधीनता का बंधन ही नहीं था, यह सभ्यता भी थी जिसके संबंध में उन्होंने एक दूसरी कविता में कहा, 'दगा की इस सभ्यता ने दगा की'। मक्तिबोध ने भी आत्मसजगता के साथ कहा, 'यह बंध न सकेगा बौद्धिक जालों में/जीवन गतिमय अबाध'। उनके मन में पूँजीवाद को लेकर कोई दुविधा नहीं हैं, "तू है मरण, तू है रिक्त, तू है व्यर्थ/तेरा ध्वंस केवल एक तेरा अर्थ।" वह 'तारसप्तक' में संकलित कविता 'पूँजीवादी समाज के प्रति' (1942) में जनता पर गहरी आस्था रखते हुए जोर देकर यही कहते हैं। यह एक सच्चाई है कि हिंदी क्षेत्र में वामपंथी आंदोलन का व्यापक असर न होने की वजह से मुक्तिबोध का संघर्ष वस्तुतः आत्मसंघर्ष है, 'बाहर के तूफ़ान विनाशक/आत्मक्षोम में कूद पड़ो तुम'। अपनी आरंभिक रचनाओं में ही वह पाठक को अपने क्षुब्ध आत्मजगत से परिचित करा देते हैं। निराला क्षुब्ध थे, उनकी परंपरा में मुक्तिबोध कम क्षुब्ध न थे।

मुक्तिबोध को निराला के पास रखकर याद करते समय यही दिखता है, "उसके मन में बैठा वह जो समझौता कर सका नहीं/जो हार गया, यद्यपि अपने से लड़ते–लड़ते थका नहीं/उसने ईश्वर–संहार

किया, पर निज ईश्वर पर स्नेह किया।'' (मेरे अंतर, 1942)। निराला का 'मैं' मुक्तिबोध में 'वह' बन जाता है। मुक्तिबोध ख़ुद से अक्सर एक दूरी बनाते हैं। उन्हें लगता है, ''मेरे अंतर, मेरे जीवन के सरल यान/तू जबसे चला, रहा बेघर/तन गृह में हो, पर मन बाहर/आलोक–तिमिर, सरिता–पर्वत कर रहा पार।'' मुक्तिबोध का मन दूर–दूर जाता है, अन्वेषण में भटकता है और सुजनात्मक स्तर पर कुछ–न–कुछ उपलब्ध करता है, वहाँ रिक्तता नहीं हैं उपर्युक्त कविता में ही मुक्तिबोध आगे निराला के ध्वनि–बिंबों की शैली में भारतीय जनता के कंधों पर आये विश्व–भार और उसके राष्ट्रीय ह्रदय के असीम प्रेम की ओर संकेत करते हैं–

वह आज पुनः ज्योतिष्कण हित
घन पर अविरत करता प्रहार
उठते स्फुलिंग
गिरते स्फुलिंग
उन ज्योति क्षणों में देख लिया करता
वह सत्य महदाकार!
सन्नद्ध हुआ वह ज्वाल बिद्ध करने को सारा तम–प्रसार
वह जन है जिसके उच्च भाल पर
विश्व–भार औ अंतर में
निस्सीम प्यार!

छायावाद ने आधुनिकीकरण से अपने संपर्क का पुनःपरीक्षण करके वर्तमानता, लौकिकता और वैयक्तिकता के अलावा आधुनिकीकरण के मानवतावादी पहलुओं पर भी काफी जोर दिया था। उसकी केंद्रीय विषयवस्तु प्रेम है, जो नैतिकता को सामंती रूढ़ियों से मुक्त करने की आवाज है। वह उच्चतर आदर्शों की ओर बढ़ने का मार्ग भी है। छायावाद की आधुनिकता सौंदर्यवादी है, किन्तु इसके सौंदर्य की समस्याएँ राष्ट्रीय–सामाजिक जीवन की समस्याएँ हैं। छायावादी कविता कभी भी निजीपन की कविता नहीं है। उसका 'अनंत' व 'असीम' भी सृष्टि के भीतर का है। अपनी लाक्षणिक अभिव्यक्तियों में वह कभी महज शिल्प और सौंदर्य का मामला न था। उसमें विशुद्ध और नाटकीय कल्पनाशीलता न थी और न वह अनुभवातीत मामला था। उसका विश्वबोध, उदात्त सौंदर्यबोध और जीवन की पूर्णता के प्रति आकर्षण

कहीं–कहीं रहस्यमय हो उठता है, पर यह आकर्षण संसार के बाहर किसी जीच के प्रति नहीं है। यही वजह है कि मुक्तिबोध ने छायावाद के अमूर्त आदर्शवाद की आलोचना करते हुए भी इसे आधुनिकता के एक महत्त्वपूर्ण महाख्यान के रूप में देखा था।

मुक्तिबोध के दौर के कई कवि छायावाद की उपलब्धियों से कन्नी काट रहे थे, उसको छूने से सकुचा रहे थे या छायावाद और आधुनिकताबोध के बीच दुशमनी घोषित कर पिछले दरवाजे से पश्चिमी नव–रोमानी संस्कारों को गले लगा रहे थे। छायावाद के बारे में प्रभाकर माचवे ने 'तारसप्तक' के अपने वक्तव्य में एक अतिरंजित प्रतिक्रिया दी थी, 'छायावाद हिस्टीरिया की भाँति हिंदी कविता का एक मानसिक रोग है'। यह छायावाद को देखने की सही दृष्टि नहीं थी। उस समय पश्चिम से प्रभावित बुद्धिजीवियों का एक समुदाय सामने आ चुका था, जिसने आधुनिकता की एक बिलकुल नयी जमीन तोड़ने के आवेश में अपनी परंपरा के प्रति उग्र–निषेधवादी रुख अपना रखा था। उसमें कितना ढुलमुलपन था, कहना न होगा।

मुक्तिबोध ने 'कामायनी' के व्यक्तिवादी मनु की आलोचना करते हुए, श्रद्धा की वाणी में एक नए जीवन–स्पंदन का अनुभव किया था, जिससे "एकाकी विषण्ण स्थिति दूर हुई और भारतीय जनता ने बहुत आत्मविश्वास, गंभीर मनोबल तथा मानव–भविष्य में आस्था प्रकट करते हुए मुक्ति–संघर्ष की मंजिलें मापने के लिए अपने भुजदंड बढ़ाए।" भारत को श्रद्धा की जरूरत थी, मनु की नहीं। फिर भी 'कामायनी' का मनु ही मानों अपने विस्तृत पूँजीवादी रूपांतरण में नयी आधुनिकता का मॉडल था। यह औपनिवेशिक आधुनिकता थी जो ख़ुदगर्जी, कृत्रिमता, घृणा एवं परजीविता पर आधारित थी। यह अन्याय का विरोध करने की जगह अन्याय करना सिखाती थी। ये जो चीजें हैं ख़ुदगर्जी तथा कृत्रिमता, घृणा आदि ये मुख्यतः उपनिवेशवाद की देन हैं। भारत के आम लोगों में ये चीजें नहीं थीं, पर आधुनिक हो रहे लोग अंग्रेज़ों की इन चीजों से बच नहीं सके। उनका औपनिवेशिक असर समाज के अंदर तक गया। इसलिए आज बहुत से भारतीय बुद्धिजीवी पश्चिमी उपनिवेशकों की भाषा में बोलते हैं तो आश्चर्य नहीं होता।

मुक्तिबोध की कविता 'अँधेरे में' में किसी पुरानी दीवार का पलस्तर और चूने भरी रेत गिरने से एक बड़ा–सा चेहरा बनता है। वह चेहरा

कामायनी' के नुकीली नाक और भव्य ललाटवाले उसी व्यक्तिवादी मनु का है, जो पश्चिम की ढहती सभ्यता के कचरे से निकला था–'कौन वह दिखाई जो देता, पर नहीं जाना जाता है।' पूँजीवादी आधुनिकता का तिलिस्म ऐसा ही है।

नयी सभ्यता में एक नए किस्म का अहं जातीय परंपराओं से कटे शहरी शिक्षित व्यक्तियों में पनपने लगा। इनका रोमांटिसिज्म खत्म होना तभी शुरू हो गया था, जब ये इतिहास से संबंधविच्छेद कर अहं को अधिक महत्त्व देने लगे। इनका न इतिहास में आलोचनात्मक रिश्ता था, न सभ्यता से। ये विश्वमानवतावादी की जगह विश्वमानववादी हो उठे। ऐसे ही लोग आगे चलकर जड़विहीन ग्लोबल मानव बने हुए। उनका बुद्धिवाद तकनीकी बुद्धिवाद में सीमित हो गया। वे भीतर से कूपमंडूक थे और नैतिक रूप से खोखले होते जा रहे थे। नैतिक खोखलापन उतना ही ख़तरनाक है, जितना खतरनाक नैतिक कट्टरवाद है या नैतिक अभिभावक बनना है।

'तारसप्तक' के काल में सत्य, अहिंसा और प्रेम की आदर्श दुनिया विघटित होने लगी थी। आधुनिकता के महाख्यान संकट में थे। छद्म आधुनिकता चल रही थी, जो आगे चलकर रुग्ण आधुनिकता में बदल गयी। देश के नए बौद्धिक–राजनीतिक नेतृत्व की निगाह में गाँधी ही नहीं, 'आदर्श' की बात करनेवाला हर आदमी पिछड़ा था, विकास का विरोधी था। जिस ह्रासशील पश्चिमी सभ्यता से भारतीय बुद्धिजीवी अब तक संग्राम की मुद्रा में थे, आजादी के दरवाजे पर वह आकर्षक हो चुकी थी। गाँधी अपने जीवन काल में ही एक प्राचीन प्रतिमा में ढल चुके थे। फिर भी वह जमाना ऐसा था, जब सरासर आत्मविसर्जन न था। मिथ्या चेतना और यथार्थ चेतना पर आधारित विचारधाराएँ आमने–सामने थीं। झूठ, कृत्रिमता और रहस्यमयी कल्पना पर आधारित विचारधारा एक तरफ थी। आम जीवन के यथार्थ और आकांक्षाओं पर आधारित विचारधारा दूसरी तरफ थी। इन दोनों के बीच टकराहट थी। समाज में प्रतिरोध बचा हुआ था। मुक्तिबोध का ऐसे ही समय आविर्भाव हुआ। वह पूँजीवादी समाज की रेशमी संस्कृति को चुनौती देते हुए कहते हैं कि 'जो तुम्हारे लिए विष है, मेरे लिए अन्न है'।

आधुनिकीकरण का एक चिह्न है उ़द्योगीकरण और मुक्त बाज़ार का निर्माण। ऐसे में आदमी का श्रम उससे विलग एक बिकाऊ माल हो

जाता है। विश्व में जैसे–जैसे उद्योगीकरण बढ़ा लोगों का विलगाव बढ़ा। भारत में भी नए पूँजीवादी माहौल के निर्माण के साथ, खासकर शहर में मनुष्य अकेलेपन का अनुभव करने लगे। उनका व्यक्तित्व खंडहर होने लगा। मुक्तिबोध को लगता था कि वह 'मिसफिट' हैं, अपने आत्मजगत को बचाते हुए कहीं बहुत अकेले हैं। खास बात यह है कि उनके अकेलेपन का 'बुद्धिपरकता' से कभी संबंधविच्छेद नहीं हुआ। यह हमेशा गुहा–अंधकार ही नहीं, एक आलोक भी देखते थे। वह राष्ट्रीय और क्रांतिकारी आदर्शों से अपने अकेलेपन में कभी विच्छिन्न नहीं हुए। उनकी कविता में 'अकेलेपन' और 'जनयुद्ध के स्वप्न' का रिश्ता बना हुआ है। एक महत्त्वपूर्ण बात और, छायावाद युग का स्वप्नों का सुकुमार संसार अब मुक्तिबोध के काव्य मानस में –स्वप्नों की विक्षुब्ध सरिता' है। 'तारसप्तक' की उनकी कुछ कविताओं में पूँजीवाद के ख़िलाफ आक्रोश है, तो कुछ में उनका गहरा अंकेलापन है। निश्चय ही यह उनका 'प्रबुद्ध अकेलापन' है। सभी का साथ छूटता जा रहा हो, पर 'ज्वलत् तारक–सा' एक महान 'ज्ञानोदय' सदा उनके साथ है, 'वही तो आत्मा का मित्र. है।' मुक्तिबोध की कविता में ज्ञानोदय (इनलाइटेन्मेंट) पर बहुत जोर है। वह जिस 'ज्ञानलिप्सा' या 'ज्ञानात्मक संवेदना' की बात बार–बार करते हैं, वह वस्तुतः नवजागरण के अगले चरण का एक विकासशील विश्वव्यापी ज्ञानोदय है। उनकी कविता 'दूर तारा' (1942) के अकेलेपन के बिंब में मनुष्य की उद्देश्यपरक जययात्रा का एक विराट पथ भी समाविष्ट है, यह निपट अकेलापन नहीं है।

और जाने क्यों
मुझे लगता कि ऐसा ही अकेला नील तारा
तीव्र गति
जो शून्य में निस्संग
जिसका पथ विराट
वह छिपा प्रत्येक उर में

....

इसलिए प्रत्येक मनु के पुत्र पर विश्वास करना चाहता हूँ!

अकेले मुनष्य का भी एक विराट लक्ष्य हो सकता है। वह लड़ सकता है, कुछ बचा सकता है। मुक्तिबोध ने आधुनिक रूढ़ियों और बुराइयों को समझने के साथ मनुष्य की अंतःशक्ति को भी पहचाना।

आधुनिक विकास यदि जनतंत्र के नियंत्रण में न हो, वह दुनिया में थोड़े रूपभेद से एक–सा दुख–कष्ट लाता है। इस दुख–कष्ट से मुक्ति संघर्ष का रास्ता भी तब साझा होता है। दरअसल नवजागरण से पहले के सामाजिक अंतर्विरोधों को पूर्व–आधुनिक माना जायेगा, भले नव–उपनिवेशवाद की वैश्विक छाया में अब वे उत्तर–आधुनिक स्थितियाँ कही जायें। उन पूराने भेदभावों और अंतर्विरोधी के जवाब में रोमांटिसिज्म और मार्क्सवाद ने अंतर्राष्ट्रीयतावाद के जो महाख्यान दिये, वे निःसंदेह आज भी अर्थपूर्ण हैं।

रोमांटिसिज्म ने राष्ट्र की चौहद्दियों को लाँघकर अखंड मानवता का आदर्शवादी स्वप्न दिया था। मार्क्सवाद ने उसे यथार्थ की ठोस जमीन दी। इस राजनीतिक दर्शन का महत्ता यह है कि इसने उद्योगीकरण के विलगाववादी परिदृश्य में दुनिया भर के श्रमजीवियों के लगभग समान दुखों–कष्टों को आपस में जोड़ने की दृष्टि दी। यह तकनीकी–वैज्ञानिक साधनों से संपन्न पूँजीवादी समाज में ज्ञानोदय के ऐतिहासिक विकास का नतीजा था।

दरअसल आज जिस अंध–राष्ट्रवाद की विभिन्न शक्लों में दुंदुभि बज रही है, उसे पहले विश्वयुद्ध के बाद से ही सभ्यता का कोढ़ कहा जा रहा था। मनुष्य के सोच में तभी से विश्वभावना प्रवेश करने लगी थी। यह 'स्थानीय' और 'राष्ट्रीय' का निषेध न करके सिर्फ़ इनका अतिक्रमण था। इससे यह सामाजिक विकास घटित हुआ कि दुनिया के सभी शोषित–उत्पीड़ित लोग बंधु की तरह देखे जाने लगे। 'हम' और 'वे' की दूरी घटने लगी। अपने–पराये का द्वैत मिटने लगा। पूँजीवाद की छाया में पनप रहे व्यक्तिवाद के समानांतर विश्वबोध का एक ऐसा महाख्यान बना, जिसका राजनीतिक रूप था, 'दुनिया के मजदूरों एक हो'। मुक्तिबोध की कविता 'जन–जन का चेहरा एक' (1948) महज नारा नहीं है। यह दुनिया को बदल डालने के लिए उस जमाने के एक गहरी तड़प है। यह एक क्रांतिकारी स्वप्न को जिंदा रखने की जद्दोजहद है। यह उस युग के बौद्धिक श्रमजीवी वर्ग की ऐसी अनुभूति है, जिसमें सिर्फ़ तीसरी दुनिया के देशों के ही नहीं, अमरीका और यूरोप के बुद्धिजीवी–श्रमजीवी भी शामिल हैं :

चाहे जिस देश प्रांत पुर का हो
जन–जन का चेहरा एक!

एशिया की, यूरोप की, अमरीका की
गलियों की धूप एक
कष्ट–दुख–संताप की
चेहरों पर पड़ी झुर्रियों का रूप एक!
जोश में यों ताकत से बँधी हुई
मुट्ठियों का एक लक्ष्य!
....
दुनिया के हिस्सों में चारों ओर
जन–जन का युद्ध एक

रोमांटिसिज्म और मार्क्सवाद के बाद वैश्वीकरण के दौर में, तीसरी बार आदमी की दृष्टि स्थानीय–राष्ट्रीय परिधि से बाहर गयी। वह ग्लोबल हुआ, पर उसका लक्ष्य रोमांटिसिज्म और मार्क्सवाद के वैश्विक लक्ष्यों से भिन्न है। आज उसका लक्ष्य दुनिया में बढ़ता परायापन मिटाना नहीं है, किसी भी तरह विश्व बाज़ार में सुख, मुनाफा और सत्ता हासिल करना है। आज का अंतर्राष्ट्रीयतावाद मनुष्यता के सीमांत पर बन रहा है।

फिर भी अंतिम रूप से यह मान लेना कि 'जन–जन का युद्ध एक' स्थानीय, पुराजातीय, जातीय, नस्लीय, सांप्रदायिक और जातिवादी रूपों में पूरी तरह बिखर गया है, एक उत्तर–आधुनिकतावादी सोच है। विश्व व्यापार संगठन की शिखर वार्ता के अवसरों पर देश की सीमारेखाएँ भूलकर श्रमजीवियों का एक साथ प्रदर्शन, आतंकवाद के विरोध में विश्व की शांतिकामी जनता का संयुक्त क्षोभ, युद्ध के ख़िलाफ विश्व–भर में जनमत का एक होना और कारपोरेट अर्थव्यवस्था के विरुद्ध इधर विश्व–भर में फैल रहा जन विक्षोम संकेत देता है कि दुनिया के लोगों के बुनियादी दुख–कष्टों में आज पहले की अपेक्षा ज्यादा समानता है।

वैश्वीकरण ने कर्ज के भयावह भूत जन्मे हैं। इसने समाज में विषमता का दर्द बढ़ाया है। 21वीं सदी के दूसरे दशक का आम दृश्य यह है कि हर जगह विक्षोम प्रदर्शन हो रहे हैं– तहरीर चौक से वाल स्ट्रीट तक। अमेरिका भी उत्तप्त है। अमेरिका हो या यूरोपीय देश हों, अफ्रीका हो या एशिया और लैटिन अमेरिका हो, सीमित राजनीतिक

स्वार्थों से बाहर निकलकर 'जन–जन का युद्ध एक' होने के चिह्न मिलने लगे हैं।

मुक्तिबोध ने बाज़ार का निष्ठुर रूप देखा था कि कैसे वह लूट और भोग के जीवन को तर्कसम्मत बनाता है, "तर्कों का चक्रव्यूह जाल बुना जाता है/सूरज ठहर जाता है मेघों के गड्ढे में/जहाँ भी हो चाँद रुक जाता है।" हर मुक्त बाज़ार अहंकार से भरा होता है, "अहंकार–तुष्टि के नशे में सब अर्थ बदल जाते हैं।" शब्दों के अर्थ बदलते जा रहे हैं, इस चिंता में मुक्तिबोध ने एक कविता लिखी :शब्दों का अर्थ जब' (1957)। यह कविता भाषा के ध्वंस पर उनकी गहरी चिंता उद्घाटित करती है। आज 'धर्म' का वह अर्थ नहीं है, जो था। अब 'राजनीति' का वह अर्थ नहीं है, जो था। अब 'संस्कृति' का भी वह अर्थ नहीं है। वैश्वीकरण ने नव–उपनिवेशवाद को ग्राह्य बना दिया है। हमें पता नहीं चलता कि हम एक नए किस्म के उपनिवेशवाद की लपेट में हैं। बहुत पहले मुक्तिबोध ने जान लिया था कि बाज़ारीकरण किस तरह मानवीय संवेदना को खा जाता है और किस तरह भाषा को भी खा जाता है :

दुनिया को हाट समझ
जन–जन के जीवन का
मांस काट
रक्त–मांस विक्रय के
प्रदर्शन की प्रतिभा का
नया ठाठ
शब्दों का अर्थ जब
नोच–खसोट लूट–पाट
....
तब मनुष्य ऊबकर उकताकर
ऐसे सब अर्थों की छाती पर पैर जमा
तोड़ेगा काराएँ कल्मष की
तोड़ेगा दुर्ग सब

भाषा के मोर्चे पर लड़ाई का अर्थ है मानवीय स्वतंत्रता की आखिरी चौकी पर लड़ना। खासकर इस चौकी पर जब क्षमतासंपन्न बाज़ारू मीडिया छाया हुआ हो, लड़ाई बेहद मुश्किल हो जाती है।

यह मानवता को राहत देनेवाली बात है कि 'सभ्यताओं की टकराहट' नहीं हुई। ईसाइयत और इस्लाम के बीच सभ्यताओं का ध्रुवीकरण फेल हो गया। इसी तरह हिंदू और मुसलमान भी सांप्रदायिक राजनीति की असलियत प्रायः समझ गये। सभी हिंदू कट्टरतावाद को समर्थ नहीं देते। सभी दलित ब्राह्मण–विरोधी या सभी ब्राह्मण दलित–विरोधी नहीं हैं। जातीय संकरता का इतिहास नस्लवाद को ध्वस्त कर रहा है। जातीय अंतर्मिश्रण स्थानीयतावाद की कठोरता मिटा रहा है। इससे साफ हो जाता है कि आधुनिकता के महाख्यान मिटे नहीं है, उनका रूपांतरण हो रहा है। आधुनिकता में नवोन्मेष या नयी छलाँग की ताकत जब तक बची रहेगी, इन महाख्यानों का अंत नहीं होगा। जाहिर है, परिवर्तन की दिशा में लगातार नयी छलाँग ही आधुनिकता है। चालाकी, प्रतिष्ठा–चिह्न या फैशन आधुनिकता नहीं है।

मुक्तिबोध की कविताओं में लंबे समय तक, लगभग 1950 तक छायावाद और प्रगतिवाद के सामंजस्य से जन्मी रोमांटिक क्रांतिकारिता प्रबल थी। वह दिमागी गुहाअंधकार में नहीं नये थे और जैसे किसी एक गहरे विश्व–आलोक से घिरे हुए थे। वह गहरे विश्वास से भरे थे, "रे, वेदना का नाग बल खाता हुआ/अब नष्ट कर देगा पुराना विश्व सौ–सौ बार/व्याकुल काँपती है क्षितिज मस्तक पर/भयानक एक नीली आग की तलवार।" (एक नीली आग, 1948)। आज भले जनता का शोषण व्यापक मुद्दा नहीं बन पा रहा हो, अन्याय को नियम बना दिया जाता हो और भोगवादी सुखी जीवन के नए तर्क प्रभावशाली हों, बीसवीं सदी के पूर्वार्ध में मनुष्य परिवर्तन के लिए विद्युत की तरह गरजता था। उसकी पीड़ाएँ असंतोष में और असंतोष 'संकल्प की असि–धार' में बदल जाता था। वेदना ज्ञान को उद्दीप्त करती थी। उस समय लगता था, पुराना विश्व नहीं रहेगा। अब एक शोषणमुक्त विश्व बनेगा। यह उस युग के प्रगतिशील और जनतांत्रिक आंदोलनों का असर था। आज हम सोच नहीं सकते कि क्रांति की उन दिनों की लपटों में 'लावण्य की असि–सी हँसी' ही सुकून देती थी। मनुष्य के भीतर की वह आग क्या फिर कभी दिखाई देगी?

मुक्तिबोध के काव्य परिवेश के निर्माण में प्रकृति की एक बड़ी भूमिका है। उसमें नागार्जुन की कविताओं की तरह राजनीतिक घटनाएँ नहीं हैं, पर प्रकृति अपनी विविधता के साथ मौजूद है। मध्य प्रदेश की भू–परिस्थिति के चित्र उसमें खास और पर हैं। एक मुख्य बात है,

प्रकृति उनके मानसिक द्वंद्व के अनुरूप वस्तु और प्रतीक दोनों रूप में आती है। क्षिप्रा की बहती धारा 'मेरी अंतःक्षिप्रा–धारा' (1939) में रूपांतरित हो जाती है। क्षिप्रा की लहरों में नहाती गांव का साधारण स्त्रियाँ हैं।

यहाँ गांव की प्रिया नहाती
गरम दुपहरी में फुर्सत से
उनके साधारण कपड़ों को
वे धोतीं, चलती मेहनत से
उनकी काली खुली पीठ पर
खूब चमकता सफेद सूरज

....

सौंदर्याकुल मन होकर भी
यहाँ अधिक मैं मानव होता

यह सोचना मुश्किल लग सकता है कि मुकित्बोध अपनी बेचैनियों और स्वप्नों के बीच एक सौंदर्याकुल मन रखते थे। वह अधिक मानव होना चाहते थे। उन्हें अपने चारों ओर गत्यावरोध बढ़ता दिख रहा था। लोगों की इच्छाओं में भटकाव नज़र आ रहा था। उपनिवेशवाद की नयी–नयी आहटें सुनाई दे रही थीं। उनमें रह–रहकर उदासी छा जाती थी। इन स्थितियों में प्रकृति उन्हें ताकत देती थी, 'आ–आकर कोमल समीर/सहलाता उलझे हुए बाल/टेबल पर झुके हुए सिर के।' (आ–आकर कोमल समीर, 1948)। यह एक आधुनिक बिंब है। मुक्तिबोध इस कविता में 'मानव की सृजनशील मृदु मानवता' को सड़ते देखते हैं। दूसरी जगह, 'सृजनशील आत्मा निसर्ग की/मानव की चिर कलांतिहीन है/उसके नभमंडल में मैने नव सूर्यो को उगते देखा।' वह आधुनिक प्रयोग के ठीक बगल में क्रांतिकारी प्रयोग भी करते हैं। उन्हें चाँद का मुँह भले टेढ़ा दिखाई दे, यह पूँजीवादी विकृति का प्रतीक लगे, पर उन्हें सूर्य बहुत भरोसा देता है। वह तब अपनी उदासी झाड़कर तुरंत विश्व–सृजन के उत्साह से आलोकित हो उठते हैं। उनका मानसिक द्वंद्व उन्हें बल देता है। वह विषण्ण मनःस्थिति से बाहर निकलते हैं, जब उनमें वृक्षों की हरी आग प्रवेश करती है, जब मेघमाला से दामिनी दमकती है, जब नीम के पत्ते सरसराते हैं, जब आत्म–निर्वासित बबूल का पीले फूलों का त्याग दिखाई देता है या जब मधुमक्खी छत्ते बनाती

है। उन्हें लगता है, लोकमन में भी एक ऐसी ही प्राकृतिक सृजन–शक्ति है, जो यथास्थिति नहीं चलने देती। एक तथ्य यह भी है कि मुक्तिबोध प्रकृति से अधिक समय तक भरोसा नहीं ले पाते। उनके काव्य जीवन के उत्तरार्ध में प्रकृति की सजीव उपस्थिति कम होती गयी, वह यथार्थ के कसाघातों से ज्यादा घिर गये। उन्हें इसका पूरा अहसास था कि वह अपने 'घर की तुलसी' (1957) से बहुत दूर हो गये हैं।

मुक्तिबोध के काव्य के पूर्वार्घ और उत्तरार्ध दोनों हिस्सों का महत्त्व है। उनके काव्य के दोनों हिस्सों में गहरा संपर्क है। उनकी आलोचना अमूमन उनके काव्य संकलन 'चाँद का मुँह टेढ़ा है' पर आधारित रही है, विशेषतः उनकी कविता 'अँधेरे में' पर। फलतः बड़ी काव्य–पट्टी छूट गयी, जिसमें मुक्तिबोध ने जनता की आँखों से उत्साहपूर्वक आधुनिक परिवर्तन के महास्वप्न देखे थे और अपने ह्रदय का आलोक व्यक्त किया था। उनकी काव्यानुभूति तब संवेदनात्मक ज्ञान की जमीन पर थी, उसमें अद्‌भुत हरापन था।

मुक्तिबोध कह रहे थे, 'अभे मेरे/लंबे दृढ़ शक्ति–दृप्त आकुल कठोर/ये मूल हरे हैं/घेरे हैं धरती का ऊष्मा भरा ह्रदय' (ओ विराट स्वप्नों 1948) ऐसा नहीं हैं कि वह आत्मविमुग्ध कवि थे और आम इन्सान की शक्ति को बढ़ा–चढ़ाकर आंक रहे थे। दरअसल वह अकेलापन महसूस करते हुए भी न केवल आम इन्सान के प्रति आशा से भरे थे, बल्कि निर्भय भी थें। इसलिए निजी मुक्ति की जगह वह आम इन्सान की मुक्ति की आवाज उठा रहे थे, "मैं इसीलिए द्रुत पुकार उठता–/ओ विराट स्वप्नों, तुम जागो/जागो आत्मा के सेनानी/ओ अगाध अभिमानी जागो!/केवल एक तुम्हारे कारण/मुफलिस का पीला चिराग जलता है/अधिक ज्योति से/...केवल एक तम्हारे कारण/अँगारे हो गये कमल–से सुंदर कोमल/लाल स्फुलिंग नवल किंशुक के फूल हो गये/मेरे भारत के वृक्षों ने/ज्वालाओं के नए सुनहले कंकण पहने/माला पहनी/कूल नदी के लाल हो गये"। (वही)। 'केवल एक तुम्हारे कारण' से अभिप्राय है जनता का आत्मविश्वास, उसका परिवर्तन में विश्वास। वह कह भी देते हैं, "मानव–मुक्ति अदूर/पास है बहुत पास वह/एक कूल विश्वास/दूसरा कूल मुक्ति है।" आज हमलोग कल्पना नहीं कर सकते कि उन दिनों क्रांतिकारी लालिमा से आकर्षित होकर अनगिनत नौजवान लाठियों और गोलियों के आगे किस तरह

खड़े हो गये थे, जबकि आज कई लोग टीवी देखने के लोभ में सभा या जुलूस तक से चुपके से निकल जाते हैं।

कोई पूछ सकता है कि हमारे देश के नौजवानों ने बीसवीं सदी की शुरुआत से ही लगातार सत्तर–अस्सी सालों तक जो गली–गली अलख जगाया, एक बड़ा सपना देखते हुए अपनी उमर खपा दी या शहादत दी, अब वह किसकी स्मृति में कितना बचा है। उनका मकसद आज कितना जिंदा है?

क्या एक ही कवि में आधुनिक मन और क्रांतिकारी मन दोनों एकसाथ संभव है? मुक्तिबोध का यही मामला है। उनके भीतर एक मध्यवर्गीय आत्मसंघर्ष छिड़ा हुआ था। इसका एक बिंब उनकी कविता 'मुझे पुकारती हुई पुकार' (1947) मे है, 'मुझे पुकारती हुई पुकार खो गयी कहीं / आज भी नवीन प्रेरणा यहाँ न मर सकी / न जी सकी'। वह नवीन प्रेरणा मार्क्सवाद है, जिसके संपर्क में वह 1941 में आये। उपर्युक्त कविता में आत्मसंघर्ष एक मोड़ लेता है, 'घनांघकार की भिदी परंपरा' और 'संवारती हुई मुझे उठी सहास प्रेरणा'। मुक्तिबोध मार्क्सवाद की ओर आकर्षित हुए, पर इससे यांत्रिक संबंध न बनाकर रचनात्मक संबंध बनाया।

3

समाज का मध्यवर्ग अनंत संभावनाओं का स्रोत है और एक मुश्किल भी, क्योंकि वह समाज की शक्तियों और दुर्बलताओं दोनों से बना है। उसकी पहचान आधुनिकता के महाख्यान बनानेवाली एक ऐतिहासिक शक्ति के रूप में की गयी है। वह लंबे काल तक राष्ट्रीय जागरण, बुद्धिवादी विखंडन और विश्वमानवतावाद के साथ–साथ आम जन की आशाओं से जुड़ा रहा है। भारत के मध्यवर्ग ने पिछड़ी आर्थिक स्थितियों में भी नैतिक और सौंदर्यात्मक मूल्यों के सृजन में एक बड़ी भूमिका निभाई है। इसने सामाजिक आंदोलनों का नेतृत्व किया है और अंग्रेज़ी राज का दमन झेला हैं यही वजह है कि 19वीं–20वीं सदी के लेखकों ने बड़े पैमाने पर मध्यवर्ग को साहित्यिक जगह दी, उसे नायक बनाया।

दूसरे विश्वयुद्ध की शुरुआत (1939) से मुक्तिबोध के जीवन काल (1964) तक मध्यवर्ग में काफी संरचनात्मक बदलाव आया। उसमें

स्वकेंद्रिकता, श्रेष्ठताबोध, वर्ग–उच्चता की असीमित आकांक्षा, सामुदायिक कट्टरवाद, मूल्य–विभ्रांति, सुख और सफलता को जिंदगी का चरम लक्ष्य मानने की प्रवृत्ति और ऐसी न जाने कितनी चीजें घुस गयी। मध्यवर्ग का दायरा पहले से बढ़ा था। बड़ी संख्या में लोग काम और सुविधाएँ पाकर निचले स्तर से मध्यवर्ग में शामिल होने लगे थे। आज़ादी के बाद नव–मध्यवर्ग तेजी से बढ़ा। इस वर्ग के लोग निम्नदर्ग के उन लोगों को, जिन्हें छोड़कर वे आये थे, उपेक्षा और हिकारत से देखते थे और उच्चवर्ग के लोगों के जीवन को लोभ से। ये ऊँचे आदर्शों का मुखौटा लगाकर सांस्कृतिक ह्रास का मजा लेने लगे थे। भद्दे गाने और डांस इतने लोकप्रिय कैसे होते? सुरुचि–संपन्न दर्शक भी अश्लील शब्दों और संकेतों से मजा लेने लगे। मुक्तिबोध के लिए यह चिंता का विषय है कि मध्यवर्ग के लोग दोहरेपन से भरते जा रहे हैं। उनका दिखावा बढ़ता जा रहा है। वे पाखंडी होते जा रहे हैं। उनकी अभिरुचि गिरती जा रही है। इसलिए स्वाभाविक है, यदि वह अपने साहित्य में मध्यवर्ग की तीखी आलोचना करते हैं।

क्या मध्यवर्ग के लोगों की वैयक्तिकता को निर्माणात्मक बनाया जा सकता है? मुक्तिबोध देख रहे थे कि अंग्रेज़ी राज से लड़ते–लड़ते यह वर्ग पश्चिमी सभ्यता में फंस चुका है। उसमें दोहरापन ही नहीं आ गया है, अब वह वस्तुतः आम जनता से विच्छिन्न होता जा रहा है खासकर क्रांति का दम भरनेवाले नेताओं के दोहरेपन ने मुक्तिबोध को ज्यादा व्यथित किया, क्योंकि उन पर भरोसा किया गया था। उनकी एक कविता का शीर्षक है 'मध्य–वित्त' (1947), जिसमें नयी सभ्यता द्वारा मानवीय पहचान पर उपस्थित संकट को लेकर चिंता व्यक्त की गयी है और क्रांति की मध्यवर्गीय विडंबना का रोचक चित्र है–

पूँजीवादी स्याह रेल के नीचे आकर
मरा पड़ा लोहे की पटरी पर यह मानव
हुई भीड़ एकत्र, देखने मृत्यु–भीष्म शव।

....

एक साथ दो विरुद्ध अश्वों पर आरोहित
प्रासादों के राजमार्ग का भी अन्वेषक
श्रमिक क्रांति का वैतालिक है बड़ा विदूषक।

भारत में क्रांति के ज्यादातर वैतालिक मध्यवर्ग के थे। वे एक तरफ जनपक्षघर थे और दूसरी तरफ उन्हें भौतिक सुख भी चाहिए था। आज़ादी के दरवाजे पर देश–विभाजन से लेकर वामपंथ की विडंबना और पश्चिमीकरण को आधुनिकीकरण का पर्याय बनाने की घटनाओं तक विपर्ययों के लिए जिम्मेदार यदि किसी को ठहराया जा सकता है, वह मध्यवर्ग है। इस पर उस दौर के कवियों में सबसे कड़ा प्रहार मुक्तिबोध ने किया। वह आधुनिकता के भग्नावशेषों के बीच जितनी वेदना से चक्कर लगाते थे, उनका विक्षोभ उतना ही उत्तप्त होकर इस वर्ग पर टूटता था। यह वर्ग बहुत छिछला हो चुका था, एक साथ दो घोड़ों पर सवारी करता था। मुक्तिबोध के स्वर में भर्त्सना के साथ आत्मवेदना भी हैं, क्योंकि वह स्वयं इसी वर्ग के अंग थे। मध्यवर्ग के निचले तबके की जीवन दशा भिन्न थी। यह अभावों और रोज के छोटे–छोटे अपमानों से भरी थी। उन्होंने 'मानव दशा' (1946) में बहुत पीड़ित होकर लिखा–

आज भी मानव
यहाँ पर मरे चूहे–सा उपेक्षित है
वह बैलगाड़ी के अचानक (राह में)
दो भग्न पहियों–सा पराजित
युद्ध में टूटे हुए उद्ध्वस्त पुल–सा
वह विदारित
भग्न ईश्वर मूर्ति–सा वह है विखंडित प्राण
फाड़ी हुई चिट्ठी – सरीखा
घोर अपमानित

आधुनिक सभ्यता में बड़े पैमाने पर मूल्य–क्षय ही नहीं हो रहा है, मनुष्य तेजी से नगण्य होता जा रहा है। यह घटना वर्तमान समय में शीर्ष पर है। शहरीकरण में वृद्धि के कारण गाँवों के लोग उन्नत नागरिक जीवन के लिए शहरों में आते हैं। यहाँ विकास के लिए एक–दूसरे को मटियामेट कर देनेवाली तीव्र स्पर्धा है और घृणित समझौते हैं, "उन्नति के चक्करदार/लोहे के घनघोर जीने में अंधकार।" (भाग गयी जीप)। पश्चिमी जीवनशैली आधुनिक जीवनशैली का पर्याय बनती जा रही थी। इससे पैदा हो रहे सांस्कृतिक ह्रास को लेकर मुक्तिबोध चिंतित थे। उन्होंने एक कविता लिखी, 'इस नगरी में', जो

बाद में 'एक प्रदीर्घ कविता' का अंश बनी। नगर में मनुष्य एकायामी है, "बुद्धि खत्मकर, शीश कटाकर मात्र उदर ले/सिर्फ़ पेट ले/मस्तकहीन कबंध घूमते हैं राहों पर/बड़े ठाठ से बटन–होल में फूल लगाकर।" क्या नगरों ने आधुनिकता के अपने महाख्यानों को खो दिया?

उपभोक्तावाद ने एक नयी स्थिति ला दी। इसने सभी को भोग–केंदिक बना दिया। नगर कैसे हैं, "इस नगरी में कौरव के घर/वीर द्रोण की थकन भरी है भूरी–भूरी/पीली है सूरत अनचाहों की सेवा में।" जो घृणा के पात्र हैं, उन्हें भी कहना पड़ता है, यश सर! मनुष्य जीवन को एकाकी बनाती इस नगर सभ्यता में, "नेता, वक़्ता, लेखक, शास्त्री/मेरे बनते हुए किले के हैं सब मिस्त्री।" लेखक बुनियादी नगरीय चरित्र से बाहर नहीं है। मुक्तिबोध ने यह खासतौर से उभारा है कि बुद्धिजीवी समुदाय, जो पले परिवर्तनकामी था, अब नयी सभ्यता का अनुचर हो गया है। वह आधुनिकता के पतन का चित्र तरह–तरह से खींचते हैं। आज सभी अपने बाहरी रूप को दमकाते और दिखाते हैं, पर यदि महानगरीय – शहरी लोगों का अंतःकरण दिखाया जाये, बिलकुल रीछ प्रगट हो जायेगा। इस कविता में वर्तमान सभ्यता का असलियत का बयान है, "अब अहंकार उद्विग्न हुआ/मानव के सब कपड़े उतार/वह रीछ एक़दम नग्न हुआ।" यह सभ्यता सच्चे और ईमानदार लोगों का विलगाव बढ़ा रही है।

मुक्तिबोध मानव मूल्यों की खोज और प्रतिष्ठा को अपने युग के एक बड़े प्रश्न के रूप में उपस्थित करते हैं। उनके मन में राष्ट्रीय संकीर्णताओं की जगह 'नूतन विश्व की उद्भावना के स्वप्न' हैं। उन्हें सफेद और गुलाबी पाउडर में 'छिपे हुए बड़े–बड़े चेचक के दाग दिखते हैं/सभ्यता के चेहरे पर।' उन्हें 'संस्कृति के सुवसित आधुनिक वस्त्रों के अंदर' बर्बरता के खेल दिखाई देते हैं। फिर भी वह सुखी, सुंदर और शोषणमुक्त जीवन में आस्था नहीं खोते। वह अपने अनुभव शिशुओं को बचाकर रखते हैं। कंस को ऐसे ही शिशुओं से भय हैं, क्योंकि 'जीवन से जन्में सत्य करेंगे उसका वध।' नगरीय व्यवस्था में पिसते हुए भी लोग "गिनते हैं तिथि–वार/प्रतीक्षाएँ दूनी हैं/कब आयेंगी, कब आयेंगी/अंतिम पटाक्षेप की संध्याएँ, सिंदूरी।" प्रतीक्षाएँ दीर्घ होती गयी, क्योंकि लड़ने का ज्यादा दम भरनेवालों ने लड़ाई निरंतर लंबी कर दी।

मुक्तिबोध अपने लाक्षणिक प्रहारों से मध्यवर्ग के सुविधावादी हिस्से पर चोट करते हैं, 'पूँजीवादी ह्रास की गटर में/मध्यवर्गी बुद्धिशील

अवसरवादी केंकड़े/खेलते शिकार हैं आनंदोल्लास से।' (जिंदगी का रास्ता, 1950) यह एक बड़ी ट्रैजडी है। मध्यवर्ग के लोग निजी सफलताओं के लिए बेरहमी से सामाजिक आदर्शों और नियमों को तोड़ने लगे थे। वे अपने सुख के लिए मूल्यों को रौंद देते थे। मुक्तिबोध ने कहा है कि मेरी स्थायी चिंता मध्यवर्ग को प्रतिक्रियावादी तत्वों से छीनकर प्रगतिशील वर्गों से जोड़ने की है। उनके सामने मुख्य सवाल है, मध्यवर्ग पुनः जनोन्मुख कैसे हो? इसके लिए जरूरी है कि वह ख़ुदगर्ज बनने की जगह आत्मचेतस हो, अपने को पुनः प्राप्त करें। आज भले मध्यवर्ग ने ख़ुदगर्जी और गिरावट की सीमा तोड़ दी हो, उस युग में उनके भीतर आत्मसंघर्ष बचा हुआ था।

मनुष्य का आत्मसंघर्ष एक बड़ी चीज है। अतः व्यक्तिवांतर का काव्य–समर ठना। 'जिंदगी का रास्ता' में साधारण वर्ग से आया हुआ एक चरित्र है रामू। इस बिगड़े नाम से ही लग सकता है कि सदा असाधारण है जो मनुष्य, इस जमाने ने उसे कितना साधारण बना दिया है। 'जिंदगी का रास्ता' में श्रमिक वर्ग का रामू अपने विलगाव से लड़ता है। उसका विलगाव ऐसे पूँजीवादी समाज में है, जिसमें ज्ञान एक अप्राकृतिक धुंधला प्रकाश–भर है। यशलोलुप व्यक्ति आदमखोरों के घर भिश्तीगीरी करते हैं। राजनीतिज्ञ उल्लू के पट्टे हैं। बड़े–बड़े बुद्धिमान कहीं–न–कहीं हाथ जोड़े खड़े रहते हैं। रामू का विलगाव उस समाज में है, जिसमें मध्यवर्ग रोटी के लिए अपनी आत्मा बेचता है। मुक्तिबोध पूँजीवादी व्यवस्था को मूर्त करने के लिए बार–बार रावण का बिंब लाते हैं, कुछ इस तेवर से – 'अन्याय जिधर है उधर बुद्धि'।

मुक्तिबोध का व्यक्तिवांतरण मध्यवर्ग तक सीमित नहीं है। वह 'जिंदगी का रास्ता' में यह भी दिखाते हैं कि रामू जैसे साधारण आदमी के हृदय के आँगन में किस तरह 'भारतीय अँधेरी गली की वेदनाकुल आत्मा/अनंत शक्तिशाली व्यक्तिव का रूप ले/अकस्मात घूमने लगी'। ज्ञानमयी वेदना की लहरों ने उसे संस्कारा एवं जीवन का पुनर्बोध दिया। उसमें 'पूँजीवादी झूठ के विराट अत्याचार के बीच' भी सत्य की शक्ति और हिम्मत आ गयी। एक साधारण इंसान रामू जिंदगी का रास्ता दिख़ाने लगता है, क्योंकि उसने अपनी वेदना को ज्ञान में बदल दिया था। वह डरा नहीं। साधारण और ग्रामीण मन के लोगों में उस समय तक मध्यवर्गीय ख़ुदगर्जी और संवेदनहीनता का संक्रमण नहीं हुआ

था। वे उदार थे। रामू ऐसा ही था, उसके दिल में विद्रोह की ज्वाला सुलगी। एक अन्य कविता में वह शहीद के रूप में याद किया गया है।

हिंसा और उपभोगवाद पर आधारित कोई सभ्यता अमर नहीं है। 'जिंदगी का रास्ता' का संदेश है, 'शोषकों की भव्योन्नत सभ्यताएँ/माचिस की सींक से–जलाए कागज–सी जल उठतीं/ऐतिहासिक हाथों से'। मुक्तिबोध की कविता अंततः एक गहरे आत्मविश्वास की ओर ले जाती है। मुक्तिबोध मध्यवर्गीय अवसरवाद के अनावरण के साथ साधारण वर्गों के संवेदनशील लोगों में मानवीय संभावनाएँ देखते हैं। उन्हें लगता है, ऐसे काफी लोगों में आत्मसंघर्ष बचा हुआ है। ये मानवता के सच्चे सारथी बन सकते हैं, क्योंकि गहराते धुंधलके में भी मानवीय संबंधों, मूल्यों और संवेदनों को पहचानते हैं (मुझे याद आते हैं, 1950)।

धुंधलके में खोये इस
रास्ते पर आते दीखते हैं
लठधारी बूढ़े–से पटेल बाबा
ऊँचे से किसान दादा
वे दाढ़ीधारी देहाती मुसलमान चाचा और
बोझा उठाए हुए माएँ, बहनें, बेटियाँ–
सबको ही सलाम करने की इच्छा होती है
सबको राम–राम करने को चाहता है जी
आँसुओं से तर होकर प्यार के

उपर्युक्त इच्छाएँ ऐसे मध्यवर्गीय मन की हैं, जिसमें संवेदना बची है। कबीर का प्रेम बचा है। मुक्तिबोध की कविता में न कोई रहस्यवाद है, न किसी तरह का अस्तित्ववाद है और न यह अस्मिता की कोई निरपेक्ष खोज है। ऊपर की पंक्तियों से स्पष्ट है कि आधुनिकता को खो देने का अर्थ किस तरह एक झटके में बहुत कुछ खो देना है। यह वस्तुतः सामंतवाद से संघर्ष को खो देना है। सामंतवाद से संघर्ष के बिना साम्राज्यवाद से लड़ना असंभव है।

मुक्तिबोध के रचना संसार से गुजरकर पता चल सकता है कि वह वर्गसां की क्रियमान ऊर्ध्वमुखी जीवनीशक्ति से होकर मार्क्सवादी विचारधारा और आधुनिक अनुभवों तक किन सरणियों से पहुँचे। उन्होंने

ऐसी कविताएँ कैसे लिखीं, जिनमें ज्ञान के श्रेष्ठ सांस्कृतिक तत्व काव्यात्मक संवेदना में पच जाते हैं और कविता शोषित मनुष्यता की बंधनमुक्ति का सामाजिक संदेश बन जाती हैं उनकी कविता ने मनुष्यता की उसी चिरपरिचित पीड़ा से शक्ति अर्जित की, जिससे बर्तोल्त ब्रेख़्त ने अर्जित की थी। ब्रेख्त को अहसास था, 'यह रोटी का टुकड़ा जो मेरे हिस्से है/किसी भूखे का छिना हुआ कौर था'। दरअसल परिवार, समाज और देश में जनतांत्रिक सोच का मुख्य लक्षण यह है कि इसमें 'दूसरे' की चिंता के लिए कितनी जगह है। व्यक्ति जब अपने को केंद्र समझने लगता है, वह स्वेच्छाचारी होता है। मुक्तिबोध इतने अधिक संवेदनशील हैं कि उनकी नज़र जब भूखी माँओं और बच्चों की ओर जाती है, वह किसी आंतरिक विद्युत धक्के से अपने भोजन का कौर मुँह तक नहीं ले जा पाते।

अकस्मात् दिखती हैं चारों ओर
अमल दिक्काल–दर्पणावलियाँ ही
उनमें उदास भूखी मुखछवियाँ झलक उठीं
रास्ते के कागज खाती भूखी गायें वे
घूरे पर अन्न बीनती गरीब माँयें वे
गंदे कड़ाह माँजते हुए बालक–चेहरे
हाय रे!!
रह गया हाथ में कौर
कि मुँह तक जा न सका
अभ्यंतर से विद्युत–धक्का

वर्तमान सभ्यता में जीवन के चिह्न न हों तो भी आदमी इतिहास की किसी अंतःशक्ति से बचा हुआ हैं वह जिंदगी की कड़ी धरती के कहीं बहुत भीतर, पर बचा हुआ है। शमशेर ने मुक्तिबोध के बारे में लिखा है, "मुक्तिबोध युग के उस चेहरे की तलाश करते हैं, जो आज के इतिहास के मलबे के नीचे दब गया है, मगर मर नहीं गया है।" ('चांद का मुंह टेढ़ा है' की भूमिका)। यह वही चेहरा है जो कभी हाथ में कौर होने पर भी खा नहीं पाता और कभी मानव मस्तिष्क से निकले ब्रह्मराक्षस की तरह गाँधी जी की टूटी चप्पल पहन लेता है। इस स्थिति में, 'हरहरा उठा यह पीपल तब/हँस पड़ा ठठाकर गर्जनकर गाँव का कुआँ'। मनुष्य ही वेदना सहता है, विद्रोह करता है, क्रांति की तैयारी

करता है। वह शांत नहीं होता या अवसरवादी नहीं बनता। 'किसी विद्युत धक्के से हाथ का कौर मुँह तक न जा पाने' से 'सिर्फ़ पेट ले घूमने' तक सभ्यता ने जो विकास किया है, इस विकास ने आधुनिकता के महाख्यानों की जरूरत बढ़ा दी है।

4

मुक्तिबोध ने आधुनिक जीवन को इसलिए महान नहीं कहा कि शहरों का विकास होने लगा, नयी–नयी उपभोक्ता सामग्री आ गयी या नयी टेक्नोलॉजी आयी, 'आधुनिक जीवन यह महान है/जन–जन के उरों में आज/संघर्ष का, साहस का सुनहला गान है/जन–जन के हृदय में आज नया सूरज उगा है/कि जिसके संस्पर्शों में/खिले हैं धरती की ज्वालाओं के नभचुंबी शतदल।' आधुनिकता की एक बड़ी भूमिका क्रांति के लिए जमीन तैयार करने की थी। इसके बिना ज्वालाओं के शतदल नहीं खिल सके थे। दुनिया के देशों में आधुनिकता अधूरी रह गयी और पीछे छूट गयी। क्रांति भी अधूरी रह गयी और पीछे छूट गयी। आधुनिकता भी एक क्राति है, यदि यह धार्मिक कूपमंडूकता, जातिवाद, नस्लीय और जातीय भेदभाव, अंध–राष्ट्रीयता के विरोध और किसी भी अन्य किस्म के छोटे चित्त से ऊपर उठने का मामला हो, यदि यह बुद्धिवादी और जनतांत्रिक होकर पूरी मानवता को गले लगाने की बात हो। मध्यवर्ग के शिक्षित और व्यावसासिक लोग ख़ुदगर्ज हो गये। इनके निजी लालच की वजह से ही क्रांतिकारी राजनीतिक ताकतें भीतर से बैठ गयी, क्योंकि सामान्यतः मध्यवर्ग के लोग व्यवस्था की सुरक्षा पंक्ति बन गये। मुक्तिबोध को बुद्धिवाद, राष्ट्रीय पुनर्निर्माण, जनतंत्र, बौद्धिक अन–उपनिवेशन तथा आधुनिकता की अन्य परियोजनाओं के अधूरी रह जाने का गहरा अहसास है (चंबल की घाटी में, 1964)।

मैं एक थमा हुआ मात्र आवेग
रुका हुआ एक जबर्दस्त कार्यक्रम
मैं एक स्थगित हुआ अगला अध्याय अनिवार्य
आगे ढकेली गयी प्रतीक्षित महत्त्वपूर्ण तिथि
मैं शून्य में छटपटाता हुआ उद्देश्य
बीच मूं ही टूट गया कोई पराक्रम हूँ

यह किसी निजी उद्देश्य के अधूरा रह जाने की पीड़ा है या आधुनिकता की महत्त्वपूर्ण परियोजनाओं के अधूरी रह जाने की?

उत्तर–आधुनिकतावाद ने जवजागरण और राष्ट्रीय मुक्ति संग्राम के उन्हीं उच्चतर आदर्शों पर हमला किया था, जिनके अधूरे रह जाने पर मुक्तिबोध व्यथित थे। वह जब कह रहे थे, 'मैं एक शून्य में छटपटाता हुआ उद्देश्य' हूँ, या 'बीच में ही टूट गया कोई पराक्रम हूँ, वह वस्तुतः आधुनिकता के महाख्यानों पर मंडरा रहे संकट का अनुभव कर रहे थे। वह निहिलिस्ट नहीं थे। उनके भीतर एक बुद्धिवादी मनुष्यता की छटपटाहट थी।

उत्तर–आधुनिकतावादी कहते हैं कि व्यक्ति का विलोप हो चुका है। मनुष्य में उच्च–आधुनिकता के विधायक तत्वों की जगह अब जबर्दस्त ढंग से उद्देशविहीन यायावरी आ गयी है। वह अब समाज या संपन्न आत्मजगत के बारे में नहीं सोचता। यह समाज के सिर्फ़ उस हिस्से के बारे में सच हैं, जो संगठित पूँजीवाद के नए उभार, संचार–क्रांति और बाज़ारवाद के असर में है और इनसे असीमित लाभ उठा रहा है और प्रभुत्व में हैं। उत्तर–आधुनिकतावाद में कोई मानवीय सच्चाई नहीं है। पूँजीवाद के उभार, बहुराष्ट्रीय साम्राज्यवाद और बाज़ारवाद समाज की समस्यओं का समाधान नहीं दे पा रहे हैं। इन्हें लेकर विश्व–भर में असंतोष है और प्रदर्शन हो रहे हैं। वैश्वीकरण से फायदा उठानेवाले वर्ग समाज में एक तरफ संकीर्णता और हिंसा तथा दूसरी तरफ भोगवाद बढ़ाकर नवजागरण तथा राष्ट्रीय मुक्ति संग्राम के आदर्शों को दबाने की कोशिश करते हैं। इसमें वे अंतिम रूप से कामयाब नहीं हो सकते। आधुनिकता के महाख्यानों को मिटाना कभी संभव नहीं है, क्योंकि इनकों मिटा देने का अर्थ है बुद्धिसम्मत सोच, मानवता, जनतंत्र, सामाजिक न्याय, स्त्री जागरण और राष्ट्र की विदाई।

कि जो मानव भविष्यत युद्ध में रत है
जगत की स्याह सड़को पर
कि मैं अपनी अधूरी दीर्घ कविता में
सभी प्रश्नोत्तरी की तुंग प्रतिमाएँ
गिराकर तोड़ देता हूँ हथौड़े से
कि वे सब प्रश्न कृत्रिम और
उत्तर और भी छलमय

समस्या एक–
मेरे सभ्य नगरों और ग्रामों में
सभी मानव
सुखी, सुंदर और शोषणमुक्त
कब होंगे?

यह उस युग का एक केंद्रीय प्रश्न है, जिसमें सभ्यता और बर्बरता का फर्क मिटता जा रहा है वैश्वीकरण के युग में यदि यह प्रश्न केंद्रीय नहीं है तो जो वैश्वीकरण हो रहा है, वह एक दिन बर्बरता का वैश्वीकरण साबित होगा। आज वैश्वीकरण की सभ्यता और संकुचित राष्ट्रीय पहचानों की सभ्यता, दोनों में मानवीय तत्वों की कमी है। दोनों में बर्बरता बढ़ रही है। सभ्यता जब इतनी विकसित नहीं थी, जिंदगी में मानवीय तत्व बड़े पैमाने पर थे। इतना आत्मसंकुचन या खुदगर्जी न थी। यह भूलना नहीं होगा कि राष्ट्रीय पहचानें अधिकाधिक आत्मसंकुचन से ही हिंसात्मक शक्ति पाती हैं। आज हालत यह है कि अमरीका की तरफ झुकी हुई ग्लोबल सभ्यता और आत्मसंकुचित राष्ट्रीय आत्मपहचानों की स्थानीय सभ्यताओं के बीच 'हिंसात्मक अंतर–उर्वरण' हो रहा है। विकास की होड़ बर्बरता की होड़ में बदल रही है। चारों तरफ असुरक्षा बढ़ गयी है। 11 सितंबर को 'वर्ल्ड ट्रेड सेंटर' के मानव–विमान–बम द्वारा विध्वंस के साथ उत्तर–आधुनिकतावाद की अग्निसमाधि हो गयी। एक बार पुनः वही महाख्यान गूंज रहा है। 'मेरे सभ्य नगरों और ग्रामों में सभी मानव सुखी, सुंदर और शोषणमुक्त कब होंगे?'

उपर्युक्त प्रश्न का सही जवाब विकास का दम भरनेवाले आज के समाज में नहीं हैं। मुक्तिबोध के समय में भी इसका जवाब न था। एक बात जरूर है, उस जमाने के सोच में यह प्रश्न बना हुआ था।

5

मुक्तिबोध क्यों बार–बार अहसास करते हैं कि हम सभी के जीवन का उनकी रचनाओं से गहरा ताल्लुक है? क्यों उनकी उद्विग्नता हमारे अनुभवों को भी उद्विग्न करती है और उनका आत्मधिक्कार खुद हमें भी नग्न करता है? वह एक संवेदनशील कवि ही नहीं थे, एक ईमानदान मनुष्य भी थे। आधुनिक जीवन को लेकर उनकी चिंताएँ किसी कृत्रिम परिवेश की देन न होकर, मध्यवर्ग के ही अंतर्विरोधग्रस्त, भूल–गलतियों

और कोशिशों से भरे जीवन से जुड़ी थीं। उन्होंने चाहा कि कायरता और साहस के बीच मध्यवर्ग अपना ईमान जिंदा रखे। उन्होंने वह लिखा, जो बहुत से लोग नहीं लिख सकते थे।

कुछ मार्क्सवादी लेखक ईमानदारी की अपेक्षा समझदारी को ज्यादा जरूरी मानते थे। मुक्तिबोध का कहना था, "आत्मपरक ईमानदारी तथा वस्तुपरक सत्यपरायणता इन दोनों का अंतःकरण में जो संवेदनात्मक योग होता है, वह जीवन विवेक का प्राण है। जीवन विवेक के दोनों पक्षों में से किसी एक को छोड़ा नहीं जा सकता।" (रचनावली–5)। वह ईमानदारी को समझदारी की ही तरह जरूरी मानते हैं। वह एक ईमानदार कवि थे, चतुर कवि नहीं थे। इसी तरह वह बौद्धिकता अपनाकर आवेग को छोड़ नहीं देते। हम कह सकते हैं, वह बौद्धिक आवेग के कवि हैं, निरे बौद्धिक कवि नहीं और न ही निरे आवेग के कवि। उनका महत्त्व इसमें है कि वह मध्यवर्ग को इतिहास की एक ऐसी बड़ी ताकत के रूप में देख रहे थे, जिसके सहयोग से ही साधारण वर्गों के लोग अपने क्रांतिकारी मकसद में कामयाब हो सकते हैं। इसलिए उन्हें मध्यवर्ग के लोगों में आधुनिक पुनर्जागरण जरूरी लगा।

मुक्तिबोध को लगता है कि बहुकोणीय आधुनिक समाज में मध्यवर्ग की अभी भी एक उच्च भूमिका है। उससे आशा की जानी चाहिए। इस वर्ग के सभी लोग पतित और पाखंडी नहीं हैं या वे हर अवसर पर ऐसा नहीं होते। वर्तमान युग में भी सामान्यतः मध्यवर्गीय हृदय के किसी एक कोने में अहंविहीन वैयक्तिकता, ईमानदारी, बुद्धिपरकता और निर्भयता बची हुई है। मुक्तिबोध मनुष्य में गहरी आस्था के साथ कहते हैं, 'पहाड़ों की शीर्षस्थित चट्टानों को काट/खड़ी करते हैं विराट स्फूर्ति/श्रमशील कष्टजीवी मानव की महामूर्ति'। इस सच्चाई का बड़ा अर्थ है कि मनुष्य ही इतिहास की चट्टान पर मुक्ति–युद्ध की असमाप्त गाथा लिखते हैं।

पूँजीवादी सभ्यता जिन्हें 'डार्क मासेज', 'मॉब' या 'उन्मत्त झुंड' में बदल रही थी, मुक्तिबोध उनके भीतर छिपी हुई मनुष्यता की एक बड़ी शक्ति देख रहे थे। वह नए युग में उसकी छिपी महानता को पुनर्उद्घाटित करना चाहते थे। कविता 'भूल–गलती' में मध्यवर्ग के सत्ता–व्यवस्था का अंग बन जाने के शाही चित्र हैं। एक फैंटेसी है, 'खड़ी हैं सिर झुकाए/सब कतारें/बेजुबां बेबस सलाम में'।

आत्मविसर्जन के इस दृश्य में आदमी के भीतर का बचा ईमान अंततः बेख़ौफ़ होकर कठोर सत्ता की सुलतानी निगाहों में निगाहें डालता है। हम कविता में पाते हैं कि इंसानियत का बचा तत्व अवसरवादी जमात छोड़कर अँधेरी घाटियों की तरफ, सच्चाई के सुनहले धुँधलके में चला जाता है। मुक्तिबोध को आशा है, 'हमारी हार का बदला चुकाने आयेगा/हमारे ही हृदय का गुप्त स्वर्णाक्षर/प्रकट होकर विकट हो जायेगा।' वह आशावादी है।

मुक्तिबोध पतन या निःसंगता की ओर बढ़ते मध्यवर्ग में जिस मुख्य सकारात्मक तत्व को लक्षित कर रहे थे, वह है उसका इनर स्ट्रगल -- 'प्रकांड अनबन, निज से ही संघर्ष'। एक समय आत्मसंघर्ष मध्यवर्ग से अविभाज्य रहा है। आधुनिकता इसमें नहीं है कि व्यक्ति आत्मविसर्जनवादी बन जाये। इसमें है कि मानवीय मूल्यों के संकट की घड़ी में उसका आत्मसंघर्ष तेज हो – 'अग्नियाँ दहकें/...गतिमय सामंजस्यों का व्यापक, क्रमशः विकसन/पुनःसंगठन, पुनः परीक्षा, पुनः प्रवर्तन'। मध्यवर्ग के लोग मानवेतिहासों को ठुकराने की जगह उनमें घूमें–भटकें, दूर देशों का जीवनानुभव प्राप्त करें, विवेक के चिह्नों को समझें, बार–बार आत्मनिरीक्षण करें और ज्ञान की पीड़ा झेलकर घटित आत्मसंघर्ष से 'किसी स्पष्ट लक्ष्य का छवि–उत्कर्ष' हो। मुक्तिबोध की कविता में आत्मसंघर्ष का एक बड़ा स्थान है। इसी राह से मध्यवर्ग अपने भीतर छिपी अनंत संभावनाओं को पुनः उजागर कर सकता है। आत्मसंघर्ष व्यक्तिवांतरण की ओर ले जाता है। आत्मसंघर्ष 'चंबल की घाटी में' में पत्थरी ढाँचों को भी प्रेतमुक्त कर देता है। यह संभवतः उनकी आखिरी कविता है। इसमें वह चट्टानी जड़ता से सामंजस्य बैठाने की मध्यवर्गीय प्रवृत्ति की कसकर आलोचना करते हैं, "अपना ही श्रेणीगत साम्य है जिनसे/उनसे ही गहरा है विद्वेष–विरोध, विरोध, विरोध/कितु...जो अति भिन्न हैं/...सहचर मित्र हैं मेरे।" क्या आज के समझौतावादी मध्यवर्ग में आत्मसंघर्ष बचा है?

मुक्तिबोध के कविताएँ मध्यवर्गीय जीवन–यथार्थों से जुड़ी हों, पर इनमें संपूर्ण मनुष्यता की संवेदना है। अन्यथा कवि जिस मध्यवर्ग का प्रतिनिधित्व करता है, उस का आत्मीय पर इतना कटु आलोचक क्यों होता। वह कृषकों, दलितों, स्त्रियों से तादात्म्य स्थापित करता है। वह सबसे कह देता है, 'कभी अकेले में मुक्ति न मिलती/यदि वह है तो सबके साथ है।' (वही)। वह कल्पना करता है कि श्रमजीवी वर्ग के

संताप का जल पीकर "मेरे युवकों में होता जाता व्यक्तित्वांतरण/विभिन्न क्षेत्रों में कई तरह से करते हैं संगर/मानों कि ज्वाला–पंखुरी–दल में घिरे हुए वे सब/अग्नि–कमल के केंद्र में बैठे।" (अँधेरे में, 1962)। नागार्जुन की ही तरह मुक्तिबोध की भी आशा का एक बड़ा केद्र नयी पीढ़ी है। उनकी आँखें इस अंधकार में नौजवानों पर ही टिकी हैं।

मुक्तिबोध कभी दंभ नहीं करते कि उनके अपने व्यक्तित्वांतरण का चक्र पूरा है, 'नहीं होती/कहीं भी खत्म विता नहीं होती/कि वह आवेग त्वरित कालयात्री है' की तरह व्यक्तित्वांतरण की प्रक्रिया का भी शेष नहीं है। मनुष्य का आत्मसंघर्ष एक दीर्घ अंतर्ज्वाला है, एक असमाप्त यात्रा है। इसलिए कहा गया है कि मुक्तिबोध जिंदगी भी एक अधूरी कविता लिखते रहे, जो किसी भी पूरी कविता से बेहतर है। उनकी कविता ढहती हुई सभ्यता के बीच से बुद्धिवादी मनुष्यता को आवाज देने के लिए है – अधुनिक पुनर्जागरण के लिए है–

तुम्हारे पास, हमारे पास
सिर्फ़ एक चीज है–
ईमान का डण्डा है,
बुद्धि का बल्लम है
अभय की गेती है,
हृदय की तगारी है – तसला है
नए–नए बनाने के लिए भवन
आत्मा के
मनुष्य के,
हृदय की तगारी में धोते हैं हमीं लोग
जीवन की गीली और
महकती हुई मिट्टी को

विकास के नए संगठनों ने मध्यवर्ग में निम्न मध्यवर्ग और उच्च मध्यवर्ग की जगह अब अनगिनत स्तर बना दिये हैं। इन्हें परस्पर एक–दूसरे का शत्रु बना दिया है। व्यक्ति को व्यक्ति का शत्रु बना दिया है। मानवीय हितों की एकतानता मिटा दी है और सामुदायिक आधार पर हितों की विपरीतता को उकसा दिया है। मुक्तिबोध की कविताएँ

हमारे काम की इसलिए हैं कि ये जनहित की एकता की उन आधुनिक बुनियादी परियोजनाओं की याद दिलाती हैं, जो नयी सर्वभक्षी सभ्यता द्वारा मिटाई जा रही हैं।

मुक्तिबोध ने ज्ञान–विज्ञान के महत्त्व की उद्घोषणा ऊँचे स्वर में की, किन्तु आधुनिकीकरण की छाया में बढ़ते भेदभव का विरोध किया। वह कृषक और मध्यवर्ग के बीच एकता चाहते हैं। वह जानते हैं कि अभी आम लोगों में अहं, अजनबीपन और निराशा नहीं आयी है, बल्कि उनमें असीम ममता भरी है। उनमें भाई, बहन, माता–पिता, पत्नी, बंधु–साथी का संबंध बचा हुआ है। अतः आम कृषक एक कविता में मध्यवर्ग के लोगों से शिकायत करते हैं, "डाकुओं से हम भी तो लड़ते हैं/ताजी कटी फसल का नाज/बचाने को/किंतु तुम जड़ और ठस हमें कहते हो!" आज शहरी लोग गांववालों को असभ्य, विकास–विरोधी और हिंसक कहते नहीं थकते।

मुक्तिबोध की चिंता है कि सामाजिक परिवर्तन की प्रक्रिया में सैकड़ों वर्षों से वंचित कृषक और आम लोगों को कैसे जोड़ा जाये, क्योंकि उच्च–मध्यवर्गीय मानसिकता धार्मिक, जातीय, स्थानीय स्तर पर प्रभेदवादी होती जा रही है। मुक्तिबोध यह भी देखते हैं कि संस्कृति और राजनीति में ऐसे बुद्धिजीवी वर्ग की प्रधानता है, जिसने 'फोड़े को तमगे का रूप' दे दिया है। यह भी देखा कि कहीं अंतर्मुखता और कहीं मन में कुंडली मारकर बैठा उसका 'ईगो', पश्चिमी सभ्यता का यह उपहार उसे किस तरह सामाजिक जीवन से अलग कर रहा है। यह उसे अमूर्तन, विशिष्टता या छद्म वैश्विकता की ओर ले जा रहा है। यही 'ईगो' आगे चलकर 'दूसरों' के प्रति असहिष्णुता में रूपांतरित हो गया। मध्यवर्ग ने विघटित होकर परिवर्तन की अपनी ऐतिहासिक शक्ति लगभग खो दी, यह उसके जीवन में बढ़े दिखावे, निर्बुद्धिपरकता और संकीर्णता को देखकर आसानी से समझा जा सकता है।

निर्बुद्धिपरक धार्मिक विश्वास और बुद्धिपरक उत्पादन–पद्धति की करुण साझेदारी में जीनेवाली भारत की विशाल जनता सारी चीजों के बावजूद अभी मनुष्यता के सीमांत पर नहीं गयी है। वह मूलतः संकीर्ण नहीं है और सामाजिक भेदभाव नहीं चाहती। वह शांतिप्रिय है। उसमें अभी भी प्रतिरोध–शक्ति है। दूसरी तरफ शिक्षा–संस्कृति, मीडिया, न्याय–चिंता, लेखन, नौकरशाही और राजनीतिक नेतृत्व से जड़े

मध्यवर्गीय लोग आमतौर पर अवसरवादी हैं। भारत की कृषि–संस्कृति से संबद्ध लोग ऐसे मध्यवर्गीय अवसरवादी बुद्धिजीवियों से दो–टूक भाषा में कहते हैं–

असल में यह है कि नागवार
गुजरता है तुमको कि हम लोग
निरंतर युद्धमान जीवन के शास्त्र और शस्त्र हैं
ऐतिहासिक दृष्टि हैं, अस्त्र हैं
क्योंकि हम देखते हैं कि अनिवार्य
मृत्यु उस सभ्यता की
जिसका तुम जाने–अनजाने नित करते हो समर्थन
इसलिए तुम हमें
सबसे बड़े शत्रु समझते हो
क्षमा करो, तुम मेरे बंधु और मित्र हो
इसलिए सबसे अधिक दुखदायी भयानक शत्रु हो

मुक्तिबोध ने अपनी प्रेरणाएँ अपनी धरती और किसानों से लीं। नगर का मिथक तोड़ दिया। यह काम उन्होंने उस युग में किया, जब पश्चिमीकरण हमारी आर्थिक संस्कृति का जरूरी हिस्सा बन चुका था। औद्योगिक समृद्धि को ज़्यादा गंभीरता से लिया जा रहा था तथा गाँवों की बेहद उपेक्षा हो रही थी। यहा साफ है कि मुक्तिबोध का आत्मसंघर्ष मध्यवर्ग के भीतर दो तरह के विचारों के संघर्ष का ही काव्यात्मक रूप है। अपने आत्मसंघर्ष की प्रक्रिया में वह शास्त्र और शस्त्र का चुनाव कहाँ से करना चाहते हैं, यह और स्पष्ट करने की जरूरत नहीं है।

क्रांति पूर्वनिर्धारित ढाँचे में नहीं होती। इसी तरह मुक्तिबोध की कविता भी 'आर्ट मशीन' से निकले नपे–तुले माल की तरह नहीं है। कहना न होगा कि मध्यवर्ग के विचारधारात्मक आत्मसंघर्ष की उपज है मुक्तिबोध की कविता। उसके भीतर जद्दोजहद का रूप काफी निर्मम है, 'नए रंदों और वसूलों से/लगातार लगातर/मेरी काट–छाँट/उनकी छीलछाल अनिवार'। आत्मजगत का निर्मम छीलछाल द्वारा रूपांतरण मुक्तिबोध के आत्मसंघर्ष का चरित्र स्पष्ट कर देता है। प्रेमचंद के 'हृदय परिवर्तन' से मुक्तिबोध का 'व्यक्तिवांतरण' भिन्न है, यह व्यक्ति के तीखे आत्मसंघर्ष की देन है।

6

मुक्तिबोध ने मृत्यु से साल भर पहले लिखा है, ''आज 1963 में, 46वें वर्ष में मैं उद्विग्न हूँ। मेरा इंसान अपने देश में रहकर भी एकांतिक और उन्मूलित जीवन व्यतीत कर रहा है। इसलिए आज 'लोनलीनेस' निस्संगता का प्रश्न इतना प्रचंड है, 'माडर्निज्म' का अंग। चाहे पाब्लो नेरूदा, या ज्यां पाल सार्त्र हो या नेहरू हों, माडर्निस्ट लेखक एक अजीबोगरीब व्यक्तिव रखता है, उसका एक कारक है उसकी उन्मूलितावस्था।'' नए आधुनिक युग में कई बुद्धिजीवियों की उद्विग्नता एक 'तार्किक नाट्य' थीं। मुक्तिबोध में सामाजिक चिंताओं से भरी सच्ची उद्विग्नता थीं उनकी उद्विग्नता थी, कैसे आधुनिकता की पुनर्कल्पना की जाये।

मुक्तिबोध की काव्यात्मक संवेदना में उद्विग्नता एक प्रमुख तत्व है। वे उद्विग्न अनुभव के कवि हैं। उद्विग्नता का अनुभव और उद्विग्न अनुभव में फर्क है। यदि अनुभव का विषय महज व्यक्ति की उद्विग्नता है, तब आत्मसत्ता का वस्तु संसार से विभाजन हो जाता है। उद्विग्नता व्यक्ति को वस्तु संसार से अलग करके अपने प्रभावक्षेत्र में ले लेती है, उसे पीड़ित करती है। गहरी निराशा की ओर ढकेलती है। यह उद्विग्नता का अस्तिववादी रूप है।

मुक्तिबोध की उद्विग्नता आमतौर पर समस्याग्रस्त जीवन की एक स्वाभाविक प्रक्रिया है। वह थीमेटिक है, अमूर्त नहीं। कवि का हर उद्विग्न अनुभव मनुष्य जीवन की बाधाओं–विपत्तियों को प्रतिबिंबित करता है, साथ ही उसकी क्षमताओं को भी उभारता है। पूँजीवादी शोषण पर आधारित समाज में अकेले मुक्तिबोध नहीं, थोड़ी ईमानदारी रखनेवाला हर इंसान ही थोड़ा–बहुत बेचैन और तनावग्रस्त है। उसके भीतर यदि भय है तो वह भी एक असहमति है। बेचैनी है, वह भी एक तरह का प्रतिरोध हैं सवाल है। क्या आज आदमी में भय, बेचैनी या असहमति बची है? मुक्तिबोध की उद्विग्नता जातीय अनुभव की उद्विग्नता है, जिसमें व्यक्ति और बाह्य दुनिया–दोनों का अस्तिव है।

सभ्यता के ऐसे दौर में, जब मनुष्य बाज़ार के 'फिनिश्ड गुड्स' जैसे होने लगे हों, उनके पास 'आत्म' बच नहीं पा रहा हो और वे सिर्फ़ भौतिक देह हों, तब एक बड़ी समस्या 'आत्म' के पुनर्आविष्कार की है। यदि आत्मजगत नहीं होगा, आत्मसंघर्ष और व्यक्तिवांतरण मुश्किल है।

आज आदमी बैटरी के खिलौने–सा होता जा रहा है। इसलिए मुक्तिबोध को 'मेरे सहचर मित्र' में यह सवाल परेशान करता है, "क्यों मानव–सुलभ सहज आकांक्षाओं के तरु/यों ठूँठ हुए वृंदावन के/मानव आदर्शों के गुंबद में आज यहाँ/उलटे लटके चिमगादड़ पापी भावों के/....क्यों स्वार्थ–घृणा–कुत्सा के/थूहर जंगल में/हैं भटक गये थे लक्ष्य पुराने पाँवों के?" यह बीसवीं सदी का एक बड़ा सवाल था, और आज भी एक बड़ा सवाल है। नयी सभ्यता ने आदमी को प्रकृति के निर्मल अनंत से विच्छिन्न कर एक छोटे मन में कैद कर रखा है, 'सहचर रूप में/हमारे साथ तारे हैं/चाँद है और आसमान/अब जो तुम्हारे लेखे आउट ऑफ़ डेट है।' आधुनिक जीवन में आत्म से विलगाव, प्रकृति से विलगाव, भयंकर विलगाव एक घटना है।

मुक्तिबोध के लिए आत्मा कोई आध्यामिक शब्द नहीं हैं यह दरअसल विवेकात्मा है। यह कोई अँधेरी चीज नहीं है, इसमूं पारदर्शिता है। यह वस्तु के मूल्य–क्षेत्र को पहचानती है। दरअसल नयी आधुनिक सभ्यता से निरश लोगों में आत्मपरायापन पनपने लगा था। वे निःसंगता का अनुभव करने लगे थे। खासकर संवेदनशील बुद्धिजीवी 'राष्ट्र' का भयानक विपर्यय देखकर मानसिक तौर पर बड़ा अकेलापन, पृथकता या बेचैनी का अनुभव करते थे। मुक्तिबोध कहते हैं, 'मैं अपनी ही चेतना तीव्र/के कारण एकाकी असंग!' वह अपनी दशा का बयान करते हैं कि वह 'गरबीली गरीबी' में जी रहे हैं, पर 'विचार–वैभव' और 'दृढ़ता' से संपन्न हैं। एक समय गरीबी भी गरबीली होती थी, क्योंकि आदमी के पास विचार–वैभव होता था और कुछ निश्चित मूल्यों में दृढ़ आस्था होती थी।

अकेलेपन और पृथकता में फर्क है। आधुनिक जमाने में पृथकताबोध अकेलेपन से अधिक त्रासद स्थिति है। मुक्तिबोध ने लिखा हैं, "मैं अकेला हूँ, उन लोगों के रहते हुए जो मेरे इर्द–गिर्द रहते हैं, उनके रहते भी अकेला हूँ।" (रचनावली–6)। निश्चय ही कवि को सृजन के लिए एकांत चाहिए, वह स्वभाव से किसी–न–किसी बिंदु पर अकेला होता है। लेकिन मुक्तिबोध का अकेलापन अधिक यंत्रणादायक है, "वीरान अमानवीय दूरियाँ मुझे घेरे हुए हैं।.... यह पार्थक्य घनघोर है। मैं इस पार्थक्य का विधाता नहीं। यह मेरे जमाने की बदनसीबी है।...मुझे कहने दीजिए कि आजकल आदमी में दिलचस्मी कम होती जा रही है। सामान्यीकरणों के अरूप समुदाय बढ़ रहे हैं।...यह पार्थक्य, घनघोर

पार्थक्य।'' (अकेलापन और पार्थक्य) आधुनिकीकरण 'होमोजीनियस' बना रहा है, सामान्यीकरण करके विविधता को मिटा रहा है और मनुष्य में दिलचस्पी भयानक रूप से कम होती जा रही है। आधुनिकता निश्चय ही ऐसे आधुनिकीकरण के निषेध में है, भले यह एक पीड़ा हो। मुक्तिबोध की 'पृथकता' उन व्यक्तियों की पृथकता से भिन्न है, जो महत्त्व, विशिष्टता या सुख–सुविधापूर्ण जीवन के लिए पृथकता की रचना करते हैं। मुक्तिबोध की पृथकता एक 'ह्यूमन सफरिंग' है, एक संवेदनशील मनुष्य की पीड़ा है।

प्रश्न उठा है कि मुक्तिबोध के जमाने में साम्यवादी आंदोलन अस्तित्व में था, जनतांत्रिक आंदोलन थे, फिर अकेलापन और पृथकता के इतने तीखे बोध का क्या अर्थ है। इसके अलावा, मुक्तिबोध मार्क्सवादियों के संपर्क में थे। उल्लेखनीय है कि मुक्तिबोध के जमाने में ही लंबी खींचतान के बाद कम्युनिस्ट पार्टी विभाजित हुई थी। इस विभाजन ने बड़ा नुकसान पहुँचाया। इससे हिंदी क्षेत्र की मिट्टी को पकड़ना और कठिन हो गया, ढोंग भी कम न था। क्रांति पर एकाधिकार करने के लिए अपनों को छाँटते–छाँटते आंदोलन भी सिकुड़ता जा रहा था। विचारधारा के बिना चरित्र लंगड़ा और चरित्र के बिना विचारधारा लंगड़ी होती है। मुक्तिबोध के पास विचारधारा भी थी और चरित्र भी था। उनके अकेलेपन पर अस्तित्ववाद का असर नहीं है। यह आधुनिक और साम्यवादी स्वप्नों के धीरे–धीरे टूटने से जन्मा अकेलापन है, हालांकि इन स्वप्नों को वह अपने भीतर की आग में जिंदा रखते हैं।

मुक्तिबोध अपने अकेलेपन और पृथकता के प्रति सम्मोहित नहीं होते। वह नागार्जुन से भिन्न थे तो अज्ञेय से भी भिन्न थे। उन्होंने अकेले पन और एक अधिक त्रासद स्थिति, पृथकता में भी जीवन की समस्याओं और द्वंद्वों की ऊष्मा को आत्मसात किया। वह कुछ यूरोपीय आधुनिकतावादियों की तरह आध्यात्मिकता की तरफ नहीं झुकते और न अंतःप्रवृत्तियों का आदर्शीकरण करते हैं। उनका समाज के अवसरवादी वर्ग से तलाक है। मुक्तिबोध की कविता की एक अन्य विशिष्टता उल्लेखनीय है। उनकी कविता में अज्ञेय का–सा 'मौन' और नागार्जुन की–सी 'हँसी' नहीं हैं इन चीजों की जगह 'आत्मयंत्रणा' है। यह एक खास काव्यात्मक मनःस्थिति के कवि हैं, जो उन्हें उनके युग के सभी कवियों से अलग करती हैं यह आशा का दामन नहीं छोड़ते, पर कठिन स्थितियों की वजह से निस्सहायता का अनुभव भी करते हैं।

मुक्तिबोध की बौद्धिक उदासी, निस्सहायता और ग्लानि बढ़ती गयी। उन्हें बाह्य दुनिया में जो आलोक दिखाई देता था, वह मद्धिम होता जा रहा था। फिर भी उनकी कविता का मनुष्य जाग्रत था। लक्षित किया जा सकता है कि वह न कभी लघु मानव बना और न रहस्यवादी। वह अपनी मानवीय पहचान पर संकट झेलते हुए भी अस्तित्ववाद की ओर नहीं गया। अस्तित्ववाद समाज के सामूहिक अंतर्संबंध का निषेध करता है। वह व्यक्ति–स्वातंत्र्य के सवाल को इतिहास के विरोध में प्रतिष्ठित करता है। उसके अनुसार, मनुष्य का जीवन एक अभिशाप है। उसके होने का कोई अर्थ और तर्क नहीं है। नयी कविता की उग्र–आधुनिकतावादी निष्पत्ति 'अकविता' जरूर ऐसी ही धारणाओं से बौद्धिक खुराक पा रही थी। यह बड़े अतिवादी ढंग से निर्बुद्धिपरक और अराजकतावादी हो उठी थी। मुक्तिबोध ने कविता में बढ़ रही अस्तित्ववादी प्रवृत्तियों की आलोचना शुरू में ही कर दी थी, "मेरा अपना प्रदीर्घ अनुभव बतलाता है कि व्यक्ति स्वातंत्र्य की वास्तविक स्थिति उनके लिए है जो उस स्वातंत्र्य का प्रयोग करने के लिए सुपुष्ट आर्थिक आधार रखते हों।" (तारसप्तक, पुनश्च)। पश्चिमी समाज के बौद्धिक दर्शनों ने भारत में बड़ा घपला पैदा किया था, पर मुक्तिबोध उन दर्शनों से बचे हुए थे।

एक समय आधुनिक रूप से सचेत मनुष्य, जो कठोर धार्मिक आस्था से, इतिहास की एकरेखीयता से और वंशानुगत नैतिक दर्शन से विच्छिन्न होकर अकेला होता हा रहा था, बड़ा अभिशप्त था। उसके पास एक ही चमकती हुई चीज थी पृथकता की पीड़ा, जो एक निरंतर खोज में ही शांत हो सकती थी। यह पीड़ा उसका विरेचन भी करती थी। उस युग के सभी कवि, वे प्रतिबद्ध हों या नहीं, खोज की पीड़ा या आत्मसंघर्ष से जुड़े थे। मुक्तिबोध भी अपनी सत्–चित्–वेदना को एक खोज में बदल देते हैं। उनकी खोज कुछ दूसरे कवियों के आत्मान्वेषण से भिन्न है। वह वस्तुतः आत्मसंघर्ष है। वह प्रतिबद्ध थे और अपने 'आत्म' को रि–डिस्कवर कर रहे थे। वह समाज को या आधुनिकीकरण की दिशा को बदलने में असमर्थ थे, फिर भी भीतर से खाली न थे। उनके मन में उद्विग्नता के साथ कुछ आकांक्षाएँ थीं, कुछ स्वप्न थे और आत्मसंघर्ष का माद्दा था। हम मुक्तिबोध की कविताओं में देख सकते हैं कि वह नकली आधुनिक जीवन को स्वीकार नहीं करते। वह 1947 के बाद बनाई जा रही झांसा देनेवाली आधुनिक व्यवस्था का आंग बनने से

इन्कार करते हैं और आत्मा की निहाई पर अपने को ही हथौड़े से पीट–पीट कर अपने जीवन की पुनर्रचना करना चाहते हैं। उनके 1960. –62 के दो अच्छे 'कवितांश' हैं। एक कवितांश से एक आत्मान्वेषी के इन्कार और दूसरे से उसके मन की दृढ़ता का बोध होता है–

बेचैन चील
उस जैसा मैं पर्यटनशील
प्यासा–प्यासा
देखता रहूँगा एक दमकती हुई झील या पानी का कोरा झांसा
जिसकी सफेद चिलचिलाहटों में है अजीब
इन्कार एक सूना।

चील का रूपक कवि व्यक्तित्व के कई भीतरी सूत्रों को खोलता है। उसे किसी झांसे में न आते हुए प्यास में दहकती हुई आत्मा का अनथका पर्यटक होना है। उसमें पूँजीवादी आधुनिकता को बदल देने की ताकत नहीं है, पर उसके भीतर एक गहरा संकल्प है, "मैं अपने ख़ुद के कंधे पर चढ़ जाना चाहता हूँ, आकाश छूना चाहता हूँ, चाहे उस आकाश में हाइड्रोजन–अणु का धुआँ ही क्यों न हो। मैं पृथ्वी के पेट में घुस जाना चाहता हूँ।...औरे ऐसे ही किन्हीं भयानक क्षणों में मैंने कविता लिख दी।" (एक साहित्यिक की डायरी)। हम देख सकते है कि मुक्तिबोध की काव्य–भाषा उनके प्रबुद्ध अंतःजीवन की ही प्रतिलिपि हैं और वह रूपकात्मक है। उनका 'आत्मसंघर्ष' 'निज की निहाई पर स्वयं के हथौड़े की चोट' है–

बाज़ार में बिकते हुए इस सूट में
इस पैंट में इस कोट में
कैसे फंसाऊं जिस्म
या मैं किस तरह काटूं–तराशूं देह
जिससे वह जमे उसमें बिना संदेह
जीने की अदा हो रस्म!

....

पिटता हूँ अकेले चुप छिपे
निज की निहाई पर स्वयं के हथौड़े की चोट में

आधुनिकता का एक धड़ा अमरीकी आत्मा के संकट को अपनी आत्मा का संकट बनाकर बौद्धिक प्रत्यारोपण के अभियान में था, जबकि

एक दूसरा धड़ा उसके सांस्कृतिक साम्राज्यवाद के पति गहरी चिंता व्यक्त कर रहा था। मुक्तिबोध एक ऐसे कवि थे, जो अमरीकी साम्राज्यवाद को लेकर बहुत ज्यादा चिंतित थे। उनका 'व्यक्ति' अपने अकेलेपन में भी जन–साधारण का अंग था, इसके दुख–दर्द का सहभोक्ता। यह संभव हुआ, क्योंकि मुक्तिबोध का अकेलापन न किसी अमूर्त रोमान से बंधा था और न मिथ्या आत्मगर्व से। उनकी वैयक्तिकता पर पश्चिमी सभ्यता की मार पड़ रही थी। वह वह दौर था, जब अपनी राष्ट्रीय आत्म पहचान के लिए जूझ रहा भारत पश्चिमी सभ्यता में बुरी तरह फंसता जा रहा था।

मुक्तिबोध महसूस करते थे कि भारत में आधुनिक जागरण का असमाप्त कार्य कभी–न–कभी पूरा करना होगा, अन्यथा जन–जन का युद्ध एक न हो सकेगा। उन्होंने आधुनिक पुनर्जागरण के महाख्यानों को औपनिवेशिक आधुनिकता से अलगा कर देखा। इसमें संदेह नहीं कि वे आदर्श महाख्यान पूँजीवादी दिमागों से उजड़कर भी एक कवि की रचनाओं में मौजूद हैं, क्योंकि वे जनता के स्वप्न में बने हुए हैं। दरअसल मनुष्यता का कोई सच्चा विचार, कोई महाख्यान यदि एक बार बन जाता है, वह जन–साधारण के मन में बस जाता है और इतिहास का पीछा नहीं छोड़ता।

♦♦♦

खरी कसौटी की ईमानदार तलाश

योगेश प्रताप शेखर

अपभ्रंश का एक दोहा है :

मरगय वन्नह पियह उरि चंपय–पह देह।

कसबट्ठइ दिन्निय सहइ नाइ सुवन्नह रेह...[1]

(मरकत वर्ण वाले प्रिय के हृदय पर चंपक–प्रभा की देह वाली प्रिया वैसी ही सुशोभित हो रही है जैसी कसौटी पर दी हुई सुवर्ण की रेखा सुशोभित होती है।)

वैसे यह दोहा प्रेम–प्रसंग से सम्बन्धित है पर हम इसे रचना और आलोचना के रिश्ते को व्याख्यायित करनेवाला भी मान सकते हैं। यह बात सभी जानते हैं कि कसौटी एक प्रकार का पत्थर होता है जिस पर घिसकर सोने की पहचान होती है। कहा जाता है कि सोना जितना शुद्ध होता है उस पर सोने की रेख उतनी ही चमक़दार होती है। रचना और आलोचना का संबंध भी इसी तरह का है। वह आलोचना ही क्या जिस पर रचना की छाप न पड़ी हो! इस पूरे प्रसंग में सोने की शुद्धता पर तो विचार है पर कसौटी के खरेपन का कोई जिक्र नहीं है। अगर सोने की शुद्धता की जाँच कसौटी के माध्यम से होती है तो कसौटी का भी खरा होना आवश्यक है। मुक्तिबोध का आलोचनात्मक लेखन आलोचना की खरी कसौटी की ईमानदार तलाश है।

मुक्तिबोध रचनावली के चौथे और पाँचवें खंड में मुक्तिबोध का आलोचनात्मक लेखन संकलित है। इस विपुल लेखन में वे अपनी गहरी और दृढ़ ईमानदारी, लबाबल संवेदनशीलता एवं वैचारिक लोकतंत्र के साथ सामने आते हैं।

आलोचना को साहित्य के क्षेत्र में शंका की नज़र से देखा जाता है। इसके पीछे यह बात कहीं–न–कहीं बैठी है कि आलोचना लिखना रचनात्मक कर्म नहीं है। वह एक प्रकार का परजीवी काम है। चूँकि वह परजीवी काम है।, उसकी विश्वसनीयता का तो कोई मतलब ही नहीं। अकारण नहीं है कि आज भी बोलचाल में यदि कोई कह देता हैं कि उसने मेरी आलोचना की तो इसका यह अर्थ निकाला जाता है कि उसेन उसकी निंदा की। इस परिदृश्य में रचनाकार और आलोचक

एक–दूसरे से भिन्न राह के पथिक हो जाते हैं। मुक्तिबोध ने इसका खंडन करते हुए इस पर बार–बार बल दिया है कि लेखक और आलोचक एक ही राह के राही हैं। दोनों को एक–दूसरे की जरूरत है। पर जरूरत होने का तात्पर्य यह नहीं कि दोनों हमेशा एक–दूसरे की हाँ–में–हाँ मिलाते रहें। यहाँ सहमति से अधिक एक–दूसरे पर भरोसा होना आवश्यक है। मुक्तिबोध स्पष्टता के साथ लिखते हैं।–"लेखक को यह महसूस होता रहे कि समीक्षक मेरा आत्मीय बंधु है, और वह भले ही मुझसे मतभेद रखता हो, किंतु मुझमें और साहित्य की प्रक्रियाओं में उसकी सच्ची और गहरी दिलचस्पी है।"[2] लेखन और साहित्य की प्रक्रियाओं में गहरी दिलचस्पी ही वह साझा स्थान है जहाँ लेखक और आलोचक तमाम विभिन्नताओं के बावजूद मिलते हैं। जाहिर है कि ऐसी स्थिति में यह मतभेद उदात्तता को प्राप्त करते हुए मानवता के बड़े मूल्यों की रक्षा तथा संवर्धन करता है। यहाँ यह भी याद किया जा सकता है कि रचना की प्रक्रिया जहाँ आभ्यंतर से बाहर की ओर है वहीं आलोचना की प्रक्रिया बाहर से आभ्यंतर की तरफ है। दोनों प्रक्रियाओं में चाहे अंतर दिखाई देता हो पर दोनों को पहुँचना रचना और जीवन के केंद्र तक ही है।

ऊपर मतभेद की चर्चा की गयी है। यह मतभेद वस्तुतः प्रक्रिया का है न कि उद्‌देश्य का। रचना और आलोचना के मूल उद्‌देश्यों में कोई आधारभूत अंतर नहीं होता। आलोचना को जो 'सहयोगी प्रयास' कहा जाता है उसके पीछे यही बात है। इसीलिए मुक्तिबोध ने लिखा है–"मर्मी आलोचना चाहे जितनी निष्पक्ष और बेलाग दिखाई दे, ऊपर से चाहे जितनी कठोर और खुरदरी हो, अंततः उसमें एक बड़ी भारी श्रद्धा होती है, और वह यह कि मनुष्य में सुधार किया जा सकता है, यह कि मनुष्य अपनी सीमाओं और कमजोरियों के ऊपर उठ सकता है; वह ऊपर उठकर उस विशाल उच्चतर क्षेत्र का भागी हो सकता है, जिसे हम संस्कृति, विज्ञान, साहित्य या दर्शन अथवा अध्यात्म का क्षेत्र कहते हैं। यह श्रद्धा व्यक्ति–विशेष पर श्रद्धा नहीं है, किंतु उसके सुषुप्त या जाग्रत सामर्थ्य पर श्रद्धा है : कि यदि वह चाहे तो अपने कंधों पर ही चढ़ सकता है।"[3] इस उद्धरण में मुक्तिबोध आधुनिक आलोचना की प्रस्तावना करते दिखाई देते हैं। संस्कृत काव्यशास्त्र में 'काव्य प्रयोजन' के प्रसंग को यदि याद किया जाये तो यह स्पष्ट होगा कि उस सैद्धांतिक आलोचना में मनुष्य पर इतना भरोसा नहीं किया गया है।

दरअसल मनुष्य की सीमाओं के साथ उसकी शक्तियों पर भरोसा अपने–आप में आधुनिक संकल्पना है। प्राचीन समाज में मनुष्य की कमजोरियों को किस्मत या दैव कृपा कहकर समझ लिया जाता था। ध्यान से देखने से यह पता चलता है कि प्राचीन कवियों में से आज तक वे ही टिके हुए हैं जो मनुष्य होने और उसमें सुधार करने की भावना में यकीन रखते थे। मुक्तिबोध ने जिस 'सुषुप्त या जाग्रत सामर्थ्य' पर श्रद्धा की बात की है उसकी पहली झलक आधुनिक साहित्य में ही प्राप्त होती है। अकारण नहीं है कि मैथिलीशरण के राम ही यह दावा कर सकते थे कि वे स्वर्ग से कोई संदेश नहीं लाये हैं बल्कि इस धरती को ही स्वर्ग बनाने आये है। तुलसी के राम से यह क़दापि संभव नहीं था। पुराने साहित्य में तो राम की कृपा से बेकुंठ या स्वर्ग मिलता था।

मुक्तिबोध लेखक और आलोचक के काम को मूलतः भिन्न नहीं मानते। उनका कहना है कि यदि लेखक जीवन को समझकर उसकी अभिव्यक्ति करता है तो यह कैसे संभव है कि आलोचक बिना जीवन को जाने सफल आलोचना कर पायेगा। उनकी साफ मान्यता है कि आलोचक के लिए आवश्यक है कि वह उस जीवन को जिसे लेखक उपस्थित करना चाह रहा है, लेखक से अधिक जाने। आगे वे लिखते हैं–''आलोचक या समीक्षक का कार्य, वस्तुतः कलाकार ये लेखक से भी अधिक तन्मतापूर्ण और सृजनशील होता है। उसे एक साथ जीवन के वास्तविक अनुभवों के समुद्र में डूबना पड़ता है, और उससे उबरना भी पड़ता है, कि जिससे लहरों का पानी उसकी आँखों में न घुस पड़े।''[4] इसी को और विस्तारित करते हुए वे कहते हैं–''वास्तविक जीवन की संवेदनात्मक समीक्षा–शक्ति के अभाव में, साहितय के क्षेत्र की समीक्षा–शक्ति थोथी होती है। इसीलिए समीक्षक का आदि कर्त्तव्य वास्तविक जीवन की संवदनात्मक समीक्षा–शक्ति का विकास करना है।

जीवन की परिस्थितियों, प्रवृत्तियों, गतिविधियों और उसमें पले हुए व्यक्तिवों का संवेदनात्मक ज्ञान जब तक समीक्षक को नहीं है, (और वह हो नहीं सकता जब तक कि अपने वर्ग, श्रेणी या समाज की व्यापक जिंदगी में समीक्षक की जिंदगी की हिस्सेदारी न हो) तब तक समीक्षक की साहिंत्यिक समीक्षा कुतिया के उस बच्चे के समान है जिसकी आँखें नहीं खुली हैं।''[5] उपर्युक्त दोनों उद्धरणों से स्पष्ट है कि बिना जीवन की जानकारी और उसमें भागीदारी के आलोचना को कोई मतलब नहीं है।

मुक्तिबोध यहाँ यह कह रहे हैं कि समीक्षक का कर्तव्य 'जीवन की संवेदनात्मक समीक्षा–शक्ति का विकास' करना है पर वह बिना जीवन के 'संवेदनात्मक ज्ञान' के संभव नहीं और यह 'संवेदनात्मक ज्ञान' व्यापक जिंदगी में हिस्सेदारी के बिना संभव नहीं। इस विवेचन से यह साफ होता है कि आलोचक अगर व्यापक जिंदगी से कटकर किसी स्व–कल्पित ऊँचाई में खोकर आलोचना करना चाहे तो उस आलोचना का कोई अर्थ नहीं। मुक्तिबोध यह भी कह रहे हैं कि अपने वर्ग, श्रेणी या समाज की व्यापक जिंदगी में आलोचक का शामिल होना अनिवार्य है, यानी वह एक व्यापक नागरिकता से लैस हो। आलोचक केवल साहित्य के मोर्चे पर ही सक्रिय न रहे बल्कि उसकी सक्रियता जीवन के बहुविध क्षेत्रों में भी जारी रहे। ऐसा करने पर उसी के व्यक्तित्व और अनुभव–क्षेत्र का विस्तार होगा। अगर यह कहा जाता है कि रचनाकार के अनुभव–क्षेत्र और व्यकित्तव का दायरा लगातार बढ़ते रहना चाहिए तो यह कैसे संभव है कि आलोचक को इसकी कतई आवश्यकता नहीं हो। ऐसा इसलिए कि इसकी अनुपस्थिति में उसकी आलोचना में व्यक्तित्व की आँच नहीं होगी। यहाँ यह कहने की जरूरत नहीं होनी चाहिए कि जीवन की तपन में ही व्यक्तित्व में आँच पैदा होती है। मुक्तिबोध काव्य और व्यक्तित्व के संबंध को भी जोड़कर देखते थे। उन्होंने एक जगह लिखा भी है–'' असल बात यह है कि काव्य और व्यक्तित्व का संबंध आप को कहीं–न–कहीं जोड़ना होगा। यह नहीं हो सकता कि आप एक ओर सामान्य मानवीयता का त्याग करते चलें और दूसरी ओर काव्य में मानवीय बने रहें।''[6] यह उद्धरण पहले आये दोनों उद्धरणों का ही विस्तार है। 'सामान्य मानवीयता' का संबंध जीवन से सीधे–सीधे है जबकि काव्य में मानवीयता का रिशता रचना–प्रक्रिया से जाकर जुड़ता है। यह रचनाकार और आलोचक दोनों पर एक साथ लागू होता हैं यहाँ एक बार फिर संस्कृत काव्य–शास्त्र को याद किया जा सकता है। वहाँ रचनाकार के लिए आवश्यक 'प्रतिभा' मानी गयी थी जबकि भावक (आलोचक) से 'सहृदय' होने की उम्मीद की गयी थी।

दरअसल काव्य और व्यक्तित्व के संबंध पर विचार भी आधुनिककालीन संकल्पना है। प्राचीन साहित्य में इस संबंध को विचार करने का विषय माना ही नहीं जाता था। आज यह बात स्पष्ट है कि काव्य और व्यक्तित्व का यह प्रश्न एक ही साथ हमें समाजशास्त्रीय तथा मनोवैज्ञानिक आलोचना पद्धतियों की ओर उन्मुख करता है। यहाँ

विजयदेवनारायण साही का एक उद्धरण याद आता है जिसमें उन्होंने 'मर्मी आलोचना' की विशेषाताओं को व्याख्यायित करते हुए लिखा है।'' सबसे अधिक आकर्षक आलोचना तो वही होती है जो एक साथ बहुत से पहलुओं को उजागर करती चलती रहती है और पाठक को मूल कृति या कृतियों के बारे में एक विशिष्ट उन्मुख अवस्था में छोड़ देती है।''[7]

रचना और आलोचना के प्रसंग में दूसरा मुद्दा 'ज्ञान' और 'संवदेना' का था। आम तौर पर यह समझा जाता था कि रचनाकार का काम 'संवेदना' से चल जाता है और आलोचक का 'ज्ञान' से। इस प्रसंग में कहीं–न–कहीं यह धारणा थी कि ज्ञान एक अर्जित वस्तु है और संवदेना स्वाभाविक या स्वतःस्फूर्त। यह माना गया कि रचनाकार बुनियादी तौर पर स्वतःस्फूर्त प्रक्रिया के तहत रचना करता है और आलोचना की प्रक्रिया सप्रयास है, अतः इसमें ज्ञान के बिना तो कुछ संभव ही नहीं। दोनों बिलकुल जुदा हैं। दोनों के बीच मिलन का कोई सामान्य आधार हो ही नहीं सकता। मुक्तिबोध इस भ्रामक धारणा का खंडन करते हैं। वे रचनाकार के लिए 'ज्ञानात्मक संवेदना' और आलोचक के लिए 'संवेदनात्मक ज्ञान' की अवधारणा प्रस्तुत करते हैं। मुक्तिबोध ज्ञान और संवेदना के प्रश्न को दार्शनिक धरातल पर भी विवेचित करने का प्रयास करते हैं। *ज्ञान* बनाम *अनुभव* का बड़ा भारी झगड़ा दार्शनिकों के बीच रहा है। भारतीय ओर पाश्चात्य दर्शन में इस पर खूब जमकर माथापच्चे हुई है। कोई दल ज्ञान को वरीयता देता था तो कोई दल अनुभव को। दोनों दलों में से किसी को यह स्वीकार नहीं था कि ज्ञान का भी अनुभव हो सकता है और अनुभव का भी ज्ञान हो सकता है। मुक्तिबोध इस तथ्य को स्वीकार करते हैं। साथ ही उन्हें ज्ञान और संवेदना की एक–दूसरे से पृथकता स्वीकार नहीं है। यहाँ यह देखना ठीक होगा कि वे ज्ञान के बारे में क्या सोचते थे? वे लिखते हैं–''ज्ञान का अर्थ केवल वैज्ञानिक उपलब्धियों का बोध ही नहीं है, वरन् समाज की उत्थानशील तथा ह्रासोन्मुख शक्तियों का बोध भी है....ज्ञान भी एसक तरह का अनुभव है, या तो वह हमारा अनुभव है, या दूसरों का।''[8] अन्यत्र वे ज्ञान और जानकारी के बीच के अंतर को स्पष्ट करते हैं तथा यह प्रस्तावित करते हैं कि ज्ञान को प्रतीति और विचार बनकर संचरण करना चाहिए, उसे व्यक्तिव और चरित्र के संगठन में योग देना चाहिए, विश्व के विभिन्न प्रश्नों से अछूता नहीं रहना चाहिए। आगे

चलकर उन्होंने ज्ञान के बारे में एक शानदार वाक्य लिखा है–"ज्ञान–रूपी दाँत जिंदगी–रूपी नाशपाती में गड़ना चाहिए, जिससे कि संपूर्ण आत्मा जीवन का रसास्वाद कर सके।"[9] हम अपने अनुभव से जानते हैं कि दाँत का नाशपाती में गड़ना ही दरअसल आस्वादन की प्रतीति का पहला क़दम है। स्पष्ट है कि यह आस्वादन बगैर संवेदना के संभव नहीं। इसी बिंदु पर आकर कला या साहित्य में सौनदर्यानुभूति का चर्चा होने लगती है। लेकिन मुक्तिबोध के लिए यह सौन्दर्यानुभव कोई एक चीज नहीं है बल्कि वह विभिन्न मनोवैज्ञानिक तत्वों से निर्मित एक अनुभव है। साथ ही वे यह भी उद्घाटित करते हैं कि सृजनशील कल्पना के सहारे संवेदित अनुभव के विस्तार की स्थिति में ही सौंदर्य की प्रतीति होती है।

ऊपर समीक्षक की तैयारी की चर्चा हुई है। अब यह भी देखना है कि समीक्षक को करना क्या चाहिए? शुरू में हिंदी में आलोचना का प्रमुख काम गुण–दोष विवेचन माना जाता था। इसके अलावा तुलनात्मक आलोचना की भी बड़ी प्रतिष्ठा थी। देव और बिहारी का विवाद लोगों को याद होगा। इसके बाद आलोचना में मूल्य–निर्णय की प्रधानता हुई। आगे चलकर आचार्य रामचंद्र शुक्ल ने गुण–दोष के कथन के आगे बढ़कर 'कवियों की विशेषताओं ओर उनकी अंतःप्रवृत्ति की छानबीन की ओर भी ध्यान'[10] दिया। मुक्तिबोध इससे आगे बढ़कर लेखक और आलोचक को एक समान तरंग–दैर्ध्य पर स्थापित करने का प्रयास करते हैं। वे यह मानते हैं कि लेखक और आलोचक को एक साथ रहना चाहिए ताकि साहित्य या कला का भला हो सके। वे लिखते हैं–"लेखक के साथ आप तब रह सकेंगे जब आप में इतनी मानव–श्रद्धा हो कि लेखक–वर्ग में ह्रदय–समृद्धि, प्रतिभा–शक्ति और विकास तथा उन्नति की संभावनाएँ हैं यह मानकर चलें सका अर्थ यह नहीं है कि आप लेखक की विरोधी और युक्तियुक्त आलोचना न करें। इसका अर्थ यह है कि आप उस मनोवैज्ञानिक स्थिति–परिस्थिति को–उस साकॉलॉजिकल सिच्युएशन–को समझें कि जो लेखक के साहित्य–सृजन का प्रारंभ–बिंदु बनती है। यानी आप साहित्यांकित जीवन और साहित्य–सृजन की मूलाधार जीव–भूमि को ह्रदयंगम करें। समीक्षक का यह बुनियादी कर्त्तव्य है। उसको आत्मसात् किये बिना काम नहीं चलेगा। समीक्षक के अंतःकरण की मर्मग्राही शक्ति की परीक्षा यहीं होती है। उसकी आत्म–निरपेक्ष सूक्ष्म दृष्टि की कसौटी भी यही

है।''[11] पहले भी यह रेखांकित करने की कोशिश की गयी है कि मुक्तिबोध समाजशास्त्रीय तथा मनोवैज्ञानिक समीक्षा के संधि–स्थल पर खड़े हैं। इस उद्धरण से यह बात और अधिक स्पष्ट होती है। मुक्तिबोध के लिए रचना एक मनोवैज्ञानिक परिस्थिति का परिणाम है पर इस मनोवैज्ञानिक कर्म की आधारशिला जीवन की ठोस वास्तविकताएँ हैं जिनका निर्माण सामाजिक परिवेश और परिस्थितियों के आघात–प्रतिघात से होता है। मुक्तिबोध इस उद्धरण में आलोचक में मानवीय आस्था की जरूरत पर बल देते हैं। साथ ही वे इससे सावधान भी करते हैं कि आस्था का मतलब अंध–समर्थन नहीं है। दूसरी बात यह कि आलोचक रचना की बाहर–बाहर परिक्रमा केवल न करे बल्कि लेखक की रचना–प्रक्रिया पर भी विचार करें। वह यह समझ सके कि जीवन की किस परिस्थिति के घात–प्रतिघात से रचनाकार की मनोवैज्ञानिक परिस्थिति ऐसी हुई कि वह वैसी रचना करने को विवश हुआ। यह तभी संभव है जब आलोचक अपने को निरपेक्ष रख सके। इस प्रकार मक्तिबोध रचना की समाजशास्त्रीय एवं मनोवैज्ञानिक व्याख्या का रास्ता खोलते हैं। रचना अगर साहित्य या विचारों के आकाश में उपस्थित है तो आलोचक का कर्त्तव्य है कि वह उसके 'लॉचिंग पैड' को भी समझने की कोशिश करे। रचना की बीज–भूमि को बिना समझे उसका मल्यांकन ठीक नहीं होगा। यहाँ तक कि उसकी व्याख्या भी नहीं हो सकती। इसीलिए मुक्तिबोध ने लिखा है–''आलोचक को सबसे पहले विशदीकरण करनेवाला व्याख्याकार होना आवश्यक है, मूल्य–निर्णय वह बाद में दे।''[12]

रचना और आलोचना के संबंध के प्रसंग में एक मुद्दा विचारधारा का है। इपने साहित्यिक अनुभव में हम यह देखते हैं कि रचनाकार की विचारधारा अगर आलोचक की विचारधारा से मेल नहीं खाती तो आलोचक रचना को अपने विचार के दायरे में नहीं लाता है। इसके उलट उदाहरण भी साहित्य में नज़र आते हैं हिंदी से ही उदाहरण लेना हो तो आचार्य रामचंद्र शुक्ल का लिया जा सकता है। कबीर या रीतिकाव्य के प्रसंग में उनकी नकारात्मक आलोचना देखी जा सकती है। ठीक इसी के समानान्तर जयशंकर प्रसाद की रहस्यवाद संबंधी आलोचना और निराला की शुक्लजी पर लिखी कविता को याद किया जा सकता है। दरअसल असहमति को जब विरोध मान लिया जाता है तो समस्या शुरू होती है। किसी भी समाज या साहित्य की असल

पहचान इस बात में भी होती है कि वह अपने से असहमत होने का कितना अधिकार प्रदान करता है। यही बात एक बड़े रचनाकार पर भी लागू होती है। मुक्तिबोध लिखते हैं–"जो हमसे भिन्न है वह हमारा विरोधी ही हो, यह आवश्यक नहीं है। किंतु यह आलोचना–वृत्ति सबसे पहले जीवन में ही सक्रिय होनी चाहिए। जब तक हम आलोचक की तटस्थ और साथ–साथ मर्मज्ञ दृष्टि से जीवन–आलोचना नहीं करते, सूक्ष्म भावों को अवास्तव कहकर उड़ा देते हैं, उनको जीवन की शृंखलाबद्ध वास्तविकता के रूप में नहीं देखते, तब तक काम नहीं चलेगा। साथ ही, इन सूक्ष्म भावों को आसमान तक उठाकर, यदि हम अपने सामाजिक–राजनैतिक दार्शनिक, यहाँ तक कि आध्यात्मिक, लक्ष्यों और आदर्शों से एकाकार नहीं होते, तब तक यह आलोचना भी पंगु है। सच तो यह है कि आलोचना की क्षमता के लिए बड़ी ही आध्यात्मिक गंभीर प्रेरणा चाहिए।"[13] मुक्तिबोध यह बार–बार रेखांकित करते हैं कि आलोचना के लिए जीवन–मर्मज्ञता अति आवश्यक है। वे तो यहाँ तक कहते हैं कि आलोचक ओर लेखक के बीच संवेदनात्मक धरातल पर यह होड़ है कि कौन जीवन को अधिक समझता है। इसीलिए वे स्पष्ट लिखते हैं–"परिस्थिति की सर्वमान्यता के कारण, प्रभाव में सामान्यता हैं, किंतु व्यक्तिवों की भिन्नता के कारण ही प्रभावों की विशेषता है। सारांश यह कि वास्तविक जीवन के संवेदनात्मक धरातल पर लेखक और समीक्षक की होड़ है। लेखक और समीक्षक की यह प्रतियोगिता निःसंदेह वांछनीय है। जिंदगी को कौन ज्यादा समझता है? समीक्षक या लेखक?. .. यदि साहित्य जीवन का उद्घाटन है, तो समीक्षक को तो यह जानना ही पड़ेगा कि उद्घाटित जीवन वास्तविक जीवन है या नहीं।"[14]

यहाँ पर कई और प्रश्न उपस्थित हो जाते हैं। अगर समीक्षक को यह लगे कि उद्घाटित जीवन वास्तविक नहीं है तो वह किस पर दुबारा विचार करे? वह रचना को खारिज कर दे या अपनी अनुभूति–देर्घ्यता को फिर से जाँचे? ऐसा इसलिए कि हो सकता है कि उसकी अनुभूति–दैर्घ्यता और रचना द्वारा प्रक्षेपित संकेतों के बीच कोई संवाद हो ही न पा रहा हो? या फिर आलोचक की अनुभूति–दैर्घ्यता किसी दूसरी भंगिमा की हो और वह इसे रचना द्वारा प्रक्षेपित संकेतों पर जबरन लागू करना चाह रहा हो? उदाहरण के लिए आचार्य रामचंद्र शुक्ल जब बिहारी पर लिखते हुए कहते हैं कि "मार्मिक प्रभाव का विचार करें तो देव और पद्माकर के कवित्त सवैयों का–सा गूँजनेवाला

प्रभाव बिहारी के दोहों का नहीं पड़ता"[15] तो वे दरअसल अपनी अनुभूति–दैर्घ्यता को बिहारी के दोहों द्वारा प्रक्षेपित संकेतों पर जबरन लागू करने की कोशिश कर रहे होते हैं। ठीक इसी तरह जब वे सिद्धों और नाथों के साहित्य को सांप्रदायिक कहकर उसे विचार के क्षेत्र से बाहर कर देते हैं तब यह पता चलता है कि वे अपनी अनुभूति–दैर्घ्यता और सिद्धों–नाथों की रचनाओं द्वारा प्रक्षेपित संकेतों के बीच कोई संवाद नहीं कर पा रहे हैं। यह आश्चर्य की बात है कि मुक्तिबोध इन प्रश्नों पर कोई विचार नहीं करते। क्या इसका एक कारण यह हो सकता है कि मुक्तिबोध रचनाकार की रचना और उसकी विचारधारा के बीच किसी फाँक की कल्पना नहीं कर पाते? हालाँकि हम अपने अनुभव से यह जातने हैं कि साहित्यिक दुनिया में सदा यह हो ही, यह संभव नहीं। शेक्सपीयर, ग़ालिब और टी.एस. इलियट आदि की विचारधारा और उनका साहित्य यह प्रमाणित करता है कि रचना और रचनाकर की विचारधारा के बीच एक छलपूर्ण संबंध होता है।

मुक्तिबोध रचना और जीवन के बीच भी किसी प्रकार की फाँक को स्वीकार नहीं करते। वे रचनाकार और आलोचक दोनों से यह अपेक्षा करते हैं कि वे जीवन और रचना की इस दूरी को पाट सकें तो बेहतर। यहाँ अज्ञेय के उस वाक्य की याद आना स्वाभाविक है जो उन्होंने टी. एस. इलियट से प्रभावित होकर कहा था। वह अतिप्रसिद्ध वाक्य है–"कलाकार जितना संपूर्ण होगा, उतना ही उसके भीतर भोगने वाले प्राणी और रचनेवाली मनीषा का पृथकत्व स्पष्ट होगा।"[16] अज्ञेय का यहाँ जोर 'पृथकत्व' पर है। मुक्तिबोध अनुभव करनेवाले और रचनेवाले की स्थिति को स्वीकार करते तो हैं पर दूसरे दृष्टिकोण से। वे लिखते हैं–"वास्तविक जीवन जीते समय, संवेदनात्मक अनुभव करना और साथ ही ठीक उसी अनुभव के कल्पना–चित्र प्रक्षेपित करना–ये दोनों कार्य एक़दम एक साथ नहीं हो सकते। उसके लिए मुझे घर जाकर अपने में विलीन होना पड़ेगा।"[17] मुक्तिबोध का जोर 'विलीन' पर है। क्या सरलीकरण का खतरा उठाते हुए यह कहा जा सकता है कि अज्ञेय के लिए मुक्ति का प्रश्न वैयक्तिक है और मुक्तिबोध के लिए सामाजिक। ऐसा इसलिए भी कि मुक्तिबोध ने सबके साथ मुक्ति की बात की थी और अज्ञेय को सबके साथ 'बहना रेत होना' लगा था। इस तुलना का यह उद्‌देश्य यह बताना क़दापि नहीं है कि कौन इसमें श्रेष्ठ है और कौन हीन। हिंदी में अज्ञेय और मुक्तिबोध दो ध्रुवांतों की तरह देखें गये

हैं। हम यह भी भूल जाते हैं कि दोनों 'नयी कविता' के कवि थे इसलिए उनकी साझा रचनात्मक समस्याएँ भी हो सकती हैं। 'वस्तु और विषय', 'मुद्रित कविता और पाठ्य कविता', 'रचना का माध्यम'–ये कुछ ऐसे बिंदु हैं जहाँ अज्ञेय और मुक्तिबोध एक ही तरह का गंभीरता से विचार करते हैं। हाँ, यह भी स्मरणीय है कि इन धारणाओं का विकास और परिवर्धन दोनों ने अपने–अपने तरीके से किया है। दरअसल ये दो नजरियों को हमारे सामने उपस्थित करते हैं जिनकी सम्मिलित उपस्थिति से हिंदी साहित्य का लोकतंत्र सुदृढ़ हुआ है।

मुक्तिबोध आलोचना की वैचारिकी ही केवल प्रस्तुत नहीं करते बल्कि उसकी व्यावहारिकी भी हमारे सामने रखते हैं। तात्पर्य यह कि समीक्षक या आलोचक जब आलोचना करने की शुरुआत करे तो किन–किन चीजों का खयाल रखे। वे लिखते हैं–"यह आवश्यक है कि हम उसकी सब रचनाओं को देखें, और यदि वह कहानीकार और निबंधकार भी है, तो उसकी उन रचनाओं को भी पढ़ा जायें। तब इस समग्र को पढ़कर लेखक–व्यक्तित्व की आनुमानिक आकृति अपने सामने उपस्थित करें। जहाँ उसका विरोध करना है, उसके विचित्र तत्वों की प्रतिकूल आलोचना करनी है, वह अवश्य ही करें। किंतु यह सब जल्दबाजी में न हो, अपने किसी पूर्वप्राप्त सिद्धांत अथवा मान्यता की पुष्टि ही के लिए, उसी लेखक के अन्य उदाहरणों को छोड़कर, न हो।"[18] यहाँ मुक्तिबोध आलोचक के लिए दूसरी शर्त रख रहे हैं। उसका पूर्वग्रह से मुक्त होना आवश्यक है। अगली बात यह कि जिस लेखक का मूल्यांकन वह करने जा रहा है उसका सब–कुछ लिखा हुआ उसे पढ़ना होगा। तीसरी बात यह कि वह अपने किसी सिद्धांत की स्थापना के लिए उस लेखक का सहारा न ले। उसका यह काम है कि वह रचना की जमीन से आलोचना को पल्लवित करे। यह तो हुई विश्लेषण से पहले की तैयारी। विश्लेषण के दौरान किन बातों का ध्यान रखना होगा, इन्हें इस उद्धरण में देखिए–"समीक्षक का प्रथम कर्त्तव्य यह है कि वह किसी भी कलाकृति के अंतर्तत्वों को–उसके प्राण–तत्वों को–भावना–कल्पना को हृदयंगम करे, और एक विशेष दिशा की ओर प्रवाहित अंतर्धारा की गति को, और उसकी अंतिम परिणति को, सहानुभूतिपूर्वक अच्छी तरह समझे और तदुपरांत उसका विश्लेषण करे। किसी भी कलाकृति के भीतर जो गतिमान तत्व होते हैं, उनके अर्थ व्यापक होते हैं। अतएव उन तत्वों के अंतःसंबंध, उन अंतःसंबंधों के समुच्चय की विशेष गठन कम महत्त्वपूर्ण नहीं होती।"[19]

आलोचक के लिए यह जरूरी है कि वह रनचाकार की भावना और उसकी कल्पना को संवदेनात्मक धरातल पर समझ सके। समझने के साथ–साथ यह भी आवश्यक है कि उसकी भावना और कल्पना के, अर्थात् रचना के भीतर से उभरती हुई वैचारिक एवं कलात्मक परिणति को भी समझकर उनका विश्लेषण करे। मतलब यह कि अगर रचना में लेखक हँसाए या रुलाए तो आलोचक हँस–रो ले। पर उसके बाद यह सवाल वह जरूर करे कि यह हँसना–रोना हमें कहाँ ले जाता है। फिर यह हँसना–रोना पूरी कृति की प्रतीति में कैसी और कितनी भूमिका निभाता है? तात्पर्य यह कि आलोचक के पास एक छन्नी भी होनी चाहिए जिससे वह यह पता करने की स्थिति में रहे कि रचनाकर ने युग–सत्य में कितनी कल्पना मिलाई है। यह सब तभी संभव है जब समीक्षक साहित्य या साहित्य–प्रवृत्ति के साथ एक निरपेक्ष संबंध अपने स्तर पर स्थापित कर सके। मुक्तिबोध ने लिखा है–"किसी काव्य–प्रवृत्ति के आधारभूत मानव–जीवन से जब तक समीक्षक एक–साथ आत्म–निरपेक्ष आत्म–संबंध स्थापित नहीं करता, तब तक वह समग्र तथ्यों को, उन तथ्यों के अपने निजी विशेष स्वरूप में, उनके अपने अंतःसंबंधयुक्त सर्वांगीण रूप में उपस्थित ही नहीं कर सकता।"[20] आगे वे लिखते हैं–"किसी भी प्रवृत्ति–विशेष के स्वरूप का अध्ययन तब हो सकता है, जब उस साहित्य–प्रवृत्ति की आंतरिक विशेषताओं के अध्ययन के साथ–ही–साथ, उस प्रवृत्ति के भीतर झलकती हुई व्यक्ति–स्थिति, वर्ग–स्थिति, समाज–स्थिति और उन सबके परस्पर अंतःसंबंध हम आत्मगत करें, और उन सबके स्वरूप का वस्तुगत विश्लेषण करते हुए, हम उएस प्रवृत्ति–विशेष का प्रतिनिधित्व करनेवाली मुख्य–मुख्य और कुछ–कुछ गौण कलाकृतियों का सर्वांगीण अध्ययन करें, व्यापक जीवन–दृष्टि से।"[21]

स्थिति का वस्तुगत विश्लेषण मुक्तिबोध को काम्य है जो आलोचक द्वारा प्रवृत्ति–विशेष के साथ आत्म–निरपेक्ष आत्म–संबंध स्थापित करने पर ही संभव है। यह आत्म–निरपेक्ष आत्म–संबंध ही आलोचक को तत्वाभिनिवेशी बनाता है। यह आत्मनिरपेक्षता केवल रचना के सम्मुख ही आवश्यक नहीं बल्कि यथार्थ के साथ भी जरूरी है। रचनाकार और आलोचक दोनों यथार्थ से अपना रिश्ता बनाते हैं। आलोचक को यह काम दोहरे स्तर पर करना पड़ता है। मुक्तिबोध ने इसकी चर्चा करते हुए लिखा है–"स्थिति–मर्यादा, ज्ञान–सीमा, सत्य–बोध की आपेक्षिक

क्षमता और अक्षमता को ध्यान में रखकर आलोचक को, मूलतः यथार्थ के सम्मुख नम्र और आत्म–निरपेक्ष होना आवश्यक है। यथार्थ को इस प्रकार हृदयंगम करके ही, उसके मूल स्वरूप को संवेदनात्मक और ज्ञान–संवेदनात्मक पद्धति से आत्मसात् करके ही, समीक्षक उसकी गति को विशेष दिशा देने का प्रयत्न कर सकता है।, अन्यथा नहीं।''[22] रचनाकार यदि अभिव्यक्ति के सहारे यथार्थ को विशेष दिशा देने का प्रयत्न करता है तो आलोचक उस यथार्थ को आत्मसात् करते हुए विश्लेषण के माध्यम से प्रस्तुत करता है। रचना में विश्लेषण अंतमुक्ति होता है जिबकि आलोचनात्मक विश्लेषण में रचनात्मकता अंतर्भुक्त होती है। अकारण नहीं है कि मुक्तिबोध ने अपनी अवधारणा 'आभ्यंतरीकरण'–के सहारे यह स्पष्ट करने का प्रयास किया है कि रचना में रचनाकार कितना है और उसका समाज कितना।

कई बार हमें एक ही रचना पर अनेक आलोचकों के मत प्राप्त हो जाते हैं। उदाहरण के लिए *कामायनी* पर ही आचार्य रामचंद्र शुक्ल, पं. नंददुलारे वाजपेयी, डॉ. नगेन्द्र, रामधारी सिंह दिनकर और स्वयं मुक्तिबोध के अध्ययन उपलब्ध हैं। इन सबने अपने–अपने तरीके से *कामायनी* की व्याख्या और उसका मूल्यांकन करने का प्रयास किया है। इन सबका अलग–अलग दृष्टिकोण है। अपने–अपने आग्रह हैं। समग्रता में इन सबको कैसे देखा जाये? इस विषय पर भी मुक्तिबोध ने रास्ता सुझाया है। वे लिखते हैं–''यह सही है कि प्रत्येक समीक्षक के अपने–अपने आग्रह होंगे, अपने–अपने अनुरोध होंगे। किंतु इन आग्रहों और अनुरोधों को सार्थकता तभी प्राप्त होगी जब वह आग्रह वास्तविक कलात्मक मूल्यों और जीवन–मूल्यों पर–एक साथ दोनों पर–आधारित होगा। इन आग्रहों और अनुरोधों में सार्थकता तभी आयेगी जब समीक्षक स्वयं भीगा हुआ हो, वृथा–भावुक या वृथा–बौद्धिक न हो। भीगकर कही हुई जीवन–विवेकपूर्ण जरा–सी बात का मूल्य सैद्धांतिक आवेश के प्रवाह से कही अधिक होता है। समीक्षक यदि स्वयं भीगा हुआ है, मानव–हृदय और मानव–प्रकृति में यदि वह मर्म–दृष्टि रखता है, अनुभवसंपन्न भाव–गंभीर विश्लेषण कर सकता है, ज्ञानात्मक संवेदनों से और संवेदनात्मक ज्ञान से परिपूर्ण है, तभी वह घनिष्ठ और आत्मीय बनकर उपस्थित हो सकता है–पाठक और लेखक दोनों का आत्मीय। यदि साहित्य–सृजन एक संघर्ष है–अभिव्यक्ति के मार्ग का संघर्ष–समीक्षा एक प्रेम–दर्शन है। ऐसा प्रेम–दर्शन जो आवश्यकता पड़ने पर अतिशय कठोर होता है, किंतु सामान्यतः उदार और कोमल रहता है।''[23]

साहित्य–सृजन एक संघर्ष है और समीक्षा एक प्रेम–दर्शन है। इस सूत्र वाक्य से स्पष्ट है कि आलोचना या समीक्षा रचना–कर्म से कोई अलग वस्तु नहीं। साहित्य–सृजन अभिव्यक्ति के कारण संघर्ष है औरप समीक्षा रचना, रचनाकार और पाठक के प्रति दायित्व के कारण प्रेम–दर्शन है। संघर्ष के क्षणों में यदि प्रेम का एक घूँट मिल जाये तो कितनी ऊर्जा हमें प्राप्त होती है यह हमारे रोजमर्रा के अनुभव से छिपा नहीं है। यह बात भी साफ है कि आलोचना या समीक्षा रचना के मार्ग को ही प्रशस्त करने के लिए है। मुक्तिबोध लिखते हैं–"समीक्षक का कर्त्तव्य अपनी कठोर आलोचक दृष्टि और कोमल संवेदनात्मक भावुक दृष्टि, इन दोनों के योग द्वारा लेखक ही के मार्ग को सुगम और प्रशस्त करना होना चाहिए.....समीक्षक स्वयं अपने विश्लेषणों और व्याख्याओं द्वारा, वास्तविक कला–समीक्षा द्वारा, बुरे को अच्छे से अलग करते हुए, अच्छे को बीनते और चुनते हुए, साहित्य–क्षेत्र में मानव–आस्था का वातावरण निर्माण कर सकता है। मानव–आस्था अच्छे कार्यों से उत्पन्न होती है, और इस प्रकार के अनेक कार्य–केंद्रो से वह सर्वत्र प्रसारित होती है। समीक्षक अपने कर्म द्वारा यदि इस प्रकार विश्वसनीय बनने का प्रयत्न करता है, तो वह उचित ही है।"[24] यहाँ मुक्तिबोध आलोचक के एक गहरे दायित्व की ओर हमारा ध्यान ले जा रहे हैं वह है साहित्य–क्षेत्र में मानव–आस्था का वातावरण निर्मित करना। इस वातावरण के लिए दिलचस्पी, लगाव, निरपेक्षता, विवेक और सहृदयता आवश्यक है।

रचना के लिए मार्ग सुगम करने और उसके संघर्ष में प्रेम–दर्शन की तरह उपस्थित होने का तात्पर्य यह नहीं है कि रचना में व्याप्त कमजोरी का निषेध या विरोध न किया जाये। पर हमें यह छोटी–सी बात याद रखनी होगी कि यदि हम अपनी तर्जनी किसी की ओर उठाते हैं तो हमारी अपनी ही तीन अँगुलियाँ हमारी तरफ संकेत कर रही होती हैं। इस उदाहरण से मतलब इतना ही है कि आलोचक रचना में व्याप्त कमजोरी का विरोध करने के लिए स्वतंत्र है पर उसे भी आलोचना के लिए तैयार रहना होगा। मुक्तिबोध ने लिखा है–"लेखक में जो भी जहाँ भी अवांछनीय है, उसका निषेध और विरोध आवश्यक है। लेकिन समीक्षक उसे अवांछनीय क्यों समझता है? अवांछनीय क्या है, कहाँ है? उसका उद्गम–स्रोत क्या है? उसका स्वरूप क्या है? उसका परिणाम क्या है? और वह अवांछनीय यदि सचमुच अवांछनीय है तो उसे कुछ

लोग वांछनीय क्यों समझते हैं? उनकी दृष्टि क्या है? उनकी दृष्टि कें तत्व क्या हैं? वे कौन लोग हैं? उनके अपने मूलाधार उनके लिए क्यों प्रिय हैं? और क्या वे मूलाधार सही नहीं हैं? नहीं हैं तो क्यों नहीं हैं? और वे गलत हैं तो क्यों गलत हैं? क्या सहीपन में गलती का मेल है? और यह हालत है तो सहीपन की मात्रा क्या है? गलती की मात्रा क्या है? सहीपन और गलती का मेल किस जगह है?"[25] इस उद्धरण से यह स्पष्ट है कि आलोचक केवल फतवा दे कर नहीं बच सकता। उसे असहमत होने का पूरा अधिकार है पर उसे अपनी असहमति की पूरी विवेचना करनी होगी। उसे अपनी असहमति को पुष्ट प्रमाणों से समर्थित करना होगा।

मुक्तिबोध अपने आलोचनात्मक लेखन में आलोचक और लेखक के साहचर्यपूर्ण संबंध पर बल देते हैं वे यह भी हमारे सामने प्रस्तुत करते हैं कि आलोचक और लेखक ईर्ष्या के परस्पर पात्र नहीं बल्कि एक ही मार्ग के सहयात्री हैं। इस सहयात्रा में एक–दूसरे से थोड़ी प्रतियोगिता भी हो तो कोई हर्ज नहीं पर यह नहीं होना चाहिए कि जीवन–सत्य तक पहुँचने की इस यात्रा में कोई किसी को लंही मार दे। एक–दूसरे से असहमति, विवाद और एक–दूसरे का निषेध जरूर हो सकता है पर आत्मीयता का तंतु बिना तोड़े। रचनाकार और आलोचक बिना किसी ऑकड़ के एक–दूजे के साथ रहकर विचार कर सकते हैं। रचना का अगर यह ध्येय है कि वह जीवन की अभिव्यक्ति और व्याख्या करे तो आलोचना का भी यही मूल उद्‌देश्य है। इसलिए आलोचक का यह कर्त्तव्य है कि वह जीवन के नए मोड़ों और उनकी साहित्यिक अभिव्यक्ति का आकलन करें। ईमानदारी दोनों ओर से अपेक्षित हैं इसी ईमानदारी, आत्मीयता और साहचर्य से कसौटी का निर्माण हो सकता है जिस पर जीवन और रचना की परख हो सकती है। मुक्तिबोध ने लिखा है–"लेखक यह समझ सके कि समीक्षक उसका शत्रु नहीं, उसका मित्र है, उसका भ्राता।"[26]

संदर्भ :

1. *हिंदी के विकास में अपभ्रंश का योग,* डॉ. नामवर सिंह, लोकभारती प्रकाशन, इलाहाबाद, 1999 ई. पृ. 301
2. *मुक्तिबोध* रचनावली (खंड 5), सं. नेमिचंद जैन, राजकमल प्रकाशन, नयी दिल्ली, 1998 ई., पृ. 140

3. मुक्तिबोध रचनावली (खंड 4), सं. नेमिचंद जैन, राजकमल प्रकाशन, नयी दिल्ली, 1998 ई., पृ. 50
4. मुक्तिबोध रचनावली (खंड 5), वही, पृ. 83
5. वही,
6. मुक्तिबोध रचनावली (खंड 4), वही, पृ. 20
7. *साहित्य क्यों?* विजयदेवनारायण साही, प्रदीपन एकांश, इलाहाबाद, प्रथम संस्करण, 1988 ई., पृ. 27
8. *मुक्तिबोध रचनावली* (खंड 4), वहीं, पृ. 115,
9. वही, पृ. 135
10. *हिंदी साहित्य का इतिहास,* आचार्य रामचंद्र शुक्ल, नागरीप्रचारिणी सभा, बनारस, 1999 ई., पृ. 305
11. मुक्तिबोध रचनावली (खंड 5), वही, पृ. 152
12. वही, पृ. 90
13. वही, पृ. 119
14. वही, पृ. 84
15. हिंदी साहित्य का इतिहास, आचार्य रामचंद्र शुक्ल, वही, पृ. 139
16. सर्जना और संदर्भ, अज्ञेय, नेशनल पब्लिशिंग हाउस, नयी दिल्ली, प्रथम संस्करण, 1985 ई., पृ. 20
17. मुक्तिबोध रचनावली (खंड 4), वही, पृ. 67
18. मुक्तिबोध रचनावली (खंड 5), वही, पृ. 133
19. वही, पृ. 139
20. वहीं, पृ. 138
21. वही, पृ. 155
22. वही, पृ. 149
23. वही, पृ. 152
24. वही, पृ. 156
25. वही, पृ. 157
28. वही, पृ. 359

◆ ◆ ◆

रचना–प्रक्रिया की समस्याएँ

संदीप दुबे

परिचय

अशोक वाजपेयी कहते हैं कि "मुक्तिबोध परिणति के नहीं, निरन्तर प्रक्रिया के कवि हैं।"[1] मैं इसको अपने ढंग से इस तरह कहूँगा–मुक्तिबोध परिणति के उद्‌देश्य से बाध्य होनेवाले एक निरन्तर प्रक्रिया के कवि हैं। यह एक–दूसरी बात है कि जो उद्‌देश्य है वह कितना प्राप्य या किस तरह से प्रत्यक्ष है। इस लेख का लक्ष्य भी इस निरन्तर प्रक्रिया और उस प्रक्रिया को परिणति की ओर दिशा–प्रवाहित करनेवाले उद्‌देश्य को समझना है। इस लेख में मैंने मुक्तिबोध की रचना–प्रक्रिया को उनके सैद्धान्तिक लेखन और उनकी कविता के माध्यम से समझने का प्रयास किया है।

मुक्तिबोध की रचना–प्रक्रिया के सिद्धान्त को दो चरणों में समझा जा सकता है। पहले चरण की उपलब्धि है उनका मौलिक लेख 'तीसरा क्षण' (1958) ; और दूसरा चरण उनकी 'रचना–प्रक्रिया' के अन्तर्गत आनेवाले लेख हैं जो उन्होंने 1958 के बाद लिखे थे। मुझे लगता है कि उनका सबसे चर्चित लेख 'तीसरा क्षण', उनकी रचना–प्रक्रिया के सिद्धान्त के कई पक्षों की व्याख्या नहीं करता। भले ही 'तीसरा क्षण' उनका सबसे स्पष्ट लेख हो परन्तु रचना–प्रक्रिया को देखने का उसका नजरिया अभिव्यक्ति–निर्माण तक ही सीमित है। मुक्तिबोध के 1958 के बाद के लेखों में, रचना–प्रक्रिया को वृहत्तर जीवन के सन्दर्भ में देखा गया है। इन लेखों में यह बात सामने आती है कि अभिव्यक्ति को समझने के लिए उस जीवन को समझना होता है जिसे कवि व्यक्त कर रहा है, और यह समझना होता है कि वह अभिव्यक्ति किस तरह से अभिव्यक्त करनेवाले कवि से जुड़ी है।

इस लेख को मैंने तीन भागों में बाँटा है–पहला भाग, तीन क्षण के सिद्धान्त फैंटेसी और पुनर्रचित जीवन तथा सौन्दर्यानुभव पर विचार करता है; दूसरा भाग, कुछ विशेष संकल्पनाओं जैसे ज्ञान, संवेदनात्मक उद्‌देश्य, और मुक्तिबोध की कविता 'अँधेरे में' पर विचार करता है; और अन्तिम भाग, इस विश्लेषण से निकली समस्याओं को प्रस्तुत करता है। यह लेख एक विश्लेषण है मुक्तिबोध के दो चरणों में विकसित

'रचना–प्रक्रिया के सिद्धान्त' का। यह तुलनात्मक विश्लेषण मुक्तिबोध संकलित रचनावली में जो *रचना प्रक्रिया, एक साहित्यिक की डायरी* शीर्षक में संकलित आलेखों और उनकी कविता 'अँधेरे में' पर आधारित है।

कला के तीन क्षण

मुक्तिबोध का सबसे चर्चित सिद्धान्त है–कला के तीन क्षण। इस सिद्धान्त की व्याख्या उनके मौलिक लेख 'तीसरा क्षण' में की गयी है। यह सिद्धान्त, रचना–प्रक्रिया को तीन क्षणों में विभाजित करता है। ये तीन क्षण हैं :

> "कला का पहला क्षण है जीवन का उत्कट तीव्र अनुभव–क्षण। दूसरा क्षण है उस अनुभव का अपने कसकते–दुखते हुए मूलों से पृथक हो जाना, और एक ऐसी फैंटेसी का रूप धारण कर लेना, मानो वह फैंटेसी अपनी आँख के सामने ही खड़ी हो। तीसरा और अन्तिम क्षण है इस फैंटेसी के शब्द–बद्ध होने की प्रक्रिया का आरम्भ और उस प्रक्रिया की परिपूर्णावस्था तक की गतिमानता।"[2]

तो तीन क्षण हैं–अनुभव–क्षण, फैंटेसी, और शब्द–बद्ध होने की प्रक्रिया। क्यों इस सिद्धान्त को क्षणों के रूप में संकल्पित किया गया है? एक वजह हो सकती है : रचना–प्रक्रिया को अनुक्रमित करना और क्षण को एक संचयित प्रतिनिधित्व के रूप में समझना। कला का पहला क्षण यानी अनुभव–क्षण ही, सही मायनों में, क्षणिक है। यह क्षण तीव्र होता है और अपने धक्के से रचना–प्रक्रिया को आरम्भिक दिशा प्रदान करता है। कला के बाकी दो क्षणों के भीतर एक मर्म होता है जो रूपान्तरित होता रहता है। कला के दूसरे क्षण यानी फैंटेसी में वैयक्तिक अनुभव रूपान्तण द्वारा निर्वैयक्तिक हो जाता है। इसके कारण फैंटेसी कभी भी कवि के व्यक्तिगत अनुभव से अपने–आपको बाध्य नहीं मानती। रचना–प्रक्रिया में इसलिए अभिव्यक्ति की अपनी स्वायत्तता होती है। लेकिन रचना–प्रक्रिया कवि के व्यक्तिगत अनुभव से ही आरम्भ होती है। इसका अर्थ यह नहीं है कि अभिव्यकित व्यक्तिगत है, बल्कि वह अनुभवबद्ध है। कला के तीसरे क्षण यानी शब्द–बद्ध होने की प्रक्रिया में, यह निर्वैयक्तिक अनुभव फैंटेसी में रूपान्तरित होता है, और उद्देश्य से प्रेरित हो उस फैंटेसी को शब्द–बद्ध कर देता है। तीन क्षणों के इसी

सिद्धान्त का एक विस्तारित विवरण भी है जहाँ रचना–प्रक्रिया को द्वन्द्वात्मक प्रक्रिया के रूप में देखा गया है। इस विवरण में, फैंटेसी अनुभव और दृष्टि के बीच के द्वन्द्व से उत्पन्न होती है, और, अभिव्यक्ति, भाव और भाषा के बीच के द्वन्द्व से।

फैंटेसी और पुनर्रचित जीवन

'तीसरा क्षण' में, कला के तीन क्षणों का जो विस्तारित विवरण है उसमें, फैंटेसी को अनुभव और दृष्टि की द्वन्द्वात्मक प्रक्रिया का उच्चतर स्तर माना गया है। द्वन्द्वात्मक प्रक्रिया के शुरुआती चरण में, अनुभव को स्थिति–बद्ध और संवेदन के रूप में देखा गया है; और दृष्टि को स्थिति–मुक्त और ज्ञान के रूप में देखा गया है। इस विस्तारित विवरण में, यह प्रकल्पित है कि कवि स्वाभाविक तौर पर, दोनों का अनुभव करने की, और उस अनुभव की महत्ता को समझने की, या विशेष दृष्टि रखने की, क्षमता रखता है। इस द्वन्द्वात्मक प्रक्रिया में महत्त्वपूर्ण चरण तब आता है जब अनुभव और दृष्टि बदलने लगते हैं। यह ऐसे होता है:

> "...जब यह क्षण बहुत आगे तक प्रवाहित हो जाता है, तब आत्मपरकता में भी एक निर्वैयक्तिकता और निर्वैयक्तिकता में भी आत्मपरकता उत्पन्न हो जाती है, मानो स्थिति–मुक्त दृष्टि को अपनी स्थितिबद्धता प्रदान कर उसने अपने लिए स्थिति–मुक्तता ले ली हो।"[3]

इस विवरण में, दृष्टि में सिथति–बद्धता के लक्षण आ जाते हैं, और अनुभव में स्थिति–मुक्तता के। इस फेर–बदल में, संवेदनात्मक ज्ञान और ज्ञानात्मक संवेदना की उत्पत्ति होती है। रचना–प्रक्रिया का एक महत्त्वपूर्ण पहलू यह है कि उसमें ज्ञान और संवेदना हमेशा किसी–न–किसी तरह एक–दूसरे में निहित होते हैं

मुक्तिबोध के रचना प्रक्रिया लेख में, हम ऐसा मान सकते हैं कि फैंटेसी को पुनर्रचित जीवन की संकल्पना द्वारा समझा जा सकता है। ऐसा इसलिए है क्योंकि फैंटेसी एक आन्तरिक प्रक्रिया है, और पुर्रचित जीवन भी इसी प्रकार आन्तरिक मनोमय प्रक्रिया का अंग है। लेकिन इन दोनों संकल्पनाओं या व्याख्याओं में दृष्टिकोण का फर्क है। फैंटेसी की संकल्पना, अभिव्यक्ति–निर्माण के सन्दर्भ में है और पुनर्रचित जीवन की, वास्तविक या भोगे हुए जीवन के सन्दर्भ में। अब हम पुनर्रचित जीवन की प्रक्रिया पर थोड़ा प्रकाश डालते हैं। पुनर्रचित जीवन की प्रक्रिया,

विशिष्ट वास्तविक या भोगे हुए जीवन से सामान्य पुरर्नचित या मनोमय जीवन की ओर जाने की प्रक्रिया है। इस सन्दर्भ में आगे दिये हुए विवरण पर विचार करते हैं :

"जीवन की पुनर्रचना की प्रक्रिया : (1) वास्तविक जिये और भोगे जानेवाले जीवन की पुनर्रचना का सारतः एक होकर भी उससे अलग होना और अलग होकर भी सारतः एक होना; (2) कलाकृति जिस जीवन का बिम्बात्मक या भावात्मक प्रतिनिधित्व कर रही है, उस जीवन के समान सारी वास्तविकताओं और तत्सदृश सब सम्भावनाओं का भी प्रतिनिधित्व करना, दूसरे शब्दों में, सामान्यीकरण होना।"[4]

यह विवरण पुनर्रचित जीवन से जुड़ी हुई दो बातों को प्रस्तुत करता है–पहली, सारभूत समानता और अलगाव की, और दूसरी प्रतिनिधित्व की। यह अलगाव इसलिए है क्योंकि पुनर्रचित जीवन, वास्तविक जीवन से 'कुछ अधिक' होता है। क्योंकि पुनर्रचित जीवन न सिर्फ़ वास्तविकताओं का प्रतिनिधित्व करता है बल्कि सम्भावनाओं का भी; इसलिए, ऐसा माना जा सकता है कि पुनर्रचित जीवन, वास्तविक जीवन से अधिक होता है। लेकिन प्रतिनिधिकता तभी आयेगी जब ये वास्तविकताएँ और सम्भावनाएँ, कवि के परिवेश और समय से सम्बन्ध रखती हों। और, ये सम्भावनाएँ हैं क्या? कवि इन्हें समझता कैसे है क्योंकि इन्हें वास्तविकताओं की तरह भोगा तो नहीं जा सकता। मुक्तिबोध कहते हैं कि यह सम्भावनाएँ काल्पनिक भी हो सकती हैं।

दोनों संकल्पनाएँ, फैंटेसी और पुनर्रचित जीवन, मूलतः अनुभव और ज्ञान से सम्बन्ध रखती हैं। पुनर्रचित जीवन में ज्ञान की व्याख्या को हम अगले भाग में देखेंगे। जहाँ तक अनुभव का प्रश्न है, वह दोनों संकल्पनाओं में प्रक्रिया के अन्त तक बदल जाता है। फैंटेसी में, अनुभव स्थिति–बद्धता और वैयक्तिकता से रूपान्तरित हो स्थिति–मुक्त और निर्वैयक्तिक हो जाता है। और पुनर्रचित जीवन में वास्तविक जीवन का अनुभव एक ऐसी दिशा में ओर प्रवृत्त हो जाता है जहाँ केवल वास्तविकताओं की ही नहीं, बल्कि सम्भावनाओं की भी उपस्थिति है। अभी के लिए हम इस सम्भावित उपस्थिति को मानकर चलते हैं।

सौन्दर्यानुभव क्या है?

यह सवाल इसलिए महत्त्वपूर्ण है क्योंकि मुक्तिबोध के सिद्धान्तों में, दूसरों के मुकाबले, सौन्दर्य की संकल्पना एक अलग पहलू पर केन्द्रित

है। 'तीसरा पक्ष' में, एस्थेटिक एक्सपीरियेन्स यानी सौन्दर्यानुभव को 'प्रसन्न' भावना, जो जीवन के नए–नए अर्थ खोजते समय उत्पन्न होती है, और, अर्थ के महत्त्व की जागरुकता के रूप में देखा गया है। लेकिन, यह अर्थ व्याख्यात्मक या दार्शनिक ढंग से नहीं खोजे जाते, वे फैंटेसी में स्वयं उत्पन्न हो जाते हैं।[5] इसका क्या मतलब है कि स्वयं उत्पन्न होते हैं? यह अर्थ जीवन–संवेदनाओं या जीवनानुभवों द्वारा उत्पन्न होता हैं यह महत्त्वपूर्ण बात है। मुक्तिबोध की रचना–प्रक्रिया में जीवनानुभवों की प्रधानता की ओर इशारा करती हैं मुक्तिबोध इस बात को अधिक स्पष्ट तरीके से अपने 1958 के बाद के लेखों में रखते हैं। इन लेखों में सौन्दर्य की व्याख्या, सौन्दर्यानुभव के अतिरिक्त, *एस्थेटिक इमोशन* यानी सौन्दर्य–भावना, और सौन्दर्यानुभव के क्षण के रूप में की गयी है। *एस्थेटिक इमोशन* को संवेदनात्मक उद्‌देश्य की दिशा में, आह्लाद की भावना और ज्ञान के प्रकाश के रूप में देखा गया है।[6] इस व्याख्या में भी, *एस्थेटिक सक्सपीरियेंस* की भाँति, दो पहलू मौजूद हैं–भावना या संवेदना और ज्ञान या महत्त्व की जागरुकता। सौन्दर्यानुभव के क्षण को, एक निजबद्धता से हटकर विस्तारित होने की भावना के रूप में देखा गया है।[7]

मुक्तिबोध कहते हैं कि रचना–प्रक्रिया के हर स्तर पर अलग–अलग प्रकार के सौन्दर्यानुभव होते हैं। 'तीसरा क्षण' में सौन्दर्यानुभव को अर्थ के सम्बन्ध में समझा गया है, और इसलिए, हम उसे फैंटेसी के दौरान का सौन्दर्यानुभव मान सकते हैं। लेकिन, मुक्तिबोध ने कहीं भी किसी भी सौन्दर्यानुभव को अनुभव–क्षण से सम्बन्धित नहीं दिखाया है। क्या अनुभव–क्षण भी एक प्रकार का सौन्दर्यानुभव हो सकता है?

मुक्तिबोध सैद्धान्तिक रूप से मानते हैं कि सौन्दर्यानुभव का क्षण और कलात्मक अभिव्यक्ति दो अलग–अलग चरण हैं रचना–प्रक्रिया के। यह अनिवार्य नहीं है कि सौन्दर्यानुभव के क्षण के तुरन्त बाद कवि उसे शब्दबद्ध करे। एक ओर, कलात्मक अभिव्यक्ति की प्रक्रिया अभ्यास और संशोधन की बात है और दूसरी ओर, सौन्दर्यानुभव क्षणिक–अवस्था और अव्यवहित की बात है।

मुक्तिबोध कहते हैं कि जीवनानुभव हमें अपने वास्तविक जीवन से प्राप्त होते हैं, और यह वास्तविकता उनके निम्न–मध्यम वर्ग से सम्बन्ध रखती है। उनके वर्ग में संघर्ष का आधिक्य है, और यह संघर्ष है

रोजमर्रा जिन्दगी का। इसलिए वे कहते हैं कि सौन्दर्यानुभव रोजमर्रा जिन्दगी का भाव है जो साधारण जन को बाज़ार से सब्जी खरीदते वक़्त भी हो सकता है। सिद्धान्त के तौर पर, अनुभव इतने क्षणिक इसलिए होते हैं क्योंकि वे अनगिनत होते हैं, और वे अनगिनत इसलिए होते हैं, क्योंकि वे रोजमर्रा की जिन्दगी से वास्ता रखते हैं। इसका अर्थ यह नहीं है कि हर अनुभव, सौन्दर्यानुभव होता है। तो, एक तरह से हम कह सकते हैं कि सौन्दर्यानुभव जो रोजमर्रा जीवन के सम्बन्ध में भोगे जाते हैं, उन्हें हम पहले अनुभव–क्षण के रूप में देख सकते हैं। मुक्तिबोध की सौन्दर्यानुभव की संकल्पना, सौन्दर्यानुभव को रोजमर्रा के अनुभव से जोड़कर, सामान्य जन के समीप लाती है–यह उनकी रचना–प्रक्रिया के सिद्धान्त का एक महत्त्वपूर्ण मोड़ है।

संवेदनात्मक उद्देश्य क्या है?

रचना–प्रक्रिया के एक लेख में मुक्तिबोध कहते हैं कि कलात्मक अभिव्यक्ति की प्रेरणा संवेदनात्मक उद्‌देश्य है।[8] 'तीसरा क्षण' में उद्‌देश्य की भूमिका जरूर दिखाई देती है लेकिन, उसको एक केन्द्रीय संकल्पना के रूप में, *रचना–प्रक्रिया* के लेखों में ही देखा गया है। तो क्या है आखिर यह केन्द्रीय संवेदनात्मक उद्‌देश्य? हम अपनी चर्चा निम्नलिखित विवरण से शुरू करते हैं :

> "**संवेदना के आग्रह**–अर्थात् संवेदनात्मक उद्‌देश्य, जिसमें इच्छा के तत्व भी मिले रहते हैं–उनके बल से, उनके जोर से, उसकी विधायक कल्पना जीवन की एक पुनर्रचना कर बैठती है।"[9]

इस विवरण में, संवेदनात्मक उद्‌देश्य को 'आग्रह' के रूप में और 'इच्छा' से जोड़ते हुए देखा गया है। और, उसे कल्पना के लिए एक शक्ति–स्रोत की तरह भी देखा गया है। अगर 'तीसरा क्षण' में कल्पना ने आत्मनिर्भरता से फैंटेसी के रूपान्तरण में भूमिका निभाई है, तो यहाँ कल्पना की भूमिका संवेदनात्मक उद्‌देश्य पर आश्रित दिखाई गयी हैं। आगे बढ़ते हुए, यह आग्रह या इच्छा है किसके प्रति? ऊपर दिया गया विवरण सिर्फ़ पुनर्रचित जीवन की बात करता है, जो रचना–प्रक्रिया का मध्यवर्ती चरण है, न कि ऐसा आग्रह या इच्छा जो किसी अन्त के प्रति हो। शायद आगे दिया हुआ विवरण कुछ मदद कर सके :

"**संवेदनात्मक उद्देश्य, भोक्तृ**–मन के उस स्व–चेतन आवेग से उत्पन्न होते हैं कि जो स्व–चेतन आवेग वांछित और वांछनीय को प्राप्त करने के लिए तड़पता हुआ, अपनी निज–बद्ध स्थिति से ऊपर उठकर, अन्तर तथा बाह्य वास्तव में मानवानुकूल परिवर्तन करना चाहता है।"[10]

यह विवरण दो बातें स्पष्ट करता है–संवेदनात्मक उद्देश्य की उत्पत्ति, और उसकी इच्छा। वह स्व–चेतन से उत्पन्न होता है, और मानवानुकूल परिवर्तन का इच्छुक है। और इस इच्छा को प्राप्त करने की प्रक्रिया है, अपनी स्थितिबद्धता से स्वयं को दूर ले जाना। 'तीसरा क्षण' में भी फैंटेसी में निहित अनुभव ऐसी ही स्थितिबद्धता से रूपान्तरित हो स्थिति–मुक्त हो जाते हैं। तो क्या हम इससे यह पता लगा सकते हैं कि संवेदनात्मक उद्देश्य कब रचना–प्रक्रिया में प्रवेश करता है? क्या हम यह कह सकते हैं कि संवेदनात्मक उद्देश्य, अनुभव–क्षण के साथ या पहनले रचना–प्रक्रिया में प्रवेश करता है? निम्नलिखित उद्धरण से इस बात को समझने की कोशिश करते हैं :

> "संवेदनात्मक उद्देश्य अपने धक्के से हृदय में स्थित जीवनानुभवों अर्थात् ज्ञानात्मक संवेदन और संवेदनात्मक ज्ञान को जाग्रत और संकलित करके उन्हें, अपनी दिशा में प्रवाहित करते हैं।"[11]

दिये गये विवरण में, संवेदनात्मक उद्देश्य का धक्का देना, हमें अनुभव–क्षण के धक्के की याद दिलाता है जो रचना–प्रक्रिया को आरम्भ करता है। इससे हम यह निष्कर्ष तो निकाल ही सकते हैं कि संवेदनात्मक उद्देश्य, रचना–प्रक्रिया में, अनुभव–क्षण के पहले से ही मौजूद होता है। एक और बात है कि संवेदनात्मक उद्देश्य *अपनी दिशा* में अनुभव को प्रवाहित करता है जबकि ऐसी कोई विशेष दिशात्मक चेतना का अनुभव–क्षण में होना सामने नहीं आया है। अनुभव–क्षण का दिशात्मक धक्का जो किसी क्षणिक–प्रवृत्ति की उपज नहीं बल्कि एक लम्बी सक्रियता और निरन्तरता की उपज है। इस बात का स्पष्टीकरण आगे दिये हुए विवरण से हो जाता है :

> "संवेदनात्मक उद्देश्य, अपनी पूर्ति की दिशा में सक्रिय रहते हुए, मनुष्य के बाल्यकाल से ही उस जीवन–ज्ञान का विकास करते हैं, कि जिस जीवन–ज्ञान के बिना उन संवेदनात्मक उद्देश्यों की पूर्ति ही नहीं हो सकती है।"[12]

संवेदनात्मक उद्देश्य की इस लम्बी सक्रियता और निरन्तरता के क्या मायने हैं? यह निरन्तर सक्रियता कवि–कर्म या कवि जीवन में अभ्यास और परिश्रम की प्रधानता को सूचित करती है। अभ्यास की यह प्रधानता, प्रतिभा के सन्दर्भ में, हमें सौन्दर्यानुभव की संकल्पना में भी दिखाई देती है। और निरन्तरता, ज्ञान के प्रश्न से भी–जो उसकी लाक्षणिक विकसन–शीलता या स्थिरता का है, जुड़ा हुआ है। हम यह कह सकते हैं कि संवेदनात्मक उद्देश्य मूलतः रचना–प्रक्रिया को, और कवि जीवन को, एक दिशा की ओर ले जाता है।

अनुभव, तर्क और ज्ञान

'तीसरा क्षण' में, ज्ञान की संकल्पना सिर्फ़ उसकी स्थिति–मुक्तता और स्थितिबद्धता तक ही सीमित है। फैंटेसी में द्वन्द्वात्मक प्रक्रिया के आरम्भ में ज्ञान स्थिति–मुक्त होता है, और उसके अन्त में रूपान्तरित होकर स्थिति–बद्ध हो जाता है। यह ज्ञान का रूपान्तरण, *रचना–प्रक्रिया* के लेखन में, आगे और भी विस्तृत ढंग से संकल्पित किया गया है। निम्नलिखित विवरण द्वन्द्वात्मक प्रक्रिया के नज़रिए से ज्ञान की उत्पत्ति का विवरण देता है :

> "इच्छा–तृप्ति और बाह्य से सामंजस्य–विधान के द्विविध (कभी–कभी परस्पर–विरुद्ध) कार्यों की एकता के निर्वाह से जीवन–ज्ञान उत्पन्न होता है, किन्तु उस जीवन–ज्ञान की प्राप्ति संवेदनात्मक उद्देश्यों के अनुसार होती है।"[13]

यहाँ ज्ञान की उत्पत्ति, आन्तिरिक इच्छा और बाह्य सामंजस्य के द्वन्द्व में एकीभूत स्थिति के उपरान्त होती है। लेकिन, यह अन्तर और बाह्य का भेद एक तरह से मिट जाता है जब हम अन्तर को आभ्यन्तरीकृत बाह्य के रूप में समझते हैं। ऊपर दिये गये विवरण से भी यह बात सामने आती है कि ज्ञान जिस द्वन्द्व के कारण उत्पन्न होता है उसका एक पहलू इच्छा–तृप्ति है। यह बात साफ हो जाती है कि ज्ञन का विकास, मुक्तिबोध की रचना–प्रक्रिया में, संवेदनात्मक उद्देश्य और इच्छा से गहरा सम्बन्ध रखता है। आइए, अब हम ज्ञान का विकास कैंसे होता है इस पर नज़र डालते हैं :

> "बुद्धि स्वयं अनुभूत विशिष्टों का सामान्यीकरण करती हुई हमें जो ज्ञान प्रस्तुत करती है, उस ज्ञान में निबद्ध 'स्व' से ऊपर उठने, अपने से तदस्थ रहने, जो है उसे अनुमान के आधार पर और भी विस्तृत करने की होती है।"[14]

इस विवरण में, ज्ञान से जुड़ी दो महत्त्वपूर्ण बातें सामने आती है–पहली यह कि ज्ञान सामान्यीकरण की प्रक्रिया के दौरान प्रस्तुत होता है, और दूसरी यह है कि उसका विस्तार 'जो है' उसके 'अनुमान' पर आधारित होता है। पहली बात का निहितार्थ यह है कि ज्ञान को एक उद्‌गम (emerging) के रूप में देखा गया है न कि एक स्थिति के रूप में। दूसरा निहितार्थ यह है कि ज्ञान का विकास सिर्फ़ अनुभव के आधार पर ही नहीं, बल्कि तर्क के आधार पर भी होता है। तर्क कैसे? अनुमान करने की प्रक्रिया, तर्क का ही भाग है। इसलिए, ज्ञान का विकास, अनुमान द्वारा, तर्क पर भी निर्भर करता है। इस बात की और पुष्टि आगे दिये गये विवरण से हो जाती है : "ज्ञान–व्यवस्था...जीवनानुभवों और तर्कसंगत निष्कर्षो और परिणामों के आधार पर होती है।"[15]

> "तर्कसंगत (और अनुभव सिद्ध) निष्कर्षों तथा परिणामों के आधार पर, हम अपनी ज्ञान–व्यवस्था, तथा उस ज्ञान–व्यवस्था के आधार पर अपनी भाव–व्यवस्था, विकसित नहीं करते।"[16]

ऊपर दिये गये दोनों विवरणों से यह बात साफ हो जाती है कि ज्ञान की संकल्पना में अनुभव और तर्क का योग बराबर है। यहाँ तक कि ज्ञान–व्यवस्था की महत्ता इस बात से सामने आती है कि उसी के आधार पर कवि अपनी भाव–व्यवस्था, और आगे चलकर अभिव्यक्ति–निर्माण करता है। परन्तु, ज्ञान कैसे एक व्यवस्था का रूप ले लेता है? ऊपर दिये गये विवरणों से यह पता चलता है कि व्यवस्था, 'अनुभवसिद्ध और तर्कसंगत निष्कर्षों' पर आधारित होती हैं। इस सन्दर्भ में दो और बातें कहनी हैं। पहली यह कि, अगर हमें याद हो, फैंटेसी की प्रक्रिया के अन्त में ज्ञान स्थिति–मुक्तता से रूपान्तरित हो स्थिति–बद्ध हो जाता है। क्या हम यह कह सकते हैं कि ज्ञान में स्थिति–बद्धता आना और ज्ञान में व्यवस्था आना दोनों एक ही बातें हैं? दूसरी बात यह है कि हमने ज्ञान के विकास के सन्दर्भ में अनुमान की भूमिका थोड़े समय पहले सामने रखी थी। उस समय 'जो है उसे अनुमान के आधार पर' विस्तार से करने की बात आयी थी। 'जो है' वह एक आधारिका हैं तो फिर, यह आधारिका, रचना–प्रक्रिया के सन्दर्भ में, क्या है? यह आधारिका या तो पूर्वज्ञान या गत अनुभव या दोनों हो सकती हैं। इस आधारिका की बात को हम थोड़ा और समझने की कोशिश करते हैं :

"बोध और ज्ञान द्वारा ही ये अनुभव परिमार्जित होते हैं, यानी पूर्व–प्राप्त ज्ञान द्वारा मूल्यांकित और विश्लेषित होकर, प्रांजल होकर, अन्तःकरण में व्याख्यात होकर, व्यवस्था–बद्ध होते जाते हैं।"[17]

इस विवरण से यह बात सामने आती है कि नए अनुभव, जो रचना–प्रक्रिया में प्रवाहित होते रहते हैं, पूर्व ज्ञान से मूल्यांकित होकर व्यवस्थित होते हैं। लेकिन, हमने ज्ञान को अनुभवों के सामान्यीकरण के रूप में समझा हैं इन दोनों बयानों से हम यह उचित निष्कर्ष निकाल सकते हैं कि अनुमान का अनुभव और पूर्व ज्ञान दोनों में से कोई भी हो सकता है।

'अँधेरे में' का आख्यान

'अँधेरे में' एक लम्बी आख्यान कविता है जिसमें आख्यानकर्ता अपनी परम अभिव्यक्ति की खोज में लीन है। इस आख्यान को आठ भागों में विभाजित किया गया है। इन भागों में आख्यानकर्ता असामान्य जगहों में घूमता है। असामान्य वस्तुओं को पाता है, असामान्य लोगों से मिलता है, और यहाँ तक कि उसका परिवेश भी असामान्य हो उठता है। लगभग पूरे आख्यान में आख्यानकर्ता को परम अभिव्यक्ति का प्रत्यक्ष रूप से साक्षात्कार नहीं होता। निम्नलिखित विवरण इस बात की पुष्टि करता हैः

चाहे जहाँ, चाहे जिस समय उपस्थित,
चाहे जिस रूप में
चाहे जिन प्रतीकों में प्रस्तुतः
इशारे से बताता है, समझाता रहता
हृदय को देता है बिजली के झटके!![18]

इस विवरण से हम यह कह सकते हैं कि परम अभिव्यक्ति अपनी इच्छानुसार होती रहती है। और आख्यानकर्ता उस पर पूर्ण रूप से निर्भर होता है। यह निर्भरता परम अभिव्यक्ति की स्वायत्तता को दर्शाती है। परम अभिव्यक्ति का सबसे असामान्य लक्षण है कि वह अपने–आपको अप्रत्यक्ष रूप में, चिन्हों और प्रतीकों के माध्यम से ही प्रस्तुत करती है। हाँलाकि, एक बार, परम अभिव्यक्ति ने प्रत्यक्ष रूप से आख्यानकर्ता को दर्शन दिये थे। यह घटना कविता के पहले भाग में

घटी थी। उस भाग में, आख्यानकर्ता धीरे–धीरे, पहले ध्वनि के माध्यम से, फिर आकृतियों के माध्यम से, और आखिर में प्रत्यक्ष रूप से, परम अभिव्यक्ति को पहचान पाता है। जैसे ही परम अभिव्यक्ति सम्मुख आती है, आख्यानकर्ता की हालत यह हो जाती है :

गौरवर्ण, दीप्त–दृग, सौम्यमुख
सम्भावित स्नेह–सा प्रिय रूप देखकर
विलक्षण शंका,
भव्य आजानुभुज देखते ही साक्षात
गहन एक सन्देह।[19]

साक्षात्कार के दौरान आख्यानकर्ता, एक ओर, सन्देहग्रस्त हो जाता है, तो दूसरी ओर, वह उसका विवरण अत्यन्त भव्यता और स्नेहिलता से करता है। और शंकाकुल होने के बाद ही आख्यानकर्ता को उसकी पूरी पहचान होती हैं या समझ बनती है। इस प्रत्यक्ष साक्षात्कार या घटना के उपरान्त, परम अभिव्यक्ति हमेशा अप्रत्यक्ष रूप में, कभी गाँधी बनकर, तो कभी पर्चा बनकर, तो कभी तेसस्क्रिय फूल बनकर प्रस्तुत होती है। कविता के अन्त एक, आख्यानकर्ता एक असामान्य अनुभव–श्रृंखला से गुजर चुका होता है। असामान्य अनुभव, जो ज्यादातर क्षण–स्थायी होते हैं। आख्यानकर्ता अपनी अवस्था का विवरण इस तरह देता है :

वह दिखा, वह दिखा
वह फिर खो गया किसी जन यूथ में...
...
वह मेरे पास कभी आया ही नहीं था,
तिलस्मी खोह में देखा था एक बार,
...
इसलिए मैं हर गली में
और हर सड़क पर
झाँक–झाँक देखता हूँ हर एक चेहरा
...
जहाँ मिल सके मुझे
मेरी वह खोयी हुई

परम अभिव्यक्ति अनिवार
आत्म–सम्भवा।[20]

आख्यानकर्ता ज्यादा–से–ज्यादा सिर्फ़ परम अभिव्यक्ति की एक झलक ही देख पाता है, क्योंकि परम अभिव्यक्ति निरन्तर घूमती रहती है। कविता में परम अभिव्यक्ति को बार–बार खोयी हुई माना गया है। और यह खो जाने की भावना, पूरी कविता में एक तरह की अनिश्चितता–भर देती है। लेकिन, पहले कुछ भागों में, यही अनिश्चितता हममें इच्छा और प्रेरणा जाग्रत करती है। और इसी प्रेरणा से प्रेरित हो आख्यानकर्ता हर एक सम्भावना में परम अभिव्यक्ति को खोजने हेतु 'ताक–झाँक' करने के लिए इच्छुक हो उठता है। कविता में भले ही आख्यानकर्ता अपनी परम अभिव्यक्ति को प्राप्त नहीं कर पाता, परन्तु असामान्य अनुभव की इस शृंखला द्वारा अपनी इच्छा को तीव्र बना देता है।

संवेदनात्मक उद्‌देश्य की समस्या

मुक्तिबोध के रचना–प्रक्रिया सम्बन्धी लेख में, संवेदनात्मक उद्‌देश्य को भले ही रचना–प्रक्रिया की एक केन्द्रीय अवधारणा के रूप में संकल्पित किया गया हो, परन्तु उसकी संकल्पना एक समस्या प्रस्तुत करती है। समस्या यह है कि संवेदनात्मक उद्‌देश्य की संकल्पना रचना–प्रक्रिया के अन्तर्गत आनेवाली अन्य संकल्पनाओं को अतिव्याप्त (overlap) करती है। इस बात से इनकार नहीं किया जा सकता कि मुक्तिबोध के लिए, रचना–प्रक्रिया में सभी संकल्पनाएँ और उनके कार्य एक–दूसरे पर सक्रिय रूप से निर्भर करते हैं। परन्तु इसका अर्थ यह नहीं कि उन सभी संकल्पनाओं की कोई प्रधान भूमिका नहीं होती।

वैसे तो संवेदनात्मक उद्‌देश्य की संकल्पना कई अन्य संकल्पनाओं से अतिव्याप्त होती है, लेकिन हम अपनी चर्चा सिर्फ़ एक ही संकल्पना तक सीमित रखेंगे। यह अतिव्याप्ति होती है, संवेदनात्मक उद्‌देश्य और कल्पना के बीच। इस समस्या में जाने से पहले हमें उद्‌देश्य और कल्पना की 'तीसरा क्षण' में कैसे संकल्पना हुई, उसे समझना होगा। कला के तीन क्षणों के सिद्धान्त में, अनुभव का फैंटेसी मे रूपान्तरण कल्पना द्वारा होता है, और इस फैंटेसी का अभिव्यक्ति में रूपान्तरण उद्‌देश्य/दिशा द्वारा होता है। यहाँ कल्पना और उद्‌देश्य के क्षेत्र सीमांकित हैं। और इधर, रचना–प्रक्रिया के लेखों में, यह सीमांकन

धुँधला होता जाता है–जिसे हम मुक्तिबोध के सिद्धान्तों में एक महत्त्वपूर्ण मोड़ की तरह भी देख सकते हैं। यह इसलिए महत्त्वपूर्ण है क्योंकि मुक्तिबोध की रचना–प्रक्रिया के लेखों में रचना–प्रक्रिया को एक वृहत्तर जीवन–निर्माण के सन्दर्भ में, न कि सिर्फ़ अभिव्यक्ति–निर्माण के सन्दर्भ में, संकल्पित किया गया है।

वापस आते हुए, हम अब कल्पना और संवेदनात्मक उद्‌देश्य की अतिव्याप्त से जुड़े निम्नलिखित विवरण पर विचार करते हैं :

> "जीवनानुभवों के निराले और तरह–तरह के पैटर्न कल्पना तैयार करती है, किन्तु उसकी क्रिया संवेदनात्मक उद्‌देश्यों के अनुशासन में रहती है।"[21]

> "वे (संवेदनात्मक उद्‌देश्य) एक विशेष प्रकार का कलात्मक प्रभाव उत्पन्न करने के लिए अभिव्यक्ति का विशेष पैटर्न गूँथते हैं।"[22]

पहले विवरण में, पैटर्न बनाने का कार्य कल्पना द्वारा संवेदनात्मक उद्‌देश्य के अनुसार हो रहा है। और, दूसरे में, वही कार्य पूरी तरह से संवेदनात्मक उद्‌देश्य द्वारा ग्रहण कर लिया गया है। यह दलील दी जा सकती है कि पहले में तो पैटर्न जीवनानुभवों के हैं और दूसरे में वे अभिव्यक्ति के हैं। लेकिन यह दलील तब खारिज हो जाती है जब हम, जैसा पहले बता चुके हैं, यह कहते हैं कि संवेदनात्मक उद्‌देश्य का एक कार्य जीवनानुभवों को 'जाग्रत और संकलित' करना भी है। संवेदनात्मक उद्‌देश्य जितना अभिव्यक्ति से जुड़े हैं उतना ही जीवनानुभवों से भी जुड़े हैं। इसकी एक और वजह यह है कि संवेदनात्मक उद्‌देश्य मनुष्य के बाल्यकाल से सक्रिय होते हैं। अब हम आगे मूर्त–विधान से जुड़े दो विवरणों पर विचार करेंगे :

> "कल्पना के मूर्त–विधान के दो प्रमुख कार्य होते हैं। एक ओर, वह जीवन की सारभूत विशेषताओं का प्रतिनिधित्व करता है, तो दूसरी ओर, वह उस जीवन की व्याख्या के रूप में प्रस्तुत होता है। दोनों के पीछे संवेदनात्मक उद्‌देश्य समाया रहता है।"[23]

> "संवेदनात्मक उद्‌देश्य, अन्तर्व्यक्तित्वं और आभ्यन्तरीकृत जगत् का प्रतिनिधित्व करते हुए, जाग्रत और संकलित अनुभवों

को मनस्पटल पर एक के बाद एक मूर्तिमान करते हुए आगे बढ़ चलता है।''[24]

पहले की तरह, यहाँ भी, कल्पना के मूर्ति–विधान के कार्य को संवेदनात्मक उद्देश्य द्वारा गहण कर लिया गया है। समस्या यह नहीं हैं कि संवेदनात्मक उद्देश्य एक केन्द्रीय अनुशासन संकल्पना है, समस्या यह है कि वह अन्य संकल्पनाओं को ग्रहण कर जाती है। इस प्रवृत्ति के कारण, अन्य संकल्पनाएँ अनुपयोगी प्रतीत होती हैं और रचना–प्रक्रिया की जटिलता पर भी असर पड़ता है। सवाल है कि क्यों कल्पना, संवेदनात्मक उद्देश्य में घुलती नज़र आती है? या फिर क्यों संवेदनात्मक उद्देश्य रचना–प्रक्रिया का सारा दायित्व खुद पर उठाता हुआ प्रतीत होता है?

अप्राप्यता की समस्या

'अँधेरे में' कविता में आख्यानकर्ता अपनी परम अभिव्यक्ति को प्राप्त नहीं कर पा पाता। कविता के अन्त में, उसके भीतर एक ऐसी इच्छा जन्म ले लेती है कि वह हर तरफ झाँक–झाँककर अपनी परम अभिव्यक्ति को खोजने के लिए बाध्य हो जाता है। वह हर सम्भावना को स्वीकारता हुआ अपनी खोज जारी रखने का निश्चय करता है। लेकिन परम अभिव्यक्ति अन्त में अप्राप्य प्रतीत होती है। इसका कारण है परम अभिव्यक्ति की अपनी लाक्षणिक प्रकृति जो उसे अप्राप्य बना देती है। चलिए, निम्नलिखित विवरण से उसकी इस प्रकृति को समझने की कोशिश करते हैं :

वह रहस्यमय व्यक्ति
अब तक न पायी गयी मेरी अभिव्यक्ति है
पूर्ण अवस्था वह
निज–सम्भावनाओं, निहित प्रभावों, प्रतिभाओं की,
मेरे परिपूर्ण का आविर्भाव,
हृदय में रिस रहे ज्ञान का तनाव वह,
आत्मा की प्रतिमा।[25]

इस विवरण से यह प्रतीत होता है कि परम अभिव्यक्ति रहस्यमय, तनावपूर्ण और अप्राप्य तो है ही, इसके अलावा वह पूर्ण, और उद्गमी (emerging) भी है। और आखिर में परम अभिव्यक्ति कोई अनजानी

आकृति नहीं बल्कि स्वयं का ही प्रतिबिम्ब या आत्म की ही प्रतिमा है। दिलचस्प बात यह है कि परम अभिव्यक्ति, एक ओर, सम्भावनाओं के रूप में पूर्ण है, तो दूसरी ओर, पूर्ण होते हुए भी उसका विकास हो रहा है। और वह इसलिए अब तक उद्‌गम हो रहा है क्योंकि उसने परिपूर्णता प्राप्त नहीं की है। अगर कवि अपनी परम अभिव्यक्ति प्राप्त करना चाहता है तो उसे पहले इस परिपूर्णता को प्राप्त करना होगा।

शायद इस समस्या का हल मुक्तिबोध के अन्य सैद्धान्तिक लेखों में मिल जाये। निम्नलिखित विवरण के साथ हम अपनी चर्चा बढ़ाते हैं :

> "दिशा हमेशा आगे ही रहेगी, साथ–साथ नहीं चलेगी। हाँ, उसकी संवेदनाएँ साथ–साथ चलेंगी। किन्तु क्षितिज हमेशा आगे ही रहेगा। उसी प्रकार अन्तरात्मा के आग्रह और अनुरोध हमेशा आगे–आगे ही रहेंगे, और उनका अनुगमन करते हुए भी (लेखक) यह सोचता रहेगा कि उसने अपने आग्रह–लक्ष्यों को उपलब्ध नहीं किया। वह इस चिन्त न से दुखी भी होगा, दुख प्रकट भी करता रहेगा। इस प्रकार लक्ष्य और उपलब्धि के बीच जो फासला है, वह आतुर मन के लिए बराबर बना रहता है, क्योंकि लक्ष्य स्वयं गतिमान है, मनुष्य की अपनी गति ही के कारण।"[26]

इस विवरण में लक्ष्य (दिशा, आग्रह आदि) और उपलब्धि के बीच का रिश्ता सामने आता है। इस बात पर जोर दिया गया है कि लक्ष्य और उपलब्धि का फासला साधारणतः हमेशा बना रहता है। फासला क्यों है, इसकी वजह साफ दी गयी हैं अब समस्या यह है कि मुक्तिबोध के रचना–प्रक्रिया सिद्धान्त में संवेदनात्मक उद्‌देश्य अन्त वे तथा बाह्य वास्तव में मानवाकूल परिवर्तन करने की इच्छा प्रकट करते हैं। लेकिन हमने अभी देखा कि लक्ष्य गतिमान है अर्थात् निरन्तर बदलता है क्योंकि मनुष्य स्वयं निरन्तर बदलता रहता है। क्या इसका यह अर्थ निकाले कि हमारे कवि को कभी लक्ष्य प्राप्त नहीं होगा? क्या परम अभिव्यक्ति और लक्ष्य दोनों अप्राप्य है?

समस्या के उपरान्त

इस लेख की शुरुआत हमने मुक्तिबोध के सबसे चर्चित सिद्धान्त 'कला के तीन क्षण' से की। 'तीसरा क्षण' अपौर रचना–प्रक्रिया लेखों के

तुलनात्मक विश्लेषण ने मुक्तिबोध के रचना–प्रक्रिया के सिद्धान्त को उसके अलग–अलग पक्षों के साथ प्रस्तुत किया है। इस तुलनात्मक विश्लेषण के दौरना हमारे सामने रचना–प्रक्रिया से जुड़ी दो समस्याएँ भी आयीं। इस लेख का उद्देश्य इन समस्याओं को समाने लाना था जिससे हम आगे चलकर मुक्तिबोध के सिद्धान्तों का पूर्ण रूप से विश्लेषण कर सकें।

यह लेख हमारे सामने दो समस्याएँ प्रस्तुत करता है–पहली, संवेदनात्मक उद्देश्य की समस्या, और दूसरी, अप्राप्यता की समस्या। इस तुलनात्मक विश्लेषण के दौरान हमारे सामने यह समस्या तो परिपक्व रूप में आयी परन्तु इनके हल सिर्फ़ सम्भावना के रूप में ही सामने आये। इनको मैंव्यक्त कर रहा हूँ। संवेदनात्मक उद्देश्य की समस्या से शुरू करते हैं। संवेदनात्मक उद्देश्य को, इस लेख में, एक दिशा और नियमक प्रवृत्ति की तरह देखा गया है। इस उद्देश्य का प्रधान कार्य दिशात्मक ही है और उस कार्य में इच्छा की अहम भूमिका है। कला का तीसरा क्षण जब समाप्त हो जाता है तो कविता पूरी हो जाती है। कविता तब पूरी होती है जब प्रक्रिया का मर्म नए तत्व समेटना बन्द कर देता है और जब उद्देश्य समाप्त हो जाता है। उद्देश्य समाप्त होना इच्छा और दिशा–प्रवाह का समाप्त होना है। क्या हम कह सकते हैं कि जब उद्देश्य का दिशा–प्रवाह का कार्य समाप्त होता है तब वह मूर्त–विधान या सम्पाद का कार्य अपने हाथों में ले लेती है? यह सिर्फ़ एक सवाल है जिस पर हमें सैद्धान्तिक रूप से विचार करना होगा।

अब हम अप्राप्यता की समस्या पर आते हैं। 'अँधेरे में' कविता की आखिरी लाइन में परम अभिव्यक्ति को 'आत्म–सम्भवा' कहकर सम्बोधित किया हैं हम यह कह सकते हैं। कि परम अभिव्यक्ति वह है जो हमारी आत्मा या निज को सम्भावित करती है। लेकिन निज तो वास्तव में जी रहा है तो वह किस निज को सम्भावित (possible) करती है! यह वह निज है जो वास्तविक रूप से उद्गामी और सम्भावित रूप से निहित है। और अगर हमें परम अभिव्यक्ति को प्राप्त करना है। तो हमें इस सम्भावित रूप को समझकर उसको वास्तविक बनाना है। सम्भावना जो वास्तविक या अनुभव से परे है, उसे समझने के लिए अनुमान या तर्क की अहम भूमिका हो सकती है। क्योंकि अनुमान पूर्व ज्ञान या गत

अनुभव पर आश्रित होते हुए भी जो वास्तवकि नहीं उसकी कल्पना कर सकता है। एक लोख में मुक्तिबोध कहते हैं कि प्रक्रिया के दौरान ''कल्पना का अपना लॉजिक तैयार हो जाता है।'' सीधे शब्दों में, मानवानुकूल परिवर्तन की इच्छा सम्भावित रूप में प्रस्तुत होती है, और उसको इच्छित करनेवाला कवि वास्तविक रूप में। लक्ष्य और उपलब्धि के बीच जो फासला है वह भी 'आतुर' या इच्छुक मन के लिए ही बना रहता है। लेकिन, सिद्धान्त के तौर पर हमें व्याख्या करनी है तो हमें उसे सैद्धान्तिक ढंग से ही समझना होगा। इसलिए मुझे लगता है कि मुक्तिबेध के सिद्धान्त में यह जो 'सम्भावना', 'इच्छा', 'अनुमान' और 'उद्देश्य' की परिकल्पनाएँ हैं, उन्हें हमें सैद्धान्तिक ढंग से समझना होगा।

सन्दर्भ

1. डालमिया (हिन्दी मोर्डनिज्म, 2012), पृ. 13
2. जैन (मुक्तिबोध रचनावली–4, 2011 पुनर्मुद्रण), पृ. 85
3. जैन (मुक्तिबोध रचनावली–4, 2011 पुनर्मुद्रण), पृ. 88
4. जैन (मुक्तिबोध रचनावली–5, 2011 पुनर्मुद्रण), पृ. 241–42
5. जैन (मुक्तिबोध रचनावली–4, 2011 पुनर्मुद्रण), पृ. 86–87
6. जैन (मुक्तिबोध रचनावली–5, 2011 पुनर्मुद्रण), पृ. 234
7. जैन (मुक्तिबोध रचनावली–5, 2011 पुनर्मुद्रण), पृ. 262
8. जैन (मुक्तिबोध रचनावली–5, 2011 पुनर्मुद्रण), पृ. 224
9. जैन (मुक्तिबोध रचनावली–5, 2011 पुनर्मुद्रण), पृ. 234
10. जैन (मुक्तिबोध रचनावली–5, 2011 पुनर्मुद्रण), पृ. 210
11. जैन (मुक्तिबोध रचनावली–5, 2011 पुनर्मुद्रण), पृ. 227
12. जैन (मुक्तिबोध रचनावली–5, 2011 पुनर्मुद्रण), पृ. 243
13. जैन (मुक्तिबोध रचनावली–5, 2011 पुनर्मुद्रण), पृ. 246
14. जैन (मुक्तिबोध रचनावली–5, 2011 पुनर्मुद्रण), पृ. 225
15. जैन (मुक्तिबोध रचनावली–5, 2011 पुनर्मुद्रण), पृ. 204
16. जैन (मुक्तिबोध रचनावली–5, 2011 पुनर्मुद्रण), पृ. 203

17. जैन (मुक्तिबोध रचनावली–5, 2011 पुनर्मुद्रण), पृ. 236

18. जैन (मुक्तिबोध रचनावली–2, 2011 पुनर्मुद्रण), पृ. 234

19. जैन (मुक्तिबोध रचनावली–2, 2011 पुनर्मुद्रण), पृ. 232

20. जैन (मुक्तिबोध रचनावली–2, 2011 पुनर्मुद्रण), पृ. 355–56

21. जैन (मुक्तिबोध रचनावली–5, 2011 पुनर्मुद्रण), पृ. 208

22. जैन (मुक्तिबोध रचनावली–5, 2011 पुनर्मुद्रण), पृ. 227

23. जैन (मुक्तिबोध रचनावली–5, 2011 पुनर्मुद्रण), पृ. 245

24. जैन (मुक्तिबोध रचनावली–5, 2011 पुनर्मुद्रण), पृ. 227

25. जैन (मुक्तिबोध रचनावली–5, 2011 पुनर्मुद्रण), पृ. 332

26. जैन (मुक्तिबोध रचनावली–5, 2011 पुनर्मुद्रण), पृ. 258

ग्रन्थ सूची

1. जैन, नेमिचन्द (सं.), मुक्तिबोध रचनावली–2 नयी दिल्ली : राजकमल प्रकाशन, 2011 रीप्रिंट
2. मुक्तिबोध रचनावली–4, नयी दिल्ली : राजकमल प्रकाशन, 2011 रीप्रिंट
3. मुक्तिबोध रचनावली–5, नयी दिल्ली : राजकमल प्रकाशन, 2011 रीप्रिंट
4. डालमिया, वसुधा (सं.) हिन्दी मॉडर्निज्म, बर्कली : यूनिवर्सिटरी ऑफ़ कैलिफोर्निया, 2012
5. मतिलाल, बिमल कृष्णा, परसेप्शन : एन ऐसे ऑन क्लासिकल इण्डियन थियरी ऑफ़ नॉलेज, ऑक्सफोर्ड : क्लेरेनडोन पेपरबैक्स, 1986
6. मोहन्ती, जै. न., क्लासिकल इण्डियन फिलॉसफी, न्यूयॉर्क : रोमैन एंड लिटिलफील्ड पब्लिशर्स, 2000
7. मैक्ग्रेगर, आर.एस. ऑक्सफोर्ड हिन्दी–इंग्लिश, नयी दिल्ली : ऑक्सफोर्ड यूनिवर्सिटी प्रेस, 2012 रीप्रिंट

8. वाजपेयी, अशोक (सं.), हिन्दी : लैंग्वेज, डिस्कोर्स, राइटिंग, नयी दिल्ली : महात्मा गाँधी अन्तरराष्ट्रीय हिन्दी विश्वविद्यालय, 2001

◆ ◆ ◆

मुक्तिबोध का इतिहास बोध

माधव हाड़ा

मुक्तिबोध बिख्यात कवि–आलोचक हैं, लेकिन कम लोगों को जानकारी है कि वे इतिहासकार भी हैं। उन्होंने 'भारत : इतिहास और संस्कृति' नामक एक महत्त्वपूर्ण किताब लिखी, लेकिन 'छात्रोपयोगी' के टैग के साथ होने के कारण विद्वानों ने इसको गंभीरता से नहीं लिया। यह भारतीय इतिहास की किसी भी किताब के समकक्ष और बोधगम्यता और रोचकता के मामले में उससे श्रेष्ठ किताब थी, लेकिन इसकी चर्चा नहीं के बराबर हुई। मुक्तिबोध ने यद्यपि बहुत विनम्रता के साथ यह स्वीकार किया कि इसमें उन्होंने 'जहाँ से जो मिला, लिया है', लेकिन सामग्री के संकलन में उनकी दृष्टि समग्रता लिए हुए है। खास बात यह है कि यहाँ सामग्री या जानकारियों का केवल संकलन नहीं है, जेसा कि इतिहास की आम किताबों में होता हैं यहाँ इसका विश्लेषण, वर्गीकरण और विवेचन इस आधार पर युक्तिसंगत निष्कर्ष पर पुहँचने का प्रयास है। मुक्तिबोध की भारतीय इतिहास और संस्कृति की समझ कितनी पैनी, गहरी और युक्तिसंगत है, यह इस किताब को पढ़कर ही समझा जा सकता है।

यह किताब इतिहास की सामान्य किताबों से अलग है। आमतौर पर इतिहास की किताबों में सामाजिक गतिशीलता का आधार अर्थिक–राजनीतिक प्रक्रिया को ही माना जाता है। अधिकांश वामपंथी भारतीय इतिहासकार तो इस पर खास तौर पर जोर देते हैं मुक्तिबोध को भारतीय समाज की गहरी और व्यापक समझ थी, वे बखूबी जानते थे कि राजनीतिक प्रक्रिया सामाजिक गतिशीलता के कई आधारों में से केवल एक है। इस पर अतिरिक्त ज़ोर देकर भारतीय समाज की गतिशीलता को नहीं समझा जा सकता। उनके अनुसार भारतीय सामाजिक गतिशीलता का प्रमुख आधार उसकी सांस्कृतिक प्रक्रिया है। उन्होंने साफ कहा कि "संस्कृति समाज की मूल जीवनीदायनी शक्ति है, राजनीतिक शक्ति से भी अधिक।" उन्होंने भारतीय समाज का साक्ष्य देते हुए आगे और लिखा कि "राजनीतिक दासता सदियों से रही, पर संस्कृति की शक्ति के कारण यह जाति रही और विकास करती गयी।" उन्होंने आग्रहपूर्वक इस किताब में युद्धों और राजवंशो के विवरण में न

अटककर अपने "समाज और संस्कृति के विकास पथ को अंकित किया है।" आम तौर पर इतिहास में भारत पर ईरान और यूनान के आक्रमणों को एक राजनीतिक परिघटना की तरह समझने का निवाज है, लेकिन मुक्तिबोध यहाँ से आगे जाते हैं। वे इसके सांस्कृतिक प्रभावों का आकलन करते हैं। वे इस निष्कर्ष पर पहुँचते हैं कि भारत में निरंकुश राजतंत्र की परंपरा ईरान से आयी। इसी तरह उन्होंने भारतीय कला–स्थापत्य में बहुत से ईरानी प्रभावों की तलाश की। चंद्रगुप्तकालीन पाटलीपुत्र के स्थापत्य पर ईरानी प्रभाव का उन्होंने बहुत विस्तृत आकलन किया। उन्होंने गुप्तकाल की राजनीतिक उठापटक को बहुत महत्त्व नहीं दिया, लेकिन इस समय के सांस्कृतिक वैभव पर उन्होंने 'स्वर्णयुग की रश्मियाँ' अध्याय में विस्तार से रोशनी डाली। भारत के प्राचीन विश्वविद्यालयों और सांस्कृतिक प्रक्रियाओं पर भी उन्होंने पृथक् से विस्तारपूर्वक लिखा। मध्यकाल उनके अनुसार भारतीय संस्कृति का ह्रासकाल था, लेकिन इसमें भी अकबरकालीन सांस्कृतिक प्रक्रियाओं का उन्होंने सराहना भाव से विस्तृत विवेचन किया। भारत में यूरोपीय आगमन और इस कारण होनेवाली उथल–पुथल को भी मुक्तिबोध केवल राजनीतिक–आर्थिक नहीं मानते। वे अपने को इसके सांस्कृतिक परिणामों पर एकाग्र करते हैं। उन्होंने उत्तरमध्यकालीन सवाई जयसिंह, रणजीत सिंह, हैदर अली, महादजी सिंधिया, मल्हार राव, अहिल्या बाई, यशवंतराव होलकर, नाना साहब फड़नवीस के सांस्कृतिक अवदान पर 'झिलमिलाते दीप' शीर्षक से विचार किया है।

मुक्तिबोध संग्राहक इतिहासकार नहीं थे। वे स्थापनाओं और धारणाओं से जुड़े मत–मतांतरों के वैविध्य में नहीं जाते। उनका यथावश्यकता संकेत करके उस मत को प्रस्तुत करते हैं, जो उनके अनुसार प्रमाणपुष्ट, युक्तिसंगत और अधिकांश लोगों में मान्य है। इस संबंध में वे अपनी समझ और विवेक को ही सर्वोपरि महत्त्व देते हैं। आर्य बाहर से आये या नहीं ओर वे आक्रांता थे या नहीं, इसे लेकर विवाद है, लेकिन मुक्तिबोध की समझ और विवेक के अनुसार आर्य बाहर से आये और वे आक्रांत थे। वे इस की धारणा की पुष्टि के लिए मोहनजोदड़ों के घरों के जीनों पर ठिठक कर खड़े हुए नर कंकालों के साक्ष्य के साथ कई अन्य साक्ष्य भी देते हैं। द्रविड़ों के संबंध में भी उनकी राय कुछ इसी तरह की है। वे अन्य मत–मतांतरों को दरकिनार

कर मानते हैं कि द्रविड़ ही सिंधु सभ्यता के लोग हैं, जो आर्यों द्वारा दक्षिण में धकेल दिये गये। प्रमाणस्वरूप वे कहते हैं कि द्रविड़ भूमध्यसागरीय प्रजाति है और सिंधु घाटी सभ्यता के नर कंकाल भी भूमध्यसागरीय हैं। आगे और प्रमाण देकर वे कहते हैं कि दक्षिण परिवार की एक भाषा ब्राहुई अभी भी ब्लूचिस्तान में जीवित है। भारत में निरंकुश राजतंत्र से पूर्व गणतंत्रों की परंपरा थी, निरंकुश राजतंत्र की परंपरा यहाँ कहाँ से आयी इसे लेकर विवाद है, लेकिन मुक्तिबोध इस विवाद में नहीं जाते। वे इस धारणा के साथ हैं कि यह परंपरा ईरान से भारत में आयी।

मुक्तिबोध अन्वेषी इतिहासकार भी नहीं थे, लेकिन उपलब्ध तथ्यों को पारिस्थितिक साक्ष्यों के साथ तरतीब में रखकर उनका विवेचन–विश्लेषण करने में उन्हें महारत हासिल है। वे इस प्रकार के विवेचन–विश्लेषण द्वारा जिस तरह से युक्तिसंगत निष्कर्षों तक पहुँचते हैं। कम इतिहासकार वैसा कर पाते हैं। अक्सर इतिहासकार तथ्यों को केवल सामने रखकर आगे बढ़ जाते हैं, जबकि मुक्तिबोध उनका विवेचन–विश्लेषण करते हैं और इस आधार पर धारणा या विचार बनाते हैं। भारतीय संस्कृति के विकास में प्राचीन आर्यों के योगदान का विवेचन करते हुए भी वे संपूर्ण भारतीय इतिहास और संस्कृति के संबंध में एक सामान्य धारणा कायम करते हैं कि भारत में संकीर्ण संत्रदायवाद और जातिवाद बराबर बनी रहे। किंतु उनके विरोध में, उदार मानव धर्म हमेशा उठ खड़ा हुआ। और अंत्तः जीत भी उसी की हुई, संस्कृति का विकास भी उसी ने किया, किंतु संकीर्णतावादी प्रवृत्ति कभी भी पूर्णतः पराजित नहीं हुई। इसी तरह जैन और बौद्ध धर्म के अविर्भाव संबंधी प्रकरण में वर्ण संकर व्रात्यों की परंपरा को समझने–समझाने के दौरान वे इस निष्कर्ष पर पहुँचते हैं कि असंतोष को हम 'उग्र विचार' का जनक कह सकते हैं। उनकी धारणा है कि आर्यजन के अनादर और घृणा भाव से उपजे असंतोष से बौद्ध और जैन धर्म की बुनियाद पड़ी गुप्तकाल के वर्णन–विवेचन में वे पाते हैं कि शिक्षा का अधिकार केवल उच्च वर्ग तक सीमित था और शिल्पी और शूद्र वर्ग उससे वंचित थे। भौतिक उत्पादन से सीधे संबद्ध शिल्पी–शूद्र वर्ग के शिक्षा से वंचित रहने के कारण वे इस निष्कर्ष पर पहुँचते हैं कि इससे हमारे यहाँ सिद्धांत मीमांसा तो खूब हुई, उच्चस्तरीय चिंतन भी हुआ, लेकिन उसमें

उत्पादन से जुड़े मसलों पर विचार नहीं के बराबर है। इसी तरह मौर्यकाल की सामाजिक प्रक्रियाओं पर विचार करते हुए वे इस निष्कर्ष पर पहुँचते हैं कि निरंकुश स्वेच्छाचारी राजतंत्र के विकास में राजन्य वर्ग और सामान्य के बीच खायी पड़ गयी। सामान्य जन राज्य के प्रति उदासीन हो गया और इसका नतीजा यह हुआ कि विदेशी आक्रमणकारियों के प्रतिरोध में उसकी कोई भूमिका कभी नहीं रही।

मुक्तिबोध सामान्य इतिहासकारों से इस अर्थ में भी अलग है कि वह इतिहास की उपलब्ध जानकारियों में से चुन–चुनकर उन जानकारियों को आगे लाते हैं, जो प्रगतिशील और उदार मानवीय मूल्यों का समर्थन और पुष्टि करती है। आर्य सभ्यता के संबंध में आग्रहपूर्वक वे इस तथ्य को सामने करते हैं कि इस दौरान स्त्रियों का सम्मान था, विधवा विवाह खूब होते थे और वे शिक्षा के अधिकार से वंचित नहीं थीं। इस तरह इस दौरान वर्ण गतिशीलता थी और कोई भी व्यक्ति अपनी निपुणता, तप और विद्वता से ब्राह्मण बन सकता था या कोई भी आर्यजन अपनी वीरता के द्वारा क्षत्रिय बन सकता था। अथर्ववेद में वे तंत्र–मंत्र, इंद्रजाल और जादू–टोना आदि होने का केवल संकेत करके उसमें वर्ण गतिशीलता संबंधी व्रात्यस्तोम यज्ञ विधान का वर्णन विस्तार से करते हैं, जिसके अनुसार वर्ण संकर व्रात्यों को ब्राह्मण बनाया जाता था। गौतम बुद्ध संबंधी प्रकरण में भी और सभी सामान्य जानकारियों के साथ वे यह जानकारी आग्रहपूर्वक देते हैं कि बौद्ध धर्म में अपने विवेक को खास महत्त्व दिया गया है। यहाँ तक कि कुछ विशेष परिस्थितियों में बुद्ध ने मनुष्य को अपने विवेक से मांस भक्षण की अनुमति तक दी थी। चंद्रगुप्त पर उन्होंने विस्तार से लिखा है, लेकिन वे आग्रहपूर्वक इस ओर ध्यान आकृष्ट करते हैं कि उसकी अंगरक्षक स्त्रियाँ थी, उसके राजदरबार में रक्षक का कार्य स्त्रियों के ही जिम्मे था और शिकार आदि में भी उसके साथ सशस्त्र स्त्रियाँ ही होती थीं। गुप्तकाल के वर्णन में भी उन्होंने इस दौरान की धार्मिक सहिष्णुता और सद्भावना को खासतौर पर रेखांकित किया है। उसके अनुसार गुप्तकाल में धार्मिक कलह का नाम नहीं था। उन्होंने इसके लिए खासतौर पर राजा शांतिमूल का उदाहरण दिया है, जो स्वयं वैदिक धम्र को माननेवाला था, किंतु उसकी बहुएँ, बहनें और लड़कियाँ बौद्ध धर्म को मानती थीं। सम्राट अशोक के वर्णन में भी उन्होंने उससे संबंधित और सब

जानकारियों के साथ उन जानकारियों को विशेष महत्त्व दिया, जो उसके सांप्रदायिक वैमनस्य को दूर करने और सांप्रदायिक समस्याओं के निवारण के प्रयासों से संबंधित हैं। अशोक के इससे संबंधित सिद्धांत मूल, वाचा, गंति, समवाय और बहुश्चुत का उन्होंने विस्तृत उल्लेख किया है।

मुक्तिबोध आम इतिहासकारों से अलग संभाव्य का भी वर्णन करते हैं। आम तौर पर इतिहासकारों की निर्भरता तथ्यों पर होती है, वे अनुमान और कल्पना से बचते हैं, लेकिन मुक्तिबोध अपने इतिहास लेखन में कभी–कभी ऐसा भी करते हैं। वे अनुमान और कल्पना का सहारा लेकर छूटी हुई कड़ियाँ जोड़ते हैं या खाली जगह भरते हैं, लेकिन इस दौरान पारिस्थितिक साक्ष्यों से ज्यादा दूर नहीं जाते। गौतम के महात्मा बुद्ध बनने की प्रक्रिया का उन्होंने पारिस्थितिकीय संकेतों के आधार पर बहुत प्रभवशाली वर्णन किया है। यह वर्णन बहुत कल्पनाशील है, लेकिन पारिस्थितिक साक्ष्यों से बँधा हुआ भी है। अशोक का कलिंग विजय और पश्चाताप का मुक्तिबोध का वर्णन भी इसी तरह का है। अशोक के बर्बर और नृशंष आक्रमण का वर्णन करते हुए वे कलिंग के जबरदस्त प्रतिरोध का अनुमान लगते हैं, जो आम इतिहासों में नहीं मिलता। वे यह भी अनुमान लगाते हैं कि कलिंग में भयानक विद्रोह क्यों हुआ होगा। वे इसके संभावित कई कारण गिनाते हैं–जैसे, अत्याचार बहुत बढ़ गया होगा, शासन व्यवस्था बहुत शिथिल हो गयी होगी और प्रजा की सुनवाई नहीं होती होगी।

मुक्तिबोध मूलतः कवि आलोचक थे, लेकिन वे अपने ढंग के अलग इतिहासकार भी थे। वे आम इतिहासकारों की तरह अन्वेषी और संग्राहक नहीं थे, लेकिन उपलब्ध तथ्यों के वर्गीकरण, विवेचन और विश्लेषण के बाद युक्तिसंगत निष्कर्ष पर पहुँचने में वे उनसे आगे थे। उन्होंने सामाजिक गतिशीलता में आर्थिक–राजनीतिक प्रक्रिया की जगह संस्कृति को निर्णायक महत्त्व दिया और आग्रहपूर्वक इतिहास की उन जानकारियों को आगे और सामने किया, जो उदार और प्रगतिशील मानवीय मूल्यों की पोषक हैं। कल्पना के सहयोग से संभाव्य का अनुमान भी उनके इतिहास की विशेषताँ है। अपने इतिहास में उन्होंने

जहाँ से जो 'उपयोगी' मिला, लिया। उन्होंने 'उपयोगी' की अपनी एक कसौटी बनाई, जो इतिहासकार के रूप में उनकी सबसे बड़ी उपलब्धि है। यह कसौटी ही जो बिना किसी कसौटी के तथ्यों के केवल भीड़ जुटानेवाले इतिहासकारों में उनको अलग और खास बनाती है।

♦♦♦

साँझा उतरी रंग लेकर उदासी का

छबिल कुमार मेहेर

"मुक्तिबोध एक कठिन समय के कठिन कवि हैं। उन्होंने अपने सच को कठिन वैचारिक और भावात्मक संघर्ष से पाया और कविता में चरितार्थ किया।... मुक्तिबोध की कविताओं का स्थापत्य स्थिर और सुपरिभाषित नहीं है। एक अर्थ में उनकी कविता का कोई पूर्वज नहीं है। उन्हें उस समय हिन्दी में जो मॉडेल सुलभ था उनसे उनका काम नहीं चल सकता था। इसीलिए उन्होंने कष्टपूर्वक एक बिलकुल नया स्थापत्य अपने लिए गढ़ा। उनकी कविताएँ सोचती–विचारती कविताएँ हैं।"

–अशोक वाजपेयी, मुक्तिबोधः प्रतिनिधि कविताएँ, भूमिका से

काँप उठता दिल

उत्तर–शती के इस क्रूर समय में, ख़ासकर साहित्य में जब कभी संघर्षशील, तटस्थ, सत्यान्वेषी, जुझारू सर्जकों–लेखकों की बात उठती है, मुझे कबीर... और कबीर के बाद सीधे निराला और मुक्तिबोध बेसाख़्ता याद आते हैं। मुक्तिबोध के मामले में तो स्पष्ट ही है कि वे स्वातन्त्र्योत्तर मोहभंग और जनता के अनकहे–अनसुने दर्द को ताउम्र फैंटेसी की मार्फत तहरीर करते रहे।

मुक्तिबोध (1917–1964) आधुनिक युग के अकेले 'फुल टाइम' लेखक–सर्जक रहे हैं, जिनके लिए साहित्य ही सब–कुछ था। उनके लिए साहित्य आत्मसंघर्ष और सामाजिक परिवर्तन का सशक्त माध्यम था। पिछले 50 वर्षों से वे आधुनिक हिंदी कविता और आलोचना के केन्द्र में हैं। अनेकानेक विवादों और असहमतियों के बावजूद आज मुक्तिबोध न केवल हिन्दी साहित्य के शीर्षस्थ–स्थापित सर्जक के रूप में ख्यात हैं, बल्कि नये कवियों के लिए प्रतिमानक कवि के रूप में भी बेहद चर्चित हैं। वे हिन्दी साहित्य के अकेले संघर्षरत और गतिशील रचनाकार थे। उनका प्रारम्भिक सृजन छायावाद से प्रभावित होने के बावजूद उसकी समस्त रूमानी, अमूर्त एवं वायवीय सीमाएँ तोड़ता है। परवर्ती काल में उनका सृजन सामाजिक यथार्थ से उनके व्यापक

कटु–अनुभवों के समानान्तर जुड़ता है और अपनी अनुभूति को वे मार्क्सवादी समाज–दर्शन से परिपक्व करते हुए नए सृजन–सीमान्त और वैयक्तिक–सामाजिक महत्त्व भी प्रदान करते हैं। इस क्रम में उनके रचनात्मक औदात्य, भोगे हुए त्रासद अनुभव और आधुनिक कटु सौन्दर्याभिरुचि के साथ–साथ उनकी प्रगतिशील मार्क्सवादी दृष्टि को भी सहज ही रेखांकित किया जा सकता है। उनकी प्रयोगवादी कविताओं में एक प्रकार के जटिल बौद्धिक व्यक्तिवाद और मानसिक घात–प्रतिघातों का विलक्षण संयोजन विद्यमान है।

जीवन के प्रति गहरी आस्था रखनेवाले इस प्रतिमानक कवि का सम्पूर्ण जीवन संकटापन्न, अभावग्रस्त और संघर्षपूर्ण रहा। परन्तु संकट की स्थिति में भी उनकी जिजीविषा अद्भुत थी। नेमिचन्द जैन के नाम लिखे एक पत्र में वे कहते हैं: 'संकट के क्षणों में कुछ सुखद दृश्य याद आने पर लगता है कि जैसे फिर प्रेम में पड़नेवाला हूँ जीवन के।' इस प्रकार वीरेन्द्र कुमार जैन को उन्हेंने एक पत्र में लिखा है : 'जिन्दगी बड़ी तल्ख है लेकिन, मानव की मिठास का क्या कहना। जी होता है सारी जिन्दगी एक घूँट में पी लीजिए।' उनके संघर्षमय जीवन को जानने–पहचानने के लिए नागपुर में बिताए दारुण समय को देखना–समझना और उसे रेखांकित करना बहुत जरूरी है। नागपुर प्रवास के उस दौर को संस्मरणाचार्य कान्तिकुमार जैन ने अपनी चर्चित संस्मरणात्मक कृति 'महागुरु मुक्तिबोधःजुम्मा टैंक की सीढ़िओं पर' में बहुत ही प्रामाणिक ढंग से उकेरा है। एक कम चाय, एक बीड़ी के लिए तरस जाते थे मुक्तिबोध। ऊपर से कर्च का बोझ... कर्जदारों से छिपते फिरते गली–कूचों के रास्ते घर पहुँचते थे। सचमुच वे दिन मुक्तिबोध के जीवन के घनघोर अभावों और प्राणान्तक असुरक्षा के, अपमान सहने के, दुरदुराए जाने के दारुण दिन थे। यहाँ निराला स्वतः याद आते हैं: 'धिक् जीवन् जो पाता ही आया विरोध/धिक् साधन् जिसके लिए सदा ही किया शोध।' और पत्नी शान्ता देवी (जिनके साथ पारिवारिक विरोध के बावजूद मुक्तिबोध ने प्रेम–विवाह किया था) के वे दारुण दिन कैसे कटे होंगे सहज ही अनुमान किया जा सकता है: 'दिन खाली–खाली बरतन है और रात है जैसे अंधा कुआँ।' क्या दुःख ही जीवन की कथा होना हर कालजयी कवि की किस्मत में बदा है! क्या निराला, क्या मुक्तिबोध, धूमिल...। आखिर क्यों?

परन्तु मुक्तिबोध ने न कहीं हथियार डाले, न घुटने टेके। निरन्तर सृजनशील रहकर जीवन–संघर्ष को आजीवन ठेंगा दिखाते रहं। आजीवन एक गहरे अन्तर्द्वन्द्व में जीते रहे। यह जीवन संघर्ष निरन्तर बढ़ता ही गया। 'तार सप्तक' के दूसरे संस्करण में मुक्तिबोध ने बड़ी पीड़ा के साथ अपने वक्तव्य में कहा था– 'मेरी अपनी जिन्दगी जिन तंग गलियों में चक्कर काटती रही, उन्हें देखते हुए यही मानना पड़ता है कि साधारण श्रेणी में रहनेवाले हम लोगों को अस्तिव संघर्ष के प्रयासें में ही समाप्त होना है।' अन्तः 11 सितम्बर, 1964 को लम्बी बीमारी के बाद लगभग कोमा की बेहोशी में 47 वर्ष की अल्पायु में मुक्तिबोध का करुण अंत हो गया। परन्तु उनकी मृत्यु मानवीय संघर्ष की असफलता की घोषणा नहीं है, वरन् अपने संघर्ष पर अपनी अन्तिम साँस तक निछावर करते हुए जीवन की रक्षा का संकल्प बन जाती है। मरकर भी जीते रहने का संकल्पः 'कोशिश करो, कोशिश करो/कोशिश करो पाने की, जमीन में गड़कर।' उसी की बदौलत वे आज गुरु हैं, कवियों के कवि, गुरुओं के गुरु... महागुरु मुक्तिबोध। कविमित्र जीवनलाल वर्मा 'विद्रोही' ने उन्हें 'महागुरु' का खिताब यूँ ही नहीं दिया था। निश्चय ही मुक्तिबोध सरापा कवि थे। उनकी स्पष्टोक्ति हैः 'मैं मुख्यतः विचारक न होकर केवल कवि हूँ'। एक प्रतिबद्ध कवि। मनुष्य और समाज के प्रति प्रतिबद्ध। उनकी आलोचना और कहानी उनकी कविता का ही विकास है। उनकी सर्जना जर्जर जीवन के कीचड़ में प्रदीप्त कमल की भाँति सुशोभित, सर्वप्रिय और सर्वस्वीकृत है। इसमें कोई दो मत नहीं कि अभिव्यक्ति के खतरे उठानेवाला यह कवि निश्चय ही एक महान् कवि था। दूधनाथ सिंह जी ने ठीक ही लक्ष्य किया थाः 'दो तरह के महान् कवि होते हैं– एक जिसकी परम्परा निर्मित हो और दो जिसकी कोई परम्परा न बन सके। अज्ञेय पहली कोटि में आते हैं और मुक्तिबोध दूसरी कोटि के उदाहरण हैं।' वैसे भी मुक्तिबोध का अनुकरण सम्भव नहीं, क्योंकि भीतरी और बाहरी संघर्ष के बीच जूझता मुक्तिबोध का दुर्दम्य रचनात्मक औदात्य एक संघर्षशील व्यक्ति की मौलिक अभिव्यक्ति थी। शायद यही करण है कि उनकी कविता पर ऊबड़खाबड़पन और अनगढ़ता का आरोप लगाया जाता रहा। जीते जी मुक्तिबोध के सर्जनात्मक कौशल को जान–बूझकर अनदेखा किया गया, उनके रचनात्मक औदात्य को पहचाना ही नहीं गया। मुक्तिबोध की मृत्यु (1964) के त्तकाल बाद उनका काव्य–संग्रह 'चाँद का मुँह टेढ़ा है'

प्रकाशिक हुआ। फिर क्रमशः निबन्ध–संग्रह और कहानी–संग्रह प्रकाशित हुए। कुछ पत्रिकाओं के विशेषांक भी निकले। यानी सारा साहित्यिक वातावरण 'मुक्तिबोधमय' हो उठा...मुक्तिबोधमय। इससे लाभ यह हुआ कि सहृदय पाठकों का सम्यक् ध्यान गया इस अलक्षित अँधेरे के कवि की ओर। पाठकों की नज़रों में खरा उतरने के उपरान्त आया मुक्तिबोध मूल्यांकन का वास्तविक दौर'। इस क्रम में नामवर सिंह की 'कविता के नए प्रतिमान' ने एक प्रकार से महती भूमिका निभाई। दूसरे शब्दों में कहें तो नामवर सिह से शुरू हुआ मुक्तिबोध का बहुकोणीय, बहुस्तरीय मूल्यांकन।

'नयी कविता में मुक्तिबोध की स्थिति वही है जो छायावाद में निराला की थी। निराला के समान ही मुक्तिबोध ने भी अपने युग के सामान्य काव्यों को प्रतिफलित करने के साथ ही उनकी सीमा को चुनौती देकर उस सर्जनात्मक विशिष्टता को चरितार्थ किया, जिससे समकालीन काव्य का सही मूल्यांकन सम्भव हो सका।'

—डॉ. नामवर सिंह

मेरे महाकाव्य के पन्ने

मुक्तिबोध ने हिन्दी कविता में तब क़दम रखा जब छायावाद का लगभग अन्त हो रहा था। 'तार सप्तक' में दिये गये वक़्तव्य से स्पष्ट है कि छायावादी सौन्दर्य–चेतना का मुक्तिबोध के कोमल कवि–मानस पर गहरा प्रभाव पड़ा थाः 'मालवे के विस्तीर्ण मनोहर मैदानों में से घूमती हुई क्षिप्रा की रक्त–भव्य साँझें और विविध–रूप वृक्षों की छायाएँ मेरे किशोर कवि की आद्य सौन्द्रर्य–प्रेरणाएँ थीं। '(तार सम्तक, सं. अज्ञेय, पृ. 21) बक़ौल हरिनारायण व्यास 'मुक्तिबोध की चेतना छायावाद की रूमानियत, रहस्यवाद की गूढ़ता और प्रगतिवाद की इतिवृत्तात्मकता में पनपी। इसीलिए उनकी कविताओं में इन तीनों परम्पराओं की विशेषताएँ मौजूद हैं। उन्होंने उन सबको पचाकर एक नयी नौसर्गिक शैली अपनाई।' (—मुक्तिबोध का रचना संसार, सं. गंगाप्रसाद विमल, पृ. 10)

'कविता लिखने के बाद जो भयानक मनःस्थिति मुझे ग्रस्त कर लेती है, उसका तजुर्बा बहुत कम लोगों को है! और अगर सचमुच है तो वे बताते नहीं। मुश्किल यह है कि कविता लिख चुकने के अनन्तर, उसी कविता में समाई किन्तु उससे वृहत्तर, विशालतर, सुन्दरतर कविता अपने

स्वयं का विकास करती हुई उद्घाटित कर देती है; और मैं उस प्रतिमा–रूप के प्रति दौड़ पड़ता हूँ। चाहिए, हाँ, मुझे चाहिए वही प्रतिमा चाहिए। मुझे छोड़ दीजिए, मुझे जाने दीजिए उव नव्यतर के पास'।

मुक्तिबोध का कवि–व्यक्तित्व बहुत ही जटिल है। उनके बिम्ब, उनकी भाषा, उनकी वैचारिकी, फन्तासी एक बीहड़ बन की तरह है जहाँ ध्यान हटते ही भटक जाने का डर है। उनकी कविता इतनी सपाट नहीं कि हम उन्हें सहसा हृदयंगम कर लें। शमशेर ने 'चाँद का मुँह टेढ़ा है' की भूमिका में लिखा भी है–'उनकी कविताएँ उस समय अक्सर समझ में न आतीं और उनको लेकर विवाद भी होता था।' इसके पीछे जो कारण है वह है 'संश्लिष्ट सृजन प्रक्रिया व गहन जीवन–सम्पृक्ति', न कि नितान्त वैयक्तिक जटिलता, दुरुह कवि–कर्म कौशल, या दुर्बोध्य बिम्ब–योजना। बीहड़ और भयानक संसार के क्रूर यथार्थ को गैर रोमैंटिक ढंग से अभिव्यक्त करने के लिए मुक्तिबोध एक नयी भाषा गढ़ते हैं। उन्होंने अपनी कविताओं में फैंटेसी के अलावा अप्रगीतात्मकता, नाटकीयता, एकात्म आलाप, संवादात्मकता और विचित्र कथात्मक–संवाद का ऐसा समावेशी फलक तैयार किया है कि आधुनिकता की सारी कालिमा और विद्रूपताएँ स्वतः उभर कर सामने आ जाती है। इसमें तिस्मी द्वार, पुराने कुएँ, भुतहे महल, बावड़ी, अँधेरी तंग गलियाँ, वीरान पठार, घने बरगद का पेड़, खंडहर और झाड़–झंखाड़ आदि का भयानक वातावरण भी विद्यमान है। आधुनिक कवियों में सिर्फ़ मुक्तिबोध ही ऐसे कवि रहे जिनकी कविताओं में समय की क्रूरतओं का साक्षात् वर्णन हुआ है। यही कवि का आधुनिक दृष्टिकोण है। इस अर्थ में उनकी कविता अपने समय का जीवित इतिहास ही है। यह कहना गलत न होगा कि अपनी मार्क्सवादी–दृष्टि के कारण मुक्तिबोध की नज़र सहज ही युगीन विषमता और संगति की ओर गयी और यही उनके सृजन की प्रेरणा–भूमि भी बनी। कवि मित्र प्रमोद वर्मा ने ठीक ही लक्ष्य किया था कि: 'मुक्तिबोध भावात्मक ऊर्जा का वैचारिक कवि है। वह उनका कवि कभी नहीं हो सकता जिनके लिए कविता विचार का निषेध है। न ही उनका जिनके लिए वह मात्र विचार है। सच तो यह है कि उनके कविता–संसार के किसी भी विषय से परहेज नहीं करती। विषयों की कमी नहीं वरन् उनका आधिक्य ही उसे सताता है। धर्म, दर्शन, अध्यात्म, ज्ञान, विज्ञान, भूगोल, खगोल, इतिहास, पुराण, मिथक, स्वप्न, जादू टोना, अखबार, राजनीति,

अर्थनीति–क्या नहीं उसके यहाँ?....वह बेहद महत्त्वाकांक्षी कवि है।' (–प्रमोद वर्मा समग्र. पृ. 53) इसलिए उकसी असफलताएँ भी उतनी ही महत्त्वपूर्ण हैं, जितनी उसकी सफ़लता। इसलिए वे औरों से अलग हैं: 'मैं तुम लोगों से इतना दूर हूँ/तुम्हारी प्रेरणाओं से मरी प्रेरणा इतनी भिन्न है/कि जो तुम्हारे लिए विष, वह मेरे लिए अन्न है।' मुक्तिबोध ने आत्मबोध के तीव्रदंश और जग के जहरीले संवेदन पीकर ही युग की अन्तश्चेतना को जागृत किया :

'इन सब रंगों को पियो, उन्हें विष में परिणत
करके भीतर
भीग थर–थर
भीगो जहरीला संवेदन'' (*ओ काव्यात्मन् फणिधर*)

काव्य सर्जना के लिए मुक्तिबोध ज्ञान और संवेदना, दोनों को आवश्यक मानते हैं। और दोनों के सापेक्ष सम्बन्ध पर जोर देते हैं। ज्ञानात्मक संवेदना और संवेदनात्मक ज्ञान जैसे पद मुक्तिबोध के यहाँ बार–बार उद्धृत हुआ है, क्योंकि एक सच्ची कविता संवेदनात्मक ज्ञान और ज्ञानात्मक संवेदन के तीव्र घात–प्रतिघात से जनमती है। मुक्तिबोध जोर देकर कहते हैं कि जगत–जीवन के संवेदनात्मक ज्ञान और ज्ञानात्मक संवेदना में समायी हुई मार्मिक आलोचना दृष्टि के बिना कवि–कर्म अधूरा है। 'नयी कविता का आत्मसंघर्ष' नामक निबन्ध में उन्होंने काव्य–कला के लिए इन दोनों पक्षों का समावेश अथवा अनुपात इस प्रकार होना स्वीकार किया है कि ज्ञान–पक्ष संवेदना से हटकर काव्योपयोगी नहीं रहेगा और यह तभी प्राप्त हो सकता है जब कवि के पास दृष्टि–विकास का सम्बल हो। यह 'दृष्टि–विका' जीवन संघर्ष और मूल्य संघर्ष के विश्लेषण एवं मूल्यांकन से सम्बन्धित है। वैसे भी कोरी संवेदना से सराबोर होकर कवि होना मुक्तिबोध को अभीष्ट नहीं था। उन्होंने संवेदना को एक मानसिक एवं हृदयगत सत्त के रूप में स्वीकार किया है, जिसमें भाव, संवेग, मनोवृत्ति, विकार, अवधारणाओं का एक संयमित आवेग रहता है। उनकी कविता में संवेदना का यह रूप है जो सारे युग बोध को समेटता हुआ सृजन–प्रक्रिया में अभिव्यक्त होता है। वे कहते भी हैं–'जीवन जगत के प्रति वास्तविक विश्व–दृष्टि का विकास करें और वह विश्व–दृष्टि उसकी मानसिक प्रतिक्रिया की प्रेरक बने।' (साहित्य का नया सौन्दर्यशास्त्र, पृ. 49) उल्लेखनीय है कि मुक्तिबोध

अपने पूर्ववर्ती कवियों से भिन्न कविता को परमस्वाधीन और विश्वशास्त्री मानते हैं: 'मैं उसका नहीं कर्ता, पिता धाता, कि वह दुहिता नहीं होती, परम स्वाधीन है, वह विश्वशास्त्री है' यही उनकी आधुनिक विश्व–दृष्टि है। यही उनकी महानता है। हाँ, इतने में मुक्तिबोध चुप नहीं हो जाते। वे उदात्त काव्यात्मक गरिमा के साथ कालजयी सूक्ति प्रस्तुत कर देते हैं: 'विश्व संघर्ष की पार्श्वभूमि में व्यक्ति संघर्ष और विश्वस्थिति की पार्श्वभूमि में व्यक्ति स्थिति रखकर, अन्तर्बाह्म वास्तविकताओं से प्रेरित जो लय–चित्र आविर्भूत होते हैं वे भव्य प्रेरणाओं को उत्सर्जित करते है।' (नयी कविता का आत्मसंघर्ष, पृ. 28)

कहते है मुक्तिबोध जीवन–भर एक ही कविता लिखते रहे–'जीवन का महा–आख्यान'। यही कारण है कि उनको हर कविता जहाँ एक ओर अधूरी प्रतीत होती हैं वहीं दूसरी ओर एक–दूसरे से सम्बद्ध एक–दूसरे की पूरक। एक कविता समाप्त होते न होते एक दूसरी, पहले से वृहत्तर कैनवास वाली कविता उनके मन–मस्तिष्क पर छाने लगती। मुक्तिबोध अपनी उस नयी कविता के पास जाने के लिए कितना बेचैन थे उसका उल्लेख करना अप्रासंगिक न होगा–'कविता लिखने के बाद जो भयानक मनःस्थिति मुझे ग्रस्त कर लेती है, उसका तजुर्बा बहुत कम लोगों को है! और अगर सचमुच है तो व बताते नहीं। 'मुश्किल यह है कि कविता लिख चुकने के अनन्तर, उसी कविता में समाई किन्तु उससे वृहत्तर विशालतर, सुन्दरतर कविता अपने स्वरूप का विकास करती हुई उद्घाटित कर देती है; और मैं उस प्रतिमा–रूप के प्रति दौड़ पड़ता हूँ। चाहिए हाँ, मुझे चाहिए वही प्रतिमा चाहिंए। मुझे छोड़ दीजिए, मुझे जाने दीजिए उस नव्यतर के पास'। (अकेलापन और पार्थक्य, मुक्तिबोध रचनावली–4 101–,102)

मुक्तिबोध कवि–कर्म को पूर्णतः समर्पित मेहनती कवि थे। एक–एक शब्द को वे नाप–तौल कर रखते थे। वे कहते भी थे कि एक कविता लिखना उनके लिए शरीर का एक पौंड खून सुखा देने जैसा हैं हरिशंकर परसाई के एक संस्मरण में एक मार्मिक प्रसंग का उल्लेख है, आप भी सुनिए–''अँधेरे में' कविता सुना चुकने पर मुक्तिबोध की हालत अपने को निचोड़ देने जैसी थी। ऐसा लगता था कि उस आदमी ने अपने को निखेड़ दिया, अपनी सारी प्राण–शक्ति उसमें भर दी, अब वह रिक्त बैठा है।' सृजन के दौरान मुक्तिबोध कैसी बेचैनी, कैसी

जद्दोज़हद से गुजर रहे होंगे, इसका अनुमान सहज ही लगा सकते हैं। रचना–प्रक्रिया के सन्दर्भ में मुक्तिबोध इस बात पर बल देते हैं कि संवेदना का संगत प्रयोग सार्थक काव्य सर्जना के लिए बहुत जरूरी है। युवा कवियों को चेतावनी देने जैसी मुद्रा में उन्होंने कहा है; 'अन्तर्जीवन के मूल्यवान जो संवेदन/उनका विवेक संगत प्रयोग हो सका नहीं।'

मुक्तिबोध के कथनानुसार कविता एक सामाजिक–सांस्कृतिक कर्म है, जिसके लिए गहन रागात्मक जीवन संपृक्ति बहुत जरूरी है। प्रभाकर श्रोत्रिय जी ने ठीक ही कहा है कि मुक्तिबोध की कविता मानव को संघर्ष के लिए तैयार करनेवाली और तपानेवाली कविता है। स्पष्ट है मुक्तिबोध की अनुभूति सामान्य कवि की साधारण अनुभूति नहीं थी। उनकी 'अनुभूति' की परिभाषा भी विशिष्ट थीः 'अनुभूतियाँ निबिड़ अन्तर्लोक में प्रवहमान जीवन के निर्झर स्रोत हैं, जहाँ से जीवन का चश्मा निर्मल बहा करता है बहने के लिए, फैलने के लिए–वह जीवन जो अंधकारमय अन्तर–कन्दराओं में गुप्त बहता हुआ, अनुभूति द्वारों से ऊपर की सतहों पर आ जाता है, चेतन मन में अपने अबाध, आकुल उत्साह से फूट पड़ता है।' ऐसी ही गहन अनुभूति और उदात्त विचार के संयोग से मुक्तिबोध की कविताओं की निर्मिति होती है जो उनके संघर्षशील व्यक्तित्व से जुड़कर और चमक उठती हैं।

सुप्रसिद्ध कवि राजेश जोशी मुक्तिबोध की कविता की आन्तरिक बुनावट की ओर संकेत करते हुए लिखते हैं कि–'मुक्तिबोध की कविता को पढ़ते हुए लगातार महसूस होता है कि उसका केन्द्रीय चरित्र विचार हैं। विचार लेकिन जब चरित्र बनता है, नायक या कोई पात्र बनता है, तो उसे एक कथात्मक या काव्यात्मक विश्वसनीयता की ज़रूरत होती है, जिसके लिए उसे स्पेस और समय चाहिए। इसीलिए किसी भी पात्र के प्रवेश से पहले मुक्तिबोध एक स्पेस रचते हैं एक लैंडस्केप बनाते हैं। यह लैंडस्केप मुक्तिबोध की कविता का बहुत ही महत्त्वपूर्ण हिस्सा हैं एक तरह से यही वह मंच है जिस पर पूरी कविता को घटित होना हैं इस अर्थ में वह नाटकीय भी है।' (एक कवि की नोटबुक, पृ. 13) कहने की जरूरत नहीं कि यह नाटक और उसमें सम्मिलित कलाकार दिन के उजाले में उतना स्पष्ट नहीं दिखते जितना कि रात के अँधेरे में। यही कारण है कि मुक्तिबोध की कविता में अँधेरे का वर्चस्व और उसका फैलाव कुछ ज्यादा ही है। बक़ौल प्रमोद वर्मा–'मुक्तिबोध की कविता ठीक उसके साँवले जीवन की तरह हैं। चारों तरफ ख़ौफ़नाक अँधेरा

है।' अँधेरा मुक्तिबोध की कविता में बार–बार आता है। चाहे 'ब्रह्मराक्षस' कविता हो या 'दिमागी गुहांधकार का ओरांग उटांग' अथवा 'चाँद का मुँह टेढ़ा है' या 'चम्बल घाटी'–सब में अँधेरा विद्यमान है। 'एक साहित्यिक की डायरी' में उन्होंने लिखा ही है : 'मुझे लगता है मन एक रहस्यमय लोक है, उसमें अँधेरा है। अँधेरे में सीढ़ियाँ हैं। सीढ़ियाँ गोली हैं। सबसे निचली सीढ़ी पानी में डूबी हुई है। वहाँ अथाह काला जल है। उस अथाह जल से स्वयं को हो डर लगता है। इस अथाल काले जल में कोई बैठा है। वह शायद मैं ही हूँ। अथाह और एक़दम स्याह–अँधेरे पानी की सतह पर चाँदनी का चमक़दार पट्टा फैला हुआ है, जिसमें मेरी ही आँखें चमक रही हैं मानो दो नीले मूँगिया पत्थर उद्दीप्त हो उठे हों। '(–पृ.09)। कहने की जरूरत नहीं कि यह अँधेरा तथाकथित अत्याधुनिक विकास का अँधेरा है। आधुनिक असुरक्षा का अँधेरा है। व्यक्ति की असुरक्षा और अकेलेपन का अँधेरा है। यह सोच के डर लगता है कि अगर मुक्तिबोध को 47 के बदले 87 की आयु मिली होती तो उनकी कविता में मौजूद अँधेरे का रंग और कितना भयानक व डरावना होता! स्पष्ट है कि मुक्तिबोध सच्चे मायने में अपने युग को अर्थ देनेवाले सचेत–सजग कवि हैं जो उनके कवि–कर्म का सबसे महत्त्वपूर्ण पक्ष हैं। आधुनिक अभिश्याप्त युग की जटिलता, व्यक्तिव का संधान और परम अभिव्यक्ति की खोज, चेतना को प्रदीप्त करनेवाली अनुभूतियों का अन्तःसंघर्ष के मेल से मुक्तिबोध का काव्य–मानस संवेदित–उद्वेलित होता है। सामाजिक और वैयक्तिक 'संघर्ष' उनकी कविता का बीज त्तव है। इतना ही नही अपनी अधिकतर कविताओं में मुक्तिबोध जी ने समकालीन राजनीतिक–आर्थिक चरित्र का असली चेहरा भी इस मंशा से पाठक के समक्ष रखा है कि उसकी गहरी समझदारी पाठकों में पैदा हो। 'भूल–गलती' ऐसी ही समझदारी का मर्म उदघाटित करती है। 'लकड़ी का बना रावण' प्रतीक और फैंटेसी के बीच से उभरती हुई तबाह इंसानियत की स्याह तस्वीर प्रस्तुत करती है। 'लकड़ी का बना रावण' और 'ब्रह्मराक्षस'– दोनों कविताएँ इस तथ्य का निदर्शन है कि संक्रमण काल में सत्ता और बुद्धिजीवी, दोनों का चरित्र दुविधाग्रस्त रहता है।

'चाँद का मुँह टेढ़ा है' में भारत में पूँजीवादी विकास की स्थितियों की विडम्बना का चित्र बड़े काव्यफलक पर उपस्थित है। 'ब्रह्मराक्षस' कविता में कवि प्रत्यक्षतः उपस्थित है जबकि 'चाँद का मुँह टेढ़ा है' में

अदृश्य रहता है। 'भूल—गलती', 'ब्रह्मराक्षस' और 'लकड़ी का बना रावण'—ये तीनों कविताएँ मिलकर संक्रमण काल का समूचा पाठ रचती हैं। 'डूबता चाँद कब डूबेगा' में विकासशील सामंती पूँजीवादी वैभव के पूरे विनापश की विकल प्रतीक्षा है। 'कल जो हमने चर्चा की थी' में देश की पीड़ाओं के हकीकत की चर्चा है। साथ ही ज्ञानात्मक संवेदन और संवेदनात्मक ज्ञान की भूमिका को भी स्पष्ट करती है।

'ओ काव्यात्मन फणिधर' में कविता का नायक अपनी कविता को ही एक सर्प के रूप में कल्पित करता है और फिर उसे आदेश देता है कि वह उन क्रान्तिकारी विचार—रत्नों को एकत्रित करें जिनके प्रकाश में ब्रह्म के असली(स्व) रूप को पहचाना जा सकता है। 'चकमक की चिनगारियाँ' कवि की मानसिक यातनाओं के चित्र उपस्थित करती हुई मानव संवेदन की ओर हमारा ध्यान आकृष्ट करती है। 'चम्बल की घाटी' में कवि की आत्म—गुहा से निकली चिन्तन—रत—बेचैनी टीलों के बीच भटकती है, किसी बात की प्रतीक्षा में। 'एक स्वप्नकथा' रचना का प्रारम्भ स्याह समुन्द के अथाह पानी से होता है जहाँ कवि का मन विचारों का 'विक्षोभित हिल्लोलित लहरों में' स्नान करता है। 'अन्तःकरण का आयतन' के कवि की सर्वगामी छाँह कभ्झी अतीत के आदर्शों का और कभी वर्तमान के गिद्धों को देखती—परखती है। उसे सर्वत्र खून से सनी तस्वीरें दिखलाई देती हैं लेकिन इसके साथ ही बदलते जगत् का चेहरा भी सामने आता हैं 'एक अन्तर्कथा' अपनी पूरी संरचना में आत्मविश्लेषण, प्रतिबद्धता और कला मूल्यों की सर्जना सम्बन्धी अन्तर्कथा है। मुक्तिबोध की जिस कविता ने पाठकों—आलोचकों का ध्यान सर्वाधिक खींचा वह थी 'अँधेरे में', जो स्वातन्त्र्योत्तर मोहभंग और आधुनिकता की व्यथा—कथा सुनाती है।

अन्तःकरण का आयतन

मुक्तिबोध ने 'नयी कविता का आत्म—संघर्ष तथा अन्य निबन्ध' की भूमिका में स्वीकार किया था कि—'मैं मुख्यतः कवि विचारक न होकर केवल कवि हूँ, किन्तु आज का युग ऐसा है कि विभिन्न विषयों पर उसे भी मनोमन्थन करना पड़ता है।' सच तो यह है कि वे एक प्रखर प्रतिभासम्पन्न समीक्षक—चिन्तक भी थे, और एक सच्चा समीक्षक होने के नाते उन्हें समकालीन दिशाहीन समीक्षा से घोर असन्तोष था। समीक्षकों की दुखद स्थिति को दुरुस्त करने के लिए खुद मुक्तिबोध ने समीक्षा

की कमान सँभालीः 'कवि और लेखक होने के नाते समीक्षा–साहित्य की वर्तमान प्रवृत्तियों पर मेरी नज़र जाना स्वाभाविक ही है। मुझे समीक्षकों की स्थिति पर दुःख होता है।' (समीक्षा की समस्याएँ, पृ. 9) उनकी 'समीक्षा की समस्याएँ' पुस्तक को पढ़कर स्पष्ट हो जाता है कि समीक्षा कर्म को वे कितने बड़े फलक पर रख सोच–विचार रहे थे। समीक्षा लिखते समय हमें किन–किन मर्यादाओं का पालन करना चाहिए, उसका विस्तृत वर्णन प्रस्तुत किया है मुक्तिबोध ने इस पुस्तक में। मुक्तिबोध यह मानते हैं कि समीक्षक को कलात्मक सौन्दर्य और जीवनमूल्य, दोनों का संतुलन बनाए रखना होगा तभी उसकी समीक्षा कालजयी हो सकेगी। वे लिखते हैं–'यह सही है कि प्रत्येक समीक्षक के अपने–अपने आग्रह होंगे, अपने–अपने अनुरोध होंगे। किन्तु इन आग्रहों और अनुरोधों को सार्थकता तभी प्राप्त होगी जब वह आग्रह वास्तविक कलात्मक मूल्यों और जीवन–मूल्यों पर–एक साथ दोनों पर–आधारित होगा।'

अगर 'समीक्षा की समस्याएँ' उनके सचेत सीमक्षक रूप को स्पष्ट करती है तो 'एक साहित्यिक डायरी' उनके आलोचक व्यक्तिव के अनेक पक्षों का उद्घाटन करती है, जबकि 'नयी कविता का आत्म–संघर्ष तथा अन्य निबन्ध' उनके चिन्तनजगत और विचारभूमि को स्पष्ट करती है। पहले संकेत किया जा चुका है कि मुक्तिबोध के लिए साहित्य आत्मसंघर्ष और सामाजिक परिवर्तन का सशक्त माध्यम था। क्योंकि जो है जैसा है उन्हें उससे बेहतर चाहिएः 'इसलिए कि जो है उससे बेहतर चाहिए/पूरी दुनिया साफ करने के लिए मेहतर चाहिए।' वे मनुष्य के वास्तविक विकास हेतु सतत् सृजनरत–संघर्षरत रहे, क्योंकि वे तथाकथित आधुनिक विकास से असन्तुष्ट थे। उनकी स्पष्टोक्ति देखिएः 'हर विकास स्थिति में मुझे घोर असन्तोष रहा, और है,... जिस भी क्षेत्र में हूँ वह स्वयं अपूर्ण है, और उसका ठीक–ठीक प्रकटीकरण भी नहीं हो पा रहा है।' वे समाज को व्यापकतर सन्दर्भों में देखना–समझना चाहते थे। और इसके लिए जीवन भर संघर्ष भी किया। जिसके कारण उनका आत्म समाज के व्यापकतर छोर को छू सका। साहित्यिक रचना–प्रक्रिया के गम्भीर विश्लेषण और मंथन के बीच जिस एक कवि–कर्म पर उनका सबसे आधिक ज़ोर था उसे मुक्तिबोध ने आत्मसंघर्ष की संज्ञा दी आत्मसंघर्ष, इस तरह उनकी समीक्षा दृष्टि का एक प्रमुख सन्दर्भ–स्रोत बन गया।

'एक लम्बी कविता का अन्त' में मुक्तिबोध जी ने लम्बी कविता रचने के रहस्य को उद्घाटित किया है: 'यथार्थ के त्तव परस्पर गुंफित होते हैं, साथ ही पूरा यथार्थ गतिशील होता है। अभिव्यक्ति का विषय बनकर जो यथार्थ प्रस्तुत होता है वह भी ऐसा ही गतिशील है, और उसके त्तव भी परस्पर गुम्फित हैं, यही कारण है कि मैं छोटी कविताएँ लिख नहीं पाता और जो छोटी होती हैं वे वस्तुतः छोटी न होकर अधूरी होती हैं और इस प्रकार की न मालूम कितनी ही कविताएँ मैंनं अधूरी लिखकर छोड़ दी हैं, उन्हें खत्म करने की कला मुझे नहीं आती– यही मेरी ट्रैजेडी है।' 'डबरे पर सूरज का बिम्ब' 'हाशिए पर कुछ नोटस', 'कृटुयान और काव्य–सत्य', 'कलाकार की व्यक्तिगत ईमानदारी' आदि निबन्ध भी काफी महत्त्वपूर्ण हैं, जिसमें आलोचना–कर्म की जटिलता, आत्मालोचन की जरूरत, काव्य–सत्य, जीवन–मूल्य, कलाकार की व्यक्तिगत ईमानदारी पर गहन विमर्श हुआ है।

प्रगतिवाद के प्रखर और मौलिक चिन्तकों–आलोचाकों में मुक्तिबोध का नाम सर्वाधिक महत्त्व का है। इस दृष्टि से उनकी 'कामायनी: एक पुनर्विचार' एक उल्लेखनीय आलोचनात्मक कृति है। सबसे महत्त्वपूर्ण बात यह कि मुक्तिबोध ने इस कृति के माध्यम से 'कामायनी' की नयी व्याख्या की है। उनकी आलोचना की सबसे बड़ी विशेषता यह है कि उन्होंने 'कामायनी' को परम्परित वर्णनात्मक कथाकाव्यों से अलग करके देखा है: ''कामायनी' उस अर्थ में कथा काव्य नहीं जिस अर्थ में 'साकेत' है। 'कामायनी' की कथा केवल एक फैंटेसी है।' (पृ.08) मुक्तिबोध 'कामायनी' को आधुनिक काव्य मानते हैं उनका कहना है कि 'इसमें आधुनिक प्रवृत्तियों तथ्यों तथा प्रश्नों को उपस्थित किया गया है। चूँकि इन आधुनिक त्तवों को विशाल फैंटेसी (तथा उसके भीतर अनेक अन्य फैंटेसियों) में घुला–मिला दिया गया है, तािा वर्तमान जीवन से आकर्षक दूरी पैदा की गयी है, इसलिए 'कामायनी' हमें ऐतिहासिक महाकाव्य–जैसी कुछ मालूम होती है।' (पृ.19) उन्होंने मनु को व्यक्तिवाद का प्रतीक, इड़ा को पूँजीवाद की उन्नायिका तथा श्रद्धा को श्रद्धावाद या गाँधीवाद का पर्याय स्वीकारा है। इस प्रकार हम देखते हैं कि मुक्तिबोध ने 'कामायनी' के अर्थ–गौरव को एक निश्चित सीमा में बाँध दिया है। 'भारतः इतिहास और संस्कृति' पुस्तक का उल्लेख किये बगैर शायद चर्चा अधूरी ही रह जायेगी क्योंकि इस पुस्तक का प्रकाशन और उसके दुखद परिणाम मुक्तिबोध के जीवन की स्मरणीय घटनाओं में

से एक है। सब यह जानते हैं कि 'यह पुस्तक मध्य प्रदेश सरकार के शिक्षा विभाग द्वारा पाठ्य–पुस्तक भी स्वीकार हुई और उसी सरकार द्वारा लोक सुरक्षा कानून के अधीन अवैध भी घोषित हुई।' मुक्तिबोध आज़ादी के बाद के अकेले लेखक हैं जिनकी लिखी कोई पुस्तक प्रतिबंधित हुई क्योंकि उन्होंने इतिहास की वस्तुगत और वैज्ञानिक व्याख्या के जरिये सत्ता के भीतर पनप रही उन फ़ासीवादी प्रवृत्तियों को पहचान लिया था।

मुझे सब कहने दो

मुक्तिबोध जीवन–भर 'जलते हुए सच' की ख़ातिर संघर्ष करते रहे और उसकी कीमत चुकाते रहे; और लगभग एक अभिशप्त जीवन जीने को विवश रहे। श्रीकान्त वर्मा ने ठीक ही लक्ष्य किया था: 'मुक्तिबोध का सारा साहित्य वस्तुतः एक अभिशप्त जीवन जीनेवाले अत्यन्त संवेदनशील सामाजिक व्यक्ति का चिन्तन–विवेचन है; और यह भी कहीं निराला में या किसी अन्य के साथ बैठकर नहीं, अपने पीड़ा–संघर्षों भरे परिवेश में रहते और अपने से ऊपर उठकर स्वयं अपने से जूझते हुए किया गया है। उनकी कहानियाँ इसी बात को रेखांकित करती है।' अभिव्यक्ति के माध्यम के नाते जहाँ कविता हारी वहाँ मुक्तिबोध ने डायरी विधा पकड़ी और जब वह भी पूरी न पड़ी तब कहानी को अपनाया। दूसरे शब्दों में, कविता में जो काम अधूरा रह गया उसे उन्होंने डायरी में पूरा करने का प्रयत्न किया और डायरी में जो रह गया उसे शक्ल देने के लिए कहानी का माध्य चुना, हालाँकि ये तीनों ही विधाएँ मुक्तिबोध के उस महानुभव की सम्पूर्ण अभिव्यक्ति के लिए जगह–जगह अपर्याप्त साबित हुई हैं जिसे युग का समग्र अनुभव कहा जा सकता है। वैसे सर्जनात्मक अभिव्यक्ति के स्तर पर विधागत परिवर्तन की समस्या से सिर्फ़ मुक्तिबोध जूझ रहे थे, ऐसी बात नहीं। निराला, पन्त, महादेवी, नागार्जुन, त्रिलोचन. ..सभी ने इसकी जरूरत शिद्दत से महसूस की थी। मुक्तिबोध को विश्वास था कि कोई भी अभिव्यक्ति अपने व्यापक सन्दर्भों में ही सार्थक है; अपने तमाम सन्दर्भों से कटी हुई मनोदशा केवल एक धुन्ध है। ऐसे में यह कहना अप्रासंगिक न होगा: 'मुक्तिबोध अकेले कलाकार हैं, जिनके अनुभव का आवेग अभिव्यक्ति की क्षमता से इतना बड़ा था कि सारा साहित्य टूट गया। मुक्तिबोध के साहित्य को कसौटी के रूप में

स्वीकार करना खतरे से खाली नहीं। उसमें इतनी प्रचंडता है कि उसे परखने पर अपने अन्य गुणों के लिए महत्त्वपूर्ण दूसरों का साहित्य निश्चय ही दुच्चा नज़र आयेगा। बुद्धिमानी इसी में है कि मुक्तिबोध के साहित्य को उनके मुक्तिबोध ने एक ओर व्यंग्य–रीति से ब्रिटिश–अमरीकी सभ्यता को नंगा कर दिया है तो दूसरी ओर प्रबुद्ध उन्नायक की तरह भारत को अमरीकी प्रभाव के प्रति सचेत रहने की चेतावनी दी है। 'पक्षी और दीमक' भी मुक्तिबोध की बहुचर्चित–बहुपठित कहानी है। समृद्ध होकर जीने के लिए आदमी को जो कीमत चुकानी पड़ती है वह हमेशा ही मुक्तिबोध की परेशानी का विषय रही। 'पक्षी और दीमक' के जरिए इस परेशानी और दहशत को समझा जा सकता हैं यह कहानी मध्यमवर्गीय आत्मसीमित प्रवृत्ति के रहस्य को व्यापक सन्दर्भ में और सही परिप्रेक्ष्य में उजागर करती है।'विद्रूप' कहानी का सर्वते 'अकेलेपन' से ग्रस्त है फिर भी वह अपने को दयनीय नहीं समझता। 'जंक्शन' भी मध्यवर्गीय संस्कारों के मुखौटे को निर्ममता से उघेड़ती है। 'एक दाखिल दफ़्तर साँझ' का समेश्वर एक छोटा अफसर है। उसका असिस्टेंट वर्मा उसे याद दिलाता है कि वह तो 'प्रगतिवादी' है, जिस पर वह उससे कहता है कि सरकारी नौकर की कोई विचारधारा नहीं होती, होती भी है तो उसके अनुसार कार्य करना मना है। 'काठ का सपना' रोज़मर्रा के छोटे–छोटे चित्रों द्वारा उस घुटनभरी गरीब मध्यवर्गीय जिन्दगी के अँधेरे का आवलोकन करती है। 'किन्तु इन ख्यालों से माथे का दुखना नहीं थमता, देह की थकन दूर नहीं होती, असन्तोष की आग और बेवसी का धुआँ दूर नहीं होता।' विजयमोहन सिंह ने ठीक लक्ष्य किया है : 'मुक्तिबोध की ये कहानियाँ उनके पात्रों के प्रति करुणा नहीं उत्पन्न करतीं बल्कि अक्सर एक जुगुप्सा या नफ़रत पैदा करती है। 'सतह से उठता आदमी' का कन्हैया कहानी के अन्त में गटर में थूकता है, क्योंकि वह रामनारायण और कृष्णस्वरूप दोनों से पूरी तरह अवगत हो चुका है। वह इन समझौतों के सारे चेहरे देख चुका है। यह स्थिति उसे बेहतर नहीं बनाती पर वह उन पर थूक ज़रूर सकता है।' 'अँधेरे में' का कथ्य अधिक जटिल है। कहानी के भीतर जो 'नुकीला एक कीला तेज' गड़ा हुआ है, वह शुरू में दिखाई नहीं देता, गहरे में छिपा है। इस कहानी के युवक की तीव्र भावात्मक प्रतिक्रिया उसके समूचे व्यक्तिव को ललकारती हैः चित्रित स्थिति की

जीवन्त संवेदना के रूप में वह उसका अंगीभूत हो गया है। उसकी निजी परिस्थितियाँ कहानी के कथ्य–क्षेत्र की वस्तु नहीं हैं। इसके विपरीत 'चाबुक' कहानी का रामलाल एक दूसरी ही तरह का व्यक्ति है। उसकी निजी परिस्थितियाँ है, ठोस समस्याएँ हैं। मुक्तिबोध की पाठक–प्रिय कहानी है 'ब्रह्मराक्षस का शिष्य'। ऊपरी तौर पर यह कहानी एक मामूली फैंटेसी लग सकती है किन्तु जब हम इसका अर्थ खोलने का यत्न करते हैं तो एक बहुत ज़रूरी आवश्यकता की ओर हम सबका ध्यान आकर्षित होता है'–'कलाकार की अभिव्यक्ति की बेचैनी'। मुक्तिबोध स्वयं ही ब्रह्मराक्षस था और स्वयं ही ब्रह्मराक्षस का शिष्य थी। 'उनका सारा जीवन एक भुतहा मकान है और वह ख़ुद महज एक ब्रह्मराक्षस हैं। मुक्तिबोध की कहानी का ब्रह्मराक्षस भी दरअसल एक कलाकार है जिसे केवल अभिव्यक्ति ही मुक्त कर सकती है।' रमेश और उसकी ख़स्ताहालत को केन्द्र में रखकर लिखी गयी कहानी है 'नयी जिन्दगी'। रमेश, जो लीडर और विचारक था, जिसकी सशक्त गद्य–वाणी में से ज़िन्दगी के अनुभव, अन्तर्राष्ट्रीय राजनीति के दृश्य, स्थानीय और प्रान्तीय हलचलों के नज़ारे कविता की भाँति फूट पड़ते, पर जिसके दिल को अपने गरीब घर की अवरुद्ध हव़ा कचोट लेती थी, कहानी के अन्त में अपने पारिवारिक जीवन में ही सच्चा परिवर्तन लाने का फैसला का लेता है। 'मोह और मरण' मुक्तिबोध के कहानी–लेखन की शुरुआती दौर की अत्यन्त साधारण कहानी है। मुक्तिबोध ने इस कहानी में एक बूढ़े की विवशता को दर्शाया है। वृद्ध अपने परिवार के भरण–पोषण के लिए झूठ बोलता है, लालच करता है। इस बात को लेकर उसके बेटे की बहू अपनी घृणा व्यक्त करती है–'तुम्हें बुढ़ापे में भी लालच न छूटा।' वैसे 'मोह और मरण' की बहू की फूहड़ घृणा 'अँधेरे में' कहानी के युवक मे कठोर बनकर प्रकट हुई है–'दुनिया की कोई ऐसी कलुषता नहीं थी जिस पर उसे उलटी हो जाय–सिवाय विस्मृत सामाजिक शोषणों और उनसे उत्पन्न दम्भों और आदर्शवाद के नाम पर किये गये अन्ध अत्याचारों, यान्त्रिक नैतिकताओं और आध्यात्मिक अहंताओं को तानाशहियों को छोड़कर।'

'विपात्र' एक लम्बी कहानी है जो बुद्धिजीवी के संकट को ईमानदारी से बयाँ करती है। मुक्तिबोध जी ने इसकी परिकल्पना एक उपन्यास के रूप में की थी। श्रीकान्त जी के शब्दों में कहें तो 'विपात्र'

कहानी या उपन्यास दोनों में से कुछ भी न होने के बावजूद दोनों ही है। विजयमोहन सिंह के कथनानुसार 'विपात्र' एक लम्बी जिरह की कहानी है। यह जिरह मध्यवर्ग और निम्नवर्ग के बीच है। उसका बुद्धिजीवी पात्र 'जगत' अँग्रेज़ी साहित्य का मर्मज्ञ विद्वान है और अमेरिकी साहित्य का उपासक।

इस प्रकार हम देखते हैं कि मुक्तिबोध की प्रारम्भिक कहानियाँ संक्षिप्त और सरल हैं तथा निष्कर्षात्मक शैली में सामान्य–जन की भावनाओं के प्रति सहानुभूतिपरक लगाव रखती हुई मानवीय आत्मा की पावनता और सामर्थ्य के प्रति विश्वास व्यक्त करती हैं। कालान्तर में मार्क्सवादी दर्शन के प्रभाव से मुक्तिबोध की दृष्टि अधिक प्रखर और व्यापक होती गयी और परिवेश की विसंगतियों का तीखा अहसास उनके अनुभव को अधिक यथार्थपरक और तल्ख बनाता गया। मुक्तिबोध की कहानियाँ पाठक को सार्थक चुनाव व चिन्तन के लिए भी प्रेरित करती हैं तथा व्यवस्था के प्रति एक अव्यक्त गुस्सा उसके दिल में भरती जाती हैं। इतना ही नहीं, उनकी कहानियों में हम आधुनिक मानव की अकुलाहट, बेचैनी बराबर महसूस करते हैं। इसको श्रीकान्त वर्मा मुक्तिबोध की सीमा मान बैठे हैं। वर्मा जी ने लिखा है : मुक्तिबोध की कहानियों में जगह–जगह आवेश है, उतावलापन है, निस्संगता की कमी है– यहाँ तक कि कहानी की कमी है। और उनकी कहानियों का मूल्यांकन करते समय उनकी खामियों को नज़रअन्दाज़ भी नहीं ही साहित्य की कसौटी के रूप में देखा जाये।' (काठ का सपना, भूमिका से)

'तार सप्तक' के वक्तव्य में मुक्तिबोध जी ने स्पष्ट कहा है : 'सन् 1936 से सन् 1938 तक काव्य के पीछे कहानी चलती रही।' स्पष्ट है कि सन् 1940 के पूर्व ही मुक्तिबपोध ने कहानी–लेखन प्रारम्भ कर दिया था। बावजूद इसके कहानीकार के रूप में मुक्तिबोध की चर्चा कम हुई। इसकी वजहें कई हैं और होना लाज़िमी है। मेरे विचार से सबसे महत्त्वपूर्ण कारण है–'कवि के रूप में उनकी ख्याति एवं सर्वस्वीकृति' ; और दूसरा–'गद्य लिखने का उन पर दबाव और कुछ उनकी विवशता।' खैर, विद्वज्जन इस पर गम्भीरता और गहराई से विचार करेंगे। फिलहाल हम उनकी कहानी की ओर लौटें। उनके प्रकाशित दो कहानी–संग्रहों–'काठ का सपना' (1967) और 'सतह से उठता आदमी'

(1971) में कुल 20 कहानियाँ संकलित हैं। परन्तु नेमी जी द्वारा सम्पादित 'मुक्तिबोध ग्रन्थावली, खंड–3; में 25 पूर्ण एवं 22 अपूर्ण कहानियाँ संग्रहीत हैं। अपूर्ण कहानियों पर बात अधूरी ही हो पायेगी, इस कारण मैं यहाँ सिर्फ़ पूर्ण एवं परिपक्व कहानियों की चर्चा कर रहा हूँ। संग्रहों में सम्मिलित न हो पानेवाली 5 कहानियाँ हैं : 'ख़लील काका', 'वह', 'मैत्री की माँग', 'मैं फ़िलॉसफर नहीं हूँ', 'उपसंहार'। इस प्रकार आज हमारेपास धरोहर के रूप में मुक्तिबोध की कथ्य और कौशल में स्तरगत अन्तर पच्चीस कहानियाँ हैं। पहली बात यह है कि इन कहानियों के देखने को मिलता है।

मुक्तिबोध का निरन्तर विकासमान दृष्टिकोण इस अन्तर का मूल–मन्त्र है। मुक्तिबोध की प्रारम्भिक कहानियों में भूल–सुधार तथा हृदय परिवर्तन के आधार पर विकसित 'आखेट' जैसी कहानी है। पारिवारिक दायित्व के प्रति समर्पित मध्यवर्गीय दायित्व का आदर्श प्रस्तुत करनेवाली 'मोह' और मध्यवर्गीय दुर्बलता को सीधे–सादे ढंग से व्यक्त करती हुई 'प्रश्न' और ईश्वर के प्रति एकाग्रता को चित्रित करने वाली 'दो चेहरे' जैसी बोधकथा भी है। 'खलील काका' एक छोटी परन्तु संवेदना से भरपूर कहानी है जबकि 'वह' और 'मैत्री की माँग' प्रेम की संवेदना पर केन्द्रित है। 'मैं फ़िलॉसफर नहीं हूँ' में कवि की उन्मुक्त कल्पना देखने को मिलती है। 'उपसंहार' का मध्यमवर्गीय नायक रामलाल किसी अख़बार में काम करता हैं संघर्ष, गरीबी और कष्ट–इन तीनीं ने उसके परिवार के सदस्यों को अभिन्न बना दिया था।

मुक्तिबोध मध्यमवर्ग और उनके कुण्ठा, अवसाद, संकट, आत्मपरस्ती व संघर्ष से भली–भाँति परिचित थे। मध्यवर्ग के जीवन–संघर्ष को उन्होंने जितने नज़दीक से देखा, परखा और समझा; शायद ही किसी रचनाकर ने देखा–समझा हो। इस कारण उनकी कहानियों में मध्यवर्ग की उपस्थिति अधिक स्पष्ट और मुखर है। 'ज़िन्दगी की कतरन' इस दृष्टि से एक महत्त्वपूर्ण कहानी है। इस कहानी के आत्महत्या करते तिवारी हों या ख़ौफ़नाक जड़ता के विरुद्ध लड़ती अकेली निर्मला की आत्महत्या का प्रसंग पाठक के सोच को तराशते ही हैं। मुक्तिबोध ने इस कहानी में लिखा है; 'मध्यमवर्गी' समाज की साँवली गहराइयों की रुँधी हवा की गन्ध से मैं इस तरह वाकिफ़ हूँ जैसे मल्लाह समुन्दर की नमकीन हवा से। ''समझौता' कहानी त्रासद विडम्बना का उत्कृष्ट नमूना

है जो मुक्तिबोध के रचना–कौशल की श्रेष्ठ अभिव्यक्ति है। इस कहानी में उन्होंने एक गम्भीर मुद्दा उठाया है : 'यह तो सोचो कि वह कौन मैनेजर है जो हमें–तुम्हें सबको, रीछ–शेर–भालू–चीता–हाथी बनाये हुए है!' दूसरे शब्दों में, यह कहानी मनुष्यों को पशु में तब्दील करनेवाले क्रूर तन्त्र की गाथा सुनाती है। कहने को ज़रूरत नहीं वह तन्त्र आज हम सब पर ज़्यादा भारी पड़ रहा है। नेहरू युग के मोह एवं स्वप्न भंग की कहानी है 'जलना'। यह कहानी स्वतन्त्रता की निरर्थकता और मध्यम वर्ग के मोहभंग को दर्शाती है। कहानी में चुन्नू को अपने कर्मों से–और प्रकारान्तर से दुनिया से जुड़ने का यथार्थ–बोध उसे ख्याली पुलावों की भावुकता से एक झटके से अलग कर देता है। 'भूत का उपचार' कहानी का 'पात्र एक ऐसा पात्र है जो अपने 'स्रष्टा–लेखक' को इस बात के लिए प्रेरित करता है कि उसके बाह्य यथार्थ–पक्ष को ही महत्त्वपूर्ण न माना जाये और इसके विपरीत उसके आन्तरिक यथार्थ की भव्यता को भी परखने की कोशिश की जाये, उसका महत्त्व को रेखांकित किया जाये। मुक्तिबोध की महत्त्वपूर्ण और बड़े फलक की कहानी है 'क्लॉड ईथरली'। वीभत्स पूँजीवादी व्यवस्था का पुर्जा मात्र है। क्लॉड ईथरली जो उसके इशारे या हुक्म का गुलाम होने को अभिशप्त है। 'हिन्दी का गद्य साहित्य' में रामचन्द्र तिवारी जी ने इस कहानी के बारे में लिखा है : 'मुक्तिबोध का कथा–शिल्प बहुत कुछ कविता के स्तर का है। अपनी कहानियों में भी वे फँतासी शिल्प का प्रयोग करते हुए मन मस्तिष्क में एक भीतरी पागल खाने की कल्पना करते हैं। 'क्लॉड ईथरली' एक ऐसी ही कहानी है। इसमें उन्होंने अणुयुद्ध का विरोध करनेवाली आत्मा की आवाज को 'क्लॉड ईथरली' के रूप में प्रस्तुत किया हैं ओर पूरी कहानी को अवचेतन के अँधेरे तहख़ाने में पड़ी हुई आत्मा के विद्रोह की कहानी बना दिया है।' (पृ. 303) श्रीकान्त वर्मा जी ने 'काठ का सपना' की भूमिका में लिखा है : 'मुक्तिबोध की दो कहानियाँ, 'विपात्र' और 'क्लॉड ईथरली' दो तरह के संकटों को पेश करती हैं : एक बुद्धिजीवी का संकट और दूसरा समूची मानव–सभ्यता का संकट जिसका प्रतिनिधि है–क्लॉड ईथरली। बुद्धिजीवी के संकट को, जिसे आचरण का संकट कहना ज़्यादा सही होगा, मुक्तिबोध ने और भी जगह अपनी रचना का विषय बनाया है। मगर 'क्लॉड ईथरली' के जरिये उन्होंने समूची सभ्यता को नंगा कर दिया है। क्लॉड ईथरली चाबुक की तरह है जो जख्म–जैसी स्मृति छोड़ जाता है।' इस प्रकार 'क्लॉड ईथरली'

के जरिए किया जा सकता।'' इस क्रम में उनका यह कथन महत्त्वपूर्ण है : 'मगर क्या मुक्तिबोध के साहित्य का, जो महज साहित्य न रहकर मनुष्यता का दस्तावेज हो गया है, मूल्यांकन करने की जरूरत रह गयी है?' खैर, जैसा कि पहले संकेत किया जा चुका है कि मुक्तिबोध मूलतः और अनिवार्य रूप से कवि ही थे–शुरू से आखिर तक। 'कहानी' मुक्तिबोध की प्रिय विधा नहीं थी। कहानी लिखना कुछ हद तक उनकी मज़बूरी थी। आप प्रश्न कर सकते हैं कैसी मजबूरी? सुनियेः 'इससे भी बड़ी ट्रैजडी यह है कि लोग मुझे गद्य लिखने को कहते हैं...मुझे सलाह दी गयी है कि मैं उपन्यास लिखूँ और अपना दलिद्दर मिटाऊँ।' (एक साहित्यिक की डायरी, पृ. 30) और विडम्बना का चरम बिन्दु तब आता है जब वे अपनी कविता का गद्यानुवाद करने पर विचार करते हैं :'सोचता हूँ कि अपनी इस प्रदीर्घ कविता को किसी कहानी का रूप दे दूँ। सम्भव है कि कहानी की कोई पत्रिका मुझे कम–से–कम पन्द्रह–बीस रुपये दे दे। इससे मैं अपने मित्रों के सामने यह सिद्ध कर सकूँगा कि मैं अयोग्य नहीं हूँ। और रुपये कमा सकता हूँ।' (वही, पृ. 39) क़दाचित् इसलिए नामवर जी ने मुक्तिबोध जी के कथा–लेखन को उनके सम्पूर्ण लेखन का आनुषंगिक लेखन माना है। परन्तु दूधनाथ सिंह का कहना है कि मक्तिबोध का कथा लेखन आनुषंगिक नहीं, अपने समय से आगे की आज की कथा कृति है। इस प्रकार विजयमोहन सिंह के क़थन : 'मुक्तिबोध की कहानियों में रात है, अँधेरा है' को मनगढ़ंत निष्कर्ष मानते हुए दूधनाथ जी जोर देकर कहते हैं : 'मुक्तिबोध की बेहतरीन कहानियों में तो चिलचिलाती दुपहरिया है, बंजर–वीरान में बिजली के खम्भे से टिकाई एक सीढ़ी है, जेल की लगातार चलती जाती दीवार है, एक ठूँठ पेड़ है जिसमें हरे–हरे नए कंछे निकल रहे हैं।' बहरहाल, यहाँ इतना तो कहा ही जा सकता है कि मूलतः कवि होने के बावजूद मुक्तिबोध के कहानीकार का क़द भी छोटा न था। अभिशप्त मध्यमवर्ग को केन्द्र में रखकर लिखीं गयी उनकी कहानियाँ हमारे समाज के अनेक ज्वलन्त मुद्दों को छूती हैं।

कविता हो या कहानी, आलोचना हो या डायरी मुक्तिबोध इनमें हमेशा नयी शैली और नयाब तरीका अपनाते हैं, बिना किसी विधागत सीमाओं में बँधकर। उनके साहित्य का प्रतिमान सिर्फ़ उनका ही है, किसी और से उनकी तुलना हो ही नहीं सकती। काव्य–सृजन के साथ ही साथ मुक्तिबोध ने कहानी–विधा को भी अपनी अभिव्यक्ति का माध्यम

बनाया। 'तार सप्तक' के अपने 'वक्तव्य' में कहानी–लेखन के प्रति अपनी आत्मीयता उन्होंने इन शब्दों में व्यक्त की है–'...साथ ही जिज्ञासा के विस्तार के कारण कथा की ओर मेरी प्रवृत्ति बढ़ गयी....कहानी लेखन आरम्भ करते ही मुझे अनुभव हआ कि कथा–त्तव मेरे उतने ही समीप हैं जितना काव्य।' बेशक कहानीकार के रूप में मुक्तिबोध की चर्चा कम ही हुई, लेकिन उल्लेखनीय बात यह है कि उनकी कहानियों में उनका प्रदीर्घ जीवन–संघर्ष एवं मध्यवर्ग के संकट ही अनेक रूपों में अभिव्यक्त हुए हैं। 'चाबुक', 'विद्रूप', 'समझौता', 'सतह से उठता आदमी' के पात्र अभिशप्त मध्यवर्गीय जीवन्त स्त्री–पुरुष हैं। इनका जीवनदर्शन इतना धुँधला एवं संकट इतना गहरा है कि वे पात्र तथाकथित 'चरित्र चित्रण' में फिट हीं नहीं बैठते। वैसे मुक्तिबोध की कहानियाँ परम्परागत अर्थ में कहानियाँ है ही नहीं, न उन्हें त्तकालीन नयी काहनी या प्रचलित किसी अन्य कथा–आन्दोलन से जोड़कर देखा जा सकता है। यह मुक्तिबोध का ही सर्जनात्मक कौशल था कि वे सामान्य परिवेश, पात्र एवं घटनाओं के सहारे सार्थक और विशिष्ट कहानी रच देते थे। यही कारण है कि 'दो चेहरे', 'आखेट', 'काठ का सपना', 'जलना' तथा 'ज़िन्दगी की कतरन' कहानियाँ साधारण शिल्प तथा कथ्य को उठाने के उपरान्त भी महत्त्वपूर्ण बन सकीं।

उन्होंने कहानी लिखने के लिए कहानियाँ नहीं लिखीं, न ही शिल्प के लिए शिल्प की तलाश की। पारम्परिक भाषा, रूप और शैली को ही रचना का उत्कर्ष स्वीकारनेवाले आलोचकों को अवश्य ही मुक्तिबोध की कहानियाँ पढ़कर निराशा होगी। प्रचलित रचना–शिल्प से हटकर संस्मरण, संवाद, प्रतीक–विधान, फैण्टेसी, डायरी आदि के संश्लेश–विश्लेष से युक्त होकर 'मुक्तिबोध' की कहानियों में एक नवोन्मेषी समावेशी शिल्प उभरता हैं। मुक्तिबोध के लिए सत्य कहना और उसी सच को लिखना हर हाल में ज़रूरी था। सत्य, संवेदना और विचार, जो उनके साहित्य के केन्द्रीय त्तव हैं, उनके लिए कितना ज़रूरी था सुनिये : "नयी कहानी' में आधुनिक मानव (इसका मतलब चाहे जो लीजिए, प्रगतिवादी अर्थ मत लीजिए) की जो विचित्र मनोदशा है उसको अगर आप उसके सारे सन्दर्भों से काटकर, उसके सारे बाह्य सामाजिक–पारिवारिक इत्यादि सम्बन्धों से काटकर, उस मनोदशा को माना अधर में लटकाकर–चित्रित करेंगे तो मनोदशा के नाम पर (कहानी में) एक धुन्ध समा जायेगा। कहानी में अगर सिर्फ़ भीतरी धुन्ध हो और

सिर्फ़ वही वह रहे और उसी की इतनी प्रधानता हो कि वस्तु–सत्यों के संवेदनात्मक चित्रों का प्रायः लोप हो जाये तो आप वही गलती करेंगे कि जो (मेरे ख्याल से) नयी कविता ने की। कविता की कला कथा की कला से अधिक अमूर्त तो वैसे ही होती है, इसलिए सम्भवतः उसमें वे बाते खप भी जाती हैं। किन्तु कहानी में? 'यानी मैं यह चाहता हूँ कि साहित्य में मानव की पूर्ण मूर्ति (वह फिर जैसी भी हों) स्थापित की जाये! तभी हम अपनी झलक उसमें देख सकेंगे।' (एक साहित्यिक की डायरी, पृ. 89) उनकी कहानियों में जो खुरदरे सच हैं, वह उनका और उनके समाज का सच है जो अनगढ़ शिल्प के साथ हमारे सामने उपस्थित हैं। कहने की ज़रूरत नहीं कि मुक्तिबोध की संवेदना और विकास क्रम को समझने के लिए उनकी कविताओं से अधिक उनकी कहानियाँ हमारी सहायता करती हैं। इसी में उनकी कहानियों की प्रासंगिकता और सार्थकता निहित है।

◆◆◆

मुक्तिबोध की पत्रकारिता : एक अल्प पठित गद्यांश

जीवेश प्रभाकर

पिछली आधी सदी से हिन्दी साहित्य में मुक्तिबोध की गंभीर उपस्थिति एक गहन बौद्धिक आवरण की तरह छाई हुई है। वर्ष 2017 उनका जन्म शताब्दी वर्ष रहा। पूरे देश में मुक्तिबोध पर केन्द्रित अनेक आयोजन हुएओर अब तक जारी हैं। एक बात गौरतलब है कि अधिकांश आयोजन मुक्तिबोध की कविताओं पर ही केन्द्रित रहे। जाहिर है कि मुक्तिबोध की मुख्य पहचान एक संवेदनशील कवि के रूप में ही ज़्यादा है तथा मुक्तिबोध एक चिंतनशील व जागरूक रचनाधर्मी के रूप में जाने जाते हैं। वे गहन मानवीय संवेदना के कवि तथा कल्पनाशील कथाकार तो हैं ही, साथ ही स्पष्टवादी समीक्षक व अध्येता भी हैं कविता, कहानी व समीक्षा के अलावा इतिहास व अन्य विषयों पर भी उनका प्रचुर लेखन रहा है।

एक बात जो उनके संदर्भ में ज़्यादा प्रकाश में नहीं लायी जाती, वो है उनका पत्रकार के रूप में लिखा गया महत्त्वपूर्ण गद्य। कहा जा सकता है ये उनका अल्प पठित गद्यांश है जिस पर हिन्दी जगत में कभी भी ज़्यादा तवज्जों नहीं दी गयी, या यह कहें कि जानबूझकर नहीं दी गयी तो अतिशयोक्ति नहीं होगी। इसका एक कारण तो यह भी रहा कि उस दौर में एक वर्ग द्वारा हिन्दी साहित्य में अख़बार में लिखनेवालों का उपहास उड़ाया जाता रहा। यह भी सही है कि मुक्तिबोध ने अपनी दीगर रचनाओं के मुकाबले अख़बारी लेखन कम ही किया है, मगर एक छोटे अंतराल में ही सही, उन्होंने अभिव्यक्ति के सारे ख़तरे उठाते हुए जो लिखा वो उन्हें बेबाक, अध्ययनशील, निर्भीक व जागरूक पत्रकार के रूप में स्थापित करता है। साथ ही उच्चस्तरीय व प्रगतिशील पत्रकारिता की एक मिसाल कायम करता है जिसे आज भी छू पाना काफी मुश्किल है।

इस तरह साहित्य व पत्रकारिता दोनों के शीर्ष प्रतिमानों का एक साथ मिल पाना दुर्लभ संयोग ही कहा जा सकता है। यह बात ग़ौरतलब है कि जहां मुक्तिबोध अपनी रचनाओं में दुरुह व क्लिष्ट समझे जाते हैं, वहीं जब वे अख़बारों में लिखते हैं तो बहुत ही सीधी व

सरल भाषा में अपनी बात कहते हैं जो आसानी से संप्रेषित होती है। अक्सर बुद्धिजीवी साहित्यिक गूढ़ता के आलोक में उनकी इस सीधी सरल भाषा एवं जानकारीपूर्ण व तथ्यात्मक आलेखों को नज़रअन्दाज़ कर जाते हैं। मुक्तिबोध रचनावली के छठे खंड में मुक्तिबोध के अख़बारी लेखन को शामिल किया गया है। इसके अलावा उनके पुत्र रमेश मुक्तिबोध ने अपने पिता की सामग्री खोज कर उसे 'जब प्रश्नचिन्ह बौखला उठे' शीर्षक से रचनावली प्रकाशन के काफी वर्षों बाद एक स्वतंत्र पुस्तक के रूप में प्रकाशित करवाया है।

मुक्तिबोध की पत्रकारिता आज़ादी के बाद और मुख्य रूप से पहले आम चुनाव 1952 के आस–पास ही शुरू होती है। इसके पूर्व वे एक पत्रकार के रूप में कम ही सक्रिय रहे, हालांकि उनके लेख विभिन्न पत्रिकाओं में प्रकाशित होते रहे। मुक्तिबोध नागपुर से प्रकाशित होने वाले 'नया खून' के सम्पादक रहे। 'नया खून' नागपुर के कद्दावर कांग्रेसी नेता स्वामी कृष्णानंद सोख्ता का साप्ताहिक अख़बार था। इस अखबार को उस दौर में साहसी पत्रकारिता का दरज़ा हासिल था। ऐसे अख़बार में मुक्तिबोध को अपने स्पष्ट व साहसिक संपाद्कीय व लेखों के लिए प्रोत्साहन के साथ–साथ संबल भी मिला जिसके कारण वे पूरे साहस व निश्तिंत्ता के साथ अपने निष्पक्ष व धारदार विचार रख सके। 'नया खून' के अलावा वे नागपुर से ही प्रकाशित 'सारथी' के साथ भी जुड़े रहे। 'सारथी' अख़बार द्वारका प्रसाद मिश्र प्रकाशित किया करते थे। इसके अलावा मुक्तिबोध ने पूर्व में अपनी नौकरी के कारण व बाद में कुछ अन्य कारणों से छद्म नामों से भी अनेक लेख लिखे।

आज़ादी के पश्चात् देश अनेक कठिनाइयों से गुजर रहा था। एक ओर विभाजन की त्रासदी थी, तो दूसरी ओर देश आर्थिक मोर्चे पर भी अनेक कठिनाइयों से जूझ रहा था। ऐसी परिस्थितियों के बावजूद नव स्वतंत्र देश के स्वप्न भी आकांक्षाओं के पंख फैलाए नए फलक पर छा जाने को आतुर थे। महात्मा गाँधी की पसंद व राष्ट्रीय नेताओं में तब सबसे युवा, लोकप्रिय व ऊर्जावान नेता जवाहर लाल नेहरू देश की बागडोर संभाल चुके थे। आज़ादी की मध्य रात्रि को दिये गये उनके ओजस्वी भाषण से देश में एक नयी ऊर्जा व उत्साह का संचार हुआ, विशेष रूप से युवाओं को नेहरू से काफी उम्मीदें जगी थीं। देश के युवा वर्ग में नेहरू के करिश्माई व्यक्तितव का जादू चरम पर था और

इससे मुक्तिबोध भी अछूते नहीं रह पाये थे। संभवतः नेहरू के समाजवादी रुझान एवं नास्तिकता की हद तक धर्मनिरपेक्ष रुख प्रमुख कारण रहा हो, यहाँ तक कि नेहरू की मृत्यु पर तो मुक्तिबोध ने स्पष्ट रूप से यह घोषित कर दिया था कि अब फासिज़्म को देश में पैर पसारने से कोई रोक नहीं सकता और आज हम उनकी आशंकाओं को फलीभूत होते देख ही रहे हैं। नेहरू के अवसान, 27 मई, 1964, के बमुश्किल 6 महीने के अंतराल में, 13 सितंबर, 1964, मुक्तिबोध का भी निधन हो गया।

अपने अख़बारी लेखन के छोटे मगर महत्त्वपूर्ण कालखंड में मुक्तिबोध नवस्वतंत्र भारत के पुनर्रुत्थान में नेहरू की भूमिका को लेकर काफी उत्साहित व आशान्वित थे ऐसा उनके लेखों से साफ झलकता हैं नेहरू के नेतृत्व में आज़ाद भारत के विकास को लेकर भी मुक्तिबोध को नेहरू से काफी आशाएँ थीं। हालांकि आज़ादी के कुछ वर्षों बाद ही पूरे देश में स्वप्नभंग व निराशा का दौर शुरु हो चुका था, जो मुक्तिबोध की कविताओं व दीगर रचनाओं में भी झलकने लगा था, इसके बावजूद उनके मन के एक कोने में नेहरू के प्रति अंत तक एक नरम व आशावादी रुख बना रहा। दून घाटी में नेहरू, नेहरू की जर्मन यात्रा का महत्त्व, तटस्थ देशों को ज़बरदस्त मौका, जैसे लेखों में मुक्तिबोध की नेहरू के प्रति आसक्ति को स्पष्ट रूप से महसूस किया जा सकता है। उनका लेखन मुख्यतः नेहरू–युग के उतार–चढ़ाव के दौर में विश्व–राजनीति में भारत की भूमिका, तटस्थ देशों एवं साम्यवादी देशों की भूमिका, अमेरिकी–सोवियत शीत–युद्ध और इन सब के बीच नव–स्वतंत्र भारत की विकासशील छवि को लेकर अंतर्राष्ट्रीय स्थिति एवं इसमें नेहरू की सूझबूझ भी दूरदृष्टि पर केन्द्रित कही जा सकती है। इन लेखों में मुक्तिबोध के साम्यवादी प्रगतिशील विचारों की स्पष्टता एक महत्त्वपूर्ण पहलू है जिसे आज भी पढ़ा जाना चाहिए।

अंतर्राष्ट्रीय हालात और संबंधों की जो समझ मुक्तिबोध में थी आज भी वैसी समझ व दृष्टिकोण का कोई पत्रकार नज़र नहीं आता है। प्रगतिशील साहित्यकारों में भी इस तरह साहित्य से इतर मसलों व परिस्थितियों पर जागरुकता का घोर अभाव रहा है। आज़ादी के पश्चात् प्रगतिशील रचनाकारों में मुक्तिबोध के अलावा हरिशंकर परसाई ऐसे रचनाकार रहे जिन्होंने मुक्तिबोध की तरह स्वतंत्र भारत की परिस्थितियों

का गहन अध्ययन, मनन कर लगातार लेखन किया। यह बात गौरतलब है कि जहाँ मुक्तिबोध तमाम विषयों पर गंभीर लेखन करते रहे वहीं परसाई ने व्यंग्य के माध्यम से लगभग आधी सदी तक लोक शिक्षण का काम किया, मगर दोनों के ही लेखन में प्रचुर अध्ययन, सूक्ष्म अवलोकन व स्पष्ट रूप से साम्यावादी प्रगतिशील मानवीय दृष्टिकोण समान रूप से मौजूद रहा है। इस संदर्भ में एक बात और ग़ौर करने लायक है कि जहाँ परसाई प्रारंभ से ही नेहरू की नीतियों को निष्पक्ष समीक्षा धरातल पर आकर करते रहे, वहीं मुक्तिबोध की नेहरू के प्रति आसक्ति को उनके लेखन में समझा जा सकता है।

मुक्तिबोध के लेखन में अध्ययन व जानने की जिज्ञासा एक महत्त्वपूर्ण पहलू रहा है। यह उनके हर तरह के लेखन में साफ तौर पर देखा समझा जा सकता है। एक पत्रकार के रूप में भी उन्होंने राष्ट्रीय अंतर्राष्ट्रीय मुद्दों एवं तात्कालीन वैश्विक परिदृश्य पर पूरे अध्ययन व गंभीर चिंतन के साथ तर्कपूर्ण आलेख लिखे। इससे उनकी वैश्विक समझ व प्रगतिशील दृष्टिकोण स्पष्ट रूप से महसूस किया जा सकता है छठवें दशक में वे एक सजग व जागरुक पत्रकार के रूप में न सिर्फ़ देश के अंदरूनी हालातों पर वरन यूरोप व अमेरिका सहित पूरे विश्व से संबंधित समस्त मसलों पर अपने आलेखों के माध्यम से वे लगातार अपनी उपस्थिति दर्ज कराते रहे। यह बात ग़ौरतलब है कि आज एक बार फिर यूरोप व अमरीका ज़बरदस्त अंतर्विरोध व संक्रमण के दौर से गुज़र रहा है और दक्षिणपंथी ताकते फिर सर उठा रही हैं। कम–से–कम हमारे देश के अख़बारों या मीडिया में इसे लेकर सूचनाओं के अलावा और कोई गंभीर आलेख पढ़ने को नहीं मिल पा रहे हैं। विगत दिनों संपन्न फ्रांस के चुनावों पर पूरे विश्व की निगाहें थी। ग़ौरतलब है कि लगभग साठ वर्ष पूर्व 'फ्रांस किस ओर' आलेख में मुक्तिबोध ने द्वितीय विश्वयुद्ध के पश्चात् फ्रांस के बहाने पूरे यूरोप की त्तकालीन परिस्थितियों पर अमरीकी पूँजी निवेश के दुष्परिणामों का उल्लेख करते हुए भविष्य के ख़तरों की ओर इशारा किया था। आज ऐसे विश्लेषणात्मक लेख का, विशेष रूप से हिन्दी पत्रकारिता जगत में, सख़्त अभाव देखा जा सकता है। द्वितीय विश्व युद्ध के पश्चात् से पूरे विश्व में तेजी से बढ़ते अमरीका के दखल व पूँजीवादी ताकतों के साम्राज्यवादी मंसूबों पर वे लगातार सचेत होकर लिखते रहे। 'अंग्रेज़ गये मगर इतनी अंग्रेज़ी पूँजी क्यों', समाजवादी समाज या

अमरीकी–ब्रिटिश पूँजी की बाढ़, तथा अन्य लेखों में वैश्विक स्तर पर बढ़ते पूँजीवादी ख़तरों व अमरीकी प्रभाव के प्रति लगातार इशारा करते रहे।

मुक्तिबोध हाँलाकि कभी सक्रिय राजनैतिक एक्टिविस्ट नहीं रहे ओर न उन्होंने किसी आंदोलन में सक्रिय रूप से भाग ही लिया, मगर मुक्तिबोध के पास एक गहरी राजनैतिक व सामाजिक दृष्टि के साथ ही आर्थिक मामलों की समझ, सूक्ष्म व चौकस अंतर्राष्ट्रीय दृष्टि तथा गहन व विस्तृत अध्ययन था। ऐसा विलक्षण संयोग आज भी मिल पाना कठिन है। उन्होंने दिग्विजय कॉलेज के कार्यकाल के दौरान एक आयोजन में अपने उद्‌बोधन में कहा था कि कोई भी घटना क्यों घटती है, पत्रकार को उसके मूल कारणों को समझना जरूरी है, आधुनिक राजनीति में जनमत का स्थान सबसे महत्त्वपूर्ण है तथा जनमत के मूलाधार के बिना किसी भी देश में न तानाशाही कायम रह सकती है न लोकतंत्र। एक बात स्पष्ट तौर पर कही जा सकती है कि मुक्तिबोध साम्यवाद के प्रति पूरी तरह समर्पित थे। देश व अंतर्राष्ट्रीय स्तर पर साम्यवाद व साम्यवादी देशों की मुश्किलों के प्रति उनकी चिंता उनके अनेक लेखों में देखी जा सकती है। अंतर्राष्ट्रीय स्तर पर पूँजी व पूँजीवादी देश अमरीका के बढ़ते प्रभाव तथा त्तकालीन साम्यवादी ताकतवर देश सोवियत संघ के बीच शीतयुद्ध के वैश्विक परिणामों व हलचलों पर वे पैनी दृष्टि रखते थे। पश्चिम एशिया में अमरीका की दिलचस्पी, साम्यवादी राष्ट्रों की नयी समस्या, साम्यवादी समाज या अमरीका, कम्युनिज्म का संक्रमणकाल, समाजवाद का निर्माण जैसे आलेखों के माध्यम से वे लगातार अपनी चिंता जाहिर करते रहे।

राजनैतिक लेखों के अलावा मुक्तिबोध सामाजिक व सांस्कृतिक फलक पर भी लगातार सक्रिय रहे। उल्लेखनीय है कि उन्होंने बहुत ही शुरुआती दिनों से पहले लेख 'अतीत' से ही इन मुद्दों पर लिखना प्रारंभ कर दिया था। उनका पहला लेख 'अतीत' उस दौर की चर्चित पत्रिका 'कर्मवीर' में 1937 में छपा था, जिसके संपादक माखन लाल चतुर्वेदी थे, और तब मुक्तिबोध पूरे बीस बरस के भी नहीं हुए थे। मुक्तिबोध देश की सांस्कृतिक विरासत के सजग प्रहरी के रूप में संस्कृति पर बढ़ते फासिस्ट खतरों से अनजान नहीं थे बल्कि लगातार उस पर लिख रहे थे। उस दौर में 'कल्पना' व 'वसुधा' आदि पत्रिकाओं में छपे उनके लेख

इस संदर्भ में पढ़े जाने चाहिए जो उनकी चिंताओं को स्पष्ट रूप से प्रदर्शित करते हैं। 'सांस्कृतिक आध्यात्मिक जीवन पर संकट', 'दीपमलिका', 'ह्वेनसांग की 'डायरी', भारतीय जीवन के कुछ विशेष पहलू आदि लेख आज भी अपनी उपयोगिता पर ख़रे उतरते हैं। संयुक्त महाराष्ट्र आंदोलन के दौरान उनके द्वारा लिखित 'संयुक्त महाराष्ट्र का निर्माण एक़दम ज़रूरी 'सम्पादकीय में मुक्तिबोध स्वायत्त महाराष्ट्र राज्य की पैरवी करते हैं और इसे एक ऐतिहासिक व सांस्कृतिक दस्तावेज् बना देते हैं। वे स्पष्ट रूप से कहते हैं कि महाराष्ट्र प्रांत के लिए आन्दोलन अलगाववादी नहीं बल्कि वह भारतीय संस्कृति और महत्त्वाकांक्षा का ही एक वेगवान रूप है। अपने संपादकीय में वे एकीकृत संयुक्त महाराष्ट्र के पक्ष में आध्यात्मिक, सांस्कृतिक, सामाजिक और राजनीतिक आदि सभी पहलू शामिल करते हैं। इस तरह के संपादकीय की कल्पना आज कर पाना संभव नहीं है और पूर्व में भी कहीं नज़र में नहीं आता है। इसके साथ–साथ वे आधुनिक भारतीय समाज, युवा वर्ग, धर्म एवं अन्य समसामयिक विषयों पर भी लगातार अपने विचार व्यक्त करते रहे। 'आधुनिक समाज का धर्म', 'भारतीय जीवन के कुछ विशेष पहलू', 'नौजवान का रास्ता, 'जिन्दगी के नए तकाजे' ओर –सामाजिक त्यौहार', जैसे आलेखों में उनकी चिंताओं पर उनके प्रगतिशील विचारों को समझा जा सकता हैं भाषा को लेकर वे अत्यंत संवेदनशील थे ये उनकी हर रचना में स्पष्ट रूप से दिखाई देता है, मगर हिन्दी के सरकारीकरण की विडंबनाओं पर उनका लेख 'अंग्रेज़ी जूते में हिन्दी को फिट करनेवाले भाषाई रहनुमा' बहुत महत्त्वपूर्ण व व्यवहारिक है।

मुक्तिबोध द्वारा अपने रचनाकाल के छोटे कालखंड में की गयी पत्रकारिता के दौरान उनके अख़बारों में किये गये लेखन को बाद में लगातार हाशिए पर ही रखा गया। इसका एक कारण संभवतः ये हो सकता है कि मुक्तिबोध का सारा लेखन उनकी मृत्यु पश्चात् ही प्रकाशित हो पाया और उन्हें मृत्यु पश्चात् ही ज़्यादा लोकप्रियता मिली। उस दौर में ग़ैरसाहित्यिक लेखन को हल्का व निम्नस्तरीय समझा जाता रहा और अख़बारी लेखन कहकर उपहास भी उड़ाया जाता रहा। इसका दुष्परिणाम ये हुआ कि साहित्य जगत में उनकी कविताओं व गद्य पर

ही सारा ध्यान केन्द्रित कर दिया गया, हाँलाकि बदलते परिवेश में आज सभी अख़बार व अन्य मीडिया की ताकत के सामने नतमस्तक हैं और इनमें छपने को लालायित रहते हैं। मुक्तिबोध के अनुसार बहुत से कवियों के अन्तःकरण में जो बेचैनी, जो ग्लानि, जो अवसाद, जो विरक्ति है, उसका एक कारण उनमें एक ऐसी विश्व दृष्टि का अभाव है जो उन्हें आभ्यन्तर आत्मिक शक्ति प्रदान कर सके, उन्हें मनोबल दे सके, और उनकी पीड़ग्रस्त अगतिकता को देर कर सके। कवियों से ऐसी विश्वदृष्टि अपेक्षित है जो भावदृष्टि का, भावना का, भावात्मक जीवन का अनुशासन कर सके...। आज उनकी इस बात पर ग़ौर करना ज़रूरी है। रचनाकारों को, विशेष रूप से प्रगतिशील जनवादी रचनाकारों को, इस ओर ध्यान देना चाहिए।

यह बात समझना ज़रूरी है कि अख़बार या आज की दुनिया में सोशल मीडिया भी लोक शिक्षण का एक सबसे सशक्त, आसान व व्यापक माध्यम है जिसका उपयोग हर रचनाकार को करना चाहिए। मुक्तिबोध व परसाई ने पत्रकारिता के ज़रिए लोकशिक्षण का महत्त्वपूर्ण कार्य किया। इसी तारतम्य में मुक्तिबोध के अख़बारी लेखन के प्रचार, प्रसार एवं पुनर्पाठ की सख़्त ज़रूरत है। यह बात भी ग़ौरतलब है कि उनके अख़बारी लेखन में उनकी विचारधारा स्पष्ट होने के बावजूद न पूर्वाग्रहित दिखाई पड़ती है और न कहीं समझौते करती है बल्कि पत्रकारिता को नए आयाम देती है और पत्रकारिता के प्रगतिशील प्रतिमान स्थापित करती है। मुक्तिबोध की सुप्रसिद्ध कविता 'अँधेरे में' के अंश हैं–

इसलिए मैं हर गली में
और हर सड़क पर
झांक झांक देखता हूँ हर एक चेहरा
प्रत्येक गतिविधि
प्रत्येक चरित्र
व हर एक आत्मा का इतिहास
हर एक देश व राजनैतिक परिस्थिति
प्रत्येक मानवीय स्वानुभूत आदर्श
विवेक–प्रक्रिया क्रियागत परिणति

खोजता हूँ पठार... पहाड़ ...समुंदर
जहाँ मिल सके मुझे
मेरी वह खोयी हुई
परम अभिव्यक्ति अनिवार
आत्म–संभव।

◆◆◆

मेरे बड़े भाई

शरच्चन्द्र माधव मुक्तिबोध

बड़े भाई साहब को गये करीब पाँच माह तीन बीत गये, किन्तु लगता है, वे गये नहीं हैं, राजनान्दगाँव में ही हैं। किसी भी समय आ सकते हैं। बाहर से अचानक आवाज़ दी जानेवाली है–'बबन साहब'। मैं तुरन्त दौड़कर बाहर पहुँचता हूँ। ''आइए बाबूसाब''–कहकर उनके हाथ का होल्डऑन खींच लेना चाहता हूँ, लेकिन वे ऐसा नहीं करने देते। वे जल्दी–जल्दी अन्दर आ जाते हैं और बताते हैं कि उन्हें तुरन्त जाना है। बहुत ज़ल्दी मचा देते हैं। स्नान तथा खाना आदि ज़ल्दी–ज़ल्दी में ही होता है। खाने–पीने का आग्रह बिलकुल पसन्द नहीं है। सोचता हूँ, इतनी जल्दी में उनके लिए क्या–क्या करूँ, लेकिन वे हैं कि सोचने के लिए समय ही नही देते। बातचीत एक़दम कभी राजनीतिक से, कभी साहित्य से शुरू हो जाती है और फिर जीवन के हर क्षेत्र को छूती हुई कहती चली जाती है। खाने की ओर ध्यान नहीं है। कपड़े भी जल्दी–जल्दी में पहन लिये जाते हैं। फिर रिक्शे में, प्लेटफॉर्म के भीड़–भड़क्के में, और रेल का डिब्बा हिलने तक, बातचीत का अटूट, अखंड सिलसिला जारी है। बीच–बीच में विश्राम के तौर पर चाय की चुस्कियाँ ली जाती है। अब डिब्बा हिलने लगा तो दरवाज़े में खड़े–खड़े बातचीत चलती है। मैं साथ–साथ चलता हूँ और बातें करता हूँ।

मैं अब पीछे छूट जाता हूँ। वे दरवाज़े में खड़े–खड़े हाथ हिलाते हुए मुस्कुरा देते हैं। गाड़ी आँखों से ओझल हो जाती है। कई बातों पर सोचता हुआ मैं घर वापस आ जाता हूँ। गये एक–दो घंटे मैं विचारों के ऐसे चैतन्यपूर्ण क्षेत्रों से गुज़रा हुआ हूँ कि भाई साहब के चले जाने के बाद मैं कुछ देर तक अपने विचारों को ठीक तौर से ज़माने में, व्यवस्थित करने में गुज़ार देता हूँ। घर पर लोग पूछते हैं– ''बाबू–साहब ने क्या कहा?'' मैं ज़वाब देता हूँ–''नहीं, घरेलू बाते नहीं हुई।'' तुफान आया आया, गया गया। अभी आये थे, अभी चले गये। यही क्रम अब तक चल रहा था। लगता है, आगे भी वैसा ही चलता रहेगा। लेकिन नहीं। अब यह सब–कुछ नहीं होनेवाला। 'बबन साब' आवाज़ अब नहीं

आयेगी। मेरे भाई को पुकार अब कभी नहीं सुनाई देगी। मानना पड़ता है। मानना पड़ता है और मन पथराकर रह जाता है। इसी सिलसिले में सन् 1946 की एक स्मृति सामने आती है। भाई साहब तब काशी से जबलपुर पहुँच गये थे। जैन हाईस्कूल में अध्यापक बन गये थे। प्राइवेट इम्तिहान देने मुझे नागपुर जाना था। सोचा, भाई साहब को जबलपुर मिलने चलें। जबलपुर भी पहली बार आया था और भई साहब का भी, स्कूल के अलावा अन्य पता मालूम नहीं था। जबलपुर पहुँचकर बहुत खोजखाज की तब भाईसाहब का पता चला। भाईसाहब को दूर से देखा। उज्जैन छोड़ने के बाद भाई साहब को पहली बार देख रहा था। बहुत दुबले नज़र आये। मैंने कहा–"बहुत दुबले हो गये बाबूसाब।" उनकी आँखें नम हो गयीं, लेकिन शायद क्षणभर ही। फिर वे ख़शी से हँसने लगे। रिक्शेवाले को होटल के बाहर खड़ा किया गया। होटल में बैठकर गप्पें और चाय पर चाय चलने लगी। परिवार सम्बन्धी सवाल नहीं पूछे। इन सवालों को वे टालते थे। इधर–उधर की बातें वही राजनीति तथा साहित्य आदि की बातें। 'हंस" छोड़ने का कारण पूछना चाहता था, लेकिन जैसे मालवा छोड़ने का कारण उन्होंने कभी नहीं बताया वैसे 'हंस' छोड़ने का भी नहीं बताया। बाद में कुछ थोड़ा आभास मिला था। बस! अपनी निजी बातें वे बहुत कम बताया करते थे। ख़ैर! तो हम लोग मकान की ओर चले। त्रिपुरा गेट से घूमकर हमारा रिक्शा संकरी गलियों से गज़रने लगा। ऐसी पेचीदा, चक्करदार, घिनौनी गलियाँ। हम लोग तब प्लेग की बातें कर रहे थे। जबलपुर में तब प्लेग की केसेस हो गयी थीं। और शायद कुछ इन्हीं गलियों में भी हुई थी–

"बाबूसाब, प्लेग का इंजेक्शन ले लिया?"

"नहीं, कुछ नहीं होता।"

"मैंने भी इंजेक्शन नहीं लगवाया" मैंने आश्वस्त होकर कहा। लेकिन कुछ चिन्ता अवश्य थी। आस–पास खासी मौत की महक आ रही थी। रिक्शा एक मारवाड़ी के घर के सामने रुक गया। दिन में भी गली में काफ़ी अँधेरा था। अँधेरे घुप्प जीने से हम लोग तीसरी मंज़िल की छत पर पहुँच गये।

'आ गया कमरा"–भाईसाहब ने सन्तोष से कहा, लेकिन कमरा था कहाँ? अटाला रखने का वह ऊपरी छप्पर था। एक पीला बीमार बल्ब

पहले ही से जल रहा था। यहाँ भाई साहब की गिरस्ती पड़ी हुई थी। भाभी, बच्चे इन्दौर गये हुए थे।

"पूरी डोस्टोव्हास्कियन रूप है आपकी" मैंने इधर–उधर देखते हुए कहा। भाई साहब गुड़ की कोको बनाने में व्यस्त हो गये। वे इस समय बहुत प्रसन्न थे और कोको के कंटर (ग्लास) सामने रखने के बाद कुछ कविताओं का पाठ हम लोगों ने किया। एक से एक अँधेरी घुप्प कविताएँ थीं, उनकी और मेरी भी। कुछ देर बाद मानो मेरी तसल्ली के लिए उन्होंने बता दिया कि–चिन्ता की कोई बात नहीं है। और घर जल्दी मिल जायेगा। राइट टाउन में। फिर सब ठीक हो जायेगा।" बस, फिर उनकी कविताओं को लेकर चर्चा चलती रही।

किन्तु घूमते–घामते मैंने दूसरे ही दिन भाई का कर्त्तव्य निभाया और उन्हें अनापशनाप खर्च करने से रोक दिया। कुछ जिम्मेदारियों का भी शायद जिक्र किया होगा। वे बहुत दुखी हो गये। चुप हो गये। फिर दूसरे ही दिन मैं वहाँ से चल दिया । अपने आपको कोसता रहा कि क्यों मैंने भाई साहब को दुख दिया, उनका मूड बिगाड़ दिया, भातस्नेह से भरे हुए उस भावुक, सरल और उदार आत्मा को क्यों कष्ट पहुँचाया। इस समय भी मैं अपने आपको धिक्कार रहा हूँ। आख़िर कहने–सुनने से क्या फ़र्क पड़ा? जो होना था, वह तो होकर ही रहा! अब किससे झगड़ोगे? अब ऐसा भाई कहाँ पाओगे?

बड़े भैया बहुत लाड़–प्यार में पले थे। पहले दो लड़के गुजर जाने से माता–पिता उनको आँख से ओझल नहीं होने देते थे। माँ का एक स्मरण यहाँ जोड़ रहा हूँ। तब भाई साहब चार–पाँच साल के थे। पिताजी सब इंस्पेक्टर पुलिस थे। भाई साहब को तब थाने के बरामदे में बिठा दिया जाता। एक सिपाही दूसरे सिपाही को पीटने का बहाना करता। दूसरा मानो डरा हुआ भाई साहब की शरण में आता और कहता–"देखो रज्जन भैया, हमें मारा" और झूठ–मूठ का रोने लगता। रज्जन–भैया पुराने कुर्सी से नीचे कूद पड़ते और पिताजी की छड़ी उठाकर मारनेवाले सिपाही के पीछे दौड़ पड़ते। वह सिपाही छिपता–फिरता, फिर पकड़ने आ जाता, उनकी मार खाता। वर्दी में लैस पिताजी यह देख अपनी घनी–घनी मूँछों में से हँसते रहते।

भाई साहब बड़े ज़िद्दी बन गये थे ओर रोया करते। बाहर अर्दली सँभालते और घर पर नानी। "इज्जत की गैया आव–आव" कहकर वह उन्हें घंटों डुलाती रहतीं। शाम को बाबा माँडी में बैठाकर उन्हें हवा–खोरी के लिए भेजा जाता। सातवें–आठवें साल तक उन्हें अर्दली कपड़े पहनाया करते। पिताजी रियासती पुलिस सब इंस्पेक्टर थे यानी गाँव के राजा थे। इसलिएं भाईसाहब की खुशामद सब जगह होती थी। जब वे कुछ बड़े हुए तब उन्हें 'बाबूसाहब' कहकर पुकारने की माँ ने अज्ञा दे दी। हम लोग उन्हें इसी नाम से पुकारते थे। (हालाँकि यह 'साहब' मैंने कभी पसन्द नहीं किया लेकिन बड़े होकर भाई साहब ने मेरे नाम के साथ भी 'साहब' जोड़ दिया।) हमारे बाबा की अपने पोते पर असीम कृपा थी। उनकी हर छोटी जिद वे पूरी करते थे। बाबा की नौकरी जिस गाँव में होती कहीं बड़े भैया महीना दो महीना रहने जाया करते और मेवा मिठाई से उनकी पूजा किये बगैर कभी प्रसन्न नहीं होते थे। जब भाई साहब ग्वालियर स्टेट की मिडिल परीक्षा पास हुए तब तो उनकी प्रशंसा करते माता–पिता और पास–पड़ोस के नहीं अघाते थे। मैट्रिक और इंटर तक पहुँचने पर तो पूरे परिवार के प्रशंसा के केन्द्रबिन्दु बन गये थे हमारे घर के पहले पढ़े–लिखे आदमी थे। उनकी सब ज़रुरतें पूरी की जाती थी। हम छोटे भाइयों का अस्तिव उनके लिए नहीं के बराबर था। भाई साहब अत्यन्त भावुक अन्तर्मुख प्रवृत्ति के, सरल और उदार थे। उतने ही वे एक़दम आत्मकेन्द्री और अपनी हर जिद पर कायम रहनेवाले बन गये थे। पिताजी उनको बड़ा अफसर बनाने के सपने देख रहे थे। माँ नयी बहू की कल्पना में विभोर हो रही थीं भाई साहब इन सब बातों से बेख़बर थे। साहितय के अध्ययन से कट्टर आदर्शवादी बन गये थे और उनका कवि हृदय रवीन्द्र और गाँधी के पत्थर पर चलने के लिए आतुर हो उठा था।

"शायद भाई साहब तब इंटरमीडिएट में थे। हम लोग उज्जैन की सदर पुलिस कोतवाली में रहते थे। यह एक बहुत बड़ी हवेली थी। हम लोग दूसरी मंजिल पर रहते थें। दूसरी मंजिल खड़ी थी, काफ़ी बड़े आकार के ऊँचे खंभों पर। एक दिन अचानक ये पाँच–छह बड़े खम्भे ढह गये और ऊपर की छत नीचे झूलने लगी। भाई साहब ऊपर किचन में चाय बना रहे थे। सिगड़ी के पास बैठे थे। बड़े जोर का धड़ाका हुआ

और पूरी कोतवाली धूल से भर गयी। पिताजी दौड़कर ऊपर आ गये। सिपाही लोग जान पर खेलकर पूरे परिवार को बाहर निकालने लगे। भाई साहब भी दौड़कर दूसरे विंग की ओर चले गये। जब सब लोग सुरक्षित दूसरे खंड में पहुँच गये, तब भाई साहब को ख़्याल आया कि चाय का पानी अब उबल रहा होगा।

भाई साहब ने काव्य लिखना कब से शुरू किया, पता नहीं। बहुत छोटी उम्र में शुरू किया होगा। काव्य के प्रति उनका अनुराग तो मुझे याद है तभी से देखता आ रहा हूँ। हमारे बाबा उन्हें सुबह चार–पाँच बजे ही जगा दिया करते थे। वे रज़ाई में अपने को पूरी तरह लपेटकर कन्दीले के सामने बैठ जाते और कविताएँ पढ़ने लगते थे। पढ़ते–पढ़ते डोला करते थे। मैं जग जाता और कंदील के प्रकाश में उनका डोलता हुआ चेहरा देखा करता। बड़े अचरज से मैं देखा करता कि उनकी आँखें कभी–कभी आनन्द से भर आतीं और आनन्दातिरेक वे पढ़ते–पढ़ते रुक जाया करते थे। कभी–कभी उनकी आँखें भर आतीं और बड़े आँसू उनके गालों पर से लुढ़का करते, लेकिन अपना काव्य–पाठन वे जारी ही रखते। उनकी यह आदत मैंने देखा है, आख़िर तक कायम थी। जब कभी वे परिस्थितियों से विकल हो उठते थे निराशा से ग्रस्त हो जाते तभी वे घर के किसी कोने में जाकर भीतर की ओर मुँह कर कविताएँ पढ़ने लग जाते और उसी तरह भाव व्याकुल हो जाते जैसे वह बचपन में हुआ करते थे, लेकिन निरे कवि वे नहीं थे। अँग्रेज़ी, फ्रेंच, रूसी उपन्यास उन्होंने खूब पढ़े थे। ज़िन्दगी की ओर देखने की एक व्यापक दृष्टि उन्हें मरे ख़याल से, उपन्यासों से ही प्राप्त हुई थी। उपन्यासों के पात्रों का जिक्र हम परिचित लोगों की तरह किया करते थे। पियरे, एदमोशा, दाहान, प्रिंस मुदश्किन, रोगोज़िन तथा किरिलोंट स्टीपान आदि का उल्लेख हर समय होता रहता था। उनकी जिज्ञासा भी बहुत तीव्र थी। समूची मानव जाति के क्रम विकास का अध्ययन, स्थिति–गति और नियति का अध्ययन जैसे उन्होंने किया था, उसी तरह भिन्न देशों के इतिहासों को भी उन्होंने पढ़ा था। विज्ञान–विषयक साहित्य भी उन्होंने खूब पढ़ा था। उनका निजी जीवन इस प्रकार काव्य और शास्त्र के अध्ययन में, समानधर्मा मित्रों के सानिध्य में विकसित होता गया। जो कुछ ग्रहण किया समूचे व्यक्तित्व से ग्रहण किया। मानवी जीवन की

ओर संस्कारित करुण भाव से देखा, बहुत आदर भाव से देखा। बड़ी आशा और उमंग से देखा। छल, कपट, दुहरापन, व्यावहारिक स्वार्थ वृत्ति उनके पास बिलकुल नहीं थी। जीवन के प्रति उनकी प्रतिक्रिया बौद्धिक और तटस्थ नहीं थी, तीव्र भावनात्मक होती थी। वह भी ऐसी उच्च नैतिक भावनात्मक प्रतिक्रिया थी कि उनकी कविता आधुनिक भारतीय मनोदशा पर किया हुआ एक महत्त्वपूर्ण भाष्य ही बन गयी है।

ऐसी आत्मलीन प्रवृत्ति, मन की ऐसी उड़ान, और निजी परिस्थिति के सम्बन्ध में ऐसा गहरा अज्ञान कि उसका पहला वार लगते ही भाई–साहब का व्यक्तित्व दुखी नज़र आने लगा। परिवार की परिस्थिति के सम्बन्ध में वे क़रीब–क़रीब कुछ नहीं जानते थे। पिताजी बड़े लोकप्रिय, ईमानदार और ज़बर्दस्त पुलिस अफसर अवश्य थे किन्तु रिटायर होने के बाद की व्यवस्था उन्होंने कुछ नहीं की थी। इस मामले में वे भाई साहब पर निर्भर थे। पिताजी रिटायर होते ही महलनुमा क्वार्टर्स को छोड़ हम किराये के छोटे मकान में आ गये। फर्नीचर आदि सब ग़ायब हो गया। अर्दली वगैरह सब चले गये। हम बाक़ी के तीनों छोटे भाई पढ़ ही रहे थे कि पढ़ाई छोड़ने का मौका आ गया। तनख़्वाह बन्द हो गयी। थोड़ी–सी पेंशन थी जो मिलने के लिए काफ़ी समय था। पिताजी छोटी–सी जागीर में नौकरी करने चले गये। हम सब लोग भाई साहब की ओर देखने लगे, लेकिन उन्हें इस बात की बिलकुल ख़बर नहीं थी। तब वे मास्टर थे और बचा–खुचा समय उनका बीत्ता था अपने राजकीय–साहित्यिक कामों में। उन्हें सब तरह की सुविधाएँ प्राप्त करते रहने की आदत थी। अब सुविधाएँ नहीं मिलेंगी तो जैसे थे वैसे ही रहने लगे। उनका जीवन जैसा था वैसा ही चलता रहा, किन्तु उन्हें कुछ कहने की आवश्यकता– उनके बाद मैं ही बड़ा होने से प्रतीत होने लगी। चूँकि उनकी निर्माण की हुई परिस्थितियों में मैं बुरी तरह फँस जाता था, मैंने बार–बार चेताने का प्रयत्न किया। यह बात बिलकुल सच है कि वे जताने पर भी जागरूक नहीं हो पोत थे। वे बहुत दयालु आदमी थे, किन्तु उन्हें कुछ नहीं दिख पाता था। उनसे कहने पर वे इतने दुखी हो जाते कि कुछ कहने की हिम्मत भी नहीं होती थी। हमारे पूरे परिवार में उनके जैसा दयालु और सज्जन आदमी शायद नहीं था। वैसे तो आज तक के जीवन में ऐसे ऊँचे और नेक हृदय का आदमी

मैंने नहीं देखा। फिर भी संघर्ष तो परिस्थितियों में ही था, वह बढ़ता गया। मेरे उनके सम्बन्ध दुहरे हो गये, एक ओर तो मैं उनकी कड़ी आलोचना करता, और दूसरी ओर उनके सभी कार्यों के प्रति मेरी पूरी–पूरी साहनुभूति रहती थी। उनके और मेरे अनजाने ही मैंने उनसे बहुत कुछ पाया होगा। यही सिलसिला बिलकुल आख़िरी क्षण तक बना रहा। अपनी परिस्थितियों के सम्बन्ध में उन्होंने कभी कोई निर्णय नहीं लिया। उज्जैन छोड़ने के बाद परिस्थितियाँ बिगड़ती ही गयीं। भाई साहब जहाँ बैठे जाते, बैठे जाते। जहाँ जाना चाहते, चले जाते। सिगरेट और चाय तो मूड के हर उतार चढ़ाव के साथ चाहते। लगातार चाय पीने की उन्हें आदत पड़ गयी थी। यही क्रम ज़िन्दगी के आख़िर तक चलता रहा। चाय–सिगरेट के बल पर वे कठिन–से–कठिन बौद्धिक परिश्रम कर सकते थे। और यहाँ मैं कह दूँ कि वे बहुत कर्मठ आदमी थे।

चाय के प्रति उनके लगाव के सम्बन्ध में दो प्रसंग दिये जा सकंते हैं।

शायद भाई साहब तब इंटरमीडिएट में थे। हम लोग उज्जैन की सदर पलिस कोतवाली में रहते थे। यह एक बहुत बड़ी हवेली थी। हम लोग दूसरी मंजिल पर रहते थे। दूसरी मंजिल खड़ी थी, काफ़ी बड़े आकार के ऊँचे खंभों पर। एक दिन अचानक ये पाँच–छह बड़े खम्भे ढह गये और ऊपर की छत नीचे झूलने लगी। भाई साहब ऊपर किचन में चाय बना रहे थे। सिगड़ी के पास बैठे थे। बड़े जोर का धड़ाका हुआ और पूरी कोतवाली धूल से भर गयी। पिताजी दौड़कर ऊपर आ गये। सिपाही लोग जान पर खेलकर पूरे परिवार को बाहर निकालने लगे। भाई साहब भी दौड़कर दूसरे विंग की ओर चले गये। जब सब लोग सुरक्षित दूसरे खंड में पहुँच गये, तब भाई साहब को ख़्याल आया कि चाय का पानी अब उबल रहा होगा। वे तुरन्त सब कुछ भूल गये। नीचे का फर्श चाहे जब गिर सकता था। नीच झूल रहा था। ऊपर की मंज़िलें भी ढहने ही वाली थीं, लेकिन भाई साहब सीधे गये और उबलते पानीवाली सिगड़ी उठा लाये। फिर चाय आनन्द से पी गयी। दूसरा उदाहरा क़रीब दस साल पूर्व का है। सबसे छोटे भाई चन्द्रकान्त की शादी में भाई साहब सपरिवार उज्जैन के लिए चले। रास्ते उन्हें शायद

चाय नहीं मिली। एक स्टेशन पर चाय मिल गयी, लेकिन गाड़ी शायद पाँच ही मिनट रुकती थी। परिवार के साथ उनके मित्र श्री क्षीर सागर भी थे। दोनों चाय पीने लगे तो गाड़ी ने सीटी दे दी। श्री क्षीर सागर ने कहा, "चलो, छोड़ा चाय।" ऐसा कहकर वे दौड़कर चलती गाड़ी के पास पहुँच गये। भाई साहब ने हाथ का कप नीचे नहीं रखा। गाड़ी उनके सामने चली गयी लेकिन उन्होंने कोई जल्दी नहीं की। बाद में चलकर उन्हें और भाभी–बच्चों को इस बात का बड़ा कष्ट हुआ, क्योंकि सब लोगों के टिकट उनके पास ही रह गये थे। ये उदाहरण मैंने दिये हैं इसलिए कि उनके जीवन में जो परिस्थितियाँ निर्माण होती गयीं उनका बहुत कुछ कारण उनका यह स्वभाव था। अपनी ओर से वे चाहे जितना त्याग कर सकते थे, लेकिन अपनी छोटी–छोटी इच्छाओं की वे कहीं किसी स्तर पर रोक–थाम नहीं कर पाते थे। वे अपने मूड के शिकार थे। और उन पर रोक लगानेवाले हर व्यक्ति को वे उस क्षण के लिए दुश्मन मानते थे। इसी सम्बन्ध में एक और घटना देकर बात पूरी करूँगा। उन्हीं दिनों की बात है कि वे अपने नयी शुक्रवारी के घर में टाइफाइड से बीमार पड़ गये। तेरह, चौदह दिन बुखार शायद उतर गया था। उन दिनों मैं शाम को उनके घर पहुँच जाता था और उन्हीं के घर सोता था। उन पर कड़ी निगाह रखना आवश्यक था। डॉक्टर ने बताया था कि रिलेप्स (Relapse) से उन्हें बचाना चाहिए, उठ–बैठने और घूमने की मनाही थी। बुखार उतरने के दूसरे या तीसरे ही दिन वे कमारा छोड़कर हवा खाने के लिए बाहर दरवाज़े पर आकर खड़े हो गये। मुझे बहुत बुरा लगा। इस घटना के कई दिन बाद उन्होंने मुझे बताया कि मेरा तिरस्कार उन्होंने जितना उन दिनों में किया था उतना कभी नहीं।

ये क़िस्से मैंने इसलिए कहे हैं कि भाई साहब के स्वभाव का एक विशेष आपके सामने प्रस्तुत करूँ। ये स्वभावतः ब्राह्य किसी भी बन्धन को नहीं मान सकते थे। ऐसा करने से क्या परिणाम होंगे इसका ख़याल भी उनके दिमाग़ में कभी नहीं आ पाता था। उनके मौजी–बन्धन–संस्कार को उन्हेांने सारे दिन रोते हुए सम्पन्न किया था। शादी हालाँकि उनके मन के मुताबिक ही हुई थी, लेकिन उज्जैन पहुँचते हुए बारात जब क्षिप्रा के किनारे रुकी तब दूल्हेसाहब मोटर से

कब उतर पड़े और बातों में ऐसे मशगूल हुए कि बारात कब चल पड़ी पता नहीं चला। पर पहुँच वधू के साथ जब वर को नदारद पाया, माँ और पिताजी बड़ी चिन्ता में पड़ गये। सिपाही लोग हम सब लोगों को खोजने के लिए दौड़ गये। घंटे–दो–घंटे के बाद किसी विषय पर चर्चा करते हुए दूल्हे साहब भी घर पहुँचे तब कहीं सर्वमंगल विधि शुरू हुए। अपनी छोटी–छोटी इच्छाओं के भाईसाहब क़रीब–क़रीब क़ैदी ही थे। नौकरियाँ भी छोड़ीं तो मुख्यतः अपनी इच्छा से। ऊपरी दबाव के कारण उन्हें नौकरी छोड़ना एक़दम आवश्यक हो गया हो ऐसा मुझे तो कम–से–कम नहीं मालूम। भाईसाहब अपने ही रंग में मस्त रहे। इन छोटी बातों की ओर उन्होंने कभी ध्यान ही नहीं दिया।

भाई साहब कौन थे? वे एक गहरे अर्थ में रीबेल थे। उनकी वैयक्तिक वृत्तियों द्वारा, भावनाओं और विचरों द्वारा जीवन के हर अपूर्ण पहलू के प्रति एक ज़ोदार निषेध प्रकट हुआ। यह निषेध उनके व्यक्तित्व के किसी एक अंश का जीवन के किसी एक क्षेत्र के प्रति निषेध नहीं था। उनका पूरा व्यक्तित्व, अपने सम्पूर्ण चैतन्य के साथ जीवन के हर महत्त्वपूर्ण सत्य से प्रभावित होता था और अपनी तीव्र भावनात्मक प्रतिक्रिया द्वारा उनका मूल्यांकन कर देता था। यह व्यक्तित्व किसी प्रकार का अन्याय या शोषण नहीं सह सकता था। यह व्यक्तित्व स्वयं एक ऐसा नैतिक मूल्य था जिसके सम्पर्क में आकर जीवन की वास्तविकता अपने असली रूप में प्रकट हो जाती थी। अपनी अक्षमताओं के सम्बन्ध में जागरुक होने से यह विद्रोही व्यक्तित्व मानवी जीवन की अक्षमताओं की ओर, दुर्बलताओं की ओर क्षमाशील दृष्टि से ही देखता था। उन्होंने निषेध किया तो, लेकिन मानवी दुर्बलताओं, का मानवता का नहीं। कट्टर मार्क्सवादी होते हुए भी मानवी जीवन को केवल वर्गीय त्तव की दृष्टि से उन्होंने कभी नहीं देखा। उसकी पूरी जटिलता को समझते रहे, उसमें खोये हुए मानव को वे अन्त तक खोजते रहे। जीवन की असंगतियाँ उनके भावुक व्यक्तित्व को तोड़ नहीं पायीं। इसका कारण था उनके व्यक्तित्व की आधार शिला–मानवता। उनका व्यक्तित्व वैसे बहुत सौम्य था। विरोध में उनकी मानवता ही चट्टान की तरह कड़ी व अडिग बन जाती थी और अनुकूल संवादी परिस्थितियों में वही सहज, अबाध गति से फैलती रहती थी।

भाईसाहब रीबेल थे इसीलिए निर्वासित भी थे। इसीलिए शायद घोर एकाकी भी थे। माता, पिता, भाइयों के सम्बन्ध में उनका प्रेमभाव गहरा और अखंड बना रहा, किन्तु उनकी आत्यन्तिक आत्मनिष्ठ प्रवृत्ति और उग्र अभिमान उन्हें प्रत्यक्ष पारिवारिक जीवन से और उसके बन्धनों से जारों से दूर धकेल दिया करता था। अपने घर तो वे सबका स्वागत करने के लिए उत्सुक रहते थे, लेकिन किसी भाई के घर वे एक दिन भी बड़ी मुश्किल से टिक पाते थे। वे नौकरी करते थे, मित्रों में रहते थे, लेकिन अपनी जीवन पद्धति के कारण शायद उनसे पूरी तरह आन्तरिक तादात्म्य नहीं स्थापित कर पाते थे। (यह मेरा अपना विचार है। इससे उनके मित्र असहमत हो सकते हैं।) और राजकीय क्षेत्र में भी कलाकार सहज भावनात्मक एप्रोच के कारा शायद पूरी तौर पर अपने को एट हैंड नहीं पाते थे। एक ओर मानवी जीवन के परिवर्तन के प्रति असीम आस्था, उत्पीड़ित मानव के भविष्य के प्रति निष्ठ, उपेक्षितों के प्रति गहरा लगाव और दूसरी ओर यह जीवन की अनेक सतहों पर प्रतीत होनेवाली भयानक विसंगति और फलस्वरूप घोर अकेलापन ये उनके एकरस व्यक्तिव के दो पहलू थे।

निम्न मध्यवर्गीय जीवन के संकेतों से वे पूरे मुक्त नहीं थे। अनेक तरह के सन्देह और संशय उनके मन को ग्रस्त किये रहते थे। उनकी आत्यन्तिक भावुकता भी कभी–कभी उनकी दृष्टि बदल देती थी। एक बहुत गहरी सतह पर जीवन से एकाकर हो जाने की तीव्र अभिलाषा उनके व्यक्तिव की मूल प्रेरणा थी। अपने छटपटाते हुए व्यक्तिव को लेकर वे अकेले ही युग–जीवन की अँधेरी गुफाओं में, सधन जंगलों में घुस गये थे। पेचीदा, चक्करदार, धूलिए तहख़ानों से गुज़रते हुए उनके हाथों से मानव–प्रेम की दीपशिखा कभी नहीं बुझी। बाहरी घोर विरोध और प्रहारों से आख़िर–आख़िर में वह बुझना चाहती थी तब भी उन्होंने उसे प्राणपण से सँजाये रखा।

मैंने बड़े भैया के जीवन का क्रमशः वर्णन नहीं किया है, न ही उनकी कविताओं के सम्बन्ध में लिखा है। उनके सामाजिक कार्य के सम्बन्ध में भी नहीं। यह लेख उस उद्देश्य से नहीं लिखा गया है। एक–दूसरे को कविता सुनने–सुनाने का सिलसिला क़रीब–क़रीब बस एक साल पूर्व ख़त्म हो गया था और दूसरे, हम लोग समान्तर किन्तु अलग–अलग राह भी चले। उनके व्यक्तिव के सम्बन्ध में मैंने लिखा है,

कुछ बेसिलसिले में ही। उनका व्यक्तित्व सरल नहीं था, पेचीदा था। अत्युग्र स्वाभिमान के कारण वे निजी बातों को कहा नहीं करते थे, पी जाते थे। मुझे ऐसा लगता है कि शायद उन्होंने मुझे कभी गलत नहीं समझा। मैंने उनके मुँह पर और मित्रों के पास भी उनकी टीका–टिप्पणी की है। लेकिन मैं बिना किसी अतिश्योक्ति से कह सकता हूँ कि मेरे बारे में एक भी कठोर शब्द उन्होंने मुँह से नहीं निकला।

एक दिन लम्बी बातचीत के बाद, उन्होंने धीरे से मुझे कहा था–"भाई मैं। कई मामलों में पंगु हूँ। मुझे सूझता ही नहीं, तो मैं क्या करूँ?"

कुछ साल पूर्व की बात है, मैंने उनसे कहा था–

"बाबू साहब, इस तरह आप रहेंगे तो दस एक साल में आप बैठ जायेंगे। फिर आप काम कैसे करेंगे?"

उनका चेहरा तमतमा गया। नाराज होकर बोले, "आपका व्यू बहुत पेसिमिस्टिक है।"

मैंने कहा, "लेकिन शरीर तो...."

तब तक वे अलग हटकर रास्ते के दूसरे किनारे से चलने लगे थे।

यह संवाद मैंने जैसा–का–तैसा दे दिया है। हम लोग घर में भी मराठी में कम, हिन्दी में ही अधिक बोला करते थे।

छोटे भाई से उपदेश लेना उन्हें नापसन्द था। बड़ा भाईपन उन्होंने कौटुम्बिक मामलों में आख़िर तक पक्का क़ायम रखा। लेकिन छोटा सही भाई होने का अधिकार मैं न तो छोड़ना चाहता था और फिर ऐसा करने के लिए कई कारण भी रहते थे। तीन साल पूर्व मैं राजनान्दगाँव गया था। उन्होंने उसकी बड़े प्रेम से मेरा स्वागत किया था। किन्तु लगता था वे अधिक अस्थिर और उदास हो गये हैं हम लोग घूमरे भी गये, चाय और काफ़ी पी, चर्चा भी बहुत की, पहले की मस्ती उनमें नहीं थी। उनका वहाँ का घर पुराने मध्ययुगीन महल का अंश था, कि मैंने सोचा, यह मेरे मन ही का भ्रम होगा। यह खंडहरनुमा वातावरण उदासी पैदा कर रहा है।। दूसरे दिन स्टेशन पर वे पहुँचाने आये तब भी उनका एकाककीपन मुझे खलने लगा। उनकी ओर देखने के बजारा मैं उनके

एकाकीपन की ओर देखने लगा। मेरा मन एक अबोध करुणा से हिल गया। तभी भाईसाहब का चेहरा तन गया। तमतमा गया। रेखाएँ कठोर हो उठीं। मैं निश्चित रूप से जानता हूँ कि वे सोच रहे थे, मैंने उन्हें पिटी कर रहा हूँ। भला मैं क्यों पिटी करता, मेरा अधिकार ही क्या था। और मरी परिस्थितियाँ वे जानते भी नहीं थे।

लम्बे अर्से से मैं बीमार था। और एक दिन ऐसा लगा कि अब अधिक नहीं निभेगा। अपनी परिस्थिति भाईसाहब को बहुत कम ही लिखता था। वैसे भी घरेलू चिट्ठियाँ लिखने के मामले वे बहुत आलसी थे। मेरी बीमारी का हाल वे जानते अवश्य थे। जाने क्यों मुझे लगा कि भाईसाहब की स्थिति कुछ ठीक नहीं होगी। और पत्र लिखकर उनका कुशल पूछा। उत्तर आया तो मैं दंग रह गया। लिखा था, वे बड़े आनन्द में हैं, और ऐसी ज्ञान–शौक़त में वे पहले कभी नहीं रहे। और कुशल पूछने के लिए उन्होंने शायद आभार भी माने थे। मुझे भद्दा–सा लगा। मैंने ऐसे पत्र का कारण पूछा। उत्तर भी आ गया कि उन्हें मेरे पत्र से दुख हुआ था, लगा था, उनका उपहास किया जा रहा है। कुछ दिन तो मैं चुप रह गया। फिर विस्तार से उनके प्रति अपने भाव प्रकट किये, अपनी भी परिस्थिति का कुछ वर्णन किया। और प्रार्थना की कि आगे के लिए मुझे गलत न समझा जाये।

पत्र का उत्तर आया कि जिससे मैं हिल गया। मैं नहीं कह सकता कि मुझे उस समय क्या कैसा लगा, कि इस क्षण भी कैसा लग रहा है। लेकिन फिर भी सन्तोष है कि मैंने यह पत्र लिखा। पिताजी सख़्त बीमार पड़ गये। भाई साहब को वे बेहद प्यार करते थे। जबलपुर में भाई साहब ने कुछ व्याख्या दिये थे और शायद वहाँ उनका सम्मान भी किया गया था। यह जानकर पिताजी की आँखों से आँसू बहने लगे। शायद उन्ही दिनों भाई साहब आ गये। पिताजी का क्राइसिस टल चुका था! लेकिन भाई साहब की हालत देखकर तो हम लोगों को बुरी ठेस लगी। बाद में पता चला कि उनके मित्रों को भी ऐसा ही लगा था। भाई साहब एक दिन रहे और चलने लगे। एक अँग्रेज़ी पत्रिका मेरे हाथ में दी (नाम याद नहीं है) : बोले "देखो। कवर पर भाई साहब का चित्र था और अन्दर लेख था।" बोले "हिन्दी वाले न मानें, कुछ लोग मुझे समझते हैं मानते है।"

उनके इस वाक्य से एक गहरी वेदना का आभास मिला। रिक्शे में हम लोग साथ चले, तो मैंने पूछा–"आप किसी यूनिवर्सिटी क्यों नहीं जाते?"

उन्होंने उत्तर दिया, "मैं वहाँ (राजनांदगाँव में) प्रिंसिपल साहब और मित्रों की छत्रछाया में हूँ। जो कुछ लिख डालना है जल्दी लिख डालना है। वह तो यहीं सम्भव है।"

जल्दी–जल्दी चले गये। स्टेशन तक आने नहीं दिया। शायद वे मानसिक शान्ति चाहते थे। मुझे बीच ही में से उतर आना पड़ा। उन्हें आखरी बार विदा का रहा हूँ, मैं नहीं जानता था।

पिताजी की बीमारी चल रही थी कि भाई साहब पत्र आया। बहुत छिपाकर, गम्भीरता कम करते हुए उन्होंने बीमारी की ख़बर दी। पिताजी की बीमारी से मेरा मन इतना बधिर–सा हो गया था कि चिन्ता बढ़ी पर ख़ास कोई परिणाम नहीं हुआ। रमेश ने (उनका सबसे बड़ा लड़का) आकर बताया कि बीमारी तो गम्भीर है किन्तु उन्हें भोपाल भेजा गया है, वहाँ उनकी बहुत अच्छी चिकित्सा हो रही है। फिर भाई साहब की अपने हाथों लिखी चिट्ठियाँ भी आने लगीं तो चिन्ता भी काफ़ी दूर हो गयी। फिर चिट्ठियाँ बन्द हुई और मैं भोपाल जा पहुँचा। हॉस्पिटल शाम को पहुँचा। आँगन में दाखिल होते–होते बड़ा तूफान चला, वर्षा हुई। पता लगाकर अन्दर पहुँच उन्हें मेरे सहोदर बन्धु को देखा।....देखा, लेकिन...लेकिन अब वर्णन करने से क्या लाभ?

उनकी तबियत सुधरने–सी लगी। उसी स्थिति में मित्रों से बातचीत बराबर होती रही। उनके बड़े पुराने परिचित सहपाठी तब उन्हें मिलने आये। पास के, दूर के सभी आये। सिगरेट आदि भी चलने लगी। मैं काफ़ी आश्वस्त हुआ। डॉक्टर ने भी सुधर जाने की पूरी आशा दिलाई। जाने क्यों कुछ शायद उन्हें प्रसन्न करने के लिए मैंने कहा–"बाबू साहब, अब तो आप बड़े आदमी बन गये है।" एकदम आँखें तरेरकर मेरी ओर देखा, कुछ संशयालु दृष्टि से देखते हुए बोला–"ऐसी की वैसी फाल्स प्रेस्टिज की।"

शायद उन्होंने विश्वास नहीं किया था। शायद उनका मन बहुत कटु हो गया था। काश, उनके जीवित रहते हिन्दी जगत उन्हें समझ लेता। वह नहीं होना था। देर से सही, हिन्दी साहित्यकारों ने भाई साहब का आदर कर जो मिसल पेश की वह समूचे भारतीय

साहित्यकारों के सामने आदर्श के रूप में रहेगी। मेरे भाई, जिनके साथ–साथ मैं बड़ा हुआ, जिनका उदाहरण सदा मेरे सामने रहा, जिनको देखते ही मेरे मन में प्रेमभाव के अलावा कुछ रह ही नहीं पाता था, वे चले गये।

पिताजी उन्हें बहुत प्यार करते थे इसलिए एक दिन पहले गये। दूसरे दिन भाई साहब चले गये जबकि मुझे बहुत आवश्यकता थी। अब लगता हैं, बिलकुल अकेला हूँ, और विषाद के गहन विस्तारों में डूबा जा रहा हूँ।

प्रस्तुति–पीयूष दईया

♦ ♦ ♦